四川省“十二五”普通高等教育本科规划教材
高等学校管理类核心课程教材
高等学校管理类精品课程教材

经管华信 创优系列·管理学

管理学（第2版）

罗 哲 主 编
范逢春 徐恩元 副主编

電子工業出版社
Publishing House of Electronics Industry
北京·BEIJING

内容简介

本书为四川省“十二五”普通高等教育本科规划教材、四川省精品课程“管理学基础”的主教材。

本书共19章，分为6篇，系统介绍了管理基础理论，以管理的计划、组织、领导、控制和创新五项基本职能为主要框架，较全面地介绍了管理的基本概念和管理理论发展与演变的脉络，阐释了管理活动的基本规律、管理学一般原理及各种管理技术和方法。

本书可以作为高等学校管理类及相关专业本科生、研究生的教材。

图书在版编目（CIP）数据

管理学/罗哲主编. —2版. —北京：电子工业出版社，2014.9
ISBN 978-7-121-23964-9

Ⅰ. ①管… Ⅱ. ①罗… Ⅲ. ①管理学－高等学校－教材 Ⅳ. ①C93

中国版本图书馆CIP数据核字（2014）第174780号

策划编辑：章海涛
责任编辑：章海涛　特约编辑：何　雄
印　　刷：北京虎彩文化传播有限公司
装　　订：北京虎彩文化传播有限公司
出版发行：电子工业出版社
　　　　　北京市海淀区万寿路173信箱　邮编　100036
开　　本：787×1092　1/16　印张：26.25　字数：720千字
版　　次：2010年8月第1版
　　　　　2014年9月第2版
印　　次：2022年3月第8次印刷
定　　价：49.00元

凡所购买电子工业出版社图书有缺损问题，请向购买书店调换。若书店售缺，请与本社发行部联系，联系及邮购电话：（010）88254888。

质量投诉请发邮件至zlts@phei.com.cn，盗版侵权举报请发邮件至dbqq@phei.com.cn。
服务热线：（010）88258888。

前　言

管理活动是人类最基本的社会活动之一，是人类所特有的一种社会现象，并伴随着人类社会历史的发展而发展。对管理活动进行科学总结和理论提升的管理学则是近百年才发展起来的。在20世纪初，以弗雷德里克·泰勒（Frederick Taylor）为首的一批倡导科学管理的先驱者，以严谨的科学态度和积极的开拓精神，创建了科学管理体系，使管理原则和方法系统化，形成了独立、完善的管理学科。管理学随着管理活动的发展而发展，是一门系统研究管理活动普遍规律、基本原理和一般方法的科学。管理学源于实践，是对管理实践的科学总结和理论提升，而管理学理论也一直指导着管理活动的发展与进步，促进管理活动的深化。管理学理论应用到管理实践中极大地促进了生产的发展和管理水平的提高，同时管理学理论也得到了深入的发展并受到了前所未有的广泛应用、普及和重视。

随着知识经济和信息时代的来临，组织将面临更为复杂多变的竞争环境，包括势不可挡的经济全球化、飞速发展的变革与创新等。面对新的挑战，各类组织和诸多管理者必须在充分学习、理解管理学基础知识的基础上，学活用活管理学，增强环境适应力，持续拥有竞争优势。管理学作为一门年轻的学科，又是一门指导组织管理的重要基础性学科，需要有更多的有志之士投入其中，将管理学发扬光大，而管理学研究同样要建立在对管理学基础理论充分了解和掌握的基础上。因此，管理学基础理论的学习非常有必要。

本书在结合作者多年管理教学实践和管理研究的基础上，综合了国内外管理学领域获得普遍认可的管理研究成果，总结了管理人员在管理实践中的宝贵经验与真知灼见，力求理论联系实践，对管理学进行系统归纳和总结，以喜闻乐见的方式表述出来。从内容上讲，系统介绍了管理基础理论，以管理的计划、组织、领导、控制和创新五项基本职能为主要框架，较为全面地介绍了管理的基本概念和管理理论发展与演变的脉络，阐释了管理活动的基本规律、管理学一般原理以及各种管理技术和方法。

希望本书能对丰富管理理论、指导组织管理实务有一定的帮助，对提高组织的管理水平具有一定的指导意义。但由于学识所限，书中难免有一些观点需要商榷，恳请同行们批评指正，共同为我国管理的发展做出应有的贡献。

本书由罗哲主编，范逢春、徐恩元、万朝丽、冉丽嫄、徐琳、刘况驰、杨驭豪、邱红、赵敏、王茜、李莎菲等也参与了本书部分内容的编写。

本书为教学老师提供相关教学资源，有需要者，请登录到 http://www.hxedu.com.cn，注册之后进行下载。

作　者

目　录

第一篇　管理的基础

第二篇　计　　划

第三篇　组　　织

第四篇　领　　导

第五篇 控 制

第六篇 创　　新

第一篇　管理的基础

管理是一种实践，其本质不在于“知”而在于“行”；其验证不在于逻辑，而在于成果；其唯一权威就是成就。

——彼得·德鲁克

管理不分中国式、日本式、美国式，都必须合理化。

——王永庆

第 1 章

管理与管理者

学习导图

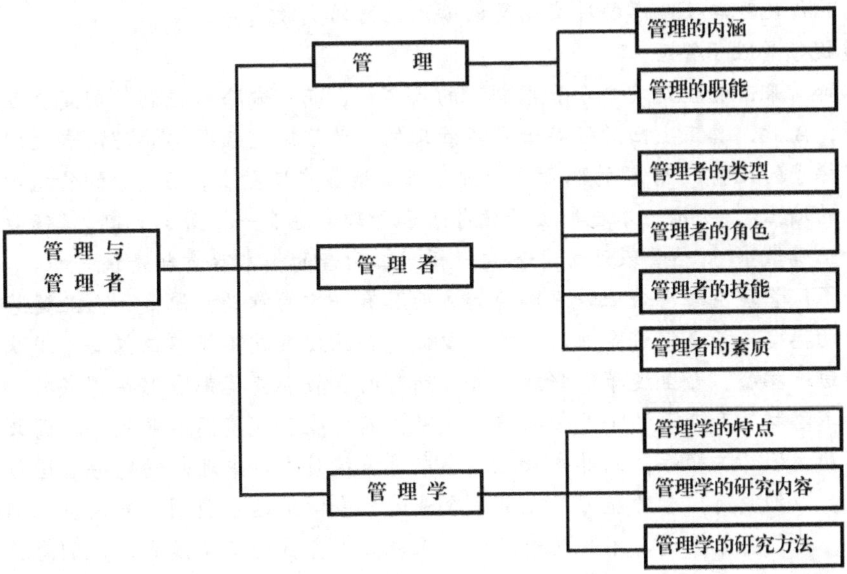

开篇案例

杰克·韦尔奇的管理之道

GE（美国通用电气）公司前CEO杰克·韦尔奇不仅是一位卓越的企业领导者，还是一位杰出的管理大师。他所创造的管理方式和理念并不比那些所谓的管理大师们少。而与管理大师们相比，他担任GE公司CEO 20多年的实践经历又使他所提出的每一项管理理念都具备高度的可操作性和效率性。这一点毋庸置疑，看一看GE公司的数据统计便一目了然：韦尔奇任职期间，GE公司的市值从130亿美元上升到4500亿美元，排名从世界第10位提升为第2位。如果说，真的有一位实践性管理学大师，那一定非韦尔奇莫属。

韦尔奇1935年11月19日生于马萨诸塞州萨兰姆市，1960年加入GE公司塑胶事业部；1971年底成为GE公司化学与冶金事业部总经理；1979年8月成为GE公司副董事长；1981年4月，年仅45岁的韦尔奇成为GE公司历史上最年轻的董事长和首席执行官。

“我们造就了不起的人，然后由他们造就了不起的产品和服务。”这是韦尔奇在自传中写下的一句话，通过这句话，韦尔奇告诉我们，他的一切管理理念都是围绕着“造就人”展开的。

（1）塑造企业价值观

韦尔奇将价值观视为实实在在的行动准则。他认为，“使命感指引人们向何处前进，价值观是引领人们到达目的地的行动准则。”同时，使命感也是实实在在的，它指引着我们前进的方向。

使命感决定着“我们应该如何去赢？”——它要求人们根据企业的经营状况做出取舍和选择，从而避免陷入常见的陷阱之中。它要求人们异常清楚自身的优势和劣势，明白自己能够在哪种竞争场合中赢得胜利。而“价值观是人们采取的行动，是具体的、本质的、可以明确描述的，它不能留给大家太多的想象空间。我们必须像执行军令一样运用它，因为它是实现企业使命的办法、争取最终赢利的手段。”

使命感和价值观分别决定了公司的方向，以及走向这一方向应该采取的行动指南和准则。在实际运作中，公司的使命感和价值观必须融为一体、互相促进，唯有如此才能够奠定成功。很多企业因为价值观与使命感的冲突而遭遇令人惋惜的失败。

（2）重视领导胜于管理

在韦尔奇看来，管理是“命令和控制”的代名词，而“命令和控制”则是企业内官僚主义产生的根源；因此，真正杰出的领导者是不管理的。为了阐述领导与管理两者之间的区别，韦尔奇运用了梯子的比喻：“管理的职责是把梯子正确地靠在墙壁上，而领导的价值则在于保证梯子靠在正确的墙上。”沃伦·本尼斯关于领导者和管理者也有一个著名论断：“领导者做正确的事，管理者正确做事。”尽管表述方式不太一样，但两者的根本旨意却是统一的。

韦尔奇承认管理在维持企业秩序和稳定方面具有一定的意义，但是，企业运营者的职责不是维持企业的稳定，而是促进企业的发展。要促进企业发展就不能够仅仅安于现状，就必须引领企业不断进行拓展，乃至变革。当然，并非所有的拓展和变革都能够获得成功，但是那些沉湎于管理而不思拓展和变革的企业必将遭遇失败。而拓展和变革离不开领导。因此，韦尔奇建议所有的企业运营者去领导，而非去管理。韦尔奇曾经对心目中理想的领导者进行过系统的描述，他认为，他们具有出色的能力，能够为企业的发展做出远景规划，并使员工们的思想与行动统一起来，他们善于沟通、不拘泥于礼仪、采取直来直往的交流模式让人们感觉到一种亲切感等。

（3）4E 领导

韦尔奇说：“世界上最聪明的人聘用世界上最聪明的人。”韦尔奇将领导者分为 A、B、C 三类。A 类是他最青睐的，这些人满怀激情、勇于承担责任、思想开阔，并且富有远见。他们不仅自身充满活力、精力充沛，而且能够激发员工们以高度的热情投入到工作之中。同样，他们不仅能够提高企业的经营效率，而且能够使企业经营充满情趣。

他们正是韦尔奇所定义的 4E 领导：拥有充沛的活力（Energy）；能够激励（Energize）他人实现企业的目标；具备出色的决断力（Edge），能够对问题做出准确的判断；并且，他们能够坚持不懈地执行（Execute）并实现自身的承诺。要成为真正杰出的领导者，在具备 4E 的基础上，还需要具备一个 P——激情（Passion），一个人有没有激情是其能否成为卓越领导者的必备条件，一流领导者与二流领导者之间的差别正是是否拥有激情。

（4）面对现实

很多时候，人们总是会沉湎于自欺欺人的幻觉之中，他们坚持一己之见，直到最终失败如水落石出般地浮现出来。因此，韦尔奇提醒人们：“在商业运营过程之中，尽可能不要与希望打赌。”因为，往往希望越大失望就越大。而要避免这种错误，韦尔奇认为只有一种办法，那就是在公司内提倡一种“面对现实”的态度，营造出一种氛围，鼓励员工认清事物的本来面目，以现实的态度解决问题，而不是自以为是地一意孤行。

韦尔奇指导所有的GE人从全新但客观中肯的角度重新审视了公司的业务，并在此基础上制定了新的GE公司发展战略，包括“数一数二”等著名战略。经过不懈的努力，GE公司最终发展成韦尔奇所希望的样子，韦尔奇在自传中将这一过程称为“公司重构”。

(5) 数一数二

“数一数二”是韦尔奇在执掌GE公司初期提出的最重要的概念。韦尔奇这样来描述他心目中理想的GE公司：“能够洞察到那些真正有前途的行业并加入其中，同时坚持在自己所进入的每一个行业中都做到数一数二的位置，无论在精干、高效，还是成本控制、全球化经营等方面都是数一数二的”。

韦尔奇还提出“成为数一数二的企业绝不仅仅是一个目标，而是实实在在的要求”。他相信一旦做到这一点，这一理念（指“数一数二”）一定会给世界带来许多崭新的独一无二的产业。总之，韦尔奇希望“GE成为拉动国民生产总值的火车头，而不是被动的其他车厢”。当然，美好的战略和愿景必须转化为现实的行动才具有价值。为了实现“数一数二”，韦尔奇围绕“三环”而展开“整顿、关闭或者出售”，这使“数一数二”成为实实在在的行动。

(6) 群策群力

“距离工作最近的人最了解工作。”韦尔奇如是说。

GE是一家学习能力极强的公司，它所运用的许多管理方式和举措都来源于其他公司，例如，六西格马来源于摩托罗拉。但是，“群策群力”却是由通用电气自身发明的管理方式之一。“群策群力”的关键点在于参与其中的人能够自由坦诚地发表各种看法。“群策群力”首先是关于有效沟通的方法。克罗顿维尔（GE教育和培训中心）的课堂能够保持高度的坦诚和热情，是因为尽管韦尔奇是学员们的“老板”，但他很少影响他们的职位升迁。因此，韦尔奇决定不让公司的领导组织“群策群力”会议，而是邀请公司之外的经过训练的专业人员来组织这些会议。

其次，“群策群力”是高效、快速解决企业中跨部门问题的方法，因为它可以清除公司运营系统之中不必要的工作——要求所有参加“群策群力”会议的经理们当场做出决定和提供答案，如果有些问题不能当场做出回答，也应该在一个约定的时限内完成。

第三个价值是能够积极释放出员工的能量。在“群策群力”会议上，任何人都不能够对员工们的建议和构想置之不理，当员工们看到自己的想法迅速得以实施，他们将更加积极地提出构想。韦尔奇希望员工成为公司的主人。

最后，“群策群力”还是GE企业文化的重要部分，它强调和提倡无障碍沟通、人人平等、速度及授权等。在一个推行“群策群力”的公司里，官僚主义根本毫无容身之地。对于韦尔奇来说，“群策群力”构想的主要目的之一就是要消灭GE公司内的官僚主义。

资料来源：《中国企业家》2009年12期

管理是人类最基本的社会活动之一，也是人类所特有的一种社会现象。通过管理，人们就能有目标、有秩序地组织生产、改善生活和从事其他社会活动。随着社会的不断进步，科学技术的迅速发展，组织任务的复杂化程度不断提高，人类社会需要通过集体协作来达成组织目标，管理越来越受到广泛的关注和重视。

第一节 管 理

一、管理的内涵

管理的主体是管理者，客体是组织，无论管理结果是好是坏，管理者及其组织都对社会有着强大的影响。绝大多数人在医院里出生，在学校接受教育，直接或间接地从企业购买所有的可消费产品和服务。我们的行为在很大程度上受到各种政府机构的影响。而这些医院、学校、企业和政府机构都是组织。组织就是以结构化和协作形式共同工作来实现一系列目标的群体。

1. 管理的含义

管理活动始于人类群体生活中的共同劳动，管理思想源远流长，中外有文字记载达数千年之久。对于什么是管理，至今专家和学者们仍然各抒己见，从不同角度对其进行表述。

科学管理理论之父弗雷德里克·泰勒（Frederick Taylor）认为，管理就是："确切了解你希望工人干什么，然后设法使他们用最好、最节约的方法去完成它。"这说明管理是一种明确目标，并授予被管理者工作方法，以求更好地达到目标的活动。

管理过程理论之父亨利·法约尔（Henri Fayor）认为："管理就是实行计划、组织、指挥、协调和控制。"这一观点成为现代管理定义的基础，尽管由于时代的变迁，管理的内容、形式和方法已发生了巨大的变化，但这一观点的基本内核仍然被大家所接受。

美国著名管理学家玛丽·帕克·福列特（Mary Parker Follett）认为："管理就是通过其他人来完成工作。"这一定义包含了三层含义：一是管理必然涉及其他人；二是管理是有目的的活动，管理的目的就是要通过其他人来完成工作；三是管理的核心问题是管理者要处理好与其他人的关系，调动人的积极性，通过他人的工作实现自己的工作目标。

决策理论学派代表人物赫伯特·西蒙（Herbert A. Simon）等认为："决策贯穿于管理的全过程和所有的方面，组织是由一些决策者构成的系统，决策正确与否直接关系到组织工作的成败。因此管理就是决策。"

现代管理学家哈罗德·孔茨（Harold Koontz）认为："管理是设计并保持一种良好环境、使人们在群体状态下高效率地完成既定目标的过程。"他与海因茨·韦里克（Heinz Weihrich）在合著的《管理学》中将定义扩展为：① 管理者要完成计划、组织、人员、领导和控制五个管理职能；② 管理适用于任何一种组织；③ 管理适用于组织各层级的管理人员；④ 所有管理人员都有一个共同的目标——创造盈余；⑤ 管理关系到生产率，即与个人和组织绩效相关的效益和效率。这一定义满足了组织行为学和管理伦理学对管理提出的最基本的要求，也体现了管理对人的起码尊重和关怀。

管理学大师彼得·德鲁克（Peter F. Drucker）认为："管理是一种以绩效责任为基础的专业职能。管理是一种实践，其本质不在于'知'，而在于'行'；其验证不在于逻辑，而在于成果；其唯一权威就是成就。"德鲁克充分反映了经验主义学派的观点，一再强调管理是实践的综合艺术，他认为无论经济学、计量方法，还是行为科学，都只是管理人员的工具。

综上所述，我们认为：管理是指在特定环境下，对组织所拥有的资源进行的包括计划、组织、领导、控制和创新等在内的一系列活动，其目的是以有效率的和有效果的方式实现组织的目标。

这一定义包含了丰富的内涵。

① 管理的目的是为了实现组织目标。组织目标是组织成员个人目标的综合反映。一个组织就是为实现某种目标而组成的人和技术的系统安排。整个管理活动，就是围绕实现组织目标而进行的

一系列社会活动。世界上既不存在无目标的管理，也不可能实现无管理的目标。

② 管理活动具体要落实到计划、组织、领导、控制和创新等一系列管理职能上。它们是管理工作最基本的手段和方法，也是管理活动区别于一般作业活动的主要标志。

③ 效率和效果是管理活动追求的两大目标。效率，是指以尽可能少的投入获得尽可能多的产出。因为管理者处理的资源都是稀缺的，如人员、资金和设备这样的稀缺资源，他们有义务有效地利用这些资源。通常，效率是指“正确地做事”，即不浪费资源。但仅仅有效率是不够的，管理者还必须关注效果，也就是完成活动，以便达到组织的目标。效果是指“做正确的事”，即所从事的工作和活动有助于组织达到其目标。效率是关于做事的方式的，而效果涉及结果，或者说达到组织的目标。因为，管理者不能只是关注达到和实现组织目标，也就是关注效果，还要尽可能高效率地完成工作。在组织的管理中，高效率和高效果是相辅相成的，而不良的管理通常既是低效率的也是低效果的，或者虽然有效果但却是低效率的。

2. 管理的性质

管理，从最基本的意义来看，一是组织劳动，二是指挥、监督劳动。因此，管理既具有同社会化生产相联系的自然属性，也具有同生产关系、社会制度相联系的社会属性，这就是通常所说的管理的第一个二重性。从管理活动过程的要求来看，既要遵循管理过程中客观规律的科学性要求，又要体现灵活协调的艺术性要求，这就是管理所具有的科学性和艺术性，即管理的第二个二重性。

（1）管理的自然属性和社会属性

管理具有自然属性和社会属性二重性是马克思主义关于管理问题的基本观点。马克思在《资本论》中指出：“一切规模较大的直接社会劳动或共同劳动，都或多或少地需要指挥，以协调个人的活动，并执行生产总体的运动（不同于这一总体的独立器官的运动）所产生的各种一般职能。”，“凡是直接生产过程具有社会结合过程的形态，而不是表现为独立生产者独立劳动的地方，都必然会产生监督劳动和指挥劳动。”

管理的自然属性和社会属性二重性具体表现为两方面：一方面，管理是由许多人进行协作劳动而产生的，是由生产社会化引起的，是有效地组织共同劳动所必需的，因此它具有同生产力、社会化大生产相联系的自然属性；另一方面，管理又是在一定的生产关系条件下进行的，必然体现出生产资料占有者指挥劳动、监督劳动的意志，因此它具有同生产关系、社会制度相联系的社会属性。

（2）管理的科学性与艺术性

有效果的管理是科学和艺术的结合。管理作为一个活动过程，其间存在着一系列客观规律和必须遵守的相应法则，这是指管理的科学性；管理的艺术性就是管理的实践性，是指灵活运用管理知识和技能的技巧和诀窍。海尔、联想等企业的管理是科学的，这是竞争的基础，它们各自独特的经营思想和管理风格又是其管理文化的具体反映，是其成败之关键。但最终的成败还要靠市场的检验。

① 管理的科学性。因为管理是由一系列概念、管理、原则和方法构成的科学体系，并且有其内在的规律，因此管理理论对管理实践有很大的指导作用。管理理论能够阐明实践、指导实践，并能帮助管理人员从过去的经验中汲取精华，找出在不同情况下的基本因果关系，并运用这种知识去解决新的问题。正因为如此，管理是有规律可循的，管理知识是可以通过学习和传授而得到的。要成为优秀的管理者，就必须经过系统的管理知识的学习和训练，否则只能停留在感性认识的阶段，不能触类旁通和融会贯通。使用系统化的知识，定量决策，准确控制和科学地计划未来，这比经验更可靠、有效。

② 管理的艺术性。管理是一项创造性的劳动，并且主要依赖于管理者的艺术创造。管理是艺术，熟知管理的所有原则，不一定能有效地管理，在运用管理知识上有很大的技巧性、创造性和灵

活性。尽管管理者们总是尽可能采取科学的方法，但他们还是不得不经常借助直觉、经验、本能和个人观察力作为决策和提出解决问题的方法。例如，管理者也必须在多种看上去同样可行的方法之间进行选择，他们必须高度依赖概念、沟通、人际关系和时间管理的技能。有时甚至连“客观事实”也可能被证明是错误的。当星巴克公司计划进入美国纽约市场开设第一家咖啡店时，市场调查显示纽约人更喜欢中研磨咖啡而不是细研磨的、更具外国风情的意式咖啡。然而，当星巴克决定在这家店中安装比别的店更多的中研磨咖啡机而少安装细研磨咖啡机之后，排队购买细研磨意式咖啡的纽约人却迫使经理们赶忙恢复细研磨咖啡为主的做法。现在，星巴克为它的所有店面确定了统一的装修风格和菜单，先不考虑可能的市场差异，而在开业后再进行必要的调整。因此，管理者必须将直觉和个人观察力与客观的数据和事实相结合才能获得成功。

3. 管理的一般特征

管理是一种非常复杂的社会活动，其内容丰富、形式多样，在人类社会生活的不同历史时期和领域中，每项管理活动都具有与众不同的具体特点。但是，我们不能就此认为管理是飘忽不定、无法捉摸的，作为人类社会的一项基本实践，它有着自身的一般特征。

① 管理最基本的任务是实现有效的社会协作。人类社会的一切生产实践都是以协作形式出现的，无论原始社会简单的狩猎活动，还是现代化的大工业生产，都包含着不同程度的协作。由于工作任务复杂化程度的日益提高，产生于人类共同劳动的协作关系也不再像以前那样简单而稳定，人与人之间复杂动态的协作关系已经成为一种常态。管理就是要运用科学的程序和方法，通过最佳的工作组合和最优的机构设置，以尽可能少的资源实现组织协作的最大效用。因此，管理的重要性也就日益凸显。

② 管理最基本的形式是组织。人类社会一切生产活动中的协作关系能够演变为自觉的管理活动，其前提条件就是以组织的形式把这种协作关系固定下来，使它成为一种可以遵循的程序，并根据这种程序有效地实现活动目标。在管理活动中，组织既是管理的主体，又是管理的客体。组织作为管理的主体，表现为专门进行管理工作的组织机构，如指挥部、决策部、参谋部、计划部等。从组织作为客体这个角度来看，组织表现为系统性。任何组织都是由作为要素的人按照一定的结构建立起来的系统，既包括纵向的权利和责任分配关系，也涵盖横向的专业分工和协作关系，这些关系则是管理的主要对象。

③ 管理最主要的内容是处理人际关系。在管理活动中，人是首要的因素，这已成为现代管理者的共识。虽然除了人与人的关系之外，管理系统还包含着人与物的关系，但人与物的合理配置、人对物的控制归根结底都会表现为人与人的关系，因此人际关系是管理系统两大基本关系的主要方面，对组织的成败起着决定性的作用。有效地处理和协调人际关系，不仅可以帮助管理者理顺人与物的关系，还可以在组织内形成一股有机合作的整体力量，从而大幅增强管理系统的功效。所以，在现代组织中，维护良好的人际关系也已成为有效管理者最主要的工作。

④ 管理发展的主要动力是变革与创新。生产力的迅速发展推动着社会生产方式的不断进步，尤其在科学技术日新月异的现代社会中，社会生产的组织方式正处于一个持续变革的过程当中。管理实践中不断涌现的新问题、新情况推动着管理技术和手段不断革新，从而使管理思想和理论不断丰富和完善；理论上的重大突破同时又反过来指导管理实践，促使组织的管理成效出现质的飞跃，由此循环往复，相互促进。因此，这种根据新形势而发生的迅速的、连续的、根本的变革与创新，成为管理发展的最主要的动力。

二、管理的职能

管理的职能就是管理的职责和功能，即探讨“管理者做什么”的问题。管理者只有在明确自己的工作任务和工作职责要求之后，才能运用适宜的管理方法和手段及组织所赋予的权力，有针对性地开展管理活动，并承担相应的责任。因此，对管理职能的准确界定，无疑具有重要意义，它是达成管理目标的前提条件。

1. 关于管理职能的不同观点

正如学者们对管理的内涵有不同角度的理解一样，管理领域的不同学派在界定管理的职能时，也从多个视角来观察管理者的实际工作，从而得出不一样的研究结论，见表 1-1。下面简要介绍几个重要学术流派关于管理职能的主要观点。

表 1-1 管理职能的主要观点

年份	人物	计划	组织	领导	协调	控制	激励	人事	调集资源	通信联系	决策	创新	领导们的努力
1916	法约尔	○	○	○	○	○							
1934	戴维斯	○	○			○							
1937	古利克	○	○	○	○	○		○		○			
1947	布朗	○	○	○		○			○				
1948	厄威克	○	○			○							
1951	科曼	○	○	○		○			○				
1953	特里	○	○	○		○							○
1955	孔茨	○	○			○		○					
1956	特里	○	○			○	○						
1958	麦克利兰	○	○	○		○							
1964	梅西	○	○			○		○					
1964	孔茨	○	○	○		○		○					
1966	希克斯	○	○			○	○			○		○	
1972	特里	○	○	○		○							
1979	梅西	○	○	○		○				○	○		
1984	罗宾斯	○	○	○		○							

管理过程学派之父亨利·法约尔认为，所有的管理者都在从事计划、组织、指挥、协调和控制工作。随后，卢瑟·古利克（Luther H. Gulick）在法约尔管理职能论述的基础上，发展并形成了他的管理“七职能论”，即著名的“POSDCRB”。古利克指出管理的 7 种职能分别是：计划（planning）、组织（organizing）、人事（staffing）、指挥（directing）、协调（coordinating）、报告（reporting）和预算（budgeting）。

社会系统学派的代表人物切斯特·巴纳德（Chester Bainard）认为，组织中的经理人员有 3 项职能：建立和维系一个信息联系的系统，从组织成员那里获得必要的服务，规定组织目标。

决策理论学派的代表人物赫伯特·西蒙则认为“管理就是决策”。

经验主义学派关于管理职能的论述十分详细，主要包括 5 方面：① 树立目标并决定为达到这些目标需要做些什么，然后把它传达给与目标实现有关的人员；② 进行组织工作；③ 进行鼓励和联系工作；④ 对企业的成果进行分析，确立标准，并对企业的所有人员的工作进行评价；⑤ 使员工得到成长和发展。

管理思想史学家林德尔·厄威克（Lyndall F. Urwick）认为，管理主要具有计划、组织和控制三大职能。

各学派从不同的角度阐释了其对管理职能的看法，这有利于全面认识管理工作的面貌，并在此基础上就“管理者做什么”做出自己的判断。

2. 管理的职能

关于管理职能的划分众说纷纭，我们认为组织中各级管理者都要承担的基本职能有 5 种，分别是计划、组织、领导、控制和创新，如图 1-1 所示。本书将管理的理念、原则、理论和方法贯穿于这 5 种职能之中。

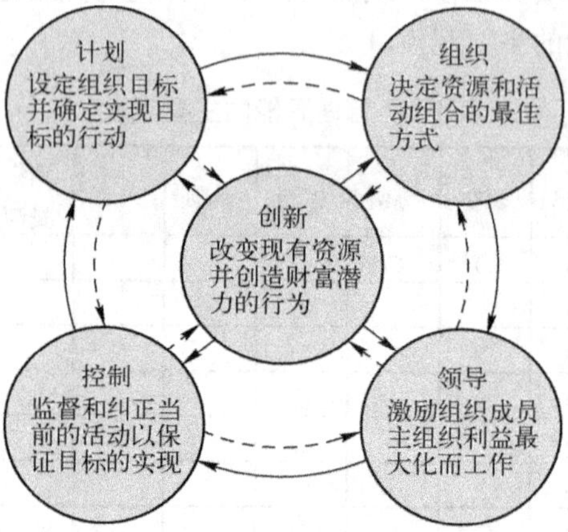

图 1-1　管理的职能

管理的职能活动并非独立的，而是相互交融的。在任何一个时间点上，管理者们都可能同时在进行几项不同的活动。事实上，在不同情况下，管理工作在表现出相似的同时呈现出很大的差异。相似性表现在管理职能的各个阶段；主要的差异表现为每一个职能的重要性、顺序和含义的不同。因此，图 1-1 中的实线告诉我们在理论上管理职能如何实现，虚线则表现了管理的真实现实。

计划，是指确定组织目标，并列出为达到目标而要求开展的一系列工作。计划的目的是指导组织完成它的使命。计划描绘了组织的未来蓝图，指明了组织发展的前进方向，为管理者的日常决策提供了必要的依据，为组织成员的工作绩效提供了考评标准。因此，无论环境如何复杂动荡，都不应该忽视计划职能的重要性。

组织，是指为了实现组织的目标，将必须进行的各项工作和活动加以分类和归并，设计出合理的组织结构、配备相应人员、分配权力并进行整合与协调的过程。简言之，组织工作是一个“搭台子、组班子、定规矩”的连续动态过程，是落实组织目标和工作计划并确保其有效执行的必要环节。

领导，是指影响组织或群体成员，使其为确立和实现组织或群体目标而做出努力和贡献的过程。有效的领导不仅需要管理者掌握丰富的沟通技巧，与下属进行充分的交流，掌握其思想和工作动态，充分挖掘新的激励点，还要求管理者发展独特的组织文化，营造和谐的工作氛围，为组织内部的良性竞争提供健康有序的环境条件。

控制，是指以正确的标准衡量计划的执行过程，一旦产生偏差，及时纠正偏差，使组织回到既定的运行方向，保证组织计划目标的实现。控制活动可以使工作失误得以及时发现和迅速补救，有助于组织从整体上维护自身的根本利益，因此，它贯穿于管理过程的始终，是组织获得成功的重要手段的必要保障。

创新，是指为了更有效地运用资源，以实现目标为目的而进行的创新性的管理活动或过程。21世纪，管理最大的挑战就是应对变化，而组织应对变化甚至维持生存的唯一措施就是保持创新。

管理的各项职能都有自己独特的表现形式。例如，计划职能通过目标的制定和行动的确定表现出来，组织职能通过组织结构的设计和人员的配备表现出来，领导职能通过领导者和被领导者的关系表现出来，控制职能通过偏差的识别和纠正表现出来。但是，创新职能与上述各种管理职能不同，它本身并没有某种特有的表现形式，它总是在与其他管理职能的结合中表现自身的存在与价值。各项管理职能的相互关系见图 1-1。每项管理工作一般都从计划开始，经过组织、领导到控制结束。各职能之间相互交叉渗透，控制的结果可能又导致新的计划，开始又一轮新的管理循环。如此循环不息，把工作不断推向前进。创新在管理循环之中处于轴心的地位，成为推动管理循环的原动力。

第二节 管 理 者

随着管理运动的发展，现代社会中的组织和工作正在发生持续的变革，团队运作、结构扁平化、参与管理、自由裁量权等管理技术和方法劲头正盛，组织中管理者和非管理者两类成员之间的界限日渐模糊，许多传统的职位如今都包含了管理性活动。在这样的组织情境下，只有清楚地了解管理者的内涵、角色及所需掌握的技能，才能正确区分组织中的管理者和非管理者。

管理者是指那些为实现组织目标而负责对组织资源进行计划、组织、领导、控制和创新的人员。管理者在协调他人活动时要进行各种管理活动或管理工作。那么，管理者有哪些类型？他们的任务和目标是什么？管理工作与组织中的其他工作有什么不同？

一、管理者的类型

管理者可以用三种方法进行分类。一是根据管理者在组织中所处的层次划分，即按照等级制度进行的垂直划分。二是根据管理者所负责的组织活动的范围划分，即按照职责范围进行的水平划分。三是根据管理者的行为方式划分，即按照管理者的管理风格和素质划分。

1. 组织中不同层次的管理者

组织中的人承担着不同的角色，在各自的岗位上为组织的发展做出自己的贡献。组织中管理者的种类诸多，造成管理者之间差别的原因包括：组织之间的不同和同一组织内部的差异。

可以根据组织中的不同层次对管理者进行区分。尽管一般大型组织的管理层次较多，但通常只考虑三个基本层次的管理人员：高层管理人员、中层管理人员和基层管理人员。一个组织内的各个层次及各种类型的组织在具体情况下可能相差很大。类似地，管理人员拥有的职权范围也会有很大差别，处理的工作也不尽相同。同时，处在管理岗位上的人所担负的职责也千差万别，他们可能负责技术研发部门、人力资源部门、销售部门或者财务部门。无论如何，作为管理人员，他们的共同点是要为群体的卓有成效的工作创造良好的环境。

① 高层管理者。高层管理者是对整个组织的活动进行全面管理的少数管理者，如企业中的董事长、总裁、总经理和首席执行官（CEO）。高层管理者为组织确定目标、整体战略和运营政策。他们是组织在外部环境中的官方代表，代表组织与政府官员或其他组织的经理等进行交往。高层管理者的工作往往是复杂和多变的。高层管理者制定的决策包括收购其他公司、投资于研发、进入或

放弃某一市场、建造新的工厂或办公设施。他们的工作时间通常很长，要花很多时间在会议和电话上。不过，在绝大多数情况下，高层管理者收入相当可观。

② 中层管理者。在绝大多数组织中，中层管理者可能是管理层中人数最多的一个群体。常见的中层管理者的头衔有工厂经理、运营经理和分部主任。中层管理者主要负责执行高层管理者制定的政策和计划，监督和协调基层管理者的活动。例如，工厂经理负责库存管理、质量控制、设备维护等，他们还负责协调工厂里班组长的工作。

近年来，为了降低成本和破除官僚主义，许多组织削减了中层管理者的人数。尽管如此，中层管理者仍然是组织上下沟通和执行高层制定的战略所不可缺少的。许多组织在减少了中层管理者的数目后仍然能够运转，但剩下来的中层管理者的表现对于组织成功具有更加重大的影响。

③ 基层管理者。基层管理者又称为一线管理者，他们是面向基层作业人员，负责管理基层日常活动的人员。基层管理者负责监督和协调进行实际操作的员工的工作，如企业中的作业班长，学校中的教研室主任，政府部门内的科长。这些头衔通常是员工进入管理层之后首先获得的。以星巴克公司为例，咖啡店的店长属于基层管理者。他们负责各自咖啡店日常的运营，负责雇佣操作业务的员工，办理总公司交代的其他例行行政管理工作。同高层管理者和中层管理者不同的是，基层管理者要花费大量的时间监督下属的工作。

以上三个层次的管理者统一领导，分级管理，共同保证组织正常运行，实现组织目标。比较而言，高层管理者在组织的开拓发展、计划和决策方面起关键作用；基层管理者在落实作业计划，保证产品或服务质量，解决矛盾和冲突，提高作业效率等方面发挥重要作用；中层管理者除上传下达外，还需要组织协调所属基层单位的活动。这三个层次管理者的工作都内含计划、组织、领导、控制和创新等基本职能，但侧重点不同。高层管理者应重点搞好规划和控制，中层管理者主要负责组织和协调工作，基层管理者重点搞好领导，即对作业人员的指导、沟通和激励工作，如图 1-2 所示。

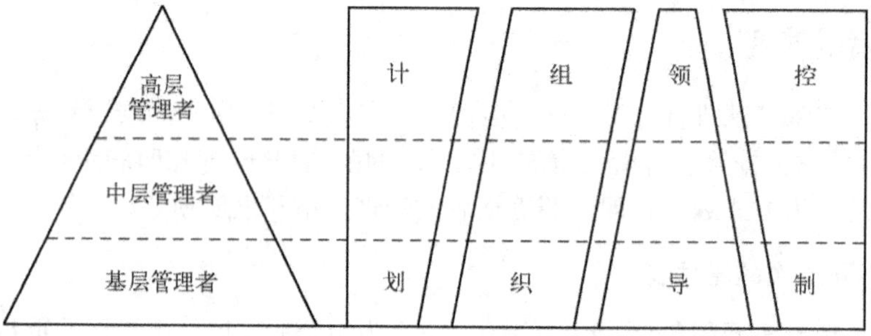

图 1-2　不同层次管理者的管理侧重点

2. 组织中不同职能部门的管理者

不论属于哪个层次，管理者们总是在组织内不同的职能部门工作。在一个具体的企业组织中，管理的职能部门通常包括营销、财务、生产、人力资源、行政管理及其他类型的管理人员。图 1-3 显示了由于层级和职能不同所造成的同一组织内部管理者的差异。

① 市场营销管理者：其主要职责与营销职能有关，即把组织生产或提供的产品与服务送到消费者和用户手中。营销职能包括产品开发、定价、促销推广、分销及消费者心理研究等。市场营销是企业取得成功的基础领域，市场营销的重要性决定了市场营销管理者在企业中的地位极其重要。

② 财务管理者：负责安排组织的财务资源，其职责是做好资金筹措、财务计划、资金管理及经济核算工作。在某些部门中，财务管理者的比重较大，像银行、财政部门和保险公司等机构更是如此。

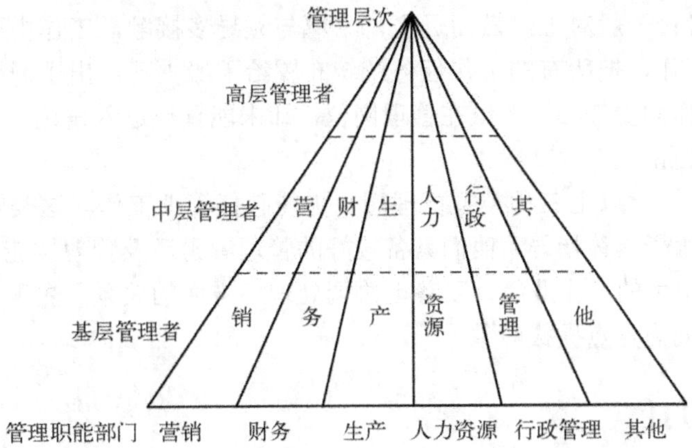

图 1-3　不同层次、不同类型的管理者

③ 生产管理者：其主要职责是建立一个能为组织制造产品和提供服务的系统。在这个系统中，他们负责计划、控制日常的活动。典型的任务包括：生产控制、库存控制、质量控制、工厂布局、厂址选择、工作设计等。

④ 人力资源管理者：主要负责人力资源管理的管理。具体而言，他们主要从事人力资源规划，员工的招聘与选拔、培训和发展，设计报酬和福利体制，制定绩效评估制度，以及解雇表现不好或有问题的员工等。

⑤ 行政管理者：并不涉及特定的管理专业，他们主要负责行政、总务、后勤服务等多项工作。他们往往是一个通晓多方面的全才，而不是只受过某一领域训练的专才。他们基本上对各管理领域都有所了解并熟悉这些工作。

⑥ 其他类型管理者。在组织中，除了上述各类管理者外，还有许多其他专职管理者。例如，公共关系管理者负责处理与外界之间的关系，以提升企业形象；科技管理者负责技术革新、技术改造及新产品开发工作等。

而政府部门、事业单位及政府和企业之外的社会组织，由于其活动领域与企业组织存在较大区别，因此组织的职能部门也有所差异。不过这些组织的某些部门的管理者与企业组织相应的管理者所承担的职责是类似的，如财务处的管理者与企业组织的财务管理者从事类似的工作，办公室、综合科这类部门的管理者类似于企业组织的行政管理者，人事处等部门的管理者类似于企业组织的人力资源管理者。

3. 组织中不同行为方式的管理者

根据对管理者的行为方式的差异，管理者可分为专制型管理者、中庸型管理者、放任型管理者和综合型管理者。

① 专制型管理者：往往表现出较强的权利欲，比较以自我为中心；对上级注重汇报个人的业绩，以得到上级领导的认可和表彰；工作节奏快；对下级要求严格，甚至苛刻；对所有的具体工作都要亲自过问，不容许工作中出现丝毫纰漏。这种类型的管理者在工作中是强者，但不注重人与人之间的沟通，往往缺乏融洽的人际关系。

② 中庸型管理者：秉持中庸之道的原则，为人处世倡导“以和为贵”。对上级从不表示反对意见，一般容易见风使舵。他们把工作与人际关系看得同等重要，往往以折中的办法求得工作与人际关系的平衡，其人缘好，群众满意率高，但在管理工作中，有时为顾及人际关系而忽略原则，不求开拓创新。

③ 放任型管理者：一般对上级敬而远之，不愿与领导多接触，工作中不深入实际，而是"充分放手"，不做具体工作，把所有的工作任务统统布置给下级去干，出了问题也由下属去处理。这类管理者缺乏的是工作的责任心，人虽在管理岗位，却未能真正进入角色，有的人把较多的精力和时间用于专业的"小自留地"。

④ 综合型管理者：比以上三种类型更理想，更能胜任管理工作。这类管理者在工作中一般不需要上级领导过多地给予具体指导，他们具备较好的管理者素质及管理技能，能够认真负责地完成各项工作任务，创造出色的工作业绩，妥善地协调处理各方面的关系，注重人际关系，在组织中有较高的威望，往往被列为重点提拔对象。

二、管理者的角色

不论管理者在组织中处于哪个层次，也不论其位于哪个职能部门，要想成功都必须扮演特定的角色。在这里，角色的概念类似于演员在戏剧作品中所扮演的角色。作为管理者，他要完成某些特定的工作，满足组织的特定需求并且承担特定的责任。

前面描述的管理职能可能会给人一种错误的印象，即日常的管理活动是例行公事的、有条理的和理性的。20 世纪 60 年代末，亨利·明茨伯格（Henry Mintzberg）对 5 位总经理进行了研究，发现典型的管理者并不是一个系统化行动的人，他们不会谨慎地决定如何计划、组织、领导、控制和创新。相反，管理者的工作经常被打断，他们只能根据有限的数据做出决策，根据优先顺序的调整而频繁改变任务，被会议和非正式的讨论会占据大量时间，他们工作的节奏非常快，根本没有时间进行思考。明茨伯格用一种叫"结构性观察"的方法，跟踪记录下高层管理者的活动，识别出了一系列特定的角色，从而总结出管理者每天都在做什么。根据观察，明茨伯格发现管理者要扮演人际关系角色、信息角色和决策角色三大类型角色，包含 10 种不同的具体角色，具体内容见表 1-2。

表 1-2　明茨伯格界定的管理者角色

角色		描述	具体工作范例
人际关系角色	名义首脑	象征性的首脑，需要完成法律性或社交性的例行工作	迎接来访者，签署法律文件
	领导者	负责激励和指导下属	建立领导魅力，为下属做出榜样，向下属下达命令和指标，创造组织文化及文化氛围
	联络者	维持与外部保持联系的社会网络，以获得好处和信息	参加组织外部的公共事务活动、会议和社会活动，召集部门负责人会议，沟通部门间联系
信息角色	信息监督者	接受各种各样的信息，对问题和复杂事件进行分析，评估其他人的贡献	与媒体接触，了解社会对组织的看法；与下属谈话，了解组织内部的有关情况
	信息传播者	把从部门或下属那里获得的信息传递给组织中的其他成员	召开定期的学习会
	发言人	向外界发布组织的计划、政策、行动和结果的信息，以组织所属行业专家的身份出现	召开新闻发布会，召开股东会，向投资者汇报年度工作
决策角色	企业家	从组织和环境中寻找机会，推动能够带来变革的方案	制定和调整组织发展战略计划，决定新产品的开发计划
	障碍排除者	当组织面临重大的、意外的混乱时，负责采取正确的行动	制定危机战略，向社会媒体发布信息，以正视听
	资源分配者	做出或批准组织中的重大决策	向分公司注入资产，向绩效考核优良的科研人员和销售人员发放奖金
	谈判人	在主要的谈判中代表组织行使其责权	合同谈判

1. 人际关系角色

管理者面临着大量的互动，不断与上级、同级、下级及组织外部的人交流。在这个过程中，管理者的工作中包含着三种人际关系角色。首先，管理者通常被要求扮演名义首脑的角色，也就是在外界面前代表组织、部门或工作单位，如招待来访者、参加剪彩仪式等。这些活动主要是象征性的而不是实际的。其次，管理者被要求扮演领导者的角色——招聘、培训和激励员工。管理者正式或非正式地向下属展示如何工作和如何在压力下完成业绩，就是在扮演领导者的角色。最后，管理者还要扮演联络者的角色。这一角色通常涉及在个人、小组或组织间担任协调人或联系人。

2. 信息角色

管理者扮演着三种信息角色，在扮演这些角色的过程中，管理者位于收集和传播信息的战略位置。第一种信息角色是监督，积极地收集任何有价值的信息。管理者向下属提问，接收主动提供的信息，试图获得尽可能多的信息。第二种信息角色是信息的传播者，管理者将相关信息转发给具体的工作人员。如果将收集和传播工作结合起来观察，可以发现，管理者在组织的沟通链上扮演着至关重要的角色。第三种信息角色是专注于外部沟通。发言人向单位或组织外的人发布信息。例如，海尔公司的一位工厂经理向高层管理传送信息，让他们更好地掌握工厂的活动。管理者还在面对消费者群体时代表本组织。尽管发言人和名义首脑的角色有相似之处，但两者之间有一个重要的区别：当管理者作为名义首脑时，他的意义仅限于代表组织的符号；而作为发言人，管理者持有信息并且将信息以正规的方式发布给其他人。

3. 决策角色

管理者在扮演信息角色时所获得的信息对其将要做出的重大决策形成主要的影响。明茨伯格区分了四种决策角色。第一种决策角色是企业家。管理者要扮演企业家的角色，他是变革的自觉推动者。例如，美国3M公司的一位经理发展了报事贴的理念，但他需要将这一理念“卖给”公司持怀疑态度的其他经理。第二种决策角色不是由管理者而是由其他个人或群体发起的。例如，故障排除者的角色需要处理诸如罢工、版权纠纷或有关公共关系和组织形象的问题等。第三种决策角色是资源分配者。管理者决定资源的分配，决定自己同哪些人最密切地一起工作。例如，管理者通常负责在组织内的成员和项目间分配资金。第四种决策角色是谈判者。在扮演这一角色时，管理者作为组织的代表介入同其他群体或组织的谈判。例如，经理负责与咨询公司进行合同的谈判，或者同供应商建立长期关系的谈判。谈判也可能在组织内部进行。例如，经理可能需要调解两个下属部门间的争执，或同其他部门谈判，以便要求额外的支持。

当然，管理者角色并不是在所有管理人员中平均分布的，也不可能全部由某个管理者一肩承担，对于不同层级的管理者，所强调的重点不一样。相对而言，信息传播者、名义首脑、谈判人、联络者和发言人等角色更多地由组织高层人员来担当，领导者的角色在基层管理者身上表现得更突出。

三、管理者的技能

组织的环境变幻莫测，管理者的任务和职责也是变化和复杂的，管理者除了扮演各种各样的角色外，还需要特定的技能来履行他的职责和活动。根据罗伯特·李·卡茨（Robert L. Katz）的研究，管理者需要三种基本的技能或素质，即技术技能、人际技能和概念技能。

技术技能（technical skill）是指熟悉和精通某种特定专业领域的知识，如制造、工程、计算机科学、财务、会计或人力资源等。对于基层管理者来说，这些技能是重要的，因为他们要直接处理员工所从事的工作。管理者花费大量的时间同组织内外的人员进行接触，他们需要具备人际技能（human skill）——沟通、理解和激励个人与群体的能力。具有良好人际能力的管理者能够使员工做出最大的努力，而这种能力对于各层次的管理者都是必备的。概念技能（conceptual skill）是指管理者对复杂情况进行抽象和概念化的技能。通过这种技能，管理者能够将组织看成一个整体，理解各部分之间的关系，想象组织如何适应它所处的广泛的环境。

这些技能在各个不同管理层次上的相对重要程度也有差别，如图 1-4 所示。对基层管理人员来说，技术技能最重要，人际技能在同下属频繁交往中也非常有用，概念技能通常对底层主管们显得不那么重要；对中层管理人员来说，对技术技能的要求有所下降，人际技能仍很重要，而对概念技能的要求大大提高；对高层管理人员来说，概念能力及人际能力都很重要，对技术技能的要求则微乎其微。可以这样假设，在大型组织中，高层管理者可以利用下属们的专业技术技能；但在小型组织中，专业技术技能可能依旧十分重要。

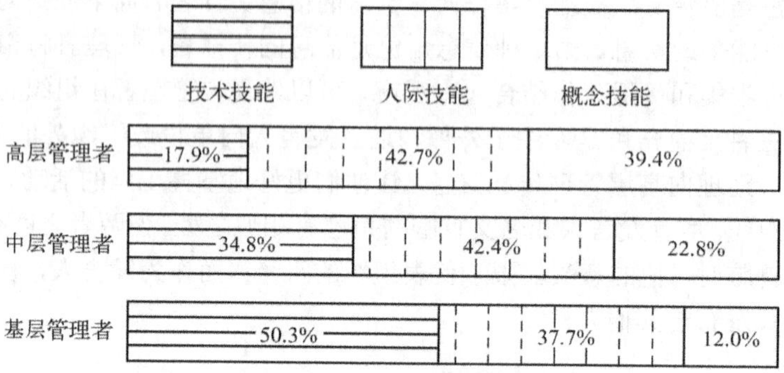

图 1-4　各种层次管理所需要的管理技能比例

四、管理者的素质

管理者的素质是管理者成功地执行管理工作，圆满地实现管理的目标所要具备的重要条件，具体包括个体素质和集体素质两方面。

1. 管理者的个体素质

管理者个体素质是指管理者个人在先天禀赋的生理素质基础上，通过后天的实践锻炼、学习而形成的，是在管理工作中经常起作用的那些内在要素的总和。概括地说，管理者个体素质包括思想素质、知识素质、能力素质、心理素质和身体素质五方面的内容。

① 思想素质。管理者的思想素质是管理者精神风貌、道德品质的集中反映，全面体现了管理者的世界观和人生观。管理者应该自觉、严格地要求自己，努力做到求真务实、团结协作、创新进取，并树立正确的管理理念。

② 知识素质。在科学技术日新月异的今天，没有丰富的知识是难以胜任管理职位的。科学管理理论之父泰勒曾指出，具有丰富知识和经验的人比只有一种知识和经验的人更容易产生新的联想和独到的见解。这说明，知识是提高管理者智慧、能力的基础。知识作为人类社会历史经验的总结，可分为 8 大类：自然科学、社会科学、数学科学、系统科学、思维科学、人体科学、文学艺术科学、军事科学。在这 8 大类知识中，前 5 类都与管理科学有相当的联系，后 3 类也有间接或可供借鉴的关系。

③ 能力素质。管理者的能力素质可理解为善于完成任务、实现目标的能力。无论组织或上级挑选的管理者，还是群众心目中所期望的管理者，都有一个共同的要求，即希望他能胜任其工作，能在所任的岗位上执行管理职能，实现组织的目标。管理者应具备的能力主要有：创新能力、决策能力、组织指挥能力、沟通协调能力、人际交往能力、控制能力、技术能力。

④ 心理素质。管理者的心理素质是指管理者心理的稳定性倾向的综合，主要包括性格、情绪

状态、人际关系、动机、态度、意志、兴趣、气质等。性格是一个人的典型性的行为方式，即一个较成熟的人在各种行为中总贯穿着某种典型的方式。态度则是个体根据自己的观念体系对某一对象所持的稳定评价与内在倾向的有机组合。

⑤ 身体素质。管理者的身体素质主要是指管理者做好管理工作所需要的最基本的身体条件，即管理者的身体发育情况和健康状况，体魄和体格达到的强度，以及对艰苦环境的忍受程度和对管理工作的持续性的承受程度。

2. 管理者的集体素质

管理者的集体素质实质上是指管理集体应具备什么样的素质结构，可以从以下 4 方面理解。

① 年龄结构：指管理集体成员的年龄构成情况。一般来说，一个理想的管理者集体应该由老、中、青各占适当比例的三个年龄梯次的管理者构成。

② 知识结构：指管理者集体的知识构成状况。现代的管理者个体应具有较高的文化知识水平，还要强调各类人才的合理搭配。只有将各种专才有机地结合，才能胜任复杂的现代管理工作。

③ 能力结构：指人们运用知识分析和解决问题的能力。管理者集体的最佳能力结构是指由不同能力类型的管理者个体，按照与实际需要相适应的比例构成的多功能的职能综合体。

④ 心理素质结构。在一个合理的管理者集体中，管理者成员的心理素质结构，如性格、气质等，应当是协调互助的。同一气质类型的成员组成的管理者集体并不具备最佳的气质结构。管理者成员具有多种气质类型，若能够将各自的性格气质各展所长，彼此取长补短，这样的管理者集体才会是高效的。

第三节　管 理 学

管理学是系统地研究管理活动，揭示管理活动规律的基础性学科，是以一般的组织管理的基本概念、原理、方法和程序为研究对象的学科。这一学科涉及对多种组织资源的管理，以及对于项目和运营两大类事物的管理，其研究的主要管理职能包括计划、组织、领导、控制和创新。

人类社会存在多种多样的社会组织，如政府、党派、学术团体、宗教组织、企业、军队、医院和各种社会团体等，这些社会组织各自都有一些具有独特性的管理原理和方法，它们构成了管理学的各个分支，如企业管理学、军队管理学、学校管理学、医院管理学和行政管理学等。这些不同的管理学分支虽然都包含着共同的管理学原理和方法，但是它们不能等同于一般管理学。一般意义上的管理学只能研究在各种管理中共存的并带有普遍适用性的管理原理和方法。因此，管理学正是寻找这种共同需要的管理原理与方法的一门学问和学科，集中研究一般性管理活动的管理规律和基本方法。

一、管理学的特点

管理学在总结管理发展历史经验的基础上，综合运用现代社会科学、自然科学和技术科学的理论和方法，去研究现代条件下的管理活动的规律，因此它具有软科学的全部特征。

① 历史性。任何一种理论都是实践和历史的产物，管理学尤其如此。管理学是对前人管理实践、经验和管理思想、理论的总结、扬弃和发展。割断历史，不了解管理历史发展和前人对管理经验的理论总结，不进行历史的考察，就很难理解建立管理学的依据。

② 综合性。管理学是一门综合性的交叉学科。管理的二重性决定了管理学既不同于以客观自然界为研究对象的自然科学，也不同于以社会发展客观规律为对象的社会科学，而是对自然科学和

社会科学的理论成果予以兼收并蓄、综合运用的交叉性学科。管理实践的复杂性也决定了管理学必须综合利用经济学、社会学、心理学、伦理学、数学等学科的研究成果，利用运筹学、系统论、信息论、控制论、电子计算机科学等最新成就，对管理进行定性的描述和定量的测算，从中提炼出行之有效的管理理论，反过来指导管理的实践。

③ 应用性。管理学是一门紧贴实践的应用性学科。管理学的研究对象和研究目的决定了它是一门与实践紧密相连，对理论成果的应用价值十分重视的学科。管理学通过对管理活动的基本规律和一般方法进行系统总结和科学概括，形成普遍的管理原理与方法，以指导人类的管理实践活动，并在此过程中完成对理论和知识的正确性检验。所以，管理学无论在理论的来源、理论的价值上，还是在检验理论的方法上，都深深地打上了实践的烙印。

④ 时代性。管理学是一门具有鲜明时代特色的学科。正因为管理学的实践特征显著，所以它必然会呈现出鲜明的时代特色。翻开人类近百年来的发展史，可以清晰地看到，管理学始终是随着时代的前进步伐不断积累和完善的。从科学管理理论的“动作研究”到行为科学理论的“社会人假设”，从20世纪组织管理理论的“官僚体制”到20世纪末的“流程再造”，管理学始终紧扣着时代的脉搏。

二、管理学的研究内容

管理学虽然是一门新兴学科，但已发展为一个庞大的学科体系，主要由管理学基础理论和门类众多的分支学科构成。经济管理、行政管理、教育管理、工商管理等管理学分支学科就是将管理学的基础理论运用于各专业领域，目的在于指导管理者解决实践中的特殊管理问题，因此它们的研究内容都具有各自的特性。管理学的基础是对管理活动的基本规律和一般方法展开研究，目的在于为管理实践和其他分支学科的发展提供一般性指导，所以管理学基础理论具有自己的研究内容体系。

① 管理思想史。管理思想史是在考察管理实践的发展历程的基础上对管理思想的演变过程所做的理论回顾。管理思想史研究主要是对管理史上各种观点、主张、思想、理论进行梳理和提炼，目的在于继承和发展管理学研究成果。

② 管理原理。管理原理主要研究基础理论中的一般性问题，即研究普遍适用于人类社会或某一特定社会形态的一般原理、理念、原则及基本规律。管理原理是普遍性的管理规律，是对管理的实质及其基本运动规律的表述。管理的含义、决策的制定、计划的编制、组织的设计、过程的控制等都是典型的管理原理。

③ 管理职能。管理原理的作用是在管理者履行各项职能的过程中体现出来的。管理职能研究主要从管理的功能、过程、技能、角色、活动等多个角色探讨“管理者做什么”的问题，如计划、组织、领导、控制、创新等。

④ 管理者。管理者是管理活动的主体，既包括个体，也包括群体。管理者研究主要探讨“什么人来做”的问题，如个体层面的价值观、知识、能力、技能，群体层面的结构、关系等。管理活动的成功与否与管理者有着密切的关系。

⑤ 管理环境。任何组织都生存在一定的外部环境之中。管理环境研究主要探讨“管理的外部条件如何”的问题，如社会文化、政治法律、经济技术等。

⑥ 管理技术和方法。管理职能的履行是依靠管理的技术、方法和手段来实现的。技术和方法的研究主要探讨“管理者如何做”的问题，如人员测评技术、计划评价技术、关键事件分析法等。

⑦ 管理效果。管理活动是否有效的主要标志是效率和效益。管理效果是对管理目标实现程度的衡量，所探讨的问题是“做得怎样”。

三、管理学的研究方法

一般来说，管理学研究的基本方法有 7 种：唯物辩证法、归纳演绎法、实验法、调查法、实地研究法、文献研究法和评估研究法。

① 唯物辩证法。唯物辩证法是指导人们认识世界、研究问题的基本方法。它一方面要求人们一切从实际出发，实事求是，从实践中总结出的理性的结论还必须接受实践的检验；同时，它揭示事物发展中的对立统一规律、质量互变规律和否定之否定规律，以及原因和结果、必然性和偶然性、内容和形式、现象和本质之间的辩证关系。这是所有科学研究必须遵循的基本方法，管理学也不例外。用唯物辩证方法研究管理学必须始终坚持理论与实践相结合，重视调查研究和实证分析，使管理理论随时接受管理实践的检验，避免唯心论和主观主义。坚持事物普遍联系和发展的观点，重视管理创新，不断研究新情况，总结新经验，防止形而上学和教条主义。

② 归纳演绎法。归纳演绎法属于逻辑分析方法的具体形式之一。任何科学理论的建立都必须借助于逻辑推理，管理学也不例外。人类的认识总是由特殊到一般，再由一般到特殊，循环往复，不断深化的。归纳和演绎就是这一认识过程的两种推理方法。归纳法是从许多个别事实中概括出一般性结论的思维方法；演绎法则是根据一般原理推论出特殊结论的思维方法。

归纳法运用在管理学的研究中，有助于在诸多管理经验中总结出普遍规律，在管理实践发展的基础上提出新的管理理论。归纳法的局限性表现在：由于事物的属性有本质与非本质、主要与次要之分，归纳时不一定能抓住事物的本质，何况事物本身还在不断发展，即使合理也只能证明过去，将来未必是过去的再现，因此，归纳法的运用要尽量保证调查的客观性和科学性，要注意剔除次要的非本质因素。

在管理学研究中运用演绎法，表现为从某个概念或原理出发，建立起反映某种逻辑关系的模型，通过计算和推理得到对特定问题的结论。这种方法的局限性表现为：演绎法本身不能保证演绎的前提是否正确，同时它只能解释包含于前提之中共性的东西，不能揭示事物更丰富的属性。因此，上述方法的运用不能绝对化，应注意不同方法的相互补充，使其相得益彰。

③ 实验法。实验法是一种能够让管理研究者探索因果关系的观察法，一般在一定控制条件下的实验室里进行，但可以用于研究现实世界中的管理事件的效应。实验法适合于范围有限、界定明确的概念和假设，其主要缺点在于：人为操作，实验中发生的事情未必会在现实世界中发生。其优势在于：实验法能够将自变量独立开来，从而可以进行因果推论；相对容易控制；具有很强的严密性。著名的“霍桑试验”就是运用实验法进行管理学研究的典范之一。

④ 调查法。调查法是管理研究中相当普遍的一套方法，即从研究总体中抽选样本，并对样本进行问卷调查。研究者可以通过邮寄问卷、亲身访谈、在线调查等方法来收集资料。调查法特别适合对一个大的总体进行描述性研究，当然，调查的资料也可以用于解释性的目的。调查法的优势在于：经济，可以收集到大量的资料，资料的标准化程度高。其缺点在于：容易受人为因素影响，难以挖掘有深度的信息，实施起来相对不够灵活。政府部门经常实施的民意测验是运用调查法测量公众态度和倾向性的一个显著典范。

⑤ 实地研究法。实地研究是一种在自然的管理情境下直接观察管理活动表象的研究方法。一般而言，实地研究都是定性的而不是定量的。实地研究尤其适用于那些难以定量化的，适宜在自然情境下进行研究的主题与过程，其中包括实践、情节、角色、关系、亚文化等。实地研究的优势在于：能够提供深入的理解，有弹性，并且花费少。但是，实地研究常常会遇到伦理困境，且不适合对大群体进行统计描述。

⑥ 文献研究法。文献研究法可以细分为三种方法，即内容分析法、统计资料分析法和历史比

较分析法。其中，每种方法都可以使研究者无须身处实地来研究管理活动，而且不会在研究过程中影响到研究对象。文献研究依赖于成文文件、现有统计资料及历史记录，因此，其缺点在于：局限于记录下来的内容，以及存在有效性和可信度的问题。但是，文献研究法具有经济、安全和能够研究较长时间内发生的事件等优势。

⑦ 评估研究法。评估研究是一种应用性研究，通常采取试验或准试验设计，有时可能使用资料收集和分析的方法。这种研究方法以管理干预的效果为对象，因此在准备实行管理干预时，这种方法很适用。总之，评估研究有助于对管理决策的正确与否进行判断。但是，在实施过程中，评估研究法也面临着伦理等困境。

本章小结

① 管理是指在特定环境下，对组织所拥有的资源进行的包括计划、组织、领导、控制和创新等在内的一系列活动，其目的是以有效率的和有效果的方式实现组织的目标。

② 管理具有自然属性和社会属性的二重属性，同时兼具科学性与艺术性的二重属性。

③ 管理最基本的任务是实现有效的社会协作，最基本的形式是组织，最主要的内容是处理人际关系，管理发展的主要动力是变革与创新。

④ 管理的职能包括计划、组织、领导、控制和创新。计划是指确定组织目标，并列出为达到目标而要求开展的一系列工作。组织是指为了实现组织的目标，将必须进行的各项工作和活动加以分类和归并，设计出合理的组织结构、配备相应人员、分配权力并进行整合与协调的过程。领导是指影响组织或群体成员，使其为确立和实现组织或群体目标而做出努力和贡献的过程。控制是以正确的标准衡量计划的执行过程，一旦产生偏差，及时纠正偏差，使组织回到既定的运行方向，保证组织计划目标的实现。创新是指任何使现有资源的财富创造潜力发生改变的行为。

⑤ 根据组织中的不同层次，管理者可以区分为高层管理人员、中层管理人员和基层管理人员，不同层次的管理者所承担的职责有所不同。按照组织职能部门的不同，企业组织的管理者可以分为营销、财务、生产、人力资源、行政管理及其他类型的管理者。根据组织中管理者不同的行为方式，管理者可分为专制型管理者、中庸型管理者、放任型管理者和综合型管理者。

⑥ 亨利·明茨伯格通过研究发现管理者在工作中要扮演人际关系角色、信息角色、决策角色三大类型角色，具体包含10种不同的角色，即名义首脑、领导者、联络者、信息监督者、信息传播者、发言人、企业家、障碍排除者、资源分配者、谈判人。

⑦ 根据罗伯特·李·卡茨的研究，管理者需要三种基本的技能或素质，即技术技能、人际技能和概念技能。这些技能在各个不同管理层次上的相对重要程度有差别。

⑧ 管理者的素质包括个体素质和集体素质。管理者个体素质包括思想素质、知识素质、能力素质、心理素质和身体素质。管理者集体素质包括年龄结构、知识结构、能力结构和心理素质结构。

⑨ 管理学是系统地研究管理活动，揭示管理活动规律的基础性学科，是以一般的组织管理的基本概念、原理、方法和程序为研究对象的学科。

⑩ 管理学具有历史性、综合性、应用性、时代性的特点。

⑪ 管理学的研究内容包括管理思想史、管理原理、管理职能、管理者、管理环境、管理技术和方法、管理效果。

⑫ 管理学的研究方法包括唯物辩证法、归纳演绎法、实验法、调查法、实地研究法、文献研究法和评估研究法等。

重要概念

管理　　效率　　效果　　管理者　　管理职能
管理者类型　　管理者角色　　管理者技能　　管理者素质　　管理学

习题 1

1. 如何定义管理？请结合实际加以解释。
2. 什么是管理职能？
3. 管理者有哪些类型？
4. 管理者在管理活动中会扮演何种角色？
5. 管理技能如何因不同的组织层次而异？
6. 管理者的素质有哪些？
7. 管理学具有什么特点？
8. 管理学的研究内容和研究方法是什么？

案例分析

稻盛和夫的人生感悟

稻盛和夫是日本京都陶瓷公司（京瓷）和DDI（第二电电公司，现名KDDI）两家世界500强公司的创始人。其独到的经营理念引领企业克服重重困难，曾创下销售降九成却不亏本的传奇。他认为“企业最终目的是为了获取利润，但是应该以善恶为判断标准”。

下面摘录稻盛和夫在《活法》和《人，为什么活着》中关于思想境界的理念，供大家思考。

(1) 什么是企业经营者最需要的

当今时代最需要的就是从根本上思考“人为什么活着？”

尽管它像在沙漠中洒水一样虚无，也像在湍流中打桩一样困难，但它从根本上决定着人们的思考和行动。否则，我们将陷入无止境地追求钱财和名位而疲于奔命。我希望，每个人都能带着美好一点、崇高一点的灵魂死去。

(2) 人生态度能影响管理和企业吗

人的生活经历，取决于“人生态度”。人生态度不同，就有高尚与卑鄙的分别。一切为了钱，将最终成为商业丑闻的主角。人越有才华，越相信自己有很强实力，越容易走上不知其危的失败不归路。因此，人生品格修炼对事业、企业都是十分重要的。

(3) 什么是人的品格

品格是由先天的性格和后天的理念组成的。而后天的理念、思想、哲学是做人的准则，准则对与错决定了人的品格好与坏，而品格的好与坏决定了人生的成与败。要提高心性的尊贵，要追求人间正道的做人准则。品格的形成，是通过完成工作实现的。工作完成又受品格好坏决定，所以完善工作不如完善品格更根本。

(4) 什么造就了人一生的成就

人生成就由思维方式、工作激情和业务能力这三个要素组成。

起决定作用的要素是思维方式。何谓思维方式？就是对待人生的态度，即人生观、价值观。思维方式有好有坏，有积极与消极，因此有正值又有负值，它的范围是+100～-100。激情、能力的范围是0～100。三个要素的乘积才是人的成就。

（5）什么是稻盛哲学的原点

这个原点就是“正确地做人准则”。这基于人类与生俱来的良心，并以此衍生出社会基本的伦理与道德。它使人不会迷失方向，是企业经营指针，也是人人必须遵守的判断是非的标准。

我的经营是“以心为本”的经营，就是在企业中建立以一种牢固的相互信任的人与人之间的关系为中心的经营。世界上没有比人心更易变、更不可靠的东西，但是只要建立起牢固的信赖关系，也没有什么比人心更牢固、更可靠。

（6）什么是我们办企业的目的

企业经营者必须有明确的目的和意义，从而能定出光明正大、顾全大局的崇高目标。具体说，就是追求全体员工物质与精神的幸福，同时为人类社会的进步与发展做出贡献。

企业经营的首要目标，是谋求全体员工及其家属的共同利益。

（7）什么是企业经营的基本出发点

“实现销售额最大，经费支出最小”是京瓷创业时稻盛的基本理念，一直坚持到今天。为此，他创办了完全独立核算的“阿米巴组织”。

在其经营中实行“单位效益时间核算”。这与通常说的“成本核算”不同，而是先获取订单，在订单前提下生产，以投入最少，集中全力追求创造价值最大化。“阿米巴组织”通过明确责任，确保细节透明公开，形成可以彻底检验效益的经营体系。

（8）什么是经营者应有的境界

我的观点与中国道教遵循的“道法自然”观点相近，即要以基本的道德观、伦理观为前提去办事。我是企业经营专业的外行，但我本着这一思想经营企业一辈子，也获得了事业的成功。如果我当初学了经营学，想到的只是赢利，甚至想到一些投机取巧的办法一味通过人际关系去赢钱，一切为了少吃苦多获名利，那就没有今天。我就是从做人的道理出发，提出我自己的经营哲学，并做到与全体员工共享的。我始终如一地去做，悟出道理就记在本子上，始终保持自己追求的人生理想。

资料来源：《中外管理》2009年11期

思考题：

1. 稻盛和夫的人生感悟给你的启示是什么？

第 2 章

管理思想的演进

学习导图

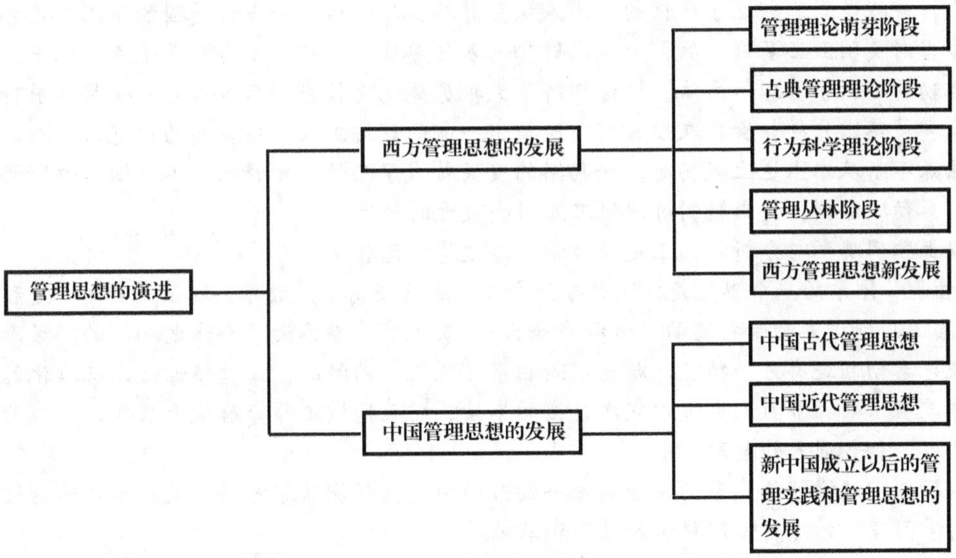

开篇案例

站在 21 世纪拥抱“泰勒”

您可知道，“泰勒制”现代企业管理的核心构件在中国的引进，甚至比欧洲还要早？

一个世纪前，秉持实业救国的“中国现代企业管理先驱”穆藕初先生就敏锐地意识到泰勒制的巨大价值，甚至历尽辛苦在美国找到科学管理理论之父泰勒当面求教，且“反复讨论，获益良多”。1914 年，穆藕初着手翻译包含泰勒制精华思想的《科学管理原理》，两年后以《工厂适用学理的管理法》为名出版。其时，穆藕初先生除了经营自己的企业外，也不遗余力地各处挂职推广泰勒制，时人称他“如苏季子之身佩六国相印，卓然为纺织工业专家”。而欧洲在第一次世界大战后，才惊诧于美国工厂生产的高效，开始学习泰勒制。

如今，泰勒制作为现代企业管理的基石，在世界上任何一个成功企业中，我们都能找到它挥之不去的影子，如波音、丰田。

但令人扼腕的是，就像中国最早发明火药却没有率先造出大炮一样，泰勒的思想虽率先登陆，却同样没能在20世纪纷乱的中国扎根结果。国内一家大型证券交易所高管认为："从现实情况来看，泰勒的'科学管理'是我国企业最薄弱的环节！""20来年的管理生涯里，总结的很多经验，到头来发现还是归结到泰勒制这个基础上来了。"由于工作关系，该高管有机会先后与几百位企业家深入沟通，切身地体会到一点——绝大多数中国企业最需花工夫，也是最艰巨的工作，是"锤炼管理工序，苦练基本功"。

与企业家共鸣的是经济学家厉以宁："纪律、规范、制度、程序等与现代化相对应的理念，远没有深入人心！"

（1）打败希特勒的幕后英雄

美国人弗雷德里克·泰勒（Frederick Taylor，1856—1915）的"科学管理"体系，是他用了20多年时间在工厂里实验和总结前人经验发展而来的。泰勒认为："最佳的管理是一门实在的科学，基础是建立在明确规定的纪律、条例和原则上的。"第二次世界大战期间，纳粹之所以"敢于"挑战美国，就在于严谨的德国人机关算尽，却错估了一点：美国的军工生产补给能力。因为当时美国欧亚两线作战，大批熟练工人入伍参战，工厂劳动力非常吃紧。但是，美国正是用泰勒的"科学管理"方法，迅速训练了大批原先毫无技能的后备人力，使得从前种田养牛的农民和足不出户的妇女，在短时间内能抵上一流的熟练工人。当美国的坦克、飞机像变戏法一样源源不断从本土送上战场时，法西斯的覆灭就成了必然。希特勒，不是输给罗斯福，而是输给了泰勒！培训，是泰勒制对现代工业影响最大的领域。

做出以上独到观察与分析的，正是管理学大师彼得·德鲁克。

"科学管理"体系的一个奥妙是：通过专业分工，成倍提高生产效率，增强企业的"流程竞争力"。美国工厂通过泰勒制打造的"流程竞争力"，实现了"整体大于个体之和"的"效率倍增器"效果！泰勒制还有另一功能，就是不断积累"能人"的经验，通过精细化、标准化的方式分解工作流程，让大多数人也可以完成复杂的事情，而且通过工作分解使大规模培训成为可能，把"能人"和普通人的差别缩小。

因而，厉以宁这样评价：泰勒制强调每个细节的规范，强调从起源到结果每个环节的过程控制。"'科学管理'始终是管理科学的核心和基础。"

（2）中国企业的"基本功缺失症"

然而，正因为穆藕初先生在20世纪初对泰勒制的推广没有被后人继承，更毋论发扬，导致了100年后中国企业界的诸多怪现象：最基本的安全事故、质量事故不断发生，而且反复发生，以至于本应"好事"的媒体都陷于"报道疲劳"而趋于麻木。

但这还是显性在外的"灾难"，其实危害更大的是我们身边那些见怪不怪的"怪胎"：很多企业尚未建立起最起码的流程管理，却开始了"流程再造"；还没有站稳脚跟，就盲目追求所谓的"管理前沿"，不切实际地提出做大做强、多元化战略，向世界500强看齐；还未通过精细化管理，形成规范化、标准化样式，就要追求超越现实可能的"战略制高点"；还未训练出严谨有序的职业化团队，就大谈"人性化管理"、"企业文化"——相当多的企业患上了企业"基本功缺失症"！

（3）一道算术公式的玄机

请计算这样一个算式：90%×90%×90%×90%×90%＝？

言下之意是：在工作流程上，人们会认为把每个环节都做到"良好"——90%，就很不错了，但是5个"良好"的效果是多少分呢？90%×90%×90%×90%×90%=59%——"得分"

是59——居然不及格！

这道算术题看似很简单，却不肤浅，反而有着触目惊心的深刻！它用自然科学的公式表现着流程管理中的规律：有什么样的过程就会产生什么样的结果。而过程中的规范化管理，即使细节稍打折扣，也可能会导致整体价值的彻底崩溃。与多数企业关注结果相反，过程控制才是科学管理的基本功，也是泰勒制关注的核心所在。泰勒制在20世纪后半叶的“衣钵传人”丰田汽车有一句名言：“高品质，是设计出来的（而非检测出来的）！”彼得·德鲁克认为：“《科学管理原理》的理论无论在哪里都很适用：生产力因之成倍地增长，工人的实际收入急剧上升，工作时间减少，工人的体力及精神压力减小。同时，销售收入和利润提高，而产品价格降低了。”

（4）重估“现代奴隶制”的帽子

有人认为，百年前泰勒制所强调的规范化管理会使员工沦为企业的机器，会限制员工的主动性和创造性，进而影响企业的活力。甚至泰勒制在美国刚兴起时就有人提出：这种规范化管理其实是一种“现代奴隶制度”，而且一些管理人也一直批判泰勒制把工人理解为“经济人”的假设。甚至在今天，很多人将泰勒制更多视为一种反面的管理理论而偶尔谈论。

对此，彼得·德鲁克曾经明确回应：“运行良好的企业都是平淡乏味的，它不应该也不会有激动人心的事件发生。”管理者想把企业做大做强，追求的反而应该是德鲁克所讲的“平淡乏味”的规范化管理。而在德鲁克开创现代管理学后，人们才发现：泰勒的刚性管理还有另一面——泰勒认为，科学管理的精华就是管理者与工人的“双赢”和亲密合作。泰勒坚信，管理者与工人在效率的提高方面利益一致——资方关心如何最低成本地生产，工人关心如何获得最高工资。只要双方亲密合作，通过泰勒制共同努力提高劳动生产率，双方的目标是可以协调一致的。泰勒在百年前，把劳资双方的协调颇为前瞻地寄望于一场“精神革命”，即双方都把注意力转到赢利的增加上，寻找到劳资双方的共同目标，共谋双赢。而且，泰勒要求，工厂主必须先大幅度提高工人工资，有时甚至高达3倍，他才会去对工厂展开“科学管理”改造。

因而，德鲁克这样评价泰勒制：增加生产的真正潜力在于“更聪明”地工作，而泰勒制不但极大地提高了产量，而且在增加工人工资的同时，使降低产品价格和增加对产品的需求成为可能！

（5）道不远人，更绕不开

在泰勒制诞生这百年里，沟通、分权、有效激励、文化管理、学习型组织等管理思想纷纷诞生，都是符合企业运营规律的方法体系。于是新问题出现了：管理领域的方法和思想林林总总，从目标管理到战略模型，从精益生产到核心能力……为什么中国企业独独特别需要“回归”那个“老古董”泰勒制呢？

有人做了一个生动的比喻：“泰勒制是支撑现代企业的核心构件，是企业大厦的‘承重墙’。而个性化、人性化的柔性管理是市场经济发达之后的一种装饰性的构件，是为了更好地享用‘承重墙’带来的空间而采取的辅助手段。如果没有钢筋水泥所建构的硬性空间，柔性装饰就难有用武之地。”中国企业还处在“娃娃”阶段，绝大部分企业要放下“身段”，谦虚地把自己定位于咿呀学步阶段，一步一个脚印地从基础抓起。

在这百年里，改变20世纪上半叶的福特“规模生产”和改变20世纪下半叶的丰田“精益生产”，这两次工业时代生产方式的大变革从思想本质上都是发端于“祖师爷”泰勒制。因此说，泰勒制从来就不曾尘封，从来就不曾远去，而是始终不断被其继承企业大力实践、与时俱进，并以最震撼人的全新面貌呈现在“我们身边”，彻底改变我们的生活。正所谓，万变不离其宗。

各种管理思想都有其风格，但是“守正才能出奇”，只有泰勒制倡导的规范化管理才是把企业机体组织起来，赋予一种组织生命的基础和“正”道。创新的捷径是回归“原点”，认清本质。在这个基础上，企业才有资格谈什么风格出“奇”。可以说，企业如果不经过泰勒制的规范化管理洗礼，就根本实现不了管理的现代化。

(6) 未来呼唤“新泰勒”

在《管理大师50人》这本书里有这样一句值得注意的话：“抛弃泰勒是很时髦的事。但重要的是，要记住科学管理不但在提高生产力上，而且在保护劳动者的尊严上都是一个飞跃。”

百年来，泰勒制一直面临新条件下的考验，尤其现在知识经济、体验经济、服务经济时代，越来越多创造性工作不断出现。同时，中国企业普遍重结果、轻过程的管理习惯，常常把创新型的工作寄托在员工的“自由发挥”基础上。在未来的白领时代，我们是否还“需要”泰勒？不妨让我们把目光再移到穆藕初先生身上，他在《工厂适用学理的管理法》序言中写道：“熟谙此书所载方法，引申触类变通，化裁而妙用之，无论个人与家庭，社会与国家，种种事业，参用此项新办法，无不立收奇效。”

为什么在各种领域都会立收奇效？不管古典泰勒制是否真的如一些人所说，忽略了“人”的因素，只是把人当成了经济人，强调物质激励，但是泰勒自己也表示，“科学管理不是方法、制度，而是一种理念”。时代在变，但管理的核心规律和人性的基础并没有变。就像泰勒制思想被随后的福特公司实践，迅速将全人类带入汽车时代，之后又被丰田公司改良，迅速将全人类带入个性时代一样，在未来甚至就在当下，泰勒制理念在知识型、服务型企业中也必将有适合自己的方法与创造。

时代面貌日新月异，本质“其实一样儿一样儿的”。

(7) 迎难赶上，不容再失

早先穆藕初就看到：泰勒在美国应用的前提是，所有关于人性、人的素质、人的道德问题已经解决了。中国现代企业管理先驱当年的这些感慨，现在看来仍然适用，甚至更突出——当代中国处于全面转型期，哪怕以最快的速度完成管理和技术上的转型，中国的人群素质、中国的人际关系，注定还停留在过去的社会里面。

国家转型不可能一蹴而就，泰勒制的应用与升级也不可能一帆风顺。但最有价值的事又有哪一件是顺风顺水的？要知道，丰田生产方式是在推行整整10年后才开始有回报的。

因此，“抛弃泰勒制成为时髦”，尤其对中国企业无疑是一大悲哀。中国企业能否在日益激烈的国际竞争压力之下发展，很大程度上取决于企业对规范化管理和流程竞争力的塑造，进而在新兴领域创造性地应用。因为，在新兴领域，我们和世界依然处在同一起跑线上！谁在新行业里将泰勒制理念嫁接、运用得好，谁就能将往往昙花一现的“噱头”变成真金白银的“实力”！

资料来源：《中外管理》2009年3期

管理的历史源远流长，从刀耕火种的远古时代到高度文明的现代社会，管理实践以及积淀的管理思想不断指引着人类走向进步。许多前人优秀的管理思想不仅为当时社会创造了巨大价值，而且仍能为当代的管理实践提供指导。系统地研究管理思想史，有助于解析管理在不同历史时期的文化背景，把握管理思想及其主要流派的来龙去脉，构建管理知识综合的概念体系，从而为管理技术和方法的应用打下坚实的理论基础。

第一节　西方管理思想的发展

管理思想的发展与人类社会的生产实践密切相关。自 19 世纪 60～70 年代英国工业革命发轫，伴随着社会生产力水平的提高及生产组织方式的优化，管理成为继土地、劳动力和资本之后的第四个生产要素，管理思想史也由此经历了一次巨大的质的飞跃，即从传统家庭和手工作坊时期的经验性的零散思想和主观臆测，进化到近代机器大工业时代的科学的系统的管理理论，并不断被丰富、发展和完善。因此，我们以欧美国家的工业革命为源，沿着管理思想的历史长河顺流而下，探寻管理思潮留下的踪影和足迹。

一、管理理论的萌芽

19 世纪中叶至 19 世纪末为管理理论的萌芽时期。工业革命前，欧洲各国长期处在中世纪反对商业、反对获取成就、反人道的文化价值准则的严重束缚下，社会和经济停滞不前。文艺复兴时期，在新教伦理、自由伦理和市场伦理三股力量的驱动下，欧洲各国在社会、政治、经济、技术等领域经历了巨大的变动，终于打破了封建主义樊笼，迎来了资产阶级革命的胜利和产业革命的春天。随着机器大生产和工厂制度的普遍出现，如何物色优秀的管理人员，如何组建和训练一支能干且守纪律的劳动队伍，如何合理计划、组织和控制早期企业的生产活动等一系列问题越来越突出，巨大的压力迫使理论家和实践者不断积累和总结管理经验，形成了早期的管理思想，从而为其后的科学管理运动打下了基础。

早期的管理思想大体上有两类。一类偏重于有关管理职能、原则等方面的理论研究。例如，亚当·斯密在其所著《国富论》一书中分析了劳动分工的效益，提出了生产合理化的概念。另一类则偏重于管理技术和方法的研究。例如，查尔斯·巴比奇以极大的热情关注着生产技术的分析，并就工厂的人事问题提出了“分享利润计划”。罗伯特·欧文首先提出在工厂生产中要重视人的因素，并为此进行了一系列的试验。

小资料 2-1
亚当·斯密简介

1. 亚当·斯密的管理思想

高效的工作组织思想可以追溯到亚当·斯密于 1776 年写成的经典著作《国民财富的性质和原因的研究》(简称《国富论》)，因为这本著作，亚当·斯密被后人尊称为古典政治经济学家。作为苏格兰格拉斯大学的逻辑学和道德哲学教授，亚当·斯密是发现生产流程中的劳动分工（division of labor）原理的第一人。

劳动分工把原来个个都是多面手的工匠和技工所完成的生产过程，转变成了若干个简单的工序。每个工人都变成专家，他们反反复复地完成同一个工序，因此利用时间和知识的效率更高。亚当·斯密介绍了怎样把生产针的过程分解为 18 个工序，由 10 个工人组织成一个小工厂，就可以每天生产 4.8 万根针。如果让这些生产针的工人作为通才来独立完成整个生产过程，则每天只能生产出 200 根针。斯密认为，劳动分工可以使工厂的产量急剧上升。

亚当·斯密认为，劳动分工能提高劳动生产率，理由如下。

第一，劳动分工可以使工人重复完成单项操作，提高工人技巧和熟练程度，提高劳动效率。

第二，分工可以减少由于变换工作而损失的时间。

第三，分工可以简化劳动，使专门从事某项作业的劳动者比较容易改进工具和发明机械。

劳动分工理论不仅符合当时生产发展的需要，也成为以后管理理论中的一条重要原理。

亚当·斯密的研究成果为科学管理奠定了理论基础。他还提出了生产合理化概念、“经济人”观点和经济效果概念等。他认为，经济现象是基于具有利己主义目的的人们的活动所产生的。人们在经济行为中追求的完全是私人利益，但是每个人的利益又为其他人的利益所限制，这就迫使每个人都必须顾及其他人的利益，由此而产生了相互的共同利益，进而形成总的社会利益。社会利益正是以个人利益为基础的。而这些追求个人利益的人就是斯密所说的“经济人”。

2. 小詹姆斯·瓦特与马修·鲁滨逊·包尔顿的管理思想

小资料 2-2
小詹姆斯·瓦特与马修·鲁滨逊·包尔顿简介

小瓦特和小包尔顿在管理实践中发展了许多管理技术，包括市场研究与预测、依据工作流程的需要而有计划地安排机器的场内布置、生产计划工作、生产过程规范和产品部件的标准化。在会计和费用控制方面，他们建立了详尽的统计记录和先进的控制体系，用这种方法来计算生产出的每台机床的成本与每个部门所能挣得的利润。在人事方面，他们发展了工人与经理的培训与提高计划，并进行了工作效率研究，并在此基础上实行按成果支付工资的办法，甚至实施了由雇员选举的一个委员会来管理疾病救济金计划这一类的福利项目。

3. 罗伯特·欧文的管理思想

小资料 2-3
罗伯特·欧文简介

罗伯特·欧文是英国 19 世纪初非常成功的实业家，杰出的管理学先驱和空想社会主义者，被称为“现代人事管理之父”。他创造性地提出在工业管理中要关注人的因素。罗伯特·欧文于 1800 至 1828 年期间，在苏格兰创办并经营了几个纺织厂，在这些纺织厂里推行了当时人们认为是空前的试验，而被认为是现代人事管理的创始人。在工业革命的早期，工人被看做呆板的工具。而欧文十分重视工厂工作中人的因素，并实行了一系列的措施。他改善了工厂内的工作条件，提高了童工的最低工作年龄，缩短了工人劳动时间，为工人提供了厂内膳食，设立按成本向工人出售生活必需品的商店，并通过建造住房和修筑街道使工厂更有吸引力，以求改进工人生活所在地的整个社会状况。

4. 查尔斯·巴贝奇的管理思想

小资料 2-4
查尔斯·巴贝奇简介

查尔斯·巴贝奇曾于 1828 至 1837 年在英国剑桥大学教授数学，是一位相当有影响的教授和科学家。他除了教学外，还对管理和制造工艺有着浓厚的兴趣。他在 1832 年出版的《论机器与制造业经济学》中提出了许多在工业管理中应用科学方法的原则，如实行专业化生产、把工作划分为脑力劳动和体力劳动、进行工作时间研究、根据工人的效率和企业的成果付给工人工资（分享利润计划）等。由于当时的企业界只重视以机器动力为基础的技术进步，并不注意管理问题，因此他的著作虽然流传很广，但没有产生多大影响。

5. 亨利·瓦农·普尔的管理思想

小资料 2-5
亨利·瓦农·普尔简介

普尔认为，组织中应建立一个有着明确的组织结构的管理“系统”，在这个系统里的人们都承担相应的责任——这个系统有一个遍及整个组织的完备的汇报通信系统，使最高一级的主管部门能够及时地了解工作的进程；还需要有一套能够概括地说明生产费用、年收入和价格情况的业务报告制度。可是他认识到，这样的系统有可能使人们产生自己像一部机器上的螺丝钉那种想法的危险。他对此的解决办法是推荐一种领导方法，从企业最高级开始，把一种整体感、对工作的正确评价和团结精神灌输到组织中去，以此来克服例行公事与单调乏味。

正如一位有创见的历史学家在论及普尔所起的作用时说的，“他在弗雷德里克·泰勒以前很久就要求有一个系统，在埃尔顿·梅奥以前很久就要求重视人的因素，在克里斯·阿吉利斯（Chris Argyris）以前很久就要求领导去克服正式组织中僵化、刻板的毛病。”

虽然这一时期主要的、有代表性的管理实践和管理思想已经明确地体现和阐述了管理的原则，但它们只是支离破碎的观点，没有形成完整的管理思想体系。然而，早期管理先驱的辛勤探索催生了管理思想的萌芽，为日后管理运动的蓬勃发展打下了基础。概括起来，他们的历史贡献主要表现在三方面：① 区分了管理者与投资者的职能；② 预见到管理的地位将不断提高；③ 促使人们认识到管理是一门具有独立完整体系的科学，值得去探索、研究、丰富和发展。

二、古典管理理论及其发展

19 世纪末 20 世纪初是人类社会现代化进程即工业化发展明显加快的时期。在这一时期，随着生产的发展和科学技术的进步，垄断资本主义逐步占据主导地位，企业的生产、资本、市场规模不断扩大，企业所有者与管理者加速分离，建立在经验和主观臆测基础上的传统管理远远不能适应社会化大生产的要求，也不能满足日益复杂的企业组织的需要。这种情况首先引起了企业中一些具有科技知识和管理经验的管理人员与技术人员的关注，他们围绕如何提高企业劳动生产率的问题进行了大量的实践和研究，提出了一系列科学的管理制度和管理方法，完成了从经验管理向科学管理的转变。在美国、法国、德国及其他一些西方国家都产生了科学管理，并形成了各具特色的古典管理理论，主要包括科学管理理论、管理过程理论和组织管理理论。随着工业化的深入和社会的发展，越来越多的管理者加入到管理理论研究中，促进了管理理论的纵向发展和横向创新，形成了管理理论的大“丛林”，如图 2-1 所示。

小资料 2-6
弗雷德里克·泰勒简介

1. 科学管理理论

科学管理理论致力于传播效率主义，其理论的核心思想是指导人们用科学理性的思维来进行管理，主张用科学的管理原理和方法提高劳动生产率，并要求劳资双方实行重大的精神变革以达到共赢的目的。科学管理理论极大地推动了人类社会的进步，在管理史上具有里程碑的意义，是管理理论的主要理论之一。科学管理理论开创者和中心人物是弗雷德里克·泰勒。

（1）弗雷德里克·泰勒的科学管理思想

泰勒从 1881 年开始在工厂进行了一系列的实验，主要有搬运铁块实验、铁砂和煤炭的铲掘实验及金属切削实验，在实验中着重对工人的劳动时间和工作方法进行系统地分析研究，这为后来创建科学管理奠定了基础。1911 年，泰勒出版了具有划时代意义的《科学管理原理》。泰勒的科学管理思想主要表现在以下两方面。

1）科学管理的原理

泰勒的科学管理是针对传统的科学管理而提出的，其根本目的是运用科学化、标准化的管理方法提高生产效率。在《科学管理原理》一书中，泰勒认为，他之所以要研究科学管理，其目的是为了向人们指出：工业生产由于效率低下而正遭受巨大损失；解决效率低下的办法在于科学的管理；最好的管理是一门实在的科学，是以明确规定的法则、条例和原理为基础的。泰勒经过对传统经验管理与科学管理的比较分析，为科学管理确定了 4 项新任务，这也是科学管理应遵循的 4 条原理，

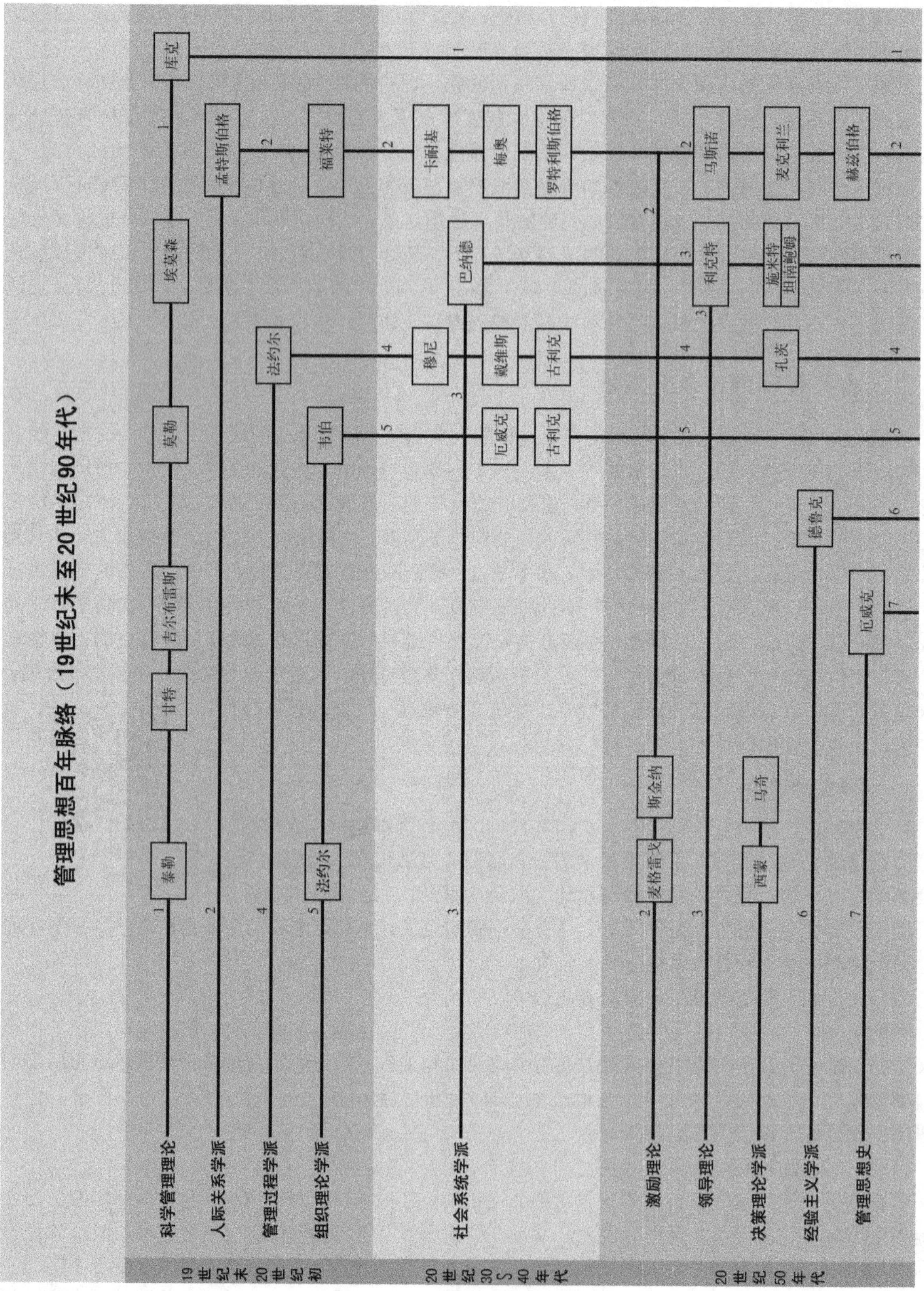

图 2-1 管理思想百年脉络图解[1]

---

[1]方振邦. 管理学基础. 北京：中国人民大学出版社，2008:29-30.

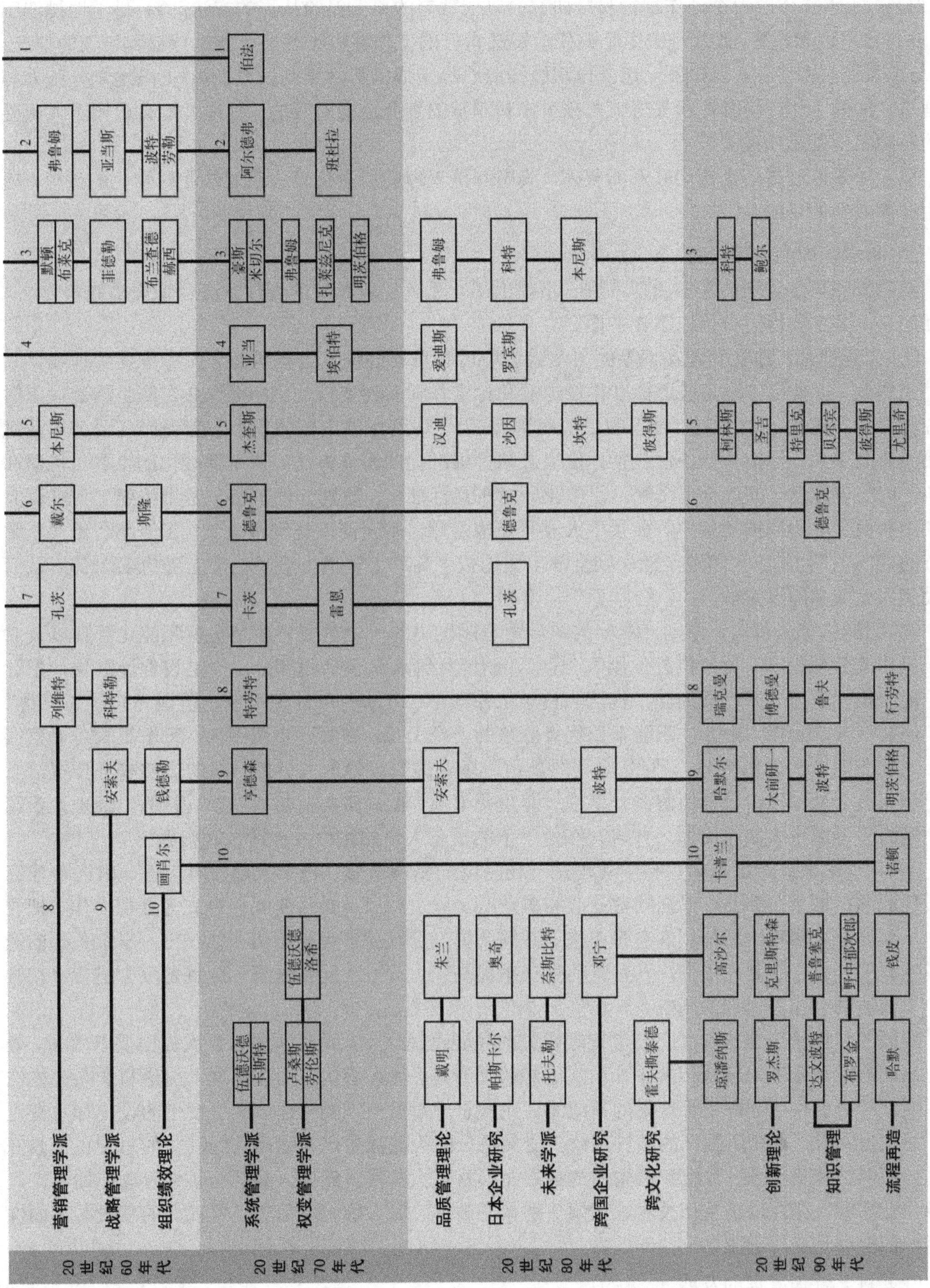

图 2-1　管理思想百年脉络图解（续）

即：① 对工人操作的每个动作进行科学研究，以代替老的单凭经验从事的方法；② 科学地挑选工人，并进行培训和教育，改变过去由工人任意挑选自己的工作并根据各自可能进行自我培训的情况；③ 与工人们亲密协作，以保证一切工作都能按照已经形成的科学原则去办；④ 正确地划分工人与管理者之间的工作，使得管理者与工人在工作和职责的划分上是对等的，管理者把自己比工人更胜任的各种工作都承揽过去。

以上4条原理是一个密切联系的整体，其中心是管理的科学化——通过作业科学化的途径，达到生产高效率的目的。

2）科学管理的主要内容

泰勒按照科学管理的基本原理，进一步提出了一系列比较具体的管理制度、管理措施和方法，概括起来，其主要内容分为以下3方面。

① 作业管理。作业管理在泰勒的科学管理中占有重要地位，包括两部分：标准化管理和差别计件工资制。标准化管理是通过标准作业定额和标准作业条件实现的。标准作业定额是指通过工时研究和分析，定出一个工人"合理的日工作量"。为了达到标准定额的要求，管理当局要为作业挑选第一流的工人。标准作业条件包括：使工人掌握标准化的操作方法，使用标准化的工具、机器和材料，劳动与休息时间的合理搭配，使作业环境布置标准化。差别计件工资制是指按照工人是否完成其定额而采取不同的工资率。如果工人没有完成定额，则全部工资均按"低"工资率付给（正常工资的80%）；如果工人超过定额，则全部工资均按"高"工资率付给（正常工资的125%），从而鼓励工人完成和超过定额。

② 职能化管理和例外原则。泰勒的科学管理制度中的一个重要方面是实行职能化管理以及对组织机构的管理控制实行"例外原则"。其中，职能化管理又包括两部分：一是设置计划层，把计划职能与执行职能分开，变经验工作法为科学工作法；二是实行职能工长制。所谓"职能工长制"的车间管理方法是指，由8位职能工长代替原来的一个工长，在其职责范围内，每个工长可以直接向工人发布命令和提供帮助。"例外原则"是指，企业的高级管理人员把一般的日常事务授权给下级管理人员去处理，自己只保留例外事项（即重要事项）的决策与监督权。泰勒认为，经理人员须集中精力"考虑重大决策问题，并研究在他手下的重要人员的性格及合适性等问题"。

③ 精神革命。泰勒认为，科学管理是一场重要的精神革命，每个人都要对工作、对同事建立起责任观念；每个人都要有很强的敬业心和事业心。雇主和雇员必须变互相对立为互相协作，把注意力从利润分配转移到增加利润总量上来，共同为提高劳动生产率而努力。他指出，雇主关心的是低成本，工人关心的是高工资，只有劳动生产率提高了，双方才能都受惠，这就是双方进行"精神革命"并达到合作与协调的基础。

泰勒的科学管理理论首次突破了管理研究的经验途径这一局限性视野，首次提出要以效率、效益更高的科学型管理来取代传统小作坊式的经验型管理，使人们认识到在管理上引进科学研究方法的重要性和必要性，开辟了管理学的新纪元。他的思想对于组织的构建、制度规范的设定都具有重大的意义。同时，泰勒所强调的精神革命、变关注分配为关注生产、强化共同利益的思想也极具开创性，在调整劳资关系、营造和谐生产气氛方面具有重大作用。然而，泰勒的科学管理起始于工厂现场作业实验，存在过于重视技术、强调个别作业效率、对人的看法偏颇、忽视人的动机的多面性和企业的整体功能等局限。

（2）科学管理原理的发展

泰勒的思想传播到全美国，并且传播到法国、德国、俄国和日本，鼓舞了其他人来研究和开发科学管理方法。泰勒之后，科学管理思想拥有众多的拥护者、追随者和继承者。其中比较著名的有卡尔·乔治·巴思（Carl G. Barth）、亨利·甘特（Henry L. Gantt）、弗兰克·邦克·吉尔布雷斯（Frank Bunker Gilbreth）夫妇、哈林顿·埃默森（Harrington Emerson）和莫里斯·库克（Morris Cooke）。

① 巴思的科学管理思想。巴思在效率主义的传播和实践过程中起到了相当大的作用。他在数学方面有着较深的造诣，在协助泰勒进行金属切削实验时，提供了许多数学方面的知识，并协助甘特解决了进刀速度和切削速度的问题。在协助泰勒的过程中，巴思通过数据和资料分析，得出了泰勒在《工厂管理》中描述的包含 12 个变数的公式，在这些公式的基础上，他发明了以他的名字命名的“巴思计算尺”，解决了泰勒金属切削问题和工具标准化问题。

② 甘特的科学管理思想。甘特在管理思想方面的贡献主要有：设计工作任务加奖金的工资制度、对职工进行培训、发明甘特图、提出企业的社会责任。甘特设计了用于生产控制的多种图标，以他的名字命名的“甘特图”成为当时计划和控制生产的有效工具，“甘特图”也是 PERT（Program Evaluation and Review Technique，计划评审技术）等现代化方法的先驱。此外，甘特很重视管理中人的因素，强调“工业民主”，更重视人的领导方式，这对后来的人际关系理论有很大的影响。

③ 吉尔布雷斯夫妇的科学管理思想。吉尔布雷斯夫妇的科学管理思想主要体现在提出了动作研究和工作经济原则、进行疲劳研究，并认识到工人、工作和环境之间的相互影响。动作研究是使操作者提高效率的一种方法，也可以据此确定最佳的工作方法。动作研究和工作经济原则是吉尔布雷斯夫妇做出的最大贡献。他们通过对疲劳的研究发现，解决疲劳有两个层次：一是掌握基础的常识方法，包括缩短劳动时间、改进劳动条件、合理安排工作地点等；二是通过实验找出一种最佳的工作方法，合理搭配工作和休息时间，保证工人在产生高效率的同时还要感到轻松愉快。此外，吉尔布雷斯夫妇还发现，工人的劳动生产率不仅取决于动作的操作方法，还受到工人自身条件和环境因素的影响。

④ 哈林顿·埃默森和莫里斯·库克的科学管理思想。不同于其他科学管理学者，哈林顿·埃默森的诸多观点是独创的。埃默森提出了效率的 12 项原则及配套的奖励工资制度；他认为，组织架构与效率息息相关，主张建立并行的直线组织和参谋组织。作为泰勒的亲密战友，莫里斯·库克的贡献在于他把科学管理理念应用于高等教育和市政管理，这是科学管理理论在非工业部门应用的全新尝试。

尽管科学管理对组织较高层次的研究相对较少，理论深度略显不足，但是科学管理理论拉开了管理学的历史帷幕，它所提出的一系列科学管理原理和实用工具不但奠定了管理学的理论基础，而且在实践中发挥出巨大作用，有力促进了社会生产力的发展，因而成为管理思想史上的一座里程碑。

2. 管理过程理论

管理过程理论又叫管理职能理论，亨利·法约尔（Henri Fayor）是该理论的主要代表人物，他所提出的一般管理理论对西方管理理论的发展有重大的影响，成为后来管理过程思想的理论基础。

小资料 2-7　法约尔简介

（1）法约尔的一般管理理论

法约尔的管理思想来源于管理实践，他以大企业的整体作为研究对象，提出了带有普遍意义的管理原则和方法。法约尔一般管理理论的主要思想包括如下 3 方面。

① 法约尔认识到管理的普遍性，普遍存在于所有人类的努力活动中，包括政府、企业甚至家庭中。通过对企业全部活动的分析，法约尔发现企业所从事的一切活动（即经营活动）可以划分为 6 类，分别是：技术活动、商业活动、财务活动、安全活动、会计活动和管理活动。技术活动包括设计、工艺、生产、制造和改制等；商业活动包括采购、销售和交换等；财务活动包括资本的筹集、

运用等；安全活动包括财产安全和人员安全；会计活动包括财产清点、资产负债表、成本、统计、核算等；管理活动则包括计划、组织、指挥、协调和控制五要素。

法约尔认为，经营和管理是两个不同的概念，管理包括在经营当中，是企业经营不可缺少的职能之一。

② 法约尔认为，管理是一门具有独立规律的学科，并全面系统地提出管理的职能。他首次提出管理的五大基本职能，将管理定义为：管理由计划、组织、指挥、协调和控制 5 个要素组成。要实现管理，这 5 个要素缺一不可。法约尔一再指出，这些原理不但适用于工商业，而且适用于政治的、宗教的、慈善的、军事的以及其他事业。因为一切组织都需要进行管理，所以有系统地讲解一种管理理论是非常必要的。

③ 法约尔归纳了 14 条“一般管理原则”，对管理者工作及其工作目标进行了界定。他认为这就是管理的普遍特征，人们可以在学院里讲授这些原则，并可以用于所有的组织情境。

- ❖ 劳动分工：法约尔认为劳动分工不但适用于技术工作，而且适用于其他工作，其结果是职能的专业化和权力的分散。
- ❖ 职权和职责：权利和责任是互为因果的，责任是权力的当然结果和必要补充。
- ❖ 纪律：以企业同其雇员之间的协定为依据的服从、勤勉、积极、规矩和尊重。为使企业顺利发展，纪律是绝对必要的。
- ❖ 统一指挥：每个下属都应接受并且只能接受一个上级的命令。
- ❖ 统一领导：对于目标相同的一组活动，只能有一个领导和一项计划。
- ❖ 个人利益服从总体利益：员工应该理解他们的业绩是如何影响整个组织的业绩的。
- ❖ 人员的报酬：职工是以追求合理报酬为目标的，人员报酬的满意程度对企业发展有重大影响。报酬系统对于员工和组织都应该是公平的。
- ❖ 集中：组织总是靠领导部门做出判断，发出命令，使组织的各部分运动集中。
- ❖ 等级链：从企业的最高层、领导到最基层的上下级系列，显示出权力执行的路线和信息传递的渠道。
- ❖ 秩序：每件东西和每个人都应该在合适的位置上。
- ❖ 公平：组织的所有员工都要受到公平的待遇和尊重。
- ❖ 人员保持稳定：长期工作的员工能够提高技能和组织效率。
- ❖ 创新意识：激发和支持人员的创新精神。
- ❖ 团结精神：在企业内部建立起和谐团结的气氛。

虽然法约尔的思想对管理思想及实践具有深远的影响，然而其理论也有不尽如人意之处，他偏重于研究组织内部的管理要素和过程，而忽视了组织置身其中的环境因素。

（2）管理过程理论的发展

自法约尔提出管理职能理论和一般管理原则以来，虽然在当时没有产生媲美于科学管理原理的轰动与反响，但随着管理实践的深入与发展，其理论得到了众多管理学者的发扬与深化，进一步明确了管理的本质和职能。

① 詹姆斯·穆尼的管理过程思想。20 世纪 30～40 年代是管理过程学派大放光彩的时代，詹姆斯·穆尼（James D.Mooney）成为这一时期管理过程学派的主要代表人物。穆尼坚持效率至上的理念，注重组织效率研究。穆尼指出，“从形式上讲，组织就意味着秩序”，组织是管理得以进行的手段，组织内部的全部关系要有效协调，组织成员要按照各自权力和责任的不同而归属为不同阶层，并且彼此之间有明确的职能划分。穆尼的另一大贡献体现在对冲突理论的深入研究上，其有关冲突

类型划分和冲突处理对策的理论目前仍被广泛应用。

② 哈罗德·孔茨的管理过程思想。哈罗德·孔茨（Harold Koontz）是管理过程学派在20世纪50年代的杰出代表，他借鉴了法约尔的管理职能理论，建立了管理过程理论的范式。他认为，管理包括计划、组织、人事、指挥和控制5项职能，并逐个进行了详尽的阐释，同时指出，管理人员并非按顺序依次执行这5项职能，而是同时或交叉执行的。孔茨对管理和管理过程的界定工作进一步廓清了人们对管理的概念、本质、原则和职能的认识，推动着管理过程学派继续向前发展。

③ 小埃弗里特·亚当和罗纳德·埃伯特的管理过程思想。小埃弗里特·亚当（Adam Jr E.E.）和罗纳德·埃伯特（Ebert R.J.）对传统生产制造系统的管理工作做了精辟的阐述，涉及生产经营中人的作用、管理方法和管理理论的变迁、生产制造系统理论等内容。在管理思想的阐述过程中，他们既强调把生产管理的原理和方法推广应用于服务部门的必要性，又指出了在生产与业务管理中对模型的分析研究和对行为的分析研究同时并重的必要性，为管理理论的发展和应用做出了重要贡献。

④ 伊查克·爱迪斯的管理过程思想。伊查克·爱迪斯（IchakAdizes）首创了企业生命周期理论，分析了企业组织发展过程将经历的两大阶段和10个时期，并对组织体系在演变过程中所展现的行为模式及管理者应扮演的角色进行了阐述，为企业的战略管理提供了一个崭新的视角。

⑤ 斯蒂芬·罗宾斯的管理过程思想。斯蒂芬·罗宾斯（Stephen P.Robbins）以管理过程为研究主线，详尽地阐述了管理的计划、组织、领导和控制职能。此外，他通过大量的研究材料和案例客观地展现了自己在管理者角色和作用、企业的社会责任、组织结构设计、管理变革、作业管理等方面的观点，为管理实践者领悟管理的真谛做出了有益的贡献。

3. 组织管理理论

与科学管理同时代的另一批管理学家也在思考管理问题，但不同的是，他们关注的是整个组织，其中最著名的是被冠为社会学“现世神明”之一的马克斯·韦伯。这一时期的组织管理理论被后人称为古典组织理论。

小资料 2-8
马克斯·韦伯简介

（1）马克斯·韦伯的组织管理理论

马克斯·韦伯的组织管理理论主要包括权力类型理论和行政组织理论，它们推进了组织管理理论的发展。

1）权力类型理论

韦伯认为，任何组织都必须以某种形式的权力为其存在基础。没有一定形式的权力，一切社会组织的活动都不可能正常进行，也就谈不上实现组织的目标。正是合法性的权力才使下级产生出一种对组织系统中的指挥者服从和尊重的稳定模式。韦伯指出，存在着三种纯粹形式的合法权力。

① 传统权力，与其对应的组织形式是“传统的”组织。这种类型的权力是以不可侵犯的古老传统和这种权力者的正统地位为依据的。人们之所以服从这种传统权力，是因为发布命令的人占据着神圣不可侵犯的职位。这种服从所依赖的是一种在习惯性义务范围内对个人的忠诚。族长制和世袭制是传统权力的重要表现形式。

② 神授权力，与其对应的是“神秘化”的组织。这种权力是建立在对个人崇拜和领袖人物人格的基础上的，这些领袖人物具有“超凡魅力”的特征。典型的神秘化组织是以宗教或政治的形式出现的。

③ 法定权力，与其对应的组织是“合理化－法律化”组织，是以官僚体制的组织形式出现的。其基础是正规形式的法律以及对处于掌权地位的人依靠法律所发布的命令的信任，不是归于个人，而是归于法律。对这种权力的服从，是对依法建立起来的等级制度所规定的职位的服从。只有这种

法定权力才能保持管理的连续性和稳定性，保证管理的高效率。

2）行政组织理论

韦伯行政组织理论的核心思想是，在新兴的工业化社会里，组织的行政管理体制是官僚体制（bureaucracy）。这种组织形式是依靠管理职位被授予的法定权利，基于非个人的、理性的基础来实施管理的组织。这是以理性——法律权力为基础的行政管理体制，包含高层、中层和基层三个层次的组织架构。人们在工作中完全是以等级制度结合的，组织遵循等级制度的原则，即低层级受到高层级的控制和监督。官僚体制具备6个特点，即劳动分工、职权等级、正式的选拔、正式的规则和制度、非人格性和职业定向的原则，见表2-1。

表2-1 官僚体制的特点

劳动分工	劳动分工有明确定义的职权与责任，职权与责任被合法化为官方的职责
职权等级	职位是按照职权等级关系来安排的，每个下级应当接受上级的控制和监督
正式的选拔	所有人员都是经过培训、教育或正式考试取得的技术资格选拔的
正式的规则和制度	为了确保组织管理的连续性和全体成员活动的一贯性，所有行政法案和决策都记录在案，管理者必须倚重正式的组织规则
非人格性	管理者受制于规则和程序，规则和程序保证员工产生可靠的和可以预见的行为。规则是非个性化的，对所有员工均适用
职业定向	管理者是职业化的“官员”，而不是他所管理的组织的所有者，他们领取相应的工资并在组织中追求他们职业生涯的成就

韦伯提出这一观点是不带个人感情色彩的。韦伯并没有鼓吹官僚体制，他只不过是详细地描述了这一制度。作为一名社会学家，他感兴趣的是现象本身，而不是发表什么宣言。组织的理性近乎无情，它有着精心制定的升迁结构和部门界限。组织运行起来就像一台机器，系统中的每个螺丝钉——组织中的每个成员都担负着明确界定的责任。许多公司按照与韦伯的想法相似的方法组织起来。官僚体制模式的基础是无条件的忠诚、屈服和荒谬可笑的层级设置，这成为组织的模式。

（3）组织管理理论的发展

① 林德尔·厄威克的组织管理理论。林德尔·厄威克（Lyndall F.Urwick）将科学管理理论和古典组织理论结合起来，继承了泰勒关于管理过程要以实践和科学调查为基础的指导思想，又引入了法约尔的计划管理职能和穆尼等人对组织职能的分析，自己重新发展和分析了控制职能。他指出，管理的过程由计划、组织和控制三种职能组成，这三种职能的指导原则分别是预测、协调和指挥，由这三种职能和三项原则派生和展开，形成了比较系统完善的管理理论。厄威克对组织理论的贡献还在于他提出了适用于一切组织的目标原则、相符原则、协调原则等八项管理原则。他还是组织设计理论的主要代表人物之一，指出管理为经营服务，组织为管理服务，而组织设计的两个前提是确定组织成员的职务和确定职务之间的关系。

② 沃伦·本尼斯的组织管理理论。沃伦·本尼斯（Warren G.Bennis）在对传统组织结构和官僚制组织结构体系进行批判的基础上，提出了组织发展理论。该理论列举了影响未来组织结构的各种因素，分析了未来的“有机性－适应型”组织结构所具有的特点，并认为它将逐步取代官僚组织体制的理论和实践。

③ 埃里奥特·杰奎斯的组织管理理论。埃里奥特·杰奎斯（Elliott Jaques）在冰川金属公司实验研究的基础上总结了组织管理思想。他突破了传统的仅以部属人数为标准确定管理幅度的做法，提出以责任时间幅度作为管理幅度和组织层级设计标准的思想，深化了组织理论的研究。此外，他还从个人能力、工作所需能力、个人薪酬三者关系的对称性角度全面、系统地分析了组织中6种不

公平现象，为有效管理企业员工提供了科学的依据。

④ 组织理论的新发展。在20世纪的最后20年，组织管理理论得到长足发展，硕果累累。汤姆·彼得斯（Tom Peters）和罗伯特·沃特曼（Robert Waterman）极为关注美国的成功企业，指出了优秀企业具有贵在行动、紧靠顾客、不离本行、精兵简政等八大属性，并把人们的视线又重新引回到对人的关注上来。后来，汤姆·彼得斯又提出了管理革命的思想，强调变革是企业获得生存的唯一出路，并就企业变革的方向进行了详细阐述。罗莎贝丝·摩丝·坎特（Rosabeth Moss Kanter）以呼吁大公司改革闻名，她将社会学的因素揉进组织变革和组织创新中，其思想充满了浓厚的人本主义色彩。与坎特相比，查尔斯·汉迪（Charles Handy）对组织变革的研究主要集中在组织理论和工作结构方面，他提出了所谓的三叶草组织、联邦组织及3I组织等新型组织形式，具有很高的实践价值。埃德加·沙因（Edgar Schein）则在组织文化领域著书立说，他认为，文化应该是一个特定组织在处理外部适应和内部整合问题的过程中所学习到的，是由物质层、支持性价值观和基本的潜意识假定三个相互作用的层次组成的。

吉姆·柯林斯（Jim Collins）从实证的角度研究企业管理方略，回答了是什么使那些高瞻远瞩的公司基业长青的问题，并深入挖掘了企业从优秀到卓越的原因；鲍勃·特里克（Bob Tricker）研究了董事会、经理革命及企业制度，使管理界人士对经理、董事等方面的变革有了比较深刻的了解；梅雷迪思·贝尔宾（Meredith R. Belbin）提出了贝尔宾团队角色理论，分析了一支结构合理的团队应具有的3类9种不同角色，为组织中的团队建设提供了明确的指导；戴维·尤里奇（Dave Ulrich）重新定义了人力资源管理者的4种角色，即管理战略性人力资源、管理组织的机制结构、管理员工的贡献度、管理转型和变化，这有助于人力资源管理者转变观念和认清自身价值，从而为组织提供更好的服务。

三、行为科学理论及其发展

古典管理理论尤其是科学管理原理自提出以后，得到了众多工商业企业的追捧与推崇。然而，在实践中企业引进大规模生产和科学管理技术后，劳动者的士气通常会有所降低。从理论上讲，科学管理的逻辑是非常强有力和不可辩驳的。科学管理原理在提高劳动生产率方面虽然取得了显著的成绩，却激起了工人及工会的反抗，使得欧美等国的管理者感到单纯用科学管理等传统的管理理论和方法已不能有效地控制工人，不能达到提高生产率和利润的目的。管理者们对科学管理为什么不能对生产力和人的行为产生革命性的影响这个问题深感困惑。

20世纪20年代前后，一些管理学家和心理学家开始从生理学、心理学、社会学等方面出发研究企业中有关人的一些问题，如人的工作动机、情绪、行为与工作之间的关系等。他们还研究如何按照人的心理发展规律去激发其积极性和创造性，行为科学便应运而生。行为科学研究基本上可以分为两大时期，前期以人际关系学说为主要内容，以20世纪30年代梅奥的霍桑实验开始；后期从1949年在美国芝加哥讨论会上第一次提出行为科学的概念开始，在1953年美国福特基金会召开的各大学科学家参加的会议上，正式定名为行为科学。

古典管理理论主要从机械的观点来看待组织和工作，即他们把组织看成机器，将工人看成机器上的齿轮。行为科学理论则将关注点放在了个体态度、行为和群体过程上，认识到工作场所行为过程的重要性。

1. 工业心理学

行为科学理论源自一系列管理实践和理论活动的推动，而其中的推动力量之一就是工业心理学，即将心理学概念应用于工业问题。

工业心理学的目的就是追求个人在工业中的最高效率和最适宜的环境条件下，增加企业的经济效益。作为工业心理学的先驱，雨果·芒斯特伯格首次倡导将心理学的研究方法应用于工业生产领域，其研究范围包括如何根据个体的素质及心理特点把他们安置到最适合的工作岗位上；在什么样的心理条件下可以让工人发挥最大的干劲和积极性；工人处于什么情绪中能产生最佳工作效果。他的研究成果被广泛地应用到职业选择、劳动合理化，以及改进工作方法、建立最佳工作条件等方面。同泰勒一样，他关心主管人员和工人之间的相互利益。但他所强调的研究对象更主要是工人，他希望通过这项研究能缩短他们的劳动时间，增加他们的工资，提高他们的“生活水平”。

小资料 2-9
雨果·芒斯特伯格简介

尽管芒斯特伯格的研究仅限于个体心理，且缺乏社会心理学和人类学的观点和论据的支持，但是他开创的工业心理学对后来的人际关系运动产生了深远的影响，使管理学有了一个新的发展方向，为管理思想的前进开辟了新的思路。

2. 人际关系学说

人际关系学说源于乔治·埃尔顿·梅奥（George Elton Mayo）等人的“霍桑实验”。霍桑实验是指从 1924 年到 1932 年在美国芝加哥城郊的西方电气公司所属的霍桑工厂中进行的一系列实验。

小资料 2-10
乔治·埃尔顿·梅奥简介

梅奥对其领导的霍桑实验进行了总结，成就了《工业文明中人的问题》一书，该书于 1933 年出版，明确提出了人际关系学说。人际关系学说的主要内容包括三部分。

小资料 2-11　霍桑实验

1926 年，美国劳拉·斯柏尔曼·洛克菲勒基金会（Laura Spelman Rockefeller Foundation）为哈佛大学工业心理委员会（Committee on Industrial Physiology）提供了一项资助——连续 5 年，每年资助 10 万美元，用于研究现实的工作情况：人们如何在工厂里工作？人们在实际工作中关心什么？什么因素能激励人们进行工作？影响人们精神的生产力的因素是什么？那时，工商界对科学管理为什么不能对生产力和人的行为产生革命性的影响这个问题知之甚少。从理论上来说，科学管理的逻辑是非常强有力和不可辩驳的。然而，在实践中，企业引进大规模生产和科学管理技术后，劳动者的士气通常会有所降低。管理学思想开始关心人的方面，这并不是出于人道的考虑，而是因为绝望，公司希望能实现生产力的最大化。

研究人员提出这个问题，事实上采取了一条与前人完全不同的道路前进。后来，他们的目标被描述为——为了获取“对现象的本质的、惯常的、直观的了解和熟悉”。这一研究进行了超过 2 万人次的访谈，这些访谈都被详细记录下来，整理抄录后传诸后世。确定结果的实验是 1927 至 1932 年间由梅奥带领一组研究人员（其中包括后来将研究发现总结出来的哈佛大学的弗里茨·罗斯里斯伯格和威廉·狄克森）在西方电气公司（Western Electric）设在伊利诺伊州辛辛那提的霍桑工厂（Hawthorne plant）做出来的。该实验分为四个阶段。

第一阶段：工作场所照明实验（1924—1927 年）。研究人员选择一批工人，并把他们分成两组：一组是实验组，变换工作场所的照明强度，从而使工人在不同照明强度下工作；另一组是控制组，工人在照明强度保持不变的条件下工作。研究人员希望通过实验得出照明强度对生产率的影响，但实验结果却发现，照明强度的变化对生产率几乎没有什么影响。该实验看来以失败告终，但从中可以得出两个结论：① 工作场所的照明只是影响工人生产率的微不足道的因素；② 由于牵涉因素较多，难以控制，且其中任何一个因素都足以影响实验的结果，所以照明对产量的影响无法准确衡量。

第二阶段：电话继电器装配室实验（1927 年 8 月—1928 年 4 月）。研究人员选择了 5 名女装配工和 1 名画线工在单独的一间工作室内工作（一名观察员被指派加入这个工人小组，以记录室内发生的一切），以便对影响工作效果的因素进行控制。在实验中分期改善工作条件，如改进材料供应方式、增加工间休息、供应午餐和茶点、缩短工作时间、实行集体计件工资制等。这些女工们在工作时间内可以自由交谈，观察员对她们的态度也很和蔼。这些条件的变化使产量上升。但一年半后，取消了工间休息和供应的午餐和茶点，恢复每周工作 6 天，产量仍维持在高水平上。经过研究，发现其他因素对产量无多大影响，而监督和指导方式的改善能促使工人改变工作态度、增加产量，于是决定进一步研究工人的工作态度和可能影响工人工作态度的其他因素。这成为霍桑实验的一个转折点。

第三阶段：大规模访谈实验（1928—1931 年）。研究人员在上述实验的基础上，进一步在全公司范围内进行访问和调查，达 2 万多人次。结果发现，影响生产力的最重要因素是在工作中发展起来的人群关系，而不是待遇和工作环境。每个工人的工作效率的高低不仅取决于他们自身的情况，还与其所在小组中的同事有关，任何一个人的工作效率都要受他的同事的影响。

第四阶段：接线板接线工作室实验（1931—1932 年）。该工作室有 9 名接线工、3 名焊接工和 2 名检查员。在这一阶段有许多重要发现：① 大部分成员都自行限制产量。公司规定的工作定额为每天焊接 7312 个接点，但工人们只完成 6000～6600 个接点，原因是怕公司再提高工作定额，怕因此造成一部分人失业，以及要保护工作速度较慢的同事。② 工人对不同级别的上级持不同态度。把小组长看做小组的成员，对于小组长以上的上级，级别越高，越受工人的尊敬，工人对他的顾忌心理也越强。③ 成员中存在小派系。工作室存在派系，每个派系都有自己的一套行为规范。谁要加入这个派系，就必须遵守这些规范。派系中的成员如果违反这些规范，就要受到惩罚。

霍桑实验第一次把管理研究的重点从工作环境和食物的因素转移到人的因素上来。

第一，工人是“社会人”，而不是单纯的“经济人”。人们的行为并不单纯出自追求物质的动机，还有社会、心理方面的需要。

第二，重视企业中非正式组织的作用。霍桑实验表明，除正式组织外，企业中还存在着非正式组织。梅奥认为，正式组织以效率为标准，非正式组织以感情为标准。管理者必须重视非正式组织的作用，寻求正式组织的效率与非正式组织感情之间的最佳协调与平衡。

第三，新型的领导能力在于正确处理人际关系，提高工人的满意度。管理者应善于倾听和沟通职工的意见，并通过提高工人需求的满足程度而激励工人的“士气”，从而达到提高生产率的目的。

人际关系学说不仅对古典管理理论进行了修正和补充，还开辟了广泛结合社会学、心理学的新的管理理论和方法，促进了行为科学的诞生和发展。在管理实践中，由人际关系理论发展出的一系列的管理理念和方法，如人本管理、参与管理及自我管理等，也对现代企业的发展和进步产生了深远影响。但是，梅奥等人过于注重非正式组织而忽略了正式组织，过于偏重于人的感情和社会的因素而忽略了理性与经济因素对人的激励作用，因而具有一定的历史局限性。

3. 行为科学理论

企业意识到在完全就业的情况下，提高工人的效率是提高行业业绩的中心问题，因而转向人性化的管理，开始关注人、专注激励。行为科学理论主张工人的行为主要取决于工作场所的社会环境，其中包括社会条件、群体行为模式和人际互动。许多管理学家、社会学家和心理学家从行为的特点、行为和环境、行为的过程以及行为的原因等多个角度对人的行为进行过研究，形成了各种各样的观点和流派，而各流派研究的侧重点又不同，归纳起来，可将行为科学理论分为个体行为研究、群体行为研究两部分。

（1）个体行为研究

个体行为研究是行为科学分析研究企业组织中人们行为的基本单元。在个体行为这个层次中，行为科学主要运用心理学的理论和方法研究两大类问题：一类是影响个体行为的各种心理因素，另一类是关于个体的人性假说。

小资料 2-12
亚伯拉罕·马斯洛简介

1）马斯洛的需求层次理论

亚伯拉罕·马斯洛（Abraham Maslow）于 1943 年出版的《人类动机理论》一书中提出了需求层次理论。他观察成功的、完全实现自己抱负的人，然后试着确定他们的共同特征。在马斯洛研究的人中包括阿尔伯特·爱因斯坦（Albert Einstein）和埃莉诺·罗斯福（Eleanor Roosevelt）。马斯洛认为人类潜藏着 5 种不同层次的需要，依次是：生理的需要、安全的需要、社交的需要、尊重的需要和自我实现的需要，但在不同时期表现出来的各种需要的迫切程度是不同的。前一个需要得到满足之后，其他需求随即出现并起支配作用。马斯洛认为，具有激励作用的是人们尚没有得到满足的需要，而且人的需要都有轻重层次，某一个需要得到满足后，另一个需要才出现。本书将在第 14 章中详细讲述马斯洛的需求层次理论。

小资料 2-13
弗里德里克·赫兹伯格简介

2）赫兹伯格的双因素理论

弗里德里克·赫兹伯格在其 1959 年出版的《激励因素》中首次提出双因素理论。赫兹伯格把工作的激励因素分为两类：一类服务于人的动物需要，即保健因素；另一类，也只有这一类能满足人的需要，即激励因素。

保健因素，也称为维护因素，包括监督方式、人际关系、工作环境与工作条件、工资水平、企业的方针政策、福利和职业安定。但仅有保健因素不足以提供“工作的动力”。激励因素来自于工作本身的性质、内容、成就等有关的因素，如成就感、挑战性、赞赏、提升、责任心、上进心等。这类满足人类高层次需要的因素能够使员工感到满意，改善这些因素能够激励员工的工作热情，从而提高生产率；如果处理不好，也会引起员工的不满，但影响不大。赫兹伯格认为保健因素是引起工作不愉快的重要制造者，激励因素则是实现满意的途径。

赫兹伯格的双因素理论和马斯洛的需求层次理论是紧密联系的。从双因素理论中可以看出，保健因素相当于马斯洛提出的生理需要、安全需要等较低级的需要，而激励因素相当于尊重需要和自我实现需要等较高级的需要，但两者都没有把个人需要和组织目标结合起来。

3）麦格雷戈的人性假设理论

道格拉斯·麦格雷戈（Douglas McGregor）是行为科学理论最有影响力、观点被引用次数最多的思想家之一。他的研究工作影响和鼓舞着如罗莎贝丝·摩丝·坎特、华伦·贝尼斯和罗伯特·沃特曼这样的学者。麦格雷戈以他的激励模型而著称：X 理论和 Y 理论。

小资料 2-14
道格拉斯·麦格雷戈简介

道格拉斯·麦格雷戈从人性假设的角度出发研究激励和管理问题。麦格雷戈认为，有关人的性质和人的行为的假设对于决定管理人员的工作方式来讲是极为重要的，他以人性假设为依据，提出了 X 理论和 Y 理论。X 理论是传统的“胡萝卜加大棒政策”式的思维方式，而 Y 理论遵循的是人希望且需要工作的基本理念。麦格雷戈认为应摒弃 X 理论，推行 Y 理论，在管理上给员工更多的支持和帮助；结合工作本身的内在激励，让员工承担更多挑战性工作，担负更多的责任；给予员工更多的自主权，让员工参与管理、分享权力。

4）麦克利兰的成就激励理论

戴维·麦克利兰（David McClelland）的成就激励理论主张，人的社会性需求包括权力需求、社交需求和成就需求，这些需求不是先天的，而是后天的，来自于环境、经历和培养教育。企业可以通过培训发展提高员工的成就动机，进而提高工作业绩。

小资料 2-15
戴维·麦克利兰简介

5）斯金纳的行为强化理论

小资料 2-16
弗雷德里克·斯金纳简介

弗雷德里克·斯金纳对激励理论的研究，不同于马斯洛等人的研究角度，他是从行为改造的角度研究激励问题的。在操作性条件反射理论的基础上，他所提出的行为强化理论认为，管理者可以用正强化和负强化的办法来影响员工行为的后果，从而修正行为。在管理上，正强化就是奖励那些组织需要的行为，从而加强这种行为；负强化就是惩罚那些与组织不相容的行为，从而削弱这种行为。该理论在组织行为校正上具有立竿见影的效果，为实践中的管理者广为采用。

6）弗鲁姆的期望理论

维克多·弗鲁姆的期望理论认为，一个人从事某项活动的动力的大小，取决于期望值、工具性及效价这三项因素，也就是说，激励效果取决于个人努力与个人绩效、个人绩效与组织奖励、组织奖励与个人目标这三种关系。

小资料 2-17
维克多·弗鲁姆简介

7）亚当斯的公平理论

斯塔西·亚当斯提出的公平理论又称为社会比较理论。该理论侧重于研究工资报酬分配的合理性、公平性及其对员工工作积极性的影响。公平理论反映了“每个人都应公平地得到报酬”这项古老原则在激励方面的作用。公平理论的基本观点是：当一个人做出了成绩并取得了报酬以后，他不仅关心自己所得报酬的绝对量，而且关心自己所得报酬的相对量。

小资料 2-18
斯塔西·亚当斯简介

8）阿尔德弗的 ERG 理论

克莱顿·阿尔德弗修正和发展了马斯洛的需求层次理论，他将马斯洛的需求层次压缩为三种需要，即生存（E）、相互关系（R）和成长（G）需要，并指出这三种需要并非完全都是与生俱来的，有的需要通过后天学习才能形成，如关系需要和成长需要；人们可以同时追求这三种需要。另外，他提出了“挫折一倒退”假设，认为一种需要得到满足后，则有更高层次需要的愿望，但如果高层的需要受挫而难以实现，就会退回到原来的需要层次，并且加强对原来的需要。相对于马斯洛的需求层次理论而言，ERG 理论与我们关于个体差异的认识更一致，代表了关于需要层次的一种更有效的观点。

小资料 2-19
克莱顿·阿尔德弗简介

9）班杜拉的社会学习理论及自我强化理论

阿尔伯特·班杜拉的社会学习理论强调人的行为是内部因素和外部影响相互作用的产物；强调人有使用象征性符号的非凡能力；强调人有自我调节、自我控制的能力；强调人的思想、情感和行为不仅受直接经验的影响，而且也受观察的影响。同时，在斯金纳强化理论的基础上，班杜拉还提出了行为修正的“自我强化理论”，即除了外部强化外，行为主体还可对自己的行为进行内部自我强化，自己给自己激励或强化。该理论的实践意义在于，告诉管理者不能单纯依赖外部控制对行为进行引导和修正，还应重视自我强化的作用，实行双向激励。

小资料 2-20
阿尔伯特·班杜拉简介

（2）群体行为研究

群体行为在组织行为学重视一个重要的问题，它主要探讨群体是一种非正式组织、群体的特征、群体的内聚力等内容。群体动力学是库尔特·勒温（Kurt Lewin）于 1944 年提出的，其主要内容包含以下 3 点。

小资料 2-21
库尔特·勒温简介

① 群体是一种非正式组织，是处于平衡状态的一种“立场”。

② 群体行为就是各种相互影响里的结合，这种“立场”可修正个人的行为。

③ 群体的内聚力可以用每个成员对群体忠诚、责任感、对外攻击的防御、友谊等制度来说明。

群体动力学所研究的团体指非正式组织。由于非正式组织的实质在于成员之间的相互关系和作用，因此，基本群体的规模较小为好，以便成员相互间能经常交往。但是，在实践中，群体的规模大小要根据具体情况来定。勒温认为，当一个群体的主要任务是做出高质量的复杂决策时，最适当的规模是 7～12 人，有一个正式的领导者；当一个群体的主要任务是解决矛盾和冲突、取得协议时，最好由 3～5 人组成，不要正式的领导者，这样能够保证每个成员充分发表意见和进行讨论：当一个群体既要做出高质量的决议，又要取得协议时，最好由 5～7 人组成。

这些理论的详细内容和应用我们将在第 4 篇中进一步阐述。

四、管理丛林阶段

在 20 世纪 50 年代早期以前，学者和理论家们对管理的研究的贡献比较有限，早期管理学著作主要出自管理工作者之手。在 20 世纪 50 年代之后，涌现出大量出自学术界的著作。研究管理的各种不同的方法、无数的研究结论和形形色色的观点交织在一起，形成了管理理论盘根错节的现象。哈罗德·孔茨早在 20 世纪 60 年代就把这种现象称为“管理理论丛林”（management theory jungle）。“丛林”里的“植物”的数量和种类在不断地变化，出现了一些新的方法，一些传统的方法也以别样的风貌重新出现。后来，海因茨·韦里克（Heinz Weihrich）在孔茨的基础上将纷乱而令人迷惑的管理理论归纳为 14 种学派：经验主义学派、经理角色学派、权变管理理论学派、数学或管理科学学派、决策理论学派、流程再造学派、系统学派、社会协作系统学派、社会技术系统学派、群体行为学派、人际关系学派、麦肯锡 7-S 理论框架、全面质量管理方法、管理过程学派。

由于管理理论丛林的某些理论，如群体行为学派、人际关系学派管理过程学派等，已在前文中详细论述过，本节不再赘述。各种管理学派归纳简表见表 2-2。下面详细介绍几种管理学派。

表 2-2　各种管理学派归纳简表

管理学派	特点/贡献	局限性
经验主义学派	通过案例进行实证性研究，从中找出成功或失败之处	每个企业所面临的情况都不同，通过这种方法无法发现规律性，对管理理论的贡献非常有限
经理角色学派	最早的研究始于对 5 位高层管理者的观察，在此研究基础上，提出了管理者的 3 类 10 个角色，这 3 类分别是人际关系角色、信息角色和决策角色	早期研究样本过小，有些角色并非是管理者，而另外一些则可归入到计划、组织、领导和控制中，忽略了一些非常重要的管理角色（如管理者评价）
权变管理理论学派	管理活动与环境息息相关（即所谓的权变或情景），权变管理理论充分认识到了不同情境下的不同企业行为模式	管理者很早就意识到，做任何事情都不会有所谓的最佳途径，要想确定所有的权变因素及这些因素之间的关系是非常困难的
管理科学学派	管理被视为数学过程、概念、符号或模型，认为管理过程是纯逻辑的过程，并可以利用数学符号和相互关系来加以表达	热衷于数学模型，而实际上管理的很多问题是无法量化的。数学是一种有用的工具，但绝不是管理科学的一个分支
决策理论学派	主要研究如何决策，是个人还是集体决策，决策的流程如何。有些学者利用决策作为研究企业所有活动的跳板，研究的边界不再加以清晰界定	管理问题绝不仅仅是决策问题，同时，研究的焦点要么过于狭窄，要么过于宽泛
流程再造学派	对管理根本性地重新思考流程分析，彻底地重新设计，产生巨变	忽略了外部环境因素，也可能忽略了顾客需要，没有考虑整个管理过程和运营方法的系统性
系统管理学派	系统概念具有广泛的适用性，系统是有边界的，但与外界存在着互动关系。例如，组织就是一个开放系统。此方法认识到了组织及组织中计划、组织和控制这些职能之间的相互依存性	很难将其视为一种新的管理方法，尽管该理论的拥有者如是说
社会协作系统学派	技术系统对社会系统（人的态度、群体行为）影响重大，此研究方法主要聚焦于生产、办公室运行及其他人及技术关联度较大的领域	片面强调蓝领和低层次办公室的工作，而忽略了大量的其他管理如何
社会技术系统学派	充分考虑了人际关系与群体行为对协作系统的影响，清晰地扩展了协作群体中协作的概念	对于管理学来说，研究的切入点过于宽泛了，同时忽略了许多管理概念、原理和方法
群体行为学派	强调群体中人的行为，其理论依据为社会学和心理学，主要研究群体行为模式，对大规模群体的研究通常被称之为“组织行为”研究	与现有的管理概念、原理、理论和技术难以融合。需要将其与组织设计、计划和控制等管理职能更好地结合起来
人际关系学派	研究的重点是人际关系、人类关系、领导及激励问题。该理论建立在个体心理学基础之上	忽略了计划、组织和控制。心理培训并不能保证一个人肯定会成为一个高效的管理者
麦肯锡 7-S 理论	7-S 分别是：战略、结构、系统、方式、人员配置、共享价值、技能	麦肯锡是一家非常有名的咨询公司，而且它所采用的模型与孔茨 1955 年创建的极其相似，但所采用的术语并不准确，也未对该问题进行深入的探讨

续表

管理学派	特点/贡献	局 限 性
全面质量管理学派	追求可靠和满意的产品及服务（戴明）；产品或服务具有适用性（朱兰）；与质量要求相一致（克劳斯比）。常用术语：持续改进、关注细节、团队工作、质量教育	对究竟什么是全面质量管理到现在也没有统一的看法
管理过程学派	将其他领域和管理方法的概念、原理、技术和知识整合在一起。其目的是通过实际应用来创建科学的理论和方法。将管理知识与非管理知识区分开来。根据管理的计划、组织、领导和控制职能来建立分类系统	不像有的学者那样，将表述与协调视为不同的管理职能，例如，协调是管理着职权的核心，也是管理工作的目的

1. 经验主义学派

经验学派的基本管理思想是：有关企业管理的理论应该从企业的实际出发，特别是以大企业管理经验为研究对象，加以抽象和概括，然后传授给管理人员，向经理提出实际的建议。经验主义学派认为，“归根到底，管理是一种实践，其本质不在于知而在于行，其验证不在于逻辑而在于成果，其唯一权威就是成就”。

小资料 2-22
彼得·德鲁克简介

彼得·德鲁克是经验主义学派的代表人物之一，被誉为世界管理学界“大师中的大师”。德鲁克注重从时代、社会及组织所处的外部环境等方面来透视管理，强调管理的人性和实践性，其研究领域非常广泛，涉及事业理论、战略规划、管理沟通、创新、董事会、绩效管理等。此外，他还是目标管理、团队合作、客户满意度、知识工作和知识工作者、扁平组织等众多经典管理理念的原创者。他比任何人都早 10～20 年开始讨论管理学中那些为当今时代的管理人员所耳熟能详的主题：竞争策略、组织设计、成本会计、创业精神和管理信息。

总之，德鲁克的管理思想主要体现为：以人为本的管理体系，以成就与道德为中心的管理价值观，以自我控制为主的管理目标论，以实践为核心的管理本质论和以高层战略管理为中心的管理战略观等。德鲁克重视人的作用，“人是企业最重要的资源”是他最主要的观点。此外，德鲁克强调成就，包括企业的经济成就和员工的个人成就，企业是为了取得经济成就才存在的，经济成就在企业机构中是合理的；要使员工具有成就感就必须按照人的心理进行管理，从不同角度满足员工的需要。德鲁克的可贵在于，他往往从一个宽广的外部视角来考察管理，研究管理任务的范围及其各方面的必要条件，然后才转而讨论组织的工作和管理的技巧，并讨论高层管理以及它的任务、结构和战略。在这样的思路下，德鲁克大力推动了现代管理学的发展。

2. 权变管理理论学派

权变管理理论学派是 20 世纪 60 年代末 70 年代初在美国经验主义学派基础上进一步发展起来的管理理论。权变管理理论认为，在组织管理中要根据组织所处的外部环境和内部条件的发展变化而随机应变，没有什么一成不变、普遍适用的管理理论和方法。该学派的主要代表人物包括保罗·劳伦斯、弗雷德·卢桑斯、琼·伍德沃德、杰伊·洛希、约翰·莫尔斯。

保罗·劳伦斯（Raul R. Lawrence）认为，没有一个普遍适用的组织结构，有效的组织结构应与组织的外部环境相适应。他认为，组织的外部环境可以分为政治子环境、社会子环境等，组织内部相应部门需要根据外部环境的差异性，采取不同的组织类型，以便与各子环境相适应。

弗雷德·卢桑斯（Fred Luthans）将管理理论划分为 4 种学派，即过程学派、管理科学学派、行为学派和系统学派，并将自己的理论视为对上述理论的发展。他的管理理论强调管理与环境的妥善结合，强调管理理论贴近管理实践。为此，他提出了“如果－就要”理论，认为如果某种环境存在或发生，就要采取某种对应的管理思想、方法和技术，以有效地实现组织目标。

琼·伍德沃德（Joan Woodward）则首次提出了技术决定结构的思想，认为组织的架构因技术而变化，组织的管理因组织目标而变化。

杰伊·洛希（Jay W. Lorsch）和保罗·劳伦斯在比较了各种组织结构理论的基础上，提出了以权变理论为基础的组织结构理论，认为组织架构不是一成不变的，组织架构的差异性与经营管理人员有关，也与外部环境的稳定性有关。

杰伊·洛希和约翰·莫尔斯（John J.Morse）批判了麦格雷戈的 X 理论与 Y 理论，提出了超 Y 理论，认为 X 理论与 Y 理论只是人性假设的两个极端，不能简单说哪种理论指导下的管理实践效果更好，应根据组织成员的素质、组织工作的性质决定采用什么样的管理方式。

权变管理理论自形成之日起就备受西方管理理论界和实际管理者们的重视。该学派被认为在混乱的学派“丛林战”中遥遥领先，并一度风靡美国。权变管理理论在理论上较好地综合了各种管理学派理论的学术成果，所倡导的权宜应变的思想适应了社会、经济、科技、政治等复杂多变的外部环境对组织管理的要求，因此，与其他学派相比，权变管理理论对管理实践具有较强的指导意义。但是，权变理论在管理实践中的应用也不断暴露出它令人不满意的一面，主要体现在该学派过分强调管理的具体情境，即过分强调了管理的特殊性，而否认管理的普遍性、规律性和共性。

3. 管理科学学派

管理科学学派强调运用数学方法帮助解决问题和决策，也称为数学学派。在 20 世纪 40 年代的第二次世界大战期间，学者们开展了运用定量化方法分析军事后勤问题的研究。战后，企业的管理者们开始应用管理科学（数学）。管理科学的研究方法是在泰勒科学管理理论基础上发展起来的，代表人物是美国的管理学家埃尔伍德·斯潘塞·伯法（Elwood Spencer Buffa）等人，其代表作是《现代生产管理》（1975 年）。

作为科学管理学派的进一步发展，管理科学理论的研究范围已远远不是泰勒时代的“操作方法”和“作业研究”，而是更多运用了现代自然科学和技术革命的成就，研究的问题也更广泛和更复杂。管理科学学派的主导思想是以运筹学为理论基础，使用先进的数理方法及管理手段，使生产力得到最为合理的组织，以获得最佳的经济效益。管理科学学派较少关注人的行为因素，忽视定性分析，试图运用定量的方法把复杂环境下的各种复杂因素简单化，因而在现实中的应用是有限的。

数学符号和公式被用于对管理的计划、控制和决策等进行合乎逻辑的计算和分析，以求出最佳解决方案。数学模型被用于财务分析、管理信息系统及运作管理等领域。计算机的使用推动了定量化方法在全球的运用。这种研究方法主张减少决策的个人艺术成分和主观随意性，依靠建立一套决策程序和数学模型以增加决策的客观性和科学性。由于管理科学关注的是决策技能和技术技能，它更接近于经验理论而不是行为理论。管理科学通常不用于管理的组织和领导职能。

小资料 2-23
赫伯特·西蒙简介

4. 决策理论学派

决策理论学派认为管理的本质就是决策，代表人物是美国的管理学家赫伯特·西蒙（Herbert A. Simon）和詹姆士·马奇（James G. March）。

决策理论学派主要研究有关决策的问题，包括制定决策的科学方法、如何进行合理决策等。决策理论方法主要有以下观点：① 管理就是决策，管理最关键的是那些大大小小的决策问题，而这些决策问题贯穿于管理的整个过程；② 决策是一个复杂的过程，包括收集情报阶段、拟定行动方案阶段、选定方案阶段、方案的审查与评价阶段 4 个阶段；③ 根据组织的活动（例行活动和非例行活动），可以将决策分为程序性决策和非程序性决策，根据决策的性质的不同，可将决策分为确定性决策、风险性决策和非确定性决策；④ 决策的满意化准则，即不追求最佳的决策方案，而是追求满意的决策方案。

5. 系统管理学派

系统管理学派认为，组织是一个由相互联系的若干要素组成、为环境所影响并反过来影响环境的开放的社会技术系统，包含目标和价值、结构、技术、社会心理、管理 5 个分系统，因此，它主张要以整个组织系统为研究管理的出发点，研究一切主要的分系统及其相互关系。这种理论将组织作为系统将投入（资源）转换成产出（产品或服务）。代表人物有美国的弗里蒙特·卡斯特（Fremont E. Kast）等人，其代表作是《系统理论和管理》。

系统管理理论认为，组织是一个由相互联系的若干要素所组成的开放系统，它具有系统的集合性、相关性、目的性和动态环境适应性，这些要素可以被称为子系统。系统的运行效果是通过各个子系统相互作用的效果决定的。组织不仅本身是一个系统，又是社会系统的一个子系统，组织在与社会环境的相互作用中取得动态的平衡。例如，企业要从外部输入原材料、能源、信息及人力等资源，通过企业内部的转换，再向外部环境输出各种产品和服务，并通过内部和外部的信息交流不断进行自我调节，以适应环境，如图 2-2 所示。组织系统中任何子系统的变化都会影响其他子系统的变化。为了更好地把握组织的运行过程，就要研究这些子系统及其相互关系，研究它们如何才能构成一个完整的总系统。

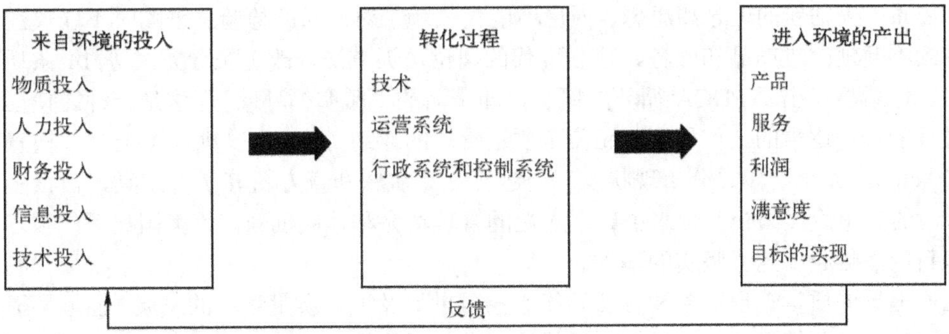

图 2-2　组织系统

系统研究方法在管理中的广泛应用，极大地拓展了管理人员的思想和视野，提高了管理人员对管理所涉及各种相关因素的把握和分析能力。

6. 社会协作系统学派

社会协作系统学派从社会学和整体论的观点来研究管理，认为社会的各级组织都是一个由相互联系的各个部分构成的整体，并把组织置于更大的社会系统中加以考察。该学派的代表人物切斯特·巴纳德（Chester Barnard）是重视人对组织重要性的早期倡导者之一，他将组织做作一个协作的社会系统，指出“在一个共同体中个体和组织的行为都是直接或间接地相互联系、相互依赖的”，认为系统能使个人与组织目标联系起来。他非常注意企业内部沟通的重要性，强调沟通渠道应当是直接和方便的。关于经理的职能，前人多采用静态的、叙述的方式来说明，而巴纳德采用分析性和动态性的方式来阐释，对“沟通”、“动机”、“决策”等问题进行了开创性的专题研究。

7. 社会技术系统学派

这个学派是由英国的特里斯特（E.L.Trist）及其同事创立的，他们通过对英国煤矿中长壁采煤法生产问题的研究，发现仅仅分析企业中的社会方面是不够的，还必须重视其技术方面。他们发现，企业中的技术系统（如机器设备和采掘方法）对社会系统有很大的影响，个人态度和群体行为都受到技术系统的重大影响。因此，必须把企业中的社会系统同技术系统结合起来考虑，而管理者的一项主要任务就是要确保这两个系统相互协调。这个学派的大部分著作都集中于研究科学技术对个人、对群体行为方式以及对组织方式和管理方式等的影响，因此，特别注重于工业工程、人机工程等方面问题的研究。其代表著作有《长壁采煤法的某些社会学的和心理学的意义》、《社会技术系统的特性》等。这个学派虽然也没有研究管理的全部理论，却首次把组织作为一个社会系统和技术系统综合起来考虑，可以说填补了管理理论的一个空白，并且对管理实践也很有意义。

8. 全面质量管理学派

全面质量管理首先兴起于第二次世界大战结束后的日本。20 世纪 50 年代，美国联邦统计局统计专家 W.爱德华兹·戴明（W. Edwards Deming）和质量管理专家约瑟夫·朱兰（Joseph Juran）被多次邀请到东京做讲座。日本人接受了戴明和朱兰的质量控制理论，加以修改后用于实践，进而把日本的工业建成了世界王牌。日本公司逐渐从检验导向的质量控制法转向强调员工参与预防质量问题的方法，从而大大改变了美国的模式。20 世纪 80～90 年代，全面质量管理理论在帮助管理者解决全球化竞争问题时处于最前沿。全面质量管理的代表人物是戴明和朱兰。

戴明学说的核心在于全面质量管理的重要性，他反复强调质量管理与改善并不是个别部门的事，而是需要最高管理层的推动才能奏效。戴明针对美国企业领导提出了树立改进产品和服务的长久使命和愿景、采纳新的理念和思想、质量不能仅依赖于对产品的检验、采购时不能仅注重价格的高低、持续不断地改进产品和服务、建立现代的岗位培训方法、改善领导方式等 14 条质量管理要点。同时，他最早提出了 PDCA 循环的概念，即著名的“戴明循环圈”，这是一种能使任何一项活动有效进行的合乎逻辑的工作程序，涵盖了质量管理的计划（Plan）—执行（Do）—检查（Check）—行动（Action）4 个阶段、分析现状发现问题等 8 个步骤和直方图等 7 种工具，被很多企业奉为圭臬。戴明的思想给美国企业带来了尊重人性的管理革命和体制创新，为美国日后的技术突破、经济增长和新经济崛起奠定了坚实的基础。

朱兰所倡导的质量管理理念和方法始终影响着世界及世界质量管理的发展。他最早提出和阐释了质量成本与质量环的概念，最早把帕累托原理引入质量管理领域，提出了质量管理中的“80 / 20 原则”，即质量责任的权重比例问题。他所提出的质量管理模式，即质量计划、质量控制和质量改进，被后人尊称为“朱兰三部曲”。他主编的《质量控制手册》为奠定全面质量管理的理论基础和基本方法作出了卓越的贡献。

全面质量管理仍然是当今组织管理的一个重要方面，许多组织追求具有挑战性的质量目标，以显示他们对于改进质量的决心。例如，六西格马质量（Six Sigma）是美国摩托罗拉公司推行的一个宏伟的质量标准，规定每 100 万个零部件的缺陷率不得超过 3.4 个。世界许多公司，包括杜邦公司、通用电气公司（GE）和诺基亚公司等，都在推行六西格马质量标准。

五、西方管理思想新发展

在 20 世纪 80 年代到 21 世纪初，管理界出现了一些管理新思潮，这些新的管理趋势从各方面反映了对当今企业管理问题的新见解，丰富和发展着现代管理理论，如战略管理、学习型组织、知识管理等新的趋势。有些管理理论并非这个时期才出现的，而是在以前的管理思想和管理论基础上得到极大的发扬与深化，在这一时期蓬勃发展、大放异彩。

1. 战略管理理论

战略管理诞生于20世纪50～60年代。其中，20世纪60年代企业战略管理研究的成就主要有两个：一是艾尔弗雷德·钱德勒（Alfred Chandler）的“结构跟随战略”假说；二是安东尼-安索夫-安德鲁斯模式（Anthorly-Ansoff-Andrews Paradigm）。钱德勒从案例研究入手，给出了企业战略的定义，分析了企业成长方式与结构变革的关系，得出了“结构跟随战略”假说，为以后的研究奠定了基础。安东尼在法约尔管理职能划分的基础上，将计划和控制进一步细化为战略规划、管理控制和操作控制，并分别对应于组织的高、中、低三个层次。安东尼认为，战略规划是组织高层管理的一项独特而重要的活动——这一重要认识在安索夫和安德鲁斯的著作中得到进一步强化，并在有关的概念发展和过程细化方面得到深化，从而形成所谓的安东尼-安索夫-安德鲁斯模式。这一模式认为，战略管理就是高层管理者研究、制定、实施和控制组织的长期目标、成长方式与组织架构的过程。到20世纪70年代末，这个模式被广泛传播和接受，至今仍然是接受程度最广和实施最广泛的一种观点。

这个模式的重点是分析和推理，隐含的前提是通过分析、经验和洞察力的结合，高层管理者可对未来进行可靠的预测，制定合理的战略并加以贯彻执行。环境是可预测的或基本可预测的，战略的制定和执行可以分离，战略形成是内容导向的。这些特点与20世纪60～70年代的经营环境相对稳定的特点相适应。从20世纪70～80年代中期，企业战略管理得到进一步发展与丰富，出现了多种理论学派，但其主流如20世纪70年代的经营组合管理理论（Business Portfolio Management）、80年代的竞争定位理论等基本属于该模式。

20世纪80年代后期尤其是进入90年代以后，企业经营环境的变化日益明显。从外部环境看，技术创新加剧，国际竞争激烈，顾客需求日益多样化，不确定性对企业管理的挑战越来越大；从内部环境看，员工素质普遍提高、自我发展意识日渐增强，组织趋向扁平化和弹性化等，这些都使得传统的战略管理模式面临挑战。这些挑战使得战略管理理论的重点开始由传统的经营宗旨制定转向愿景驱动型管理，由适应环境变化为主的竞争定位理论转向以创造未来为主的核心竞争力理论，由战略制定与执行分离转向两者相关联的学习学派的战略形成观，由以竞争为主导转向竞争与合作并重，由高层管理者承担全部战略管理责任转向激发员工努力、上下层互动与组织学习。战略管理的研究也呈现出强调理论的动态化、强调从实践中学习、各学派进一步整合等特点。

2. 流程再造理论

流程再造理论（Business Process Reengineering），又称为“企业再造”、“公司再造”、“再造工程”，是建立在泰勒的科学管理基础上的一种管理思想，强调流程和效率，流程再造理论综合了许多流行的管理思想，包括全面质量管理、JIT生产技术、顾客服务、建立在时间基础上的竞争和精益生产等概念。流程再造学派代表人物迈克尔·哈默（Michael Hammer）和詹姆士·钱皮（James Champy）于1993年出版了代表作《企业再造》，并于20世纪90年代掀起了一股流程再造热。

流程再造理论的基本思想是，在市场环境发生剧烈变化的情况下，组织必须彻底抛弃传统的工作流程，利用现代信息技术并在良好的组织文化基础上，建立起新的组织流程，以减少不必要的浪费，迅速满足顾客需求，提高组织的环境适应能力和竞争能力。

按照钱皮和汉默的定义，企业再造是指“为了飞跃性地改善成本、质量、服务、速度等重大的现代企业的经营基准，对工作流程进行根本性重新思考并彻底改革”，也就是说，为了能够适应新的世界竞争环境，组织必须摒弃已成惯例的运营模式和工作方法，以工作流程为中心，重新设计企业的经营管理及运营方式。

流程再造相对于以前的组织流程不是细枝末节的修补，而是一种根本性的改革。它有着一些本质特征：组织流程受到流程的思想和顾客需求两个因素驱动，改造对象是组织的流程，主要任务是对组织流程进行根本性的反省和彻底的再设计，目标是使组织性能和绩效产生巨大飞跃，而信息技术和人与组织的管理是组织流程创新的源泉。

流程再造在具体实施过程中可以按以下程序进行：对原有流程进行全面的功能和效率分析，发现其存在问题；设计新的流程改进方案，并进行评估；制定与流程改进方案相配套的组织结构、人力资源配置和业务规范等方面的改进规划，形成系统的组织再造方案；组织实施与持续改善。组织再造方案的实施并不意味着组织再造的终结。在社会发展日益加快的时代，组织总是不断面临新的挑战，这就需要对组织再造方案不断地进行改进，以适应新形势的需要。

尽管流程再造思想在实践中遭遇很多失败，但是它鼓励管理人员重新思考如何最佳地组织组织运营，以及它提倡组织应按照流程而非职能进行组织的理念，具有重大的理论价值和实践意义。总体来说，流程再造理论顺应了通过变革创造组织新活力的需要，越来越多的学者加入到流程再造的研究中来。因此，作为一个新的管理理论、方法，组织再造仍在继续发展。

3. 学习型组织理论

彼得·圣吉（Peter Senge）于 1995 年出版《第五项修炼：建立学习型组织的艺术与实践》以后，管理者们开始思考学习型组织的概念。圣吉描述管理者为了使他们的组织适应日益混沌的环境而需要经历的各种变革。这些思想观点逐渐升华，试图去揭示学习型组织自身的特点。学习型组织是关于组织可以变成什么样的一种态度或者哲学。学习型组织（Learning orGanization）是指通过培养弥漫于整个组织的学习气氛，充分发挥员工的创造性思维能力而建立起来的一种有机的、高度柔性的、扁平的、符合人性的、能够持续发展的组织。这种组织具有持续学习的能力，具有高于个人绩效总和的综合绩效。学习型组织中的每个人都参与发现和解决问题，以使组织能够持续不断地试验、变革、改进并提高其发展、学习和实现目标的努力。其基本的观点是解决问题，这与为效率而设计的传统组织不同。在学习型组织中，所有员工都在寻找问题，如理解顾客的特殊需要。员工也解决问题，这意味着以独特的方式把问题集中在一起，以满足顾客的需要。

学习型组织理论是以自我超越、改善心智模式、建立共同愿望、团体学习、系统思考这五项修炼为基础的。自我超越是五项修炼的精神基础，是指学习不断厘清并加深个人的真正愿望，集中精力、培养耐心，并客观地观察现实。改善心智模式，即不断实行内外的变化，改变自己的思维定式以及由此决定的假设、成见甚至图像、印象。建立共同愿望，是指要使组织拥有一种能够凝聚全体成员，并坚持实现的共有的目标、价值观和使命感。团体学习，是指在群体中进行思想交流，分享集体的智慧，当团体真正在学习的时候，不仅团体整体容易产生出色的成果，个别成员成长的速度也比其他的学习方式要快。系统思考是五项修炼的核心，是指树立系统观念，善于运用完整的知识体系和使用的工具，认清整个变化形态，并了解如何有效地掌握变化，开创新局面。圣吉认为，以上五项修炼是一个有机的整体，每项修炼都与其他几项修炼密切相关，其中最关键的也是最困难的修炼是系统思考的修炼，所以，圣吉将其著作命名为“第五项修炼”，就是要突出系统思考修炼的重要意义。

要创建学习型组织，管理者必须在组织的各子系统进行变革，促进持续学习的三个重要特点是：转向基于团队的组织结构、员工授权、信息共享，如图 2-3 所示。

（1）基于团队的组织结构

学习型组织的一个重要价值观是跨越部门的界限与层级界限的协调和沟通。自我管理型团队是学习型组织的基本单位。这些团队是由具有不同技能的员工组成的，为了生产一个完整的产品或提

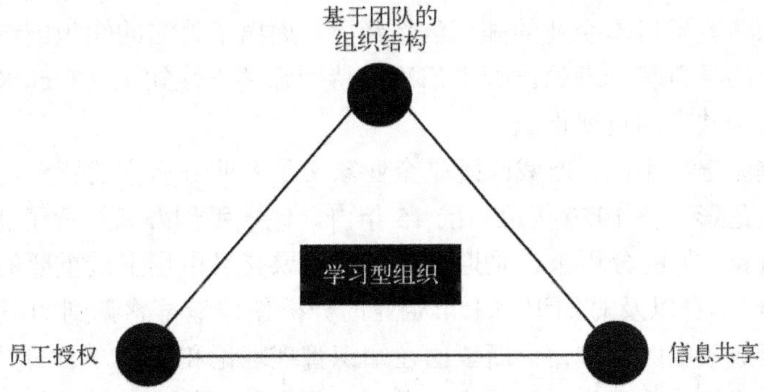

图 2-3　学习型组织的特点

供全面的服务，他们可以共享或者轮换工作岗位。他们直接与顾客打交道，一旦需要，可以随时做出改变或改进。传统的管理任务是沿着组织的层级结构从上往下压的，团队则是由团队成员自行负责培训、时间安排、工作方法决策、薪酬体系设计以及与其他团队的协作。尽管团队领导极为关键，但是学习型组织实际上已经废除了上司或者老板。团队成员被教会了技能，还向他们提供了信息和工具，并使之受到激励和享有决策权——这是组织绩效的核心，他们还有权对出现的机遇或挑战做出创造性的、灵活的反应。

（2）员工授权

员工授权是指授予员工以决策权、自由、知识、自治和技能。授权是学习型组织的一条基本原则。传统管理试图约束员工，而授权则扩大了他们的行动范围。授权可以在自我管理型工作团队、工作丰富化和员工参与小组中得以体现出来，也可以从决策权、培训和信息中反映出来，以便人们可以在没有严密监管的情况下完成自己的工作。

在学习型组织中，员工是创造财富的源泉，而不是需要削减的成本。持有这种观点的组织信奉善待员工这一信条，具体做法是：提供有竞争力的工资、良好的工作条件以及个人发展和职业发展的机会。

（3）信息共享

学习型组织充斥着信息。为了确定需要和解决问题，人们不得不了解发生了什么事情。他们不但要了解自己在组织中的作用，而且要了解组织的情况。每个人都可以得到有关预算、利润和部门开支的正式数据。在学习型组织中，管理者的任务就是向员工提供他们所需要的信息，并授予他们根据所掌握的信息采取行动的权力。与此同时，管理者鼓励组织的全体成员共享信息。

4．知识管理理论

人类关于知识的认识和探究几乎与人类文明历史一样久远，但知识管理作为一个重要的管理领域的兴起则只有不到 20 年的历史。在这个阶段中，公认的关键性人物包括瑞典企业家与财经分析家卡尔·爱立克·斯威（KarlErik Sveiby）、美国管理学教授彼得·德鲁克和日本管理学教授野中郁次郎（IkujiroNonaka）博士。这三位处于当今知识管理第一梯队的大师级人物对知识管理领域的开拓和发展做出了杰出贡献。作为时代先知，三位大师在这个时期的创造性工作各具特色。

德鲁克无疑是 20 世纪最伟大的管理思想家和百科全书式的管理理论大师。他的远见卓识对于 20 世纪的管理具有深刻的影响。德鲁克是最早感知和预言知识经济时代来临的人物之一。基于 20 世纪的经济和社会发展主要依赖于产业工人劳动生产率的极大提高这一事实，他提出 21 世纪最大的管理挑战是如何提高知识工人（Knowledge Worker）的劳动生产率。他的著作对广大管理人员理解、认识知识经济，接受知识管理，以及现代知识管理的研究和实践都产生了深刻的影响。

野中郁次郎深入研究了日本企业的知识创新经验，提出了著名的知识创造转换模式，这个模式已成为知识管理研究的经典基础理论。野中郁次郎特别强调隐性知识（Tacit Knowledge）和知识环境对于企业知识创造和共享的重要性。

与上述两位学院派出身不同，斯威比既是企业家又是企业分析家的背景，导致他对知识管理的研究具有浓厚的实践色彩。在1979年以后的15年内，他一手创办和经营了北欧最大的出版集团，还是著名的市场分析家，他的分析报告是斯德哥尔摩股票交易市场上最重要的指南（定期发表在财经杂志上）。管理工作本身以及对知识型上市企业的分析使他最早感觉到知识和以知识为核心的无形资产对于企业兴衰成败的关键作用。斯威比在知识管理理论和实践方面的贡献包括：他是世界上最早在著作中使用了"知识管理"一词的人，并对知识和知识管理的基础性问题进行了深入研究；他首先发现和定义了知识型组织（Knowledge Organization）这一知识经济时代最重要企业组织形态，并开创性地对知识型企业的组织特性、生命周期、治理结构和成功要素等进行了系统性研究；他首创了知识型上市企业的分析评估模型，以及包括无形资产在内的会计报告系统，他对无形资产测量系统的研究已成为瑞典、欧盟（EU）和经济合作与发展组织（OECD）制定新的会计报告标准的重要基础；20世纪90年代后期，斯威比提出以知识为核心的企业发展战略框架，并将关于知识型企业的组织理论，包括有形和无形资产在内的监测信息系统统一在知识战略框架之下，形成完整的知识型企业的管理理论和方法体系。如果说德鲁克的理论主要着眼于知识管理的发展大势，斯威比的理论和方法则更着重在帮助企业家有效地认识和管理核心资产——无形资产，创造更大的价值，经营知识经济时代的成功企业。

斯威比相信学习的过程应该首先是个实践的过程，有效的实践离不开有效的工具。因此，他本人及合作伙伴设计开发了多种基于斯威比知识管理理论的学习和实践工具，这些工具对迄今为止的全球知识管理产生了巨大的影响。例如，由CELEMI公司和斯威比合作开发的全球首个学习知识型企业管理的仿真系统——TANGO自1997年问世以来，广受世界著名企业的欢迎，受训管理人员已超过3万多人。

由于斯威比有极强的企业管理实践背景，以及会计和公司财务分析专业基础（他从大学会计专业毕业后的第一份工作是审计师），因此知识管理对他而言，实践的色彩远大于理论（尽管他从事了大量理论性研究，写了大量研究论文）。他习惯于从企业是社会系统中经济实体这一本质出发，从资产和资本的角度来看待知识，从组织效益（包括经济效益和非经济效益）角度来衡量知识管理，始终把人这一知识的真正载体置于知识管理的核心。斯威比对泰勒主义（Taylorism）对知识管理的影响持强烈的怀疑和批判态度，他相信基于泰勒主义的知识管理方法和实践（例如，以IT为主的知识管理项目）应该对目前失败的那些知识管理项目负主要责任。

除了上述3位大师的杰出贡献外，对知识管理具有较大影响的还包括施乐（Xerox）公司的首席科学家约翰·布朗（John Seely Brown）、安悌拿·温格（Etienne Wenger）等人的关于实践社区（Community of Practice）的研究探索，实践社区现在已成为知识管理的最重要的实践之一；科恩与普鲁沙克（Don Cohen & L. Prusak）关于组织社会资本的研究也会给知识管理的进一步发展产生积极的影响。值得注意的是，这些美国知识管理领域的代表人物的工作及其日益扩大的影响反映出美国知识管理研究和实践已经汲取了过去的经验和教训，正在摆脱早先依赖IT和以显性知识为主要管理对象的路线，朝着以人为核心、强调隐性知识创造和共享的正确方向发展。

此外，现代知识管理的发展中比较著名的人物还有托马斯·达文波特（Thomas H. Davenport）、艾莉·沃纳（Allee Verna）、托马斯·斯梯沃特（Thomas Stewart）、雷夫·爱德文森（Leif Edvinssion）等人。尽管这些知识管理专家没能对知识管理的核心理论和方法作出重大贡献，但是他们或以著作，或以实践的方式对知识管理的普及和发展产生了重要影响。

上述这些先驱们的研究形成了现代知识管理发展的几个主要方向：知识型组织、无形资产/知识资本测量和报告、知识工人与知识工作过程、基于知识的组织理论和发展战略、组织知识环境（个人社会网络和实践社区）等。

第二节　中国管理思想的发展

一、中国古代管理思想

1. 中国古代管理思想的主要方面

中国是一个具有五千年悠久历史的文明古国，在中华民族长期生存繁衍发展的历史长河中，创造了光辉灿烂的传统民族文化。可以说，中华民族五千年文明史的一个侧面就是五千年前的管理史。在这五千年的历史进程中，逐步建立起了系统而完善的中央集权的国家管理制度，在财政赋税、人口田亩管理、漕运驿递管理、文书与档案管理等方面，积累了宝贵的管理经验和思想。管理经验和思想主要归结为四方面：一是治国学，二是治生学，三是治家学，四是治身学。

治国学主要是对社会、人口、土地、官吏、财政税收、人事行政和军事等方面管理的学问，是宏观的非营利性的行政、事业方面的管理。

治生学主要是对市场营销、财务会计、生产制造、技术创新等方面进行管理的学问，是微观的、营利性的企业或组织的管理。

治家学主要是对家庭计划、家庭理财家庭教育与家庭和谐等方面进行管理的学问。

治身学主要是研究谋略、人为、为人、用人、修身、激励、博弈、沟通等方面的学问。

治家学和治身学是针对人自身的生存环境和生存质量进行的管理。

2. 中国古代管理思想的主要代表流派和观点

（1）儒家的管理思想

儒家是春秋末期孔子创立的学派。儒家学说简称儒学，是以“仁”为核心的思想体系。其主要特点是：宗师孔子，视其言行为最高准则；以《诗》、《书》、《礼》、《易》、《春秋》等为经典；以“仁”、“义”为行为准则；维护君臣、父子、夫妇、兄弟等伦常关系。儒家学说是中国古代的主流意识流派，自汉代以来在绝大多数的历史时期具有中国国教的地位，至今也是华人的主流思想基础。儒家的管理思想可以分为以下四方面。

1）修己安人的管理目标

在儒家看来，治国管理首先是人的管理，而人的管理又可分为“修己”的自我管理和“安人”的社会管理两大部分。

首先，“修己”的自我管理，包括管理者和被管理者，其中更为强调的是管理者自身的道德修养。孔子十分强调管理者的“正己”在管理中的巨大影响作用。诸如：“其身正，不令而行；其身不正，虽令不从。”“不能正其身，如正人何？”这都是强调管理者一定要重视自身的品行修养，做到安人先正己。儒家“正己安人”的管理思想，在孟子那里得到了进一步的张扬。孟子说，“行有不得者，皆反求诸己”，“其身正而天下归之”。在儒家看来，修己做好了，自己在道德能力方面更完善了，才有治国安民的条件和本领，这就是他们所宣扬的“内圣外王”之学。

其次，“安人”的社会管理，立足于自我修身的基础之上，其内容包括齐家、治国、平天下。“齐家”就是家庭管理，它是以规正家人的行为规范、实现家庭的社会功能为特点的，要求家庭成员遵循各自角色的行为规范，完成各自应担负的职能。在儒家看来，不能做好齐家的管理，就不能做好治国的管理。治国管理包括政治管理、经济管理、军事管理、文化管理等方面。这些管理在目的、本质和原则上与家的管理是差不多的，家是构成社会的最小单位，国是家的政治放大。千家万户和睦相处之时，当然是国泰民安之时。儒家之所以将安人作为管理的最终目的，就因为“安人”出于人的生存需求。荀子认为：“人莫贵乎生，莫乐乎安”，意思是说，生存和安宁是人的最大需求。保证人身安宁，也是社会发展的基本要求。

2）民为邦本的管理意向

《论语·阳货》中，孔子在回答弟子提问时明确地说：“惠则足以使人”。也就是说，给民众以恩惠，就能很好地指使民众。孔子把是否关爱民众作为能否有效地统治民众的前提，这虽然是站在统治者的立场说话，但强调以民生为本的思想不失为古今中外均被看好的管理智慧。孔子说：“道千乘之国，敬事而信，节用而爱民，使民以时。”意思是说，治理国家，要爱护民众，节约财用，征调民力要适时适度，不可滥用，这样才能保证民众适时地从事农业生产。孟子提醒：“乐民之乐者，民亦乐其乐；忧民之忧者，民亦忧其忧。乐以天下，忧以天下，然而不王者，未之有也。”儒家另一个代表人物荀子发表了专论《富国篇》。他主张富国与富民并举，提倡“上下俱富”。他认为，“下贫则上贫”，必须是“上下俱富”。为此，他提出应该采取强本、轻税、节用等措施。儒家的后继者们还就如何发展生产、缩小贫富差距等关系国计民生的问题进行过许多探讨，其基本思路都是如何让老百姓富足和安居乐业，一直促进社会的稳定与和谐。

3）贵和中庸的管理标准

在儒家文化中，“和”既是管理的目的性要求，也是管理的方法论要求。孔子强调：“君子和而不同，小人同而不和”。所谓“和”，是指不同事物的相成相济，表现在处理人际关系上，就是有原则地和睦相处。所谓“同”，是指取消差别、合为一类，表现在处理人际关系上，就是唯唯诺诺，无原则地同流合污。也就是说，凡无关原则的小事，要讲协调、重和睦，不要小题大做，闹不团结；凡事关原则性的大问题，则要坚持原则，不应苟同。

怎样才能做到“和”呢？孔子对中庸的方法十分推崇：“中庸之为德也，其至矣乎！”意即中庸作为促进人际和谐、实现良好道德的一种法则，是再好不过的了！长期以来，人们对中庸的认识有误解。有不少人的心目中，中庸就是折中调和，对“中庸”如此贬义的解释并不符合孔子本意，孔子的本意是无论做人、处世还是办事都不过分，要“执其两端用其中于民”。这里的“端”是指极端，极端就是偏；“中”就是正中、适中的意思。中庸之道讲求合理和适度，既不能“过”，也不能“不及”，“过”和“不及”都将破坏管理效果。因为管理的目的本来就是力求使人与物处于合理和适度的状态，以发挥出最佳效益。

4）德礼之治的管理手段

管理目标的实现有赖于恰当的管理手段的运用。孔子说，“道之以政，齐之以刑，民免而无耻；道之以德，齐之以礼，有耻有格”，实际上道出了儒家“德礼之治”的管理手段。儒家管理思想认为，单纯依靠政令、刑法等强制性的政治举措，实施惩罚性的管理手段进行管理，对于治民虽然可能有效，但并不会理想，即使在短期内能够奏效、起作用，也不可能长期持续下去。而以道德教化贯穿管理过程的始终，强调道德价值观的精神引导作用，要求管理者把一套“设定”的价值观念灌输到民众的头脑中去并化为其内心的自觉行为，从而达到控制民众思想和稳定社会秩序的目的。

同时，“礼”为特征的外在控制方式在儒家管理哲学中也是十分重要的管理手段。他们极力主张用“礼”的规范来约束人们的行为，使用一定程度的强制手段来实现社会管理的目标。实际上，由于“礼”具有政治法律制度、道德行为规范、礼节礼仪的内容，因此，它在管理过程中的作用就在于提供一整套规范形式，起着重要的管理功能。“礼”不仅对管理者具有约束和规范的作用，他们又按“礼”的规定来管理国家政务。对所有民众而言，还具有正身和自律的作用。古代的“礼”对于不同社会等级人的言行都有明确的规定，要求每一个人都必须按照“礼”的规定来约束自己，使之合乎“礼”的规定，“顺乎礼义”，以礼制欲，必须把“礼”贯彻到自己的一切言行之中，做到“非礼勿视，非礼勿言，非礼勿动”。这种“齐之以礼”的礼治就是用合乎“仁”的道德规范、行为准则和典章制度来进行管理的治理方式。

（2）道家的管理思想

道家是春秋战国时期诸子百家中最重要的思想学派之一。一般来说，老子是道家学说的创始人，他在《道德经》中对道家思想作了详细的阐释。道家思想其他的代表人物还有战国时期的庄周、列御寇、惠施等人。道家倡导效法自然的世界观和方法论，其基本思想是强调顺应自然、以柔克刚，这就决定了其思想的“柔道”特点。

1）“守柔”的管理特色

老子从世间万物由强到弱的转化中看到了“守柔”的必要性。“飘风不终朝，骤雨不终日。孰为此者？天地。天地尚不能久，而况人乎？”狂风刮不了一个早晨，暴雨下不了一整天。谁使它这样呢？是天地。“人之生也柔弱，其死也坚强。草木之生也柔脆，其死也过枯槁。”意即人活着时身体柔弱，死了以后身体变得僵硬；草木生长的时候枝干柔弱，死了以后就变得干枯了。基于此，老子认为坚强的东西实际上就是正在接近于死亡，“坚强者死之徒”，是“兵强则灭，木强则折”，而柔弱才有生命力，“柔弱者生之徒”，故“坚强处下，柔弱处上”。因此，老子认为要永远立于不败之地，就应处于柔弱和谦下的地位，以退为进，以守为攻，以不为而为。故曰“守柔曰强”，持守柔弱才为“强”。

2）无为而治的管理境界

凡事讲到社会治理问题时，老子特别强调“无为”。老子说：“无为而无不为，取天下常以无事；及其有事，不足以取天下。”意指无为的结果，万物各得其所，各遂其生，从这个意义上说就是无所不为。反之，也就是说，没有任何一件事不是“无为”所为的。因此，治理天下，要顺应民心民意这个自然，这就是无为；如果违反规律去运动民众必然劳民伤财，看上去是“有为”，结果是不能治理好天下的。

3）善下的用人之道

老子说：“知人者智。”这就是说，认识人才，发现人才，才称得上有智慧。如何使用人才呢？老子形象地比喻：“江海之所以为百谷王者，以其善下之，故能为百谷王。”意指江海之所以能成为许多河流所积聚的缘故，是因为它处于低下的好地位。在这里，老子把江海比做领导者，把许多河流比做众多的人才，领导者对待人才应该谦下。老子说：“善用人者为之下，是谓不争之德，是谓用人之力。”意指善于用人的人，对人谦和，这是一种不与他人相争的德，这叫做善于利用别人之力。老人认为，这是符合天道规律的道理，这样才能把众多的人才吸收到自己的周围。老子又进一步说：“故贵以贱为本，高以下为基。”这就是说，一个领导者要做到以贱为根本，高层的基础在下面；领导者应当时时处下，事事居后，不要显示自己的高贵，更不要把自己摆在前面，而应该永远谦恭、温和。

（3）法家的管理思想

法家是春秋战国时期以法治为核心的思想学派，否定世袭贵族天然传承的等级制度。他们在政治实践中，奖励耕战，毁弃诗书，主张以法治国。法家的管理思想体系，概括起来就是“法”、“术”、

"势"三位一体的极端专制的中央集权制。法、术、势是其管理思想的三个要素。

法家之"法"，是指管理的法律制度。法的内涵包括法律、政令。其理论的主要内容是定法和执法两大部分，即制定法律、政令和执行法律、政令。这就是《韩非子》中所说的"明其法禁，必其赏罚"，也就是现在所说的有法可依、有法必依、违法必究。

法家之"术"，是指管理的策略手段。法家集大成者韩非把统治、管理之"术"分为三大类：形名术、用人术和治奸术。"形名术"，就是"循名而责实"，即按照官职名分来追究他的实绩，用下属的言论去衡量其所做的事和所取得的功效。法家倡导的用人之术，有三点是值得思考的。其一，用人要注意排除声誉干扰。如果任命官职不用才能作为标准，而只根据朋党关系制造出来的声誉选人，那样国家管理就会因用人不当而混乱。其二，用人要坚持任人唯贤。韩非没有把反对唯亲用人绝对化，他又提出："举内不避亲，外举不避仇"。其三，用人要注意扬长避短。"治奸术"是指用来防止君主统治权被削弱以至被篡夺的一系列策略。应该怎样识奸、防奸呢？法家的观点主要有：一是要注意防微杜渐，英明的领导人在奸邪处于萌芽状态时就能及时发现，这样就不会发生篡权杀君的大阴谋；二是要注意任人勿重，大臣的地位、权势过分尊贵，往往会改变君主的地位；三是要注意以法治奸，主张建立健全"治吏之法"，使治奸行为有法可依。

法家之"势"是指管理的权势威势，是指一种具有绝对权威的强制力，即至高无上的君主统治权，如用人权、赏罚权、生杀权、立法权等，强调的是营造一种号令天下、令行禁止的管理氛围。韩非认为："设法度以齐民，信赏罚以尽民能，明诽誉以劝沮。三隅，故大臣有行则尊君，百姓有功则利上，此之谓有道之国也。"通过设置法律制度来统一民众的行为，通过赏罚有信来充分发挥民众的才能，通过公开的赞誉或毁谤来鼓励善行或阻止作恶。把"名号、赏罚、法令"即赞誉毁谤、奖赏惩罚、法律命令这三者结合起来使用，就可以形成一种"势"。

不过，法家认为"势"的成因不能仅仅归结为权力，还与当权者的人格形象及其下属的捧场、颂扬有关。"人主者，天下一力以共戴之，故安；众同心以其立之，故尊。"作为君主之人，如果天下的人齐心合力地共同拥戴他，那么他的地位才能稳固；民众同心同德地共同推举、辅佐他，他的地位才尊贵。由此可见，法家所谓的"势"，从表面上看是一种权势、威势，本质上是一种影响力，是一种影响、制约以致改变下属行为的力量。这种影响力的形成，既来自领导者的正式权力，也来自一些非权力因素，后者补充和加强前者。

(4) 墨家的管理思想

墨家是春秋战国时期重要的思想学派之一，代表人物是墨子，始于春秋、战国之时。墨子的生活时期，基本消失于汉武帝时期。墨子出生于社会下层，最初受业于儒家，后对儒家维护强权、高贵、尊亲、压抑人性的统治思想不满，遂脱离儒家而创立墨家。儒、墨同为春秋战国时期显学，有"不入于儒，即入于墨"之说。

墨家的管理思想是针对当时社会的现实问题，站在劝说当权者治国的立场，阐述有关管理问题的。其核心思想是"兼相爱，交相利"。所谓"兼"，就是"爱人若爱其身"，"视人之室若视其室，视人之身若视其身，视人之家若视其家，视人之国若视其国"，即对待别人的国家就像对待自己的国家一样，对待别人的家族就像对待自己的家族一样，对待别人的身体就像对待自己的身体一样。在此，墨子提出，所有的人都应该相互爱护，多从对方的角度出发来思考问题，这样就可以避免误解，消除冲突，改变时弊。同时，墨子提出，通过相互给予利益("交相利")的方法也可以达此目的。他认为，做有利于他人之事，并不意味着只有利于他人，其实利益是相互的，因为绝不可做损害他人之事，损害他人利益的同时亦会损害自己，只有人们各不相害，彼此相利，把个人利益建立在整体利益之中并把两者糅合在一起，才能实现富国安民的愿望。在此，我们需要注意的就是墨子关于个人利益与整体利益关系的论述。其“交相利”的思想，也即将个人利益建立于整体利益之中的思想，比较恰当地处理了个人利益与整体利益之间的关系，值得我们细细思考。正如墨子所说：“体，分于兼也。”“体”是指一部分，“兼”是指全体，“体分于兼”即部分存在于全体之中，个人利益依赖于整体利益。

在义利关系上，墨子主张义以利为准，利于人方为义，不利于人的行为就是不义。“凡言凡动，利于百姓者为之”，否则就“舍之”。一切言论行动，都以是否有利为标准，甚至将义等同于利，“义，利也”。在此，墨子重新审视义利关系，使“义”、“利”二者从儒家“君子喻于义，小人喻于利”的对立走向了墨家的和谐统一。

（5）兵家的管理思想

中国古代历史上有两位杰出军事家，即孙武和孙膑。他们两位都著有兵书传世，即《孙子兵法》和《孙膑兵法》，这两部兵书中内含的管理思想是极其丰富的。其中，被后人最为推崇的是孙子的战略管理思想。

孙子说：“是故百战百胜，非善之善者也。不战而屈人之兵，善之善者也。故上兵伐谋，其次伐交，其次伐兵，其下攻城。”意即百战百胜不算是高明中最高明的，不战而使敌人屈服，才算是高明中最高明的。所以用兵的上策是以谋略胜敌，其次是使用武力战胜敌人，最下策是攻城。在这里，孙子强调了战略制胜的重要性。如何制定战略？孙子认为要“知己知彼”，即全面掌握竞争双方的各种情况，既了解对方又了解自己。为了进行有效的分析，按照孙子的说法，在运筹谋划大计方针时，需要把掌握的具体内容转化成可以计量的内容，即“五事”和“七计”。所谓“五事”，就是：“一曰道，二曰天，三曰地，四曰将，五曰法。”通俗地讲，就是竞争双方的政治状况、天时、地利、将帅的情况和法律制度。所谓“七计”，就是：“主孰有道？将孰有能？天地孰得？法令孰行？兵众孰强？士卒孰练？赏罚孰明？”“五事”、“七计”就是知己知彼的基本内容，对“五事”进行分析研究，用“七计”对比敌我双方的优劣，在知己知彼的基础上确定战略目标，制定战略。

（6）商家的管理思想

商家或货值家，亦称“治生之学”，是先秦时期一个颇有特色的管理思想流派，其代表人物有子贡、范蠡、白圭等。

子贡，姓端木名赐，春秋末期的大商人。他是孔子 72 个弟子中最出色的商业经营者，经商于齐鲁之间，富至千金，孔子周游列国，经济上靠他的支持。子宫通过自己的经商实践，总结了前人经商的经验，提出了“买贱卖贵”的经商思想。子贡在跟随孔子周游列国的途中就“赍货”，捎带着做买卖。《史记·仲尼弟子列传》说子贡“好废举，与时转货赀”，就是贱则买进（举），贵则卖出（废），以求厚利。正因为子贡能掌握时机，从中转易，所以才能“家累千金”。

范蠡就是汉代人传说的陶朱公，他曾辅佐越王勾践 20 余年，勾践灭吴后，他看到勾践只能共患难而不能同安乐，遂弃官从商。因聚财有方，“十九年之中三致千金”，成为当时赫赫有名的大富翁。范蠡之所以能够在经商治产中大获成功，与其商业经营思想有着密切的关系，主要表现在他所谓的“计然之策”当中。据《史记·货殖列传》记载，“计然之策”包含着丰富的经营管理思想，主要包括两方面的内容：一方面是国家管理粮食的办法，称为“治国之道”；另一方面是关于私人经商致富的理论原则，被称为“积著之理”。

白圭是战国初期的大商人，他总结出来的一套经商治生理论影响很大，被后世商人奉为准绳，白圭也被尊为商业的祖师爷，“天下言治生祖白圭”，即公认白圭是商家的大宗师。白圭的“治生之术”可归纳成 8 个字：“人弃我取，人取我予。”他说：“夫岁熟取谷，子之丝漆；茧出取帛絮，与之食。”这就是说，在粮食丰收时购进粮食，出售丝、漆等商品，蚕茧产出时则购进帛、絮等商品，而出售粮食。这就是所谓“乐观时变”、“知所取予”，是商业经营管理中的一条重要的原则。

（7）佛家的管理思想

自汉哀帝时期佛教传入中土以来，佛家思想就逐渐与中国传统思想相融合，发展出不同于印度本土佛教的中国佛家思想，并深深地影响着中国人的思维方式和行为方式。佛家思想在中国古代管理思想中留下印记，对中国许多朝代的统治者治国理政都有不同程度的影响。

1）追求“和谐”的管理境界

佛家追求“和谐”的管理境界主要体现在佛教对团体的管理原则，即六和敬，第一和：身和同住，第二和：口和无诤，第三和：意和同悦，第四和：戒和同修，第五和：见和同解，第六和：利和同均。这就是在说与人相处要和睦、说话要注意礼貌、为人要坦诚善良、注意修身共同守法、意见要相统一、利益要均分，佛家这种“六和敬”的思想就是在强调“和谐”，不仅仅是佛教徒的生活准则，这应该成为社会中的每一个成员处理社会关系的原则。

2）保持组织凝聚力的管理思想

佛家思想中对于僧团管理采用“六和敬”的方式、宣传佛家的价值观、强调共同的道德规范，吸引了很多社会成员，使之成为笃定虔诚的佛教徒。尤其在魏晋南北朝时期，国家处于战乱之中，希望能够找到一种宗教思想来慰藉自己的心灵，佛家通过严格的清规戒律、开坛讲经诵经、四处弘扬佛法，使佛教得到了前所未有的发展。时至今日，中国的佛教组织结构也即为严密，具有很强的组织凝聚力。

3）强调“自律”的管理观念

佛教关于因果报应的说法十分精致，佛教徒认为不能简单地说有一位主宰者在惩恶扬善，而是从主体自身的精神活动中自作自受来说明因果报应的关系，强调人的“自律”。东晋时期的慧远禅师在其《三报论》、《明报应论》等著述中做了全面的阐述。慧远在《三报论》中开宗明义地提出：“业有三报：一曰现报，二曰生报，三曰后报”，他强调因果报应是“自然的惩罚”，所以要人懂得自律。这对于组织管理中，对于组织成员的自律性培养具有一定的借鉴意义。

（8）杂家的管理思想

先秦诸子百家的管理思想，以儒、道、法三家为主，墨、兵、商、杂等为辅，是中国管理思想发展史上的首个高潮，也是最为系统阐述管理思想的一个阶段。后世中国的管理思想无一例外能从诸子百家中找到渊源和痕迹。杂家的管理思想不能忽视。杂家中以吕不韦最为出名，其《吕氏春秋》为后世提供了丰富的管理思想。司马迁曾经高度评价这本书“备天地万物古今之事”；班固则称赞其书“兼儒墨，合名法，知国体之有此，见王治之无不贯，此其所长也”。所以，这里介绍杂家中吕不韦和他编写的《吕氏春秋》中的管理思想。

《吕氏春秋》认为，要管理人们的欲求主要把握以下几点：一要“行其情”，“圣人修节以止欲，故不过行其情也”，即承认人的各种自然欲求是合理的，应当尽量满足；二要“必有所制”，即当人们的欲求对自身或者组织利益有害时就必须加以节制，不能放纵；三要尽量刺激人们“多欲”，反对“寡欲”、“清修”，把追求个人目标与组织目标有机地结合起来，“人之欲多者，其可得用亦多；人之欲少者，其得用亦少；无欲者不可得用也”。

至公无私是《吕氏春秋》对管理者道德要求的最高制点。在《贵公》篇中有一个名垂千古的论断：“天下非一人之天下，天下之天下也”。要做到“公”，就要贵公去私。组织目标的实现关键在于管理者能否首先具备一心为组织的信念和胸怀，一切从组织出发进行决策管理，才能做到组织的不断发展。作为杂家的代表作《吕氏春秋》融合了各家之长，但没有“自成一家之言”，这是其最大的特点也是最大的缺陷。章太炎就说过："杂家集他人之长，以为自有，《吕览》是已"在管理思想的内容上，可以说《吕氏春秋》就是对儒、道、法三家管理思想的评述，这也体现了杂家博采众长，兼容并蓄，又在操作上切实可行的特点。

（9）中国古代管理思想的发展

中国古代管理思想史，是中国古代思想文化史的重要内容之一。从内容上看讲的都是中国古代的管理理论和管理实践；从时间上看，属于历史学范畴，涵盖了中国发展史的数千年。因此，中国古代管理思想史既有管理学的属性，也有史学的属性，本章节的任务就是完整准确地叙述出中国古代主要管理思想发展演变的历史面貌。学习过历史，我们知道自汉武帝开始"罢黜百家，独尊儒术"，儒家思想逐渐与法家思想相融合，形成了"外儒内法"的新型儒家管理思想，而之后大部分朝代都是以新型儒家管理思想治国，儒家的代表历朝历代层出不穷，诸如董仲舒、诸葛亮、韩愈、范仲淹等；至宋朝以降，先秦诸子百家所流传下来的思想在逐渐发展、改变以适应历史环境和当时当地的具体情形，有宋一朝"三教合一，即儒、释、道三家管理思想相互融合，形成以儒学为主、其他思想为辅的新的管理思想，代表人物有朱熹、二程，到了明朝，儒学出现了新的学派——心学，代表人物有陆九渊、王阳明等。中国古代管理思想史一是存在于中国社会历史上提出的著名作品和著名言论中，二是存在于管理实践和具体管理形式当中。这些管理思想在管理实践中发挥了巨大的历史性作用，并经历了管理实践的检验，是我国人民乃至全世界人民极其宝贵的管理思想财富。

3．中国古代管理思想的主要表现和内容

在中国文明悠久的历史发展中涌现出了像儒家、道家、法家、墨家、兵家、商家等思想学派，创造了恒久弥新的管理思想，这些管理思想指导了我国乃至世界历史长河中的众多成功管理实践活动。中国古代在系统管理、信息管理、对策与决策、经营与财政管理等方面提出了有价值的管理思想。

（1）系统管理思想

中国古代系统管理思想十分丰富。举世闻名的万里长城，其建造、管理都体现了古代系统管理思想的萌芽。在建造工程上，明代一般分为镇城、路城、卫城、关城、堡城、城墙、放台、烟墩等不同等级、不同形式和不同用途的建筑，形成了一个完整的防御工程体系。在管理上，沿线设九个镇，每镇设总兵，上受兵部指挥，每镇之下又分级设"路"、"关"及城保、墩台，形成多级管理系统，信息自下而上、自上而下传递迅速、反馈自如。闻名中外的大型水利枢纽工程——都江堰工程也是系统工程的古代杰作。该工程由岷江鱼嘴分水工程、飞沙堰溢洪排沙工程、宝瓶口引水工程及水利信息系统构成，融灌溉、蓄水、防洪、排沙于一休，合理地解决了分水导江、防洪防旱、引水灌溉、排除泥沙等一系列重大问题。这是中国古代劳动人民运用系统思想的典范。我国宋真宗年间，丁渭修复皇宫的方案"一举三得"，集中反映了公元 11 世纪初中国管理思想的先进水平，也是运用系统管理思想的典范。当时，因遭雷击使皇城失火被焚，皇帝命宰相丁渭主持修复。丁渭提出：将宫前大街开挖成河，取土烧砖，引汴水入宫，水运建材。宫修复，以废砖烂瓦填平河沟，修复宫前大街。这样，挖河一举解决了就地取土、方便运输、清理废墟三个问题，"一举而三役济，计省冠以亿万计"（《补笔》卷二）。整个工程省时、省工、省钱，符合管理的最优化原则，成为著名的中国古代管理思想的实践范例。

（2）信息管理思想

万里长城的修筑，主要目的是防御敌人的进犯，因而及时传递信息、掌握敌情是十分重要的，其信息传播技术、方法都令人叹服。长城上的烽火台就起着"信息源"的作用，白日以烟、夜晚以火作为传递信息的媒介。明代规定，来敌百人左右，一烟一炮示之；五百人，二烟二炮；千人以上，三烟三炮；五千人以上，五烟五炮。这种信息传递，既定性（敌人来犯），又定量（来敌人数），烟炮配合，光声并举，相互核对，几小时之内就能把军情准确地传递至千里之外的指挥机关。

我国古代著名的军事家孙武十分重视信息和情报的作用，《孙子兵法》载："知己知彼，百战不殆；不知彼而知己，一胜一负；不知彼不知己，每战必败"。不仅在军事上运用信息管理手段，在经济管理上也运用信息手段。唐代刘晏建立全国信息网，以迅速掌握全国各地的经济信息和物价状态。他以朝廷用驿道快马传递公文的办法，设置知院官，收集各种庄稼好坏、市场价格的变动、四方物资的余缺等情报交给招募来的"驶足"，由他们一站接一站传递。数日内可将全国各地的信息迅速传递到刘晏处，再由刘晏等人综合各地信息，做出决策。由于信息灵活，渠道多，使市场长年保持稳定，国家掌握了足够资金。

虽经数十年战乱，仍保证了唐代的国富民安。可见，信息管理对国家政治、经济的发展所起的重要作用。

（3）对策与决策思想

对策和决策思想早在先秦时期就大放异彩，其丰富经验对今天的决策科学化很有参考价值。战国时孙膑的对策思想在"田忌赛马"的故事中得到生动的反映。当时，齐将田忌与齐成王赛马，田忌屡赛屡败。后来，田忌听从孙膑计策，用自己的上、中、下马，分别与齐王约中、下、上马比赛，结果以 2:1 获胜。这是一种"整体优化"的对策。

墨子的"三表"决策思想，提出了正确的决策必须以实事求是为前提的思想。墨子提出："有本之者，有原之者，有用之者。于何本之？上本之于古者圣王之事；于何原之?下原察百姓耳目之实；于何用之？废（发）以为刑政，观其中国家、百姓、人民之利，此所谓言有三表也。"即在判断一件事是否可行时，先考察历史，看是否符合古代圣王的遗训；然后要听取百姓的意见，看是否符合民心；最后看是否真正有利于国家民众。《管于》主张"以备待时"，"事无备则废"（《管子·霸言》）。有备无患，预则成，不预则废。治国必须有预见性，备患于无形，"唯有道者能备患于无形也"（《管子·牧民》）。春秋末期的政治家兼巨商范蠡认为经商要有预见性，经商和打仗一样，"知斗则修备"，要善于"时断"和"智断"，如要预测年景变化的规律，推知粮食供求变化趋势，及时决断收购和发售。他提出"旱则资舟，水则资车"的"待乏"原则（《史记·货殖列传》）。

"夫运筹于帷幄之中，决胜于千里之外。"（《史记·高祖本纪》）说明在治军、治国、治生等一切竞争和对抗的活动中，都必须统筹谋划，正确研究对策，以智取胜。研究对策有两个要点：一是预测，二是运筹。张良是汉高祖刘邦的谋士，他为汉朝的建立和巩固谋划了很多英明决策，因而被刘邦誉为"运筹于帷幄之中，决胜于千里之外"的最优决策者。诸葛亮雄才大略，纵观天下，预测未来，做出三分天下的关键决策，并通过联孙抗曹，使一无所有的刘备能坐镇一方，雄观天下。

（4）经营与财政管理思想

范蠡认为：物价贵贱的变化是因为供求关系的有余和不足，建议谷贱时由官府收购，谷贵时平价售出。他提出了很多经管原则："务完物，无息币。以物相贸易，腐败而食之物勿留，无敢居贵。论其有余不足，则知贵贱。贵上极则反贱，贱下极则反贵。贵出如粪土，贱取如珠玉。财币欲其行如流水。"财政乃国家经济之本。荀子曾提出财政管理的许多原则，如分等征税原则、"聚敛者亡"和"王者窜民"的财政管理原则、"上下俱富"以政裕民的原则、"足国之道，节用裕民，而善藏其余"的财政支出总原则等。到秦始皇时期，专门设立官位统管全国财政，为两千多年封建集权统一的财政管理制度奠定了基础。

（5）以人为本思想

以人为本、重视人才是中国传统管理的一大要素，包括两方面：一是重人心向背，二是重人才归离。要夺取天下，治好国家，办成事业，人是第一位的，故我国历来讲究得人之道，用人之道。

得民是治国之本，欲得民必先为民谋利。

先秦儒家提倡“行仁德之政”，“因民之所利而利之”（《论语·尧曰》），“修文德以来之”（《论语·季氏》），使“天下之民归心”，“近者悦，远者来”（《论语·尧曰》），“天下大悦而将归己”（《孟子·离娄上》）。《管子》说：“政之所兴，在顺民心；政之所废，在逆民心”，国家必须“令顺民心”，“从民所欲，去民所恶”，乃为“政之宝”（《管子·牧民》）。西汉贾谊说：“闻之于政也，民无不为本也。国以为本，君以为本，吏以为本”，“国家的安危存亡兴坏，定之于民；君之威侮、昏明、强弱，系之于民；吏之贵贱，贤不肖，能不能，辨之于民；战争的胜败，亦以能否得民之力以为准”（《新书·大政上》）。这些思想历代都有，逐步成为管理国家的准则。

得人才是得人的核心。要得人才，先得民心，众心所归，方能群才荟萃，故《管子》把从事变革事业，注重经济建设，为人民办实事，视为聚拢优秀人才的先决条件，叫做“德以合人”，“人以德使”（《管于·五辅、枢言篇》）。

我国素有“求贤若渴”一说，表示对人才的重视。能否得贤能之助，关系到国家的兴衰和事业的成败。“得贤人，国无不安；……失贤人，国无不危”（《吕氏春秋·求人》）。诸葛亮总结汉的历史经验说：“亲贤臣，远小人，此先汉之所以兴隆也；亲小人，远贤臣，此后汉之所以倾颓也”（《前出师表》）。《晏子春秋》则把对人才“贤而不知”、“知而不用”、“用而不任”视为国家的“三不祥”，其害无穷。

（6）选才用人思想

中国古代很早就提出了选才用人的管理思想，认识到“知人善任，礼贤下士”的重要性。“为官择人”、“任人唯贤”、“外举不避仇，内举不避亲”、“君子用人如器，各取所长”等论述，均反映了古人的选人、用人思想。

关于择人的原则。我国古代择人主要从性、绩（功、黜）、德、才、识、智等内容对人才进行选举与考评。《六韬》中有六字标准：“一曰仁，二曰义，三曰恕，四曰信，五曰勇，六曰谋”。孔子认为，智、仁、勇、艺、礼、乐是人员的六大优秀素质。他说：“志于道，据于德，依于仁，游于艺”，“兴于诗，立于礼，成于乐”，“智者不惑，仁者不忧，勇者不惧。关于人才评价，孔子认为“视其所以，观其所由，察其所安”（《论语·为政》），意思是说，观察一个人日常所言所行的原因、目的与手段，了解他的心情，看他安于什么，不安于什么，那么人的内在素质就不难知道了。

关于用人的原则。墨子提出要“察其所能而慎予官”。荀子告诫执政者“无私人以官职事业”，切不可任人唯亲，而主张任人唯贤，唯才是举。晏子则进一步指出：人的才能也是不同的，应当让人专司一事，不能要求他无所不能。用人的优点，不用他的短处；用人所擅长的，不用他所不擅长的。这就是任用人才的要略。秦始皇能完成统一大业，是因为重用了蹇叔、商鞅、范雎、张仪等人。楚汉之争，项羽因“嫉贤忌能，有功者害之，贤者疑之”，以至败退垓下，陷入“四面楚歌”的绝境。而刘邦则重用在某些方面比自己高明的张良、萧何和韩信，从而大获全胜，建立了汉王朝。他的用人思想在于量能授贤，不拘一格。

北宋王安石的人才管理思想更加系统化、理论化。他的用人思想可概括为“教之、养之、取之、任之”。其中，教之之道，即坚持学用一致，造就人才；养之之道，即维持政府官员生活的俸禄报酬应采取的方针——“饶之以财”、“约之以礼”、“裁之以法”；取之之道，即选拔官吏的途径；任之之道，任用人才首先要根据其专长，知农的为农官，知工的为工官。王安石把通过教育培养人才作为人才管理的起点，从根本上入手，这比他的前人前进了一大步。

（7）行为管理思想

中国先哲在几千年前，就开始了对人类心理和行为的研究，有许多精辟的学说。在探索人类行为动机、需要的奥秘方面，中国古代先祖们起到了创始人和开路先锋的作用。韩非曰："天有大命，人有大命"（《韩非子·扬权》），即天有天的规律，人有人的规律。孙子也提出："人情之理，不可不察"（《孙子兵法·九地》），即关于人的心理活动应该进行研究，不研究是不行的。

对于人的本性问题，荀子认为："人之性恶，其善者伪也"。孟子则认为："人之性善也，犹水之就地下；人无有不善，水无有不下"。告子认为人性无善恶，"人性之无分于善不善也，犹水之无分于东西也。"人性如水，向哪儿引导就向哪儿流淌。

对于人的欲望和需要方面，荀子提出："养人之欲，给人以求，使欲不穷乎物，物必不属于欲，两者相持而去"。管仲也指出："仓廪而知礼节，衣食足而知荣辱"。

在激励和奖惩方面，孙子提出："合军聚众，务在激气"，主张"文武兼施"，"恩威并重"。诸葛亮指出："赏以兴功，罚以禁奸，赏不可不平，罚不可不均"。"诛罚不避亲戚，赏赐不避仇怨"，应做到"无党无偏"。同时奖赏要适度，遵守"中庸之道"，不偏不倚。灵活使用激励手段，要注意方式方法，因为"一为贯，再为常，三为固"。

（8）权变管理思想

古代的权变管理思想集中体现于"经权观"。"经"与"权"相对，"经"是常，"权"是变。朱熹说，"权是经之变"。也就是说，"权"是作为原则性的"经"的基础上的灵活性。中国古代管理思想中的"经权观"蕴藏着丰富的辩证法思想，被认为是现代组织管理中的权变理论的重要思想渊源，至今仍有借鉴意义。

中国古代经权观的理论依据就是《周易》的三易：变易、不易和易简。"变易"指的是万物和人世的不断变化，这就是"权"；"不易"指的是各种规律和原则的确定不易，即变中的不变，这就是"经"；"易简"指的是对规律本质简明的把握和领悟。因此，管理的经权观就是依据《周易》的要义，以"不易"的"经"作为判断的准绳，以"变易"的"权"来达成最优的决策，并以最简要明确的原则让群众易知易行，变成共同的管理行动。

孙子指出："兵无常势，水无常形，能因之就化而取胜者，谓之神"，并强调战略战术上的"奇正相生"和灵活运用的重要性。《三十六计》旨在应付千差万别、千变万化的复杂局面，要"审时度势"、"时变境迁"、"运用之妙，存乎一心"。诸葛亮东和孙权，北拒曹操，西抚夷，所用战略不同；他三气周瑜、七擒孟获、六出岐山、五路退敌，其战术也不一样。这种根据时间、地点、条件而采取不同方法的做法，是中国古代"权变"思想的运用。

二、中国近代的管理实践和管理思想发展

前面介绍的中国古代管理思想主要以传统的封建社会为时代背景，但其实在我国近代（即半殖民半封建社会）也拥有众多优秀的管理思想和代表人物。受到这一时期鲜明的封建社会统治和思想的影响，我国近代管理思想主要产生和运用于国家和社会治理领域，到了清末才出现了一些工商企业管理的思想。以往的管理思想史教材中对我国近代管理思想只有较少涉及，本书主要以代表人物为分析脉络，对近代管理实践和管理思想的发展进行了较为详实的阐述。

1. 林则徐的管理思想

林则徐（1785－1850），福建省侯官（今福州市区）人，字元抚，又字少穆、石麟，晚号俟村老人、俟村退叟、七十二峰退叟、瓶泉居士、栎社散人等，是中国清朝后期政治家、思想家和诗人，官至一品，曾任湖广总督、陕甘总督和云贵总督，两次受命钦差大臣；因其主张严禁鸦片、抵抗西方列强的侵略，在中国有“民族英雄”之誉。林则徐在管理思想上主要贡献集中于贸易思想、工商业管理思想和革新思想。

（1）严禁鸦片，发展对外贸易

林则徐在任湖广总督期间，目睹了鸦片在中国泛滥。他从政治、经济、国防等方面，深刻分析了鸦片给中国带来的危害，主持了震惊中外的“虎门销烟”，维护民族利益。他认为独立自主地同世界上其他国家发展对外贸易，能够获得更多的关税，可“收其利”，增加国家财政收入，为国家提供更多的资金支持；允许民间自发地进行对外贸易，则可以照顾到“滨海小民”之利。此外，他还主张取消明朝以来的禁海令，开放对外贸易市场，鼓励中国商人外出经商，保护中国商人的对外贸易行为，并为中国商船外出贸易提供保护。

（2）工商业管理思想

作为近代地主阶级的开明人士，林则徐反对将工商业看做是国家的“末业”，而是主张积极发展工商业。在发展工商业上，他的《查勘开采矿厂折》中主张采矿业实行“招集商民，听其朋资伙办，成则加奖，歇亦不退”类似于集体经营的模式。由民间自筹资金，集体经营，自负盈亏。而官府的作用主要是督办，其主要职能是制定法令、政策，保护规范民间的采矿行为；协调关系，挑选矿山的经营方；削减赋税，减轻采矿业的税赋负担。

此外，林则徐在考察了西方货币在中国的流通使用状况后，认为西方货币使用方便，有利于商品流通。因此，林则徐主张中国改革货币，学习西方使用银币，并实验铸造银币。林则徐对货币改革的建议，符合商品经济发展的趋势，是适应社会经济发展需要的举措。

（3）革新思想

在鸦片战争前夕，清朝的士大夫仍然以“天朝上邦”自居，闭目塞听，夜郎自大，盲目排外，林则徐能够清醒地看到中国与西方列强之间的差距。在担任两广总督期间，林则徐积极了解西方的各类信息。为了收集敌方情报与各类信息，林则徐亲自主持翻译了西方书籍，并出版了第一批介绍外国信息的书报，如《四洲志》、《澳门日报》、《华事夷言》等。另外，他还翻译整理了西方的法律，并编辑《各国律例》，介绍西方的法律制度。

2. 曾国藩的管理思想

曾国藩（1811－1872），初名子城，字伯涵，号涤生，谥文正，汉族，出生于湖南长沙府湘乡县杨树坪（现属湖南省娄底市双峰县荷叶镇）。晚清重臣，湘军的创立者和统帅者。清朝战略家、政治家，晚清散文“湘乡派”创立人。晚清“中兴四大名臣”之一，官至两江总督、直隶总督、武英殿大学士，封一等毅勇侯，谥曰文正。毛泽东曾说：“愚意所谓本源者，倡学而已矣。博学如基础，今人无学，故基础不厚，进惧倾记。愚于近人，独服曾文正，观其收拾洪杨一役，完满无缺。使以今人易其位，其能如彼之完满乎？”

（1）军事组织管理思想

曾国藩对于军事组织的管理思想，主要包括：在将军士的招募上，从清朝传统的世兵制向募兵制转变，招募符合标准的军士，他提出军官应具备以下几条标准“第一要才堪治民，第二要不怕死，第三要不急名利，第四要耐受辛苦”；在组织机构管理上，加强上级对下级的绝对领导，确立更加畅通的权力机制，“如封建之各民其国，庶节节维系，无涣散之虞”；“不练之兵，断不可用”，必须要强化军队官兵的军事训练，注重官兵个人素质修养与作战技能训练相并重；建立思想政治教育机制，确立军队官兵对统率与朝廷的绝对忠诚。

（2）人才管理思想

曾国藩非常重视人才，他将人才上升到国家命运的层面。曾国藩认为人才是扭转国家命运的关键，国家的发展需要人才，他在其日记《曾文正公书礼》中感叹：“国家之强，以得人才为强”。他认为国家的强大，关键在于能够得到优秀的治国人才，只有充分发掘人才、使用人才，国家才得以强盛。曾国藩对如何使用人才提出了系统性的思想，其内容包括选拔怎样的人才、如何选拔人才、如何使用人才、如何培养人才等一套完整的人才思想体系。

他对于何为人才有着明确的评定标准。他认为，第一是志趣。因为志趣决定了一个人品质的关键因素，一个人的志趣决定了这个人素质的高低、品味的优劣。在《曾胡治兵语录》中，他提出：“人才高下，视其志趣”，志趣高的人对自身修养有很高的要求，因此志趣是曾国藩评判人才的首要标准。第二是朴实。朴实是曾国藩对于人才气质上的要求，在《曾胡治兵语录》中他提到：“观人之道，以朴实廉介为质，有其质而博其长，斯为可贵。”第三是要注重德性。他说：“德而无才以辅之，则近于愚人；才而无德以主之，则近于小人”，德是才的基础，才能需要在德性的基础上才可以被充分发挥。

曾国藩在其人才观的指导下，大力选拔、任用、培养人才。在具体操作上，曾国藩制定并遵循了八字标准：广收、慎用、勤教、严绳。第一是“广收”，就是说要不余遗力的招揽人才。曾国藩当时十分渴求人才能够为其效力，不断将人才收入麾下，故有“中兴之才，皆出其门”的说法。第二是“慎用”，就是说用人要首先知人，他对依据人才的性格和能力授予职位的做法进行了，总结出了一套用人之法，并编撰成了《冰鉴》一书，系统总结人才的鉴别与录用。第三是“勤教”是耐心地进行教育，小到修身养性，大到治军治国，培养下属的良好素质。第四是“严绳”，即是对自己所提拔之人，严加管教，匡正其言行举止。

（3）洋务思想

曾国藩目睹了晚清遭到西方列强的侵略，认清了清朝与西方列强在科技水平与综合国力之间的巨大差距，主张积极学习西方技术，建立近代工业体系。他与张之洞、左宗棠等洋务人士同地主阶级顽固派进行了激烈的斗争，并将其洋务思想付诸行动，迈出了中国学习西方的第一步。曾国藩主导的洋务运动推动了中国近代化的进程，促进了近代中国的发展和进步。

3. 康有为和梁启超的管理思想

康有为（1858－1927），原名祖诒，字广厦，号长素，又号明夷、更生、西樵山人、游存叟、天游化人。汉族广府人，生于广东省广州府南海县丹灶苏村，人称康南海，光绪廿一年（1895年）进士。他是晚清时期资产阶级思想家、政治家、改革家，近代资产阶级维新派的代表人物。

康有为力图通过维新改良，使中国走上资本主义道路，对此，他提出了一系列国家管理思想。在戊戌变法中，他向光绪皇帝提出了发展资本主义工商业、学习西方技术、发展教育等国家政策建议，应建立现代的资本主义工业体系、科技体系与教育体系，实现整个社会的资本主义化，以达到国家富强的目的。康有为认为，中国人的思想仍然处于保守落后的封建农业时代，人民“无智无欲”，早已落后于西方。因此，应当开启民智，转移民心，将人民的思想由“尚农”转变为“尚工”，将中国传统农业国转变为先进的工业国。君主也应当转变统治模式，动员民众，启发民心，发动人民参与国家治理中，实现民心的现代化。

梁启超（1873－1929），中国近代思想家、政治家、教育家、史学家、文学家。字卓如，一字任甫，号任公，又号饮冰室主人、饮冰子、哀时客、中国之新民、自由斋主人，汉族广府人，广东新会人士，清光绪举人。青年时期和其师康有为一起，倡导变法维新，并称“康梁”，是戊戌变法（百日维新）领袖之一、中国近代维新派代表人物，在海外推动君主立宪。辛亥革命之后，梁启超一度入袁世凯政府，担任司法总长，之后对袁世凯称帝、张勋复辟等严词抨击，并一度加入段祺瑞政府。他倡导新文化运动，支持五四运动。梁启超曾倡导文体改良的“诗界革命”和“小说界革命”。其著作合编为《饮冰室合集》。

梁启超管理思想的主要根据是西方资产阶级进化论观点，着重强调一个“变”字。他在《变法通义》中指出：天地间一切事物“莫不变”，天地万物、人类社会都处在经常的变化之中，人类社会的各种制度也必须随着时代的变化而变化。这是“古今之公理”，是历史发展的必然趋势。他痛斥顽固派“祖宗之法不可变”的谬论，明确指出“穷则变，变则通，通则久”，只有变法图强才能挽救垂危的祖国。

为了振兴实业，梁启超明确提出“以托拉斯之法行之”的近代工业管理思想。他认为，托拉斯是“生计界之帝国主义”，“不及五十年，全世界之生计界，将仅余数十大公司”。因为，托拉斯“以最小率之劳费，易最大率之利益”，是“最普遍最宝重之公例”的“最善法门”。他充分估计了实行托拉斯管理方法在生产中的巨大作用，并以此强国而对付外国，是有一定进步意义的。

4．孙中山的管理思想

孙中山（1866—1925），名文，字载之，号日新，又号逸仙，幼名帝象，化名中山，生于广东香山县（即中山市）翠亨村的农民家庭。青少年时代受到广东人民斗争传统的影响，向往太平天国的革命事业。是中国近代民主主义革命的先行者，中华民国和中国国民党创始人，三民主义的倡导者。首举彻底反封建的旗帜，“起共和而终帝制”。孙中山是中国伟大的民主革命先行者，为了改造中国耗尽毕生的精力，在历史上建立了不可磨灭的功勋，在管理思想上也为后继者留下珍贵遗产。

孙中山的国家管理思想主要体现在“三民主义”上，其在著作《建国方略》中有多处论述。孙中山先生毕生坚持“三民主义”，坚持民主、共和救中国和三民主义救中国的信念与理想。辛亥革命以“民族”、“民权”、“民生”为核心的“三民主义”理念。

在国家行政管理方面，他倡导“权能区分”——“人民有权，政府有能”；推行“万能政府”——“广兴福利，大有为式”；注释“人民之权”——政权应有“选举、罢免、创制、复决”四项；注释“政府之能”——“立法、行政、司法、考试、监察”五权分立，是为“五权宪法”；阐明人民行使政权的基本训练与条件：民权初步，即议事规则；提出中央与地方的“均权制度”，以县为单位的“地方自治”。

在经济管理思想方面，孙中山提倡发展资本主义经济，但是同时要“节制资本”和“平均地权”。此外，他提出社会互助理论：“人类进化之原则与物种进化之原则不同，物种以竞争为原则，人类则以互助为原则。”

在政治现代化建设方面，主张渐进主义的军政、训政、宪政三阶段说：“军政时期优先消灭军阀土匪，应实行军管。训政时期优先基础建设与民权初步训练，应实行一党执政。宪政实行之条件是全国半数以上县市具有选举罢免地方首长之条件，公民具有发动创制复决之条件，则选举召开国民大会制订宪法，还政于民，实行多党竞争的现代政治制度。”

5. 荣氏企业的管理思想

荣氏企业是旧中国资力最雄厚、规模最宏大的民族企业集团，是中国民族工业发展史上一个极令人注目的家族企业。荣氏企业始创于 1896 年，由荣氏的荣宗敬和荣德生兄弟创办，因其当时在面粉业和棉纺业雄届首位，而有“面粉大王”、“棉纱大王”之称。

荣氏企业以其庞大的规模、雄厚的资金而雄居中国近现代的工业史上。荣氏企业颇具民族代表性，有着与其他民族企业所共有的特点，更有着与其他民族企业所不同的特色，他们正是利用这些经营特点和特色，在帝国主义、封建主义、官僚资本主义的夹缝中生存发展的。50 多年风风雨雨，荣氏企业始终百折不挠、竭尽全力去发展民族企业。荣氏企业发展史是中国民族资本工业史的典型，荣氏企业的每一位领导人都是民族企业家的典范。解放后，荣氏企业在中国共产党的领导下，迈开大步走向新生，得到了企业发展的合理保障，抛掉了企业的旧枷锁，从此面目焕然一新。荣氏企业荣毅仁在祖国建设方面给予了更大的支持，企业经过调整改组，相继成为公私合营的社会主义企业。荣氏企业为中国家族企业的经营发展树立了榜样，其中有许多管理思想值得研究和借鉴。

（1）特色的组织管理制度

荣氏企业在建立之初也采用了中国传统的封建手工工场式的“工头制”。为了改进企业的管理，提高管理的科学性，荣氏兄弟积极引进西方先进的组织管理制度，取消了传统的工头制管理体制，代之以现代专业技术人员负责的保全部、实验室和考工部等新式管理部门，取消了行政部门和技术部门的区别，实行统一的领导。另外，对于工人的的生活，荣氏企业创新地建立了工人自治体系，成立了医院、宿舍、学校等机构，解决工人的日常生活问题，缓和企业与工人之间的矛盾。

（2）以收购、兼并为主的战略经营理念

关于企业的发展，荣氏兄弟十分倾向于通过收购、兼并其他企业的方式进行扩张。他们认为，企业的发展需要扩大规模，规模的扩大能够降低成本，提高收益。荣宗敬曾经说过：“我能多买一只锭子，就像多得一支枪”，意识就是多收购一家企业，就能减少一个企业的竞争对手，也就从侧面增强了本企业的竞争力。

（3）兴办基础教育和职业教育，为企业培养大量的后备人才

荣氏家族具有很强的人才意识，始终认为人才是企业乃至国家发展的根本。荣德生认为：“吾国人才不多，实由教育之不普及故”。为此，他十分重视普及教育尤其是基础教育。荣氏家族大力发展小学教育，许多当地儿童和职工子女得以接受基础教育，提高了当地居民的文化素质，也就为企业培养了大量高素质的后备力量。

在大力发展基础教育的同时，荣氏家族十分重视发展职业技术教育，他们采取多种方法调动企业资金、人员，大力发展职业技术教育，以提高荣氏工人的文化程度和技术素质。

（4）礼贤下士，招募了大量的技术与管理人才

荣氏家族在企业的经营中发现，企业的快速发展需要大量的技术和经营管理人才，尤其是需要精明强干、具有实际经营管理人才的骨干。因此，他们积极招揽优秀的人才进入企业，并委以重任。同时，荣氏兄弟能够根据其才能安排相应的职务，通过合适的岗位发挥其才能。

三、新中国成立以后的管理实践和管理思想发展

1. 新中国成立至改革开放之前（1949—1978）

建国初期，我国经济管理的重点是变革组织管理组织机构和规章制度。新中国成立后没收了帝国主义在华企业和国民党官僚资本企业，对这些企业实行了军事管制和军代表领导制度。为了迅速

恢复这些企业的生产，根据党依靠工人阶级的方针，实行工厂民主改革和生产改革，建立了生产管理委员会制度和职工代表会议制度，铲除了帝国主义、官僚资本主义、封建主义在这些企业中的残余势力和影响，破除了体现压迫和剥削工人的组织机构和规章制度，建立了广泛吸收工人参加企业管理的制度，从而能极大地调动了广大员工的生产积极性，员工合理化建议和劳动竞赛活动广泛开展起来，新的生产记录不断涌现，从而促进了生产的迅速恢复和发展。1952 年胜利完成了恢复国民经济的任务，为进行大规模有计划的社会主义经济建设奠定了基础。

1953 年，我国进入了大规模的、有计划的社会主义经济建设时期，在逐步实现国家对农业、手工业和资本主义工商业改造的同时，实行了发展国民经济的第一个五年计划。国家集中全国的人力、物力和财力，进行了 156 项重点工程的建设工作。由于缺乏管理现代工业企业的经验，我国开始全面学习和引进前苏联工业企业管理的制度和方法。

这些管理制度促进了生产的发展，使我国企业管理走上了科学管理的轨道，保证了大规模有计划的社会主义经济建设的顺利进行。但是，在学习前苏联企业管理的经验上，也存在着不顾我国国情，盲目照搬而放弃自己优良传统的现象。

为了克服学习前苏联过程中照抄照搬的缺点，1956 年 9 月，党的“八大”决定在企业中实行党委领导下的厂长负责制，以加强党的集体领导。1957 年 3 月，党中央又决定在工业企业中实行“党委领导下的职工代表大会制”，调动广大员工的积极性，保障其行使主人翁的权利。这一系列的改革，对于纠正过去企业管理中的一些偏向，对于继承和发扬党的优良传统，调动和发挥广大员工的生产积极性，促进企业的生产和发展，都发挥了重要的作用。

但随后由于“大跃进”和“反右倾”斗争的开展，以及当时的自然灾害和中苏关系恶化等原因，在 1959 年至 1961 年，我国的国民经济出现了严重困难。党中央及时采取了一系列措施来克服这些困难。从 1961 年开始对国民经济进行了为期三年的“调整、巩固、充实、提高”，并于 1961 年 9 月颁发了《国营工业企业工作条例（草案）》（简称“工业七十条”），这个条例系统地总结了过去学习苏联和“大跃进”中企业管理正反两方面的经验教训，规定了适合我国国情的企业管理政策。由于贯彻实行“工业七十条”，推动了企业管理工作的整顿、改进和提高。从 1962 年到 1965 年，我国经济管理又走上了健康发展的道路，国民经济得到了迅速的恢复和发展。

1966 年“文化大革命”开始，使贯彻执行“工业七十条”后经济管理的大好形势遭到了破坏。“文化大革命”时期，在极“左”思潮的影响下，许多企业撤销了管理机构，销毁了管理资料，废除了企业管理制度，将管理人员下放到车间劳动，使我国经济管理遭受了一场空前的大灾难，严重破坏了生产，造成了难以估量的损失。

新中国建立以后这一时期管理思想的主要代表人物有毛泽东、周恩来。

（1）毛泽东的管理思想

毛泽东（1893—1976），字润之，笔名子任，湖南湘潭人，伟大的马克思主义者，无产阶级革命家、战略家和理论家，中国共产党、中国人民解放军和中华人民共和国的主要缔造者和领导人。毛泽东在创建和管理新中国及人民军队中的成功实践为当代的管理者提供了一种有效解决管理难题的思路，具有很强的操作性和实用价值。

1）重视人的因素

毛泽东重视人的作用，他说：“世间一切事物中，人是第一个可宝贵的”。无论是革命还是建设，只要把人们的积极性充分调动起来，就没有不成功的。在人和物这两个方面，人是决定因素，因为物是人创造出来的，也是通过人的因素发挥作用的。他批评那些只重视物的作用不重视人的作用的人，是“见物不见人。他要求各级党组织和干部要高度重视思想工作，办一切事情都要思想领先。

掌握思想教育是团结全党和全国人民进行革命和建设的中心环节，如果这个任务不解决，一切任务都不能完成。只有人们的思想觉悟提高了，认清了道理，出于自觉自愿，才能团结一致，一万众一心，大家想办法，大家出力量，克服困难去完成任务。他要求调动一切积极因素,团结一切可能团结的人，并且尽可能将消极因素转为积极因素，为建设社会主义这个伟大的事业服务。

2）统筹全局的思想

统筹全局的思想在毛泽东的著作中有很多论述。他认为，一个事物的各部分都是相互联系、相互依存、相互制约的，并且共处于一个统一体中。无论在指导战争还是管理国家中，他都强调研究和处理问题要从全局出发，忌带片面性，不要只见局部不见全体，只见树木不见森林。要求共产党员和干部必须懂得以局部需要服从全局需要这一道理，如果某项意见在局部的情形看来是可行的，而在全局的情形看来是不可行的，就应以局部服从全局。反之也是一样，在局部的情形看来是不可行的，而在全局的情形看来是可行的，也应局部服从全局。在指导工作中，要求一个地区、一个部门、一个单位的总负责人，要统筹全局，正确地决定每一时期的工作重心和工作秩序，在一定时间内只能有一个中心工作，辅以别的第二位、第三位的工作，将各项工作摆在适当地位。1956 年，毛泽东发表了《论十大关系》，论述了工业与农业、沿海与内地、经济与国防、中央与地方等多方面的关系，这是他对那个时期我国革命和建设事业作出的统筹全局的战略指导。

3）注重决策

毛泽东的决策思想是毛泽东管理思想体系的重要组成部分，完整地阐述了决策的意义、原则、基本过程和基本方法等一系列问题,展示了一个谋略大师的超人智慧。现代管理学认为决策贯穿于整个过程,是管理工作的核心。决策决定着管理行为的方向、轨迹及效率,因此,它是各级管理者的主要职责。在长期的领导管理实践中，毛泽东对此有着深刻的认识。毛泽东在《在中国共产党在民族战争中的地位》中明确指出“领导者的责任，归结起来主要是出主意、用干部两件事。一切计划、决议、命令、指示等等都是属于‘出主意’一类。”毛泽东这里讲的“出主意”就是决策，“计划、决议、命令、指示”都是决策的具体形式。他还指出，“共产党领导机关”的基本任务就在于了解情况和掌握政策两件大事，前一件就是所谓认识世界，后一件就是所谓改造世界。”决策正确与否是事业兴衰成败的关键。毛泽东在总结了中国共产党成以后的成功与失败的经验与教训之后，认识到了决策的关键作用。

4）注重教育

教育主要是思想政治教育，这是毛泽东的管理思想的又一重要部分。在毛泽东看来，教育不仅是一种管理手段，更重要的是它是管理的一部分。对教育的重视在毛泽东的管理思想中是始终不变的。土地革命时期，毛泽东就明确认识到了教育在管理工作中的重要作用。建国后，他进一步发展了这个观点。他认为，政治工作是一切经济工作的生命线。他说，“思想工作和政治工作是完成经济工作的保证，它们是为经济基础服务的。思想和政治又是统帅，是灵魂。只要我们的思想工作和政治工作稍微一放松，经济工作和技术工作一定会走到邪路上去。”虽然这种论述存在一定程度夸大思想工作的倾向，但对思想教育工作的重视是显而易见的。毛泽东多次指出，当干部就要善于当先生，要学会教授方法。教育的重要作用在于它是凝聚人心、激发斗志、传授经验、提高整体素质、预防不良现象的主要手段，在任何时候都有着不可替代的作用。毛泽东曾一再强调，“对付黑暗需要加强教育，迎接光明也需要加强教育，无论怎样讲，我们都需要加强教育。”

（2）周恩来的管理思想

周恩来（1898—1976），字翔宇，原籍浙江绍兴，生于江苏淮安，伟大的马克思列宁主义者，中国无产阶级革命家、政治家、军事家、外交家，中国共产党和中华人民共和国的主要领导人，中国人民解放军主要创建人和领导人。

周恩来把社会经济建设作为立国之本，提出许多重视发展生产力的管理观点和主张。

第一，坚持把发展生产力与经济建设工作放在政府一切工作的首位，并作为决定国家发展、民族生存和社会主义未来的中心任务，他指出发展生产可以帮助人民摆脱贫困，巩固胜利成果，对于国家的进一步发展和人民的幸福具有决定意义。

第二，坚持实事求是，积极稳妥搞好经济发展，注重综合平衡，反对急躁冒进或过于保守的错误思想倾向，周恩来经济建设的指导思想就是他强调实事求是和按客观规律办事时，一方面指出，要保护社会主义建设积极性；另一方面指出，社会主义建设中出现的不实事求是、违背规律、急功近利的提法或做法很危险，要加以制止。

第三，改革高度集中的经济管理体制，周恩来指出，建国初期中国按照前苏联经济发展模式确立了高度集中型管理体制，随着时间的推移，这种管理体制所存在的弊端日益凸显，必须认真加以改革，否则会影响社会主义经济建设的深入开展，周恩来对经济管理体制改革提出设想：在领导方式上，既要集中统一领导，又不要过分集中；在责任制、技术管理、经济核算、劳动保护等方面要有所加强；反对“平均主义”，实行“按劳分配”的原则。

第四，在对待自力更生与对外开放关系问题上，他强调自力更生为主，但并不盲目排外，他又进一步明确了“自力更生、发愤图强、艰苦奋斗、勤俭建国”经济建设方针，在对外开放问题上，他并不盲目排斥，他指出世界上每一个国家和民族都有自己的优点和不足，无论是社会主义还是资本主义国家的长处都要学习，对日本、英国和美国等资本主义国家，制度不学，但可以学习生产中的好技术和好的管理方法。

第五，周恩来的科技管理思想。周恩来是新中国科技事业的开拓者和组织者，在科技事业发展中做出了卓越的贡献。他的科技管理思想主要体现在：① 明确“科学是关系我们的国防、经济和文化各方面的有决定性的因素”，决定着其他建设事业的发展及人民生活水平能否不断提高。要实现四个现代化，把国家建设成为一个社会主义强国，实现科学技术现代化是关键。明确了科学技术现代化与工业、农业和国防现代化之间的辩证关系；② 重视队伍建设和人员政治素质提高，以及踏实严谨的工作作风的培养，从组织上确保科技事业的发展；③ 对外国先进的科学技术要学习和引进，并为我所用。科学技术对于全人类都有用，不应该有国界之分。要利用一切渠道和途径，获取需要的科学知识，积极引进其他国家的先进的科学技术。他坚决反对盲目和机械照搬苏联经验，以及否定资本主义国家的科学技术成果的错误倾向。要求敢于学习一切国家的长处，不仅要向苏联学习，向兄弟国家学习，而且要向世界上一切国家学习，包括那些和平中立的国家及日、英和美等国，只要有长处，都可以借鉴。

第六，周恩来的自我管理思想。周恩来曾多次谈过关于自我管理问题：首先是对自我管理重要性的认识，任何一个人、一个阶级或政党都不可能没有缺点，无产阶级也不例外。无产阶级及其政党如果没有自我管理的能力，就难以完成认识世界和改造世界的重任。其次是自我管理的要求。自我管理应从 3 方面加强：① 自律精神。严于律己是每个人应具备的品德和修养，管理工作者尤为重要。领导干部要过思想、政治、社会、亲属和生活“五关”，不断提高自身的思想觉悟，端正工作作风；② 自省精神。要勇于批评自己，检讨自己。只有严于律己，才有资格去批评别人；③ 自新精神。时代在不断前进，社会、经济在不断发展，我们必须跟上时代的步伐，完成好自我更新和自我改造这项长期的战略性的任务。周恩来指出，每个人都要“学到老、改造到老”。

回顾过去，我国企业管理的发展道路曲折，经历了“几起几落”的过程，有成功经验，更有遭受严重挫折和失败的教训。经济管理活动几经反复是我国管理思想发展滞后的一个重要原因。

2．改革开放至今（1978 年至今）

十一届三中全会以来，我们党纠正了经济工作中经济工作中长期以来的错误，把工作重点转移到经济建设上来，实行改革开放的方针，开始了社会主义经济建设的新时期。从此，我国经济管理也进入了一个历史发展的新阶段。

在这个时期，我国经济管理面临许多繁重的任务，但重点是积极进行改革，建立具有中国特色的社会主义经济管理模式。改革开放三十年来，经营管理活动随着经济体制改革和国有企业改革的深化而不断变化，大体分为三个阶段。

（1）恢复整顿阶段（1978—1983）

“文化大革命”结束以后，中国进入了新的历史发展时期。党的十一届三中全会胜利召开，党和国家的工作重点转移到社会主义现代化建设上来，对国民经济进行了调整，经济体制进行了改革。在经济方面颁布和实施了一系列新的方针政策，在管理方面颁布和实施了一系列新的条例，如《国营工业企业暂行条例》、《国营工业企业职工代表大会暂行条例》、《国营工厂厂长工作暂行条例》、《中华人民共和国中外合资经营企业法》、《中华人民共和国经济合同法》等，逐步把经济管理和企业管理引向合理化、科学化的轨道，出现了向首都钢铁公司、鞍山钢铁公司、第二汽车制造厂、上海国棉十七厂等先进企业。

1978 年，中央颁布了“工业十三条”，全面大力整顿企业。1979 年，中央提出新的“八字方针”——调整、改革、整顿、提高，在企业中推行经济责任制，确定了改革和扩大企业自主权的试点。1982 年党中央、国务院又对企业提出了“三项建设”（即逐步建设一个既有民主，又有集中的企业领导体制；逐步建设一支又红又专的职工队伍；逐步建设一套科学文明的管理制度）和“六好要求”（即国家、企业、职工三者利益兼顾好，产品质量好，经济效益好，劳动纪律好，文明生产好，政治工作好）。从此，现代化企业的标准和要求得到了明确。由于企业整顿工作的全面开展，企业恢复和改进了岗位责任制、计划管理、质量管理、财务管理、劳动人事管理等工作，企业的经济管理逐步迈入了创建中国式经济管理现代化的新时期。

这一阶段企业管理改革的基本思想是扩权让利。1978 年到 1984 年企业改革的一系列政策与措施，其最深刻的含义还在于为所有权与经营权的分离迈出了第一步，这是社会主义生产关系中管理方式和思想方式的一种重要突破，使经济管理体制改革由此向前迈进了重要的一步。

（2）深化探索阶段（1984—1991）

为贯彻“对外开放、对内搞活”的方针，充分解放生产力，调动企业和广大员工的积极性，党的十二届三中全会以后，我国在经济管理上又进行了一系列的改革。

① 管理体制改革。党的十二届二中全会作出了《关于经济体制改革的决定》，在全国范围内开展了以扩大企业自主权为突破口的企业管理体制改革。企业实行了多种经营形式，包括承包经营、租赁经营、组建股份制企业、建立企业集团等，由此企业逐步由行政附属物的地位转变为自主经营的经济实体。

② 领导体制改革。改变党委领导下的厂长（经理）负责制，推行厂长经理负责制，党组织起到保证监督作用，职工代表大会审议企业重大决策，从而逐步理顺了企业内部关系。

③ 实施内部经济责任制。贯彻权、责、利相结合的原则，在国家、企业、员工三者利益兼顾的基础上，企业内部推行了以承包经营为主的多种形式的责任制，调动了各方面的积极性。

④ 改革用工制度、分配制度和干部制度。推行全员合同制，实行工效挂钩、效益挂钩的分配

制度，处理好企业与员工的利益分配关系，逐步解决员工吃企业大锅饭的问题。干部选任制、聘任制的推行，打破了干部的终身制。

改革开放从最初的试验到逐步深化，国家的经济管理工作也经历了一个历史性的转变——由过去高度集中制下的封闭式的单纯生产型，逐步转变为开放式的生产经营型。1986 年 3 月，国务院根据中共中央《关于经济体制改革的决定》和“七五”计划建议的精神，制定和推动了《企业管理现代化纲要》（草案）。《纲要》要求企业必须从旧的体制所形成的僵化模式中解放出来，按照现代管理的思想原则对传统的管理进行改革和提高，形成自主经营的能力，使之能适应社会主义有计划商品经济的要求。

（3）建立现代企业制度阶段（1992 年至今）

1992 年春，邓小平同志南方谈话以后，使改革开放进入了一个新的发展阶段，掀起了经济建设的新高潮，加快了企业改革的步伐。1992 年 7 月，国务院颁布了《全民所有制工业企业转换经营机制条例》，对企业转换经营机制的一些重要环节作了明确规定。当年 10 月中共十四大召开，明确提出了在我国建设社会主义市场经济体制的目标模式，11 月十四届三中全会通过了中共中央的决定，把党的十四大提出的改革目标和原则系统化、具体化，明确了国有企业的改革方向，既要建立社会主义市场经济体制下的现代企业制度。从此，企业改革进入了一个新的阶段，这意味着深化企业改革已从政策调整转为企业制度创新，企业改革从目标到内容将发生新的变化。同时，也标志着国有企业将最终摆脱计划经济体制的束缚，真正成为市场竞争的主体。这是一次全面的深刻的改革，企业改革已进入了最关键的攻坚阶段。伴随着经济体制的转变和企业改革的深化，经营管理模式也发生了深刻的变化。

1993 年八届人大通过了《公司法》，并于 1994 年 7 月 1 日起正式实施。实际上这是用法律形式规范了现代企业制度的基本内容和基本要求，标志着我国现代企业制度的建立步入法制化、规范化的轨道。

这一阶段在经营管理方式上的改革探索最主要的是尝试实行股份制。股份制的试行，使传统的企业管理方式发生了新的变化。首先从经营者来讲，他所面临的问题是如何使原有的资产得到增值，这就要求企业从原来的生产经营型转变为资本经营型，把有限的资本投入到可以产生更大利润的生产中去，用市场来引导企业的生产方向，用资本来调节生产规模和方式。其次，要求企业内部员工有更高的技术素质和现代意识，只有掌握了多种技术、技能的员工才能更好地适应现代企业的快速发展和综合要求。

另外，改革开放使得三资企业迅猛增长，带来了大量外国先进的企业管理方法，如日本企业的“团体精神”和“家族式管理”，西欧国家的“注重质量、品牌创新”、美国企业的“鼓励个性创造，激励个人发挥”等，都值得我们在建立有中国特色的经济管理制度时借鉴。

3. 我国管理思想的六大发展变化

（1）从传统产品经济的封闭型管理向社会主义市场经济的开发型管理转变

中国长达几千年的农牧经济，形成了牢固的小农经济模式和小农经济思想，由此带来管理上的封闭与僵化。建国以后长期的产品经济模式与思想，排斥商品与市场，实质上是小农经济、自给自足生产方式的延续。市场交易观念的树立，统一大市场的形成，特别是中国加入世界贸易组织之后，封闭将不再可能，开放型管理必将到来。

（2）从“大锅饭”平均主义到承包制再到股份制

中国长期的小农经济极易导致平均主义和“大锅饭”行为，历代不少仁人志士提出“平均地权”

的口号，发出“不患寡而患不均”的感叹。由于人们的机会、努力程度和素质不尽相同，造成了人与人收入与生活上的差别客观存在。是承认差别进而用科学的、法制的手段去调节差别，还是一概否认、削平差别，是经济学上如何处理效率与公平问题的基本选择。经过了长期的探索与实践，我们终于做出了效率优先、兼顾公平，允许一部分人、一部分地区先富起来的现实选择。由此，承包制、股份制应运而生，一种以按劳分配为主体多种分配形式相结合的分配体系的经济形态扩展开来。

（3）从行政型管理向专家型管理转化

长期以来，各条战线上的管理人员大多是行政型人才，万金油式的干部较为普遍。近些年来，这种现象正在逐渐得到改善，专家型人才、内行管理日渐流行，建立中国式的职业企业家队伍问题也提上了议事日程。

（4）从单一化向多元化转变

我国管理上的单一化主要体现在三方面：一是经济形态的单一化，二是管理方法的单一化，三是企业经营的单一化。近年来，正在向经济形态的多样化、管理方法的多样化、企业经营的多样化方向转变。

（5）从经验型管理向科学化、现代化转变

传统的企业管理以人治为主，以经验型管理为主，这就使得传统的企业存在两大共同现象：一是企业做不大，一大就面临倒闭；二是企业做不长，大多只是短暂的辉煌。近年来开始向管理的科学化、法制化、现代化转变。

（6）从重视物的管理向重视人的管理转变

传统上企业知识注重资本和技术的引进和增加，忽视人力资源开发。近年来企业人本管理思想在传播，不少企业转向重视人力、人才管理的开发。

本章小结

① 西方管理思想的发展分为5个阶段，分别是管理理论的萌芽、古典管理理论阶段、行为科学理论阶段、管理丛林阶段、西方管理思想的新发展。

② 在管理理论的萌芽时期涌现了许多管理思想先驱，包括亚当·斯密、小詹姆斯·瓦特与马修·鲁滨逊·包尔顿、罗伯特·欧文、查尔斯·巴贝奇、亨利·瓦农·普尔。

③ 古典管理理论主要包括科学管理理论、管理过程理论、组织管理理论。科学管理理论的主要代表人物是弗雷德里克·泰勒，他提出了科学管理应遵循的4条原理，极大地影响了20世纪的管理活动。这4条原理是：对工人操作的每一动作进行科学研究，用以代替老的单凭经验从事的方法；科学地挑选工人，并进行培训和教育，改变过去由工人任意挑选自己的工作并根据各自可能进行自我培训的情况；与工人们亲密协作，以保证一切工作都能按照已经形成的科学原则去办；正确地划分工人与管理者之间的工作，使得管理者与工人在工作和职责的划分上是对等的，管理者把自己比工人更胜任的各种工作都承揽过去。

管理过程理论的代表人物是亨利·法约尔。法约尔的一般管理理论主要包括认识到管理的普遍性，提出管理的计划、组织、指挥、协调和控制五大基本职能，归纳了包括劳动分工、职权和职责、纪律、统一指挥等14条管理的一般原则。

组织管理理论的代表人物是马克斯·韦伯。韦伯的组织理论包括权力类型理论和行政组织理论。其中，权力类型理论认为任何组织都有某种形式的合法权力为其存在基础，而传统权力、神授权力、法定权力是三种纯粹形式的合法权力。

④ 行为科学理论经历了人际关系学说和行为科学理论两个时期。人际关系学说是乔治·埃尔顿·梅奥根据霍桑实验总结发展起来的，其内容是：认为人是“社会人”而不是单纯的“经济人”、重视企业中非正式组织的作用、新型的领导能力在于正确处理人际关系。

行为科学理论分为个体行为研究、群体行为研究，其中个体行为研究包括马斯洛的需求层次理论、赫兹伯格的双因素理论、麦格雷戈的人性假设理论、麦克利兰的成就激励理论、斯金纳的行为强化理论、弗鲁姆的期望理论、亚当斯的公平理论、阿尔德弗的 ERG 理论、班杜拉的社会学习理论及自我强化理论，群体行为研究包括勒温的群体动力学。

⑤ 海因茨·韦里克在孔茨的基础上将纷乱而令人迷惑的管理理论归纳为 14 种学派：经验主义学派、经理角色学派、权变管理理论学派、数学或管理科学学派、决策理论学派、流程再造学派、系统学派、社会协作系统学派、社会技术系统学派、群体行为学派、人际关系学派、麦肯锡 7-S 理论框架、全面质量管理方法、管理过程学派。

⑥ 管理思想新发展主要包括战略管理理论、流程再造理论、学习型组织理论、知识管理。

⑦ 我国古代管理思想主要包括四方面：一是治国学，二是治生学，三是治家学，四是治身学。

⑧ 我国古代管理思想的主要流派包括了儒家、道家、法家、墨家、兵家、商家等。儒家的管理思想包括修己安人的管理目标、民为邦本的管理意向、贵和中庸的管理标准、德礼之治的管理手段。道家的管理思想体现了“守柔”的管理特色、无为而治的管理境界、善下的用人之道。法家的管理思想体系，概括起来就是“法”、“术”、“势”三位一体的极端专制的中央集权制。墨家管理思想的核心是“兼相爱，交相利”。兵家的管理思想集中体现在孙子的战略管理思想上。商家的管理思想主要体现在经营管理方面。

⑨ 中国古代管理思想主要表现在系统管理思想、信息管理思想、对策与决策思想、经营与财政管理思想、以人为本思想、选才用人思想、行为管理思想、权变管理思想等。其中系统管理思想、信息管理思想、对策与决策思想体现在多项管理实践和先哲的管理思想中。而经营与财政管理思想体现在经商贸易和财政管理的原则上。以人为本思想体现在重人心向背和重人才归离。选人用人思想集中体现在择人、用人的管理思想。行为管理思想主要体现在对人的本性问题、人的欲望和需要问题、在激励和奖励方面的探索。权变管理思想集中体现于“经权观”。

⑩ 在新中国成立至改革开放之前（1949—1978），我国组织管理的发展道路曲折，经历了“几起几落”的过程，有成功的经验，更有遭受严重挫折和失败的教训。

⑪ 改革开放至今的管理思想分为恢复整顿阶段（1978—1983）、深化探索阶段（1984—1991）、建立现代企业制度阶段（1992 年至今）。在恢复整顿阶段，企业管理改革的基本思想是扩权让利。在深化探索阶段，主要是对管理体制和领导体制进行改革，实施企业内部经济责任制，改革用工制度、分配制度和干部制度。在建立现代企业制度阶段，在经营管理方式上的改革探索最主要的是尝试实行股份制，并随着三资企业的迅猛发展，带来了大量外国先进的企业管理方法，在一定程度上促进了我国组织管理的发展。

⑫ 我国管理思想的六大发展变化是从传统产品经济的封闭型管理向社会主义市场经济的开发型管理转变，从“大锅饭”平均主义到承包制再到股份制，从行政型管理向专家型管理转化，从单一化向多元化转变，从经验型管理向科学化、现代化转变，从重视物的管理向重视人的管理转变。

重要概念

科学管理理论	管理过程理论	组织管理理论
人际关系学说	行为科学理论	经验主义学派
权变管理理论学派	决策理论学派	系统管理学派

社会协作系统学派 社会技术系统学派
全面质量管理学派 战略管理理论 流程再造理论
学习型组织理论 知识管理理论 儒家管理思想
道家管理思想 法家管理思想 墨家管理思想
兵家管理思想 商家管理思想 系统管理思想
信息管理思想 对策决策思想 经营财政管理思想
以人为本思想 选才用人思想 行为管理思想
权变管理思想

习题 2

1. 西方管理理论萌芽时期有哪些代表人物？其管理思想是什么？
2. 阐述泰勒科学管理原理的主要理论，并对其进行评价。
3. 对比科学管理原理、管理过程理论和组织管理理论。
4. 什么是霍桑实验？从霍桑实验中你学到了什么？人际关系学说的内容是什么？
5. 论述行为科学理论的主要代表人物及其观点。
6. 管理丛林阶段的特点是什么？有哪些管理学派？
7. 介绍西方管理思想的新发展。
8. 论述我国古代管理思想的主要流派和主要表现。
9. 介绍我国自新中国成立至今的管理思想。
10. 阐述我国管理思想的六大发展变化。

案例分析

解读丰田管理的内在特质

一位公司董事长在给总裁班学员上课的时候，做了一个简单的调查。调查的第一个问题是：你认为降低成本的着眼点是什么？答案大多集中在两个方面：一是原辅材料或零部件采购成本，二是员工工资福利待遇支出。他们给出的理由很简单：因为在成本构成中这两个部分占比很高。第二个问题是，要降低成本的话，你会让谁去做？大多回答让财务部或由其督促其他部门去做。以上回答似乎无可厚非，但是细细推敲，你会发现这些观点有违精益管理思想。精益生产，就要学会丰田式思考，在降耗思维上实现三个转变。

（1）学会丰田式思考

首先，要关注显性成本，更要关注隐性成本。在成本构成中，原辅材料或零部件采购成本和员工工资福利待遇支出属于变动成本的范畴。而这两项成本在财务报表中均有直接的表述，是显性的。因此，管理者关注显性成本也就不足为奇了。

问题在于，当管理者过于专注显性成本的时候，会有意无意地忽视对隐性成本的关注。事实上，隐性成本大量存在，如包含在固定成本里的设备厂房折旧和贷款利息、库存资金利息、管理费用、报废成本、预提的各类费用等，包含在变动成本里的物流和检查成本、效率损失成本、品质失败成本等。财务报表中的隐性成本才是吞噬企业利润的元凶。要精益，首先要在关注显性成本的同时，更关注隐性成本，从隐性成本中要利润。

第二，关注资源价格，更要关注资源效率。管理者在关注采购成本和员工工资福利待遇支出的时候，不知不觉中把关注的焦点放在了原辅材料或零部件的采购单价以及员工工资福利待遇的高低上。因此，在采购单价上与供应商周旋，在待遇上与员工较劲成了管理者们的重要工作。

但在高度竞争的今天，采购单价是相对透明的，企业应该本着互利的原则与供应商协商确定合理的价格。如果无限压低采购单价，最坏的情况是供应商为了生存而采取以次充好的策略，其恶劣后果是显而易见的。另一方面，员工工资福利待遇的上升是必然趋势，正确的做法是顺应形势发展要求，按《劳动法》要求设计人力资源政策。如果期望通过克扣员工待遇来降低成本的话，问题将更加严重。期望无限制地压低资源价格来获得成本优势，不仅背离了精益管理思想，而且还会为此付出惨痛代价。事实上，我国企业成本的高企很大程度上是资源效率低下造成的。

也就是说，我们要在设备效率、能源效率、人均产出率、厂房单位面积产出率等方面下工夫进行改善，把关注的焦点放在各种资源的利用效率上，通过消除资源使用过程中的大量浪费来降低成本，提高企业成本竞争力。

第三，关注财务降耗，更要关注全员降耗。通过财务预算管理等措施来控制一些非生产性支出（如：吃喝费用、文具费用等），在提高费用管理精度方面是有效果的。但期望通过财务的管控来获得成本竞争力的努力通常是徒劳的。一方面，因为财务部门对如何降低各个环节成本支出缺乏认识和办法，所以财务降耗将无所作为；另一方面，还因为财务部门的基本职能是金钱管控，所以对动员各部门参与降耗改善方面也将无能为力。

正确的做法是，通过运营有效的改善机制，培养员工强烈的成本意识，让每一个员工都成为降低成本的主体，即通过全员降耗，提高企业成本竞争力。

（2）像丰田那样做事

关注和研究丰田、理光等一批持续成功的日本企业，就会发现他们在做人和做事方面有许多值得我们借鉴和学习的地方。

第一，低调、谦逊。丰田人的低调是出了名的。当全世界的目光都在关注丰田的时候，丰田人却不动声色，继续默默地做自己的事情。他们只有一个目标，那就是“高效率地生产世界上最好的车”。

理光的总裁极少在聚光灯下露面，即便在两次获得日本国家经营绩效大奖之后，他还是低调如常。他还经常告诫员工：白天工作要放下“理光”的架子，要学会用个人的实力（能力和自身的影响力）去与周边的人（特别的供应商和社区的民众）交往。晚上，要扛起“理光”的牌子消遣，要保持品味，千万不得因为个人的放荡坏了“理光”的名声。

这种品性对企业的经营具有深远的影响，特别是在与供应商的交易中体现平等、互惠的精神，最终使得供应商成为丰田、理光成功的重要基石。这可谓先进的供应链管理理念。

第二，务实、严谨。成功的日本企业都在实践着一个叫做“三现主义”的思想，即现场、现物和现实。就是说，解决问题的时候要到“现场”去，确认“现物”，并认真探究“现实”，杜绝一切闭门造车或关门开会等官僚主义做法。这种务实、严谨的工作态度不仅造就了一流的产品品质，更重要的是培育了员工务实、严谨的做事风格。

在理光，把“三现主义”变为“五现主义”，除了三现之外还加入了“现金”和“现认”。就是要求管理者和员工对任何一个管理事件要进行经济（金额）评估，并进行确认总结，培养员工强烈的成本意识。做事不折不扣很多时候表现在对细节的关注和追求上。

“三现主义”与关注细节的具体做法有许多，如制造管理者的桌子就在生产线的旁边，在发生问题的现场开会而不是在会议室，最高领导者会经常与一线员工交流，各级管理者特别注意培养员工良好的习惯等。

第三，平等、尊重，主张全员参与。与美国的精英主义不同，日本企业更崇尚团队力量，更尊重一线员工的人格和能力，并设法发掘他们的智慧。

在日本企业里，他们坚持认为：产品的品质是一线员工（设计者和一线工人）设计和制造出来的，真正创造价值的不是管理者，而是员工。管理者只有在服务一线员工的过程中才能实现自身的价值。这其实也是精益生产的重要思想之一。丰田的伟大之处在于数十年如一日设法发掘一线员工的智慧，在培养员工的意识和能力方面不遗余力。

第四，执著、坚持。人们发现，日本文化中缺乏革命精神，但是他们在重视传承的同时，强调持续改善。因此，改善和不断追求精益成了日本人提升管理水平的主通道。

为了持续改善和追求尽善尽美，日本企业从实践中提炼出了许多有效的工具和方法，如 5S、TQC、QCC、TPM、JIT 等。日本人会用一生做 5S 管理、做 TPM，做精益生产。

资料来源：《中外管理》2009 年 11 期

思考题：

1. 从丰田管理的特质中折射出日本企业哪些管理理念？对我国企业的管理又有怎样的启示？

第 3 章

管理环境

学习导图

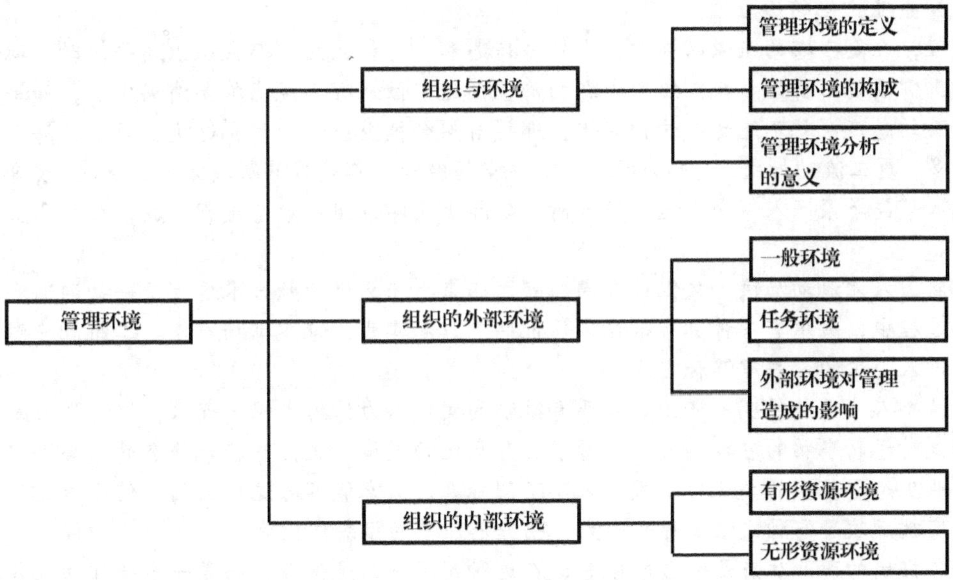

开篇案例

海尔：与时俱进

“企业如何保证持续成长”，尤其是如何在变革环境下保持“非连续型持续成长”，对于任何企业，都是一个紧迫而重要的命题。因此，“新轨道”和“变轨”，是很多企业都在探索和实践的方向。

纵观海尔的历次战略变革决策，都是在“繁荣期”做出的。张瑞敏信奉“繁荣的顶峰”就是“衰败的开始”，使得海尔始终求变。

(1) 互联网时代需要变革

当社会生活、生产基础设施发生了变化，当企业面临了技术范式的更迭和转换，若不能转变将面临被颠覆的可能。尤其当数字化的基础设施出现，使得信息变得越来越透明，消费者从过去被动接受产品，变为拥有越来越充分的选择权，甚至可以参与到产品的设计等全流程中。

近来，海尔的第五个战略阶段——网络化战略阶段的步伐正在加快。这种所谓的互联网转型，实际上是对于互联网时代变化的一种快速响应。为此，海尔大致做了四方面适应环境的应对措施：

第一，企业和用户的关系。由于信息更透明、对称，用户有了充分选择权，要让用户参与到研发、设计、制造、营销中，所谓"全流程并联参与"。

第二，企业与企业的关系。现在是通过构建一个商业生态来创造一个价值体系。

第三，企业和员工的关系。往往一线员工是最了解信息，最能够做出准确判断的关键人。

第四，企业内部层级的变化。以往是企业领导的位置决定其领导力，现在每个人都是价值链上的一个"接口人"。

在这样的认知下，海尔进行了称为"砸组织"的变革，这也是其战略落地的一种手段。战略落地向来"知易行难"，这并非一蹴而就，需要经历海尔"以行检知"的不断验证过程。

（2）企业文化的适应性

以往，在金字塔的组织结构中，岗位与待遇和资源相匹配。而在组织扁平化时，职位概念被打破，需要员工自己寻找在组织中新的价值创造定位。有人说海尔要消灭中层，如果中层抱着被消灭的态度，就不能适应这种变化，那样自然会被企业淘汰。在这次变革中，海尔空降经理人增多，员工流动加快，看起来很晕。但当空降经理人都是带着解决方案，通过"竞单"、"官兵互选"、"高单聚高人"坐上这个位置时，实际上是印证组织形态是否开放、公平和具有活力的方式。

当然，人才流动加快，文化融合问题随之而来。而文化的融合本质上是一种沟通和理解。在这个过程中，海尔有各种具有很强操作性的工具和实践，像战略损益表、二维点阵图等，都有利于进入海尔的人去理解和实践。

在这个人才更替的变革期，更需要有很强的文化张力作为支撑。那么，这种张力是什么？一方面是对于新事物的包容，再者是对于自身文化的发展。文化并非是静态的，当海尔提出了要做商业生态平台型的企业后，吸引来了不同资源，大家能够对这种新的价值观和文化达成共识，其实就反映了一种文化本身的张力，而并非简单的谁去同化谁。

海尔提出的商业生态是平台的概念，在这种情况下不是博弈，而是一个合作的过程。而海尔的文化张力，很重要的一点是能反应在创造价值共识的能力上。当相关人（以及接口人）认同了这种商业形态、认同了平台形式、认同了做事方式、认同了利益分享方式等，又有好的想法，这反而是促进了文化的发展，而不是排斥和束缚了文化的演进。

在互联网时代和新商业环境下，成功这个词已经是过去时，环境已不给企业享受"成功的喜悦"的时间。企业必须不停地适应环境，保持很快的变革节奏，才能够跟上时代或环境的变化。未来的海尔，是阿米巴经营的中国版，还是怎样的一个形象？这都似乎不再重要。

资料来源：《中外管理》 2014年4期

组织是一个动态的、开放的、有序的管理系统，和环境有着千丝万缕的联系，任何组织的生存与发展必然要受到其内外部各种环境因素的影响和制约。因而，这就要求每个组织认真了解自己所处的环境，并设法适应或改变这种环境，促使组织环境、组织、组织内部结构和谐发展成一个有机的统一整体。

第一节　组织与环境

任何组织都不是独立存在、完全封闭的。组织存在于由外部各种因素构成的环境中，在与环境中其他组织之间的相互作用过程中谋求其自身目标的实现。要进行组织的管理，就必须了解和把握环境对组织的影响，环境要素的种类及特点等，就需要对组织的环境进行研究。

一、管理环境的含义

一般意义上的环境，是指包围着某一中心的事物或状态，以及影响中心事物发展变化的原因的总和，是由一些相互依存、相互制约、不断变化的各种因素组成的一个系统。

管理环境（Managerial Environment），又称为组织环境，作为管理学中的一个特定的研究领域，许多管理学家对其进行了定义或描述。

切斯特·巴纳德（Chester I.Barnard）在《经理人员的职能》一书中，从组织与协作理论的角度，提出了“组织行为可以看做是对环境的反应”，“组织的存在取决于协作系统平衡的维持。这种平衡开始时是组织内部的，是各种要素之间的比例，但最终和基本的是协作系统同其整个外界环境的平衡”。

斯蒂芬·罗宾斯（Stephen P. Robbins）把管理环境定义为对组织绩效起着潜在影响的外部机构或力量。认为管理的环境是组织生存发展的物质条件的综合体，它存在于组织界限之外，并可能对管理当局的行为产生直接或间接影响。

里奇·格里芬（Ricky Griffin）认为，组织有效管理的关键要素之一就是确定组织与环境间最适当的关系，并且在工作中实现和保持这种关系。

综上所述，管理环境是指影响组织生存和发展的各方面力量与条件因素的集合，它包括外部环境和内部环境两个方面。每个组织都是一个环境的分系统，它存在于整个环境系统之中，并在内外部环境之间的物资、信息、技术等资源的交换与转换中，实现投入与产出。依据组织与管理环境之间的相互关系和分系统内与各分系统之间的相互关系，对管理环境进行最适合具体情况的内外环境的分类，有利于建立起较完整的组织管理环境分析的理论框架，也有利于组织全面认识和把握管理环境变量，从而有利于实现组织的管理决策与环境的互动性和适应性。

二、管理环境的构成

组织面对的环境非常复杂而且难以理解和预测，因此，如果能把环境区分成不同的部分，将十分有利于组织识别和预测环境的影响。一般来说，所有管理者的工作主要受到两种环境的影响：外部环境和内部环境。

外部环境（External Environment）由外部可能影响组织实现自身目标的一切事物和因素构成。外部环境也可分为两大类，一类是组织面临的任务环境（Task Environment），通常包括现有的或潜在的竞争对手、资源供应者、服务对象等。另一类是包含更广的一般环境（General Environment），任务环境也被嵌入其中，如图 3-1 所示。一般环境包括政治及法律环境、宏观经济环境、人口作用力、社会文化环境、技术环境及国际环境。一般环境通过影响任务环境而影响组织运行。

内部环境（Internal Environment）由组织内部可能影响管理者采取特定行动或战略能力的一切事物构成。内部环境包括组织的结构、文化、员工以及其他有形或无形的资源。每一个内部构成要素都可以是一种优势，也可以是一种劣势。优势是组织擅长的活动，是竞争优势的一种潜在来源。劣势是组织不擅长的活动，是竞争劣势的一种潜在来源。管理者们在分析组织的内部环境时，通常

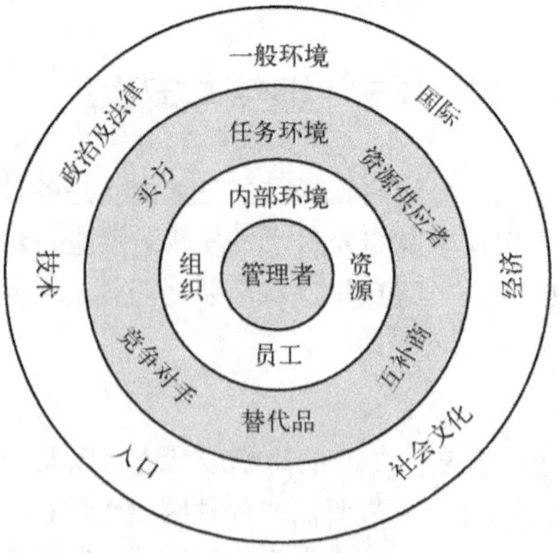

图 3-1 管理者的环境[1]

对组织的优势和劣势进行识别。这种对内部的关注与对外部机遇的识别相互补充，能帮助管理者制定战略，这种分析方法就是 SWOT 分析（Strengths—优势，Weaknesses—劣势，Opportunities—机遇，Threats—威胁），这是战略计划和决策的标准内容，我们将在第 2 篇中对此进行详细讨论。

三、管理环境分析的意义

管理环境为组织管理活动的主体提供背景，一般来说，组织只能在管理环境中生存发展，管理活动的主体没有能力改变外部环境的各项因素及其变化。但是，管理者能够认识这些环境因素，甚至找出它们的变化规律，预测它们未来如何变化以及如何影响组织的管理活动，从而制定相应的管理策略。

管理环境分析就是分析组织内部和外部的环境中各项影响因素的特点及其变化规律，为组织目标的制定及实现提供必要的依据。近代社会的快速发展与变革，如冷战的出现及其结束、经济全球化、传统家庭结构的解体、人口的流动与多样化、城市化或市郊化，以及日益增长的个人主义、信息化、消费化、价值相对主义和多元化等，都极大地影响着全世界各类组织的管理活动。因此，管理环境分析无疑对组织宣传活动有效地开展有着积极的指导意义。

1. 外部管理环境分析的意义

（1）从系统论的观点来看，组织是一个开放的系统，必须与环境进行交换

环境对组织的经营活动提供条件，同时也必然对组织的经营活动产生限制作用。组织开展经营活动，必须要从外部的环境获取各项资源，从原材料市场获取原料，从劳动力市场获取员工，从资金市场获取资本，等等。如果没有外部环境的这些市场，组织便无法开展经营活动。同时，组织开展生产经营活动的成果也要向外部环境销售，组织的产品或者劳务只有在外部环境销售出去，组织才能收回资金，补偿生产经营过程中的各种消耗，并重新开始新一轮生产过程。如果没有外部环境吸纳组织的生产成果，组织便无法循环地开展生产经营，无法实现组织的发展壮大。因此任何一个组织，都无法忽视环境对其带来的影响，管理者也不能忽视深入分析管理环境这一活动的重要性。

（2）外部环境是在不断变化的，且具有高度的不确定性

20 世纪中叶出现的第三次科技革命，使社会生产力的结构发生了巨大变化，并波及政治、经济、

[1] (美)查尔斯 W.L.希尔,(澳)史蒂文 L.麦克沙恩,(中)李维安等. 管理学（中国版）. 机械工业出版社，2009.

文化等一切领域，影响了整个人类生活及组织的生产经营。外部环境的这种变化是时时存在的，它所产生的影响也是人们始料不及的。对于组织来说，外部环境的变化有两种主要的影响。一种可能是为组织带来新的发展机会，如新技术的出现可以提高生产效率，新能源的开发利用可以降低生产成本，国际贸易环境的改善可以促进产品出口和劳务输出，等等。组织管理者要能够抓住外部环境的变化所提供的优越机会，提高组织的生产规模和效益。另一种可能是给组织的生存发展带来不利的威胁，如消费者的偏好可使组织的产品受到影响，政府政策的紧缩限制和组织规模的扩大，利率的变化可导致出口下降，等等。这时，管理者必须制定积极的应对政策，努力避开外部环境变化带来的威胁。即使不能规避，也要想尽办法将组织的损失降到最低限度。

基于上述原因，认真分析外部环境是非常必要的，有助于组织管理者把握机会，避开威胁，更好地管理组织的生产经营活动。

2．内部环境分析的意义

组织开展生产经营活动就是对有限的组织资源，进行合理地配置和利用。由于世界上资源的有限性和组织财力的限制，组织不仅在客观上拥有的资源总数量受到限制，而且在主观上利用资源的能力也会受到限制。有时，同等数量的资源在不同组织和同一组织的不同时期的利用率也是有所不同的。因此，要有效地利用组织内部资源就必须分析组织资源，即组织在客观上对资源的占有情况和主观上对资源的利用情况，以制定相应的战略计划，指导组织利用有限的资源实现组织目标。组织文化是组织有效运转的内部驱动力，它在增强组织凝聚力、激发成员的主观能动性、约束成员行为等方面起着积极的作用。组织文化对于组织活动的影响是潜移默化式的，不仅影响着组织成员的精神面貌和工作效率，还影响组织的整体形象和组织的决策活动。良好的组织文化是组织前进的“润滑油”，有利于组织目标的早日实现。因此，深入分析组织文化的特点，有助于了解员工的价值取向和行为方式，有助于组织选择正确的决策。

综合上述两点，我们可以发现，管理环境分析对组织发展有三个主要作用：① 管理环境的分析有利于组织制定正确的战略规划，根据组织自身情况确定组织的发展目标；② 管理环境的分析有利于组织及时调整战略来应对环境的变化和不确定因素的出现，抓住机会，规避风险；③ 管理环境的分析有助于组织有效利用资源，提升组织文化，促进组织目标的实现。

第二节　组织的外部环境

组织的外部环境是指存在于组织系统之外，并对组织系统的建立、存在和发展产生影响的外界客观情况和条件。极端地说，外部世界存在的一切事物均会或多或少地对组织活动产生一定影响，因而都在“外部环境研究”的对象范围内。下面根据图 3-1，将外部环境分为一般环境、任务环境来理解。

一、一般环境

组织的一般环境又称为宏观环境或大环境，是指对某一特定社会中所有组织或其他组织影响的环境因素，是组织难以确定对自身运行和目标实现影响程度的因素。一般环境是指包含任务环境的更大环境，包括政治、社会文化、宏观经济、人口、社会文化、技术和国际等方面。一般环境通过任务环境影响组织，也就是说，一般环境有助于任务环境的形成，并因此决定组织面临的机遇和威胁的大小。

1. 政治环境

政治环境是指一个国家的社会制度、执政党的性质、政府的方针政策、法律及社会政治形势、政治事件等对组织系统构成影响的因素。不同的国家有着不同的社会制度，不同的社会制度对组织活动有着不同的限制和要求。即使社会制度不变的同一个国家，在不同时期，由于执政党的不同，其政府的方针特点、政策倾向对组织活动的态度和影响也是不断变化的。对于这些变化，组织可能无法预测，但一旦变化产生后，它们对组织活动的影响是可以分析的。

组织必须通过对政治环境的研究，了解国家和政府目前禁止什么、允许什么、鼓励什么，从而使组织活动符合社会利益，受到政府的保护和支持。例如，国际政治风云的变幻、战争与和平的消长、国内外重大政治事件和社会热点问题。一般而言，政治环境的优劣在很大程度上取决于社会制度的完备、政府政策支持的力度和法律健全程度及执行力度。

2. 社会文化环境

社会文化环境包括一个国家或地区的居民教育程度、文化水平、宗教信仰、风俗习惯、审美观念、价值观念等。对组织的影响表现为：文化水平会影响居民的需求层次，宗教信仰和风俗习惯会禁止或抵制某些活动的进行，价值观念会影响居民对组织目标、组织活动及组织存在的态度，审美观念则会影响人们对组织活动内容、活动方式及活动成果的态度。例如，道德准则或社会公德虽然没有形成法律条文，但对于约束个人或集体仍然具有事实上的作用和威力，任何组织的行为都不能不考虑社会秩序和伦理道德的影响。

3. 宏观经济环境

一个组织所处的经济环境，通常是指其所在国家的经济状况和经济体系之和。它包括生产力发展水平、经济成分、经济体制等要素。生产力发展水平是一个国家经济水平的根本标志，反映一个社会的总体生产能力和社会占有物质财富的水平。经济成分是构成国家总体经济的各部分之统称，其数量及种类的多少，以及每种成分在整体国民经济中所占的比重，反映了社会阶级或阶层的构成，直接影响各类组织体系的社会基础。同时，经济成分的不同也意味着组织职能、管理方式存在着差异。经济体制是在特定地域内进行决策并执行有关收入和消费决策的机制和制度。其要素主要通过对各类组织所需要的各种资源的获得方式、价格水准的影响对市场需求结构的作用来影响各类组织的生存和发展。

人口众多的国家既为该国家各类组织的经营提供了丰富的人力资源，决定了总的市场规模庞大，但可能因其基本生活需求难以充分满足，从而成为经济发展的障碍。经济的繁荣显然能为组织的发展提供机会，宏观经济的衰退则可能给所有经济组织带来生存的困难，如石油危机、亚洲金融风暴等。假定其他条件不变，一个地区的就业越充分，收入水平越高，那么该地区的购买能力越强，对某种活动及其产品的需求就越大。一个地区的经济收入水平对其他非经济组织的活动也有重要影响。例如，在温饱没有解决之前，人们很难自觉主动地去关心环保问题，支持环保组织的活动。

4. 技术环境

技术环境是指新工艺与新技术的出现和科学技术的推广应用等构成的环境因素。在过去的一个世纪里，技术变革的步伐不断加快，由此导致的过程被称为“创造性毁灭的永久飓风”。技术变革既是创造性的，也是破坏性的，所以既是机遇也是威胁。技术环境对组织的发展有着至关重要的影响，任何组织欲求生存和发展，必须在产品、服务和管理方式等方面保持技术的先进性，否则当竞争对手取得新的技术优势时，组织将处于危险的境地。例如，计算机技术和网络技术应用改变了传统的销售方式。技术的变化和进步会促使管理者不断更新管理观念和管理方式。例如，自动化技术的应用会造成大量人力过剩；生物工程和信息技术的应用会引起许多法律、伦理等方面的社会问题。技术的变化对组织决策能力也提出了更高的要求，是组织提高竞争力的重要手段，关系到组织能否把握发展机遇和形成竞争优势。

5. 自然环境

自然环境是指地理位置、气候条件及资源状况等自然因素对组织带来的影响。地理位置是制约组织活动、特别是组织经营的一个重要因素。经济发展的某个时期对某些地区采取倾斜政策时尤其如此。例如，目前我国沿海地区的开放政策吸引了大批外资，促进了投资环境的改善，给这些地区的各类组织提供了充分的发展机会。此外，组织是否靠近原料产地或产品销售市场，也会影响到资源获取的难易和交通运输成本等。气候条件及其变化也是如此，例如，气候趋暖或者趋寒会影响空调生产厂家的生产或者服装行业的销售；四季如春、气候温和则会鼓励人们远足郊外，从而为与旅行或郊游有关的产品和服务制造提供机会。

自然资源状况与地理位置有密切的关系。资源特别是稀缺资源不仅是国家或地区发展的基础，也为所在地区经济组织的发展提供了机会。没有地下蕴藏的石油，许多中东国家就难以在沙漠中建造“绿洲”。我国许多农村地区乡镇组织的发展在初期也是靠优越的地理位置、靠资源开采而逐渐积累资金的。资源的分布通常影响着工业的布局，从而可能决定了不同地区不同产业组织的命运。

二、任务环境

组织的任务环境又称为微观环境或具体环境，是与组织直接发生联系的一系列环境因素，是通过组织的努力可以把握和控制的因素。组织不仅在一般环境中生存，也在特殊领域内活动。一般环境对不同类型的组织均产生某种程度的影响，而与具体领域有关的特殊环境则直接、具体地影响着组织的活动。对大多数组织而言，其任务环境因素主要包括资源供应者、服务对象、竞争对手等。

1. 资源供应者

资源供应者是指为组织提供各种资源要素的供给方，这里的资源要素不仅包括设备、人力、原材料、资金，也包括信息、技术和其他各种服务（如法律、咨询）等。这些供应者的数量、结构、供应条件、供应要素的质量等就形成了组织的资源供应者这一环境因素。由于组织在其运转的每一个阶段中，都依赖于供应者的资源供给，一旦主要的资源供应者提升或降低所出售的物品和服务的价格，改变提供物品或服务的方式时，就会直接影响整个组织管理活动的成效。可见，资源供应者对组织的作用是至关重要的。

2. 服务对象

服务对象是指组织满足自身某种需要的群体和个人的总和，是组织产品或服务的接受者，如企业的客户、商店的购物者、学校的学生、医院的病人、图书馆的读者等，都可称其为相应组织的服务对象。服务对象因素包括数量、需求强度、需求的发展趋势与变化规律等。任何组织之所以能够存在，是因为有一部分需要该组织产出的服务对象的存在。服务对象在两个方面影响着组织的运行：一方面，用户对产品的总需求决定着行业的市场潜力，从而影响行业内所有组的发展边界；另一方面，不同用户的讨价还价能力会诱发组织之间的价格竞争，从而影响组织的获利能力。

3. 竞争者

竞争者是指与本组织存在资源和服务对象有争夺关系的其他同类组织及新加入或潜在的将要进入该行业的组织，包括竞争对手的数量、竞争对手的竞争能力及竞争的强度与结构等。任何组织都不可避免地会有一个或多个竞争对手，它们是组织的重要环境因素，由于它们与组织存在资源和服务对象的争夺及此消彼长的关系，因此作为组织必须时刻关注竞争对手的发展状况和趋势，对自己的行业竞争环境进行认真深入的分析，并及时做出反应，确定正确的应对策略，方能找到克敌制胜的突破口，否则会付出沉重的代价。

小资料 3-1　波特五力模型

分析任务环境的最流行的一个框架，是迈克尔·波特（Michael porter）提出的五力模型，其中包含5种竞争力，如图 3-2 所示。按照波特的观点，从企业的角度来看，一家企业赚取利润的能力受到竞争对手的进入威胁、买方议价能力、供方议价能力、替代品的威胁，以及行业内现有公司之间的竞争强度。在波特的框架里，这些竞争力的作用力越强，某个行业内的公司赢利就越难。因此，强竞争力构成一种威胁，弱竞争力则通常带给管理者扩大销售、提高价格、获取更多利润的机会。通过执行正确的战略，管理者能够改变各种竞争力力的强度。因此，管理者可以执行降低买方议价能力的战略，并由此减少该种竞争力力造成的威胁。

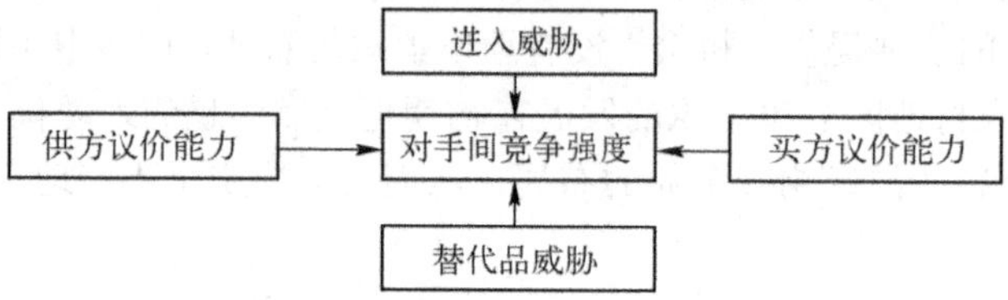

图 3-2　波特的五力模型

资料来源：M.E.Porter. Competitive Strategy：Techniques for Analyging Industries and Competitors

除了波特提出的5项竞争力要素外，管理学界还有人提出其他要素，如管制机构、战略同盟伙伴等。与宏观环境中的政治环境不同，管制机构主要指能够直接影响或控制组织行为的机构，如行业协会、工商行政部门、消费者协会、新闻机构等。组织之间存在竞争，也存在合作，组织与组织之间可以结成战略联盟，组织也可以与科研机构、政府部门在某一共同利益的联系下结成战略联盟。

三、外部环境对管理造成的影响

1. 外部环境对组织运行的制约

外部环境是组织生存的土壤，它既为组织活动提供条件，同时也必然对组织的活动起制约作用。这种制约作用体现在以下3方面。

① 组织经营所需的各种资源需要从外部环境去获取。组织经营所需的各种资源需要从属于外部环境的原料市场、能源市场、资金市场、劳动力市场中去获取。离开外部的这些市场，组织经营便会成为无源之水、无本之木。

② 组织出售产品或提供的服务也要在外部环境中实现。与此同时，组织利用上述各种资源生产出来的产品或服务也要在外部环境中实现。没有外部市场，产品和服务实现不了其价值并无法获得回报，在生产过程中的各种消耗就不能得到补偿，经营活动就无法继续。

③ 外部环境为组织生存提供了条件，必然也会限制组织的生存。组织只能根据外部环境能够提供的资源种类、数量和质量来决定运营活动的具体内容和方向。既然组织的产出要通过环境中的市场才能实现，那么，在生产之前和生产过程中就必须考虑到这些产品或服务能否被服务对象所接受，是否有价值。因此，外部环境在提供了种种条件的同时，也限制了组织的运营。

2. 外部环境的变化导致组织管理活动的变化

对组织活动有着如此重要作用的环境是在不断变化的。如果环境是静态的，即使它的影响再大，对其研究也无须反复强调、高度重视。因为在这种情况下，环境研究可以一劳永逸，对一成不变的外部环境进行一次深入分析，便可把握它的特点，给出相应对策。然而，实际情况却并非如此，外部存在的一切都在不断变化，例如，消费者收入在提高，教育在不断普及，就连执政者也在经常更换。环境的种种变化可能会给组织带来两种不同程度的影响。

① 为组织的生存和发展提供新的机会。例如，新资源的利用可以帮助组织开发新的产品，执政者的变化可能导致环保政策的修订。

② 环境在变化过程中对组织的生存造成某种不利的威胁。例如，技术条件或消费者偏好的变化可能会使组织产品或服务不再受欢迎。组织要继续生存，要在生存的基础上不断发展，就必须及时地采取措施，积极地利用外部环境在变化中提供的有利机会，同时要采取对策，努力避开这种变化可能带来的威胁。

要认识环境就必须研究外部环境，分析外部环境。这种研究不但可以帮助我们了解外部环境今天的特点，而且可以使我们认识外部环境是如何从昨天演变到今天的，从而揭示外部环境变化的一般规律，并据此预测它在未来的发展和变化趋势。

3. 外部环境带来的机会和威胁

（1）外部环境给组织带来的机会

组织所面临的外部环境可能会带来一定的正面影响，也就是给组织带来机会。市场机会特指某种环境条件下，在该环境下组织可以通过采取一定的活动创造价值，实现赢利。市场机会的 4 个标志性特征是利益性、针对性、时效性和公开性。

不同的机会能给组织带来的利益的大小是不一样的，即不同市场的机会的价值具有差异性。市场机会能为组织带来的利益越大，其价值也高，对组织利益需求的满足程度也就相对较高。为了在千变万化的市场环境中找到价值最大的市场机会，组织需要对市场机会的价值进行更为详细具体的分析。市场机会可以按照其吸引力大小及每个机会的概率加以分类，如图 3-3 所示。

在图 3-3 中，1 代表的是潜力吸引力大且成功可能性高的机会，是组织追求的主要机会。右上角的机会和左下角的机会是应该密切地加以注意的，因为其中任何一个机会的吸引力和成功概率都可能发生。右下角的机会太小，可以不考虑。

组织在每一个特定机会中的成功概率取决于它的业务实力（即独特的能力）是否与该行业成功所需要的条件相符合。通常，经营最佳的企业往往是那些在满足该行业成功条件中拥有大量竞争优势的企业，这些优势形成了企业为顾客创造价值的能力。

一般来说，机会价值比较小时，组织可以不加考虑。但是，在利用价值大的机会的同时，组织应该密切关切任何一个机会的吸引力和成功概率可能发生的变化。

（2）外部环境给组织带来的威胁

环境带来的威胁是指环境中一种不利的发展趋势对组织提出的调整，如果不采取果断的措施和行动，这种不利趋势将导致组织的市场地位被侵蚀。

组织的管理者应该学会识别面临的主要威胁，并按威胁的严重性和出现的可能性分类，环境威胁矩阵如图 3-4 所示。那些严重地危害组织利益，出现的可能性最大，威胁最严重的因素，对组织来说最关键。通常，组织会为每个这样的威胁准备一个应变计划，这些计划将预先阐明在威胁出现之前或者威胁出现时，组织将进行哪些改变。

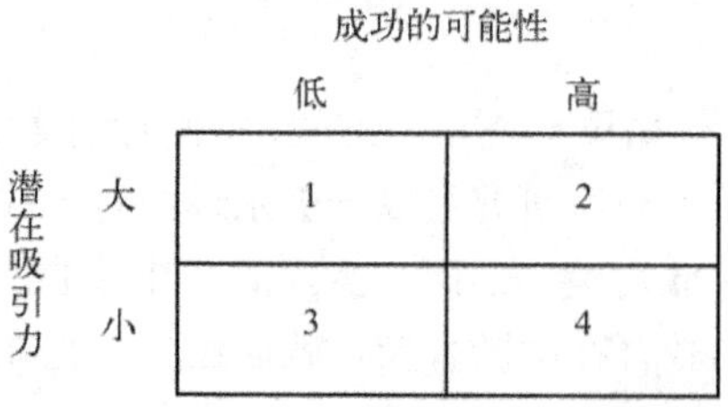

图 3-3　市场机会矩阵

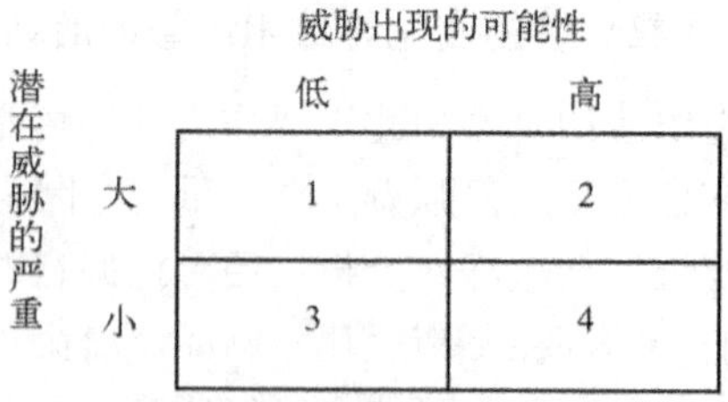

图 3-4　环境威胁矩阵

面对外部环境带来的威胁，组织可以通过选择新的行业或市场等来进行回避，也可以通过多元化经营等途径来转移或分散威胁，但最有效的办法是，事先预见威胁的发生，并主动采取措施来对抗威胁，使其可能带来的负面影响最小化。

第三节　组织的内部环境

组织的内部环境是存在于组织系统之内的、作为组织系统存在和发展的客观条件的总和。从总体上来说，组织内部环境一般包括组织结构、员工（人力资本）、组织实力、组织文化等方面。从具体表现形态来看，内部环境也可分为有形部分和无形部分，如图 3-5 所示。

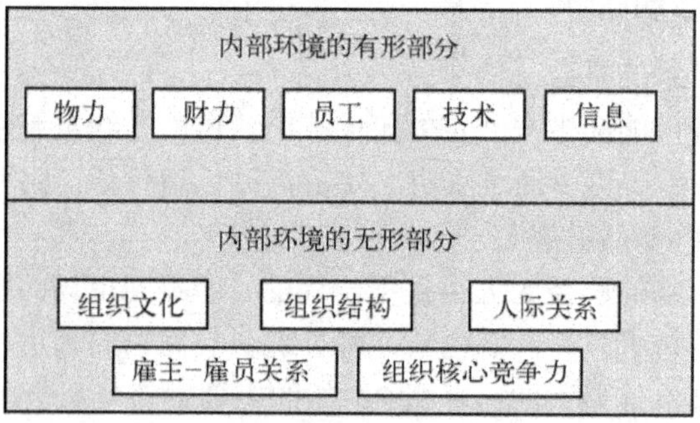

图 3-5　内部环境的基本内容

一、有形资源环境

1．人力资源环境

员工，即组织的人力资源，组织的员工可以是可持续竞争优势的一种来源，也可以是一种劣势。员工构成了经济学家所称的人力资本（Human Capital），即嵌入个人的知识、技能和能力。人力资本是提高生产率和经济增长的来源。斯坦福商学院的教授杰弗里·佩弗（Jeffrey Pfeffer）提出，人是可持续竞争优势的最重要的来源。雇佣正确的人，精心培养他们，创造让他们充分发挥潜能的一种内部组织，适时用正确的激励奖赏他们，组织得到的回报将是卓越的绩效。基于同样的原因，如果员工缺乏知识、技能与能力，缺乏高效工作和把握机会改善绩效的激励，这也可以是竞争劣势的一种来源。相对于竞争对手，人可以是一种独特的优势，也可以是一种劣势。管理者通过人力资源管理和建立恰当的内部组织结构，能够对组织的人力资本施加影响。

2．物力资源

物力是组织活动的基本要素之一。组织的物力资源一般分为生产制造、储、运、销售及事务处理四部分，通过分析组织的物力资源，以期找出组织物力资源存在的薄弱环节，予以改进。物力资源管理的要求：遵循客观事物发展规律的要求，根据组织目标的实际情况，对各种物力资源进行最有效的配置和最佳的利用，开源节流，物尽其用。在物质日益匮乏的今天，对于一个国家，对于一个组织，提高投入产出率是管理中的一个最基本的原则。

3. 财力资源

财力资源是各种经济资源的价值体现，是具有一定独立性的特殊资源。对组织的财力资源的运用效率决定着组织的其他资源的运用效果。财力资源主要是指组织的资金实力。财力资源分析主要是指组织根据自身事业的性质和规模，测算所需资金的数量，参照资金市场行情，对组织资金来源、筹集、使用及分配等进行统筹规划，以配合组织战略的实施。管理财力资源的目标：实现财尽其力，通过聚财、用财而不断地生财。

4. 技术资源

在科技日新月异的今天，掌握技术资源已经成为了许多组织势在必行的策略。技术资源的先进与落后决定了组织在竞争中的地位，甚至成败。对技术资源的分析应包括：组织研究与开发能力分析、技术信息分析、产品质量分析三方面。组织根据自己的战略方针，研究开发新技术，保持技术的领先，力争在激烈的竞争环境中立于相对比较有利的位置。

5. 信息资源

信息是事物的特制属性和关系的表面特征。信息资源大体分为两种：一种是环境信息（外部信息），如顾客、市场、国内外技术发展态势、组织信用、商誉、形象等；一种是内部信息，如组织文化、员工积极性、经营方式等。组织应根据实现组织目标管理的要求，建立完善高效的信息网络，保证管理所需的各种准确、完整、及时的信息；在组织内建立起合适的信息共享网络，为平等、互动、交流的新型管理提供条件。

二、无形资源环境

1. 组织结构

一个组织的正式结构是内部环境的组成部分，它决定着组织决策是如何被执行的。组织的三个不同层次的管理层——高层管理者、中层管理者、一线管理者，分别组成不同的团队来完成诸如设计、生产、市场营销、财政、人力资源管理等不同的工作。组织结构还决定了权利和沟通的流动方向：由管理层到基层。组织结构的不同因每个组织的不同而不同，因管理者的期望不同而不同，因各种外部因素不同而不同。现代的组织结构越来越倾向于扁平化形式，包括被充分授权的个体、被充分授权的团队及风险小组等。这种组织结构使组织更快、更灵活地对市场需求做出反应，大大降低了市场风险。

创造一个好的、有利于组织目标实现的内部环境、组织结构非常重要。组织结构应当综合考虑高层领导者、中层管理者和一线管理者这三种人的需求，提供足够的信息，从而确保组织结构的有效运转。

2. 人际关系

人际关系，是人们在共同的实践中结成的相互关系的总称。在人们的生活、学习和工作中，必然要遇到各种各样的人和事，结成各种各样的人际关系。从其功能来看，可以分为：良好的人际关系和恶性的人际关系。良好的人际关系沟通、理解和组织成员的团结，从而对组织目标的形成起着积极作用。而恶性的人际关系则会加剧组织成员间的冲突和不相容，使得组织成员浪费大量的时间和精力去应付其他成员，这无疑不利于组织目标的实现。恶性的人际关系会导致组织“内耗”。

协调组织内部人际关系是调动职工积极性，保证组织目标实现的基础。协调人际关系的意义在于创造一个宽松、祥和、文明、健康、友爱、良好的人际环境，使组织的人际关系处于无间和谐状态，使上下级坦诚相待、和睦相处，同事之间感情融洽、配合默契，这样职工就会感到安全、愉快、幸福，促使大家为组织的利益和荣誉，加倍努力工作，从而产生强大的群体凝聚力和向心力，以调动各方面的积极性，使组织上下左右真诚相处，有效地克服组织管理中的各种困难和障碍。

协调组织内部人际关系是发挥管理整体功能，提高组织效益的关键。人与人之间的关系，由于结合方式和结构的不同，协调程度的差异，而使整体效应力量的发挥有本质的差别。人与人之间关系结合得好，其整体效应就能得到最大限度的发挥。反之，其整体效应力量就很小，甚至等于零。因此，协调好组织内部人际关系会使职工彼此心情舒畅，建立起团结、协作、互相帮助的人际关系，发挥整体功能大于部分之和的作用。唯有如此，组织的各项工作才能不断取得新的成效，组织的经济效益就会得以提高。因此说，搞好组织内部的人际关系对于提高组织的效能和效益，都显得十分重要。

协调组织的人际关系是推行人本管理的内在要求。组织管理的实质就是对于人的管理，而要管好人，除了采取行政指挥、经济手段、制度约束外，更重要的是感情影响、人际吸引和共同价值观所产生的凝聚力。现代管理理论强调以人为中心，尊重人，体贴人，关心人。只有建立起祥和宽松、信任支持、充满友好理解的人际环境，才能使组织形成有凝聚力的群体，体现人本管理的实质。人本管理的真谛就在于，通过最大限度地发挥组织共同价值观的影响力，充分发挥积极性，在推动组织发展过程中，实现员工自身素质的全面提高。

3．雇主-雇员关系

从 20 世纪 80 年代末到 90 年代，激烈的全球竞争导致很多公司组织结构重组和雇员缩减。伴随着这一变化，产生了关于“雇员－雇员”这样一种新的关系，在西方管理理论中称之为“新的雇主－雇员社会契约关系（New Employer-Employee Social Contact）”。这种新关系的目标是，通过强调员工的兴趣和调整的工作、绩效导向的报酬制度，通过培训，使雇员能够适应组织内外部的不同要求等，来提高员工的满意度。相应地，员工则被期望通过对工作任务和工作团体有更强的承诺来为新的“雇主－雇员”关系做出贡献。这种新的“雇主－雇员”关系契约被喻为现代雇员关系管理的最重要的基础。

随着全球化进程的加快、从业人员越来越复杂、新技术的应用等原因导致种种新的雇员关系问题的出现与日俱增，并使组织面临着十分广泛的各种社会力量的压力。而且，许多社会力量正通过雇员的个人价值观、生活风格和社会态度在组织内渗透，构成工作场所的一个内在部分，使组织内部环境发生了根本性的变化。

4．组织核心竞争力

对于一个组织来说，成功与否的关键因素之一便是该组织能否认识到并有效地利用组织的核心竞争力。核心竞争力与其他一些无形的因素构成了组织的智力资源。智力资源包括：丰富的经验、智慧、知识储备和专业技能。智力资源深含在组织的人事技能及组织成员的实践中，它包括了一个组织现实存在的价值与未来的发展前景，只有充分有效地意识到组织的核心竞争力，并整合组织资源对其加以利用，才能在竞争中彰显出自身的特色。

5．组织文化

组织文化是由组织内部员工共享的价值观及假设的基本模式。文化之所以重要，是因为组织的共享价值观影响着管理者能够做什么以及不能做什么，影响着组织鼓励什么以及不鼓励什么。组织结构设计界定了组织中谁对什么负有责任，权力和影响力在何处集中，以及谁的支持对做成事至关重要。

组织文化的衍生品之一便是组织氛围。成功的组织常常拥有开放的组织氛围，能够有效地激发个体的斗志和创新意识，并吸引员工广泛地参与到组织经营中。在这种组织中，员工被充分授权，即使员工大胆尝试自己想法的结果是失败，组织也会宽容地接受并继续予以支持和鼓励。员工自然会产生主人翁意识，将自己作为组织系统中不可缺少的组成部分，为组织而奋斗。

组织文化确立了对人们应该做什么，不应该做什么的约束。文化把什么是恰当的行为传递给了管理者。一个组织的文化，会制约一个管理者涉及所有管理职能的决策选择。一般认为，组织文化具有 5 个作用：导向作用、约束作用、凝聚作用、激励作用和辐射作用。

① 导向作用：指把组织员工个人目标引导到组织目标上来。

② 约束作用：指用一种无形的文化上的约束力量，形成一种行为规范。

③ 凝聚作用：指通过文化的渗透使全体员工对组织产生一种凝聚力。

④ 激励作用：优秀的组织文化的往往能产生一种激励机制，促使员工不断进取，还能产生一种巨大的辐射作用。组织文化优劣在一定程度上反映了组织管理活动的优劣。

⑤ 辐射作用：一个组织具有很强的文化特色，会通过组织成员的共同价值观念，表现出组织的特殊性，有利于组织形成别具一格的经营战略。同时，组织经营战略制定出来以后，需要全体员工的贯彻，组织文化正是激发人们热情、统一群体意志的重要手段。组织文化若能与组织战略相配合，就是组织内部的优势，反之，则变为组织内部的劣势。

与组织文化同等重要的是，组织的构成不仅包括文化，还取决于组织结构设计、控制系统、激励措施、领导方式创新理念等，控制和激励告诉管理者哪种行为是组织期待的，什么行为东西在被关注，什么又将会受到奖赏。如果一名管理者打算在组织内部做成事，他必须弄明白组织是如何工作的，决策是如何做出的，以及为了施加影响需要做些什么。对外部环境的挑战，管理者必须了解他所在的内部组织。

虽然我们之后会详细阐述这些，但在这里有必要提出一点，一个组织的内部环境可以是一种优势，也可以是一种劣势。例如，鼓励和奖赏高生产率，使管理者们能够对外部机遇和威胁做出快速反应的内部环境，被视为一种优势；相反，抑制生产率，充满政治斗争和惰性力量的内部力量，则被视为一种劣势。

本章小结

① 管理环境是指影响组织生存和发展的各方面力量和条件因素的集合，包括外部环境和内部环境两个方面。管理者需要深入了解自己组织所面临的环境，如果对组织面临的环境随着时间推移可能发生的变化缺乏详细了解，管理者就不太可能有所成效。

② 管理环境分析就是分析组织内部和外部的环境中各项影响因素的特点及其变化规律，为组织目标的制定及实现提供必要的依据。

③ 一般环境是指经济、科技、社会文化、政治法律及全球力量等更大范围的影响组织及其环境的一组力量。

④ 一般环境中新的进展可以形成任务环境，任务环境可以提供机遇，如果加以开发，会让组织更容易实现目标；任务环境也可以产生致使目标难以实现的威胁。

⑤ 外部环境会影响组织的管理，管理者需要明白外部环境并不仅仅是他们被动应对的事物；他们可以通过自己的行动对其进行影响和塑造。这就是管理者应做的：他们并不以现在是什么，而是以未来可能是什么的

眼光来看待外部环境，并推动自己组织采取能改变环境的行动。

⑥ 内部环境是指处于管理组织界限以内的直接制约管理活动的因素的总和。内部环境包括组织内的有形部分，也包括无形因素。管理者必须了解组织内部的有形资源环境和无形环境资源的构成，便于关注和利用正在出现的机遇和威胁，优势和劣势，从而有效地进行管理。

重要概念

环境	管理环境	外部环境
内部环境	一般环境	任务环境
资源供应者	服务对象	竞争者
有形资源	无形资源	组织核心竞争力

习 题 3

1. 环境可以分为哪几类？它们相互之间有什么关系？
2. 对管理环境的分析对组织管理有怎样的意义？
3. 一般环境包含了哪些内容？请举例说明它们对组织的影响。
4. 任务环境与一般环境的关系是什么？
5. 外部环境对组织管理带来了怎样的影响？
6. 组织内部环境中有形资源环境与无形资源环境各有哪些？
7. 请试着描述你感兴趣的一家企业或组织的内外部环境。

案例分析

日本家电 B2B 的救赎

如果说 20 世纪 70 年代日本钢铁在世界处于垄断地位的话，80 年代其家电产业开始兴盛，90 年代汽车成为日本最具代表性的行业。然而时至今日，“日本家电”这个标志着全球传统家电产业最高端、最优秀、最有保证的代名词，正不可遏止地滑向“死亡”，往日的家电巨头纷纷转型 B2B 领域，以期在重工业、新能源、交通等利润更高、进入资金和技术门槛更高的商用领域转型，日本产业重心向节能、环保、新能源方面升级。这样一来，日本传统家电企业不仅可以抛开背负已久的亏损产业包袱，还能借机完成产业升级，追逐利润更高的上游高端技术。

（1）日本家电业一溃千里

十年前，日本家电企业还是重要的技术创新者，是很多产品和潮流设备的发明者与领先开发者，他们在电视、数码相机、便携音乐播放器和游戏机方面都曾在世界领先。而如今，日本企业已经很少有产品能毫无争议地占据领先地位，它们已经被苹果或三星等企业超越。

十年间，日本家电业为何如此衰落迅速？业界分析称，全球家电市场竞争激烈导致产品价格下跌或许是原因之一。不利的外因还包括自然灾害，日本去年的地震进一步削弱了日企的产业链。此外，日元升值也重挫了日本企业的出口竞争力。

不过，在日本商界有“管理教父”之称的东京 CPI 会社力研究所主席长谷川和广看来，外因固然重要，但似乎不是日本电子企业衰落的核心因素，导致日本电子企业江河日下的原因之一为产品缺乏竞争力。

由于消费者越来越注重内容、应用和操作简单性，日本企业的技术竞争优势正在变得越来越微不足道。麦肯锡的科尼万也认为："日本企业以往主要进行硬件和设备创新，它们在这方面的能力无人能敌。但目前的问题是，全球创新的主要动力已经从硬件转移到了软件、系统和解决方案等领域。"日本当前的疲弱根植于其传统优势专守"monozukuri"（即制造的艺术），专注于硬件的改进。

掌握最先进的技术曾经是日本电子设备生产商的最主要竞争优势，推动了日本的电子公司竭力生产常常是世界上最薄最小的产品或是推出其他渐进的技术进步，但他们忽视了人们真正关心的因素，如产品的设计和使用的便利度。对此，津贺一宏在2012年6月份接任松下总裁时承认，"日本企业对自己的技术和制造技能太自信了，我们忽略了要从消费者的角度看待产品。"

曾经取得的成功和对国内市场的依赖导致日本家电企业过于骄傲自满，从而不断抹杀自身的创新能力，后来却发现面对增长点转移到新生产业、消费者兴趣发生转移以及新一代竞争对手发起的冲击，它们已经无能为力。

（2）转型B2B领域前景

在亏损的阴影之下，日本家电巨头已经开始着手转变战略。日立、东芝本来就有较长的产业链，有所侧重是两家公司共同作出的抉择。

日立公司已将其业务重点转移到大型基建项目，如在新能源产业方面布局蓄电池、锂电池的研究与应用，主要生产混合动力汽车用的电池和电动汽车用的电池以及太阳能、风力相关的电池；在智能电网领域日立已经拥有很强的区域能源管理系统，在整体管理和上层控制领域比欧美同类企业有相对的优势；同时在建设生态城市方面日立亦有涉足。如今，松下也加大了以环境和新能源为基础的产业规划。此外，索尼在医疗器械等方面的业务也将成为今后侧重发展的对象。

在日本家电巨头企业转型B2B领域之时，中国市场都成为其布局的重点。如日立集团目前面对中国市场主要有3个正在开展生态城市合作的项目，分别为天津、广州和大连。未来可能还会与5个地区进行这方面的合作，目前还在商讨当中。日立认识到城市化建设在中国是以地方政府为主导的，日立计划和地方上有实力的企业进行合作，一起开展业务。因为中国在大量运用新能源的时候，需要解决系统不稳定的问题。日立拥有系统稳定化的技术和实际业绩，能够在这方面做出自己相应的贡献。

资料来源：《现代企业文化（综合版）》 2014年2期

思考题：

1. 近十年来日本的家电行业为何日益衰落？时代和市场的发展变化趋势如何？
2. 结合案例谈谈企业应当怎样在困境中求得发展？

第 4 章

管理伦理与社会责任

学习导图

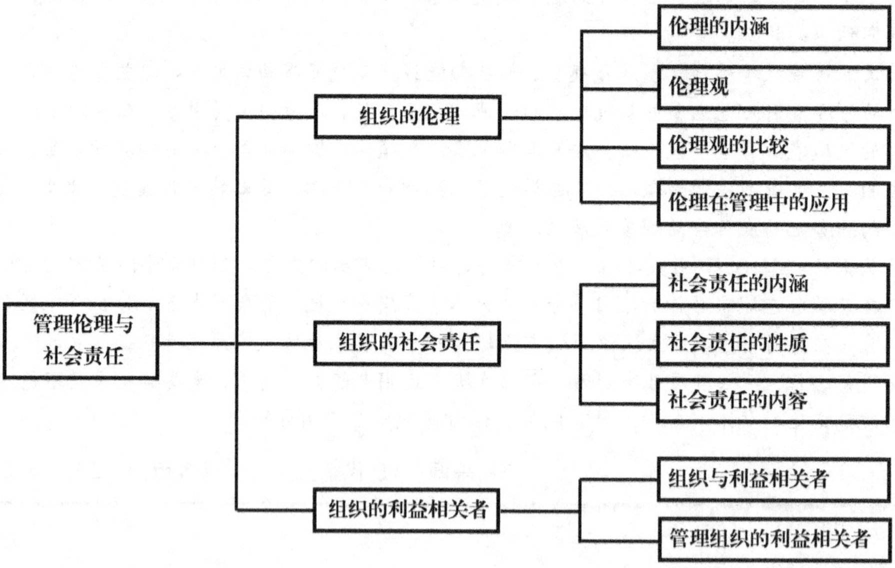

开篇案例

化社会责任为生产力

如果说，某样东西在一个人眼中是废品而在另一个人看来却是宝贝的话，那么通用汽车的收入便足以证明这一点。这家汽车制造商通过重复使用或回收废弃物料，每年赚取了令人吃惊的10亿美元收入。无论是废钢材、涂料污泥还是纸板箱和废旧轮胎，都在他们回收的范围内。通过对减少废弃物的方式进行反思，为通用汽车带来了一个出乎意料但令人惊喜的收入来源。

(1) 制造业的责任

制造业是一个脏乱的行业，据美国环境保护署的统计，美国的工业设施每年产生76亿吨无害废物，其中大多数的命运终结于垃圾填埋场。然而在通用汽车，他们不认为废物是要被扔掉的垃圾，而是未能物尽其用的资源。通过从这些废物中发现新的利用价值，或者将其卖给可以实现这一点的公司，2011 年通用汽车为垃圾填埋场转移了 250 万吨的废物。

例如，当汽车制造厂的冲床从一块平滑的钢板上切割出汽车车门的形状时，会为车窗预留出一个大洞。在大多数汽车工厂中，剪切后剩余的钢板会被堆在一起，然后卖给铸造厂。在铸造厂，这些钢板会和其他钢材废料一起被熔炼成废金属。这是回收利用的一种方式，但钢材的熔炼和再加工需要花费金钱并消耗大量的能源。

通用汽车将这些约四平方英尺的剩钢板看成可以销售的商品。它将这些钢板直接卖给当地的蓝星钢铁厂。而后者将这些废料加工成其他行业在供暖和空调设备中使用的小型支架，完全省掉了铸造厂这一环节。所有人都能获益：通用汽车最大限度地实现了剩余物料的价值；蓝星通过购买钢铁废料节省了成本，而环境则免于受到铸造厂额外排放的温室气体的破坏。

（2）通用汽车的环保之路

根据一家位于旧金山的可持续性咨询公司的统计，全球范围内，通用汽车产生的废物中有 90%通过这一方式重复利用或回收，比例高于任何其他汽车厂商。通用汽车在全球共有 104 家“零填埋”工厂，其中 84 家工厂有 97%的废物得以重复利用或回收，其余废物则转化为能源。通用汽车的目标是到 2020 年将零填埋工厂的数量增至 125 家。

除了对环境保护带来的益处，通用汽车还认为零废物制造在商业方面也大有可为，这就是它向其他公司和行业大力宣传回收再利用价值的原因所在。它甚至还发布了一份可供下载的蓝图，向大家介绍其零填埋制造厂的工艺流程。

“可持续性是一个经常被用到的词。”通用汽车负责废物减少计划的经理约翰·布拉德伯恩说。“但如果一家公司想要实现可持续性，重要的是他们不仅要减少‘碳足迹’以保护环境，还要关注财务方面的表现，确保这一努力能对公司收益有所贡献。”

如果公司使用回收材料，或能找到像蓝星这样愿意购买剩余材料的合作伙伴，则一个原本不具有成本效益的项目可能会有改观。“我们产出的废物可作为其他人的原料。”布拉德伯恩表示。他已在通用汽车工作 35 年，称自己为“现代的森林保护者”。“这真的让人们大开眼界，甚至在我们公司内部同样如此。”

毫无疑问，改善废物管理需要花费一定的成本。以通用汽车为例，公司不得不在每座工厂雇用资源管理人员以跟踪并报告该工厂的废物产生情况。当通用汽车于 2005 年开始致力于零填埋制造计划时，其每减少 1 吨废物需要投入约 10 美元成本。随着时间的推移，该计划的成本下降了 92%，共减少了 62%的废物。

通用汽车的管理人员说，要想从制造流程产生的废物中最大程度的回收价值，关键是在一个电子跟踪系统中管理所有副产品。所有通用汽车的工厂每月都要监督、衡量各自的表现并在中央系统中报告，比照全公司的废物减少目标进行评估。通过发动员工参与回收工作，得出的数据还有助于激励工厂不断探索富于创造性的解决方案。如果一家工厂在某种副产品中发现了有价值的用途，它会迅速与全球的其他工厂分享。

通用汽车还建立起一个强大的供应商网络，这些供应商均致力于打造“封闭式回路”系统，回收工厂废物并转化为新的汽车零部件或工厂物资。例如：来自通用汽车各工厂的运货纸板箱，可以回收利用为别克君越及别克 Verano 顶篷内衬中的隔音材料，以帮助保持安静的车内环境；来自通用汽车印第安纳州韦恩堡工厂的塑料瓶盖和装运辅助设备，在与其他材料混合后，用于制造该工厂生产的雪佛兰 Silverado 和 GMC Sierra 皮卡上的散热器罩；通用汽车密歇根州米尔福德试验场淘汰下来的试验轮胎被粉碎，用于生产通用汽车各类车型上的挡风板和挡水板。工厂中无法再使用的木托盘会用于住宅的建设。加工变速箱壳体时产生的废铝屑被熔化，用于生产更多的变速箱壳体；在通用汽车兰辛市的 Grand River 工厂，涂料污泥被转化为塑料材料，并用于制造可装运雪佛兰沃蓝达和科鲁兹车型引擎部件的集装箱，用于不同车漆的溶剂也经重新配方制成涂料，通过紫外线凝固和硬化，刷涂于厂房的地面上。

当然，并非所有的工业副产品都能产生收入，但仍然存在利用价值。例如：托盘和纸板被堆在一起用于回收；来自密歇根州一家工厂的250板条箱变身为种植床，用于西南底特律的一座城市花园中，为附近居民提供本地产的农产品；通用汽车捐赠了报废机动车上的吸音材料，将绝缘服改造为睡袋提供给无家可归的人士，这项活动由底特律一家慈善机构发起；雪佛兰沃蓝达上的废旧蓄电池盖被改造为鸟巢，以供林鸳鸯、鸣角鸮和蝙蝠栖息；几年前，因英国石油公司漏油事故而在亚拉巴马及路易斯安那海滩上围起的长达227英里的吸油栅，被通用汽车回收后用于制造空气导流板，其价值相当于一个生产年度。这批导流板被用在了雪佛兰沃蓝达电动车上。通用汽车的这一做法极具公关效应。

通过各种形式的回收活动，通用汽车在2007—2010年共创造了25亿美元的收入。尽管现在该公司的工厂中已有约一半成为零填埋工厂，但公司表示其在世界某些地区的进展受到了阻碍，甚至在美国的某些地区也是如此，在这些地区中，支持回收利用的基础设施非常匮乏。正是由于这一原因，通用汽车还曾与一群汽车制造商、供应商、废物管理公司和政府官员的代表在田纳西州召开了会议，以提高回收利用的程度。

“与通用汽车设有工厂的其他地区相比，美国东南部有机会进一步发展回收业务。”布拉德伯恩表示。“通过为当地的回收公司——或有可能从事这一业务的公司——联络各地区公司，我们能够填补存在的缺口，并建设更为强大的基础设施，帮助汽车及其他行业进一步减少对环境的影响。”

来源：现代企业文化·综合版 2013年6期

不论在什么地方，组织总是要赢利才能更好地发展和生存。但是，对于如何合法地追求利润和使用这些利润存在着不同的看法。某些组织不择手段地寻求利润最大化的做法，不计代价地追求成长，除了自身的利益之外，别的一概不予考虑。而另一些组织，他们致力于社会的改善和公民生存环境的维护，即使这样做意味着利润的减少也不改初衷。绝大多数组织的立场居于两者之间，究竟采取哪一种立场取决于管理者们的道德观和社会责任感。我们将详细讨论伦理和社会责任感的基本问题和提升策略，并在此基础上阐释如何正确认识和管理组织的利益相关者。

第一节　组织的伦理

一、伦理的内涵

伦理很难用精确的内容来定义。广义的伦理（Ethics）是一套关于道德原则和价值观的准则，它们支配着个人和团体的行为，并帮助人们判断什么是对的以及什么是错的。伦理为人们确定了准则，据此人们知道了哪些行为和决策是善的或者好的、哪些是恶的或者坏的。伦理涉及作为组织文化一部分的内部价值观，影响与外部环境有关的组织责任方面的决策。当一个人或组织的行为会使他人受害或受益时，伦理问题就出现了。

把伦理和由法律及自主抉择的行为进行比较，就能更清晰地理解伦理。如图4-1所示，人类的行为可以分为三个领域。第一个领域是成文法，在法律中，价值观和标准都被写进了法律体系，并可由法院强制执行。在法律领域，立法者规定，个人的言谈举止和公司的运作都必须符合某种要求，例如，驾车要申领驾驶执照，公司要上缴所得税。自主抉择领域位于图4-1中相反的一端，它适用于法律上没有规定而个人和组织又希望享有的完全自由的行为。管理者选择在哪里吃饭、音乐公司决定光碟的发行量等都是自主抉择的例证。

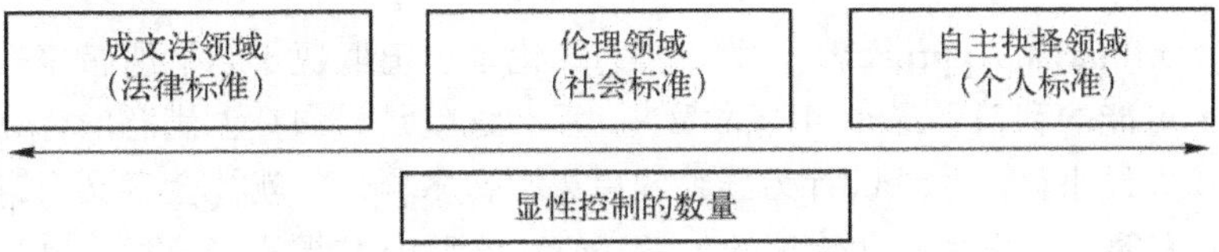

图 4-1　人类行为的三个领域[1]

在成文法领域和自主抉择领域之间是伦理领域。该领域没有特别的法律，但它有基于共同原则和价值观的行为准则，这些共同原则和价值观用来指导个人和公司的道德行为。例如，即使安然公司高级管理人员在相信公司已经遇到财务危机、股价很可能要下跌时，仍然鼓动员工多购买一些股份，这并不违反任何特定的法律，但是，这种行为明显违背了高管人员对公司员工的伦理责任。他们的行动依据的是个人的利益得失，而不是对员工和其他利益相关者的义务。在自主抉择的行为领域，顺从是严格局限于某人自己的。在成文法领域，遵守的是法律体系所制定的法律。在合乎伦理的行为领域，顺从的是个人或公司知道的、不强制服从的规范与准则。对较大的社区来讲，伦理上可以接受的决策，在法律上和道德上也是可以接受的。

许多组织和个人简单地认为，选择是被法律或者自主抉择支配的，这会引导人们错误地假定，某件事情如果不是非法的，那它一定是合乎伦理的，似乎没有第三种可能性一样。更好的选择方案是，承认伦理领域的存在，把道德价值观看做从善的强大推动力，用以调节组织内外的行为。随着人们越来越广泛地认同伦理和社会责任准则，组织可以利用伦理规范及组织文化来支配行为，并因此而消除对法律的更多需要，避免无拘无束地选择问题。有时，放松行业管制便会废除法律条文，但这同时也会激发那些没有建立起对社会负责任的组织文化的组织，出现更多不合乎伦理的行为。

因为伦理标准是不成文的，所以有关恰当的分歧和困境经常出现。伦理总是与决策有关，而有些问题很难解决。当每个备选方案或行为都因为其潜在的消极后果而注定不合意时，就出现了伦理困境（Ethical Dilemma）。伦理困境使我们很难清晰地区分出什么是对的和什么是错的。

在一个组织中，必须做出伦理选择的个体就是道德主体（Moral Agent）。管理者必须要应对伦理领域的困境，下面讨论如何做出符合伦理的决策方法。

二、伦理观

大多数伦理困境都涉及部分的需要与整体的需要之间的冲突：个人与组织相矛盾，或者组织与整个社会相冲突。例如，公司是否应该对员工进行强制性的酒精和毒品检测？这可能对组织作为整体来说有好处，但也会削弱员工个人的自由。有时，合乎伦理的决策蕴含了两个团体之间的冲突。例如，工厂的排放物会给周边居民的健康带来潜在的威胁，考虑到该工厂是该地区最主要的纳税大户，就应该容忍这样的潜在威胁存在下去吗？有些运动员的确从使用类固醇药品中受益，尽管这类药品是违禁品，但目前还没有全力去制止这些行为，这说明了人们道德上的矛盾心理。

面临这些艰难的伦理抉择的管理者，往往可以从某些规范性的伦理观（这里基于道德规范和价值观的伦理观）中受益，并为自己的决策找到行为指南。规范性的伦理观从多个角度来说明指导合乎伦理的决策行为的价值观。与管理者有关的 4 种伦理观，分别是功利主义观、个人主义观、权利

[1] (美)理查德·L. 达夫特等. 管理学原理（原书第 5 版）. 机械工业出版社，2009.

价值观和正义价值观。

1. 功利主义观

功利主义观（Utilitarian Approach）认为，行为的伦理价值取决于它们所带来的后果。如果某项行为可以带来最大可能的利益和最小可能的损失，那么这就是一项令人满意的行为。功利主义致力于利益最大化和损失最小化，并承认行为导致的后果存在多样性。就社会意义而言，有些后果是有利的，而有些则是有害的。作为商业伦理的哲学基础，该理论主要关注权衡某项商业行为所有社会收益及其成本，以及对利益大于成本的行为的实施。从功利主义的视角来看，最好的决策可以为最多数量的人创造出最大的利益。

许多组织已经采用了某些特定的分析工具，如成本效益分析和风险评估，而这些都是起源于功利主义的哲学思想。管理者通常会在执行一项行动方案之前对其收益和成本进行权衡。例如，正在考虑是否在阿拉斯加进行开采的某家石油公司必须在提高石油产量、增加就业机会所带来的收益和在脆弱的生态系统中造成环境污染所产生的成本之间进行权衡。

案例 4-1
市场经济光环背后

功利主义哲学存在一些严重的缺陷，其中第一个问题是，对某项行动方案的利益、成本及风险的衡量。对正在考虑是否在阿拉斯加进行开采的石油公司而言，应该如何衡量对该地区脆弱的生态系统可能造成的伤害？

功利主义的第二个问题是，缺乏对公正公平的考虑。为最多数量创造出最大利益的行为有可能导致对少数人的不公平对待。因为不公平，所以这样的行为是非伦理的。开发阿拉斯加石油议案是由阿拉斯加州共和党参议员提出来的，并一直试图推动授权在阿拉斯加开采石油。其他支持在阿拉斯加采油的共和党参议员也指出，开采阿拉斯加石油可以减少美国对中东能源的依赖，从而改善国家安全。这样的行为很有可能为美国本国经济和安全带来了巨大的利益，但开放采油随之而来的钻井勘探、铺设油管和运油通道等会破坏这块“净土”，威胁北极熊及数以百万计的候鸟生存，这样的行为也是非伦理的。

2. 个人主义观

在个人主义（Individualism）基础上进行伦理决策的人认为，应该在不伤害他人的前提下，努力提高个人的利益。18 世纪，亚当 • 斯密第一次阐述了资本主义原理，把个人主义作为商业决策的基础正是从这一原理中衍生出来的。亚当 •斯密在《国富论》中写道，市场应该是自由的，应该是所有交易的基础，并且应该尽量免受其他力量（如政府）的干涉。每个个体在确定经济决策时，都会利用所有可以获得的信息。说谎和其他不道德的行为都要受到惩罚，因为与有道德的公司和个体做生意符合人们的自身利益，与说谎者和骗子做生意则相反。

与此同时，了解个人或组织的动机可能需要很高的成本，每个个体在市场里讨价还价的能力也有所不同。在这种情况下，有些人可以利用其权力或信息渠道使他人受损。例如，美国卫生保健产品的

小资料 4-1　救生艇伦理观

在各种西方环境利己主义思想中，由美国著名微生物学家和地理学家凯里特 • 哈丁提出的“救生艇伦理观”最典型，也影响最大。哈丁认为，在地球自然资源有限，发展中国家的人口出生率超过发达国家的情况下，作为发达国家的“富国”与作为发展中国家的“穷国”的利益是尖锐对立的。他说：“每个富国都相当于比较拥挤而富裕的救生艇。世界上的穷人则挤进另一个拥挤得多的救生艇。比方说，穷人渐渐地从他们的救生艇上掉了下来，在水中游了一会，希望被允许进入富人的救生艇、或者希望以某种别的方式得到一点船上的‘好处’。在富人救生艇上的乘客应该怎么做？这是‘救生艇伦理观’的中心问题。”虽然哈丁承认每个富人的救生艇有一个现有载重量和实际载重能力之间的差额，允许对生态变化做出某种程度的灵活反应。但是他要证明的伦理观是“反对任何不在船上的人得到救生艇上的‘好处’”。哈丁尽管意识到他的道德态度对许多人来说是讨厌和不公正的，但他争辩说，“其他选择都是自杀。”哈丁声称，每个出生在穷国的人都是“对环境各方面的一种消耗”。多一个人就会多占富人救生艇上一块有价值的地方，就会使其安全系数缩小、因此也就多一份危险，也影响了船上原来居民可以得到的利益。所以，“维持那些穷国的人们的生存，必然导致公用地的毁灭”。

消费者就没有保险公司的权力大，也几乎无法获取详尽的信息来了解选择某种保单或某位医生比其他选择好在哪里。法国、德国和瑞典的公民认为，正是个人主义导致美国没有为公民制定全民卫生保健计划。相应地，他们认为，社会中最弱势的群体正是社会中最悲惨的群体。

3. 权利价值观

权利理论（Rights Theories）形成于20世纪，该理论承认人类享有最基本的权利。权利设定了可接受行为的底限。对基本权利的一个广为人知的定义是：人的基本权利高于集体利益。伦理理论认为，基本人权为管理者提供了决策中的伦理指南。在商业环境中，利益相关者拥有应该受到尊重的基本权利，如果遭到侵犯是有违伦理的。

权利和义务是相互对应的。因为我们拥有言论自由的权利，所以也有尊重他人言论自由的义务。在权利理论的框架内，某些个人或机构有义务提供能够确保他人权利的福利或服务。这样一些义务并不仅仅落在某一类伦理代理人身上（伦理代理人是能够采取伦理行动的任何个人机构，如政府和企业）。

案例 4-2
发达国家转移毒垃圾

4. 正义价值观

正义理论（Justice Theories）致力于经济商品和服务的正义分配。所谓正义分配，是指要顾及到公平和合理。正义理论最著名的代表人物是约翰·罗尔斯。罗尔斯声称，所有经济商品的分配都应该公平，除非不公平的分配能够对每个人更有利。根据罗尔斯的观点，有效的正义原则是所有人在自由和公正的情况下一致同意的原则。公正的确保来自于被罗尔斯称为无知之幕（Veil of Ignorance）的概念设施。在无知之幕下，人们会设计什么样的体制呢？罗尔斯的答案是，人们将一致赞同两个基本的正义原则。

案例 4-3
优越的“大城市人”

第一个原则是，每个人都应该拥有最大限度的、与他们相容的自由，大致说，包括自由（如选举权）、言论和集会自由、思想自由、持有个人财产的自由及免于随意逮捕和没收的自由。

第二项原则是，一旦公平的基本自由得到确保，基本社会品的不公平（收入、财富及机会的分配）只允许在让所有人都受益的情况下存在。罗尔斯相信，只要可以惠及每一个人，这种不公平也可以是正义的。更确切地讲，他提出了差异化原则，如果有利于最弱势的个体，这种不公平就是正义的。因此，只要导致不公平分配的市场体制有利于最弱势的个体，美国社会所存在的收入和财富的巨大差异就可以被视为正义的。有人声称，通过经济增长，管理规范的市场经济可以惠及处于最不利位置的个体。因此至少在原则上，这种体制内在的不公平可以是正义的。

在商业伦理的范畴内，罗尔斯的理论制造出了一个有趣的现象。管理者可以自问他们采纳的政策在罗尔斯的无知之幕下是否正义。例如，海外工人的工资比国内工人的工资少，这是否是正义的？罗尔斯的理论可能会认为是正义的，只要这种不公平惠及全球社会中处于最不利位置的个体。换句话说，我们无法想象，无知之幕下的管理者向在血汗工厂和有毒物质中长时间劳作的工人们支付的只是刚够维持最低生活水平的工资。这样的工作环境在罗尔斯的框架中显然是非正义的，因此也是有违伦理的。同样，无知之幕下的人们都会保护环境，维持公平自由的竞争，禁止自利交易。因此，罗尔斯无知之幕的真正意义在于它是一种概念工具，这种工具有助于形成指导管理者处理困境，做出决策的伦理指南。

三、伦理观的比较

为了弄清道德决策的4种方法究竟有何不同，可以以随机毒品检测这项政策为例来进行说明。

功利主义者会认为随机毒品检测是符合伦理的，因为虽然有些员工和顾客会被接受随机毒品检测激怒，但是随机毒品检测可以减少因服用毒品所导致的事故，从而使更多的员工和顾客受益。如果运用个人主义的标准，随机毒品检测也会被视为道德的：所有者可以自由地实施能使公司更有效率的政策，员工也可以自由地表达他们的不满，比如辞职，再找一家不要求随机毒品检测的公司上班。另一方面，奉行权利主义的管理者可能会认为随机毒品检测不符合道德规范，因为这侵犯了员工的隐私权，而且如果没有理由证明检测的合理性，员工也有权免受调查。同样，对公平主义者而言，随机毒品检测也是不符合道德规范的，因为它假定每个员工都有服用毒品的罪过，让员工根据对体液的化学分析证明自己是无辜的。在美国司法体系中，除非一个人被证明有罪，否则他就是无辜的。

比较这 4 种伦理决策方法的办法就是，看它们是否符合公平、公正社会的两个要素：① 在社会中获取和保留财富的经济自由度，与财富的重新分配以及与穷人共享财富的对比；② 社会对个体的关注程度与对集体的关注程度的对比。注意，在某些社会体系里，对集体的关注超过了对个体的关注；而在另一些社会体系里，个体被看得更重要。类似地，在某些社会体系里，人们认为以自由创业为基础的经济自由比财富在社会中的平均分配更重要；而在另一些社会体系里，把社会中产生的财富公正和平等地分配，比积累个人财富的自由更重要。

图 4-2 比较了伦理决策的 4 种方法，按照它们的经济自由程度和对个体重视的程度给它们分类。个人主义表现为高度关注个体和高度的经济自由。公平主义表现为高度重视集体和财富的平均分配。类似地，权利主义表现为高度关注个人主义和财富的平均分配，而功利主义表现为高度关注集体和经济自由。

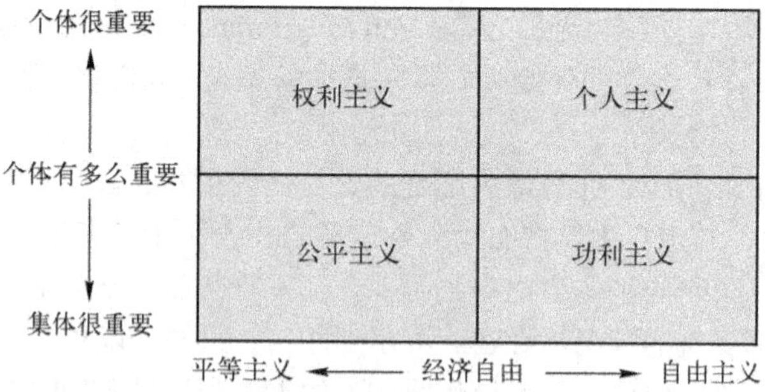

图 4-2　伦理观比较

四、伦理在管理中的应用

很多组织的管理者都致力于改善伦理环境，他们时时提醒自己，一定要将组织的发展建立在牢固的道德伦理基础之上。有没有可能真正改变员工的行为方式呢？许多组织领导者有兴趣建立更符合伦理的环境，他们都相信答案是“有”。这么做意味着树立一种组织文化，在这种文化下，符合道德的行为才是规范的行为。

帮助组织提高道德伦理水平的方法很多，可以选择的方法有伦理训练、建设伦理结构、检举政策以及培养个人道德等。

1．伦理培训

伦理培训（Ethics Training）使员工和管理者有机会实际练习应对他们可能面临的道德困境。根据 1995 年 8 月英国《经济学家》杂志提供的统计资料，约有五分之三的美国大企业设有专门的企业伦理机构，欧洲约一半的大企业设置了负责有关企业伦理工作的机构，世界 500 强企业的绝大多数都有自己的伦理培训机构。伦理培训机构的设置已成为一股世界性潮流，成为衡量一个企业是否重视员工伦理培训的标志。

高层领导者需要伦理道德培训，而对员工进行伦理道德培训也极为重要。虽然组织的管理者是组织道德的示范者和道德准则、规章、制度的制定者，对组织经营道德的方向和目标具有决定性作用，但员工毕竟是具体经营活动的重要参与者与群体，是经营道德行为的执行主体，他们的道德水平高低和道德能力强弱直接关系到经营道德的实施质量。员工道德水平越高、道德能力越强，他们就越能领会上司确定的组织伦理道德战略意图，因而越能在生产经营活动中表现出符合伦理的行为。伦理课程通常包括以下要素：① 来自高层管理者的、强调符合道德的商业实践的信息；② 关于道德准则的讨论；③ 用于讨论或报告非道德行为的程序。

小资料 4-2
卓越企业的伦理培训

2. 建设伦理结构

伦理结构（Ethical Structure）有两个组成部分：一个是道德指导方针，是指组织是为强化伦理行为所设计的各种制度、职位和方案；另一个组成部分是负责监督该指导方针的机构或部门。必须认真协调这两个因素。仅仅有一个看似完美的道德伦理制度规划是远远不够的，必须将这种条条款款渗透到日常经营工作之中，使整个组织能在这些伦理准则的指导下做出理性的决策。

在实际中，为保障伦理结构的有效性，方法之一是设立道德官员。他的头衔可能是“道德协调执行官”，负责处理潜在的不符合道德的事件，为决策者提供建议，使其遵守公司的道德准则。以通用动力公司为例，在一次因为对国防项目要价过高而受到制裁后，公司在 20 世纪 80 年代确立了自己的伦理结构。现在，公司共有 40 名部门伦理项目执行官，并开通了 30 条热线，公司的员工们可以通过热线寻求信息或咨询，或者报告潜在的不正当行为。

方法之二是，让来自不同职能部门和不同业务单元的高层管理者组成一个道德委员会，为管理决策提供道德监察和政策指导。道康宁公司（Dow Corning）的商业行为委员会对公司在全球各地的工厂进行道德审计。委员会的审计员会与管理者和其他员工面谈，确定这个工厂是否遵守公司的道德准则，以及发生了哪些违规行为。例如，审查销售部门的审计员要审查回扣情况或不当馈赠及收受礼物的情况，而审查生产部门的审计员则重点关注环境污染问题。大学里也有道德委员会，他们关注的是伪造研究数据和教员剽窃学生或同事的成果等不道德的行为。

小资料 4-3 国家自然科学基金委员会监督委员会

3. 检举政策

愿意揭发上级非法、不道德或违规行为的员工应该受到检举政策（Whistleblower Policies）的保护。有检举政策的组织依靠员工向道德主管和道德委员会报告不道德的行为，然后由道德主管或道德委员会搜集证据，以公平、公正的方式调查相关情况。检举政策会保护检举者免受那些行为败露的主管和同事的报复。在没有检举政策的情况下，员工将面临着许多障碍。例如，美国阿拉斯加输油管道公司的质量控制人员就曾受到人身伤害、降职、监视等威胁，因为其他员工都希望他们不要报告出现了可能导致原油泄漏的问题。美国联邦政府和一些州政府都出台了保护检举者免遭报复的法律，但是，对于那些检举这些法律中没有具体提到的不道德行为的人，缺乏相关的保护政策。检举政策提供了报告不道德活动的沟通渠道，它应该具备以下几项关键特征。

① 政策鼓励人们检举不道德的行为，并建立有效的程序来公正地处理被报告的违规行为。

② 应该保护检举人免受报复。即使检举人检举的行为并不属实，只要检

案例 4-4
索尼的内部举报制度

举人的举报行为不是恶意的欺诈，保护政策仍然有效。

③ 如果接受报告的人被牵扯到不道德行为中去，必须有替代的报告程序。

④ 应该规定可以向道德主管或道德委员会提出匿名检举。

⑤ 要向员工反馈处理不道德行为的结果，让他们知道公司在严肃地执行政策，在认真调查投诉的问题。

⑥ 高层管理者要支持和参与检举政策。

案例 4-5
榜样的作用

4．培养个人道德

道德决策是你必须做出的最难的决策之一。当面临这样的决策时，要给自己足够的时间考虑各种方案。要考察结果，以及为达到结果需要采取的措施。想一想，如果这个决策通过公司简讯公之于众将会如何。要确保考虑了所有直接或间接受该决策影响的人。在行动前，征求值得信任的同事或朋友的意见不失为一个好办法。美国军方已经认识到军官为全体官兵树立榜样的重要性，并要求军官执行更高的行为标准。违抗命令或做出不道德行为的军官将面对严厉的惩罚。管理者通过他们的行动和事例给员工树立榜样。如果一位管理者的行为和公司的道德准则冲突，员工可能就会无视公司的道德准则。管理者可以通过以下几种途径影响团队成员的道德行为。

① 采取行动，增强员工的信任感，如分享有用的信息和做好承诺过的事。

② 行为一致，这样员工就不会因为意料之外的管理行为或决策感到惊讶。

③ 说到做到，避免说空话和其他旨在通过虚假印象操纵他人的行为。

④ 通过保持信心和关心他人表示诚意。

⑤ 和员工共同讨论，确定他们的期望。

⑥ 平等地对待员工，对于绩效相同的员工给予同样的奖励，避免事实上或者表面上看起来对喜欢的人另眼相看。

⑦ 坚持正当合理的清晰标准，既不过分奖励，也不过分惩罚。

⑧ 尊重员工，公开表示对他们的关心，认可他们的优点和贡献。

第二节　组织的社会责任

一、社会责任的内涵

伦理与社会责任密切相关。社会责任（Social Responsibility）是管理者在决策制定过程中考虑某些社会标准的一种责任感。只要是社会主体，就应负有一般意义上的责任。就环境保护而言，政府负有提供有效的公共政策和公共产品的责任，企业应根据环境质量认证体系进行“绿色生产”，各类社会团体则应倡导可持续的生态价值观，公民在环境保护问题上要有“从我做起”的思想意识等。责任是分内应该做好的事情，也就是承担应当承担的责任，完成应当完成的使命。责任是和谐社会的“生态链”，每个人都是这个“生态链”上的一环。

对个体而言，社会责任感指的是在一个特定的社会里，每个人在心里和感觉上对其他人的伦理关怀和义务。

在管理过程中，社会责任指的是一个组织对有利于社会的长远目标的追求，它要求组织探索基本的道德真理，并进行认识和实践。具体讲就是社会并不是无数个独立个体的集合，而是一个相辅相成不可分割的整体。尽管社会不可能脱离个人而存在，但是纯粹独立的个人却是一种不存在的抽象。简言之，没有人可以在没有交流的情况下独自一人生活。所以我们一定要有对社会负责、对其他人负责的责任感，而不仅仅是为自己的欲望而生活，这样才能使社会变得更加美好。

对组织而言，社会责任应该是一个历史发展的产物，是整个社会对于组织的期望不断变化的体现；而从另一方面来说，组织的自我调整也是推动组织社会责任走向主流的重要因素。

二、社会责任的性质

社会责任的性质主要包括以下 3 方面。

① 社会责任是法律与道德的统一。它既是一种客观需要，也是一种主观追求，是自律，也是他律。在追求文明和进步的社会中，一个组织应该基于自己的良知、信念、觉悟，自觉自愿地履行责任，为国家、为社会、为他人作出自己的贡献。无论道德责任，还是法定责任，都不以个人意志为转移。不履行道德责任，会受到道德的谴责和良心的拷问；不履行法定责任，会受到法律的追究和制度的惩处。

② 社会责任是责任和权利的统一。社会责任并不是单纯地、孤立地强调对社会尽责，没有无责任的权利，也没有无权利的责任，两者是互为依托而存在的。一个组织的权利，往往是它履行责任的条件，也是其他的组织或个人为该组织提供服务或履行责任；同样的道理，一个组织的责任，往往为了争取一些权利，而在此过程中它是在为社会提供服务。所以，一句话，享受一定的权利，必须尽到相应的责任；尽到一定的责任，才能享有相应的权利。

③ 社会责任是付出与收获的统一。中国人常说“舍得、舍得”是有舍才有得。当组织每为社会尽一份责任的时候，社会对它的回报也会悄然展开。毫无疑问，责任意味着付出，而付出时常会带来痛苦。然而，从伦理学的意义讲，实践社会责任感而带来的痛苦是人类追求正义和实践义务伦理过程中一种道德反省和行动准备的力量，它本身是一种善行，从这个意义上说它又是一种幸福。历史上无数的艺术家、文学家大都是在经历沉重的创作痛苦后，为后人留下流芳百世的篇章；同样，历史上无数的为人类正义事业献身的先驱，也大都是在为努力实践社会责任直至生命的最后一刻。

三、社会责任的内容

1. 组织的普通责任

通常组织的普通责任主要包含三方面的要求：坚持道德上正确的主张或真理，坚持实践正义和慈善，愿为社会进步做出努力和贡献。

在思想和观念上，社会责任具体表现为 6 方面价值观的构建，即回应、公正、灵活性、真诚、负责和能力。每个价值观对于组织职责和目标的完整性都是至关重要的，把它们有机结合起来，就成为了一个全面、系统的责任思想体系。

在行动上，通常组织应承担的责任渗透到社会的各个方面：公众期望、长期利润、道德义务、公众形象、减少政府调节、责任和权力的平衡、股东利益、资源环境等方面。通常学者把它们归纳为两大类：对内和对外。对内是指对员工对股东应承担的责任，如利润分享；对外包括经济、公众、环境等方面。组织责任问题的探讨具有重要的现实意义，有的机构在评价组织社会责任时，将组织的慈善捐赠作为最主要指标，这是不对的。组织的社会责任是法定的必须承担的责任，其特点是具有法定性和强制性，因而这种责任组织是否真正履行直接涉及法律问题，所以它属于法制性责任。

2. 公共组织的社会责任与特点

在一个社会中，各种不同的组织依照自身的不同性质，承担着不同的社会角色，为社会作出不同的贡献。具体而言，以经济为中心的企业与进行公共管理的部门的社会责任是不一样的。

公共组织，又叫非营利性组织，是不以营利为目的、主要开展各种志愿性的公益或非政府的社会组织。这类组织活跃在现代社会的各个领域，主要包括环境保护、扶贫发展、权益保护、社区服务、经济中介、慈善救济等，它们不直接创造财富，却是创造和维持财富的重要力量。它们的社会责任包括两大方面。

① 履行企业和政府职能范围以外的“服务大众”的社会责任。社会是多元的，“市场不是万能的”，政府也存在缺陷，在这样的环境中，各种各样的公共组织就必须积极地实现社会公益。

② 监督政府和企业的行为。无论政府和企业是多么自律的，也需要一个外部监督；而公共组织最重要的社会责任就是监督它们，让它们更严格地约束自身的行动、更好地为社会服务。

政府以权力为履行责任的后盾，企业以货币为履行社会责任的武器，公共组织以理想和价值追求作为履行社会责任的鼓励和支持。它们在履行社会责任的过程中追求的既不是金钱，也不是利益，更多的是依靠自愿、道德感和使命感作为动力。所以从根本上讲，公共组织存在的理由就是全心全意地服务社会，就是任劳任怨，就是“先天下之忧而忧，后天下之乐而乐”。

3. 企业的社会责任与特点

企业是一个社会财富创造的中坚力量。企业的社会责任不只是“境界”，而是“生存”。经典的例子是星巴克那杯有社会责任的咖啡。星巴克咖啡的 CEO 霍华德 • 舒尔茨（Howard Schultz）曾自豪地说：星巴克的最大成绩之一，就是说服顾客付 3 美元的高价买一杯“有社会责任的咖啡”。星巴克与国际环境组织合作，向农民们宣传，只要是绿色咖啡，星巴克就愿意出高价购买。为保证农民收入，星巴克在世界咖啡市场价格降到每磅 40～50 美分时，仍然用每磅 1.2 美元来收购咖啡。

通常，企业在社会中履行社会责任的内容如下。

① 经济发展的责任。企业是经济社会的细胞，只有企业发展，经济才能发展。经济的发达程度又决定了社会的性质。古人云：天下熙熙，皆为利来；天下攘攘，皆为利往。企业家冒着巨大的风险投资并且辛苦经营，绝不是为了争取做现代社会的活雷锋，他们的最终目的是为了赢利。早在 20 世纪 50～60 年代，诺贝尔经济学奖获得者米尔顿 • 弗里德曼就对企业责任进行了颇具代表性的描述：企业的责任就是使利润最大化。把企业赢利与企业社会责任对立起来，逐利的心态使二者之间形成一条不可逾越的鸿沟。

② 为政府提供税收。这是企业的重要社会责任，企业应该勇于承担这个社会责任，要坚决按照法律规定为政府缴税。所有企业都应该充分认识到纳税是自己应该履行的法定的社会责任。

③ 为市场提供产品或服务。企业的这个社会责任关乎人们的生命和健康，关乎整个社会的生活质量和经济生活的正常运转，因而企业的这个社会责任，要求它必须保质保量地为市场提供优良产品和优质服务，绝对不能搞伪劣产品和虚假服务，否则，就是根本没有履行自己的社会责任。那些为市场提供劣质产品的企业，实际上是在践踏自己应有的法定的社会责任，是违法行为。

④ 提供就业机会。企业对员工的社会责任体现为企业对员工的薪水、安全、福利、教育等方面的责任。首先，企业要关心员工的身体与安全，为员工创造良好的工作环境；其次，企业应负担起对员工技能培养和素质提高的责任；再次，企业应充分尊重员工，发挥其积极性和创造性，听取员工意见，加强民主管理，尽可能让员工参与决策过程等。

案例 4-6 “召回门”不是丰田的末日

⑤ 环境保护与可持续发展。企业对环境的依赖是不容置疑的，与此同时，它们对环境的破坏也是可怕的。因此企业应该通过放弃落后生产技术，采用新技术，实现低消耗、低破坏、高产出，维持社会的长远发展。经典的例子就是杜邦公司，杜邦有句

名言："尽量不要在地球上留下脚印。"也就是要尽量减少用不可再生的资源，并将所有排放物尽量减少到最低限度，不对环境造成伤害。因此，废料减量和资源再生利用是杜邦环境管理的重点，环境保护不再只是消极地增加企业运营成本，而是被视为能够产生效益的行业。到 2010 年，杜邦的目标是全球工厂至少有 10%的能源需求和 25%的收入来自可再生资源。

企业社会责任与公共组织的社会责任有着明显不同的特征。在企业生产经营的过程中，经济利益与社会利益一直都是它们力求平衡的两大"坐标"，因而常常导致企业对社会责任的认识、感情和实践三种境界的"貌合神离"。

第三节　组织的利益相关者

一、组织与利益相关者

1．组织利益相关者的内涵

组织的伦理管理和社会责任是组织在发展过程中，随着责任对象的扩展，导致外界社会约束力增多而逐渐形成的。"社会"一词并非指整个社会。组织伦理问题和社会责任问题的产生，源自组织追求利润最大化这一根本问题所导致的一系列社会问题，这些问题主要归结为：组织内部出现了组织与劳工之间的冲突，组织在生产过程中产生的负外部性问题及由于信息不对称导致的经营道德问题。对于社会公共利益的损害，导致了政府、非政府组织、消费者及国际社会的不满和关注，他们开始采取行动以制止这类行为。政府作为公共利益的捍卫者，主要以制定法律法规来规范、约束组织的行为，如一些国际组织纷纷行动起来，制定了相应的规范和标准，倡导组织履行社会责任。但是，法律法规并不能完全制止组织的不法行为，更何况法律仅仅是道德的底线，只依靠法律不能完全解决组织的社会责任问题，同时需要道德规范来约束组织的行为。因此，组织责任的对象实际上包括了股东、环境及利益相关者等方面。我们把这些对象称为组织的利益相关者（Organizational Stakeholder）。

任何一个组织的发展都离不开各种利益相关者的投入或参与，他们是在组织的内部和外部，与组织利益相互关联的任何个人和组织。由于各自的利益不同，每个利益相关者对"责任"的认定标准也不相同。例如，沃尔玛在与供应商打交道时，通常采取咄咄逼人的低价策略，因为只有这样他们才能向消费者提供低价产品。一些人认为这是一种负责任的做法，因为它有利于消费者，也迫使竞争对手提高效率。但另外一些人则认为，这种策略是对权利的滥用，它迫使供应商甚至无法给雇员发一份像样的工资。组织生存于社会，必然需要与社会各方利益相关者保持均衡利益才能求得平衡，从社会生态来说，道理亦如此。因此，尽管各方利益点不同，对其责任的认定也未必有标准的参考依据，但大致上，从经济性和社会性出发，组织与各方利益相关者的关系有一些原则。

耐克公司的经历证明了一个基本的商业准则：追求利润最大化不应该仅仅受到法律的约束，还应该受到伦理责任的约束。经常有人主张，组织中的管理人员应该以采取使股东长期价值最大化的行动为目标，而实现目标的最好途径是使组织的长期利益最大化。然而，在本章，我们提出，组织的利益相关者必须在实现目标的过程中遵守伦理，具有社会责任感。他们必须这样做，是因为这样做是正确的，也因为这样做有助于组织维持并强化自己在关键顾客或利益相关者中的声誉，这些人的支持对组织的生存来说休戚相关。

案例 4-7
耐克的血汗工厂

管理者是什么样的人？他们信仰什么？他们重视什么？这些不仅仅是管理者自身行为及其下属行为的重要决定因素。管理者应该对在组织中有利益、有权利、有投资的个人和组织的福利负责，而个性、态度和价值观则会影响管理者对于这些责任的看法。作为组织利益的相关者的个人和群体，包括股东、管理者、非管理层员工、服务对象、资源供应者、组织所在地的社区以及组织所在的国家的全体公民。为了生存和发展，组织必须使利益相关者获益，努力使他们感到满意。股东们想要分红，管理者和员工想要拿薪水并保持工作稳定，客户则想买到物美价廉的产品。如果这些利益相关者得不到应得的利益，他们很可能不再支持该组织：股东们会卖掉他们持有的股票，管理者和员工会跳槽到其他公司另谋高就，客户则会购买其他企业的产品。

管理者是一种利益相关者群体，他们的责任是，首先决定组织应该追求哪些目标以最大限度地实现利益相关者的利益，然后决定如何利用现有资源以达到这些目标。在进行决策时，管理者常常不得不调整各种利益相关者的利益，包括他们自己的利益。有时候做这样的决定相当困难，对管理者所坚持的价值观也是一种挑战。因为在很多情况下，对一些利益相关者群体（如管理者和股东）有利的决定对另一些利益相关者群体（如员工和当地社区）会有害。例如，在经济萧条或者公司遭受绩效滑坡的时期，裁员可以有效削减在员工支出方面的成本（有利于股东），但员工会受到损害。

从许多方面来看，组织都是不同力量和联合体相竞争的政治竞技场。组织的利益相关者是与公司绩效及资源配置方式有利害关系或受其影响的个人或团队。利益相关者可能处于组织内部，也可能处于组织外部。例如，员工就是内部利益相关群体，而消费者组织则是外部利益相关群体。

利益相关者往往有自己的特殊利益，并不总是与管理层以及其他利益相关群体的利益一致。例如，股东也许希望效益不佳的公司关闭效率低下的工厂，把资源集中在更有利可图的产品线上；而工会则希望保住所有工人的工作。管理者必须在利益相关群体与自己相互冲突的利益之间取得平衡。当重要的利益相关者有合理的利益需要考虑时，必须进行妥协。管理层可能会决定关闭一些效率低下的工厂，以满足股东的要求，再投入资源重新培训下岗职工，以满足工会的要求。一家美国大公司要面对的利益相关者类型和具体名单见表 4-1。

表 4-1　一家美国大公司要面对的利益相关者类型和具体名单

所有者	信托基金 基金 董事 管理层所有者 共同基金 员工养老基金 个人所有者
员工	新员工 老员工 退休员工 女性员工 少数民族员工 工会
政府	联邦政府：环境保护署（EPA）、联邦贸易委员会（FTC）、职业安全与卫生管理局（OSHA） 州政府 当地政府 外国政府
客户	企业采购者 政府采购者 教育机构 消费者
社区	美国联合劝募会 公立学校 社区居民 当地媒体
竞争对手	国内竞争对手 国外竞争对手
社会活动团体	山峦协会 美国公民自由联盟 全国妇女组织（NOW） 反酒后驾驶母亲协会（MADD） 消费者协会

资料来源：A.B. Carroll, A.K. Buchholtz. Business andSociety(6th ed.). Thompson，2006

2．利益相关者的构成

（1）所有者

所有者投入部分财产获得公司的股份，他们希望自己的投资能够获得合理的回报。如果小股东不满意公司的财务业绩，可能会卖掉手中的股票。大的个人投资者、共同基金和养老基金，很可能通过公司董事会更积极地影响管理层，或者在股东大会上发表意见。激进的投资人团队可能会对公司的财务状况不满而向董事会施加压力，要求解聘公司的首席执行官，世通、安然、通用汽车、IBM 和美国运通的首席执行官都曾因此而被解职。

（2）员工

员工更关心他们的工作。他们希望得到组织平等、尊重的待遇。新员工可能希望接受有助于其职业生涯发展得更具有挑战性的任务，老员工也许更关心工作保障和退休福利。忽略员工的组织可能必须面对气愤的工会组织，工会也许会通过罢工或者把最有价值的员工推荐给竞争对手来破坏产出，这会削弱组织在市场上的竞争力。

（3）政府

政府扮演的主要角色是确保每个组织都遵守法规和法律。以汽车公司为例，它们必须遵守环境保护署（EPA）制定的控制排放量的规定。这些规定要求，汽车公司必须投资类似于催化转化器的技术，以符合排污标准，尽管这些投资增加了制造汽车的成本。

当组织领导人认为被提议的政策将对组织不利时，他们会反对该提案。例如，麦当劳公司和其他快餐公司就反对提高最低工资，因为快餐店的成本结构对工资成本的增长十分敏感。为了应付政策环境的威胁，他们可能会雇用说客，试图说服立法者反对提高最低工资的议案。

（4）客户

许多企业把产品卖给两种类型的客户：① 个人采购客户；② 其他公司。这两种类型的客户都喜欢购买价格合理、使用安全的高质量产品。客户群体有时候会组织起来抵制有不道德行为或不负责任的公司的产品。例如，来自消费者的压力已经从木材业的电锯下抢救了原始森林；迫使烟草商中止电视广告；推动了国际准则的达成，以减少破坏臭氧层的氟利昂的产量。因为个人和团体客户的投诉，美国航空公司开始在国内航线禁烟。在发生了许多致命的交通意外后，消费者团体给大众汽车公司施压，迫使这家奥迪车的生产商重新设计动力传动系统和变速器。消费者的意见会受到一些刊物的影响，如《消费者报告》，他们会评判消费产品的性能和可靠程度，评选质优价廉的产品。

（5）社区

社区分为当地社区、国家社区和全球社区这几种类型。所有类型的社区都希望企业组织成为社区的良好公民，为社区的生活质量作出贡献。忽视或损害所在社区的企业可能会遭受社区压力。美国缅因州一些社区的居民反对建立新的沃尔玛店，因为他们担心新店会像在其他社区一样损害市区的商业，于是沃尔玛放弃了在这些地区开设新店的计划。

在某个当地社区中经营的企业要缴税，以支持当地的学校、警察和消防等公共服务机构，它们也为当地居民创造了就业机会。企业可以为当地社区提供资金和设备，或者鼓励员工志愿参加社区的非营利性组织。IBM 给当地的大学提供计算机，鼓励有资格享受休假（花时间去追求其他利益）的高层管理者在当地的公立学校教课，以及和残疾孩子在一起玩。这些对社区的投资会让 IBM 在将来得到回报，因为当那些在 IBM 的设备上接受过培训的学生从学校毕业后，可能会更倾向于购买 IBM 的产品。

家得宝公司是一家大型家居用品公司，它鼓励员工在各自所在的当地社区为孩子们修建游乐场。它计划修建 1000 个游乐场，并为此给出了 2500 万美元的预算。耐克公司通过销售 1 美元的黄色腕环，为癌症研究筹集了 2000 万美元。星巴克回馈社会的行动则表现为支持扫盲计划及向患有重病的儿童赠送节日礼物。

（6）竞争对手

竞争对手希望企业能在市场上公平竞争，不从事不道德的商业活动，例如，商业间谍，以低于成本的价格在市场上倾销产品，以及接受不公平的政府补贴等。竞争者可以组成经济联盟，向任何违反公平竞争原则的公司施加压力。它们也可以利用法庭或政府立法机构惩罚违反规则的企业。例如，竞争对手就曾以不公平竞争为由把微软告上了法庭，而且试图通过法庭把微软分割成独立的操作系统公司和应用系统公司。法院下令拆分公司，微软提出了上诉，并在上诉中获胜。

全球竞争者的例子是，商用喷气飞机的欧洲生产商空中客车公司威胁说，要说服欧盟联合抵制波音飞机，并成功地阻止了波音公司与德尔塔航空公司、大陆航空公司和北美洲航空公司等客户签订长达20年的垄断合同。

（7）社会活动团体

如果一项商业行为与社会活动团体的重要目标相悖，可能会导致媒体对公司的负面报道，甚至可能引起社会活动团体对公司产品的抵制。虽然企业不能总是满足这些团体的要求，但是，和社会团体达成妥协，避免它们组织破坏企业声誉的示威活动，往往是最符合企业利益的选择。

因为向发展中国家销售的婴儿产品导致数千名婴儿发病和死亡，雀巢公司遭到了全美基督教协会领导的全国性抵制。雀巢公司花了7年时间，耗资数百万美元，也没能制止抵制活动，最后不得不调整了一些商业行为。善待动物协会（PETA）组织了一场抵制活动，反对欧莱雅和其他用动物测试产品的化妆品公司。在经过4年徒劳的抵抗之后，欧莱雅终于承诺不再进行动物实验。“雨林行动网络”（RAN）向大型跨国公司施加压力，要求它们停止在贫穷的国家进行可能污染环境的经济开发。这个组织采取的施压行动包括网络活动、街头表演和明星代言等。“雨林行动网络”要求花旗集团——全球性金融服务机构——不要借钱给会破坏雨林、威胁当地人们生活和加速全球变暖的伐木、采矿和石油开采项目。这个组织说服了两万人停止使用花旗银行的信用卡。最终，这些行动促使花旗集团与“雨林行动网络”在一些关键的全球可持续发展问题上达成了共识。

这并不是说，社会活动团体总是会胜利。例如，当佛罗里达州柑橘委员会聘请保守派脱口秀主持人拉什·林堡做发言人后，全国妇女组织和全国教育联合会（NEA）让消费者不要购买佛罗里达橙汁，但抵制行动毫无效果。

二、管理组织的利益相关者

1. 利益相关者分析

平衡各种团体的利益是一种管理技巧。在制定组织的整体业务战略时，管理者必须考虑各种利益相关群体。为了让管理层了解自己的观点，利益相关者可以采用的方法很多，例如，他们可能会在股东大会上提建议，也可能威胁公司要撤回他们投入的资源。当利益相关群体向组织提出要求，或者意愿不一致时，就需要对利益相关者进行分析。

利益相关者分析（Stakeholder Analysis）经常性地被用来辨识和调查任何能够影响组织经营活动，或者为组织目标活动所影响的利益相关集团或个人。利益相关者分析是辨识利益相关者影响组织或被组织影响的方式，以及他们对于组织自身、组合目标的态度。根据爱德华·弗里曼（Edward Freeman）的利益相关者价值观，组织的根本目的是为所有利益相关者的利益服务。据此，可以说，进行利益相关者分析是由组织的本质属性所决定的。其实，就算我们认同的是股东价值观，利益相关者分析仍不失为实现组织经营目的的一个重要手段。管理在组织运营中的作用，简而言之就是，执行组织战略并使得组织的每一项决策都能够符合所有或者至少是大部分利益相关者的利益，尤其要保证那些至关重要的利益相关者没有被忽略。

利益相关者分析的步骤通常如下。① 辨识利益相关者。② 了解利益相关者的需求及利益所在，并对利益相关者进行合理分类。③ 对利益相关者进行优选、平衡、调和与整合。④ 将利益相关者的利益纳入组织战略及行动方案。

案例4-8“家电下乡”项目的利益相关者分析

2. 利益相关者管理策略

一旦完成了对利益相关者的分析，管理团队就可以在以下4种方法中选择一种，以确定应对该利益相关者的策略：对抗、损失控制、适应、先发制人。

（1）对抗

如果管理层认为利益相关群体的目标是威胁公司的业绩，就可以采取对抗策略（Confrontation

Strategy）来应对。可以采取的行动包括：起诉、调动公共关系和通过游说反对立法。多年来，烟草公司一直采取对抗策略应对指责它们的反吸烟群体和个人。例如，烟草公司花了上百万美元游说州立法机构通过“吸烟者权利”法案。协议谈判失败后，美国 UPS 公司选择用对抗策略来对付卡车司机工会，结果导致了罢工事件，给公司造成很大损失。

管理层必须慎重地选择使用对抗策略通常。有的公司宁愿花大量时间和金钱与利益相关者团体对抗，而不是去寻求更积极的结果。长期的对抗可能会给公司树立负面的形象，除非公司能改善与批评它的行为的利益相关群体和客户之间的关系。

（2）损失控制

当公司认为自己可能已经铸成错误、希望提升公司公众形象、改善与利益相关者的关系时，经常会使用损失控制策略（Damage Control Strategy）。1999 年，在坚持了几年对抗策略之后，烟草公司承认它欺骗了公众，并支付了 2460 亿美元来满足因吸烟罹患致命疾病的人的索赔要求。类似地，1984 年，当毒气泄漏造成印度博帕尔地区 2000 多人死亡和 20 万人严重受伤后，联合碳化物公司（Union Carbide）也采取了损失控制策略，与印度政府一同制定了处理方案，将 4.7 亿美元赔偿金分发给受害者和他们的家庭。

（3）适应

当管理层受到利益相关者团体施加压力后，决定使自己的商业决策更具有社会责任感，公司就采取适应策略（Accommodation Strategy），可能改变原来的业务策略，以便更符合利益相关者的目标。在长期作为环境保护主义团队的攻击目标后，麦当劳采用了适应策略，把塑料泡沫包装改成对环境破坏较小的纸袋。

（4）先发制人

当一家公司决定超出利益相关者的期望时，将选择先发制人策略（Proactive Strategy）。先发制人的公司会和利益相关者形成伙伴关系，并且与他们合作。这种伙伴关系加强了管理者对利益相关者对环境的预见和控制能力，减少了危机的发生。例如，高露洁—棕榄公司“收养”了纽约黑人区一所急需新校舍和现代化课程的濒临破产的中学。高露洁—棕榄公司为学校的改革和重建提供了资金和人力。公司员工和学校教职工一起做预算、制定战略计划，并参与管理。在改良后的学校里，学生的阅读水平和数学成绩得到显著提高。

可口可乐公司制定了雄心勃勃的目标，计划从少数族群和女性拥有的供应商那里购买产品或服务，并且优先招聘和提拔少数族群员工及女性员工。在有 14 个席位的董事会中，有 1 名女性和 2 名少数族群成员；在 57 名公司高层主管人员里，有 7 名女性和 6 名少数族群成员。可口可乐公司也鼓励员工志愿参加社区服务项目，如“认养一所学校”项目，并为美国黑人大学基金会和西班牙裔奖学金协会提供协助。

默克是一家制药公司，它与哥斯达黎加全国生物多样性研究所建立了合作伙伴关系。研究所为默克公司提供可能用于新药的植物和昆虫样本，而默克公司和研究所分享药品的专利使用费。默克公司还为保护哥斯达黎加热带雨林提供资金。

图 4-3 显示了应对利益相关者的不同策略对组织的社会责任的承诺程度。对抗策略和损失控制策略对社会责任的承诺比较低，而适应策略和先发制人策略对社会责任的承诺比较高。

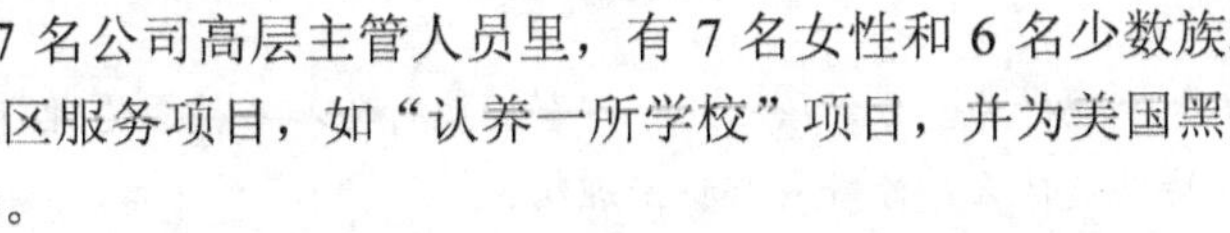

图 4-3　承担社会责任的方法

本章小结

① 伦理是描述行为规范的原则，它解释了什么是好的和正确的，什么是坏的和错误的。它为员工和管理者提供了行为与决策的标准。组织的社会责任意味着公司有责任使用一些资源，来提升不同社会群体的利益。

② 功利主义关注的是最大多数人的利益；个人主义认为只要不伤害他人，就应该把个体的个人利益作为最首要的基础；权利主义代表和保护基本的人权；公平主义强调公平、一致地对待员工。

③ 要鼓励组织的行为符合伦理组织可以为员工提供伦理培训，培养员工应对企业中道德两难问题的技巧；可以建立一个监督和审查道德行为的伦理结构；公司还可以制定检举政策，鼓励员工检举同事的非法或不道德行为。

④ 社会责任是管理者在决策制定过程中考虑某些社会标准的一种责任感。只要是社会主体，就应负有一般意义上的责任。

⑤ 各种不同的组织依照自身的不同性质，承担着不同的社会角色，为社会作出不同的贡献。具体而言，以经济为中心的企业与进行公共管理的部门的社会责任是不一样的。

⑥ 利益相关者是对组织的业绩和资源配置方式有利益关系的个人或团体，组织应该对利益相关者关心的问题做出回应。

⑦ 重要的利益相关者包括所有者、员工、政府、顾客、社区、竞争对手及社会活动群体。

⑧ 利益相关者分析经常被用来辨识和调查任何能够影响组织经营活动，或者为组织目标活动所影响的利益相关集团或个人。

⑨ 在分析了利益相关者的利益之后，组织要制定管理利益相关者的策略，包括：对抗策略、损失控制策略、适应策略和先发制人策略。

重要概念

伦理	伦理观	功利主义观
个人主义观	权利价值观	正义价值观
管理伦理	社会责任	公共组织社会责任
企业社会责任	利益相关者	利益相关者策略

习 题 4

1. 定义伦理行为和不合伦理行为，分别给出三个符合伦理行为和不符合伦理行为的具体例子。
2. 四种伦理观各自的特点是什么？你赞成哪种伦理观？
3. 法律和伦理行为的关系如何？不合法的行为可能是符合伦理的吗？
4. 公共组织的社会责任和企业的社会责任在表现上有何不同？
5. 作为一个组织，你就读的大学的主要利益相关者有哪些？
6. 如何调和利益相关者之间的矛盾？

案例分析

向邵逸夫学习人生管理

2014 年 1 月 7 日，香港影视界传奇人物邵逸夫辞世，享年 107 岁。这位祖籍宁波的商业巨子用一生打造了邵氏、无线两艘电影、电视巨舰。不过比这更宏大也更具人格力量的是他那一望无垠的慈善王国，因为在每个年轻人的心中都有一栋“逸夫楼”。

107 岁的“漫长”人生，能以这样完美的方式谢幕，这在中国的企业家群体里是为数不多的。既能“了却君王天下事”，还因此赢得“生前身后名”，获得世人和后人的如此美誉，邵逸夫的人生管理智慧能够给当下中国企业家留下重大启发。

电影《一代宗师》中有一句台词：“人有三个境界：见自己、见天地、见众生。”绝大多数企业家在“见自己”阶段都能做到——和当年的邵逸夫一样，往往是白手起家、热爱事业，努力完成梦想。

少数企业家也能到达“见天地”这个第二层境界：把自己的企业做大做强，把影响力做到全国、全世界，能够“闻达于诸侯”，他们已经是幸运儿了。

只有凤毛麟角的企业家能够有“见众生”般的宗教情怀和博大心胸，把自己拥有的又能慷慨地回馈给大众，哪怕他们只是素昧平生，甚至没有擦肩之缘。这已经不是“财散人聚、财聚人散”那样的功利思维，而是“侠之大者、为国为民”的普世情怀了。

越往上，越艰难。邵逸夫的伟大在于他真正地洞察了人生的境界，到达了人生的最高处，既成就了自己，也影响了后人。就像他在评价自己设立的“邵逸夫奖”时所说的那样，“我相信人类的伟大在于追求、研究、传授学问，造福人类。”你很难想象这句话出自一位企业家，而不是一位教授或一位政治领袖。

后辈的企业家能从邵逸夫的人生当中学到什么呢？也许就像稻盛和夫所说的那样：不论你多么富有，多么有权势，当生命结束之时，所有的一切都只能留在世界上，唯有灵魂跟着你走下一段旅程。人生不是一场物质的盛宴，而是一次灵魂的修炼，使它在谢幕之时比开幕之初更高尚。

这才是人生的大智慧。

资料来源：《中外管理》2014 年 2 期

思考题：

1. 从邵逸夫的人生经历中你感受到了什么？

第二篇 计 划

计划工作就是在我们所处的地方和要去的地方之间铺路搭桥。

——哈罗德·孔茨

用兵之道，以计为首。

——孙武

第 5 章

计划的流程

学习导图

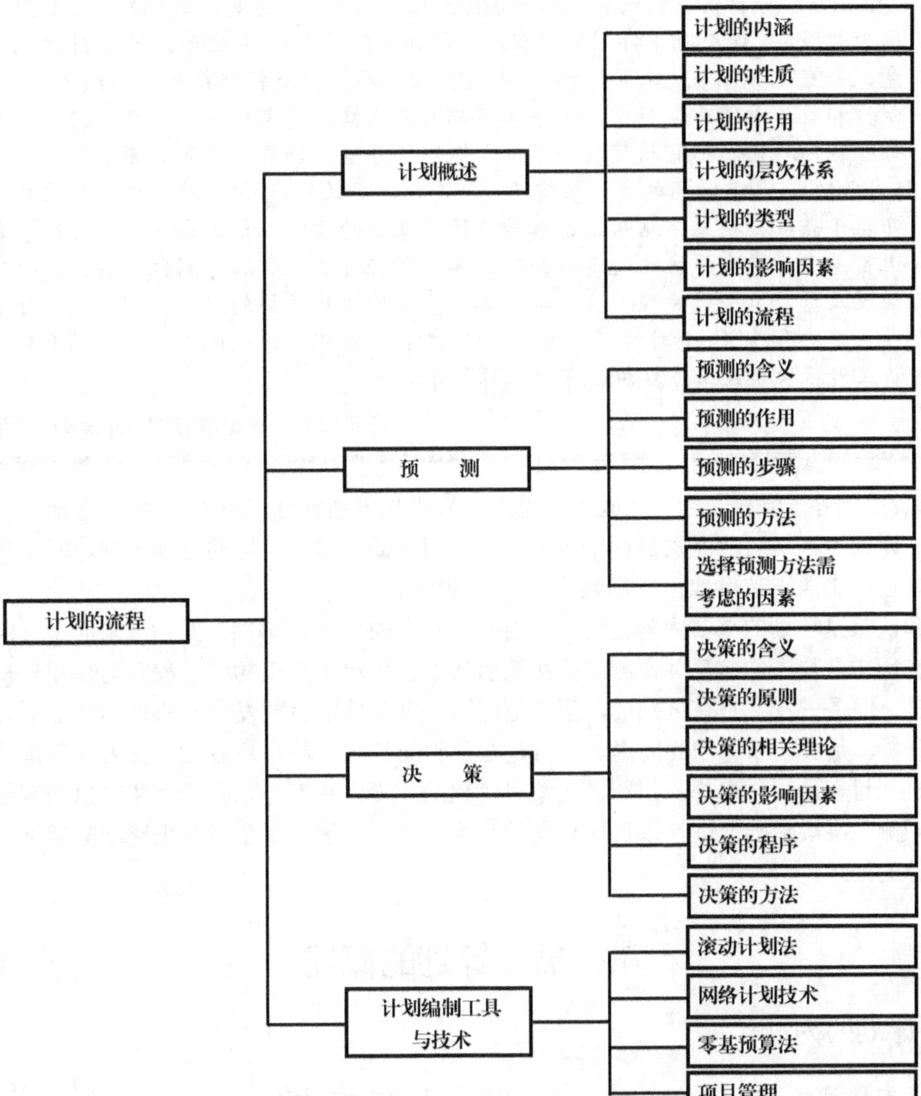

开篇案例

肯德基的全球冠军计划

肯德基（Kentucky Fried Chicken，KFC）是来自美国的著名连锁快餐厅，由哈兰·山德士上校于 1952 年创建，主要出售炸鸡、汉堡、薯条、汽水等西式快餐食品。肯德基隶属于百胜餐饮集团。百胜集团是世界上最大的餐饮集团，在全球 100 多个国家和地区拥有超过 3.3 万家连锁店和 84 万名员工。1987 年 11 月 12 日，中国第一家肯德基餐厅在北京前门开业，从而开始了它在这个拥有世界众多人口的国家的发展史。1992 年 10 家，1996 年 100 家，2004 年 1000 家，2007 年 2000 家。分析肯德基的成功不难看出，产品只是表面的东西，在产品背后有很多深层的管理理念和实践。肯德基的真正优势就在于其产品背后有一套严格的计划管理制度，即全球推广的 CHAMPS（冠军）计划，其核心内容为：C（Cleanliness），保持美观整洁的餐厅；H（Hospitality），提供真诚友善的接待；A（Accuracy），确保准确无误的供应；M（Maintenance），维持优良的设备；P（Product Quality），坚持高质稳定的产品；S（Speed），注意快速迅捷的服务。这个冠军计划不仅有远大的使命陈述和愿景描绘："不断创新，勇争第一，让客户满意，一直是百胜人追求的目标"，也有非常详尽、具有极强操作性的细节规定。例如，在进货、制作和服务等所有环节中，每个环节都有着严格的质量标准，包括：配送系统的效率与质量，每一种佐料搭配都有精确（而不是大概）的分量，切青菜与肉的先后顺序，刀刃粗细（而不是随心所欲），烹煮时间的分秒限定（而不是任意更改），清洁卫生具体打扫流程与质量评价量化，乃至于点菜、换菜、结账、送客等不同情况下的文明规范用语，每日各环节差错检讨与评估等上百道工序都有严格的规定。同时，为了保证员工能够服务到位，肯德基对餐厅服务员、餐厅经理人员乃至公司管理人员，都按其工作性质执行严格的培训计划，如餐厅服务员新进公司时每人平均有 200 小时的"新员工培训计划"，并以此计划的规定为基础开展培训，保证了新进员工能很快适应工作环境、掌握工作技术。

资料来源：肯德基官网 http://www.kfc.com.cn

古人云："运筹于帷幄之中，决胜于千里之外"，"凡事预则立，不预则废"，这都是在强调计划的重要性。计划为组织活动提供目标来指明方向，同时提供实现目标的行动步骤，所以其作为管理职能在管理过程中居于首要地位，影响贯穿于管理的整个过程。

预测和决策是计划的重要内容，这三者有共同点：面向未来事件、面临未来的不确定因素、依赖于包含在历史资料中的信息。预测是为决策服务的，贯穿于决策的全过程。同时预测和决策共同为计划服务。但是三者又是有区别的，预测是描述一定条件下将要发生的事件，侧重于对事物的客观、科学分析，是决策和计划的前提。决策是在预测的基础上结合目标对多种方案的选择，侧重于对有利时机和目标的科学选择。预测是决策科学化的前提，决策是预测的服务对象和实现机会。而计划是在预测、决策基础上进行以目标导向的行为安排。计划主要是对未来活动的部署，预测则是对未来事件的描述。

第一节　计划的概述

一、计划的内涵

计划作为管理一项独立职能的提出，可追溯到古典管理理论创立之时。亨利·法约尔（Henri Fayor）在其《工业管理与一般管理》一书中就指出："管理应当预见未来"这个格言使人们对工商企业界的计划工作的重要性有所理解——人们应当在行动之前就知道可能做什么，要求做什么。大家知道，如果没有计划，那就会导致犹豫、错误的手段和不合时宜的转变方向，这些都是无能为力，或者说是事业毁灭的原因。[1]哈罗德 • 孔茨（Harold Koontz）认为："计划包括确定企业使命、目标及实现企业使命和目标的措施。它需要决策，即在不同的备选方案中筛选出未来的行动路线。" 斯蒂芬 • 罗宾斯（Stephen P. Robbins）则指出："计划工作（Planning）包含定义组织的目标，确定全局战略以实现目标，以及开发一组广泛的相关计划以整合和协调组织的工作。计划工作既关系到结果（做什么），也关系到手段（怎么做）。"

国内学者也给出了自己的定义，周三多认为："计划工作是指为了实现决策所确定的目标，预先进行的行动安排。这项行动安排工作包括：在时间和空间两个维度上进一步分解任务和目标，选择任务和目标实现方式，进度规定，行动结果的检查和控制等。" 方振邦指出："具体而言，计划工作包含定义组织的目标，确定全局战略以实现目标，并开发一组广泛的相关计划以整合和协调组织的工作。" 芮明杰认为："计划是组织根据环境的需要和自身的特点，确定组织在一定时期内的目标，通过计划的编制、执行和监督来协调组织各类资源以顺利达到预期目标的过程。"

综上所述，我们认为，计划即确定组织目标，并列出为达到目标而要求开展的一系列工作，简而言之，就是确定目标和选择实现目标的方法的过程。

计划的内容可以概括为 5W1H，即计划必须清楚地确定及描述以下内容：

- ❖ What——预先决定做什么，即明确所进行活动的目的、内容及要求。
- ❖ Why——决定为什么做，即确定计划工作的原因。
- ❖ Who——决定谁去做，即确定哪些部门和人员负责实施计划工作。
- ❖ Where——决定在何地做，即确定计划实施的地点。
- ❖ When——决定何时去做，即确定计划工作的开始和完成时间。
- ❖ How——决定如何去做，即给出实现计划的方法和措施。

二、计划的性质

计划确定组织目标和实现目标的方法，对组织其他管理职能进行调配以实施计划，保证组织目标的实现。为了更好地拟定和实施计划，必须首先了解计划的性质、熟悉计划的机理。计划活动具有以下基本性质。

1．目的性

每个计划方案及派生计划都旨在实现组织的目的。任何一种类型的机构都要通过人们的协作劳动来实现特定的目的，这种特定的目的便是组织的使命或宗旨。

计划活动将人们的行动聚焦于组织的根本目的上，使得人们能够预测和判断哪些行动有助于目的的实现，哪些行动会背离目的，哪些行动会彼此相互抵消，而哪些行动则与组织的目的毫不相关。

2．首位性

在各项管理职能中，计划活动处于首要地位，其影响贯穿于管理活动的各环节。管理的组织、领导和控制职能都是为了促使和保证目标的实现而服务的，组织的目标和实现目标的途径正是通过计划活动而确立的，因此计划职能理所当然地成为管理活动中首先必须实施的职能。主管人员只有在明确目标之后才能确定合适的组织机构和适当的人员配备，确定按照什么方针来指导和领导下

[1] H.法约尔. 工业管理与一般管理. 中国社会科学出版社，1982: 46～47.

级，确定采取什么样的控制措施。也就是说，为了有效完成各项管理工作，首先必须进行计划活动。

3．普遍性

计划的普遍性原理表明，计划工作涉及组织中的每位管理者。通常有一种错误的理解，认为只有高层管理者才从事计划工作。然而组织中的管理者，无论职位的高低，或多或少都要执行计划职能、开展计划工作，只是程度不同而已，这主要取决于管理者的职权。计划活动是各级管理人员的一个共同的职能。由于所处的位置和所拥有的职权不同，各级管理人员所从事的计划活动会有不同的特点和范围。一般来说，高层管理人员主要致力于战略性计划，中层或基层的管理人员则主要是致力于战术性或执行性的计划。

4．效益性

计划活动讲求效益，主要以实现计划目标所带来的利益，扣除执行计划所支出的费用以及各种非预期的费用之后的余额来衡量。一些常用的衡量计划效益的标准有所用资金、工时或产品单位等表示的投入产出关系等显性的评价标准，也包括个人或群体的满意度、组织的士气等隐性的评价标准。在实际考核计划的过程中，要结合显性和隐性这两方面的评价标准来衡量计划的效益。

三、计划的作用

春秋时期孙武曾说："用兵之道，以计为首。"其实，无论组织还是个人，做事之前都应有打算和安排。有了计划，工作才有明确的目标和具体的步骤，才可以协调行动，增强工作的主动性，减少盲目性，使工作有条不紊地进行。同时，计划本身又是工作进度和质量的考核标准，有较强的约束和督促作用。所以通过计划建立正常的工作秩序，是提高工作效率的重要手段，对工作既有指导作用，又有推动作用。计划在组织管理工作中发挥以下作用。

1．明确组织方向，指导组织成员工作

组织是一个复杂的系统，包括各种子系统和不同组织成员，并且面临不断变化的内外环境。如果没有一个统一的目标，组织的各个子系统和各成员之间就可能在互不相关、甚至相互矛盾和冲突的目标下工作，势必会降低组织在实现目标的过程中的效率。

计划工作首先要明确组织的目标，就是为组织成员（包括管理人员与非管理人员）的活动确定了目标和任务，明确其努力的方向，使组织成员了解组织的目标和组织期望他们完成什么，必须做出的贡献是什么，从而协调他们之间的活动，互相合作成为一个团队，共同完成组织的目标和任务。

2．增加组织的环境适应性，降低风险

任何组织都不可能完全消除环境中未来发展的不确定性，组织所面临的环境是一个动态变化的环境，要在这种环境中求生存和发展，就要求组织的管理人员能够认识和预见变化，充分考虑各种内外环境因素及其变化可能带来的冲击，制定出适当的应对策略，从而极大地减少组织活动的随机性和不确定性。科学的计划工作有助于使组织的工作具有前瞻性，能够较早地预见到未来的变化，降低不确定性风险。

3．减少组织的浪费和重复，提高效益

组织确定了目标之后，要选择达到目标的方法。达到目标的方案和途径是多种多样的，计划工作要对各种方案进行技术分析，选择最适当的、最有效的方案来达到组织的目标，从而将时间和资源的浪费以及冗余降到最低的程度。同时，由于有了计划，组织中成员的努力就将合成一种组织效应，强调组织中各部门或子系统的协调，减少迟滞和等待的时间，将无效或者低效率的活动减少到最低的程度，从而提高组织的效率，促进各项工作能够均衡稳定的发展。

4．提供控制的标准，实现最终目标

一般来讲，控制是指保证组织活动按照计划进行。同时，计划工作所建立的目标可用于控制，作为控制的标准。控制将实际的绩效与计划所制定的目标相比较，发现存在的差异，找出其中的问题和原因，以此采取必要的行动来进行纠正。计划与控制的密切关系如图 5-1 所示。

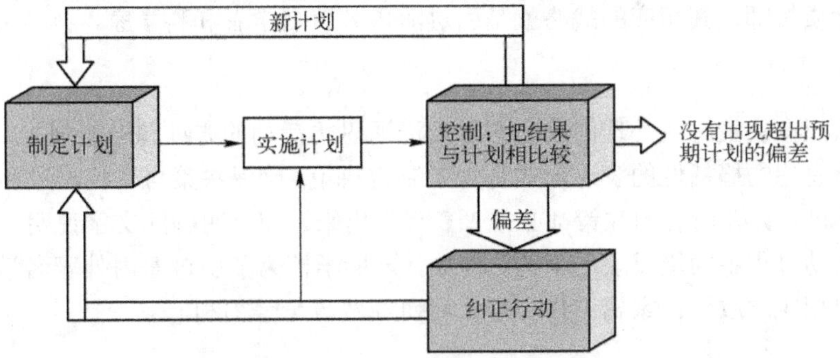

图 5-1　计划与控制的密切关系[2]

四、计划的层次体系

美国管理学家哈罗德·孔茨和海因茨·韦里克根据计划表现形式的不同，将计划分为使命、目的或目标、战略、政策、程序、规章、规划、预算等类型。这 8 类计划的关系可描述为一个等级层次，如图 5-2 所示。

图 5-2　计划的层次体系[2]

1．使命

一切社会组织都有（或应当明确）使命，使命表明组织或其机构中的某个部门存在的价值，是指导和规范组织全部活动的依据，也是确定组织性质、划分组织类别的依据。任何组织的存在都有其意义，至少具备一个使命。例如，医院的使命是"救死扶伤、治病救人"，学校的使命是"培养德智体全面发展的人才"等，工商企业的使命各有不同，如杜邦公司（Du Pont Company）的使命是"通过化学方法生产更好的产品"，日本松下电器公司的使命是"鼓励进步，增进社会福利，并致力于世界文化的进一步发展"，中国移动通信公司的使命是"创无限通信世界，做信息社会栋梁"。

2．目的或目标

组织中所有活动的最终指向就是目的或目标，不仅代表了计划工作的最终目的，也是组织、人员配置、领导和控制工作的最终指向。例如，一所大学的目标包括吸引高素质的教师、为学生提供

[2] 孔茨等著. 管理学精要. 韦福祥等译. 机械工业出版社，2008.

专业教育、研究发现新知识和理论等。

3. 战略

战略是指确定组织的基本长期目标，采取行动，配置必要的资源，以达到组织所设定的目标。由于受组织内外部环境的影响较大，组织可能追求不同类型的战略。例如，一家企业的目标是实现股东利益最大化，其采取的战略就是扩张性战略，即扩大市场占有率、开拓新市场等；一所大学的目标是吸引高素质教师，其相应的战略就是引进海内外著名学者和科学家。

4. 政策

政策是指组织在决策时或处理问题时指导及沟通思想活动的方针和一般规定，允许酌情处理。指导和沟通决策思想的概括性的表述形式是为了制定决策、确保决策与目标一致和实现目标而确定的框架范围。不过，并非所有的政策都必须“表述”出来，即有明确的文字说明，有些政策常常是从管理人员的活动过程中间接反映出来的。例如，一所学校为了引进海内外著名学者和科学家，就要为引进而给出相应的政策：家属工作安排、科研经费政策等福利。

5. 程序

程序是指规定处理未来事件的方法，其所界定的是各种必要活动的时间排列顺序。程序直接指导行动本身而不是对行动的思考，同时规定了特定事务的正确处理方法。例如，一所学校在制定了海内外著名学者和科学家的科研经费政策后，就要具体制定经费申请、审批、划拨等的程序。

6. 规章

规章是指根据具体情况采取或不采取某个特殊的或特定的行动的规定，没有酌情处理的余地。规章详细说明了必要的行动和非必要的行动，没有讨价还价的余地。其本质是一种必须或禁止采取行动的管理决策的反映，没有酌情处理权。例如，学校在科研经费申请中明确规定申请科研经费的资格要求、使用时应遵循的制度等规章，并要求申请人员遵守这些规章条例，不得违反。

7. 规划

规划是指为实现既定的目标所制定的政策、程序、规章、任务分配、实施步骤、资源分配及其他必要的措施，是一种综合性的计划。在通常情况下，规划都有预算的支持。规划可大可小，大至一项重要的投资计划，如学校同时有几项科研项目活动，就需要对其经费的使用、参与人员等内容做综合性的规划，保证这几项科研活动资源的分配有利于科研的开展。

8. 预算

预算是一种“数字化”的计划，用数字来表示预期的结果，是计划的基本工具，也是控制的工具。预算是将资源分配给活动、项目和程序的一些计划。编制预算能促使人们去拟定详细计划，去平衡各种计划。例如，学校对某一项科研项目具体可用资源的预算，即确定具体下拨的用于科研的金额、直接参与调研的人员，协助部门的人员，以及车、实验器械等资源。

需要说明的是，计划的层次体系旨在展示计划的一个大致框架，在现实的运用中，各种组织计划的制定与计划职能的执行是有差别的，并不是严格按照这个层次体系来开展的。

五、计划的类型

计划是对未来行动的事先安排。计划可以按不同的标准进行分类，主要的分类见表 5-1。

表 5-1　计划的类型

分类标准	类　型
时间	长期计划、中期计划和短期计划
组织的职能	业务计划、财务计划和人事计划
范围	战略性计划和战术性计划
综合程度	综合计划和专项计划
内容的明确程度	纲领性计划和具体性计划
使用频率	常设计划和应变计划
对使用者的约束力大小	指导性计划和指令性计划

1. 按照涉及的时间分类

按照计划涉及时间期限的长短，可分为长期、中期和短期计划。习惯上，一般将期限在一年以内的计划称为短期计划，期限在一年以上到五年的计划称为中期计划，期限在五年以上的称为长期计划。以上对长期、中期和短期计划等三种计划以时间的长度来界定是相对的，对于一些组织环境变化很快、本身节奏很快的组织，如时装公司、食品公司等，其计划的分类，可能年度计划就是长期计划，季度计划就是中期计划，月度计划就是短期计划，这时只能从短期计划、中期计划和长期计划的相互关系中区分三者。

2. 按照涉及的组织职能分类

计划按照涉及的组织职能分类，即资源在各部门进行的一种合理的具体分配过程，可以分为业务计划、财务计划和人事计划。其中，企业的业务计划包括产品开发、物资采购、仓储后勤、生产作业及销售促进等内容。长期业务计划则涉及业务方面的调整或业务规模的发展。短期业务计划主要涉及业务活动的具体安排。

财务计划和人力资源计划是为业务计划服务的，也是围绕业务计划而开展的：财务计划主要研究如何从资本的提供和利用上促进业务活动的有效进行，人力资源计划则分析如何为业务规模的维持和扩大提供人力资源保证。

3. 按照涉及的范围分类

按照计划涉及的范围，计划可以分为战略性计划和战术性计划。战略性计划主要是上层的管理计划，主要应用于组织整体，是为组织未来较长时期设立总体目标和寻求组织在环境中的地位而设定的计划，具有长期性和整体性的特征。其涉及面很广，相关因素较多，这些因素的关系既复杂又不明确，因此战略计划要有较大的弹性。

战术性计划是在战略性计划指导下制定的，是战略性计划的落实。它主要规定总体目标实现的细节，其需要解决的是组织中具体部门或个人在未来较短时期内的行动方案。这种计划通常时间较短，一般在一年以内，针对某一特定领域，详细规定出活动的具体细节。

战略性计划与战术性计划的比较见表 5-2。

表 5-2　战略性计划与战术性计划的比较

	战略性计划	战术性计划
时间跨度	三年或三年以上	一年或一年以下
范围	涉及整个组织	局限于特定的部门或活动
侧重点	确定组织宗旨、战略、目标等重大问题	明确实现的具体目标和贯彻落实战略、措施的各种方法
目的	提高效益	提高效益
特点	全局性、指导性、长远性	局部性、具体性、时限性

4. 按照涉及的综合程度分类

按照计划涉及的综合程度可以分为综合计划和专项计划。综合计划一般会涉及组织内部的许多部门和部门中许多方面的活动，是一种总体性的计划，具有多个目标和多个方面的内容，其主要特点是从整体出发，强调综合性，促使各部门、各环节协调发展。专项计划是指限于指定范围的计划，是在综合计划的基础上制定的，是综合计划的子计划。其特点是，内容单一、期限不定，而且比较具体，包括各种职能部门指定的职能计划。其中，制定专项计划时，一方面要以综合计划为指导，避免与综合计划相脱节，还应注意各专项计划之间的相互协调。

总的来说，综合计划和专项计划是整体与局部的关系，专项计划是综合计划中某些项目的特殊安排，以便指定实施方案。

5. 按照内容的明确程度分类

按照计划内容规定的明确程度，计划可以分为纲领性计划和具体性计划。纲领性计划规定一般方针和行动原则，确定最终的目标，但不确定具体的目标和具体的活动方案，计划具有较高的灵活性，同时给予计划执行者较大的自由处置权。具体性计划则明确规定具体的目标和活动方案的内容，以纲领性计划的目标为最终目标，具有明确的可衡量的具体目标，以及一套可操作的行动方案。一般来说，具体性计划的明确程度较高，但其可预见条件难以满足，所以灵活性较差。在管理工作中，组织必须根据实际情况，在灵活性和明确性之间进行权衡，选择制定不同类型的计划。

6. 按照使用频率和对执行者的约束力大小分类

按照计划的使用频率，计划可以分为常设计划和应变计划。常设计划就是组织按照日常活动而制定的常规计划，是指导日常管理工和管理行为的基本要点。应变计划是针对一些特殊情况（如突发事件）所做的计划，有助于组织在发生特殊情况时，有所准备。

按照计划对计划执行者的约束力大小，计划可以分为指令性计划和指导性计划两大类。指令性计划是有严格约束力的计划，指导性计划是一种参考性计划。

六、计划的影响因素

1. 组织生命周期

每个组织都要经历一个生命周期，从成立即形成阶段到成长、成熟和衰退阶段。组织生命周期（Organizational Life Cycle）说明组织的产生、成长和最终衰落是一个连续的自然的过程。组织结构、领导体制及管理制度形成一个在生命周期各阶段上具有不同程度的可预测的形态。

在各阶段，计划的类型并非都具有相同的性质。在组织的幼年时期，目标是尝试性的，资源的获取具有很大的不稳定性，这就要求组织具有很高的灵活性，所以主要制定指导性计划，管理者可以随时按需要进行调整。在成长阶段，随着目标的确定，资源的更容易获得，计划也更具有明确性。当组织进入成熟阶段后，活动的可预见性越强，从而也适用具体计划。在组织从成熟阶段到衰退阶段之后，计划也随之从具体性计划转为指导性计划，这一阶段的关键是重新考虑目标，重新分配资源以实现目标。总之，应当在组织的不同阶段对计划做相应的调整，如图 5-3 所示。

所以，计划的期限应当与组织的生命周期联系在一起。短期计划具有最大的灵活性，更多地应用于组织的形成阶段和衰退阶段。长期计划涉及时间较长，主要应用于组织的成熟阶段。

2. 组织层次

在大多数情况下，组织中不同层次的管理者制定计划的性质有所不同。越是高层的管理者，计划活动越具有战略导向，其制定的计划任务基本上是战略性的。组织中的中、低层管理者的计划任

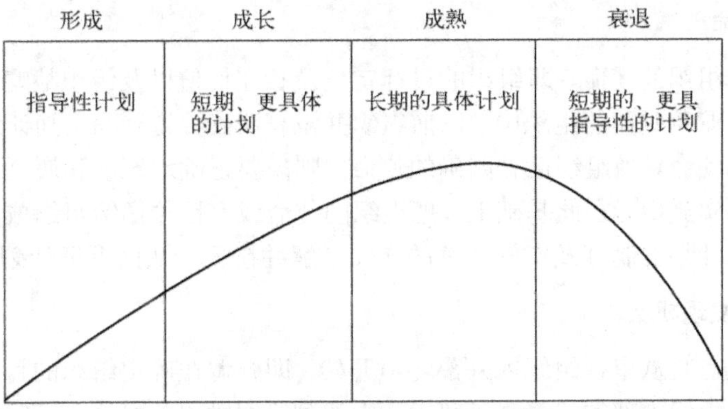

图 5-3　组织生命周期和计划[3]

务主要倾向于战术性，主要是制定作业计划。图 5-4 比较直观地反映了组织管理层次与计划类型之间的一般关系。

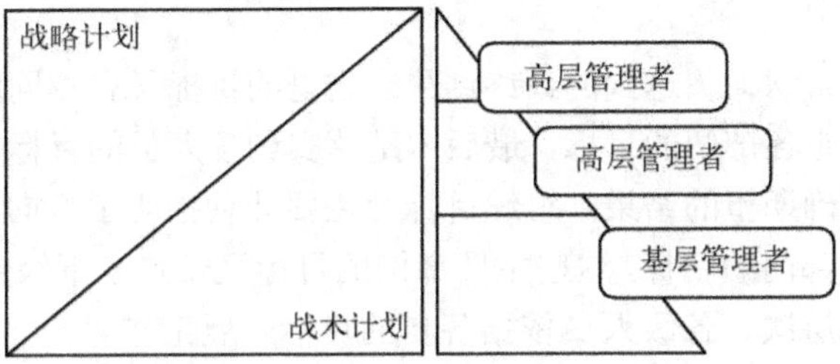

图 5-4　组织管理层次与计划[4]

3．环境的不确定性

由于组织所处的内外环境不断变化，因此环境的不确定性程度增大。组织为了生存和发展，在环境不确定性程度较高时，组织制定的计划应当越具有灵活性，以制定涉及较短时间期限的指导性计划为主。具有详细的规定期限、实施的方法等具体、详尽的计划反而会成为组织取得绩效的障碍。

4．许诺期限

许诺的期限主要是指计划期限应当延伸到足够远，以便在此期限中能够实现当前的许诺。其主要与计划的时间框架有关，当前的计划越可能影响到对未来的许诺，计划的时间期限就应当越长，以力求计划的实现，此时计划期限太短或太长都是无效的。

七、计划的流程

计划的流程如图 5-5 所示，具体说明如下。

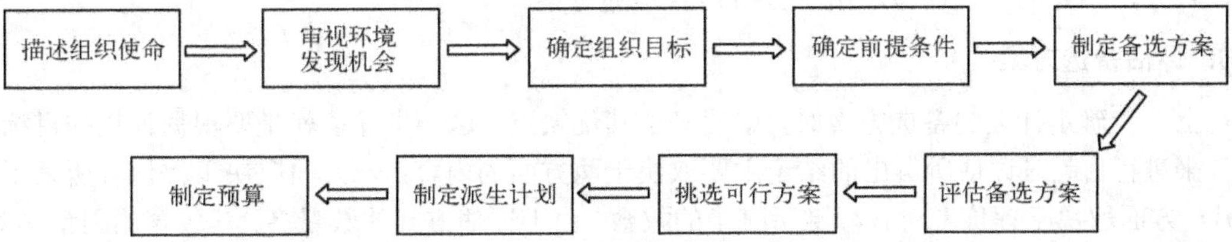

图 5-5　计划的流程

[3] 罗宾斯等. 管理学（第 4 版）. 黄卫伟等译. 中国人民大学出版社，1996.

[4] R.S.Russell, B.W.TaylorIII. Production and Operations Management.Prentice Hall, 1995.

1．描述组织使命

计划工作起源于组织的使命，即组织的目标定位及存在价值以及组织战略的基础。通常在新创办的组织或处于重大变革时期的组织中，以前组织并没有明确界定使命，则计划工作的重要内容就是界定并描述组织的使命。当组织已有明确的使命，则需要正确地理解和履行组织的宗旨，并将其贯彻到计划的制定和实施中。在此基础上，把组织的使命或宗旨传递给组织成员、顾客及其他有利益关系的群体，让与计划的制订及实施有关的人员了解并接受，从而保证计划的高效实施。

2．审视环境，发现机会

编制计划的出发点是从审视组织内外部环境开始，即强调在确定组织的目标之初，分析组织外部的机会与威胁以及组织内部的优势与劣势，从中找到组织发展的机会。了解组织的期望、期望的原因以及期望从中得到的内容，这些都依赖于对组织当前情况做出评估和认定。对环境的实事求是的判断和对机会的清醒认识，这是计划制订和实施计划工作方案的前提。

3．确定组织目标

确定组织的目标，即组织期望达到的最终结果。这里的目标又有不同的层次，首先是确定整个组织的总体目标，然后确定各部门的目标，最后才是落实到各人员的目标。这些目标可以是长期性的或短期性的，主要是明确期望的结果。组织目标为主要计划指明了方向。为了实现这些目标，主要计划又规定了每个主要部门的目标，这些主要部门的目标又规定了下级部门的目标等，以此类推，就形成了一个目标的等级层次，各级人员依据各自的目标开展工作。

4．确定前提条件

前提条件是关于实现计划的环境假设条件，限于那些对计划起关键性作用的，或具有策略意义的假设条件。由于要把一个计划的将来环境的每个细节都做出假设是不现实的，所以前提条件的确定只能是限于那些对计划起关键性作用的，或具有策略意义的假设条件。在把握和利用关键性的计划前提条件时，承担计划编制的人员要彻底地赞同、理解并使用一致的计划前提条件，这样制订出的计划才具有协调性。

5．制订备选方案

计划的备选方案类似于行动路线图，是指导和协调组织活动的工作文件，通过它可以清楚地告知组织管理人员和工作人员怎么实现目标，具体包括：什么时候做、由谁做、在何处做以及怎么做等问题。

在编制方案时，由于计划编制人员收集信息不同、理解和思考方式和能力等情况的不同，可能出现计划的多种备选方案。此后的关键就是尽可能地比较和分析各备选方案，找出其优缺点，相似的加以合并，相异的予以保留，用于分析最合理的方案。

6．评估备选方案

在上一步确定计划的备选方案时，就明确了其优缺点。这一步评估就是要根据计划的目标和前提条件来进行。此时评估所得出的结论主要取决于两方面的内容：一方面取决于评价者所采用的标准，另一方面取决于评价者对各标准所赋予的权数。由于评估方案的数量多，其包含的因素又多样，评估的难度是可想而知，就可以借助于运筹学、数学方法和电子计算机等手段。

7．挑选可行方案

方案的选择是关键的环节，在经过了评估备选方案之后，可能也存在两个或两个以上的方案是合适的。在此情况下，管理人员在可以确定首先要采取的方案，把其余方案作为后备方案，这样不仅可以加大计划工作的弹性，也可以增加组织应变能力和适应未来环境的能力。

8．制定派生计划

所谓派生方案即辅助计划，即总计划之下的分支计划，是对总计划的支持和补充。总体计划需要派生计划来扶持，只有派生计划完成了，总体计划的完成才有保证。如组织的计划目标是改变市场的营运方式，这个总目标的实现就需要制定一些派生计划，如采取以实体店铺、网上销售和推销员推销的计划。

9．编制预算

编制预算是计划的最后一步，即把计划转变为预算，使得计划数字化。预算可以成为汇总各种计划的一种手段，也可以成为衡量计划完成进度的重要标准。根据计划的制定和分解，组织可以有整体的总预算，各部门也可以有自己部门的分预算。

案例 5-1　B 企业的计划管理之道

B 企业是广东一家汽车零配件的生产厂家，成立于 1991 年，主要经营汽车零配件的生产和加工。从起初的 20 个左右员工的小厂房，到如今拥有几千人的大型企业。企业在成立之初只是单纯的代加工，在企业的“争做民族的品牌”的使命鞭策下，经过企业自身的不断研发和革新，到如今拥有众多自己的专利技术，成为国内同行业领先企业。在探究企业成功的背后原因，领导者简单的描述就是坚持计划指导行动的管理之道。

在 2009 年的一次新产品研发中，企业还是坚持计划指导行动的管理之道。再次重申并明确了组织的使命后，组织分析了面临的内外环境。由于全球环境的变化，不少居民明显感觉环境保护的重要性，减少二氧化碳的排放减缓地球变暖成为不少民众的呼声。调查一些国内外的市场行情，发现国内外众多的汽车市场厂商对利用新能源的汽车具有浓厚的兴趣，并且研发投入力度加大。企业自身由于创新的政策的鼓励下，不少技术人员已经得到成长，有了人员的保证，加之企业雄厚的财力支持。于是企业明确了这次的新产品研发的目标是以新能源的利用为重点，以技术领先为优势，率先占领国内市场，并力求开拓新兴的国外市场。但是企业也清楚地认识到，要实现这个目标的前提条件是要重新开拓新的研发领域即研发利用新能源的汽车发动机，企业也深知其难度的巨大。在仔细的研讨之后，企业制定了实现这一目标的三个方案，方案要点：其一是企业利用自己的优势独立自主的研发；其二是企业联合国外内汽车生产厂商共同研发；其三是企业联合高校和研究所共同研发。企业管理者在组织多次会议讨论三个不同方案的优劣势之后，结合企业的实际情况，决定采用第二个方案即联合国内外汽车厂商共同研发。但是这个方案牵涉许多因素，于是管理层同时制定了许多派生的计划，如分析国内外的汽车厂商、选择汽车厂商并达成协议，具体研发的开展时间和进程等。在此之后，企业还制定了每项计划的大致预算，便于计划进度的控制和开展，同时利于企业的控制。

虽然新产品的研发路途还很艰辛和困难，但是 B 企业在认真制定了计划之后，企业上下员工也积极投身于新产品的研发中，并且对未来振兴民族品牌充满信心。

第二节　预　测

自人类诞生以来，预测活动就已经存在了。历代的预言家、占卜师、星相家、智士们都力图对未来做出预测。由于他们的活动受时代的局限，往往蒙上迷信的色彩。随着人类社会和科学技术的发展，预测活动逐渐褪去神秘的外衣，走上了科学化道路。到 20 世纪 40 年代，预测科学才真正开始萌芽。现代预测科学发源于美国，1937 年，美国自然资源委员会第一次做了技术预测，标志着现代预测科学的产生。至 20 世纪 60 年代，预测科学才由纯理论探讨进入到具有应用价值的阶段。

一、预测的含义

未来具有很大的不确定性，计划正是对未来活动所做的事先安排。要制定有效且协调的计划，保证计划的可实现性，首先要明确计划制定的前提，即实现计划时所希望的预期环境，充分考虑未来可能出现的不确定因素，主要包括未来影响计划实施的环境和条件的假设或预测，组织才能在计划活动开展过程中预见到情况发生变化并采取相应措施，甚至出现意外情况时及时做出反应。我们认为，预测即估计未来环境，具体而言，就是估计现在事件的未来结果或未来事件。但是这种估计不是凭空的臆测，由已知预计未知，根据事物的过去和现在的情况推测它的未来。这里预测主要有两层含义：一是计划制定的前提，即在预测之后才制定计划；二是对已经制定出来的计划转变为所期望的结果的预测，即预测是计划的未来结果。

总体来说，预测、决策、计划三者有共同点：面向未来事件、面临未来的不确定因素、依赖于包含在历史资料中的信息。预测是为决策服务的，贯穿于决策的全过程。同时，预测和决策共同为计划服务。但是三者又是有区别的，预测描述一定条件下将要发生的事件，侧重于对事物的客观、科学分析，是决策和计划的前提。决策是在预测的基础上结合目标对多种方案的选择，侧重于对有利时机和目标的科学选择。预测是决策科学化的前提，决策是预测的服务对象和实现机会。而计划是在预测、决策基础上进行以目标导向的行为安排。计划主要是对未来活动的部署，预测则是对未来事件的描述。计划要说明的问题是，要使将来到达怎么样的结果，应当通过采取什么措施和行动来改变现存的条件，并对未来做出安排和部署以达到预期的目的。而预测要说明的问题是，将来会怎么样，即在一定的条件下，采取或不采取某些措施和行动，估计将来会发生什么变化。不难看出，没有对未来进行一定程度的预测，计划的现实性和可实现性就难以保证。例如，计划一个简单的发布会就要预测有多少人参加、需要多长时间、需要多少资料等，在做出这些相关的预测之后，才开展相应的计划活动，大大提高计划的可实现性。

二、预测的作用

预测的作用主要体现在以下 4 方面。

① 预测要求预测人员超前思考问题，尽量认识和控制未来的不确定性，提高管理活动的预见性，并且事先估计计划实施可能产生的后果，从而为未来做好相应的准备，做到有备无患。

② 整个组织都参与并做出的预测有助于计划制定的统一，协调各职能部门和员工之间计划活动的开展，有利于计划的最终实现。

③ 预测能更好地协调计划的预期目标与将来可能发生变化的环境以及约束条件之间的关系，因此提前做好准备工作和应变措施，以备不时之需。

④ 预测可以发现组织实现计划过程中存在的问题，发现必要的却缺乏控制的活动环节，采取相应的措施纠正偏差，对所进行的活动实现较好的控制。

案例 5-2
预测——高瞻远瞩

三、预测的步骤

无论采取何种预测的方法，为了提高预测工作的效率和质量，进行预测时应遵循以下步骤。

1．明确计划目标，制定预测计划

根据组织需要，提出预测项目，明确预测目标，由此提出预测的具体要求。有了明确具体的预测目标，才能为进一步收集资料、选择预测的方法指明方向。根据预测目标的难易程度制定预测计划，包括调配预测人员、编制费用预算、安排工作日程等内容，使预测工作有计划、有步骤地开展。

2．收集整理资料并加以分析

根据预测的目的和要求，广泛地收集对预测目标的未来发展有影响的各种数据和资料。从时间上来讲，不仅要有纵向数据和资料，以反映事物发展过程中的规律性，也要有横向数据和资料，以反映某特定时间对该目标的影响因素，力求做到数据和资料具有广泛性和适用性。对收集到的数据和资料还需要进行仔细分析、加工和整理，去伪存真、去粗取精。

3．选定预测的方法构建预测模型，做出预测

预测人员应该根据预测目标的特点、预测目标的要求、资料的获得情况、预测期限的长短、预测经费的多少等情况选择适宜的预测方法。一般来说，定性预测适用于长期预测，定量预测适用于中、短期预测。实际上，组织有时可能使用几种预测方法同时对同一预测目标进行预测，达到相互验证的作用。

构建预测模型一般分为三个步骤：首先，凭借预测者的经验及对预测对象的观察和了解，进行初步的分析，从而就预测对象的形态、性质和特征等做出概念性描述，建立物理模型；其次，对预测对象做出数量方面的描述，这就需要预测者尽可能多地获得数据和资料，对资料进行细致的分析，揭示事物的变化规律，找出影响事物发展的各种因素和它们之间的相互关系，提出各种假设；最后，用数学语言来表达它们之间的关系，确定数学模型。

根据预测模型的要求，输入相关数据，经过计算或推算即可获得预测的结果，做出预测。

4．分析检验预测结果，修正预测模型

由于预测是在假设的条件下进行的，所建的模型是对实际情况的近似模拟，不同的模型的模拟效果不同，加之计算和推算的过程中难免发生误差，因此，利用模型得到的预测结果有时不一定与事物发展的实际结果相符，产生预测误差。

为保证预测结果的正确性，就需要对预测结果进行检验，通常有 3 种方法：① 相互检验，使用不同的预测方法或模型对同一预测对象进行预测，将获得的预测结果进行相互比较，观察误差的大小，从而推知何种预测方法和模型较为适宜；② 对比检验，即本人预测结果或预测模型与别人的预测结果或模型进行对比，从而判定谁更接近实际；③ 专家检验，即通过咨询专家对模型和预测结果的意见，评估预测模型的科学性和预测结果的准确度。检验的过程实际上就是对预测结果产生偏差原因的分析过程，从而为修正预测模型提供依据。

5．得出预测结果，提交预测报告

预测者在对预测结果进行必要的评价、检验和修正之后，要确定最终的预测值，形成书面形式的预测报告，递交有关部门，供其决策和计划时使用。

四、预测的方法

1．定量预测方法

（1）时间序列分析法

该方法将变量过去的历史或行为投射到未来，它以一个指标本身的历史数据的变化趋势，去寻找市场的演变规律，作为预测的依据，即把未来作为过去历史的延伸。根据历史统计资料的时间序列，预测事物发展的趋势。时间序列法主要用于环境相对稳定时较为短期的预测。进行定量预测，通常需要积累和掌握历史统计数据，将其按时间的先后顺序排列起来。利用数列所反映出的客观变动过程、发展趋势和速度，进行外推和延伸，借以预测今后可能达到的水平。常见的有简单平均法、移动平均法和指数平滑法。

① 简单平均法：依据简单平均数的原理，将预测对象过去各时期的数据平均，以这个平均数作为预测值。该方法只适用于没有明显波动或较大增减变化的事件预测。

② 移动平均法：不断向前移动 n 个数据的平均方法，通过引进越来越近的新数据，不断修改平均值，作为预测值，这样就可以反映数值的变化趋势。该方法简单易行，具有很强的实用价值。

③ 指数平滑法：一种在移动平均法的基础上发展起来的特殊加权平均法，根据本期的实际值和过去对本期的预测值，预测下一期数值，反映了最近时期事件的数值对预测值的影响。该方法最适用于进行简单的时间序列分析和中、短期预测。

（2）因果分析预测法

该方法考虑到外部因素，利用外部数据，从一个指标与其他指标的历史和现实变化的相互关系中，探索它们之间的规律性联系，作为预测未来的依据。这种方法就较复杂，需要利用外部因素的历史数据，再对其应用高级的统计技术。随着现代技术的进步，计算机在现实工作中的大量运用，产生了许多专门用于预测的计算机预测软件包，其综合了多种类型的方法，主要包括回归分析法、计量经济学模型和替代效应模型等。

① 回归分析法：利用预测对象与因素之间的因果关系，通过建立回归方程式来进行预测的方法。因果关系是普遍存在的，如收入对商品销售的影响、降雨量对农产品生产的影响等。

② 计量经济学模型：在回归分析的基础上发展起来的一种将多个回归方程联立求解的分析方法。在经济预测领域，该方法可用来预测经济活动周期和经济形势的变化；可以进行市场研究，包括需求弹性和供给弹性的研究；也可以进行经济规划和经济政策效果的研究等。

③ 替代效应模型：一种常用的定量预测技术，用来预测一种新技术或新方法在什么时候、什么情况下、如何取代现有的技术活方法。

定量预测方法侧重于事物发展在数量方面的分析，重视对事物发展变化的程度进行数量上的描述，更多地依据历史统计数据和资料，较少受预测人员的主观因素影响。但是相对于定性预测方法，该方法较为机械，不易处理有较大波动的数据和资料，更难以预测事物质的变化。

2．定性预测方法

一般来说，在外部因素对组织产生重要影响的情况下，组织预测缺乏甚至完全没有历史数据和信息可参考与利用，就需要采用正式的定性的预测方法，如新市场的开发、新产品的研制、投产和销售等。应用较多的定性预测法有头脑风暴法、德尔菲法、生命周期分析法、历史类推法、问卷调查、访谈调查及实验法等。头脑风暴法和德尔菲法既可以用于定性预测也可以用于决策，具体内容在后面第三节的“六、决策的方法”中有详细讲解。以新产品的预测为例，生命周期分析法就是由有经验的预测人员的推算和估计得出某种产品或项目的生命周期。例如，曾经推出若干种新产品的有经验的管理人员再结合其他的一些市场信息，估计出某种新产品的生命周期。这种预测能够得出这种产品的中长期需求估计。历史类推法就是根据相似产品的情况来推断和估计该新产品的未来情况等。新产品的问卷调查或访谈调查就是通过设计好的问卷或访谈来调查消费者的喜好或厌恶，预测新产品的未来情况。实验法就是对新产品在有限区域中进行试营销来发现其优劣势，测试其销路情况等。

定性预测方法侧重于事物发展性质方面的预测，具有较大的灵活性，易于充分发挥人的主观能动性，且简单、迅速，省时、省费用，但是易受预测人员主观因素的影响，比较注重人的经验和主观判断能力，缺乏对事物发展数量上的精确描述。

组织在实际的预测中，可以根据现实情况，结合运用定性和定量的预测方法，保证预测的科学性和可靠性，最大限度地确保预测结果的准确性。

五、选择预测方法要考虑的因素

由于预测方法具有多样性，因此预测方法的选择就取决于组织中诸多因素。

① 预测的期限。预测的期限与其预测的准确性相关。长期预测即一年以上的预测，准确性较低，只需大致的预测。而利用近期数据进行短期预测即一年以下包括一年在内的预测，具有更高的准确性。

② 有无可用数据。在预测过程中需要各种数据和资料，然而人们往往难以全面获得所有数据和资料。如果有数据可用，就可以应用定量预测方法。如果数据不全或没有数据可用，就要应用定性预测方法，相应地，预测的难度将会增加，更具有挑战性。

③ 可用的手段。根据组织内可利用的辅助设备和掌握技术的情况，来选择预测的方法。例如，基于历史数据的预测，有可以利用的计算机统计软件，就可以采取统计预测的方法。

④ 时间与费用。可利用的预测的时间和费用对预测有时间和成本的限制，会影响预测的方法的选择。如果组织中可用的时间和费用有限，应采用节约时间和节省费用的方法。

⑤ 预测人员的能力。预测会受预测人员即参与人员素质的影响，选择预测方法时要考虑参与预测人员的专业知识水平、能力和经验等区别，采取预测人员能够掌握的方法。

第三节 决 策

在计划职能中存在着许多决策的制定和执行问题，关系到管理的绩效，是管理过程的基础活动。应该说，决策的正确与否，在很大程度上决定着组织的兴衰和成败。决策成为组织中各级、各类管理者的主要工作。

一、决策的含义

要实现决策为组织成功而服务这一目的，首先要弄清决策的含义。关于决策的含义，系统组织理论创始人切斯特·巴纳德（ChesterI.Barnard）指出：“个人行为从原则上可以分为有意识的、经过计算和思考的行为，以及无意识的、自动的、反应的、由现在或过去的内外情况产生的行为。一般来讲，前面的一类行为的先导过程，不管是什么过程，最后可以归结为‘决策’。同决策有关的显然有两点：要达到的目的和采用的方法。”行为决策理论管理学者赫伯特·西蒙（Herbert Simon）指出：“决策贯穿于管理的全过程，管理就是决策。组织行为乃是众多决策过程所构成的一个错综复杂的网络。”

综上所述，我们认为，决策就是组织在制定目标之后，在为实现目标而制定一系列的方案中，对指导具体行动的备选方案进行选择的过程。

二、决策的原则

由于决策在管理过程中具有重要的地位，在决策时应遵循一定的原则，才能确保决策的科学性以及决策内容的可实现性，具体包括以下几方面。

1. 合理原则

“最优化”的理论假设是把决策者作为完全理想化的人，决策是他以“绝对理性”为指导，按“最优化准则”行事的结果。而决策的“合理”原则就是针对“最优化”原则提出的。由于组织所处的环境的复杂性，假设决策者对未来一个时期能够做出“绝对理性”的判断，就必须具备以下条件：① 对相关的一切信息，决策者都能轻易获得并全部掌握；② 对未来的外部环境和内部条件的变化，决策者能准确预测；③ 决策者做决策不受时间和其他资源的约束；④ 决策者能制定出各种可能的方案，并能够准确预期这些方案的后果。显然，在现实生活中，组织的决策者难以同时满足这 4 个条件。这就决定了决策者的决策难以达到“最优化”，而只能是“合理的”或“较适宜的”这种相对合理的方案。

2．层级原则

按照层级原则进行决策是管理职能的基本要求。

首先，在一个组织中，由于组织业务活动的客观要求，组织需要的决策一般非常广泛、复杂，难以全部由高层管理者集中完成，需要按决策的难度和重要程度进行分级决策。

其次，组织管理机构的设计都是按层级设置的，各层级的管理机构都是特定的管理目标和任务，在完成这些目标任务的过程中，涉及某一层次的决策问题需要由该级管理者去解决。

最后，组织管理的一个重要原则是责权对等，以责定权。各层级管理者要完成各项目标任务，承担相应的责任，就必须拥有相应的管理权限。在现代组织管理中，一般应实行不同程度的分权管理，而分权的基本内涵就是将一些例行的、具体的决策权交由下属进行。因此可以说，分层级决策是组织分权管理的核心。

按照层级原则进行决策，既有利于组织高层管理者集中精力抓大事，又可提高组织的下级机构和管理者的主动性和责任心。需要注意的是，为了避免政出多门而让执行者无所适从，无论决策分几级进行，每个层级中只能有一个决策机构。

3．集体决策和个人决策相结合的原则

集体决策主要是指面对问题时，管理人员同其他组织成员一起讨论，集思广益，制定和选择决策方案。集体决策的优点包括两方面：一是要求决策者在拍板时必须集体讨论，民主表决，体现了民主的风格；二是指决策过程中要集思广益、相互启发，发挥集体的智慧。但集体决策耗时长，增加决策成本，且容易造成无人承担责任的问题。

与集体决策相对应的是个人决策。个人决策主要指管理人员个人按照自己的经验、收集的信息或喜好做出决策，没有其他人员参与。个人决策具有快速、责任落实到个人等优点。但个人决策容易造成信息单一，决策有片面性，且不易调动其他成员的主动性和工作热情。

因此，在实际的决策过程中，为了达到决策的科学性和民主性，应根据决策对象的特点、要求、决策涉及的范围等因素，灵活掌握集体决策与个人决策相结合的原则。

4．系统原则

系统原则又称为整体效用原则，主要运用系统理论进行决策，强调在决策时，把整体与局部、内部条件与外部环境、当前利益与长远利益、主要目标与次要目标结合起来进行系统思考、综合分析，同时注意事物的因果关系和事物发展的客观规律，以免顾此失彼、影响全局。

系统理论是把决策对象看成一个系统，并以这个系统的整体目标为核心，目的是追求整体效益。按照系统原则进行决策时要正确处理组织与社会、组织与其他组织之间、组织内部各单元之间的关系。首先，强调组织内外各层次、各要素、各项目之间的相互关系要协调、平衡、配套；其次，贯彻“整体大于部分之和”原则，组织开展活动时，要统筹兼顾，全面安排，以整体目标为准绳开展各项活动；最后，要建立反馈系统，了解决策执行的结果等情况，实现决策实施过程中的动态平衡。

三、决策的相关理论

1．古典决策理论

古典决策理论又称为规范决策理论，是基于“经济人”假设而提出来的一种决策理论，主要盛行于20世纪50年代以前。古典决策理论认为，应该从经济的角度来看待决策问题，管理人员期望做出的决策能够为组织带来最大的经济利益。

古典决策理论代表一种理想的决策模型，它假设决策者是完全理性的，决策环境稳定与否是可以被改变的，在决策者充分了解有关信息情报的情况下，完全可以做出完成组织目标的最佳决策。在定量化的决策技术运用中，古典决策理论的规范化古典模型还是有一定的指导意义和应用价值的。但是由于其忽视了非经济因素在决策中的作用，该理论不能完全指导实际决策活动，有很大的局限性。

2．行为决策理论

行为决策理论始于20世纪50年代，其基本假设较古典决策理论的基本假设更为合理。行为决策理论最著名的代表人物是美国的赫伯特·西蒙（Herbert Simon）教授。他在所著的《管理行为》一书中指出，理性的和经济的标准都难以应用于管理的决策过程，进而提出"有限理性标准"和"满意度原则"。他认为，传统的古典决策理论是不符合决策实际情况的。美国经济学家、政治学家查尔斯·林德布洛姆（C. E. Lindblom）提出的"渐进决策"模式也对"完全理性"模式提出了挑战。其他学者对决策行为进行了进一步研究，他们在研究中也发现，影响决策者进行决策的不仅有经济因素，也有其个人的行为表现，如态度、情感、经验和动机等。

3．当代决策理论

继古典决策理论和行为决策理论之后，决策理论有了进一步的发展，产生了当代决策理论。当代决策理论把古典决策理论和行为决策理论有机地结合起来，概括了一套科学行为准则和工作程序，既重视科学理论、方法和手段的应用，又重视人的积极作用。当代决策理论对决策的过程、决策的原则、程序化决策和非程序化决策、组织机构的建立同决策的联系等做了精辟的论述。其包括的主要观点如下。

① 决策贯穿于整个管理过程，决策程序就是整个管理过程。确定目标、制定计划、选择方案是经营目标及其计划决策；结构设计、权责划分、人员配置是组织决策；计划执行情况的检查、控制及控制手段的选择是控制决策。

② 组织面临的决策可分为程序化决策与非程序化决策。程序化决策即按既定的程序所进行的决策。对于经常发生的需要决策的问题，可制定例行程序，按照该程序进行决策。当遇到涉及面广、以前没有遇到过而又复杂的问题时，没有例行程序可以遵循，就要进行特殊处理。这类决策称为非程序化决策。

③ 决策的一般过程可归纳为：分析内外环境→识别机会→确定目标→拟定可行方案→评估备选方案→做出决定→选择实施战略→检查、监督、评估。在这之后，随着组织面临的环境变化或出现新的机遇和挑战，又重新开始新的决策循环。

发展至今，决策诞生了多种理论。科学、客观地了解和分析决策的相关理论，对管理中进行科学决策、实现组织目标是不无裨益的。

四、决策的影响因素

为了正确进行决策，必须对决策进行科学分类。根据其主体、解决问题的性质和内容不同，决策可分为多种类型，如表5-3所示。

决策的分类繁多，决策的制定会受到很多因素的影响，除决策者本人的素质外，还会受到环境、组织文化、过去的决策等影响。

1．环境

表 5-3 决策的类型

分类标准	类型
决策主体	个体决策和群体决策
调整对象和设计的时限	战略决策和战术决策
决策的重复程度	程序化决策和非程序化决策
决策的起点	初始决策和追踪决策
决策环境的可控程度	确定型决策、风险型决策和不确定型决策
决策的依据	经验决策和科学决策
决策的时间紧迫程度	时间敏感型决策和知识敏感型决策
决策者所处的管理层次	高层决策、中层决策和基层决策

为了不断适应组织内外环境的变化，就要在分析研究环境的基础上做出决策。环境对决策的影响是不言而喻的，这种影响主要有以下两方面。

① 外部环境的特点影响着组织的活动。比如，某个企业所处的市场环境相对稳定，其决策的修正调整不会太大，昨天的决策指导着今天的决策。如果所处的市场环境变化很快，则需要依据外部环境的变化对经营方向和内容做相应的调整。

② 环境的习惯反应模式是指对相同的问题，不同的织或决策者会做出不同的反应。这种调整组织与外部环境之间关系的模式一旦形成，就会趋向固定，从而限制人们对行动方案的调整和选择。

2．组织文化

组织文化影响着组织及其成员的行为方式。在这里，组织文化主要通过影响组织成员对决策活动的态度而影响决策。由于决策的制定或调整都是对过去行为的一种修正或变革，在组织文化偏向保守、维持的组织中，人们就会担心这种修正和变革会损害他们的利益，因此会害怕或抵制导致变化的决策。而在崇尚开拓、创新的组织中，人们总是渴望和支持变化。显然，这种组织文化有利于新决策的制定和实施。

3．时间

由于决策速度的快慢对决策过程、决策质量有重要影响，这里时间的影响主要就是指决策对时间紧迫性的要求。美国学者威廉·金（William R. King）和大卫·克里兰（David I. Cleland）把决策分为时间敏感决策和知识敏感决策。

时间敏感决策是指那些必须迅速做出而尽量准确的决策。这种决策要求速度快，对决策的质量要求稍低。当外部环境突然发生了难以预料的变化，对活动造成重大的威胁时，决策者必须迅速做出反应，这时的决策对时间的紧迫性要求很高。如在战争中指挥官的决策、战斗队员的决策多属于此类决策。

知识敏感决策对时间的要求不是非常严格，主要要求较高的质量。如战略决策主要着眼于未来的活动方向，包括协调决策目标、合理而有力的资源配置支持、得到组织成员充分的酝酿和认同等，注重质量，对时间的紧迫性要求不高。

4．过去的决策

案例 5-3
里根的鞋

前面提到，大多数新的决策都是过去决策的延续，是对过去进行修正、调整或完善的追踪决策。过去决策的实施不仅伴随着人力、物力、财力等资源的消耗，而且伴随着组织内部状况的改变。

过去决策对目前决策的制约程度，主要受做出过去决策的决策者的影响。如果过去的决策就是由现在的决策者制定的，他一般不愿意否定自己过去的决策。相反，如果现在的主要决策者与组织过去的主要决策没有形成利益结构，也不对过去决策承担管理上的责任等，他就易于调整或修正过去不适当的决策，制定新的决策。

5. 决策者对风险的态度

由于对未来情况的预测与实际情况可能不完全相符，决策者做出的决策却是确定未来活动方向、内容和目标的行动，所以在决策方案实施过程中可能出现失败的危险。

不同的决策者对风险的好恶程度是不同的，这会直接影响决策过程中对方案的选择。那些愿意冒一定风险并敢于承担风险的决策者，会在做好对风险的准备的基础上，做出较为激进的决策。而那些不愿意或害怕承担风险的决策者，往往会做出较为保守的决策。

五、决策的程序

决策是一项非常重要的管理工作，又是非常复杂的，决策者要制定出正确的决策，需要遵循科学的决策程序，如图 5-6 所示。

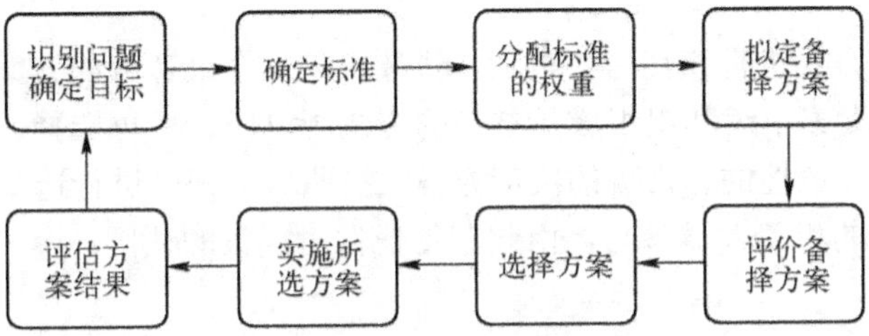

图 5-6　决策的程序

1. 识别问题，确定目标

决策时需要识别问题，就是当时组织所面对的现状和期望的结果之间的差距的问题。在了解到组织的问题之后，就以此确定出决策的目标。一般决策目标分为三类：必须达到的目标、希望完成的目标、不需专门考虑的目标。首先，必须达到的目标对组织和决策来说是至关重要的，达到了就是决策的成功。其次，希望完成的目标对组织和决策来说就是相对重要的，比较于必须达到的目标，它是一种弹性的要求。最后，不需专门考虑的目标就是指对组织和决策来说重要性不大，不需要专门活动来考虑，可以看成其他活动的附加成果。在此，我们区分不同的决策目标是为了便于分析和判断决策目标结构及各项目标具体要求的合理性，并根据实际进行调整、补充和完善。

2. 确定标准

目标制定之后，就要制定出决策相应的标准。首先考察此次决策活动的目标，包括：确定的目标内容（达到什么目的）、目标的层次（目标的重要性排序）、为完成目标的活动的进度等。之后根据决策的目标来确定决策的标准，即确定与决策有关的因素。例如，一个零售企业制定了拓展经营范围的目标，分店地址的选择就面临着决策，需要评估与决策有关的因素即决策的标准，包括分店地址的交通便利程度、人流量、附近的配套设施等。

3. 分配标准的权重

前一步骤中确定了决策的标准，但是各项决策的标准的重要性程度是不同的。由此，决策制定者为每项决策标准分配权重就十分必要。首先确定一个权重总数，按照决策标准的重要性程度，最重要的标准相应赋予最大的权重数，次重要的标准权重数次之，以此类推，为每项决策标准都赋予相应的权重。

4. 拟定备选方案

要拟定备选方案，首先要分析和研究计划所确定的目标，结合组织外部因素和内部条件，分析决策事物未来可能的发展态势和情况。在此基础上，将信息进行排列组合，拟定出适量的实现计划目标的方案。通过调整和组合之后，形成多个备选方案。

5．评价备选方案

评价备选方案的标准主要是分析哪个方案最有利于决策目标的达成。把各备选方案与之前订立的决策目标进行分析。首先，看备选方案是否满足必须达到的目标的要求，满足的方案予以保留，不能满足的就淘汰。其次，把保留下来的方案按照希望完成的目标要求进行评估，由于希望完成的目标是具有弹性的，所以在评估时，需要根据这些方案希望完成目标的程度进行评价，由此区分各方案的优劣程度，优秀的予以保留。最后，将保留下来的方案与之前订立的决策标准进行比较，判断各备选方案的优缺点。

6．选择方案

这是在保留下来的方案进行权衡考虑之后，挑选出来一个最适合的方案。对于重要的、非常规的决策方案，可以采取专家小组和组织成员参与的方式予以讨论后再选择，尽可能避免方案给组织带来不利的后果。对于一般性的、常规的决策方案，按照日常程序进行选择即可。选择方案时，可以尽可能组织决策影响的相关人员参与，由此获得他们对决策的认同。

7．实施所选方案

在选出方案之后，要及时通知活动相关者，把决策的内容传达给他们，并获得他们对决策的承诺，将决策的方案付诸实践。在方案实施前，需做好各种准备工作。相应的决策者应负起监督实施的责任，掌握实施的情况，在关键环节要加强控制和监督，以保证组织内实施决策方案的可操作性和及时性。实施方案是最重要的阶段，这个阶段花费的时间和成本远大于前几个阶段的总和。

8．评估方案结果

在实施所选择的决策方案后，管理人员还需要评估决策方案的执行结果，看是否达成最初的决策目标；重新评估环境发生的变化，再分析决策方案，合适的继续执行，不合适的进行调整、修正和完善，如有需要，则重新开始新一轮的决策制定过程。

六、决策的方法

按照性质不同划分，决策方法分为两大类：一类是建立在个人或集体的经验、知识、智慧基础上进行分析、评价与判断的定性决策方法；另一类是充分应用现代科学技术（如统计学、运筹学、管理科学、计算机等）的定量决策方法。

1．定性决策方法

定性决策法是采用有效的组织形式，充分依靠决策者（个人或集体）的学识、经验、能力、智慧及直觉等来进行决策的方法。该方法在战略决策、非程序化决策等中应用较多。

（1）头脑风暴法

头脑风暴法（Brain Storming，BS）又称为智力激励法，是由美国创造学家 A.F. 奥斯本（A.F. Osborn）于 1939 年首次提出、1953 年正式发表的一种激发创造性思维的方法。头脑风暴法是一种通过组织小型会议的形式，让所有参加者在自由愉快、畅所欲言的气氛中自由交换想法或点子，并以此激发与会者创意和灵感，使各种设想在相互碰撞中激起脑海的创造性“风暴”。

头脑风暴的操作程序如下。

① 准备阶段。组织者事先要研究分析所议问题，弄清问题的实质，找到问题的关键，设定所要达到的目标。同时，选定参加会议人员，一般 5～10 人为宜，时间一般为 20～60 分钟。然后，将会议的时间、地点、所要解决的问题、可供参考的资料和设想、需要达到的目标等事宜一并提前通知与会人员，让大家提前做好充分的准备。

② 热身阶段。这个阶段的目的是创造一种自由、宽松、祥和的氛围，使大家得以放松，进入一种无拘无束的状态。主持人宣布开会后，先说明会议的规则，然后随便谈点有趣的话题或问题，让大家为正式开始畅谈做好热身。

③ 明确问题。主持人简明扼要地介绍有待解决的问题，介绍时不可过分周全，否则，过多的信息会限制参与人员的思维，抑制想象力和创新力。

④ 畅谈阶段。畅谈是头脑风暴法的创意阶段。为了使大家能够畅所欲言，保证会议的效果，需要制定相应的规则。第一，不要私下交谈，以免分散注意力。第二，不妨碍及评论他人发言，每人只谈自己的想法。第三，发表见解要简单明了，一次发言只谈一种见解。主持人首先要向大家宣布这些规则，随后引导大家自由发言、自由想象、自由发挥，使彼此相互启发、相互补充，畅所欲言。在讨论的过程中，会议主持人或专门设置的记录员要记录大家的发言，并对发言记录进行整理。这时讨论一定进行到一定程度，参与人员对问题也有了较深的理解。可以通过对记录的整理和归纳，找出富有创意的见解及具有启发性的表述，重新表述问题，供下一步畅谈时参考。

⑤ 筛选阶段。会议结束后的一两天内，主持人应向与会者了解大家会后的新想法和新思路，以此补充会议记录。然后将大家的想法整理成若干方案，再根据一般标准进行筛选。经过多次反复比较和优中选优，最后确定 1～3 个最佳方案。这些最佳方案往往是多种创意的优势组合，是集体智慧综合作用的结果。

（2）德尔菲法

德尔菲法（DelphiTechnique）是 20 世纪 40 年代由奥尔弗·郝尔姆（Olaf Helmer）和诺曼·达尔克（Norman Dalkey）首创的，经过兰德公司进一步丰富、发展而成的。1946 年，兰德公司首次将这种方法用来进行预测决策，后来该方法迅速被广泛采用。

德尔菲法根据系统的程序，采用匿名发表意见的方式进行。专家之间不发生横向联系、不相互交谈，只是与调查人员发生联系，通过多次与专家交换问题的看法，经过反复征询、归纳、修改，最后汇总成专家基本一致的看法，作为预测决策的结果。这种方法具有广泛的代表性，较为可靠。其目的是充分发挥群体制定决策的优势，同时尽量避免其缺点。其基本思路是，首先从独立工作的专家那里获取意见。专家在每个阶段写下的意见都会成为后续各阶段其他专家分析的基础。

具体实施步骤如下：

① 建立专家小组。针对预测的内容，选择一批对所要研究的问题较为熟悉、经验丰富且乐意回答问题的代表性专家，确定专家人数，专家人数一般不超过 20 人。

② 陈述问题和要求。以调查表或个别征询意见的方式，向所有专家提出需要预测决策的问题及有关要求，并附上有关这个问题的所有背景材料，还可以根据专家的需求提供补充资料。

③ 专家给出意见。各专家根据他们所收到的材料，提出自己的预测决策意见。

④ 汇总再修改。将各位专家第一次的判断意见汇总，进行分析和对比，将归纳的意见和分歧以匿名的方式告知所有专家，即不说明具体意见的提出者是谁。让专家比较自己同他人的不同意见，对自己的意见和判断进行相应的修正。也可以请身份更高的其他专家对得出的初步结论加以评论，然后把这些意见分送给之前的各位专家，以便他们参考后修改自己的意见。

⑤ 重复步骤④，即将所有专家的修改意见再次搜集起来，汇总，再次分发给各位专家，逐轮搜集意见并为专家反馈信息。直到专家们的意见趋向一致，得到最终的结果。

（3）名义群体法

名义群体法（Nominal Group Technique）也是群体决策的方法。之所以叫做“名义群体法”，是因为这里的“群体”只是形式上的，参与者并不在一起讨论和协商，也不需要与群体达成一致意见，而是独立地审查所有提出的解决方案，并根据个人观点对这些方案按优劣进行排序，再进行秘密投票，每位成员都是完全单独地进行投票。过程如下：

① 选定参与者，先将待解决的问题告知他们，要求参与者在正式开始前，先写下自己的解决办法和观点。

② 正式讨论时，参与者逐一口头表述他的解决方法，并把方法和观点写出来以便其他参与者能看到。

③ 待每位参与者陈述完其解决方法和观点之后，群体成员单独地、匿名地对每个提出的解决方法和观点投票。

④ 票数最多的解决方法和观点即为所要的方案。

由此发展的一项新兴的方法是电子会议法，该方法的基本思想就是名义群体法，电子会议发是将名义群体法与尖端计算机技术相结合，要求人数众多（可多达 50 人）围坐在一张除了一系列计算机终端外别无他物的桌子旁。主办者将问题显示给决策参与者，决策参与者把自己的回答打在计算机屏幕上。个人评论和票数统计都投影在会议室内的屏幕上。这两种方法主要适用于对所要解决的问题存在分歧严重的决策。当然，管理人员对于最终票选的结果仍保留采用或拒绝的权力。

（4）阶梯法

使用阶梯法（Stepladder Technique）的目的也是尽量减少面对面接触而导致的对做出决策判断的影响。群体成员并不是在决策开始之前就全部聚集，而在决策的每个过程中逐个加入进来，这样可以避免新加入者的观点受到前面讨论者的影响。阶梯法的决策过程包括以下几步：

① 把待解决的问题提供给个体 A 和个体 B，让他们每个人提出一个单独的方案。

② A 和 B 随后碰面，并且提出一项联合意见。接着 C 加入。C 此时已经独立分析过这个问题，并且有了自己的解决方法。

③ A、B 和 C 联合讨论并达成一致意见，然后加入已经独立分析过且有了自己的方案的 D。

④ A、B、C 和 D 会面并达成一致意见，还可以加入新成员，直到达到最后的相对满意的群体决策。

（5）吹毛求疵法

吹毛求疵法（Devil's-advocate Approach）就是指一个方案的制定者或者支持者为提出的方案和建议来辩护，而另一个，也就是“吹毛求疵者”，被任命去准备一份详细的辩论材料，列举这个方法有什么缺陷、为什么它不能被采纳以及可能导致的不利后果等，双方就自己的观点展开辩论。这也能有效防止群体中某个成员控制或遏制讨论的过程和结果，同时从正反两方面考虑决策方案的科学性和合理性，及早发现问题并完善方案。

以上就是常见的几种定性决策的方法。由于决策成员的价值观和目标的多样化，加之各自的影响力及拥有的信息上存在的差异，因此在定性决策的过程中，关键就是结合实际情景，妥善解决这些问题，并激发决策参与者的创造力。

2. 定量决策方法

定量决策法是应用现代科学技术成就（如统计学、运筹学、管理科学、计算机等）和方法，对备选方案进行定量的分析计算，求出方案的损益值，然后选择满意方案的方法。定量决策法在战术决策、程序化决策、各种确定或不确定以及风险型等决策中运用较多。

管理者在计算方案的经济效果时要考虑到未来的情况。根据未来的情况的可控程度和所面临的问题的情况，活动方案的决策方法可分为三类：确定型问题下的定量决策方法、风险型问题下的定量决策方法和不确定型问题下的定量决策方法。下面着重介绍这三种问题下的定量决策方法。

（1）确定型问题下的定量决策法

确定型问题下的定量决策法，是指面对确定性结果的自然状态，明确这一决策下的备选方案有多少，知晓每个方案只有的一种确定性结果。在比较与选择活动方案时，如果未来情况只有一种并为管理人员所知晓，这时的问题就是确定型的，可以采用确定型决策方法。常用的确定型决策方法有线性规划和量本利分析法等。

① 线性规划。线性规划是指在一些线性等式或不等式的约束条件下，以此求解线性目标函数的最大值或最小值的方法。运用此方法是要建立数学模型：首先，确定影响目标大小的变量；其次，列出目标函数方程；再次，找出实现目标的约束条件；最后，找出使得目标函数达到最优的可行解，即该线性规划的最优解。

② 量本利分析法。量本利分析法又称为盈亏平衡分析法或保本分析法，是通过考察销售量或产量、成本和利润的关系以及盈亏变化的规律，掌握盈亏变化的临界点（保本点）而进行选择来为决策提供依据的方法。在应用量本利分析法时，关键是要找出企业保本产量，即不盈不亏的平衡产量。要找出这样的产量，可以应用图解法和代数法。

企业利润是销售收入扣除成本后的余额；销售收入是产品销售量与销售单价的乘积；产品成本包括工厂成本和销售费用在内的总成本，分为固定成本和变动成本。

（2）风险型问题下的定量决策方法

在比较和选择活动方案时，如果未来的情况不止一种，方案实施可能会出现几种不同的自然状态，管理人员也不知道哪种情况会发生，但是能够基于历史的数据或以前的经验推断出各种自然状态出现的概率即可能性，在这种情况下进行的决策方法就是风险型问题下的定量决策法。风险型定量决策常用的是决策树法。

决策树法是用树状图的方式来描述各种方案在不同情况下的收益，通过比较这些方案的获得收益的概率和收益的大小来做出决策的方法。

（3）不确定型问题下的定量决策方法

不确定型问题下的定量决策是面对不知道方案实施可能会出现的自然状态，对其所带来的后果也不能做出预计的状况下的决策。在比较和选择活动方案时，如果管理人员不知道未来情况有多少种，或者虽然知道有多少种情况但不知道每种情况发生的概率，这时应采用不确定型决策方法。常用的决策方法有等概率决策法、小中取大法、大中取大法、乐观原则决策法和最小最大后悔值法等。

① 等概率决策法认为，既然各种自然状态出现的概率无法预测，不妨按照机会均等的原则计算各方案的期望值，在此基础上做出选择。

② 小中取大法认为，在无法预测未来的情况下，对未来的情况不容乐观，应当采取保守的态度，以求稳定发展。因此，首先从各种方案中选出最小的收益值，然后在选出的最小收益值中选择最大的收益值，该收益值所对应的方案就是应该选择的方案。

③ 大中取大法认为，小中取大的方法太悲观，应该对未来持乐观的看法，认为未来会出现最好的自然状态，因此不管是采取哪种方案，都能获得该方案的最大收益。首先，计算出各方案在不同的自然状态下的收益，并找出各方案所带来的最大收益，即在最好自然状态下的收益，然后进行比较，选择在最好的自然状态下收益最大的方案作为要选择的方案。

④ 乐观原则决策法认为，小中取大法太保守，大中取大法又太冒险，因此采用折中的方法，先确定一个乐观系数作为主观概率 a，然后计算各方案的期望值

期望值=a×(方案 A 最好状态下的最大收益值)+$(1-a)$×(方案 A 最差状态下的最大收益值)

根据期望值的大小选择方案。

⑤ 最小最大后悔值法认为，各方案在不同自然状态下必有一个方案收益最大，若采取其他方案获得的收益较小就会后悔。因此，首先计算出各方案在不同自然状态下的后悔值，某方案在某自然状态下的后悔值等于该自然状态下的最大收益-该方案在该自然状态下的收益。然后确定每个方案的最大后悔值，最后在各方案最大后悔值进行比较，选择最大后悔值最小的方案作为所要的方案。

第四节　计划编制的工具与技术

一、滚动计划法

1．基本原理

滚动计划法是一种定期修订计划的方法，按照“近细远粗”的原则制定一定时期内的计划，然后按照计划的执行情况和环境的变化情况，调整和修订未来的计划，并逐期向后移动，把短期计划和中期计划结合起来。

由于在计划执行的过程中环境变化及具体的执行情况等都会与计划制定时的预测发生偏差，需要对计划做出必要的修正。滚动计划法的主要原理是：近期详细计划执行完毕后，根据计划的完成情况对原计划进行修正和细化，此后以此为原则，逐期滚动，每次修正都向前滚动一个时期，从而使战略计划与执行计划、长期计划与短期计划有机地协调起来，使得战略计划和长期计划这类比较宏观的计划能够适应不断变化的新情况。

在计划开始的第一阶段，计划的制定者必须搜集各种有关计划执行过程中出现的问题的信息，及时查明原因作为第二阶段计划修订的重要依据，依此类推，逐期修正。用滚动计划法编制长期计划的示意图如图 5-7 所示。

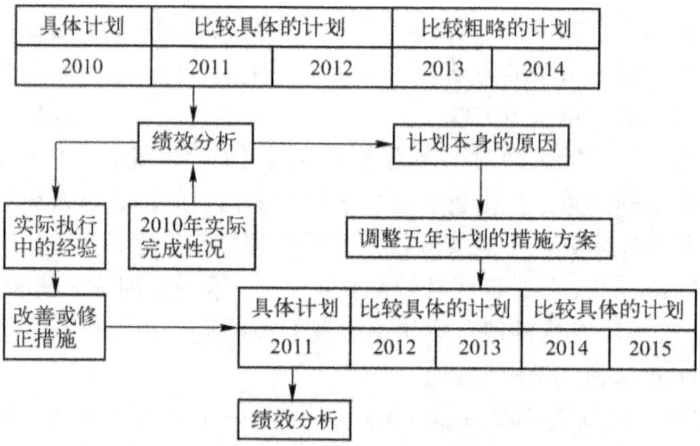

图 5-7　用滚动计划法编制长期计划示意图

2．优劣分析

（1）优势

① 适用范围广，适用于组织中的各种计划的编制与修订，可以是综合计划也可以是局部计划，可以是长期计划也可以是中期或短期计划。

② 缩短计划的预计时间，提高了计划的准确性。就长期计划而言，编制这种计划时对 3 年后的目标不需做出十分精确的规定，从而使计划在编制时有更多的时间对未来 1～2 年内的目标做出

更准确的规定。

③ 使长期、中期、短期计划更好地结合在一起。通过短期计划的实际执行情况，做出判断，再对下期计划进行修正，这就使短期计划与中期计划结合在一起。依此滚动修正又使中期计划与长期计划，本期 5 年计划与下一个 5 年计划的第一年计划相衔接，由此保证计划的连贯性。

④ 使计划更富有弹性。每个阶段的计划都是以上一阶段的实际情况再加上对未来环境状况的估计后修订的结果，使计划更能适应环境的变化。由于实际的情况与计划时的设想情况会出现偏差，这就要求对计划做出修正，管理人员可以通过调整预算来完成对计划的调整目标。常见的预算调整办法有两种：一是将预算与活动成果挂钩，即随着成果的不断产生和扩大，增加预算的下拨规模；二是滚动预算，即每隔一定时间对预算做出修正，使之更符合实际情况。

（2）劣势

① 确定滚动间隔期的难度较大。滚动计划法首先要确定滚动的间隔期，确保其适应企业的具体情况，这就需要结合企业现有的情况和所面临环境预测未来的情况，难度较大。

② 计划编辑工作的任务量加大。为使短期计划与中期、长期计划更好地结合，需要根据近期计划的实际完成情况和企业的具体情况调整下一步计划，这就加大了编辑计划的任务量，并且当计划调整较频繁时，会降低计划的严肃性，可能让员工觉得无所适从。

二、网络计划技术

网络计划技术是 20 世纪 50 年代后期在美国产生和发展起来的。1956 年，美国的一些工程师和数学家组成了一个专门小组首先开始这方面的研究。1958 年，美国海军武器计划处采用了计划评审技术，使北极星导弹过程的工期由原计划的 10 年缩短为 8 年。1961 年，美国国防部和国家航空署规定，凡承制军用品的必须用计划评审技术制定计划上报。这种办法包括各种以网络为基础制定计划的方法，如关键路径法、计划评审技术、组合网络法等。关键路径法（CPM）主要应用于以往在类似工程中已取得一定经验的承包工程，计划评审技术（PERT）更多地应用于研究与开发项目。从那时起，网络计划技术开始在组织的管理活动中被广泛应用。

1. 基本原理

网络计划技术的原理是利用网络图表达计划任务的进度安排及各项活动（或工作）间的相互关系，在此基础上进行网络分析，计算网络时间参数，找出关键活动和关键线路，同时利用时间差不断改善网络计划，求得工期、资源与费用的优化方案。在计划执行过程中，通过信息反馈进行监督与控制，以便用最少的人力、物力、财力资源，用最快的速度完成工作，保证达到预定的计划目标。

2. 基本内容

（1）网络图

网络图是网络计划技术的基础，是网络计划技术的图解模型，反映整个工程任务的分解和合成。分解，是指对工程任务的划分；合成，是指解决各项工作的协作与配合。分解和合成是解决各项工作之间，按逻辑关系的有机组成。任何一项任务都可以分解成许多步骤的工作，根据这些工作在时间上的衔接关系，用箭线表示它们的先后顺序，画出一个由各项工作相互关系，并注明所需时间的箭线图，这个图就称为网络图，如图 5-8 所示。

网络图由以下部分构成。

①“○”，事项，是两个工序间的连接点。事项既不消耗资源，也不占用时间，只表示前道工序结束、后道工序开始的瞬间。一个网络图中只有一个始点事项，一个终点事项。

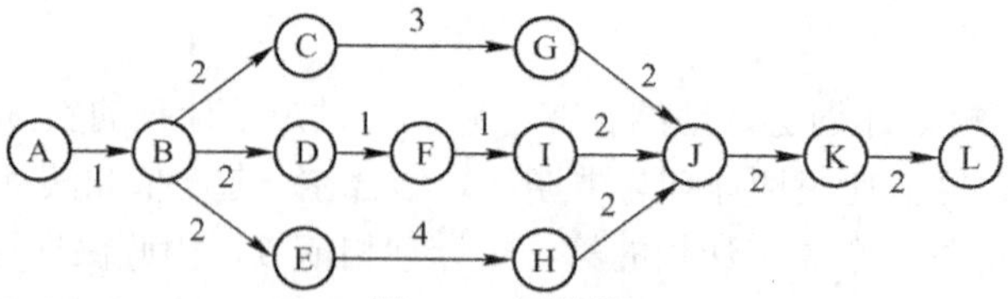

图 5-8 网络图

②“→”，工序，是一项工作的过程，有人力、物力参加，经过一段时间才能完成。图 5-8 中箭头下的数字就是完成该项工作所需要的时间。此外，还有一些虚工序是虚设的，既不占用时间，也不消耗资源。网络图中用虚设图是为了避免工序之间关系的含混不清，以清楚地表明工序之间先后衔接的逻辑关系。

③ 路线。路线是网络图中由始点事项开始，沿着箭头方向前进，连续不断地到达终点事项为止的一条通道。一个网络图中往往存在多条路线。

（2）时间参数

在实现整个工程任务过程中，包括人、事、物的运动状态。这种运动状态都是通过转化为时间函数来反映的。反映人、事、物的运动状态的时间参数包括：各项工作的作业时间、开工与完工的时间、工作之间的衔接时间、完成任务的机动时间、工程范围和总工期等。

（3）关键路线

通过计算网络图中的时间参数，求出工程工期并找出关键路径。在关键路线上的作业称为关键作业，这些作业完成的快慢直接影响着整个计划的工期。在计划执行过程中，关键作业是管理的重点，在时间和费用方面要严格控制。比较各路线的长度，可以找出一条或几条最长的路线，这种路线被称为关键路线。关键路线上的工序被称为关键工序。关键路线的路长就决定了整个计划任务所需要的时间。因此，网络计划技术的主要目的就是确定关键路线，再由此合理地安排各种组织资源，对各工序活动进行进度控制。

（4）网络优化

网络优化是指根据关键路线法，利用时差，不断改善网络计划的初始方案，在满足一定的约束条件下，寻求管理目标达到最优化的计划方案。网络优化是网络计划技术的主要内容之一，也是较其他计划方法优越的主要方面。

3．基本步骤

（1）确定目标

确定目标，是指决定将网络计划技术应用于哪个工程项目，并提出对工程项目和有关技术经济指标的具体要求。例如，在工期方面、成本费用方面要达到什么要求。依据企业现有的管理基础，掌握各方面的信息和情况，利用网络计划技术为实现工程项目，寻求最合适的方案。

（2）分解工程项目，列出作业明细表

一个工程项目是由许多作业组成的，在绘制网络图前要将工程项目分解成各项作业。作业项目划分的粗细程度视工程内容及不同单位要求而定。通常，作业所包含的内容多，范围大多可分粗些，反之则细些。作业项目分得细，网络图的结点和箭头线就多。对于上层领导机关，网络图可绘制得粗些，主要是统观全局、分析矛盾、掌握关键、协调工作、进行决策；对于基层单位，网络图就要绘制得细些，以便具体组织和指导工作。

在工程项目分解成作业的基础上，还要进行作业分析，以便明确先行作业（紧前作业）、平行作业和后续作业（紧后作业），即在该作业开始前，哪些作业必须先期完成，哪些作业可以同时平行地进行，哪些作业必须后期完成，或者在该作业进行的过程中，哪些作业可以与之平行交叉地进行。在划分作业项目后，便可计算和确定作业时间。一般采用单点估计或三点估计法，然后一并填入明细表中。

（3）绘制网络图，进行结点编号

根据作业时间明细表，可绘制网络图。网络图的绘制方法有顺推法和逆推法两种。

顺推法即从始点事项开始根据每项作业的直接紧后作业，依次绘出各项作业的箭头线，直至终点事项为止。逆推法即从终点事项开始，根据每项作业的紧前作业逆箭头前进方向逐一绘出各项作业的箭头线，直至始点事项为止。

同一项任务，用上述两种方法画出的网络图是相同的。一般，习惯于按反工艺顺序安排计划的企业，如机器制造企业采用逆推法较方便，建筑安装等企业则大多采用顺推法。

按照各项作业之间的关系绘制网络图后，要进行结点的编号。

（4）计算网络时间，确定关键路线

根据网络图和各项活动的作业时间，就可以计算出全部网络时间和时差，并确定关键线路。具体计算网络时间并不太难，但比较烦琐。在实际工作中影响计划的因素很多，要耗费很多的人力和时间。因此，只有采用计算机才能对计划进行局部或全部调整，这也为推广应用网络计划技术提出了新内容和新要求。

（5）进行网络计划方案的优化

找出关键路径，就初步确定了完成整个计划任务所需要的工期。这个总工期是否符合合同或计划规定的时间要求，是否与计划期的劳动力、物资供应、成本费用等计划指标相适应，需要进一步综合平衡，通过优化，择取最优方案。然后正式绘制网络图，编制各种进度表，以及工程预算等各种计划文件。网络计划的优化方法主要有 3 种。

① 时间优化：在人力、物力、财力等条件基本上有保证的前提下，寻求缩短工程周期的措施，使工程周期符合目标工期的要求，主要包括压缩活动时间、进行活动分解和利用时间差三个途径。

② 时间 - 费用优化：指找出一个缩短项目工期的方案，使得项目完成所需总费用最低，并遵循：关键线路上的活动优先，直接费用变化率小的活动优先，逐次压缩活动的作业时间以不超过赶工时间为限这三个基本原则。

③ 时间 - 资源优化，分为两种情况：第一，在资源一定的条件下，寻求最短工期；第二，在工期一定的条件下，寻求工期与资源的最佳结合。

（6）网络计划的贯彻执行

编制网络计划仅仅是计划工作的开始。计划工作不仅要正确地编制计划，更重要的是组织计划的实施。要贯彻执行网络计划，需要发动群众讨论计划，加强生产管理工作，采取切实有效的措施，保证计划任务的完成。可以利用计算机对网络计划的执行进行监督、控制和调整，只要将网络计划及执行情况输入计算机，计算机能自动运算、调整，并输出结果，以指导生产。

4．优劣分析

（1）优势

① 该技术能清晰地表明整个过程的各项目的时间顺序和相互关系，并指出要完成这些任务的关键环节和路线。因此，管理人员在制定计划时可以统筹安排，全面考虑，针对重点进行重点管理。

② 对任务的时间进度与资源利用实施优化。在计划实施过程中，管理人员调动非关键路线的人力、物力和财力从事关键作业，进行综合平衡。

③ 对达到目标的可能性进行事先的评价。该技术指出了在计划实施过程中可能发生的困难点，以及这些困难点对整个任务产生的影响，以便准备好应急措施，从而减少完不成任务的风险。

④ 便于组织和控制。管理人员可以将工程，特别是大型的负责工程，分成许多部分来分别组织和实施，既总体上协调，又抓住局部。

（2）劣势

① 对操作人员的专业素质及技术能力要求高。

② 分解工程项目困难，任务量较大。

③ 在网络计划编制过程中，各项时间参数计算比较烦琐，如绘制劳动力和资源需要量的曲线比较困难。

三、零基预算法

1．基本原理

零基预算法1952年起源于美国。1979年，美国联邦政府开始全面采用这一方法编制预算。零基预算法主要是指组织的每个预算年度开始时，对于所有的预算支出，均以零为基底，从现在重新开始，即从零开始，不考虑以往情况如何，从根本上研究分析每项预算是否有支出的必要和支出数额的大小。根据组织目标，重新审查各项活动对实现组织目标的意义和效果，并在成本－效益分析的基础上重新安排各项管理活动的先后次序，再根据重新排出的先后次序分配资金和其他各项资源。零基预算法不仅可以用于计划，也是组织控制的方法。本章主要介绍其在计划职能中的应用，其在控制职能中具体的应用将在第19章中详细介绍。

2．基本步骤

实施零基预算一般分为以下几个步骤。

① 划分和确定基层预算单位。组织中各基层业务单位通常被视为能独立编制预算的基层单位。

② 编制本单位的费用预算方案。由组织提出总体目标，然后各基层预算单位根据企业的总目标和自身的责任目标出发，编制本单位为实现上述目标而需的费用预算方案，在方案中必须详细说明项目的目的、性质、作用，以及需要开支的费用数额。

③ 进行成本－效益分析。基层预算单位按下达的“预算年度业务活动计划”，确认预算期内需要进行的业务项目及其费用开支后，管理层对每个项目所需的费用和所得收益进行比较分析，权衡轻重，区分层次，划出等级，挑出先后。基层预算单位的业务项目一般分为三个层次：第一个层次是必要项目，即非进行不可的项目；第二个层次是需要项目，即有助于提高质量和效益的项目；第三个层次是改善工作条件的项目。进行成本－效益分析的目的在于判断基层预算单位各项目费用开支的合理程度、先后顺序及对本单位业务活动的影响。

④ 审核分配资金。根据预算项目的层次、等级和次序，按照预算期可动用的资金及其来源，依据项目的轻重缓急次序，分配资金，落实预算。

⑤ 编制并执行预算。资金分配方案确定后，就可编制零基预算正式稿，经批准后下达执行。在执行中，遇到偏离预算的地方要及时纠正，遇到特殊情况要及时修正，遇到预算本身问题要找出原因，总结经验，加以提高。

3．实施时需要注意的问题

① 对各项管理活动和具体的项目进行评价和编制时，部门管理人员必须对组织有透彻的了解，正确判断行动的必要性。

② 在编制行动方案的预算时，要按照行动方案的先后次序对组织的资源进行分配。

③ 负责最后审核和批准的组织高层管理人员，必须了解该行动方案的预算由来，以便判断预

算的合理性。

4．优劣分析

（1）优势

① 提供准确的资料，便于评估行动方案的合理性。每项业务经过成本－效益分析，可以准确全面地计算出各种数据，为计划提供各种准确的资料，集中优势资源到关键行动方案上，合理分配资源，减少资源投入的盲目性。

② 有利于提高员工的“投入－产出”意识，调动员工积极性和主动性。传统的预算编制主要由专业人员完成。零基预算是以“零”为起点观察和分析所有业务活动的，并且不考虑过去的支出水平，因此，需要动员企业的全体员工参与预算编制，使企业内部情况易于沟通和协调，企业整体目标更趋明确，多业务项目的轻重缓急容易得到共识，这样使得不合理的因素不能继续保留下去，从投入开始减少浪费，通过成本－效益分析，提高产出水平，从而能使投入产出意识得以增强。同时，发挥基层单位参与预算编制的创造性，有助于调动基层单位参与预算编制的主动性、积极性。

③ 预先控制，及时纠正，提高预算管理水平。零基预算法实际上是把管理控制的重点从传统的现场控制和反馈控制转向前馈控制即预先控制，在计划行动方案制定之初就确定了控制标准，而这种控制又具有弹性，增强了组织的应变能力。零基预算法极大地增加了预算的透明度，预算支出中的人头经费和专项经费一目了然，预算会更加切合实际，会更好地起到控制作用，整个预算的编制和执行也能逐步规范，预算管理水平也会得以提高。

（2）劣势

尽管零基预算法与传统的预算方法相比有很多创新，但在实际运用中仍存在一些“瓶颈”。

① 由于一切工作从“零”做起，因此采用零基预算法编制工作量大、费用相对较高。

② 分层、排序和资金分配时，可能有主观影响，容易引起部门之间的矛盾。

③ 任何单位工作项目的“轻重缓急”都是相对的，过分强调当前的项目，可能是有关人员只注重短期利益，忽视本单位作为一个整体的长远利益。

四、项目管理

1．基本内容

项目是指在一定的约束条件下（主要是限定时间、限定资源），具有明确目标的一次性任务。项目是一件事情、一项独一无二的任务，也可以理解为是在一定的时间和一定的预算内所要达到的预期目的。项目侧重于过程，它是一个动态的概念，如可以把一条高速公路的建设过程视为项目，但不可以把高速公路本身称为项目，项目之间可能存在规模和范围等不同。

项目管理即针对项目的管理是使项目在符合规范的前提下，在预算范围内，按照预计时间开展的一种计划编制技术。项目管理是为了满足甚至超越项目涉及人员及人员对项目的需求和期望而将理论知识、技能、工具和技巧应用到项目活动中去，从而寻找平衡时间、范围、成本和质量之间的联系。管理者主要通过制定具体的项目计划来实现对项目的管理。项目计划是指项目组织根据项目目标的规定，对项目实施工作进行的各项活动做出周密的安排。项目计划围绕项目目标的完成系统地确认项目的任务、安排任务进度、编制完成任务所需要的资源预算等。项目计划的一般分类如下。

（1）按项目计划的详细程序划分

项目计划按不同的详细程序或者说层次可划分为里程碑计划、实施计划和进度计划。每种项目计划都是为完成一个项目管理工作而安排的具体内容。

① 里程碑计划。里程碑计划是确定项目的关键交付物或者项目交付产品的具体时间表。里程碑计划可以看做一个项目在初级阶段绘制的蓝图，是对项目完成时间及项目产品交付时间的计划。里程碑计划可以直接在日历上用一个星号或者一个三角形加以表示。

② 实施计划。实施计划表现为整个项目实施的所有步骤，包括项目管理的各个方面。它涉及要完成的目标及其相应的工作，以及怎样为保证工作的实施提供相应的领导支持和指导。实施计划包括进度计划和成本预算、成本管理计划与风险管理计划等。

③ 进度计划。进度计划就是根据项目实施具体的日程安排，规划整个工作进展。也可以把它称为项目初步计划、详细计划或者整体计划和子计划等。

（2）按使用对象划分

项目计划可以按不同的使用对象进行划分。使用对象可以分为内部使用者和外部使用者，因此项目计划可以划分为内部项目计划和外部项目计划。

① 内部项目计划。内部项目计划主要提供给项目计划的内部使用者，因此需要详细记录计划执行过程中所需要的资源及人员，把任务分解给每个细小责任主体，确定每个小任务的起始时间与完成时间及每个任务之间的前导后续的关系，对任务执行的过程进行详细的控制和管理。

② 外部项目计划。外部项目计划主要提供给项目计划的外部使用者。因为外部使用者不关心任务完成的细节，他们只关心每项任务在最后完成时间内能够按质保量地完成，也不关心任务到底由组织的具体哪个人完成。所以，只需要提出任务是由某个组织完成的，以及完成的时间即可。

一般组织中开展的项目是由项目团队主要负责实施的，团队成员可能来自于各自的工作领域，由于此项目而抽调出来组成，并设立项目主要负责人。当完成一个项目之后，该团队就可以解散，团队成员回到以前工作的领域或者开展另一个新的项目。需要说明的是，项目团队的主要负责人这一角色是具有挑战性的，对其能力要求也比较高，要求能够协调来自不同领域的成员，整合他们的行动来完成项目目标。

2．流程

项目管理的流程如图 5-9 所示。

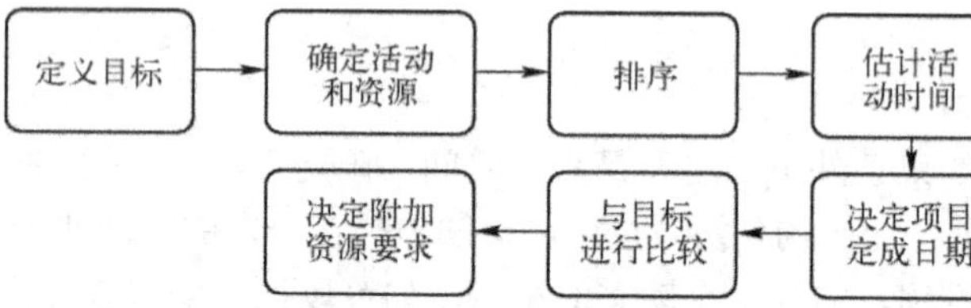

图 5-9　项目管理的流程

首先，要清楚地定义项目的目标，项目团队成员由此了解组织对他们的期望。其次，在目标确定之后要讨论怎么样实现目标，确定完成目标的活动和需要的人力、物力、财力等资源。这些得以确认之后，需要决定活动的完成顺序，对各项活动进行优先次序的排列，编制流程图。再次，要对每项活动的所需时间进行估计，由此编制整个项目的进度计划，包括活动的起始和完成时间，同时将项目活动按照进度计划与之前定义的目标进行比较，根据实际的情况做出必要的调整。最后，根据项目完成的情况，在一些关键活动中可能会要求附加的资源，项目主管人员应权衡之后再次分配资源，以便这些活动更好地完成。

案例 5-4
利原公司的项目管理

本章小结

① 计划是管理的首要职能。计划即确定组织目标，并列出为达到目标而要求开展的一系列工作。在组织系统中，计划本身是贯穿于组织系统的各个方面的，贯穿于组织活动的始终，具有目的性、首位性、普遍性和效益性。

② 计划的层次体系主要分为宗旨或使命、目的或目标、战略、政策、程序、规章、规划、预算。它们是相互关联的多层次关系。

③ 计划按照不同的标准划分为不同的种类。按照涉及的时间长短分为长期计划、中期计划和短期计划。按照组织职能分为财务计划、业务计划和人事计划。按照涉及的范围分为战略性计划和战术性计划。按照计划涉及的综合程度分为综合计划和专项计划。按照计划内容的明确程度分为纲领性计划和具体性计划。按照使用的频率分为常设计划和应变计划。按照计划对执行者约束力的大小分为指令性计划和指导性计划。

④ 计划在制定和实施时都会受到不同因素的影响，包括组织生命周期、组织层次、环境的不确定性、许诺期限等。

⑤ 计划的制定流程包括描述组织使命、审视环境和发现机会、确定组织目标、确定前提条件、制定、评估和挑选备选方案、制定派生计划和为计划编制预算。

⑥ 预测即估计未来环境，具体而言，就是估计现在事件的未来结果或未来事件。

⑦ 预测的作用表现在：可提高管理活动的预见性，有利于计划制定的统一，更好地实现计划，有助于控制与纠正在计划实施过程中出现的问题。

⑧ 预测的制定包括：明确计划目标与制定预测计划，收集整理资料并加以分析，选定预测的方法构建预测模型和做出预测，分析检验预测结果和修正预测模型，得出预测结果并提交预测报告等五大步骤。

⑨ 预测的方法包括：定量预测方法和定性预测方法。其中，定量预测方法有时间序列分析法、因果分析预测法等，而定性预测方法有头脑风暴法、德尔菲法等。

⑩ 预测应该考虑的因素有：预测的期限，数据的可用性，可用的手段，时间与费用、预测人员的能力等。

⑪ 决策是指组织在制定目标之后，在为实现目标而制定一系列的方案中，对指导具体行动的备选方案进行选择的过程。

⑫ 科学的决策要求遵循一定的原则：合理原则、层级原则、集体决策与个人决策相结合的原则、系统原则。

⑬ 古典决策理论又称规范决策理论，是基于"经济人"假设而提出来的一种决策理论，其假设作为决策者的管理者是完全理性的，决策环境条件的稳定与否是可以被改变的，在决策者充分了解有关信息情报的情况下，是完全可以做出完成组织目标的最佳决策。

⑭ 行为决策理论以西蒙的有限理性决策理论为代表。西蒙认为完全的"理性人"是不存在的，实际生活中的人是"有限理性人"。提出了决策的满意原则，即决策的结果是一个满意决策，一个"足够好"的决策，而不是一个最优决策。

⑮ 科学的决策程序包括：识别问题、确定目标；确定标准；分配权重；拟定备选方案；评价备选方案；选择方案；实施所选方案；评估方案结果。

⑯ 决策的方法按照性质不同分为定性决策和定量决策。定性决策方法主要有头脑风暴法、德尔菲法、名义群体法、阶梯法和吹毛求疵法等。在定量决策方法中，根据面临的问题的性质不同，可把活动方案的决策方法分为 3 类：确定型问题下的定量决策方法、风险型问题下的定量决策方法和不确定型问题下的定量决策方法。

⑰ 编制计划的工具和技术主要有滚动计划法、网络计划技术、零基预算法、项目管理等。滚动计划法是一种定期修订未来计划的方法。网络计划技术把一项工作或项目分成各种作业，然后根据作业顺序进行排列，通过网络图对整个工作或项目进行统筹规划和控制，以便用最少的人力、物力、财力资源，用最快的速度完成工作。零基预算法是指组织在每个预算年度开始时，不考虑过去，从零开始，根据组织目标，重新审查各

项活动对实现组织目标的意义和效果，并在成本—效益分析的基础之上重新安排各项管理活动的先后次序，再根据重新排出的先后次序分配资金和其他各项资源。项目管理是针对项目的管理，是使项目在符合规范的前提下，在预算范围之内，按照预计时间开展的一种计划编制技术。

重要概念

计划	使命	政策
规章	战略性计划	战术性计划
预测	决策	确定型决策
风险型决策	非确定型决策	头脑风暴法
德尔菲法	滚动计划法	网络计划技术
关键路径	零基预算法	项目管理

习 题 5

1. 联系实际，说明计划职能在组织管理中的重要性。
2. 阐述计划的性质和作用。
3. 试述计划有哪些分类。
4. 说明影响计划的因素。
5. 说明预测的含义和选择预测方法需要考虑的因素。
6. 阐述计划的流程，并思考预测、决策和计划各自的作用。
7. 管理与决策是一种什么样的关系？如何理解“管理就是决策”这一说法？
8. 你认为，西蒙的决策理论对现今有什么意义？
9. 简述头脑风暴法和德尔菲法的操作过程。
10. 请回想一下自己曾做过的最好和最差决策，并分析原因。
11. 试述滚动计划法的主要原理及其适用范围。
12. 试述网络计划技术的主要原理及其难点。
13. 试述零基预算法的主要原理。

案例分析

通用电气：全局性计划的制定与演变

通用电气公司是美国最大的电器公司。该公司拥有职工近40万人，制造、销售和维修的产品约13万种，其中包括飞机引擎、核子反应堆、医疗器械、塑料和家用电器等，业务范围遍及144个国家和地区。1978年，公司的销售额约达200亿美元，利润超过了10亿美元，其中40%来自国际市场。

（1）制定计划的由来

由于通用电气公司的规模越来越大，产品的种类越来越多样化，公司在经营管理上，面临着以下几个关键问题：① 冒一定的风险，使利润迅速增长，还是使利润持续不断地低速增长？② 需要一个分权式的组织机构以保持组织上的灵活性，还是建立一个集权式的组织机构以加强对整个公司的控制？③ 如何对付环境、技术和国际等方面的新挑战？经过研究，公司选择了利润高速增长的经营战略，这意味着即使在经济衰退时期，也要使利润持续不断地增长。为了做到这一点，该公司在业务上保持了多种经营方式，以抵消经济危机对某些业务的影响。为此，又需要一个分权的组织机构，以促使下属各单位不断地改进经营管理并使利润增长。但是，怎样管理这样一个机构，并对付来自环境、政治、经济、技术和国际等方面的各种挑战呢？通用电气公司的答案是，需要制定全局性计划。鉴于上述情况，通用电气公司开始革故鼎新。20世纪70年代初期，公司开始制定全局性计划，并建立了一套用于制定全局性计划的机构、程序和原则。

（2）制定计划的机构、程序和原则

从组织机构上来说，通用电气公司在传统的事业部和大组的机构上又建立了一种制定计划的机构——战略（计划）经营单位。这些经营单位的规模不一，大组、部、部门都可成为战略经营单位。在全公司共建立了43个战略（计划）经营单位。从定义上来说，一个战略计划经营单位，必须有一致的业务，相同的竞争对象，有市场重点及所有的主要业务职能（制造、设计、财务和经销），所有这些都由战略（计划）经营单位的经理负责。在建立了战略计划经营单位之后，通用电气公司就形成了双重机构和双重任务，即新建的战略（计划）经营单位是计划机构，其职责是制定战略，原有组织机构的任务是执行战略。

这种把生产组织和计划机构分开的思想，也应用在其他方面。例如，生产食品加工设备、特种电子元件和特种变压器。各部和事业部被划入一个工业零件大组，但在这些产品之间并没有战略上的共同点。每个部和事业部都在它独特的领域内进行生产，每个部和事业部都是一个战略（计划）经营单位，并制定自己的战略性计划。但是，将这些部和事业部划进工业零件大组的目的是，为了便于在生产上进行控制，而不是为了成为一个制定计划的机构。

建立了制定计划机构之后，下一步就是采用一种制定计划的程序。制定战略计划的程序需要一步一步地进行分析。例如，当观察外界环境时，通用电气公司会考虑社会、经济、政治和技术发展趋势，在过去和将来如何影响市场、顾客、竞争对手和供应厂商，并由此可找出发展机会和对公司的威胁。当分析本公司的资源时，应考虑本公司酝酿、设计、

分析生产、销售、资金和管理等方面的能力，由此可以找出本公司的强点和弱点。当分析企业目标时，应考虑公司股东、贷方、顾客、雇员、供应厂商、政府和社会的期望，并辨别出每一个因素如何指导或限制企业的发展。总之，这个过程所强调的是进行全面的分析，在分析时将一切因素都考虑进去。该公司认为，经过这种分析，就会得出非常有效的战略。

制定计划过程中的各个分析步骤也使通用电气公司找到了发展业务和进行多样化生产的机会。通用电气公司下属的战略计划经营单位下决心兼并了考克斯广播公司，这使得通用电气公司在广播和可视电话方面有了新的市场。公司之所以如此快地进行这次兼并，是因为经过战略性分析，预计在这方面有发展机会。

同样，对犹他国际公司的兼并，也是出自战略上的考虑。这次兼并使得通用电气公司加强了自己在能源和工业原料供应方面的地位。在采用了上述制定计划的程序之后，还需要规定一些共同遵守的原则，以保证计划的制定。这些原则可以从以下几个方面加以说明。

① 所有管理人员都要参与计划的制定和学习。通用电气公司的320名高级管理人员，要集中4天时间研究和制定计划。428名未来的计划人员，要集中用两周时间全部完成计划的制定工作。全公司1万名各级经理人员，要接受一天了解计划的视听训练。公司认为，这样做的时间代价虽大，但却是成功的关键。

② 制定计划时间表，以便对各种计划进行检查，并通过预算对不同的发展机会分配公司的资源。对计划的审查是为了使其付诸实施，通过预算对不同的发展机会分配资源，是为了从物质上保证计划的实施。

③ 用投资矩阵图（又称业务屏幕）来声明投资的轻重缓急。每年通用电气公司都用投资矩阵图安排自己的投资。计划经营单位用顶部的横轴估计工业的吸引力，用左侧的纵轴来估价自己的企业在该行业中的竞争力。对投资增长类的企业，在投资时予以优先照顾；对选择增长类的企业（还有一定发展前途的企业），在投资时排在第2位；而对选择赢利类的企业，则要求它们在投资同利润之间保持平衡；对业务萎缩类的企业，则逐渐撤回投资。公司认为，关键的问题是如何衡量工业的吸引力和企业本身的力量。为了解决这个问题，公司应用了多种因素估计表。对于外界各因素和企业本身的力量有了精确的估价后，计划经营单位的经理就有了做出投资决策的信心。

④ 对计划经营单位的经理实行奖励制度。对计划经营单位经理的考核，主要是看这些经理对通用电气公司的全面贡献如何。对投资增长类的企业经理，如果他们的行动和计划能为全公司带来长远利益，他

们会得到更多的奖励。另一方面，对业务萎缩类企业的经理，奖励的多少主要看这些经理能否在短期内为公司赚到更多的利润。把奖励与战略性的任务联系起来，有助于克服那种不顾企业本身的实际潜力而使业务盲目扩大的倾向。

（3）20世纪90年代的全局性计划管理

通用电气公司在20世纪80年代制定计划所取得的成功，促使公司走向90年代的全局性计划管理。为了应付迅速变化的外界环境，公司将保留计划机构和生产组织这种双重机构。为了应付日益扩大的规模，公司建立了一个新的管理层——大部。这个管理层介于公司执行办公室和每个单独的计划经营单位之间。全公司共6个大部，即消费品和服务大部、工业产品和零件大部、动力系统大部、国际部、技术系统材料大部和犹他国际公司。其中，规模最小的犹他国际公司，年销售额约为10亿美元，其他大部有的年销售额超过40亿美元。大部的经理对下属各计划经营单位的经营好坏负有责任。大部经理负有审查下属各计划经营单位的责任，并负责制定大部计划。大部的计划不仅包括向各计划业务单位分配资源，而且还要在各计划经营单位所主管的业务范围之外制定业务发展计划。为了处理更复杂的情况，公司将原来在一个管理层制定战略性计划的做法，扩大到在若干个管理层制定战略性计划，甚至在不同的业务之间制定战略性计划。

现在公司除有40～50个战略（计划）经营单位的计划外，还有6个大部的战略性计划和1个全公司的战略性计划。这些上层的计划并不是下层计划简单的综合。每个管理层的计划都有不同的范畴。例如，如果整个公司的增长指标快于国民生产总值，那么消费品和服务大部的增长指标就应该快于国民生产总值中的消费品部门，生产电视机的战略计划经营单位的增长指标就应该快于整个电视工业。公司认为，不同范围、新增添的价值和统一的指标，这三者是制定多层次战略性计划的中心思想，也是在统一的指标下进行分权管理的中心思想。

处理复杂业务的第二个办法是在多种业务之间制定战略性计划，形式之一是制定资源计划。在公司和大部一级，公司对各种不同业务部门的职能——财务、人事、技术、生产和销售等进行观察，以求找出节省资源的方法。

在各种业务之间统一计划的第三个方法是进行国际协调。通用电气公司正试图将世界范围的计划协调起来，并采用一种正式的程序进行协调。

通用电气公司认为，从20世纪70年代的分权管理发展到80年代的战略性计划的制定，又发展到90年代的战略性经营管理，由于这种管理制度的演变适应了公司规模和经营多样化的发展，因而给公司带来了巨大利益。为了管理像通用电气公司这样规模巨大的和多样化的企业，他们还在继续研究新的管理方法。但通用电气公司认为，管理程序、管理结构固然重要，同样重要的是需要有一批经理，这些处于各阶层的经理能够从战略上去思考问题。

资料来源：畅享网 http://www.vsharing.com

思考题：

1. 分析通用电气公司20世纪70年代、80年代、90年代各阶段的计划制定依据是什么？
2. 通用电气公司各阶段的计划对其公司成功的贡献体现在什么地方？有什么值得其他组织借鉴的经验？

第 6 章

目标管理

学习导图

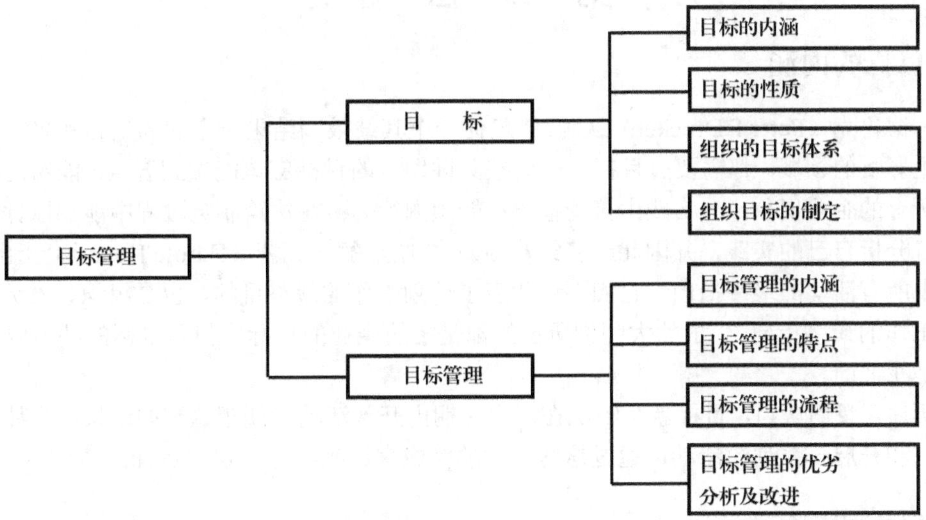

开篇案例

马拉松运动员的故事

山田本一是日本著名的马拉松运动员。他曾在 1984 年和 1987 年的国际马拉松比赛中两次夺得世界冠军。记者问他凭什么取得如此惊人的成绩，山田本一总是回答："凭智慧战胜对手！"大家都知道，马拉松比赛主要是运动员体力和耐力的较量，爆发力、速度和技巧都还在其次。因此对山田本一的回答，许多人觉得他是在故弄玄虚。

10 年之后，这个谜底被揭开了。山田本一在自传中写道："每次比赛之前，我都要乘车把比赛的路线仔细地看一遍，并把沿途比较醒目的标志画下来，比如第一标志是银行；第二标志是一个古怪的大树；第三标志是一座高楼……这样一直画到赛程的结束。比赛开始后，我就以百米的速度奋力地向第一个目标冲去，到达第一个目标后，我又以同样的速度向第二个目标冲去。40 多千米的赛程被我分解成几个小目标，跑起来就轻松多了。开始我把我的目标定在终点线的旗帜上，结果当我跑到十几千米的时候就疲惫不堪了，因为我被前面那段遥远的路吓倒了。"

制定目标的时候要有最终目标，如成为世界冠军更要有明确的绩效目标，在某个时间内成绩提高多少。最终目标是宏大的，引领方向，同时目标是需要分解的，绩效目标就是一个具体的、有明确衡量标准的目标。比如，在 4 个月内把跑步成绩提高 1 秒，这就是目标分分解。绩效目标可以进一步分解，如在第一个月内提高 0.03 秒等。同理，对于组织来说，当目标被清晰地分解了，目标的激励作用就显现了，当组织实现了一个目标的时候，员工们就及时地得到了一个正面激励，这对于培养员工挑战目标的信心的作用是非常巨大的！

资料来源：成长中国网 http://www.cngrow.com

目标能为组织的活动指明方向，同时能为组织生存和发展提供强大的动力，激励组织员工为实现目标而努力奋斗。围绕组织目标而开展的目标管理，是为实现目标而进行的管理，是为贯彻落实组织目标而进行的目标分解和组合的管理活动，服务于组织目标的最终实现。

第一节 目 标

一、目标的内涵

彼得·德鲁克（Peter F.Drucker）认为："任何一个其绩效和结果对企业的生存和兴旺有着直接和举足轻重影响的领域，都需要有目标……这些关键领域的目标应该能做到五点：能用简洁易懂的语言说明所有的企业现象；在实践中接受检验；能预测行为；在决策制定过程中能加以评估；能让实际经营者分析自己的实践，并因此改善经营绩效。"哈罗德·孔茨（Harold Koontz）指出："目标是指企业中所有活动的最终指向。它们不仅代表了计划工作的最终目的，也是组织、人员配置、领导和控制工作的最终指向。"虽然大师们所说的都是指的企业的目标，但是目标的基本内涵在任何组织中都是相似的。

综上所述，我们认为，目标就是组织在一定时期内开展活动所期望达到的结果。这种期望指引着组织计划和开展一系列的活动，通过这些活动的完成来达到事先确定的目标。

二、目标的性质

由于组织中作为任务分配、自我管理、业绩考核和奖惩实施的目标具有多样性，为了协调组织各种各样的目标，在制定目标之前，必须明确目标的一些基本属性。组织目标具有层次性、网络性、多样性、可考核性、可接受性、挑战性和伴随信息反馈性等属性。

1. 目标的层次性

从组织结构的角度分析，组织目标是分层次、分等级的。在组织的目标层次体系中，顶层是组织的使命或愿景陈述，接着是组织的总目标、战略。在一般情况下，组织的总目标和战略更多地指向组织较远的未来，并且为组织的未来提供行动框架。要实现组织的总目标和战略，这些行动框架必须进一步被细化为更多的具体的行动目标和行动方案，如分公司的目标、部门和单位的目标、个人目标等。

不同层次的主管人员参与不同类型目标的建立。董事会和最高层主管人员主要参与确定企业的使命和愿景陈述，也参与确定在关键成果领域中更多的具体的总目标。中层主管人员如副总经理、营销经理或生产经理，主要是建立关键成果领域的目标、分公司的和部门的目标。基层主管人员主要关心部门和单位的目标以及他们的下级人员目标的制定。组织中任何层次的人员都应该有业绩和个人发展目标。

2．目标的网络性

目标网络是指整体规划和协调实现目标的活动的实施，使得总目标和分目标按照一定的网络的方式互相连接，构成一个目标网络，即目标与目标之间、左右关联、上下贯通，彼此呼应，融合成一个整体。

目标网络的内涵主要表现为以下三点。首先，目标之间形成的是互相联系的网络，并非是线性关系，即不是一个目标实现后才接着去实现另一个目标，而可能是同时进行的。其次，为了实现目标，要求目标网络中的每个组成部分要相互协调。组织中的各部门在制定自己部门的目标时，必须与其他部门协调，避免利益冲突。最后，组织制定各种目标时，要先考量实现目标的约束因素，如组织的物质资源和人力资源限制、计划完成时间等的限制，确保目标与这些约束因素相协调。

3．目标的多样性

组织的总目标应该是明确的，也具有多样性的特点。例如，工商企业除了追求利润外，还追求增加市场份额和满足雇员的福利。同样，目标层次中的每个层次，都可能会有多个具体的目标。由于目标的多样性，过多的目标可能会使组织内管理人员和员工应接不暇，从而顾此失彼，造成过多地注重小目标而有损主要目标的实现。所以对各个目标的相对重要程度进行区分，并且按照优先次序开展相应活动是很重要的。

4．目标的可考核性

目标的可考核性是指所定的目标必须明确，不能模棱两可。如果目标不具有可考核性，也就失去了目标的作用，进而计划的作用也大大降低了。一般来说，目标有定性目标和定量目标。定性目标不好把握，常常表现出模糊的一面。相比而言，定量的目标就比较明确。活动前期就设定量化指标，即指标的内容、相应的权重或分值，在开展目标活动之后，目标的考核就相对容易。如组织制定的目标是“获取合理利润”，指出公司需获得利润，但它并没有清楚地表明组织应该取得多少利润。那么在组织中不同成员的思想里，所理解的“合理”就会有区别，对于上级管理人员认为是合理的利润，可能完全不被下级员工所接受。如果将此目标明确地定量为“在本会计年度终了时实现投资收益率 12%”，那么就对“什么活动”、“何时完成”、“完成多少”都做出了明确的回答，避免了理解不一致造成的误解或矛盾。因此，制定目标要尽可能保证目标的明确性、可考核性。

5．目标的可接受性

根据美国管理心理学家维克多·弗鲁姆（Victor Vroom）的期望理论，人们在工作中的积极性或努力程度（激发力量）是期望值和效价的乘积。期望值是指人们对自己能够顺利完成这项工作可能性的估计，即对工作目标能够实现的概率的估计。效价是指一个人对某项工作及其结果（可实现的目标）能够给自己带来满足程度的评价，即对工作目标价值（有用性）的评价。对一个目标完成者来说，如果目标大大地超过其能力所及的范围，即无论他怎么努力都达不到，实现目标的概率过低，则该目标对其没有激励作用。因此，要想一个目标对其组织成员产生一定的激发作用，这个目标必须是其可接受的，是可以完成的。

6．目标的挑战性

对组织成员来说，如果目标制定得过低，完成目标是一件轻而易举的事情，并且目标完成后所达到的工作结果对执行者也没有多大意义，甚至对组织也没有多大影响，那么组织成员在工作完成后的成就感不强，在开展活动时就没有动力去完成该项工作。所以，目标制定时要加入适度的挑战性，激励组织成员努力实现。

目标的可接受性和挑战性是对立统一的关系，不能完全割裂。在实际工作中，制定目标时要根据组织成员的能力、个性和相关需求等特征，兼顾可接受性和适度挑战性，协调两者之间的关系。

7．目标的伴随信息反馈性

信息反馈是指在目标管理过程中，把目标相关情况，如目标的设置情况、目标实施情况和完成情况，不断地反馈给目标设置和实施的参与者，让成员及时知道组织对自己的要求、自己的贡献情况和距离最终实现目标的差距等。组织建立了目标再加上反馈这一程序，对进一步改善员工的工作表现有积极的作用。

三、组织的目标体系

组织必须有一个明确的、贯穿于各项活动的统一目标，而统一目标通常又分解为若干子目标，这些统一目标和子目标之间就构成一个有层次结构的目标体系。例如，一家企业的总体目标要包括：保持一定的利润率和投资回收率，保持开发专利产品的重点研究，使产品占有国外市场，保证高档产品的竞争价格，达到本行业中的竞争优势地位等。在组织的总目标之下常常有几个层次的分目标，构成分层目标的体系。各层次的指标相互联系、相互制约、共同反映组织的整体特征。

组织为了使组织目标成为各部门、各成员的行动指南，会对组织目标做进一步的分解，分等分层形成从广泛的目标到具体特定的个人目标的组织目标体系。例如，将总目标层层分解为一级目标、二级目标等。这样，组织中的每个层次和岗位的员工都能明确知道他们需要做些什么以及怎样做，才有利于组织总目标的实现。具体分解如图 6-1 所示。

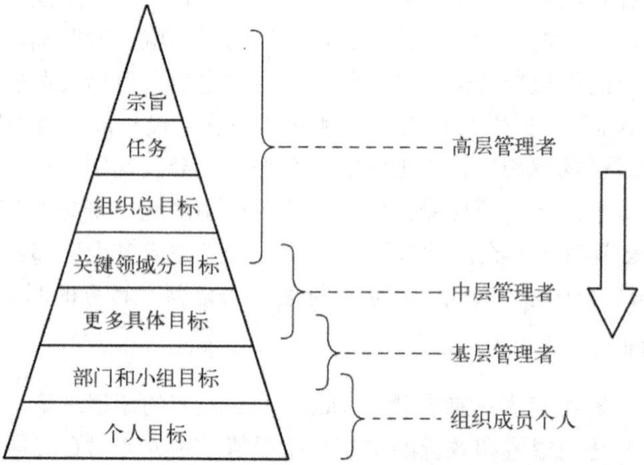

图 6-1　组织的目标体系与层级体系

组织目标是一个体系，是由宗旨、任务、总目标、关键领域分目标以及更多具体目标组成的。组织高层管理者主要负责制定组织宗旨、任务等适用于组织整体的目标，中层管理者对高层管理者所制定目标进行分解后制定一些分目标，至于基层管理者又对中层管理者所制定目标进行分解后制定更细的分目标，最终目标是细化落实到每一个组织成员。

一个组织的宗旨是最高目标或终极目标，多为原则性、不具体的内容，既没有明确规定达成的标准，也没有明确规定在多长时期内实现，只是指明这个组织活动的方向。比如，实现共产主义是共产党的宗旨，但是什么时候实现，测量共产主义是否实现的具体标准就没有。再如，一个学术团体的宗旨是开展学术交流活动，提高学术水平。但是学术水平提高到什么程度，什么时候可以达到这个程度，并没有具体的规定。由于其抽象性和原则性，不便于直接实施，所以要把它转化、分解为任务、关键领域的目标和一些具体的分目标，才能付诸实行。

任务是根据组织的宗旨，结合对组织主客观条件分析，给组织的发展提出一项基本任务，这项任务是要在今后一个相当长的时期内才能完成的。它的作用在于能够给组织的活动指明一个具体的前进方向和奋斗目标，是通向组织最高目标的里程碑和航标，没有任务的落实，最终目标就会变得渺茫不清，前进便会失去方向。同样，长期任务一经制定，便具有相对稳定性，不可随便更改。长期任务的年限要根据各组织活动的周期而定，一般 10 年以上的计划都是长期任务。有的理论和实务工作者对宗旨和任务往往视为一体，但严格说来两者是有区别的。例如，世界贸易组织的宗旨是在世界范围内提高生活水平，保证充分就业，其任务是扩大物品及劳务的生产和流通，促进世界资源的最优配置和利用。

宗旨和任务转换为组织的总目标，总目标则分解为某些关键领域的具体目标，如组织的业绩水平、市场地位、赢利率、社会责任、组织成员的发展等领域。关键领域的目标是把长期任务进行划分，找出有助于实现组织总目标的关键环节和领域，使之具体化，便于付诸施行。比如，某一公司的长期任务规定，在今后 10 年内争取产值和利润翻两番，怎样去实现呢？关键领域就是生产设备增加或更新、职工的增加、管理的改进、劳动生产率的提高、开辟原料和市场基地等。

在落实一些关键领域的目标之后，就是对这些目标再进一步细化和分解，使之转换成具体的操作计划，也可以叫做具体操作目标，这种目标把任务落实到每个基层单位甚至每个成员，对他们所要完成的任务的数量、质量、技术要求和工作程序都做了具体规定，并且在物资和设备上给予保证，责任、权限和报酬也都做了明确的划分。总之，使组织的目标可以直接变成组织成员的行动。组织成员的绝大部分时间都是在为执行具体操作目标而进行活动。组织的各项工作都是围绕组织的目标层次体来开展和落实的。

四、组织目标的制定

1．组织目标制定的影响因素

组织目标是多种因素影响的产物，是组织环境、组织成员、组织自身之间相互作用的结果。

组织环境是指所有潜在影响组织运行和组织绩效的因素或力量。一般来讲，以组织界线（系统边界）来划分，可以把环境分为内部环境和外部环境，或称为工作（具体）环境和社会（一般）环境；根据环境系统的特性来划分，则可划分为简单 - 静态环境、复杂 - 静态环境、简单 - 动态环境和复杂 - 动态环境四种。

首先，环境决定组织目标的性质。构成组织环境的社会是一个由各要素有机联系起来的、功能高度分化的系统，组织要在环境中存在和活动，就必须适应环境特定的功能要求。环境系统决定着不同类型的组织的不同目标。其次，组织与环境的关系状态影响目标的形成。特定组织与其他组织的关系，一般可分为合作、联合、竞争和冲突几种形式。合作和联合要求组织不孤立地、全面地确定自身目标，而是根据这种关系修订，以降低自己的目标来适应合作方或联合方；竞争和冲突则要求组织目标更明确、灵活，适应环境的要求。再次，环境的变化促使组织目标也随之变化。在环境要求改变的情况下，适应原有要求的目标也就失去了意义，组织如果想继续存在和发展，就必须根据环境的变化及时调整自身目标。

组织是由众多个人组成的，组织每个人都有自己的价值观和需求，尤其是组织领导者的价值观和需求直接影响组织目标的制定。组织目标的理想状态是与组织成员个人需求完全统一的，组织目标完全内化为个人目标，但这种状态一般很难做到。组织目标在制定时要尽量同组织成员的个人需求保持和谐一致。

组织作为一个独立存在的实体，自身的利益满足、结构、生存能力、占有资源、行为方式等，都对组织目标的制定产生影响。在开放的社会系统中，组织可以根据自身的条件，选择和决定力求达到的目标和目标实现的程度与方式。

2. 组织目标的制定

（1）根据组织宗旨确定组织目标

组织宗旨是社会赋予组织的最基本的职责。作为社会的基本单位，每个组织在制定组织目标的时候，都应考虑到应该扮演的社会角色以及应尽的社会责任，如大学的组织宗旨是为社会培养人才，那么大学的组织目标就应该围绕这个宗旨而设定。

（2）根据 SMART 原则制定组织目标

无论是制定组织总目标，还是把组织目标分解成为具体的目标，都应符合 SMART 原则。

S（Specific）：制定的目标要明确。所谓明确，就是要用具体的语言清楚地说明要达成的行为标准。要避免类似于“我要完成今天该完成的任务”这样模糊的语句。很多团队不成功的重要原因之一就因为目标制定的模棱两可，不能将目标清楚传达给相关成员。

M（Measurable）：制定目标要可测量。具有可测量性要求目标应该是明确的，而不是模糊的。应该有一组明确的数据，作为衡量是否达到目标的依据。在制定目标的时候应避免“尽可能”、“最大限度”这种无法度量的字眼。

A（Acceptable）：可接受性。目标是要能够被执行人所接受的，如果上司利用一些行政手段，利用权力性的影响力一厢情愿地把自己所制定的目标强压给下属，下属典型的反映是一种心理和行为上的抗拒：我可以接受，但是否完成这个目标，我没有最终的把握。如果这个目标完成不了，下属就有理由可以推卸责任。

R（Realistic）：制定目标要实际。目标的实际性是指在现实条件下是否可行、可操作，可能有两种情形：一方面，领导者乐观地估计了当前形势，低估了达到目标所需要的条件，这些条件包括人力资源、硬件条件、技术条件、信息条件、环境因素等，以致下达高于实际能力的指标；另一方面，可能花了大量的时间、资源甚至人力成本，最后确定的目标根本没有实际意义。

T（Time-bonded）：制定目标要有具体的时限。目标特性的时限性就是指目标是有时间限制的。没有时间限制的目标没有办法考核，或带来考核的不公。上下级之间对目标轻重缓急的认识程度不同，上司着急，但下属不知道。到头来上司可能暴跳如雷，而下属觉得委屈。这种没有明确的时间限定的方式也会带来考核的不公正，伤害工作关系，伤害下属的工作热情。

符合 SMART 原则仅仅是为了便于衡量和准确的衡量，是手段而非目的。设定目标的重点在于是否是工作的关键控制点、是否体现了公司目标导向、目标达成是否有价值，而不在于是否符合 SMART 原则。

（3）注重协调组织目标与个人目标

组织目标与成员个人目标是否协调一致及一致的程度直接影响着组织目标能否实现以及实现目标的效率和质量。组织目标有可能与个人目标不相一致，因此，每个组织目标的制定都要尽量考虑组织成员个人目标的影响。组织制定目标的过程也是协调社会、组织和个人三方利益的过程，以求得三方目标之间最大限度的一致性的过程。

案例 6-1
保险销售员的故事

协调组织目标与个人目标的关键是在组织的管理上下工夫，组织通过转变管理理念，改善管理方法，塑造组织文化，可以最大限度地使个人目标与组织目标相协调。同时，员工个人也要转变思想，充分认识到个人是组织整体中的个人，个人的需求必须在组织之中得到满足，组织的存在和发展是个人存在和发展的基础。组织和个人共同努力，将焦点集中在“把蛋糕做大”，而不是在“蛋糕的分享”上，从而实现组织和个人的双赢。

第二节　目标管理

一、目标管理的内涵

目标管理（Management By Objective，MBO）是20世纪50年代发源于美国的一种综合的管理方法，之后就成为西方企业比较普遍实行的一种现代化的管理方法。目标管理方法提出来后，美国通用电气公司最先采用，并取得了明显效果。其后，在美国、西欧、日本等许多国家和地区得到迅速推广，被公认为是一种加强计划管理的先进科学管理方法。

美国著名的管理学者彼得·德鲁克在1954年所著《管理的实践》中主要阐述了其目标管理的思想。他指出，从根本上讲，目标管理是把经理人的工作由控制下属转变为与下属一起设定客观的标准和目标，并让他们靠自己的积极性去完成。这些共同的认可的衡量标准，促使被管理者用目标和自我控制来管理，即自我评估，而不是由外人来评估和控制。

德鲁克指出：“企业的宗旨和任务必须转化为目标，管理者必须通过这些目标对下级进行领导并以此来保证企业总目标的完成。”“没有方向一致的分目标来指导个人的工作，则企业的规模越来越大，人员越多时，发生冲突和浪费的可能性就越大。每个企业管理人员或工人的分目标就是企业总目标对他的要求，同时也是他对企业总目标的贡献。只有每个企业管理人员或工人都完成了企业的分目标，整个企业总目标才有完成的希望。企业管理者对下级进行考核和奖惩也是依据这些分目标。”他还指出：“地区管理人员的目标应该用他和他的地区的销售力量对销售部所做的贡献来说明；工程项目工程师的目标应该用他、他的技术人员和绘图员对工程部做出贡献来说明……这要求每位管理人员要亲自提出或确定他的部门目标。当然，高一级的管理部门必须保留批准或不批准这些项目的权力。但是，提出目标则是管理人员的责任，实际上这是他的主要责任。”[1]虽然这里讲的是企业的目标管理，但是其思想是适用于一切的社会组织的。

综上所述，我们认为，目标管理是以目标为导向，以人为中心，以成果为标准，而使组织和个人取得最佳业绩的现代管理方法。目标管理亦称“成果管理”，俗称责任制，是指在组织员工的积极参与下，组织自上而下地确定工作目标，员工在工作中实行“自我控制”，自下而上地保证目标实现的一种管理办法。

二、目标管理的特点

目标管理是一种程序或过程，组织中的上级和下级一起协商，根据组织的使命确定一定时期内组织的总目标，由此决定上、下级的责任和分目标，并把这些目标作为组织经营、评估和奖励每个单位和个人贡献的标准。不难看出，目标管理法是一种结果导向型的考评方法，最大特征就是方向明确，即以实际产出为基础，考评的重点是员工工作的成效和劳动的结果。目标管理与传统管理方式相比有鲜明的特点，具体可概括如下。

① 重视人的因素。目标管理是一种具有参与性的、民主的、要求自我控制的管理制度，也是一种把个人需求与组织目标结合起来的管理制度。由于其要求组织成员实现自我管理，在实施目标管理的过程中，组织就要充分调动员工的积极性，强调重视人这一因素。在这一制度下，上级与下

[1] Peter F. Drucker. The Practice of Management. Harper Press, 1954: 128～129.

级的关系是平等、尊重、依赖、支持，下级在承诺目标和被授权之后是自觉、自主和自治的。

② 建立目标锁链与目标体系。目标管理通过专门设计的流程将组织的整体目标逐级分解，转换为各单位、各员工的分目标。从组织目标到经营单位目标、部门目标，最后到个人目标。在目标分解过程中，权、责、利三者已经明确，而且相互对称。这些目标方向一致，环环相扣，相互配合，形成协调统一的目标体系。只有每个人完成了自己的分目标，整个企业的总目标才有完成的希望。

③ 重视成果。目标管理以制定目标为起点，以目标完成情况的考核为终结。工作成果是评定目标完成程度的标准，也是人事考核和奖评的依据，成为评价管理工作绩效的唯一标志。至于完成目标的具体过程、途径和方法，上级并不过多干预。所以，在目标管理制度下，监督的成分很少，而控制目标实现的能力却很强。

三、目标管理的流程

1. 目标管理的基本流程

目标管理是一个全面的管理系统，采用系统的方法，将许多关键管理活动结合起来，并且有意识地瞄准，高效率地实现组织目标和个人目标。从组织总目标开始，自上而下层层分解目标，各级部门和部门人员明确相应的分目标，即组织总目标对他们工作的要求。随着组织内各级部门分目标的完成，最终自下而上的实现组织总目标。其基本流程如图 6-2 所示。

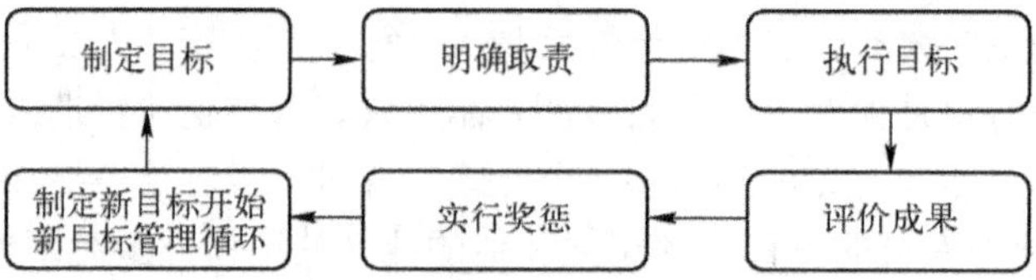

图 6-2　目标管理的基本流程

（1）制定目标

制定目标包括制定组织的总目标和各部门的分目标。总目标是组织未来所开展的活动要达到的状态和水平，其实现有赖于全体组织成员的共同努力。为了协调组织成员之间的努力，各部门就依据总目标制定部门分目标以及个人目标。这就是以总目标为中心的一体化目标体系，是目标管理最重要的阶段。这一阶段可以细分为如下 4 个步骤。

① 高层管理预定目标，这是一个暂时的、可以改变的目标预案，既可以由上级提出，再同下级讨论；也可以由下级提出，上级批准。无论哪种方式，必须共同商量决定。领导必须根据企业的使命和长远战略，估计客观环境带来的机会和挑战，对本企业的优劣势有清醒的认识，对组织应该和能够完成的目标心中有数。

② 重新审议组织结构和职责分工。目标管理要求每个分目标都有确定的责任主体。因此预定目标之后，需要重新审查现有组织结构，根据新的目标分解并进行调整，明确目标责任者和协调关系。

③ 确立下级的目标。首先下级明确组织的规划和目标，然后商定下级的分目标。在讨论中，上级要尊重下级，平等待人，耐心倾听下级意见，帮助下级发展一致性和支持性目标。分目标要具体量化，便于考核；分清轻重缓急，以免顾此失彼；既要有挑战性，又要有实现可能。每个员工和部门的分目标要与其他分目标协调一致，支持本单位和组织目标的实现。

④ 上级和下级就实现各项目标所需的条件以及实现目标后的奖惩事宜达成协议。分目标制定后，要授予下级相应的资源配置的权力，实现权责利的统一。由下级写成书面协议，编制目标记录卡片，整个组织汇总所有资料后，绘制出目标图。

（2）明确职责

目标制定后就要明确组织中的部门以及人员的任务和责任。虽然目标管理重视结果，强调自主、自治和自觉，但是这并不等于领导可以放手不管。相反，领导在目标实施过程中的管理是不可缺少的。首先，要进行定期检查，利用与员工经常接触的机会和信息反馈渠道自然地进行。其次，要向下级通报进度，便于互相协调。再次，要帮助下级解决工作中出现的困难问题，当出现意外、不可测事件严重影响组织目标实现时，也可以通过一定的手续，修改原定的目标由此目标的执行人负责开展，保证目标的实现。对于目标的一般执行者而言，需要以实现组织目标对其提出的要求为指导，明确为完成具体落实到自身的分目标而应担负的职责。

案例 6-2
幸岛短尾猴的故事

（3）执行目标

组织中各层级、各部门的成员在确定自己的分目标后，为了达到其分目标，就必须利用一定的资源，开展一系列的活动即执行目标。有的任务目标很艰巨，员工容易有压力，管理者可以将目标分解为小的阶段性目标。在实现大目标的过程中，对每个阶段性目标的成功给予奖励和总结，员工在这个过程中不断获得动力、获得经验，实现最终的目标。同时，为了保证其目标的实现，组织管理人员要授予员工适当的权力，以便开展活动，组织成员也会产生与权力相应的责任心，充分地发挥自己的技术和才能，使目标的执行更有效地进行。

（4）评价成果

对目标执行情况的评价是对成果的评价，它为员工的提供奖惩的依据，同时为上下级沟通的提供了机会，成为组织成员自我控制和自我激励的手段。此时成果的评价不仅是上级对下级的评价，还包括下级对上级的评价、同级之间的相互评价和成员的自我评价等。

（5）实行奖惩

依据上述的各种评价结果，对组织成员进行相应的奖惩。这种奖惩形式是多种多样的，可以是物质的，也可以是精神的，或者两者兼有的。公平公正的奖惩对于维持和调动组织成员的积极性和工作热情是至关重要的。

（6）制定新的目标，开始新的目标管理循环

成果的评价和依此开展的奖惩既是对这一阶段的活动结果和组织成员贡献的总结，也是为下一阶段的工作提供借鉴和参考的经验。在此基础上，组织根据变化的内外环境重新制定新的组织总目标，再由此制定各层级和各部门的分目标，并组织实施，由此便开始了新的目标管理的循环。

2. 目标管理时需注意的关键性因素

目标管理是现代企业管理模式中比较流行、比较实用的管理方式之一。搞好目标管理并非一般人想象的那么简单，需要注意如下关键性因素。

（1）目标制定必须科学合理

目标管理能不能产生理想的效果、取得预期的成效，首先取决于目标的制定，科学合理的目标是目标管理的前提和基础，脱离了实际的工作目标，轻则影响工作进程和成效，重则使目标管理失去实际意义，影响企业发展大局。目标的制定一般应该注意如下几方面：难易适中的原则（要有难度但不能让人产生畏难情绪）、时间紧凑的原则、大小统一的原则（年度目标与月度目标、整体目标与局部目标）、方向一致的原则（使所有人都朝一个方向努力）。

（2）督促检查必须贯穿始终

在目标管理的过程中，丝毫的懈怠和放任自流都可能贻害巨大。实施目标管理时，最有效的还是高层管理人员的重视，他亲自参与目标的制定以及目标管理的解释、协调和指导工作，这样才会更好地把

目标管理的思想渗透和贯穿到组织的每个部门及相关人员的心里。管理者必须随时跟踪每个目标的进展，发现问题及时协商、及时处理、及时采取正确的补救措施，确保目标运行方向正确、进展顺利。

（3）成本控制必须严肃认真

目标管理以目标的达成为最终目的，考核评估也是重结果轻过程。这很容易让目标责任人重视目标的实现，轻视成本的核算，特别是当目标运行遇到困难可能影响目标的适时实现时，责任人往往会采取一些应急的手段或方法，这必然导致实现目标的成本不断上升。管理者在督促检查的过程当中，必须对运行成本作严格控制，既要保证目标的顺利实现，又要把成本控制在合理的范围内。因为，任何目标的实现都不是不计成本的。

（4）考核评估必须执行到位

在目标管理过程中，任何一个目标的达成和项目的完成，都必须有一个严格的考核评估。所进行的绩效考核的指标要反映过程的要求，不能只是注重最终的结果而忽视过程，要使员工重视过程，并表现出符合企业长远发展的行为，避免短期行为和偏离企业发展方向的行为。并且，考核、评估、验收工作必须选择执行力很强的人员进行，必须严格按照目标管理方案或项目管理目标，逐项进行考核并做出结论，对目标完成度高、成效显著、成绩突出的团队或个人按章奖励，对失误多、成本高、影响整体工作的团队或个人按章处罚，真正达到表彰先进、鞭策落后的目的。

（5）沟通渠道必须畅通无阻

实行目标管理之后，要时刻保持组织的沟通畅通，便于组织内部的意见交换。同时，阶段性目标实现时，要及时传达阶段性成果达成的情况，注重对阶段性成果的肯定和巩固，让员工享受阶段性喜悦，更有利于保持积极性继续为实现目标而努力。由于目标管理的整体性，部门之间需要相互作用、上下级之间需要相互接触，难免会因为各种原因导致矛盾和冲突，阻碍目标管理的顺利推行，畅通沟通渠道将有助于把目标管理的阻力减少到最小。

四、目标管理的优劣分析及改进

1. 目标管理的优点

（1）协调组织活动

目标管理确定的目标是期望活动产生的结果，这些目标都是现实可行的。目标的制定依赖于计划工作的保证，同样计划也必须以最终目标为依据才有意义。这就迫使管理人员为实现最终的目标而制定计划和考虑实现目标的手段，再考虑与这些目标达成所需的组织机构和人员，同时成为控制的对象。这种整合组织的管理工作，保证组织各项活动的协调，极大地加强了组织的整体性。

（2）提高组织绩效

目标管理关键就是强调最终的目标的达成，这就是以结果为导向。为了实现这些目标，组织必须制定一系列的计划，开展相应的活动。这样把活动具体落实到组织中的成员的身上，明确了各自的任务和职责，产生了以结果为导向的计划，以促进管理工作的改善，提高组织绩效。

（3）改善组织结构

为了将目标落实到组织岗位上，管理人员必须明确组织的结构状况和岗位情况，从而发现组织结构设计中存在的问题和缺陷、岗位上职责不清以及授权不足等问题，进而采取措施改善组织结构，使其有利于组织活动的开展。

（4）激发组织成员的主动精神和责任感

组织成员都参与了目标的拟定，改变了过去被动接受上级下达目标的状态。再把通过的目标进行逐步分解后，落实到具体人，每个人都有其明确的目标，产生催人奋发向上的激情和力量。同时，成员也能自己掌握自己的工作和活动，这会极大地激发其主动精神，使其更好地感知自己承担的责任，更努力地工作。

（5）保证控制实施

控制就是对进行中的计划活动加以衡量和掌控，这个衡量的标准就是组织的目标。组织通过考察开展的计划活动是否有利于目标的完成，本身就是一种结果控制方式。如果发现现实活动与目标之间发生偏差，应及时采取纠偏措施，在保证组织目标达成的同时，也保证控制职能的实现。

2．目标管理的不足

（1）目标设置困难

目标管理的关键是制定目标，但是科学合理的设置目标是有难度的。特别是有些目标同其他目标之间的联系不紧密时，确定目标及检验和评价的标准就比较困难。例如，许多团队工作在技术上不可分解，组织环境的可变因素越来越多，变化越来越快，组织的内部活动日益复杂，组织活动的不确定性很大等因素，这些都会使得组织的许多活动很难制定数量化目标，只能是定性化。

（2）目标可能缺乏灵活性

目标制定出来之后就是既定的目标，组织上下围绕其开展工作，落实实现目标的具体工作，这时如果调整或修改目标，工作量就会很大。正是由于这一原因，组织的目标制定之后，当组织的主客观情况发生变化时，组织可能还是执行既定的目标。目标的应变性和灵活性差不利于组织的生存和发展。

（3）强调短期目标

大多数目标管理中的目标通常是一些短期的目标：年度的、季度的、月度的等。短期目标比较具体，易于分解，而长期目标比较抽象、难以分解，另一方面，短期目标易迅速见效，长期目标则不然。所以，在目标管理方式的实施中，组织常常强调短期目标的实现而忽略了长期目标，或者长期目标和短期目标之间联系不紧密，产生脱节的现象，最终导致行为的短期化。

（4）目标管理的哲学假设不一定存在

目标管理是建立在对人的基本的哲学假设之上的，认为人都是麦格雷戈“X 和 Y 理论”中的“Y”类型。Y 理论对于人类的动机做了过分乐观的假设，认为组织成员有足够的自觉性和主动性，会主动承担责任和追求工作成就。但是在现实生活中，组织成员是形形色色的，存在“机会主义本性”，尤其在监督不力的情况下。因此在许多情况下，目标管理所要求的承诺、自觉、自治气氛难以形成，这就等于推翻目标管理基本哲学假设基础。

3．改进措施

目标管理有其显著的优点，有利于组织的管理活动的开展，同时其缺点也是不容忽视的。为了最大化地利用目标管理为组织管理工作服务，一般来说，就要针对组织的具体情况，对目标管理采取相应的改进措施。

（1）明确目标

为了避免由于组织目标的模棱两可、内容指向不清晰，造成组织成员无所适从的情况出现，组织在采用目标管理时，首先要明确组织的目标，明确目标包含的内容，以及相关执行人员的任务和职责，力求所制定的目标是可以测量和考评的具体目标。同时，由于组织中不同岗位的工作性质也不同，有些工作岗位就不可能制定完全的定量化目标，只能是定性的概括。定性化虽然增加了目标考核的难度，但是对于组织中的部分脑力劳动者来说，才是公平合理的。所以，现实中目标的具体制定应根据具体的情况做出分析来确定。但是，最终目标的制定必须是明确的。

（2）共同决策

目标在制定时，要注意避免单边设定的现象即管理者自己决定目标是什么，不管其余目标相关者的意见，这样可能使得制定出来的目标出现偏颇或脱离实际。为了避免此类问题，管理人员在制定目标时，可以邀请多方参与者参与决策，如相关职能部门管理人员、下属员工、外部专家、顾客等利益相关者。这样不但增加了制定的目标的可行性，而且增加了参与者对目标的认同感，有利于目标管理的顺利开展。

（3）规定目标的期限

在制定完目标时，应该同时规定目标开始和完成的期限，这时要根据组织的实际情况，如物质资源、人力资源等情况，多方论证，来确定每个目标完成的预定时间。在公布组织目标时，要求每个目标执行者在预定的时间内达成。时限要清楚，如 2014 年 6 月底，清楚地写明开始的时间和结束的时间，避免出现理解不一致而导致组织活动的延误。

（4）不断反馈目标完成的情况

目标管理的执行是目标层层的分解和落实，每个参与者都有相应的任务和职责。为了参与者及时了解自己工作的绩效结果，明确组织的期望，要不断进行目标完成情况的反馈。可以定期举行一些稽核会议或者不定期地组织管理人员与参与者座谈等方式。一方面，可以避免参与者对工作的茫然，造成工作偏离组织目标的情况；另一方面，可以有效地激励参与者努力实现目标。

正如“目标管理之父”彼得·德鲁克所认为的，“目标管理与自我控制”可以被称为一种管理哲学。目标管理实质是给我们一种思考现实组织生存和发展的思路，所以在理解目标管理的时候，就要辩证地思考其优劣势。在具体运用目标管理时，根据不同的组织的不同情况，有区别地实施。

本章小结

① 目标就是组织在一定时期内开展活动所期望达到的结果。这种期望指引着组织计划和开展一系列的活动，通过这些活动的完成来达到事先确定的目标。

② 组织中的目标具有层次性、网络性、多样性、可考核性、可接受性、富有挑战性和伴随信息反馈等属性。

③ 组织必须有一个明确的、贯穿于各项活动的统一目标，该统一目标通常又分解为若干子目标，这些统一目标和子目标之间就构成了一个有层次结构的目标体系，由组织宗旨、长期任务、关键领域的目标和具体的操作目标组成。

④ 组织目标是多种因素影响的产物，是组织环境、组织成员、组织自身之间相互作用的结果。

⑤ 制定目标要根据组织宗旨确定组织目标、符合 SMART 原则、注重协调组织目标和个人目标。

⑥ 目标管理是以目标为导向，以人为中心，以成果为标准，而使组织和个人取得最佳业绩的现代管理方法。目标管理亦称“成果管理”，俗称责任制，是指在企业个体职工的积极参与下，自上而下地确定工作目标，并在工作中实行“自我控制”，自下而上地保证目标实现的一种管理办法。

⑦ 目标管理的特点是重视人的因素、建立目标锁链与目标体系和重视成果。

⑧ 目标管理的流程是制定目标、明确职责、执行目标、评价成果、执行奖惩、制定新的目标开始新的目标管理循环。

⑨ 目标管理的过程中需要注意一些关键性因素：目标制定必须科学合理，督促检查必须贯穿始终，成本控制必须严肃认真，考核评估必须执行到位，沟通渠道必须畅通无阻。

⑩ 目标管理的主要优点包括：协调组织活动，提高组织绩效，改善组织结构，激发组织成员的主动精神和责任感，保证控制实施等。

⑪ 目标管理的主要不足包括：目标设置困难，目标可能缺乏灵活性，强调短期目标和目标管理的哲学假设不一定存在等。

⑫ 目标管理的改进措施主要包括：明确目标，共同决策，规定目标的期限，不断反馈目标完成的情况等。

重要概念

目标　目标的层次性　目标的网络性
目标的可接受性　目标的层次体系　组织环境
SMART 原则　目标管理

习 题 6

1. 谈谈目标的重要性。
2. 简述目标的性质。
3. 思考影响目标制定的因素，应该怎样制定目标。
4. 如何让目标落实到员工，让目标的激励作用成为内生激励呢？
5. 简要阐述目标管理的主要思想精髓。
6. 回顾目标管理的流程，阐述需要注意的因素。
7. 分析目标管理的优缺点以及改进措施。

案例分析

B 厂的目标管理

B 厂从 1981 年开始推行目标管理。为了充分发挥各职能部门的作用，充分调动 1000 多名职能部门人员的积极性，该厂先对厂部和科室实施了目标管理。经过一段时间的试点后，逐步推广到全厂各车间、工段和班组。多年的实践表明，目标管理改善了企业经营管理，挖掘了企业内部潜力，增强了企业的应变能力，提高了企业素质，取得了较好的经济效益。按照目标管理的原则，该厂把目标管理分为三个阶段进行。

第一阶段：目标制定阶段

（1）总目标的制定

该厂通过对国内外市场机床需求的调查，结合长远规划的要求，并根据企业的具体生产能力，提出了20××年“三提高”、“三突破”的总方针。“三提高”就是提高经济效益、提高管理水平和提高竞争能力；“三突破”是指在新产品数目、创汇和增收节支方面要有较大的突破。在此基础上，该厂把总方针具体化、数量化，初步制定出总目标方案，并发动全厂员工反复讨论、不断补充，送职工代表大会研究通过，正式制定出全厂 20××年的总目标。

（2）部门目标的制定

企业总目标由厂长向全厂宣布后，全厂就对总目标进行层层分解，层层落实。各部门的分目标由各部门和企业管理委员会共同商定，先确定项目，再制定各项目的指标标准。其制定依据是该厂总目标和有关部门负责拟定、经厂部批准下达的各项计划任务，原则是各部门的工作目标值只能高于总目标中的定量目标值，同时，为了集中精力抓好目标的完成，目标的数量不可太多。为此，各部门的目标分为必考目标和参考目标两种。必考目标包括厂部明确下达目标和部门主要的经济技术指标；参考目标包括部门的日常工作目标或主要协作项目。其中，必考目标一般控制在 2～4 项，参考目标项目可以多一些。目标完成标准由各部门以目标卡片的形式填报厂部，通过协调和讨论最后由厂部批准。

（3）目标的进一步分解和落实

部门的目标确定了以后，接下来的工作就是目标的进一步分解和层层落实到每个人。

① 部门内部小组（个人）目标管理，其形式和要求与部门目标制定相类似，拟定目标也采用目标卡片，由部门自行负责实施和考核。要求各小组（个人）努力完成各自目标值，保证部门目标的如期完成。

② 该厂部门目标的分解是采用流程图方式进行的，具体方法是：先把部门目标分解落实到职能组，

任务级再分解落实到工段，工段再下达给个人。通过层层分解，全厂的总目标就落实到了每个人身上。

第二阶段：目标实施阶段

该厂在目标实施过程中，主要抓了以下三项工作。

（1）自我检查、自我控制和自我管理

目标卡片经主管副厂长批准后、一份存于企业管理委员会，另一份由制定单位自存。由于每个部门、每个人都有了具体的、定量的明确目标，所以在目标实施过程中，人们会自觉地、努力地实现这些目标，并对照目标进行自我检查、自我控制和自我管理。这种“自我管理”能充分调动各部门及每个人的主观能动性和工作热情，充分挖掘自己的潜力，完全改变了过去那种上级只管下达任务、下级只管汇报完成的情况，并由上级不断检查、监督的传统管理办法。

（2）加强经济考核

虽然该厂目标管理的循环周期为一年。但为了进一步落实经济责任制，即时纠正目标实施过程中与原目标之间的偏差，该厂打破了目标管理的一个循环周期只能考核一次、评定一次的束缚，坚持每季度考核一次和年终总评定。这种加强经济考核的做法进一步调动了广大职工的积极性，有力地促进了经济责任制的落实。

（3）重视信息反馈工作

为了随时了解目标实施过程中的动态情况，以便采取措施、及时协调，使目标能顺利实现，该厂十分重视目标实施过程中的信息反馈工作，并采用了两种信息反馈方法。

① 建立“工作质量联系单”，及时反映工作质量和服务协作方面的情况。尤其当两个部门发生工作纠纷时，厂管理部门能从“工作质量联系单”中及时了解情况，经过深入调查，尽快解决。这样就大大提高了工作效率，减少了部门之间不协调现象。

② 通过“修正目标方案”来调整目标。内容包括目标项目、原定目标、修正目标以及修正原因等，并规定在工作条件发生重大变化需修改目标时，责任部门必须填写“以修正目标方案”并提交企业管理委员会，由该委员会提出意见，交主管副厂长批准后，方能修正目标。

该厂长在实施过程中由于狠抓了以上三项工作，因此不但大大加强了对目标实施动态的了解，而且加强了各部门的责任心和主动性，从而使全厂各部门从过去等待问题找上门的被动局面，转变为积极寻找和解决问题的主动局面。

第三阶段：目标成果评定阶段

目标管理实际上就是根据成果来进行管理的，所以成果评定阶段显得十分重要，该厂采用了“自我评价”和上级主观部门评价相结合的做法，即在下一季度第一个月的 10 日之前，每部门必须把一份季度工作目标完成情况表报送企业管理委员会（在这份报表上，要求每部门自己对上一阶段的工作进行恰如其分的评价）；企业管理委员会核实后，也给予恰当的评分；如必考目标为 30 分，一般目标为 15 分。每项目标超过指标 3%加 1 分，以后每增加 3%再加 1 分。一般目标有一项未完成而不影响其他部门目标完成的，扣除一般项目中的 3 分，影响其他部门目标完成的，则扣 5 分。加 1 分相当于增加该部门基本奖金的 1%，减 1 分则扣除该部门奖金的 1%。如果有一项必考目标未完成，则扣除至少 10%的奖金。

该厂在目标成果评定工作中深深体会到：目标管理的基础是经济责任制，目标管理只有与明确的责任划分结合起来，才能深入持久，才能具有生命力，达到最终的成功。

资料来源：豆丁网 http://www.docin.com

思考题：

1. 你认为，在目标管理过程中应注意一些什么问题？
2. 目标管理有什么优缺点？
3. 增加和减少员工奖金的发放额是实行奖惩的最佳方法吗？你认为，还有什么激励和约束措施？
4. 实行目标管理时培养完整严肃的管理环境和制订自我管理的组织机制哪个重要？

第 7 章

战略管理

学习导图

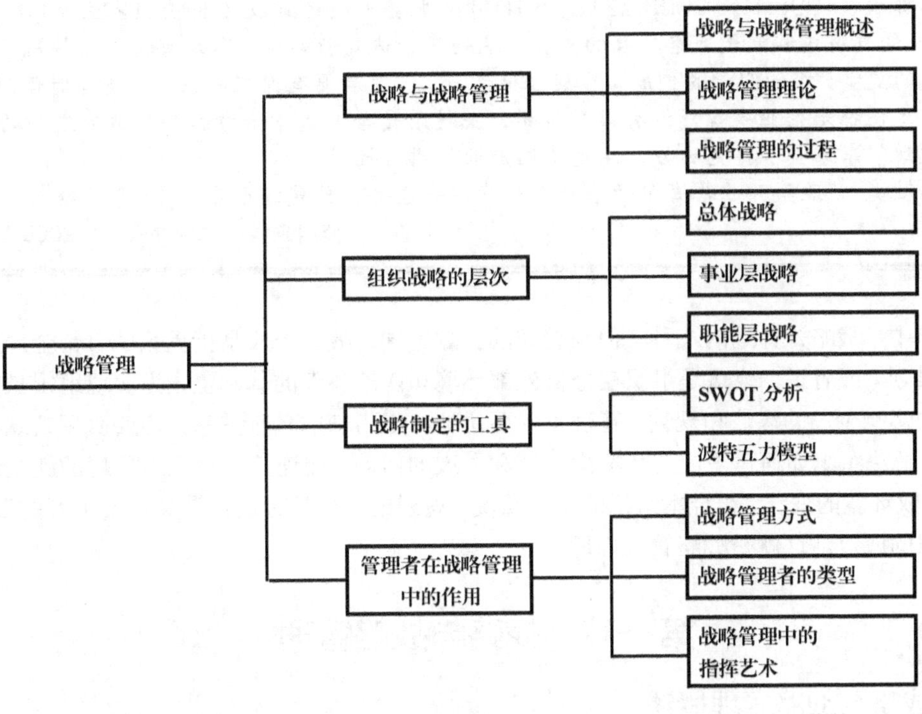

开篇案例

海尔如何做战略

海尔很早就明确提出了：战略是企业的生命线。可在 20 世纪末，关于企业要不要战略还有争论。实践证明，海尔基于环境变化，在不同历史阶段提出自己的战略和预见，基本都是成功的。

企业要做到安全、高速发展很不容易，重在葆有持久活力。这是海尔能有今天的成就——中国名牌之首，能有今天的声望——的原因。海尔靠什么？靠海尔领导人能有预见，谨慎又大胆地制定和执行战略。

什么是战略？就是“想大事、做实事、不出事”。海尔从创业初期的“砸冰箱”到今天提出“从传统的生产制造商向全局永久服务性企业转换”，30 年里其战略思路十分清晰。这里仅把海尔部分经营战略经验和理念列出。

海尔对战略的理解：

①“没有战略的企业，就像流浪汉一样，无家可归”。

②“领导没有战略，员工就没有激情”，要“用战略目标激发员工激情，用里程碑保持激情”，“员工激情与兴奋来自哪里？就是明确又让人心动的战略目标”。

③“形势变，管理就要变。怎么变？这就是战略思考”。

④“信息化时代，战略取胜三要素是：时间、空间和知识”。

⑤“战略不同于愿景、价值观。愿景可以几十年不变，战略要几年一变，价值观随时随地都在变”。战略起着承上启下的作用。

⑥“在新形势下，你无法改变风向，但可以调整你的风帆”。“战略观念的改变，并没有改变事实本身，但它改变了人对事实的看法”。

⑦ 战略转移是领导力的集中表现。海尔至今经历30年，有过4次战略转移：名牌战略阶段（1984.12－1991.12），共7年；多元化战略阶段（1991.12－1998.12），也是7年；国际化战略阶段（1998.12－2008.12），有10年；服务型战略阶段（2008.12至今）。

“企业的发展过程就是战略转移的连接，从而不断达到新高度，不断有持续发展”。“战略是思维定式的更替，经营观念的创新，否则很难做好”。“前后要有内在联系，又要与时俱进”。“专业化与多元化都是企业战略，没有谁对谁错，关键看是否增进竞争力和企业适应发展的活力。兼并要做到‘东方亮了再亮西方，注重不同产业的排异性’”。

张瑞敏说：“改革开放给海尔带来什么？我想来想去，就是四个字：‘观念革命’。”

资料来源：《中外管理》2009年第9期

在组织中，战略是计划的一种，但与普通的计划不同，战略一般是指重大的、带全局性的或决定全局的谋划。或者说，战略是组织在分析外部环境和内部条件的基础上，为实现组织长期经营目标所制定的影响全局的谋略和规划。管理不仅要协调组织内部的各种关系，还要协调组织与外部环境的关系，解决组织如何在多边的环境中生存和发展的问题。而连接着组织与环境的就是组织的战略。如何驾驭环境的变化，结合本组织的资源状况，规划出一个具有远见而又切实可行的发展战略，关系到组织的成败。这就是战略管理问题。

第一节　战略与战略管理

一、战略与战略管理概述

1. 战略

“战略”一词广泛应用于政治、经济、社会、文化、教育、科技等领域。但“战略”一词与组织经营联系在一起并得到广泛应用的时间并不长，最初出现在切斯特·巴纳德（Chester I.Barnard）的名著《经理的职能》一书中，为了说明企业决策机制，从有关企业的各种要素中产生了“战略”因素的构想。

后来，人们逐渐将战略思想运用于组织的经营管理之中，便产生了管理学中的战略这一概念。亨利·明茨伯格（Henry Mintzberg）认为，战略是一种事先的计划，是对未来行动方案的说明和要求。彼得·德鲁克（Peter F.Drucker）强调，“战略是一种统一的、综合的、一体化的计划，用来实现企业的基本目标。”埃尔弗雷德·钱德勒（Alfred D.Chandler）认为，战略应该被定义为“确定企业基本的长远目标和为了实现这些目标所采取的相应的措施、行动以及必要的资源分配”。

综合以上观点，战略（strategy）是说明资源分配及有关应对环境、赢得竞争优势、实现组织目标与其他组织目标的活动的行动计划。

2．战略管理

从“战略管理之父”伊戈尔·安索夫（H.IgorAnsoff）于1972年在《企业经营政策》杂志上发表了《战略管理思想》一文，正式提出“战略管理”概念至今，学者们对企业战略管理的概念进行了多方探讨，提出了许多有价值的观念。

安索夫认为，企业战略管理是将企业日常业务决策同长期计划决策相结合而形成的一系列经营管理业务。企业战略管理是对企业战略的设计、选择、控制和实施，直至达到预期总目标的全过程。从安索夫的定义中我们明显看到了从计划角度对企业战略管理的理解。

弗雷德·戴维（Fred R.David）认为，战略管理就是制定、实施、评价使组织能够达到其目标的、跨功能决策的艺术和科学。该定义指出战略管理是一种跨功能的决策，突出了战略管理活动的跨功能性以及知识的综合性和交叉性；同时，在战略管理的艺术性和科学性这两种属性中，特别突出了战略管理的艺术性。

我国学者也从不同角度对战略管理进行了阐释。

周三多认为，战略管理强调的是一个动态过程，企业要时刻审视环境和企业内部的变化，并敏捷地对变化做出反应。战略管理的目标就是使企业长期，有效地适应环境。

方振邦提出，战略管理是一组管理决策和行动，是外部竞争策略和内部管理优化的组合。对外而言，战略是确定并实施产业选择、产品和业务选择、定位和关键竞争方式的方法；对内而言，战略是选择并实施组织最优经营管理的方法。战略的最终目的是使企业面临竞争环境，得到长远发展。

综上所述，战略管理（strategic management）是组织确定其使命，根据组织外部环境和内部条件设定组织的战略目标，为保证目标的正确落实和实现进行规划，并依靠组织内部能力将这种谋划和决策付诸实施，以及在实施过程中进行控制的一个动态管理过程。

这里有两点需要说明。第一，战略管理不仅涉及战略的制定和规划，也包含将制定出的战略付诸实施的管理，因此是一个全过程的管理。第二，战略管理不是静态的、一次性的管理，而是一种循环的、往复性的动态管理过程，需要根据外部环境的变化、组织内部条件的改变，以及战略执行结果的反映信息等，而重复进行新一轮战略管理的过程，是不间断的管理。

战略管理是一种特殊的计划。在赢利性的商业组织里，战略计划典型的是适用于市场上的竞争行为。在像红十字会这样的非营利性组织里，战略计划适用于外部环境中的事件。制定战略的最终责任落在最高管理者和执行官的头上。一个组织要想取得成功，最高管理者必须积极参与、定义并支持战略的决策和权衡。

二、战略管理理论

战略管理理论的研究自开始到现在，先后形成过诸多理论学派，亨利·明茨伯格（Henry Mintzberg）将战略管理研究划分为十大学派。虽然有些学派之间的存在着一定的交叉和重叠，但每个学派不但具有不同于其他学派的特征，而且其形成过程反映了战略观念的变化和逐步深化的趋势。这十大学派分别是设计学派、计划学派、定位学派、企业家学派、认知学派、学习学派、权力学派、文化学派、环境学派和结构学派。

1. 战略管理研究的主要学派

（1）设计学派

设计学派由埃尔弗雷德·钱德勒（Alfred D.Chandler）和肯尼思·安德鲁斯（Kenneth R.Andrews）提出，将战略形成视为一个概念作用的过程，并把战略分为制定和实施两个阶段，认为制定战略就是围绕发展核心能力，在内外部进行平衡，并且充分考虑了组织的内外部环境对制定战略的影响。该学派的前提是：实现匹配的过程，战略形成应该是一个有意识的思维过程；首席执行官就是战略家；战略形成一个完整观念时，设计过程才结束。设计学派建立了知名的 SWOT 战略形成模型，认为高层的管理人员应是战略制定的设计师，他们必须督导战略的实施。再则，战略构造的模式应是简单而正式的，而且好的战略应具有创造性和灵活性。设计学派提出了战略管理中的一些重要的词汇，这些词汇构成了说明该学派基础的观点。但是设计学派也有很大的局限性，主要表现在只考虑了战略设计的优势劣势评估问题、战略和结构问题、战略的明确性和灵活性问题以及战略的制定和战略的实施问题，没考虑何时制定、如何制定、何时停止战略，将战略贯彻与执行分离了。

（2）计划学派

计划学派由安索夫在《公司战略》一书中提出，将战略形成看成一个正式的过程。安索夫提出，战略应包括四个构成要素：产品与市场定位，组织经营方向和趋势，协同效果大于局部效果，竞争优势。计划学派的前提是：①战略产生于有意识的正式规划过程，过程被分解为清楚的步骤；②首席执行官负责整个战略过程，战略实施由全体计划人员负责；③战略应当明确制定出来，以利于贯彻。作为经典战略管理理论的设计学派和计划学派的核心思想体现在：组织战略的基点是适应环境；组织战略的实施要求组织结构变化与之适应；组织战略的目标是在于提高市场占有率但存在以下不足：缺少对组织将投入竞争的一个或几个产业进行分析与选择，只从现存的产业市场出发，要求组织所适应的环境实质不是已经结构化的产业市场环境；缺乏对组织内在环境的分析，只从组织的外部环境来考虑组织战略问题。

（3）定位学派

定位学派由哈佛商学院的迈克尔·波特（Michael E. Porter）提出，将战略形成视为一个分析过程。迈克尔·波特将产业组织理论中结构行为绩效这一分析范式引入组织战略管理研究之中，提出了以产业结构分析为基础的竞争战略研究理论。定位学派的前提与计划学派的前提没有重大分歧，但有一个至关重要的例外：定位学派认为只有很少数的关键战略在某一既定的行业中合乎要求，这些战略可用来对付现在的竞争对手。在《竞争战略》一书中，波特提出了著名的五大力量——进入威胁、替代威胁、具有竞争对手的竞争以及顾客和供应商讨价还价能力——所形成的竞争模型，认为产业的吸引力、潜在利润是源于这五方面的压力所产生的相互作用的结果。战略制定的关键就是要透过表面现象分析竞争压力的来源，对于表象之下的压力来源的认识可使组织的关键优势与劣势突现出来。波特在此基础上提出赢得竞争优势的三种通用战略：总成本领先战略、标新立异和目标集聚战略。定位学派的缺陷是：战略制定与贯彻分离，破坏战略学习，过分依靠数据，制定过程过分正式化等。

（4）企业家学派

企业家学派将战略形成看成一个预测的过程，代表作有富兰克·奈特（Frank Hyneman Knight）的《企业家精神：处理不确定性》、克林斯和摩尔（Colllins，Moore）的《组织的缔造者》。

企业家学派认为，具有战略洞察力的企业家是组织成功的关键，许多成功组织没有系统的、成文的战略，但它们同样经营得很好，这与管理者对组织基本价值以及存在原因的信念是息息相关的。企业家学派的最大特征在于强调领导的积极性和战略直觉的重要性，将战略形成过程绝对地集中在个别领导者身上，最核心的概念就是——领导人必须具有远见。企业家学派提出了“企业家精神”和“内部企业家精神”。这一学派的前提是：战略是组织领导人心中的一种观念，是对组织未来的远见；战略的形成最好不是一个完全有意识的过程；组织领导人一心一意发展远见；战略是可以变化的；组织同样是可以变化的；企业家式的战略具有某种特殊的位置，这个位置不受市场竞争的冲击。企业家学派强调个性化领导能力的作用和战略远见，但将战略的形成过程看成一个被掩埋在人类认识过程中的黑匣子，没有告诉组织如何获得组织所需要的企业家才能，同时片面夸大企业家个人的超人能力。实际上，以这种个人的能力来取代实质性的组织建设往往会带来灾难性的后果。

（5）认知学派

认知学派把战略形成看作一个心理过程。认知学派最早起源于赫伯特·西蒙（Herbert Simon）等的研究，形成于20世纪80年代中后期。

认识学派认为，认识过程和认识特征对战略形成具有重要的作用：认识是无序的；认识是信息处理的过程；认知是制图过程，认识是概念形成过程；认识是构建过程。战略实质上是一种直觉和概念，战略的制定过程实质上是战略制定者的认识过程；由于战略制定者所处的环境是复杂的，这种复杂性限制了他们的认识能力；当面对大量真假难辨的信息但时间有限时，战略制定过程也可能被歪曲。认识学派认为，了解战略形成过程最好了解人的心理和大脑。从这个意义上讲，认识学派的研究内容对认识心理学有很好的借鉴作用，但对战略管理的研究贡献是有限的，由于战略制定在很大程度上依赖于个人的认识，所以不同战略制定者所持的战略风格上差异很大。

（6）学习学派

学习学派认为战略形成是一个应急的过程。查尔斯·林德布洛姆（Charles Edward Lindblom）的《“蒙混过关”的科学》是学习流派的开始，詹姆斯·布雷恩·奎因（JamesBrian Quinn）于1980年出版的《应变战略：逻辑渐进主义》则是该学派的新起点。

学习学派的主要观点是：战略的形成并非是一个严格的计划过程，考虑到组织的权利和行为等因素，战略的形成和演变带有明显的“逻辑渐进主义”色彩——既有计划性，又有权利和行为等因素的影响，因而战略被看成一种有目的的、能动的、既包含分析又涉及行为因素的发展过程。学习学派认为，由于战略的核心是处理未知的未来，涉及的因素太多因而无法准确预测，只有从明确的较大范围的目标和意图逐步转向具体的战略才是客观合理的。因此，战略的形成是不断学习的过程，战略规划和执行界限并不是清晰可辨的；学习以应急的方式进行；在管理战略学习过程中可能出现新战略，战略的形成和发展就是思想与行动、控制与学习、稳定与改变相结合的艺术性过程。战略的制定是过程导向的，在此过程中集体学习对战略制定与形成至关重要。但是，过分强调学习可能会导致战略的分散问题，如没有战略、抛弃正确的战略、学习的无目的性。

（7）权力学派

权力学派把战略制定视为一个协商的过程，代表作品有麦克米伦（MacMilian）的《论战略形成：政治概念》、杰弗里·菲佛（Jeffrey Pfeiffer）和杰勒尔德·R·萨兰基克（Gerald R. Salancik）的《组织的外部控制》。

权力学派认为：权力和政治使战略形成具体化；微观权力把战略决策视为利益集团和联盟之间通过说服、讨价还价以政治对策形式表现的相互作用，在任何具有重要意义的时刻都不具有支配地位；组织通过战略操纵和各种网络联盟中的集体战略，促进自身的利益，即整个战略制定的过程实际上是各种正式和非正式的利益团体运用权力、施加影响和不断谈判的过程。对战略制定发生作用的不再是某个人，而是一群人。这群人利用自己的权势既争权夺势又妥协合作，使得战略制定过程成为谈判和讨价还价的过程，这时组织的活动不再受某一共同利益的驱使，而是受一些局部利益的驱使。在这种情况下，总是存在对战略认识的争议，不存在共同认可的战略意图，很难形成统一的战略和对战略的执行活动。权力学派的缺陷是：将注意力过分集中在联盟分裂和局部问题上，可能忽视正在形成的战略模型。

（8）文化学派

文化学派认为，战略制定是一个集体思维的过程。由于日本企业组织经营的成功，对文化特别是企业组织文化的研究在 20 世纪 80 年代形成一个高潮。文化学派（cultural school）成立于 1960 年代后期、代表人物和著作有艾瑞克·莱恩曼（EricLineman）《长远规划的组织理论》（1973）、罗伯特·沃特曼（RobertH.Waterman）与汤姆·彼得斯（TomPeters）《追求卓越》（1982）、博格·沃纳菲尔德（BorgWarnerfield））《资源为本理论》（1984）。

文化学派认为：战略形成是社会交互的过程；个人通过文化潜移默化适应过程；组织成员只能部分描述巩固着的组织文化信念；战略制定采取观念而非立场的形式；组织观念体系不鼓励战略改变。即战略制定是集体行为的过程，建立在有组织成员共同拥有的信仰和价值观之上；战略制定采取了观念的形式，以组织成员的意愿为基础，表现为有意识的行为方式；由于存在共同的信仰，组织内的协调和控制基本上是规范的；战略的变化不会超出或违背组织的总体战略观点和现存文化。文化学派的缺点是：由于其概念的模糊性，可能会阻止组织必要的改变。

（9）环境学派

环境学派认为，战略的形成是一个反应过程。环境学派形成于 20 世纪 70 年代后期，代表人物有：韩楠（M.T. Hannan）和弗里曼（J.H. Freeman）。

环境学派认为：环境是战略形成过程中的中心角色；组织必须适应环境；领导负责观察环境并保证组织完全与之适应；组织群集在原所处的环境之中，直到环境资源不断减少，最终组织灭亡。环境学派没有将战略的制定归结为组织内部的某个成分，而是将注意力转移到组织外部，重点研究组织所处外部环境对战略制定的影响。他们认为，事实上并不存在组织内部的战略者，也不存在任何内部的战略过程和战略领导；环境迫使组织进入特定的位置，从而影响战略，拒绝适应环境的组织终将被淘汰。环境学派的缺陷在于：对环境范围的确定常常过于抽象，将战略的形成过程看成组织对外部环境的被动反应过程，以偶然性理论为核心。

（10）结构学派

结构学派将战略的形成看成一个变革的过程，代表人物及著作有普拉迪普·坎德瓦拉（PradipKhandwalla）、亨利·明茨伯格、米勒（DannyMiller）的《“里卡洛斯”的悖论》等。

随着组织管理环境的发展，对组织管理的有效性和效率问题研究变得重要起来，组织能否灵活有效地综合利用内部资源以适应外部环境的变化，成为组织成败的关键因素，结构学派也就应运而生。结构学派一方面把组织和组织周围的环境状态描述为结构，另一方面把战略制定过程描述为转变，认为转变是结构的必然结果。结构学派认为：组织可被描述为某种稳定结构；这种结构可被偶然因素影响向另一结构的飞跃；结构转变有某种周期；战略制定最后采取的模式都是依自己的时间和情形出现。结构学派提供了一种调和不同学派的方式，认为不同学派都有自己的时间、自己的位置，为战略管理的研究带来了秩序。

战略管理的关键就是维持稳定，或者至少大多数时候是适应性的战略变化，但会周期性地认识到转变的需要，并能够在不破坏组织的前提下，完成管理混乱的转变过程。相应的战略制定过程既可以是一种概念性的设计或者正规计划，也可以是系统分析或者领导的远见，又可以是共同学习或者竞争性的权术，集中表现在个人认识、集体社会化或者是简单地对环境的反应，但每种都有自己存在的时间和自己的内容。换句话说，这些战略形成的思想学派自身就代表了特别的结构。选择合适的结构程度是一种复杂的平衡行动，组织管理者既要必须避免因结构太少而产生的混乱，又不能过于依赖结构。

2．战略管理思想的发展

20世纪80年代末到90年代以后，随着世界经济环境中竞争的加剧、产业结构调整和变化加快以及影响经济发展因素的不确定性加入，世界各国企业都在认真研究和思考如何能使自身获取稳定、持续增长的能力。期间出现了有很多较有影响的企业战略管理理论，其中最具影响力的是核心能力理论，它与产业结构理论一起成为战略管理最具影响力的两大主流思想，引起了战略管理的“内”、“外”之争。

产业结构理论是定位学派的代表人物波特提出的思想，也就是组织战略的核心是获取竞争优势，竞争优势来源组织所处的产业以及组织所处的相对位置。如波特指出，日本企业几乎没有战略，这是因为日本企业关注经营的有效性（operational effectiveness），而不是产业的吸引力和产业中企业所处的竞争地位。随着每个企业经营有效性的提高，必然会导致整个产业的供大于求，进而导致企业利润的下降。由于没有考虑内部因素对企业成败的影响，波特的理论无法解释为什么平均赢利水平很高的产业存在经营业绩很差的企业，而一些处于无吸引力产业的企业却能够获得高利润率，以及为什么许多企业采用多元化经营进入平均利润率高的不相关产业后却经营失败。

核心竞争力理论或核心能力理论（core competence theory）则从组织内部寻求问题的答案。核心能力理论以普拉哈拉德（Prahalad）和哈默（Hamel）为代表，他们在对世界上优秀公司的经验进行研究的基础上提出，竞争优势的真正源泉在于企业的核心能力，即“组织的积累性学识，是能够提供给消费者特殊价值的一系列技能和技术的组合”，因此战略管理的主要因素是培植企业对自身拥有的战略资源的独特的运用能力，通过一系列的组合和整合形成自己独特的，不易被人模仿、替代和占有的核心能力获得持续的竞争优势。正是受到核心能力理论的影响，波特在后来的理论研究中提出了价值链分析工具，试图从组织内部的价值过程中来寻求竞争优势的来源，并弥补其以往对企业内部因素重视不够的缺陷。

总之，战略管理理论经历了从重视战略制定过程到重视战略本身的内容，从重视组织外部环境到重视组织内部优势，从被动适应环境到主动培育组织的核心竞争力的转变。综合起来，战略管理是一组管理决策和行动，是外部竞争策略和内部管理优化的组合。对外而言，战略是确定并实施产业选择、产品和业务选择、定位和关键竞争方式的方法；对内而言，战略是选择并实施组织最优经营管理的方法。战略管理的最终目的是使企业面临竞争环境，得到长远发展。

三、战略管理的过程

战略管理应经历怎样的过程，国内外主流观点沿袭了结构学派集大成的核心思想，认为战略管理过程本质上是在充分占有信息的基础上，制定关系组织未来发展方向的重大决策并将这些决策付诸实施的动态管理过程。我们也用这样的模型来介绍战略管理的过程。

从总体上看，战略管理过程包括战略计划、战略实施和战略评估三个阶段，将三个阶段进行分解，可得到8个步骤，如图7-1所示。下面介绍战略管理过程的各步骤。

（1）确定组织当前的使命、目标和战略

每个组织都有自己的使命，规定了组织的经营目的，也回答了如下问题，即企业存在的理由是什么。定义组织的使命，可以促使管理层仔细确定组织的产品和服务范围。对于管理者来说，搞清组织当前的目标和战略也是重要的。正如前文所说，目标是计划的基础，公司目标是制定绩效目标的依据。同样，对管理者来说，识别组织当前的战略也很重要。

（2）分析环境和资源

环境是管理行动的主要制约因素，环境分析是战略过程的关键要素。每个组织在进行战略管理

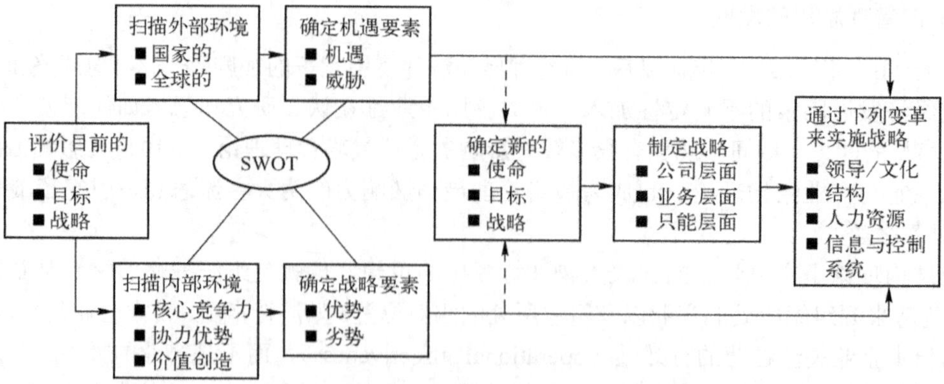

图 7-1　战略管理的过程

时，必须分析组织内外部环境，如了解消费者需求有何变化、市场上竞争对手的动向以及拟出台的相关行政法规对组织有什么影响等，在很大程度上影响了管理层的选择。

任何组织的资源都是有限的，所以组织在采取战略行动利用外部环境机会之前，必须分析组织的资源问题。例如，组织的核心竞争力体现在什么地方？有没有充足的资金完成这项计划？组织的市场调研能力如何？组织在制定战略时，必须使自身资源与外部机会达到优化组合。SWOT 分析是一种常用的战略分析工具，通常被用来分析组织环境及资源，将在第三节详细介绍。

（3）识别机会和威胁

对组织的内外部环境进行分析之后，管理层需要根据自己所控制的资源，评估有哪些机会可以利用。以及组织可能面临哪些威胁。机会（opportunities）是外部环境因宏的积极趋势；威胁（threats）是负面趋势。需要指出的是，同样的环境可能对于处于同一产业中的不同公司意味着机会或者威胁，这是因为每个组织的资源和管理能力不一样。

（4）识别优势和劣势

从对组织资源的分析中，可以引出对组织的优势和劣势的明确评价。管理层从而能够识别出什么是组织与众不同的竞争能力，即决定作为组织的竞争武器的独特技能和资源，也就是组织的优势。同样，在明确了组织资源和能力上的劣势或不足后可以进行适应性的弥补和改善。

（5）重新评价组织的使命和目标

前面几个步骤合并在一起，导致对组织机会的再评价，这也是 SWOT 分析的目的。它将组织的优势（strengths）、劣势（weaknesses）、机会（opportunities）和威胁（threats）结合在一起进行分析，以便发现组织可能发展的细分市场。按照 SWOT 分析的结果，管理层需要重新评价公司的使命和目标，确定它们是不是合适的，是否需要修正。如果需要改变组织的使命和目标，战略管理的过程要从头开始；如果不需要改变组织的使命和目标，管理层就应当着手制定战略。

（6）制定战略

对组织的宗旨和目标更新评价后，接下来的工作就是如何实现战略目标。要实现战略目标就得制定相应对策，即为实现战略目标采取相应的措施和手段，从而使组织获得有利的竞争优势，并使这种优势能长期保持下去。

（7）实施战略

无论战略制定得多么有效，如果不付诸实施，或者实施不当，还是不能成功。战略实施要遵循三个原则：适应合理性、统一领导与统一指挥、权变。为了贯彻实施战略，就要建立贯彻实施战略的组织机构，配置资源，建立内部支持系统，发挥好领导作用，使组织机构、组织文化均能与组织战略相匹配，处理好组织内部各方面的关系，动员全体员工投入到战略实施中来，以保证战略计划的实现。

在确定了旨在完成组织使命和实现组织目标的战略之后，管理者面临的挑战就是将这些战略付诸实施。战略的实施包括 5 个步骤：

①将战略实施的职责分配给恰当的个人或者群体。

②拟定详细说明如何实施战略的行动计划。

③设定实施时间表，其中应当包括行动计划实施过程中精明的、可以衡量的阶段目标。

④在承担责任的个人或者群体之间恰当地分配资源。

⑤使特定的个人或者群体对组织层次、业务层次和职能层次目标的实现承担相应的责任。

（8）评估结果

战略管理过程的最后一个步骤是评估结果，即对战略的有效性进行评估，决定需要做哪些必要的调整。这个步骤主要做以下工作：衡量实际绩效，将实际绩效与计划进行比较，采取管理行动来纠正偏差或调整不适当的计划。

第二节　组织战略的层次

组织战略不仅要说明组织整体目标及实现目标所用的方法，还要说明组织内每一层次、每一类业务以及每一部分的目标及其实现方法。以企业为例，组织战略可分为三个主要层次：总体战略、事业层战略和职能层战略，如图 7-2 所示。

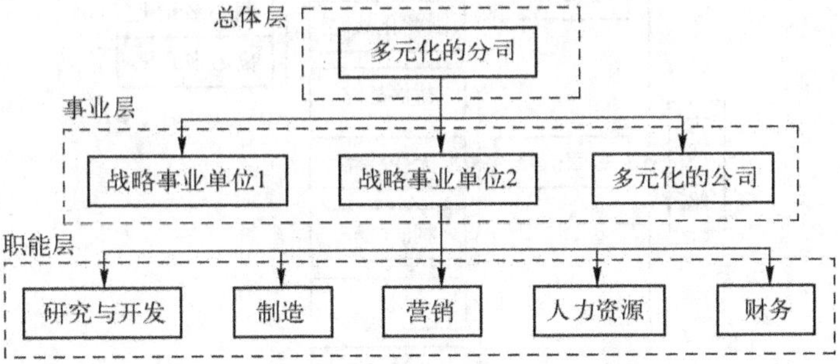

图 7-2　企业战略层次

总体层战略实际上是一个组织整体上的策略规划，包括组织为其所涉足的各业务单元在各自不同的行业中确立相应的地位所采取的各种策略和行动，以及组织用以管理多元化业务相互关系及协调发展的策略和方法。事业部战略是在组织总体战略的指导下，某一特定战略经营单位的战略计划，是组织总体战略的子战略，在实行事业部制的组织中通常由各事业部在总体战略的指导下制定。单项经营或没有实行事业部制的组织里，事业部战略往往与总体战略合二为一。职能战略是职能部门为支撑事业部战略而制定的本职能部门的战略。它要回答的问题是，为支持和配合事业部战略，本部门应该采取什么行动？如果说总体战略和事业部战略强调“做正确的事”，那么职能部门战略强调“将事情做好”。与前两者相比，职能部门战略更具体，更具有可操作性。

综上所述，三个战略层次之间相互作用，构成一个组织战略的完整体系。

一、总体战略

总体战略（corporate strategy）也称为公司层战略，是关于组织为了实现其使命或目标而为整个组织制定的总体战略总纲，是最高层次的战略措施。总体战略主要用于决定组织的发展态势确定组织的经营范围、确定业务组合、建立战略事业单位（Strategy Business Unit，SBU）、配置战略资源和建立风险应对机制等。若某组织所拥有的业务种类比较单一，那么就它而言，其总体战略也可能就是其业务战略。由此可见，总体战略一般适用于多业务的组织。总体的主要分析内容有方向战略和业务组合矩阵。

每个组织都要决定自己的成长方向，要解决类似这样的问题：我们是扩张、收缩还是维持现有业务不变？我们集中于当前产业，还是通过多元化进入其他产业？如果要扩张，是采取内部开发，还是通过收购合并或合资等手段从外部获取？

总体战略正是回答了以上这些问题，即寻求确定公司应该从事什么事业，以及希望从事什么事业。总体战略决定组织的方向，以及每个业务部将在总体战略中扮演的角色。例如，某个对农产品进行深加工的食品企业对市场环境和自己的实力进行了分析之后决定扩张现有的产品生产。这种决定组织大的成长方向的战略就是成长战略。总体战略除了要决定组织的发展方向外，往往还要决定每个事业部或者产品在组织战略中的地位和角色，这就是产品的组合分析。

1．方向战略

组织的方向战略有时也被称为大战略，根据成长方向的不同可以分为三类：成长战略（或增长战略）、稳定战略和收缩战略，如图 7-3 所示。

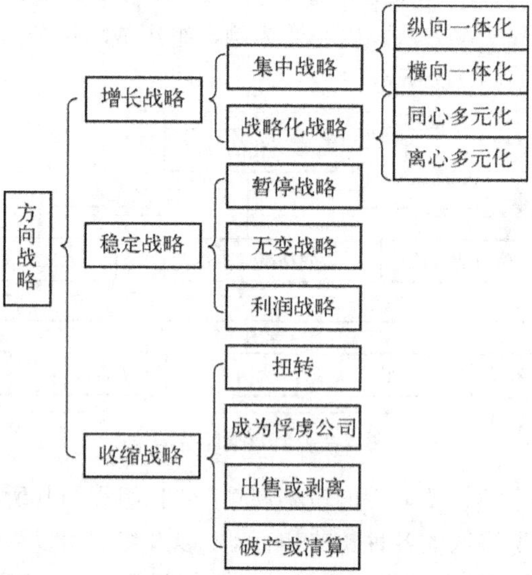

图 7-3　方向战略分类

（1）增长战略

增长战略（growth strategy）实施的条件是组织内部与其他同类组织相比，具有宝贵的优势，同时外部环境也存在大量有利于组织发展的机会。在这样的情况下，组织所采用的策略是增长战略，即扩展组织的业务活动和范围，寻求扩大组织的经营规模。组织的增长可以用一些定量的指标来体现，如企业市场份额的增加、销售收入的增加、学校教员人数的增加、学生人数的增加、教学基础设施的提高与改善等。

组织的增长战略又可以分为集中战略和多元化战略。集中战略是指组织在扩大规模时集中于一个产业或者一类产品，如集中于食品行业或 IT 服务业，不会跨行业。多元化战略指组织在扩张时进入与原来所在的产业不同的产业，或者经营与原有产品不同类别的产品，如原来经营食品行业，扩张时进入房地产行业。

① 集中战略。集中战略是在组织经营的当前业务或者当前产品确实有足够的增长潜力时实施，如果当前产品或者业务潜力较大，则把组织的资源集中于这些产品或业务上，有助于实现较快的增长。

集中战略有两种基本类型：纵向一体化和横向一体化。纵向一体化是在同一个业务链或者产业链上进行业务扩展，实现增长，即替代以前由供应商或者分销商承担的职能，前者称为“后向一体化”，后者称为“前向一体化”。通过后向一体化，公司可以使资源采购成本和低效率运营最小化，同时更好地控制质量，从而维持和提高竞争地位。例如，奶产品生产企业通过控制奶牛饲养，从而更好地控制原料的质量，获取竞争优势。通过前向一体化，公司可以控制分销渠道。实际上，公司是基于自己的独特能力获得更大的竞争优势。后向一体化通常比前向一体化更可能赢利，但可能降低组织的战略灵活性——由于拥有那些难以出售的昂贵资产，给组织带来退出壁垒（exit barrier），不能随意离开已进入的产业。

根据一体化的程度，纵向一体化可以分为三类：全面一体化、锥形一体化和无形一体化。全面一体化是指组织承担全部的关键供应或者分销功能；锥形一体化是指组织承担不到一半的关键供应或分销；无形一体化是指组织通过与其他公司达成长期合同实现关键供应与分销，最常见的形式是外包。无形一体化现在越来越受到欢迎，如摩托罗拉通过把许多业务外包给其他公司来降低内部管理费用。

横向一体化是指组织在空间范围上扩张，在多个地点运营，但是都处于产业价值链上的同一点上。例如，某家食品公司合并了另一家处于不同城市的食品公司。横向一体化的优势是，通过横向一体化，公司把产品扩展到其他或者当前市场，提供更多、更广泛的产品和服务，从而实现增长。横向一体化由于会降低一个产业的竞争水平，往往受到有关政府部门的干预。例如，美国联邦贸易委员会要评估合并行动的影响，任何横向一体化的合并都要获得批准。横向一体化特别是跨国的横向一体化的程度也往往受到政府限制。例如，荷兰 KLM 航空购买了美国西北航空的股份并控股（部分所有），以进入美洲和亚洲市场。由于美国政府禁止国外公司完全拥有美国航空公司，KLM 只能通过“部分所有”的方式。

纵向一体化和横向一体化的实现方式都有内部实现和外部实现两种。内部实现通过组织内部投资于新的产品或者劳务，外部实现则通过合并、并购和战略联盟等手段来完成。

② 多元化战略。多元化战略往往用于组织当前的产品或者业务不具备较大的增长潜力时，此时管理层会选择多元化经营，以获得新的增长点。多元化战略可以分为同心多元化（又称为相关多元化）和离心多元化（又称为不相关多元化）。

相关多元化（related diversification）是指组织通过合并或收购相关产业不同业务的其他组织而实现增长。例如，生产农用机械（如收割机）的企业，通过收购生产农产品加工机械的企业实现增长。相关多元化增长是进入一个相关产业的好办法。当公司在产业内具有很强的竞争地位，而该产业吸引力低时，这是一个合适的策略。通过集中于那些给组织带来独特能力的特性，组织可以运用这些优势作为多元化的基础。这样，组织可以在新产业内高效运用原有产业的产品知识、制造能力和营销技能，以确保战略匹配。相关多元化增长的战略使得组织的产业拥有一些共同点，即寻求“协同”——两种业务一起运营产生的利润大于其各自运营时产生的利润之和。其共同点是既可以是技术相近、用户相同，也可以是营销渠道、管理技能和产品方面的相似性。

离心多元化（不相关多元化）是指组织通过收购和兼并不同产业、不同业务领域的公司而实现增长，如生产农用机械的公司通过收购生产食品、饮料的公司实现增长，这些产品是不相关的。当管理层意识到当前产业没有吸引力，同时组织没有超强的能力和技能可以很方便地转移到相关产业的其他产品或服务上时，最可能的战略选择就是离心多元化——进入与当前产业不相关的产业。离心多元化战略强调的是财务问题，而不是像同心多元化那样考虑产品和市场方面的融合：一个现金充裕但是所在产业成长机会少的组织，就要进入一个机会多但现金稀缺的产业；另一种情况是，公司经营具有季节性，现金流不均匀，所以进入另一个不相关产业季节性能够互补的公司，以平衡现金流。

（2）稳定战略

稳定战略（stability strategy）的特征是在战略方向上没有重大改变，继续维持当前活动。在预期良好的环境中成功运营的组织采用稳定战略是合适的。稳定战略在短期内运用非常有效，但不适宜长期实施。有3类最基本的稳定战略：暂停战略、无变战略和利润战略。暂停战略是继续成长或退出战略中的休息间隙，对于那些在未来不确定的产业中迅速成长的组织来说是合适的，是巩固资源的临时性战略，直到环境好转，或者组织经历长时间快速成长后巩固资源为止。1993年，DELL公司在长期实施成长战略后采用了这种战略，当时公司已经成长到无法控制的地步。CEO迈克·戴尔解释说："我们两年时间增长了285%，已经患了快速膨胀病。"通过邮购销售PC，DELL的产品价格比COMPAQ和IBM都低，但是此时无法管理20亿美元的销售额以及在95个国家销售PC的5600名员工。DELL不是放弃原来的成长战略，只是临时过渡一下，直到公司招聘到新的管理人员，改进组织结构，建立新的机构并运行起来。

无变战略是选择继续当前的运营和政策，以实现可预见的未来，提供同样的产品或者服务，保持市场份额等。其成功取决于组织面临的环境没有重大变化。此时，组织所在的领域几乎没有成长的空间，组织在产业内的竞争地位也相对稳定，只需要针对销售额和利润目标做很小的浮动调整。组织既没有面临明显的机会和威胁，也没有出现大的优势或劣势；几乎没有进攻性的新竞争者进入组织所在产业；而且，组织具有合理的赢利，产品占据稳定的市场空间。除非所在产业发生巨大变化，否则，在这种情况下，组织处境舒适，地位适当，管理层就会采用无变战略，组织的未来就是当前状况的延续。

利润战略即是在销售额不断下降时，试图通过减少投资，削减一些可控费用人为地维持利润。管理层不是向股东和投资机构通报公司的不利处境，而是选择这一具有诱惑性的战略。管理层这样做的目的通常是为了保全自身利益，达到监管部门要求的赢利水平，以便维持融资能力。这在我国的上市公司也能看出来。上市公司的财务报告总是把公司问题归结为环境不利（政府政策、监管法规调整、不道德的竞争者、挑剔的顾客、贪婪的借贷方），因而推迟投资或削减费用（研究开发费用、广告费、差旅费等），以在一定时期维持能令人接受的赢利水平，有时为了达到目的甚至完全出售某个生产线、控股子公司股权等。利润战略只能帮助公司渡过临时困境。要注意的是，这种战略极具诱惑性，但如果维持足够长，会导致组织的竞争地位严重恶化。它是管理层被动的、短期的、为了保全自身利益而对环境变化做出的反应。

（3）收缩战略

收缩战略（shrinking strategy）通常是组织在处理劣势时使用，此时组织在某些产品或服务上的竞争地位处于劣势，导致业绩下降，销售额下降，由赢利变为亏损。在组织面临困境时，收缩战略有利于使之保持稳定经营，以激活组织的资源，重新恢复竞争力。收缩通常包括扭转、成为俘虏公司、出售或剥离、破产或清算等几种可采取的战略。扭转战略强调改进运营效率，当组织的问题已经普遍深入但还不到崩溃的地步，这一战略比较合适。

收缩战略通常包括收缩和巩固两个阶段。收缩是全面缩减规模和成本的阶段，巩固是要稳定收缩后的组织，保持住组织有利的资源，如骨干员工。俘虏公司就是做另一个公司的独家或最大的供应商或分销商，以取得该公司的长期合同。组织实际上是用独立换取安全。竞争地位处于劣势地位的组织也许更愿意成为某个大客户的俘虏公司，通过长期合同确保组织持续生存。在扭转无望又没有机会成为俘虏公司的情况下，可以采取出售或剥离的策略。出售是把整个公司卖掉，彻底离开所在产业；剥离是出售公司多种业务中的一个或多个事业部。当组织发现自己处于最恶劣的环境，在产业内的竞争地位也最差，几乎没有前景时，前三种战略都不可能或者都不能令人满意，没有人有兴趣购买一个处于没有吸引力产业的弱势公司，那么组织只能选择破产或清算。

2．业务或产品的组合分析

如果一个组织拥有多个事业部或者多种产品或业务，就要考虑组织拥有的资源如何在各种业务或事业部中进行有效分配的问题。

多种产品或事业部的管理可以借助业务组合矩阵来进行。BCG 矩阵就是一种应用广泛的业务组合矩阵。它综合考虑组织每种业务的市场份额和预期的业务增长率，将每种业务在 2×2 矩阵中标识出来，矩阵的维度分别就是市场份额和业务增长率，市场份额在横轴，从高到低；业务预期增长率在纵轴，从低到高。BCG 矩阵区分出 4 种业务组合（如图 7-4 所示）。

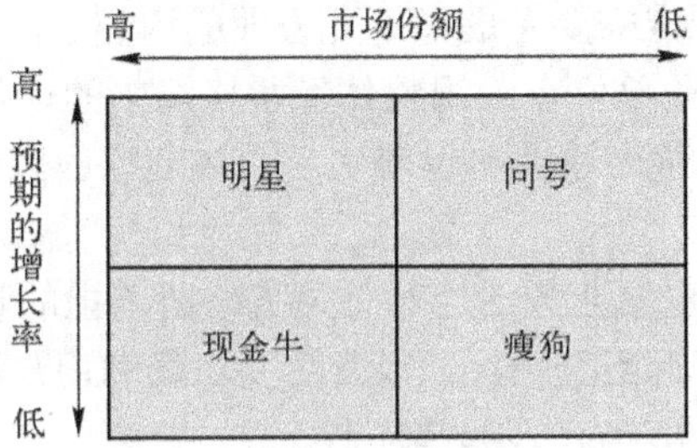

图 7-4　BCG 矩阵

资料来源：[美]斯蒂芬・P・罗宾斯，玛丽.库尔特. 管理学（第七版）. 北京：中国人民大学出版社

① 现金牛（cash cow）：低增长，高市场份额。落在这个象限的业务可以产生大量的现金，但是它未来的增长潜力是有限的。

② 明星（star）：高增长，高市场份额。这些业务处于快速增长的市场中，并且占有主导的市场份额，它们对现金流的贡献取决于投入的资源。

③ 问号（question）：高增长，低市场份额。这些业务处于有吸引力的市场中，但只占有较小的市场份额。

④ 瘦狗（dog）：低增长，低市场份额。处于这个象限的业务不产生或不消耗大量的现金，但这些业务只有低市场份额和低增长率。

从 BCG 矩阵可以看出：管理者应尽可能多地从现金牛身上收获现金，而限制在这些业务上新的投资；利用从现金牛事业上获得的大量现金，投资于明星业务和问号业务，因为这些业务具有增长潜力。对明星业务的大量投资将有助于这些业务的增长和保持较高的市场份额。当然，随着市场的成熟和销售速度的放缓，明星业务也会演变为现金牛。对于管理者来说，最难做出的决策是关于问号业务，通过仔细地分析，其中一些业务将被出售，有些业务将可能转换为明星业务。瘦狗业务将被出售或清算，因为它们的市场份额很低，增长的潜力也不大。

业务组合矩阵，如 BCG 矩阵，可以成为一种有用的战略管理工具，它提供了一个框架，有助于理解多元化业务和帮助管理者建立资源分配决策的优先目标。

除 BCG 矩阵外，还有其他形式的业务组合分析。例如，通用电气业务筛选模型基于产业长期吸引力和业务优势与竞争地位，将业务分成 9 个象限。其基本方法与 BCG 矩阵相似，但是考虑了更多的信息和因素，其产业吸引力的评估因素主要包括产业市场容量、发展前景、竞争强度、平均利润、进入/退出壁垒、整合程度、产业顾客量等。一般来说，组织要进入的产业大部分在这些指标上都表现得较突出，显示出较大的吸引力。但新产业的吸引力大并不意味着组织可以进入，因为决定组织是否可以进入的第二个因素是组织自身的进入优势，也就是现有哪些因素可以保证组织能够进入新产业并且获胜，这包括组织可以与新产业共享的采购、技术、生产、营销、品牌、人才、管理等因素，这些因素是组织能否多元化的决定因素。

二、事业层战略

事业层战略（business strategy）是指战略事业单位、事业部或子公司的战略，是在组织总体战略的指导下，经营管理某一个战略事业单位的战略，是总体战略下的子战略。它的重点是要改进一个战略事业单位在它所从事的行业中，或某特定的细分市场中所提供的产品和服务的竞争地位。事业层战略是组织的核心战略，即它回答的是“在我们的每一项事业里应当如何进行竞争”这个问题。

1．事业层战略的主要内容

一般来说，事业层战略的拟定需要考虑以下几方面的内容。

① 根据总体战略对战略事业单位在组织整体经营格局中的地位和作用、业务须域的外部环境与所拥有的资源和能力，明确本战略事业单位对实现总体战略应当做出的贡献和责任，以及业务活动的定位和发展方向。

② 确定业务活动的范围。根据业务活动对总体战略所承担的责任和贡献、与其他业务活动的关系、组织整体对业务活动的资源配置情况，以及主要市场和用户群的结构、要求及变化趋势，确定战略事业单位在整个业务链上应当介入哪些环节。

③ 根据战略事业单位所涉及的价值链、事业单位所采用的基本技术类型和技术扩散利用的潜力，确定战略事业单位的核心活动以及获得并控制资源的方式，确定竞争方式和手段。

④ 提出战略事业单位内部资源配置的基本原则和方向，平衡资源的投入。

⑤ 明确战略事业单位内部各项职能活动所承担的责任，指导战略事业单位的职能战略。

2．事业层战略的种类

事业层战略与组织相对于竞争对手而言在行业中所处的位置有关。为了准确定位，组织必须决定其准备采取的行动能否使其以不同于竞争对手的方式开展活动，或开展不同于竞争对手的活动。

组织从以下 3 种竞争战略中进行选择，以建立和保护其所想要的战略位置：成本领先、差异化、目标集中。每种竞争战略都有助于建立和利用其在某一特定竞争领域的竞争优势。一旦选定，组织事业层战略本身及对该战略的使用将会表明企业为何与其竞争对手是不相同的。

美国哈佛大学教授迈克尔·波特认为，组织面临来自 5 方面的竞争压力：行业中现有企业之间的竞争，潜在进入者，替代品的威胁，供应商的讨价还价能力，购买者的讨价还价能力。他提出，组织应在分析这些竞争压力的基础上，根据自身的长处和竞争对手的短处采取不同的竞争战略。

① 成本领先战略，也称为低成本战略。成本领先战略要求积极扩大生产规模，进行大批量生产来获得规模经济效益，降低成本，从而降低产品价格，使产品在市场竞争中能够以价取胜。另外，还要求组织在经验基础上全力以赴降低成本，加强对生产成本和管理费用的控制，最大限度地减少研究开发、服务、推销、广告等方面的成本费用。

② 差异化战略。实施差异化战略就是组织提供与众不同的产品或服务，努力使组织以特取胜或以奇取胜，主要突出产品与服务的特色，增加对顾客的吸引力，如特殊的功能、高超的质量、优质的服务、独特的品牌等。

③ 目标集中战略，也称为专一化战略。即将组织经营目标集中到组织总体市场中的某一部分细分市场上，以寻求在这部分细分市场上的相对优势的战略。这一战略的特点是通过业务的专业化，以更高的效率、更好的效果来满足某一特定的服务对象，从而超过具有较广泛经营范围的竞争者。

这 3 种竞争战略中，没有哪种凭空或普遍比其他好。每种战略的有效性取决于组织外部环境中存在的机会和威胁，以及组织基于自身独特的资源、能力和核心竞争力的可能性。因此，选择一种与组织外部环境中存在的机遇和威胁以及内部的核心竞争力相匹配的战略，是至关重要的。

三、职能层战略

职能层战略（functional strategy）又称为职能部门战略，是为了贯彻、实施和支持总体战略和事业层战略而在组织特定的职能管理领域制定的战略。职能战略一般可分为营销战略、人力资源战略、财务战略、生产战略和研发战略等。

职能战略的主要任务包括：根据总体战略和事业层战略确定职能活动的基本方向、原则和政策；制定该职能领域的重大活动方针，以支持总体战略和事业层战略的实现；根据该职能在组织或战略业务单元中的地位与作用，统筹配置资源；与相关职能活动建立跨职能协调机制等。

与组织总体战略相比，职能战略用于确定和协调短期的经营活动，期限较短，一般在一年左右。职能战略是为负责完成年度目标的管理人员提供具体的指导，所以它较总体战略更具体。职能战略是由职能部门的管理人员在总部的授权下制定出来的。

职能层战略是在职能部门中，如制造、市场报销、财务、人力资源、研究与开发等部门，由职能层管理人员制定的短期目标和计划，直接处理一些具体问题，如生产及市场营销系统的效率、顾客服务的质量和程度、提高特定产品或服务的市场占有率等，其目的是实现组织和事业部的战略计划。

第三节　战略制定的工具

一个组织可供选择的战略规划方案一般有若干种，常用的战略制定工具有 SWOT 分析、波特五力模型、战略地位和行动评估矩阵（SPACE）、波士顿矩阵、通用矩阵等。然而，在众多的战略规划方案中究竟选择哪一种战略或者战略组合规划呢？组织的理想战略应当能够利用外部市场的机会并综合不利环境的影响，也应当加强组织内部的优势以及其自身的弱点加以改进。考虑到理想战略规划的这些特点以及组织所面临的多种战略规划选择，在进行战略规划选择过程中，组织应借助于战略评估工具来达到选择理想战略的目的。下面对两种最常用的战略评价方法进行详细阐述。

一、SWOT 分析

SWOT 分析是一项计划活动，在此活动中，管理者需要确定组织的优势（strengths，S）和劣势（weaknesses，W）以及环境中的机遇（opportunities，O）和威胁（threats，T）。在 SWOT 分析的基础上，组织不同层次上的管理人员能够对公司层次、业务层次和职能层次的战略进行选择，使组织以最佳的途径完成使命，实现目标（如图 7-5 所示）。

无论在组织的哪个管理层次上，SWOT 分析都是战略制定的第一步工作。第 3 章中曾经对任务环境和一般环境中有可能影响组织的各种因素进行过详细的探讨。我们提到，环境因素的变化能够产生组织可以予以利用的机遇，也能够产生可能损害组织现状的威胁。

SWOT 分析的第一步是认清组织的优势和劣势。表 7-1 列举了许多重要的优势（如在营销和研发方面具有高水平的技术）和劣势（如生产成本上升和技术陈旧）。管理者所面临的主要任务就是明确组织在当前环境下具有的优势和劣势。

SWOT 分析的第二步是管理者着手进行全面的 SWOT 计划活动，以明确环境中现在或者将来可能对组织产生影响的潜在机遇和威胁。必须考虑的潜在机遇和威胁（其中有许多在第 3 章中已经

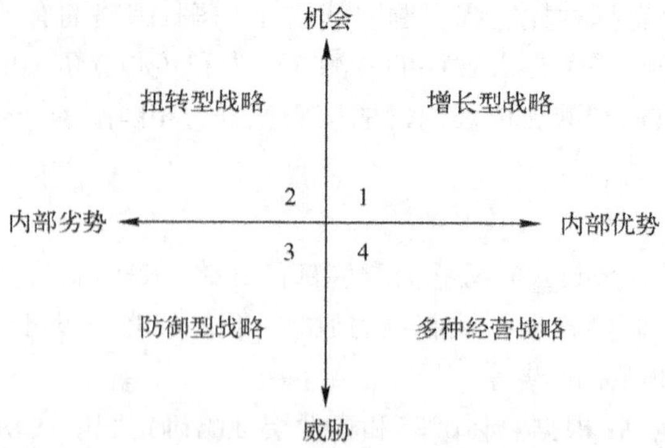

图 7-5　SWOT 分析图

表 7-1　SWOT 分析举例

潜在优势	潜在机遇	潜在劣势	现在威胁
⊙设计合理的战略 ⊙强大的产品线 ⊙广泛的市场覆盖面 ⊙具备的生产能力 ⊙良好的营销技巧 ⊙良好的物料管理系统 ⊙研发能力和领导能力 ⊙充足的人力资源 ⊙品牌声誉 ⊙差异化的成本优势 ⊙恰当的管理风格 ⊙恰当的组织结构 ⊙恰当的控制系统 ⊙战略变革的管理能力	⊙核心业务能否拓展 ⊙开发新的细分市场 ⊙扩大产品范围 ⊙增强成本优势或者差异化优势 ⊙增加新业务，实现多样性发展 ⊙进入国外市场 ⊙在新领域的研发能力 ⊙进入新的相关业务领域 ⊙前向垂直一体化 ⊙后向垂直一体化 ⊙克服进入壁垒 ⊙削弱竞争对手的能力 ⊙在新领域中进行品牌拓展 ⊙实现市场快速增长的能力 ⊙其他	⊙战略设计不合理 ⊙陈旧且狭窄的产品线 ⊙生产成本上涨 ⊙研发创新能力下降 ⊙不良的营销计划 ⊙不良的物料管理系统 ⊙没有良好的商誉 ⊙人力资源不足 ⊙缺乏品牌声誉 ⊙没有正确的发展方向 ⊙公司没有方向性 ⊙部门之间明争暗斗 ⊙企业控制力薄弱 ⊙组织结构和控制系统不合理 ⊙激烈的冲突和勾心斗角 ⊙其他	⊙核心业务受到攻击 ⊙国内市场竞争加剧 ⊙国际市场竞争加剧 ⊙消费者偏好发生变化 ⊙进入壁垒减少 ⊙出现了新产品或者替代产品 ⊙行业内竞争对手增多 ⊙出现了新的行业竞争形式 ⊙被兼并的可能性 ⊙人口统计因素发生变化 ⊙经济因素发生变化 ⊙经济发生衰退 ⊙劳动力成本上涨 ⊙市场增长速度下降 ⊙其他

有所讨论）也列举在表 7-1 中。当 SWOT 分析工作完成后，组织的优势和劣势、机遇和威胁得以明确。随后，管理者就可以着手进行计划，制定完成组织使命和实现组织目标的战略。最终形成的战略应该能够使组织通过利用机遇、抵制威胁、建立优势、改善劣势来完成组织使命，实现组织目标。

SWOT 分析的核心思想是公司的独特能力与行业的竞争要求要紧密契合，关键是在公司的独特能力与资源能产生竞争优势的领域创立其市场地位。SWOT 分析是一种前期分析工具，它本身不是匹配工具，只是帮助找出成功与失败的关键因子。批评者认为，SWOT 分析最大的弱点有三：

① 在选择因子方面，许多因子难以明确它们到底属于哪类。对因子的描述过于空泛，以致信息不准确。

② SWOT 仅是一个简单的罗列，没有评价和审视比较，缺乏根据重要性对要素做出轻重缓急的区分。由于过于简单，人们甚至怀疑它是否属于真正的分析。由于缺乏优先顺序，小的机遇往往和大的威胁被看成同等重要。

③ SWOT 的评估过程过于主观，容易被评估者的偏见左右。

二、波特五力模型

能够帮助管理者把外部环境中可能构成潜在威胁的特定因素分离出来的一个著名模型就是迈克尔·波特（Michael Porter）的五力模型，如图 7-6 所示。

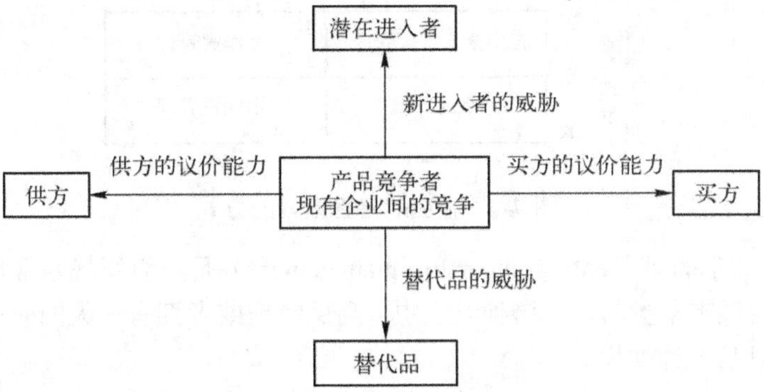

图 7-6　决定行业竞争程度的五种力量

资料来源：迈克尔·波特. 竞争优势. 陈小悦译. 华夏出版社，2003.

这五力中有四个曾在在第 3 章中讨论过。波特指出，这五力是组织的主要威胁，因为它们影响着在同一行业中竞争的组织的赢利水平。

① 同行业企业之间的竞争水平。同行业组织之间对顾客的竞争（如降低产品价格或者增强广告宣传力度）越是激烈，行业的利润水平就越低（价格低意味着收益低）。

② 进入行业的难易程度。组织越容易进入一个行业（如品牌忠诚度等进入壁垒比较低的行业），该行业的价格水平可能就越低，从而行业利润也越低。

③ 应商的力量。如果某种重要的投入品只有为数很少的几家供应商，那么，供应商就能够抬高供应品的价格，而价格高昂的投入将削减生产商的利润。

④ 顾客的力量。如果一个行业的产出为少数几个大客户所左右，那么他们就能够压低行业产品价格。结果，生产商的利润也会降低。

⑤ 替代产品的威胁。通常，一个行业的产品是可以被另一个行业的产品所替代的（如在某些应用领域，塑料可以代替钢材）。如果公司生产的产品具有明显的替代品，那么它们往往不能对其产品拟定高价，这也限制了其利润的提高。

波特认为，当管理者对机遇和威胁进行分析时，他们应该对这五力给予特别的关注，因为它们是组织可能遇到的主要威胁。总体层次、业务层次和职能层次的管理者的主要任务之一就是制定出应对这些威胁的战略，确保组织能够对其任务环境和一般环境做出恰当的反应，从而保持较高的绩效水平，产生更多的利润。

第四节　管理者在战略管理中的作用

德国著名的军事战略家克劳塞维茨曾说过，“在双方军队参战之前，战争的胜负已经可以从双方的战略家身上看出来了。”商业竞争在很大程度上与军事对抗一样，组织战略管理者的好坏对战略管理的成败有十分重要的关系。

一、战略管理方式

国外学者根据董事会和组织高层经理参与战略管理的程度，归纳出了 4 种战略管理方式（如图 7-7 所示）。

① 混乱式管理（Chaos Management）是指组织的董事会和高层经理都不重视和参与组织的战略管理，董事会被动地等待高层经理提出方案，而组织高层经理则埋头于日常工作，循规守旧。这种组织根本就没有实施战略管理。

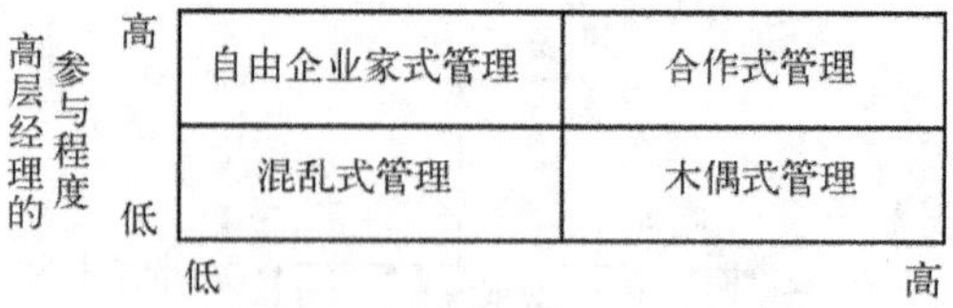

图 7-7 企业战略管理者的方式

② 自由企业家式的管理（entrepreneurship management）是指组织战略管理工作完全由组织高层经理负责，董事会根本不参与。在这种组织中，高层经理或者拥有最大的股权，或者是影响力极大的人，而董事会只是一种摆设。

③ 木偶式管理（Marionette Management）是最少见的一种战略管理方式，是指董事会完全掌握了组织的重大决策权，而组织的高层经理只是唯命是从，贯彻执行董事会的决策。

④ 合作式管理（partnership management）是指董事会和高层经理都积极参与企业战略管理，并且积极合作。这是一种最有效的战略管理方式。在这种组织中，董事会成员积极参加各种委员会的工作，通过各种方式为高层经理提供有用的信息。

案例 7-1 美国式董事会与中国式董事会之间的观念碰撞

以上 4 种战略管理方式从参与程度上来看是依次递增的，但鉴于不同组织的发展阶段、发展类型、运营性质、所处环境等诸多因素的不同，不能单纯地评判某种方式孰优孰劣。例如，在组织创立的初期，管理者忙于将日常工作步入正轨，陷入日常战术事务，缺乏战略性规划，仅仅有初步的发展愿景。在这样的阶段，管理者忽视对组织深层次、长远的发展的思考是暂时的。随着组织的逐渐成熟，战略规划也应纳入议程，并且是重要的组织计划内容。又如，对于有董事会的企业，无论采取什么方式，都要与自身的实际相结合。采用合作式管理的优点在于满意度最高，但是决策效率相对较低。假如企业具有精明又顾全大局的管理高层，或者气氛和谐、意向一致的董事会，那么自由企业家式和木偶式的管理带来的成效不见得会逊于合作式管理。

组织战略管理是一个不断循环、永远没有终点的发展过程。无论采取什么样的战略管理方式，在内部运作或外部环境发生变化时，都应根据组织的实际需要对其本身做出适应性的调整，制定出一套适合自身发展的战略路线，保障组织可持续协调发展。

二、战略管理者的类型

战略管理者要行使战略管理职能，除应该具备战略家的观念和能力外，还应具备与组织战略方向相适应的行为特色。组织战略方向不同，对组织战略管理者的领导风格艺术的要求也不相同，因此战略管理者呈现出行为差异。根据组织战略方向可以划分组织战略管理者的行为类型。每种战略方向都要求与之相匹配的战略管理者行为模式。

（1）开拓型

当组织经营环境特别动荡，面临一系列严峻挑战的时候，组织需要采取“出其不意的、创造性的发展行为”的战略的情况下，开拓型管理者往往表现出一种力挽狂澜的态势。

开拓型管理者灵活、极富创造性，性格非常外向，有鉴别力和魄力，容易受环境驱使和左右，多疑、自由不羁、性急。然而他们又极富能动性，积极好动，容易受独特事物刺激，并且善于提出和接受挑战。他们的思维方式直观、非理性，思索无条理却有独创性。

（2）征战型

当组织经营环境动荡，组织面临发展的有利机遇和调整时，需要采取“积极的扩张行动”的战略的情况下，征战者披挂上阵，积极争夺市场，大刀阔斧地开辟新天地。征战型管理者有节制地不遵守常规，具有发展新事务的创造性，性格外向、精力充沛，对情绪有很强的自制力。他们性情比较平稳，做事考虑风险，不蛮干，思维方式有理性但不刻板，不受框框限制。

（3）谨慎型

当组织的运营环境不太动荡，组织向临的挑战和机遇都不多的时候，需要采取“持续性发展”的战略的情况下，谨慎型管理者往往作壁上观，待得风平浪静，再图发展。

谨慎型管理者墨守成规，性格温和，与人友善，富于合作性。他们受目标驱使，但追求平稳发展，守信誉，思维方式深刻，有条不紊，严肃认真和专一。

（4）重效率型

当组织的经营环境平稳，组织面临的竞争挑战较弱的时候，需要采取“增加产量求发展”的战略的情况下，重效率型管理者往往千方百计规避风险，一切以效率为优先。重效率型管理者教条、死板，重视规章制度、恪守程序，做事消极，常常是不得已而为之。他们的兴趣来自于外界的刺激，思维方式过于理性、不思变革。

（5）守成型

当组织的经营环境相当平稳，市场基本饱和，竞争较弱，在既无生存威胁又很难发展的情况下，企业需要采取“巩固现有经营状态”的战略。守成型管理者按部就班守惯例，不思进取，维持现状求稳定。守成型管理者古板但有教养，善于合作，性格稳重、冷静，但缺乏主动性和激情，过于理智。他们缺乏创造能力，遵守惯例，思维方式往往角度单一，善于接受他人尤其是权威人士的观点，不善于独立思考和提出疑问。

以上介绍了西方学者实证研究得出的 5 种战略管理者行为方式，从中可以看到，不同的战略方向选择决定了战略管理者的行为倾向的不同。换言之，每种战略方向对战略管理者的特征和行为都有特殊的要求，战略管理者的特征和行为要与其选择的战略方向保持一致。

三、战略管理中的指挥艺术

在组织战略管理中，正确的组织战略思考和规划有助于形成正确的组织战略。组织战略的制定和实施成功与否在很大程度上依赖于战略管理者的组织管理技巧，我们称之为战略管理者的指挥艺术。战略管理者的指挥艺术一般可以归纳为如下 5 种类型。

（1）指令型战略指挥艺术

指令型模式具有极为正式的集中指导的倾向，战略实施靠的是最佳战略和有权威的日常指导，具有极为正式的集中权力和决策。它要求管理者运用经济分析和竞争分析，制定出一个能指导日常工作决策的组织战略，并靠其权威通过发布各种指令来推动战略的实施。指令型战略指挥艺术的运用需要具有实施的条件、准确的信息和较客观的规划人员。

（2）转化型战略指挥艺术

转化型模式是对指令型模式的完善与补充，不但重视经济分析，制定出好的战略，而且深入考虑如何运用组织结构、激励手段和控制系统来促进战略实施。转化型模式把注意力集中在关键战略领域，强调战略实施过程中对员工应有的激励；建立战略规划系统．实施控制系统、效益评价系统和奖惩制度，支持和促进企业战略实施；运用组织文化促进组织战略实施。

（3）合作型战略指挥艺术

合作型模式假设战略是集体协商基础上的产物，主要特点是把参与决策的范围扩大到企业高层管理集体之中，调动高层管理人员的积极性和创造性，使高层管理集体协调一致。其最大的问题是委员会式的集体决策。

（4）文化型战略指挥艺术

文化型模式要在整体组织中灌输一种适当的文化，以使战略得到实施。即把合作型的参与成分扩大到较低的层次，打破战略制定者与执行者之间的鸿沟。组织文化建设是一项长期、艰巨的工程，对员工的素质要求较高，高层管理者如果不愿意放权，会流于形式。

（5）增长型战略指挥艺术

增长型模式通过激励管理人员的创造性和制定、实施完善的战略，来充分发挥组织内部的潜能，最终使组织实力得到增长。战略是从上向下产生的，即“自主战略行为”与“组织战略”相平衡，战略管理者不可能控制所有重大机会和威胁；其信息、认识和判断总是有缺陷的；必须依赖下级；组织战略是集体决策的产物。

本章小结

① 战略是说明资源分配及有关应对环境、赢得竞争优势、实现组织目标和其他组织目标的活动的行动计划。

② 战略管理是组织确定其使命，根据组织外部环境和内部条件设定组织的战略目标，为保证目标的正确落实和实现进行规划，并依靠组织内部能力将这种谋划和决策付诸实施，以及在实施过程中进行控制的一个动态管理过程。

③ 战略管理包括十大学派：设计学派、计划学派、定位学派、企业家学派、认知学派、学习学派、权力学派、文化学派、环境学派和结构学派。

④ 战略分析是通过对企业的使命和目标、外部机会和威胁以及内部的优势和劣势来决定企业的战略方向。

⑤ 战略管理过程本质上是在充分占有信息的基础上制定关系组织未来发展方向的重大决策，并将这些决策付诸实施的动态管理过程。从总体上看，战略管理过程包括战略计划、战略实施和战略评估三个阶段，这三个阶段可以分解为八个步骤。

⑥ 按照组织层次，组织的战略类型可分为总体战略、事业层战略和职能层战略。其中，总体战略包括方向战略、业务或产品的组合分析。组织的方向战略有时也被称为大战略，根据成长方向的不同可以分为三类：成长战略（或增长战略）、稳定战略和收缩战略。事业层战略寻求决定组织如何在每项事业上展开竞争。

⑦ 根据董事会和组织高层经理参与战略管理的程度，战略管理方式有 4 种：自由企业家式管理、合作式管理、混乱式管理和木偶式管理。

⑧ 组织战略方向不同，对组织战略管理者的领导风格艺术的要求也不相同，因此战略管理者呈现出行为差异，有开拓型、征战型、谨慎型、重效率型和守成型。

⑨ 组织战略的制定和实施成功与否在很大程度上依赖于战略管理者的组织管理技巧，我们称之为战略管理者的指挥艺术。战略管理者的指挥艺术一般可以归纳为 5 种：指令型、转化型、合作型、文化型、增长型。

重要概念

战略管理	战略分析	战略制定
战略实施	战略评估	总体战略
事业层战略	职能层战略	SWOT 分析
波特五力模型	战略管理方式	战略管理者类型

习 题 7

1. 战略管理是指什么？其目的和意义是什么？

2. 战略管理的过程由哪几个步骤构成？请分别进行阐述。

3. 战略分析的内容包括哪些？

4. 什么是组织的核心能力？

5. 组织战略包括哪几个层次？请分别进行阐述。

6. 组织大战略主要有哪几类？

7. 简述波特关于竞争战略的主要思想。

8. 阐述管理者类型在战略管理过程中的影响作用。

9. 请谈谈实施5种战略指挥艺术的前提条件是什么。

案例分析

民营速递的佼佼者——顺丰速递

早在2004年，顺丰快递的营业额就达到了13亿元。业内人士说"别看从来不打牌子，申通、宅急送都不是它的对手。"但行外的人们对这家企业的具体情况不太了解，因为他们最多只是在电话里听到过顺丰接线员的声音。这家公司很少有自己统一标志的车辆，递送人员开自己的摩托车送货。他们很少与同行打交道，也从来不打广告。公司老板从来没有接受过一次采访，面对中央电视台也一口回绝，甚至很少有人知道他的样子。

一位投资银行的资深人士2007年这样描述过顺丰速运：近3年来平均50%的增长，16亿元的年营业额，30%的利润率。"中国第一家用飞机做快递的公司？你说的是30年前的联邦快递吧？"对于华尔街的人来说，这绝对是一个好故事。他甚至为这家公司计划好了前景，"按照 15 倍市盈率计算，上市能融资70个亿，可以买飞机了。"这位投资人士开玩笑说。

（1）产品定位

顺丰在产品定位方面的谨慎策略，被认为是支撑其快速发展的关键因素。与诸多"快递优而物流"的同行相比，老总王卫坚持只做快递，而且只做小件，不做重货。在大方向确定的前提下，顺丰按照客户细分设计了自己的产品价格体系，与四大国际快递重叠的高端不做，五六元钱的同城低端也不做，剩下的中端客户被锁定为唯一目标。服务产品的设计也非常简单，500 克内收不超过 20 元的邮费，上门送货，全国联网，36 小时到达。除了收费标准逐步调高、取送件时间逐渐缩短外，直到今天，顺丰的产品定位一直没有任何改变。摩托罗拉等一些大型跨国企业曾找到顺丰，希望其参与物流项目的投标，但顺丰考虑再三之后没有接单。"重货成本大，利润薄，也不是我们的强项。"顺丰的管理者这样说到。

（2）用飞机向全国扩张

2002年，成立总部不久的顺丰便遭遇了SARS。2002年底到2003年上半年，顺丰的大本营广东成为SARS肆虐的重灾区。幸运的是，对于快递行业来说，SARS更像是一个机遇。因为很多人选择了足不出户，快件的投递量一度反而有所增加。不过，对于顺丰刚刚起步的全国扩张战略，这毕竟是一个巨大的考验。期间，航空公司的生意非常萧条。2003 年初，借航空运价大跌之际，顺丰顺势与扬子江快运签下合同，成为国内第一家使用全货运专机的民营速递企业。

扬子江快运目前有5架737全货机，全部由顺丰租下，其中3架用于承运自己的快件。这种全货机载重 15 吨，往返于广州、上海、杭州的三个集散中心之间。除了专机以外，顺丰还与多家航空公司签订协议，利用国内230多条航线的专用腹舱，负责快件在全国各个城市之间的运送。用飞机运快件的成本不菲，其广州—上海—杭州—广州的租机价格为每小时2万多元人民币。不过，这让顺丰在服务时效性方面获得了压倒性的优势。通过租飞机，顺丰实现了全天候、全年365天无节假日派送。在北京、上海、深圳等干线，即便前一天下午6点取件，第二天一早也能收到。而且顺丰所谓的高价，对一般消费者来说也足以接受，多次提价之后，500克以内的快件也只有20元。

凭借革命性的服务，2003 年之后，顺丰的货量增长迅速，每年增速都在 50%左右。迅速增长的货量形成的规模优势，抵消了包机增加的成本。这种良性循环又进一步巩固了顺丰在速度方面的优势。顺丰的掌舵人——王卫在把顺丰推向全国的第一步棋局中取得了速胜。在员工看来，王卫是一个不折不扣的“经济动物”。他的成功源于对经营和管理研究的痴迷。

资料来源：大家论坛网站 http://club.hr.com.cn/bbs/

思考题：

1. 顺丰速运的产品定位与其他速递企业有何不同？取得了怎样的成功？
2. 顺丰是如何实现从区域到全国的战略扩张的？

第三篇 组 织

对于大多数从事实际工作的管理人员来说，组织意指一个正式的、刻意设计的角色或职位结构。

——哈罗德·孔茨

州总其统，郡举其纲，县理其目，各恪守不得相干，治之经也。

——傅玄：《傅子·安民》

第 8 章

组织与组织设计

学习导图

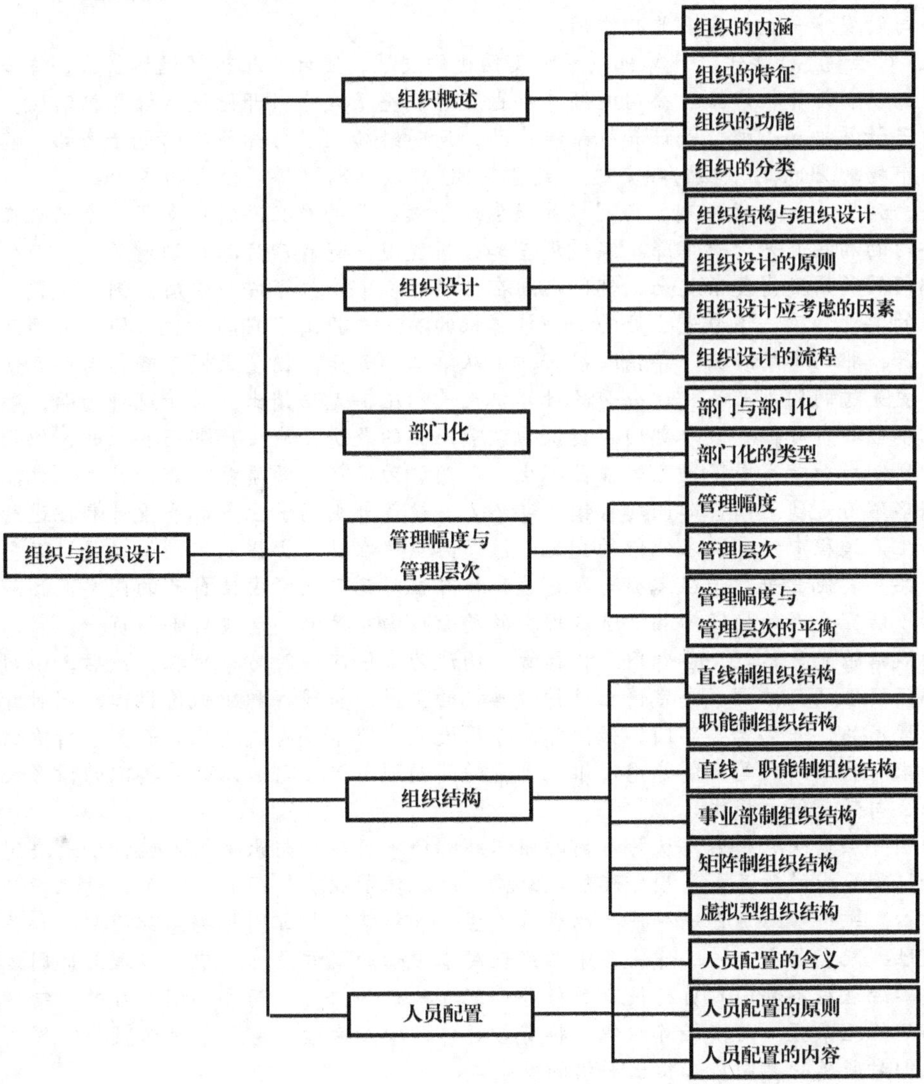

开篇案例

德州仪器：改善组织机构

德州仪器公司是美国一家大型电子工业公司。20世纪80年代以前，该公司业务主要集中于电子产品的生产和发展。由于该公司重视技术改革，投入大量资金用于产品的改进和更新，使得公司产品始终能够满足不断变化的市场需求；同时，产品工艺的不断进步，也使得生产成本逐步降低，产品在竞争市场上始终保持一定的价格优势。因此，公司不断发展壮大，到80年代初，年销售额已超过30亿美元。

公司多年来一直采用直线职能制的组织结构。这种组织形式特点是设立两套组织系统：一套是按统一指挥原则设立的直线管理系统，设三个管理层次，即公司领导层——生产部——下属分厂；另一套是按专业化分工原则设立的参谋职能系统，包括工程技术部、设计部、财务部和人事部等职能部门，职能部门的管理人员，作为直线指挥人员的参谋和助手，只对下一层机构（分厂）的工作进行业务指导，而无权发布命令进行指挥。这种组织结构在20世纪80年代以前对公司的发展一直起着重要的作用。

进入20世纪80年代，计算机技术突飞猛进的发展，使计算机市场迅速扩大，许多电子工业公司开始研制计算机产品。公司的领导层也及时调整了战略，开始进入计算机领域，主要发展商用电子计算机和小型电子计算机系统产品，同时继续改进自身原有的电子产品，稳固占有电子产品市场约20%的市场份额。这一战略在80年代初期取得了很大的成功。

然而，到了80年代中期，公司领导层发现虽然公司的产品品种增多了，市场也在慢慢扩大，但公司的利润开始大幅下降。经过调查和分析发现，随着产品品种的增多，生产部门和其他职能部门的关系变得复杂起来，部门之间在协调过程中产生了许多矛盾。例如，设计部门应生产部门的要求，改进了原先生产的一种计算机的功能，推出了它的新款，研制成功后生产部门投入生产，推向市场后头一年销路很好，但从第二年开始，销量大幅下降，因为其他竞争对手推出了更先进的同类产品。该公司的计算机大量积压，无法销出。对于这种局面，各部门都认为自己不应担负责任。设计部门人员认为该项产品的改进是应生产部门要求的，他们只管设计成功、研制成功就完成了自己的任务。生产部门认为该产品的质量很好，技术上也比原先的先进，销路不好是因为销售部门的营销活动不力。销售部则指责生产部和设计部在进行该产品的设计和生产过程中没有征求他们的意见，该产品虽然在功能上提高了，但只是过渡型产品而非换代产品，其他竞争对手在本公司改进这种计算机时已开始考虑使自己的同类产品跳过过渡阶段并着手研究全新的换代产品，造成现在的局面应由生产部门和设计部门负责，因为他们缺乏长远的战略眼光。总之，各部门互相指责，均认为责任应由对方来负担。最后，公司领导层召集各部门经理开会协调，决定停止这种计算机的生产，将现存积压低价抛出，同时开始研制自己的换代产品，并要求各部门加强协作，今后避免类似事件再次发生。而关于折价出货的巨额损失和未能收回的大笔研制费用由谁来负责的问题则不了了之。以后，类似的情形又发生过多次，给公司带来很大损失。

公司领导层查明原因后，认为目前的组织结构已不适应公司未来的发展，于是决定对组织结构进行一次重大的改革，采用矩阵组织结构，即在保留原有部门的基础上，设立跨部门产品的顾客中心。每个中心负责一种产品的设计、生产和销售，各部门根据本部门职能和各中心工作的相关性，配合各中心的工作。各中心经理对本中心的盈亏负责。中心经理与部门经理平起平坐，中心经理对各部门人员行使有关任务分配和执行的权力，而各部门人员的业绩评价的决定权由部门经理掌握。为使矩阵组织结构有效运作，中心经理和部门经理必须经常保持沟通，并协调他们对所属的共同员工提出严格的要求。

公司采用矩阵组织结构以后，发现局面有了很大的改观。各部门不再因为经营问题而相互指责、推卸责任。因为每种新产品的推出，都是各部门人员共同协商、合作的结果；同时，新产品的设计、生产、销售在产品与顾客中心内连为一体，很大程度上降低了失败的风险，大大提高了新产品的赢利性。公司陆续推出的几种新产品，均因技术、质量上乘且适销对路而给公司带了可观的收入。

由于生理、心理、物质与社会条件的限制，人们为了达到个人的和共同的目标，就必须合作，于是形成群体，群体发展为组织。组织能够确保人们社会活动协调进行、顺利达到预期目的。管理者需要按照组织目标，设计出合理、高效的结构和体制，合理配置组织的各种资源，以保证组织目标的顺利实现。

第一节　组织概述

一、组织的含义

“组织”既是一个名词，也是一个动词。

组织作为名词，是指组织结构，即为了实现某一共同目的所正式确定的使工作任务得以分解、组合和协调的权责结构和系统集合。组织的名词定义包含了 3 层含义：组织作为一个整体，具有共同的目标；组织必须有分工和合作；组织要有不同层次的权责制度。

组织作为动词，是指组织工作，即为了实现组织的目标，将所必须进行的各项工作和活动加以分类和归并，设计出合理的组织结构、配备相应人员、分配权力并进行整合与协调的过程。组织工作具体包含以下 3 方面的内容。

① 组织结构的设计和变革。为了实现组织的目标，组织内部必然进行分工与合作。如何合理设计和调整组织结构，建立分工合理、协作顺畅的组织模式，并使得分工协作体系能够适应组织的发展，是组织保证不同时期的目标都能够得以实现所要解决的基本问题。

② 人员的合理配置和使用。建立组织结构的目的是为了使组织成员能够协调开展工作，共同为实现组织目标而努力。在建立组织结构的基础上，通过对组织成员的明确分工以及合理配置和使用，充分发挥组织成员的才能，最大限度地发挥群体的力量，才能更好地实现组织目标。因此，人员的合理配置和使用也是一项重要的组织工作内容。

③ 权力的分配和关系的协调。在建立组织结构、配置相应人员之后，为了使组织成员能为达成组织目标而履行其职责，就应当赋予其完成相应工作所需要的权力；同时，为了保证各项工作、各岗位、各部门之间能顺利进行合作，就要对它们相互之间责任和权力关系进行协调。通过分配权力和协调关系，才能保证各项工作的顺利开展，进而保证组织目标的实现。因此，权力的分配和关系的协调也是组织工作的一项重要的内容。

二、组织的特征

组织既是有形的，也是无形的。我们可以看见各类组织，如政府、学校、企业和医院等，但组织的关键要素并不是一个建筑、一套政策和规章，组织是由人及其相互关系所构成的。我们需要从以下 4 方面来把握组织的特征。

① 目的性。每个组织都有特定的明确的目标，其一切活动的开展都是为了实现相应的目标。从本质上讲，组织本身就是为了实现共同目标而采用的一种手段或工具。有了共同的目标，组织成

员的协作意愿才能发展，组织才能存续和发展。管理人员需要经常向组织成员灌输共同的目标和愿景，并根据环境的变化和组织的发展不断制定新的目标。

② 整体性。组织作为一个系统，是由许多成员、岗位、部门和层级，按照一定的联络形式排列组合而成的框架体系。系统整体所达到的功能大于其要素或组成部分的功能的叠加，因此组织整体所具有的性质也大于其各要素性质的叠加。组织在各组成要素之间还存在纵向等级关系、横向的分工协作关系以及相互的沟通关系，从而维持其整体性。

③ 复杂性。群体的集合使得组织也是一个复杂体，组织目标必须通过各要素之间的分工与合作、沟通与交流、依赖与配合才能达成。组织的复杂性主要反映在复杂的分工上，如职能部门细分化、管理工作的层级划分和工序设备的分布，也反映在分工后各项活动协调的复杂性上。随着组织规模的扩大，分工越细，组织的复杂性体现得越明显。

④ 开放性。组织是开放的，具有不断与外界环境进行物质、能量、信息交换的功能。任何组织都不能孤立存在，组织总是处于一定的环境之中，并且同环境相互联系、相互影响。在经济一体化的时代，一个组织如果不与外界交流、联系，不取长补短，就不可能得到迅速发展。组织对环境的开放是组织得以稳定存续的条件，也是组织得以向前发展的前提。

三、组织的功能

组织以各种方式改变着人们的生活，对现代社会具有重大的影响。组织的功能主要体现在以下3方面。

① 力量汇聚功能。组织的力量汇聚功能主要表现为能够把分散的个体集合成为整体，汇聚各要素的力量，用“拧成一股绳”的力量去达成相应的组织目标。组织的力量汇聚作用体现为1+1=2。在日常生活中，组织的力量汇聚功能可以从许多实例中得到具体的体现，如多个搬家工人共同搬运一件大型家具，或多个纤夫合拉一艘船等。

② 力量放大功能。比力量汇聚功能“1+1=2”的效果更进一步，良好的组织还能发挥把组织力量汇集后再进行放大的功能，产生“整体功能大于各要素功能的叠加之和”的效果。组织作为系统，其力量放大功能是在力量汇聚功能的基础上产生的，表现为“1+1>2”的效果。只有借助组织力量的放大功能，才能取得“产出”大于“投入”的效益。

③ 交换功能。个人之所以加入组织并对其投入时间、精力和技能，是希望能够从组织中得到相应的利益和报酬，以满足个人的需求。组织之所以愿意满足个人的需求，则是希望个人能对组织有所贡献，达成相应的组织目标。组织的交换功能体现为成员为组织做出贡献，并能够从组织中获取相应的报酬作为交换。

从成员的层面角度来看，往往要求自己所在组织的对自己的报酬大于自己对该组织做出的投入；从组织的层面看，通常要求来自于成员的贡献大于组织为成员所投入的相应成本。这就必须借助于组织力量的放大功能的发挥，使个人集合成的整体在总体力量上大于所有组成人员的个体力量的叠加。

四、组织的分类

在现实生活中存在着许多组织，它们可以按不同的标准进行分类，主要的分类方式如下。

1. 按组织是否营利分类

① 营利性组织。所有的企业组织都属于营利性组织，企业成立及发展的目标就是追求利润最大化，否则企业将无法确定活动的目标和方向。根据罗纳德·科斯（Ronald H.Coase）在《企业的

性质》中的阐述，企业组织之所以会产生，就是因为组织内交易比市场交易成本低，并且更有效。这表明，企业组织的诞生本身就是追求成本最小化、收益最大化的结果。一个企业组织如果不能赢利，它就不能改善员工的状况，也就不可能将投资回报的一部分用于研究、开发新产品，为顾客提供更多、更有价值的新产品和服务，政府的税收也就成了无源之水，这将影响整个社会的发展。对于整个社会层面而言，利润动机不是自私的，因为在市场机制的诱导下，企业组织在追求自身利润的同时也会带来整个社会福利的增加。

案例 8-1　公营机构的运作范本

② 非营利性组织。与营利性组织相对的是非营利性组织，如政治组织、文化组织、群众组织和宗教组织等。非营利性组织的主要宗旨是向社会提供各种公共服务，如提供教育、医疗、安全等。对提供的相应服务可能要收取一定的费用，这些费用主要用于维持组织的生存。非营利性组织在一般情况下不需向政府纳税，有时还会得到政府的财政补贴。

2．按组织的社会功能分类

美国学者帕森斯（T.Parsons）认为，可按照社会作用和社会效益对组织进行分类。

① 以经济生产为导向的组织。以经济生产为导向的组织是社会经济生产核心，运用一切资源扩大组织的经济生产能力。这类组织的任务除了生产物质产品，还包括提供劳务等。

② 以政治为导向的组织。以政治为导向的组织的社会功能在于实现某种政治目的，因此其重点是权力的产生与分配，如政府部门。

③ 整合组织。整合组织的社会功能在于整合社会秩序，协调各类冲突，引导人群向某种固定的目标发展，如法院、政党等。

④ 模型维持组织。模型维持组织的功能在于维持固定的社会形式，来确保社会的平衡发展，如学校、社团、教会等。

3．按组织的形成方式分类

① 正式组织。正式组织是指为了实现组织目标、规范组织成员在活动中的关系所特意建立的组织结构。正式组织具有严密的组织结构，主要表现在指挥链、职权与责任的关系以及功能、作用等方面。正式组织是经过精心设计的、为了达到某个目标而按一定程序建立的、具有明确的职责关系和协作关系的群体。

② 非正式组织。非正式组织是人们因互相联系而自发形成的，不是正式组织建立或要求的人际关系和社会关系的网络。在没有自觉地制定共同目标的情况下所进行的个人联合的行动，都可以算作非正式组织。非正式组织通常是为了满足一些社会要求而形成的。这些组织可能存在于正式组织之中，也可能独立存在和运行，如各种俱乐部、团体、协会和相类似的其他群体。

第二节　组织设计

一、组织结构与组织设计

组织结构，是指组织的框架体系，是由工作岗位、权责关系、沟通渠道所构成的系统。组织结构通常用组织结构图来表示。组织结构图，是指通过直观的图示方式表明组织中的部门设置情况和权力层次结构，直观反映了组织内部的分工和各部门的上限隶属关系（如图 8-1 所示）。

当管理者新设计或变革一个组织的结构时，他们所进行的工作就是组织设计。组织设计是指进行专业分工和建立使各部分相互有机协调配合的系统结构的过程。

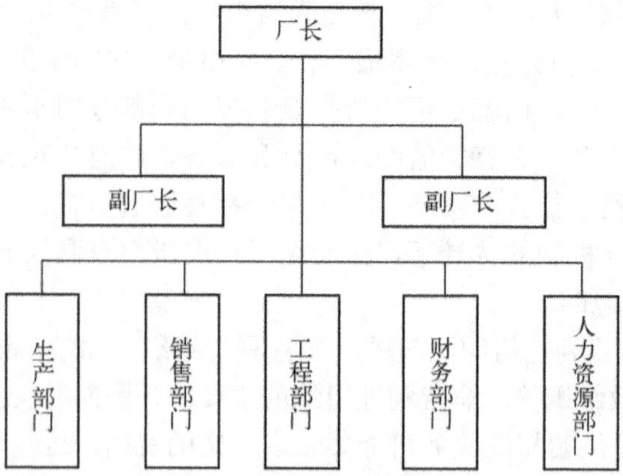

图 8-1　某工厂组织结构图

二、组织设计的原则

1. 目标原则

组织是为一定的目标服务的，因此必须根据组织目标来考虑组织结构的总体框架。任何组织都有其特定的组织目标，组织及其每部分都应当与其特定的任务目标相联系，组织的调整都应以其是否有益于实现目标为衡量标准。在组织设计时，首先要明确该组织的发展方向、经营战略和目标要求，这是组织设计的前提；其次要认真分析，为了保证组织目标的实现需要开展哪些活动、怎样才能做好等；然后围绕这些事务进行岗位设计、设立机构、配备人员。

2. 分工与协作原则

组织设计中坚持分工协作原则，就是要做到分工合理，协作明确，对每个部门及岗位的工作内容、工作范围、工作关系、协作方式等都应有明确规定。分工表明，一个人不需要掌握所有技能，只需要掌握少数几项技能并使之达到熟练的程度，这样在一定分工的基础上加强协作，能够大幅提高组织绩效。在协作中，一是明确部门间的相互关系，寻找容易发生矛盾之处，进行协调；二是对需要协调的各种关系，应有具体的协调方法和惩罚措施。

3. 命令统一原则

命令统一原则是要求组织中的任何成员应当而且只能接受一个上级主管的领导。在确定管理层次时，保证上下级之间形成一条连续的等级链，还要明确上下级的职责、权力和联系方式。只能一个人负责一级组织，实行首长负责制。每个下级只接受一个上级的命令和指挥，下级向直接上级请示工作，下级必须服从上级的命令和指挥。在组织设计的过程中贯彻命令统一原则，实质是要进行统一领导，防止政出多门，消除多头领导和无人负责现象，以保证有效地统一和协调各方面的力量，保证全部组织活动的正常进行。

案例 8-2
三只老鼠的责任

4. 权责对等原则

为了保障分工与协作关系的落实，在明确分工与协作关系的同时要明确每个部门和岗位的职责，并赋予相应的职权。职责是指组织对某部门或岗位的功能要求，或某部门和岗位应该完成的工作、应该达到的工作要求；职权是组织成员为了履行岗位职责所拥有的开展活动或指挥他人的权力。拥有一定的职权是保障职责履行的条件之一，若职权大于职责会导致滥用职权而忽视职权运作绩效；职权小于职责会导致指挥失灵而难以达到相应目标。在组织设计过程中，要做到一定的职权与对应的职责相匹配。

5. 人岗匹配原则

组织设计的根本目的是为了保证组织目标的实现，使目标活动的每项内容都落实到具体的岗位和部门。因此，在组织设计中，既要考虑工作的特点和需要，也要考虑人员的可得性和人岗匹配性，要有利于员工在工作中得到培养、提高和成长，发挥员工的积极性和创造性。根据人岗匹配原则，在组织结构设计时要根据不同的情况，采取按岗定人和按人定岗的方法。按岗定人是指根据岗位要求，选择最符合工作能力要求的人上岗，有利于发挥岗位的功效，适用于工作量较大且独立或工作性质要求专职的情况。按人定岗是指根据个人的各方面能力设置相应岗位，这样有利于发挥人的作用和调动员工积极性，适用于各项工作量较少且可以兼顾的情况。

案例 8-3
猴子取食岗位：适度才好

三、组织设计应考虑的问题

1. 外部环境

环境的不确定性影响着组织的形态，有效的组织结构能与外部环境相适应。环境的不确定性是指环境变动难以预先确知，当外部环境的不确定性低时，组织结构偏于机械型，着眼于眼前的运作；不确定性高时，组织结构偏于有机型，重视计划和预测。机械型结构是设有严格的等级层次、决策高度程序化、权力高度集中化、操作高度标准化的组织；有机型结构是一种相对分散、分权化的、具有灵活性和适应性的组织。

理查德·达夫特（Richard Daft）教授关于环境影响组织结构的分析框架如表 8-1 所示。

表 8-1　达夫特关于环境影响组织结构的分析框架

外部环境特点	组织结构特点
低不确定性	机械结构、正规、集权；较少的部门；没有整合角色；着眼于眼前
低中不确定性	机械结构、正规、集权；部门多，有些跨边界；较少整合角色；有一些计划
高中不确定性	有机结构、团队工作、参与、分权；较少的部门、较多的跨边界；较少的整合角色；计划型的
高不确定性	有机结构、团队、参与、分权；许多部门、差异化、广泛地跨边界；许多的整合角色；广泛的计划、预测

环境的变化可能使组织中部门之间的地位及相互关系发生变化，即某些部门的地位变得重要，或者某些部门的地位变得相对次要。在这种情况下，部门角色的变化可能加剧部门间的隔阂和冲突。因此，当环境不确定性因素增强时，加强横向协调是尤其必要的。

2. 发展战略

组织发展战略规定了组织发展方向和总目标以及实现目标所应采取的行动方案。作为实现组织战略手段之一，组织结构由组织战略决定，是为组织战略服务的。如果一个企业的组织战略发生了重大变化，为其服务的组织结构也应做出相应的调整，以适应组织战略的变化。

随着组织战略的不同，组织的结构形式也必然会有所区别。迈克尔·波特（Michael E.Porter）曾在《竞争战略》一书中指出，大多数组织有 3 种竞争战略可供选择。

① 成本领先战略：指组织凭着高效率运营、劳动力成本、经济规模等，加之对生产过程的紧密控制，而形成的比竞争对手更低的成本优势。

② 差异化战略：指通过产品的创新设计等将产品或服务的独特性呈现于消费者眼前。

③ 聚焦战略：指组织将焦点放在一个较狭窄而独立的市场，从不同方面去满足这个市场的顾客需要。

组织选择不同的战略，便会据此选择不同的组织结构形式。如果组织采用成本领先战略，则要严格控制成本，限制不必要的发明创新和营销费用，压低产品价格，而增强竞争实力，这就要求组织采取一种高效、稳定的组织结构形式；采用差异化战略的组织，由于强调产品的创新和标新立异，这就要求组织采取一种有机、灵活的组织结构形式。

战略通常从两方面影响组织设计：一是从结构形式方面，不同的战略要求通过不同的组织方式开展不同的活动，从而决定组织结构形式；二是从力量配备方面，不同的战略决定了不同的工作重点，从而决定各部门的重要程度和岗位数量。

3．技术特点

技术是在产品和服务的设计、生产和分销中所运用的技能、知识、工具和设备的结合。任何组织都需要采取相应的技术，将投入转换为产出。为了达到这一目标，组织要使用相应的设备、材料、知识和富有经验的成员，并将这些资源组合到一定的形式和活动之中，从而影响组织结构的设计。由于不同组织所处的环境和所经营的业务不同，因此其技术也呈现出了不同的特点。

不列颠大学的琼•伍德沃德（Joan Woodward）教授认为，组织所采用的技术不同，对个人和组织的要求也是不同的，组织结构也应与这种要求相适应。她发现，组织结构与生产技术间的关系同组织绩效直接相关。绩效低的组织趋向于偏离合适的组织结构。

伍德沃德将企业组织的生产技术划分为 3 种类型（如图 8-2 所示）。

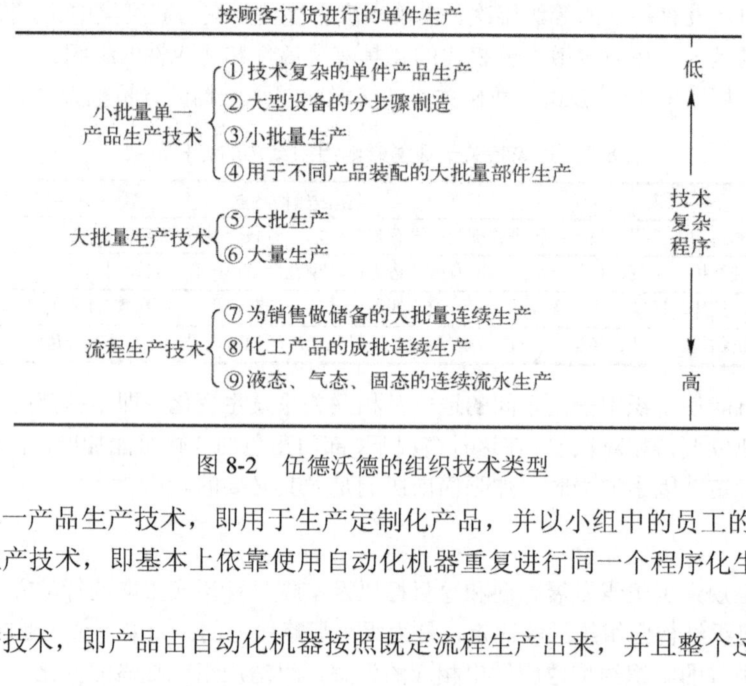

图 8-2　伍德沃德的组织技术类型

① 小批量单一产品生产技术，即用于生产定制化产品，并以小组中的员工的技能为基础。

② 大批量生产技术，即基本上依靠使用自动化机器重复进行同一个程序化生产过程，用于生产标准化产品。

③ 流程生产技术，即产品由自动化机器按照既定流程生产出来，并且整个过程由中央监控室控制，连续进行。

以上 3 种生产技术的差异称为技术复杂性。技术复杂性以生产过程中将人排除在外的程度来衡量。在复杂的技术中，除了监视机器设备外很少需要工人的直接参与。

研究发现，对于大批量生产技术而言，其正规化和集权化程度较高。由于技术的复杂性，相应的高级管理人员比例和间接工人（如维修人员）比例也相应上升。间接人员比例上升是因为机器设备的复杂性。在流程生产中，工作具有很强的常规性，因此监工可以平均管理 48 个雇员。对于小批量生产或连续性流程而言，则恰恰相反，其管理幅度相应较小。从总体上看，小批量生产和连续性流程组织有着有机式的组织结构，而大批量生产组织则有着机械式的组织结构。

耶鲁大学教授查尔斯•佩罗（Charles Perrow）则将注意力放在知识技术上，而非生产技术上。佩罗认为，组织中每个部门都是由专门技术组成的集合体，技术是常规的还是复杂的，主要取决于任务的多变性和任务的可分析性。

① 任务的多变性：即成员在工作中可能遇到的例外情况的多少。当任务可能遇到的例外情况很少时，工作就是高度常规化的，如生产装配线上的工人。当工作具有很多变化时，它就会有大量的例外情况发生，如高层管理职位、咨询工作以及油井灭火等。

② 任务的可分析性：即为解决例外问题可采用程序化解决方法的程度。当任务的可分析性很大时，解决过程是高度确定的，人们可以使用逻辑和推理分析来寻找问题的答案。当任务的可分析性很小时，问题是高度不确定性的，必须根据先前的经验、判断和直觉来寻求答案。任何任务的可分析性都处于这两个极端之间。

佩罗根据任务的多变性和任务的可分析性两项维度标准，将技术划分为 4 类（如图 8-3 所示）。

		任务的多变性	
		少量例外	大量例外
任务的可分析性	确定的	常规型技术（象限Ⅰ）	工程型技术（象限Ⅱ）
	不确定的	工艺型技术（象限Ⅲ）	非常规型技术（象限Ⅳ）

图 8-3　佩罗的技术分类

① 常规型技术：指任务的多变性较小而可分析性较大，工作的标准化、规范化程度都较高的部门技术，如汽车装配部门的装配技术、银行出纳部门的出纳技术等。常规型技术对应的组织结构特点应是高度集权（命令统一、严格控制）、高度规范化（一致性、稳定性）。

② 工艺型技术：指任务的多变性和可分析性都较小，工作必须依靠直觉、经验判断灵活处理的部门技术，如烹饪师的烹调技术等。工艺技术对应的组织结构特点是高度集权（任务指派）、低度规范化（作业的灵活性、适应性）。

③ 工程型技术：指任务的多变性和可分析性都较大，工作需要靠知识和能力并按照公式化、程序化方式操作的部门技术，如工程设计技术、会计做账技术等。工程技术对应的组织结构特点是高度分权（灵活性、适应性）、高度规范化（一致性、稳定性）。

④ 非常规型技术：指任务的多变性较大而可分析性较小，工作需要凭借丰富的知识和经验，运用综合性、创造性的方法来解决问题的部门技术，如战略计划的制定等。其对应的组织结构特点是高度分权（灵活性、适应性）、低度规范化（灵活性、适应性）。

4．组织发展阶段

组织由小型组织向大型组织的发展过程需要经过若干阶段。美国学者托马斯·卡农（J.Thomas Cannon）提出了组织发展五阶段的理论，并指出在发展的不同阶段，要求有与之适应的组织结构形态。

① 创业阶段：新的组织面临许多未知的挑战，在这个阶段，决策主要由高层管理者个人做出，组织结构相当不正规，对协调只有最低限度的要求，组织内部的信息沟通主要建立在非正式的基础上。

② 职能发展阶段。当组织取得经验和自信后，决策开始越来越多地由其他管理者做出，而最高管理者亲自决策的数量减少，组织结构建立在职能专业化的基础上，各职能间的协调需要增加，信息沟通变得更重要，也更困难。

③ 分权阶段：组织采用分权的方法来处理职能结构引起的各种问题，组织结构以产品或地区事业部为基础来建立，目的是在组织内建立“小组织”，使后者按创业阶段的特点来管理。但随之而来出现了新的问题，各“小组织”成为了内部的不同利益集团，组织资源转移用于开发新产品的

相关活动减少，总部与“小组织”的许多重复性劳动使费用增加，高层管理者感到对各“小组织”失去了控制。

④ 参谋激增阶段：为了加强对各“小组织”的控制，组织各级的行政主管增加了许多参谋助手。而参谋的增加又会导致他们与直线的矛盾，影响组织中的命令统一。

⑤ 再集权阶段：分权与参谋激增阶段所产生的问题可能诱使公司高层主管再度高度集中决策权力。同时，信息处理的计算机化也使再集权成为可能。

进一步而言，当组织由单一的业务走向多元业务、由一家公司发展为一个集团时，其组织结构也要随之调整。

5. 组织规模

组织规模也是影响组织结构设计的一个重要变量，组织规模通常用成员数目来衡量。随着组织的发展，组织的规模的扩大，组织结构也就需要随之进行调整。组织规模越来越大，组织活动日趋复杂，会出现很多新的工作，需要设置相应的新的部门和岗位来完成；同时，随着组织规模的扩大，对不同岗位和部门之间的协调和控制的要求也逐渐提高，从而使组织也越来越倾向于规范化、分权化和专业化。

大型组织的结构形式远远不同于小型组织。小型组织通常是非正式的，劳动分工少，正规化程度低，专业人员和办公人员少，甚至不存在正式的预算和业绩考核系统。大型组织的分工专业化较高，有大量专业人员来履行专门的职责；规范化程度较高，有大量的规章制度和书面文件来规定各部门和岗位的权责，并依据组织规章实现工作的标准化以及对各项工作进行有效地协调与控制；分权化程度较高，很多决策权都授予了中下级的管理者。

四、组织设计的流程

尽管每个组织的目标不同，组织结构形式也不同，但一个组织的基本设计过程是相同的。具体而言，组织结构的设计一般包括以下 6 个步骤。

1. 岗位设计

组织结构设计的第一步是将为实现组织目标所必须进行的活动分解成为有机相联的部分，形成相应的工作岗位。

划分为实现组织目标所进行的活动的基本要点是按工作性质的不同进行划分，即工作的专门化，使得每个组织成员或若干个组织成员能执行一项明确的工作。

在进行工作专门化之后，通过估算每项工作所需的时间，就可以计算出完成组织目标所需的操作者人数。操作者人数等于各项工作所需时间之和除以每个成员的有效工作时间。

2. 部门化

当组织将任务分解成了具体的可执行的工作后，接下来需要将这些工作按一定的逻辑合并成相应的组织单元，如部门、科室等，这就是部门化过程。通过部门化，将整个组织划分为若干个管理单元，其目的是据此明确各单元的权力和责任，并有利于不同的部门根据其工作性质的不同而采取有差别的管理方式。常见的部门化方法有职能部门化、地区部门化、产品部门化、顾客部门化和程序部门化等，在本章第三节会进行详细介绍。

3. 确定管理幅度和层次

部门化解决了各项工作如何进行归类以实现统一领导的问题，接下来应当确立组织中每个部门的职位等级的数量，即组织层次问题。组织层次的多少与组织中管理幅度的大小有直接关系。在一个部门的成员数量一定的情况下，一个管理者能直接管辖的下属越多，该部门的组织层次就越少；反之亦然。在管理幅度确定的情况下，可以根据成员数量的多少，计算出所需管理人员数和相应的组织层次。

4. 配置人员

组织结构的设计为实现组织目标所必须开展的工作奠定了基础，但若不能根据各岗位的要求选择合适的人员，则最好的组织结构也无法有效发挥作用。因此，在设计合理的组织结构的同时，还需要根据各单位和部门分管的业务工作和对人员素质的要求，挑选和配置称职的人员。

5. 规定职责与权力

进行人员配置之后，应当根据组织目标的要求，明确规定各单位、部门及工作岗位应负的责任以及评价其工作业绩的标准。在规定责任的同时，也要根据业务工作开展的实际需要，授予各单位、部门及负责人完成相应工作所需的权力。

6. 整合联成一体

在进行以上组织设计的活动之后，还应当明确规定各单位、各部门、各岗位之间的工作关系，以及它们之间的信息沟通和相互协调等方面的原则和方法，把各个组织实体从多个角度连接起来，形成一个能够协调运作，从而有效地实现组织目标的管理组织系统。

第三节　部门化

一、部门与部门化

部门，是指组织中的管理人员为完成规定的任务而有权管辖的一个特定的区域。管理劳动的分工分为纵向和横向两方面。纵向分工的结果是形成了组织的层次，横向分工的结果就是部门的划分。每个组织都可以有其划分和组合工作活动的方式。通过部门化，将整个组织划分为若干个管理单元的目的就是据此明确责任和权力，并有利于不同的部门根据其工作性质的不同采取不同的政策，同时加强本部门的沟通和交流。在进行部门划分的工作中，需要注意两点：①部门之间的工作内容互不重叠，组织中各部门应该有固定的分工，不能混杂，不同部门之间的职能在范围上不能重叠；②部门之间的工作内容能相互衔接，组织运转所需要的所有活动都应该有相应的部门进行负责，不能留下任何空白。组织的任何一块地方、任何一项工作都应该有明确的部门负责。

二、部门化的类型

1. 职能部门化

职能部门化，是指依据组织所履行的职能来组合工作，凡同一性质的工作都置于同一部门（如图 8-4 所示）。职能部门化的方式可以在各种类型的组织中得到应用，尽管具体的职能会有不同，因为各组织的目标和要开展的工作是有差异的。

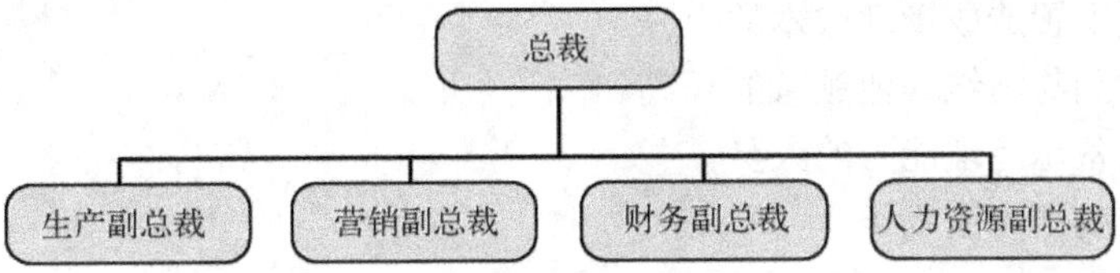

图 8-4　职能部门化

按照组织的职能进行部门划分体现了企业组织经营活动的典型特点。企业组织要给消费者提供商品，基本的职能包括生产、销售和财务。把这些活动按照工程、生产、销售或营销、财务等部门划分是合情合理的。职能部门化是组织活动中采用得最广泛划分部门的方法。

职能部门化的优点如下：

① 合理反映组织中的各项职能。

② 可以维护组织中主要职能的权威性。

③ 符合专门化的原则，促进深层次技能的提高。

④ 可以简化培训，人际交流方便。

⑤ 为组织高层提供了严格控制的手段。

职能部门化也存在一定的不足，表现在：

① 分工过细，可能导致员工观点狭隘。

② 加大了不同职能部门之间协作的难度。

③ 各职能部门不对利润负责，只有组织最高管理者对利润负责。

④ 不利于总经理人选的培养。

⑤ 对环境变动的适应性较差。

2．地区部门化

地区部门化，是将同一地区的经营活动集中起来，委托给一个主管的部门（如图 8-5 所示）。对于一个地域分布或业务涉及区域较广的组织来说，按地区进行部门划分是必要的。组织活动在地理上的分散带来的交通和信息沟通困难是地区部门化的一大原因。更为重要的是，不同地区的文化环境决定了人们不同的价值观，从而使人们的劳动态度、对物质利益和工作成就的重视程度以及消费偏好均有所差异。由于一定的文化背景总是与一定的地理区域相联系的，因此根据地理位置的不同设置管理部门，甚至使不同区域的经营单位成为相对自主的管理实体，可以更好地针对当地劳动者和消费者的价值观和行为特点来完成生产和经营活动。

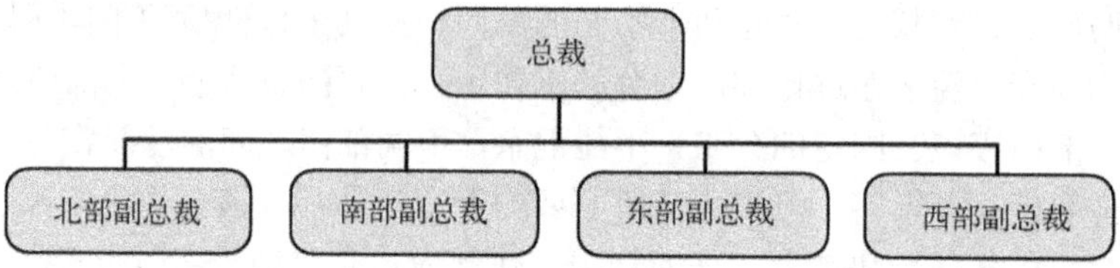

图 8-5　地区部门化

地区部门化的优点如下：

① 更有效地处理特定区域所产生的问题。

② 更好地满足区域市场的独特需要。

③ 更好地与当地利益各方面对面地进行沟通。

地区部门化的缺点如下：

① 职能的重复配置造成管理成本的上升。

② 可能会感觉到与组织其他领域的隔离。

③ 需要更多具备总经理能力的人员。

④ 使高层的控制更为困难。

3. 产品部门化

产品部门化，是以业务活动的结果为标准，按照产品和服务的要求对企业的活动进行划分，形成不同部门（如图 8-6 所示）。在产品部门化的方式下，每个主要产品领域都划归到一位主管人员的管辖之下，该主管人员不仅是所分管产品线的专家，也对针对该产品所开展的一切活动负责。

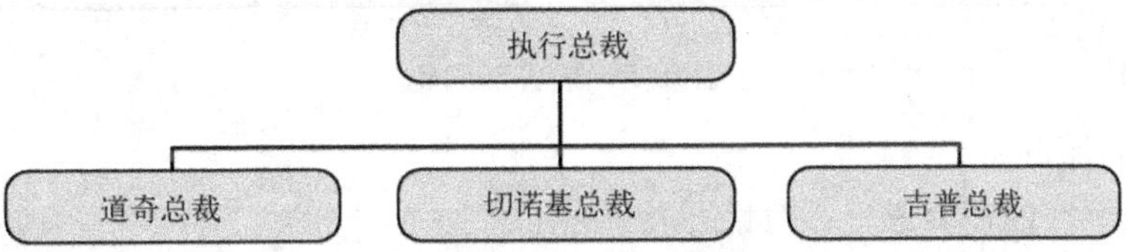

图 8-6 产品部门化

产品部门化的优点如下：

① 促进特定产品或服务专门化的经营。

② 加强职能活动的协调。

③ 各部门也要求对利润负责。

④ 为运用专项资金、设备、技术和知识提供便利。

产品部门化的缺点如下：

① 对各部门主管的要求较高。

② 划分后的部门缺乏对组织整体目标的认识。

③ 失去了深度竞争和技术专门化的优势。

④ 增加了高层管理控制的难度。

4. 程序部门化

程序部门化，是指根据产品或顾客流来工作，使各项工作活动沿着处理产品或为顾客提供服务的工艺过程的顺序来组织（如图 8-7 所示）。程序部门化是按照任务完成的程序来对部门进行划分的。

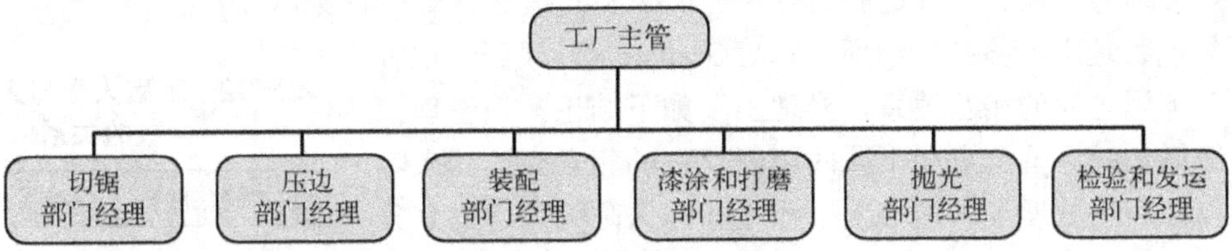

图 8-7 程序部门化

程序部门化的优点主要如下：

① 工作活动可以更有效的流动。

② 有利于加强专业程序管理，提高工艺水平。

③ 简化了对部门成员的培训。

程序部门化的缺点如下：

① 只适用于流程能够明确划分的产品生产。

② 不同部门间的协作困难。

5. 顾客部门化

顾客部门化，是依据共同的顾客来组合工作形成部门，这组顾客具有某类相同的需要或问题，要由相应的专家才能更好地予以满足（如图 8-8 所示）。产品或服务可以相同或者不同，但是要针对消费者的不同需求采取不同营销组合（包装、产品、服务项目等）。

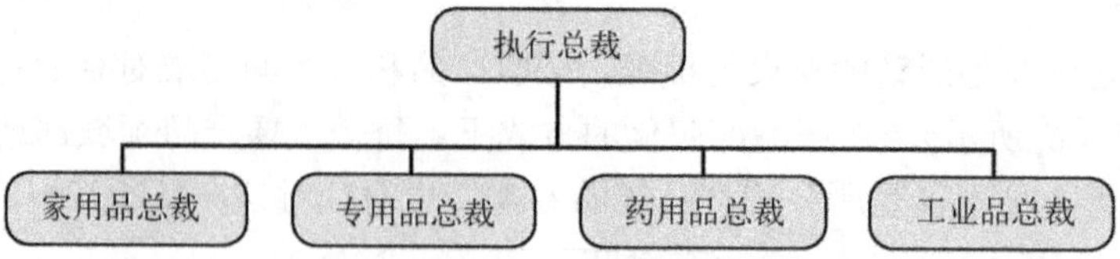

图 8-8　顾客部门化

顾客部门化的优点如下：

① 鼓励针对顾客的需要进行针对性开发。

② 使顾客可以感觉到企业的善解人意。

顾客部门化的缺点如下：

① 顾客需求存在的差异可能会难以协调。

② 难以清晰明确地界定顾客群。

③ 职能重复配置，造成管理成本上涨。

④ 只有当顾客群达到一定的规模时，才比较经济。

第四节　管理幅度与管理层次

一、管理幅度

1．管理幅度的含义

管理幅度，也称为管理跨度，是指一个领导者可有效地领导和指挥的直接下属人员数量。管理幅度的问题在很大程度上决定了组织中管理层次的数目及管理人员的数量。从成本角度看，宽幅度明显是更有效率的管理，但超过了某个限度，宽幅度就会导致管理效果降低。当幅度过大时，下属员工的绩效会因为管理者没有足够的时间提供必要的指导和支持而受到影响。

法国早期管理学家格拉丘纳斯（V.A. Graicunas）根据管理者和下属以及下属之间的相互关系，推理出了如下结论：当管理幅度以算术级增加时，管理者和下属间可能存在的相互交往的人际关系数将以几何级数增加。这种上下级之间的人际关系可以划分为 3 种：①直接的单一关系，即上级个别直接与下级发生联系；②直接的组合关系，即上级与下属人员的各种可能组合之间发生联系；③交叉关系，即下属之间彼此发生联系。

当管理幅度为 n，人际关系数为 C 时，它们之间的关系可用如下公式表示：

$$C=n(2^{n-1}+n-1)$$

不同下属人数时的可能关系数，通过上式计算得到表 8-2。

表 8-2　下属人数与人际关系数的关系

管理幅度 n	人际关系数 C
1	1
2	6
3	18
4	44
5	100
6	222
7	490
…	…

2．管理幅度的影响

确定管理幅度是组织设计中的关键环节，减小或扩大管理幅度都会给组织带来相应的影响。

（1）减小管理幅度对组织的影响

① 管理层次增多，管理人员增加，协调的难度增大，协调成本增加。

② 管理层次增多，不同管理层次之间信息传递容易发生遗漏和失真。

③ 办事效率降低，容易滋生官僚主义。

（2）扩大管理幅度对组织的影响

① 减少管理层次，精简管理机构和管理人员，降低协调的成本和难度。

② 信息传递渠道缩短，提高工作效率。

③ 管理幅度超过一定限度，主管人员容易失去对下属的控制，导致下属各自为政。

④ 管理幅度扩大，主管人员对下属的具体指导和监督会相应减少。

案例 8-4
孔明谋臣术缺失

二、管理层次

1. 管理层次的含义

正是由于管理幅度的范围限制，在组织中就有了与之相互联系、相互制约的管理层次。所谓管理层次，是指行政指挥系统分级管理的各个层次。在组织规模一定的情况下，管理层次与管理幅度二者成反比例关系：管理幅度越大，管理层次越少；管理幅度越小，管理层次越多。

2. 管理层次的影响

现代组织学家往往主张管理的宽幅度，他们认为，组织内的管理层次应尽量减少。减少管理层次的好处有：

① 减少管理人员，降低管理成本。

② 沟通信息较快，减少信息遗漏与失真，提高工作效率。

③ 上下级直接接触，互动反馈，提高领导工作有效性。

④ 扩大下属管理权限，调动其积极性与主动性，提高其管理能力。

⑤ 降低机构庞杂，官僚主义等组织病症。

需要注意的是，管理层次的多少受到有效管理幅度的限制。但如果管理层次过少，也会影响到管理的有效性，如表 8-3 所示。

表 8-3　影响管理幅度和管理层次的因素

导致管理幅度较大，层次较少的相关因素	导致管理幅度较小，层次较多的相关因素
⊙全面培训下属	⊙缺少对下属的培训
⊙工作职责清晰，明确下放权力	⊙工作职责不清晰，权力分配不适当
⊙重复性操作较多，其计划详尽且清晰	⊙非重复性操作较多，其计划不清晰
⊙使用可考核的目标作为评估标准	⊙评估的目标和标准难以考核
⊙内外环境较为稳定	⊙内外环境较为动荡
⊙成员之间沟通顺畅	⊙组织沟通不顺畅
⊙上下级之间具备有效的互动与反馈	⊙上下级之间缺乏互动与反馈
⊙管理人员具有较高的素质与较强的能力	⊙管理人员的能力较差，素质较低
⊙下级愿意承担适当风险与责任	⊙下属不愿意承担责任与风险

三、管理幅度与管理层次的平衡

组织层次的设置，为组织高层管理者提供了通过等级链的逐层指挥和监督来控制和协调组织各项活动的有效手段。根据管理层次设置的多寡和管理幅度的宽窄，组织可以区分为高耸型组织、扁平化组织两类形态。

1. 高耸型组织

高耸型组织，是在组织中每个层次的管理幅度均较窄小，而具有较多管理层次的组织形态（如

图 8-9 所示）。在高耸型组织中，主管人员因所管辖的下属人数较少，可能有较充足的时间和精力对下属进行深入具体的指导和沟通。古典或传统的组织结构大多都是高耸型的。

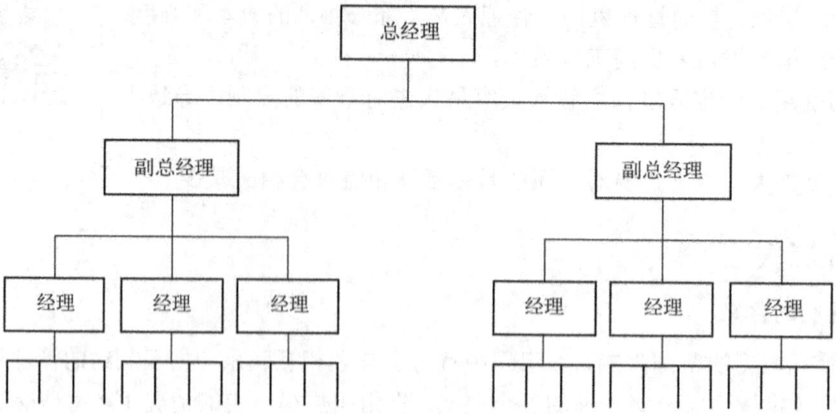

图 8-9　高耸型组织

高耸型组织的优点如下：

① 每个管理人员管理的下属人员较少，可以严格的监督和控制。

② 上下级之间沟通迅速。

③ 组织的稳定性高，纪律严明，有利于统一指挥。

④ 组织成员职责明确。

高耸型组织的缺点如下：

① 管理层次多，协调难度加大。

② 命令链长，信息传递慢，且容易失真。

③ 设置较多管理层致使管理费用升高。

④ 下属在组织中的参与程度较低，不利于发挥其积极性。

2．扁平化组织

与高耸型组织相反，扁平化组织的管理幅度较大，管理层次较少，其结构特征是扁而平（如图 8-10 所示）。随着经济全球化和信息技术的迅猛发展，所有公司必须面对快速变化和充满了不确定性的市场，而日益提高的管理者和员工素质又为组织扁平化的结构改造提供了可能。

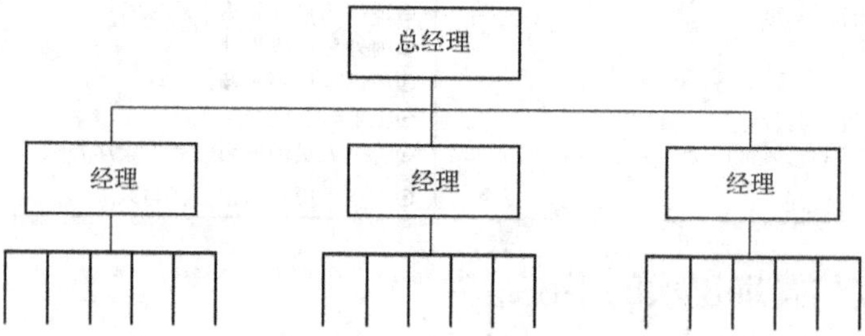

图 8-10　扁平化组织

扁平化组织的优点如下：

① 设置较少管理人员，节约管理费用。

② 上级授权，有利于调动下属积极性，促进其成长。

③ 信息传递较快，高层容易了解基层情况。

扁平化组织的缺点如下：

① 各级主管人员负担较重，精力分散。

② 对下属人员的素质要求较高，否则容易出现管理失控。

即使扁平化组织是未来组织结构发展的趋势，但管理幅度仍受到相关约束条件和实际情况的限制。组织可以通过适当授权、通过培训提高下属能力和改善下属态度、制定清晰计划、拓展沟通渠道、采用有效的控制方法等措施来拓宽管理幅度。同样，随着组织规模的扩大，需要管理人员数量的增多，管理幅度受约束条件的限制迫使企业非增加管理层次不可。

同时，管理幅度的扩大与管理层次的减少并不一定适应于所有的组织。人们需要对采用不同形式的组织结构进行权衡，除了财务成本，还要考虑效率的高低、组织成员的士气、职业发展以及实现组织目标的成本。比如，在军事组织中，快速准确地达成目标是最重要的；而在商场中，通过发挥基层员工的积极性和重视个人发展来实现公司长期利润目标可能是最佳的。

第五节　组织结构

组织结构的设计是为了实现组织的宗旨和目标。每个组织都要分设若干管理层次和管理机构，表明组织内各部分的排列顺序、空间位置、聚散状态、联系方式以及各要素之间的关系。组织结构是随着生产力和社会的发展而不断发展的。由于每个组织的目标、所处的环境和所拥有的资源不同，因此其组织结构也必然会有所差异。在实际中并不存在普遍适用的最佳的组织结构形式。常见的组织结构包括：直线制组织结构、职能制组织结构、直线－职能制组织结构、事业部制组织结构、矩阵制组织结构和虚拟型组织结构。

一、直线制组织结构

直线制的组织结构形式是最早使用、最为简单的一种组织结构。其特点是：组织的各级管理者都按垂直系统对下级进行管理，指挥和管理职能由各级主管领导直接行使，不设专门的职能管理部门，组织层次分明（如图 8-11 所示）。

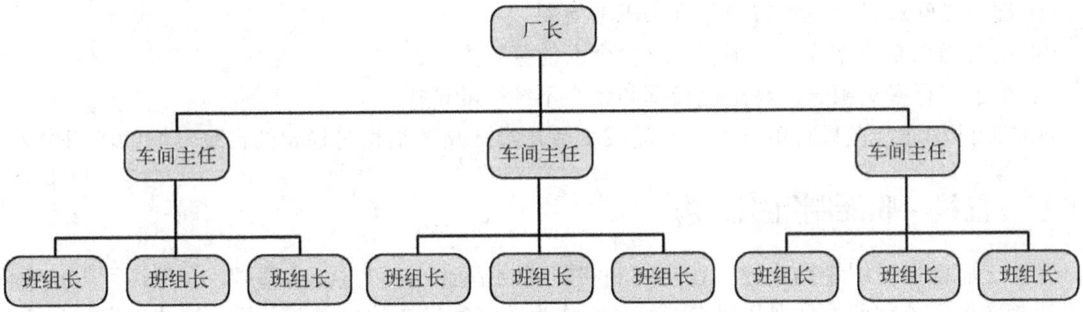

图 8-11　直线制组织结构

直线制组织结构的优点如下：

① 完全符合命令的统一原则。

② 权责分明。

③ 信息沟通方便。

直线制组织结构的缺点如下：

① 管理者负担较重。

② 一旦决策失误就会造成较大损失。

直线制组织结构一般适合军队组织或产品单一、工艺技术比较简单、业务规模较小的企业组织。

二、职能制组织结构

职能制组织结构，也称为"U 型组织"，它的各级主管人员都配有通晓各种业务的专门人员和职能机构作为辅助者直接向下发号施令（如图 8-12 所示）。通过将专业技能紧密联系的业务活动归类组合到一个单位内部，可以更有效地提高工作效率。

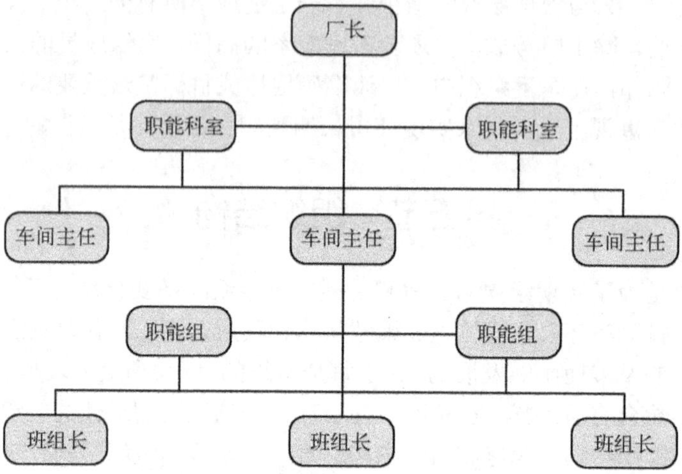

图 8-12　职能制组织结构

职能制组织结构的优点如下：

① 这种形式有利于发挥组织各方面专家的作用，对专家具有激励性。

② 减轻各级主管领导的工作负担。

③ 降低管理费用，主要来自于各项职能的规模经济效益。

职能制组织结构的缺点如下：

① 部门之间难以站在对方的角度来思考问题。

② 由于强调专业化分工，不利于培养全面的管理人才。

③ 由于实行多头领导，易出现指挥和命令不统一的现象。

职能制结构通常在只有单一类型产品或少数几类产品面临相对稳定的市场环境的组织中采用。

三、直线－职能制组织结构

直线－职能制组织结构式建立在直线制和职能制基础上，以直线为基础，在各级行政负责人之下设置相应的职能部门，分别从事专业管理，作为该级领导者的参谋，实行主管统一指挥与职能部门参谋、指导相结合的组织结构形式（如图 8-13 所示）。

直线－职能制组织结构的优点如下：

① 指挥权集中，决策迅速，并能得到有效贯彻。

② 各职能部门仅对自己应做的工作负有责任，可以充分发挥专家的特长。

③ 容易维持组织纪律，确保组织秩序，在外部环境较为稳定的情况下，易于发挥组织的集团效率。

直线－职能制组织结构的缺点如下：

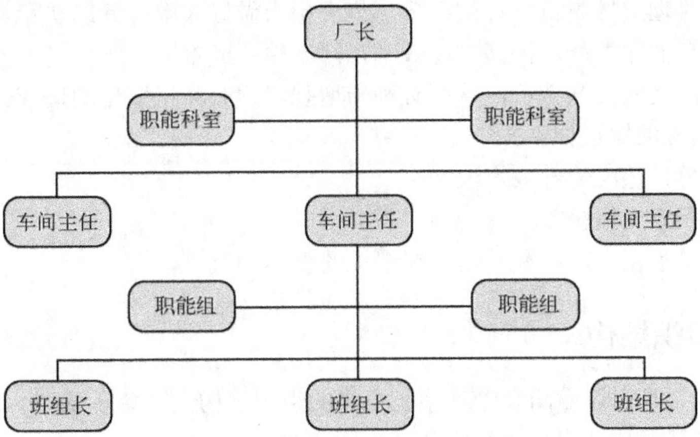

图 8-13　直线职能制组织结构

① 不同的直线部门与职能部门之间的目标不易统一，容易产生不协调和矛盾。

② 不利于从组织内部培养熟悉全面情况的管理人才。

③ 由于分工细、规章多，因而反应较慢，面对环境变化适应性较低。

四、事业部制组织结构

事业部制组织结构，是对内部具有独立产品、市场、责任和利益的部门实行分权管理的一种组织形式，是欧、美、日各大企业采用的典型的组织形式（如图 8-14 所示）。

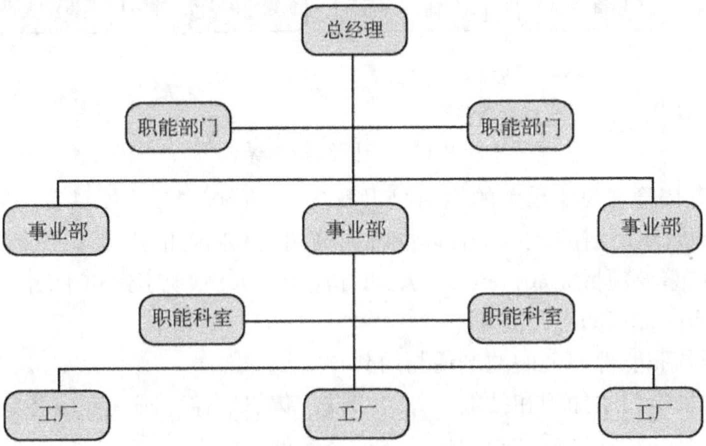

图 8-14　事业部制组织结构

事业部制一般按照产品或地区划分，具有独立的产品或市场，拥有足够的权力，能够自主经营，并实行独立核算、自负盈亏。事业部制结构把政策制定与行政管理相分离，政策制定集权化、业务营运分权化。组织的最高管理层是企业的最高决策机构，其主要职责是研究和制定公司的战略目标、指导方针、总体计划以及各项政策。各事业部在不违背组织的总目标、总方针和政策的前提下，可自行处理其经营活动。

事业部制组织结构的优点如下：

① 提高了管理的灵活性和适应性，有利于调动各事业部的积极性和主动性，有利于培养和训练综合管理人才。

② 有利于最高管理层摆脱日常行政事务，集中精力做好大政方针的决策。

③ 有利于组织专业化生产，提高生产效率，降低生产成本。

④ 有利于在部门之间展开竞争，从而有利于增强组织对环境变化的适应能力。

事业部制组织结构的缺点如下：

① 机构设置重叠，造成管理成本浪费。

② 事业部之间相互支援较差。

③ 各事业部容易重视本部门利益而忽视组织的整体利益。

五、矩阵制组织结构

矩阵制组织结构，是由纵横两套管理系统组成的组织结构，一套是纵向的职能领导系统，另一套是为完成某一任务而组成的横向项目系统（如图 8-15 所示）。

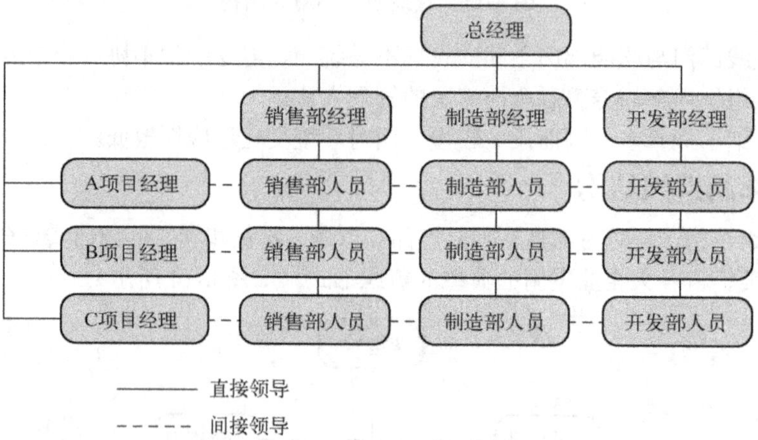

图 8-15　矩阵制组织结构

矩阵制结构既有按管理职能设置的纵向组织系统，又有按产品、项目、任务等划分的横向组织系统。横向系统的项目组所需的人员从各职能部门抽调，他们既能接受本职能部门的领导，又接受项目组的领导，一旦某一项目完成，该项目组即行撤销，人员回到原部门工作。

矩阵制组织结构的优点如下：

① 有利于加强各职能部门之间的沟通与协作。

② 便于集中各种专门的知识和技能，相互启发，集思广益，圆满完成特定的项目。

③ 能根据特定需要和环境活动的变化，保持高度的适应性。

矩阵制组织结构的缺点如下：

① 在资源管理方面存在复杂性。

② 各成员仅仅是临时参加项目组，项目负责人对他们的工作好坏没有足够的奖励和惩罚手段，项目负责人的责任大于权力。

③ 由于各小组成员在完成任务后还需要回到原先的部门，小组成员容易产生临时观点，对工作产生一定的负面影响。

六、虚拟型组织结构

虚拟组织是一种只有很小规模的核心组织，它以合同为基础，依靠其他商业智能组织进行制造、分销、营销或其他关键业务的经营活动的结构（如图 8-16 所示）。虚拟组织创造了各种关系网络，如果管理人员认为别的公司在生产、配送、营销、服务等方面比自己更好，或成本更低，就可以把自己的有关业务外包给他们。

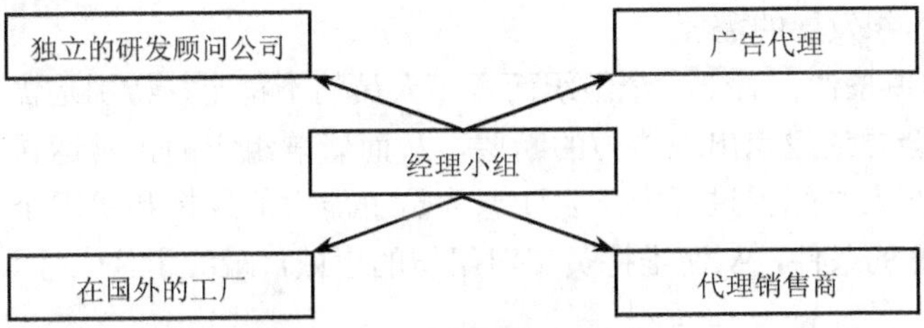

图 8-16 虚拟型组织结构

虚拟型组织结构的优点如下：

① 追求最大的灵活性，从而提高效率，降低管理成本。

② 通过业务外包，把精力集中在自己最擅长的业务上，提升企业的竞争力。

虚拟型组织结构的缺点如下：

① 虚拟组织管理层对业务外包的活动缺乏严密的控制力。

② 产品设计上的创新容易被窃取。

虚拟组织适用于需要相当大的灵活性以及对外部环境变化需要做出迅速反应的企业，它对小型组织来说是一个可行的选择。同时，有些大型组织采用了虚拟组织的思想，而把某些活动外包出去。

第六节 人员配置

一、人员配置的含义

在组织的有效运转中，人是最重要的资本，是最不可或缺的因素。人员配置不单指为组织中每个岗位配备适当的人员，还包括为使岗位得到填补和不断充实而对组织中人力资源进行的各项管理活动，因此人员配置就是通常所说的人力资源管理。人员配置，是指从组织目标、组织环境和人性特征出发，为充分发挥人力资源在组织资源系统中的特殊作用，而对组织中的人力资源进行的预测、招聘、培训、考评、设立薪酬体系并做出相应的职业生涯规划等一系列管理活动。

人员配置通常需要满足以下要求。

① 组织系统得以运转。要使设计合理的组织结构有效运转，必须使组织中的每个岗位都配备有符合相应岗位素质要求的人，从而使实现组织目标所必须开展的各项工作都有相应的人去完成。使组织系统得以运转是人员配备的基本任务。

② 适应组织发展需要。组织是一个动态的系统，每个组织都处于不断变化的环境之中，组织的目标、战略需要经常根据环境的变化和组织的发展做出适当的调整，由目标和战略决定的组织结构不仅会发生质的变化，而且在部门和岗位的设置数量上也会出现相应的增减。因此，在配置人员时，需要考虑到组织结构和岗位设置将来可能发生的变化，通过建立客观的考核体系和制度化的培养体系，来适应组织未来发展的需要。

③ 使每个人的知识和才能得到公正评价和运用。工作要求是否与自身能力相符，工作目标是否具有挑战性，工作内容是否符合兴趣爱好，是否“大材小用”使员工“怀才不遇”，或“小材大用”使员工“不堪重负”，这些都会在很大程度上影响人们在工作中的积极性、主动性，从而影响工作绩效。人员配置应当使每个组织成员的知识和才能都能得到公正地评价和运用。

④ 使每个人的知识和能力得以不断发展和提高。知识和技能的提高，不仅可以满足人们较高层次的心理需要，也是组织成员得以不断晋升发展的基础。因此，在人员配置过程中，应使每个组织成员能看到这种机会和希望，从而有助于稳定人心、提高工作绩效，适应组织发展的需要。

⑤ 为留住人才创造条件。对于一个组织而言，人员的不稳定，特别是优秀人才的外流，往往会导致组织出现能力的断层，从而影响组织的正常运转和持续发展。因此，在人员配置过程中，要注意为员工能力的发挥和实现个人的发展目标创造良好的条件，从而维持员工对组织的忠诚，最终留住人才。

案例 8-5
王珐鉴才

二、人员配置的原则

一个组织是否优秀很大程度上取决于其拥有的人员的素质。在人员配置的过程中，需遵循以下原则，以促进组织活动更好更有效地开展。

① 因事择人原则。选人的目的在于使其担当一定的职务，要求其从事与该职务相应的工作。要使工作卓有成效地完成，首先要求工作应具备相应的知识和能力。

② 因材器使原则。不同的工作要求不同人去进行，而不同的人也具有不同的能力和素质，能够从事不同的工作。从人的角度来考虑，只有根据人的特点来安排工作，才能使人的潜能得到最充分的发挥，使人的工作热情得到最大限度的激发。

③ 动态平衡原则。处在动态环境中的组织是在不断发展的，工作中人的能力和知识是在不断提高和丰富的，同时组织对其成员的素质认识也是不断全面、完善的。因此，人与事的配合需要进行不断的调整，使能力发展并得到充分证实的人去从事更高层次需要负更多责任的工作，使能力平平的人有机会进行力所能及的活动，以便让每个人都得到最合理的使用，实现人与工作的动态平衡。

三、人员配置的内容

人在管理活动中的主体性决定了人员配置的重要性。为了适应组织的发展、满足员工的需求，人员配置需要实施以下 7 方面的内容。

① 工作分析。组织由多个岗位组成，各岗位的职责和要求均不同，在配备人员的时候，为了充分发挥员工的能力、达到人岗匹配，需要进行工作分析。工作分析是指通过各种程序和方法，收集和提取有关工作岗位的全面信息的过程。工作分析涉及两方面的工作。一是工作本身，即对工作岗位的研究，主要研究每个工作岗位的目的、该岗位所承担的工作职责和工作任务以及它与其他岗位之间的关系等。二是人员特征，主要研究在胜任该项工作、完成目标的情况下，任职者必须具备的条件和资格，如工作经验、学历、知识、能力特征等。工作分析可以使组织管理层充分了解每个工作岗位的职责，帮助组织寻找到合适的人员来承担各岗位的工作。

② 人力资源规划。在人员配备的过程中，首先要知道组织需要什么样的人员以及需要的数量。这就需要通过人力资源规划来确定人员的种类和数量。人力资源规划，是指根据组织的战略目标和内外环境的变化，科学地分析和预测未来组织的人力资源的需求和供给状况，并据此制定必要的政策和措施来平衡人力资源的供需。未来人力资源的需要是由组织的目标和战略决定的。人力资源需求是组织的产品或服务需求状况的一种反应。通过人力资源规划，可以明确为了实现组织发展目标，在什么时候需要哪些人员、各需要多少，从而为人员的招聘、录用和培养奠定基础。

③ 员工招聘。管理者一旦了解了现有的人力资源状况和未来的需要，就可以着手针对组织内存在的职位空缺，对组织内外符合岗位素质要求的人进行招聘和甄选，做出合适的选择，为组织配

备合适的人员。招聘是指组织为了实现组织的战略目标，制定相应的招聘计划，通过多种渠道，按照一定的任职条件，采用科学的选拔方式对任职者进行评价和选择，从中寻找到最适合人选的过程。通过招聘和甄选，可以为组织相应的岗位配备合适的人员。

④ 培训与开发。培训是指组织为了提高员工学习和工作的有关能力，改善员工工作业绩和组织经营绩效而采取的一系列有计划的人力资本投资过程。这种能力包括完成工作所需要的知识、技能、态度等。开发是指为组织成员的未来发展而开展的正规教育、人际互动，以及个性和能力的测评等活动。培训和开发是一个动态的过程，通过持续的培训和开发，可以促使员工的态度、知识和技能得到不断成长，最终达到组织发展和员工成长的双重目的。

⑤ 职业生涯管理。职业生涯管理是指组织和个人对职业生涯进行设计、规划、执行、评估和反馈的一个综合性的过程。通过个人和组织的共同努力和合作，使每个人的职业生涯目标与组织相一致，使员工的发展与组织的发展相吻合。在职业生涯管理的过程中有两个主体：成员个人和组织。组织成员在进行职业生涯规划时要结合自己的性格、兴趣和特长进行设计。而组织在进行职业生涯管理时，所考虑的因素主要是组织的整体目标，以及所有成员的整体职业生涯管理，其目的在于通过对所有成员的职业生涯管理，充分发挥成员的集体潜力和效能，最终实现组织发展目标。

⑥ 绩效管理。为了解组织成员是否适应岗位要求，帮助成员改进绩效，需要通过绩效管理对组织现有的人力资源质量做出评估，并促进成员和组织的未来发展。绩效管理，是指识别、衡量以及开发个人和团队绩效，并且使这些绩效与组织的战略目标保持一致的一个持续性过程。绩效管理是持续性的，包括从设定目标和任务、观察绩效，到提供、接受指导和反馈这样一个永不停止的过程。绩效管理要求管理者确保员工的工作活动和产出与组织的目标是一致的，并借此帮助组织赢得竞争优势。因此，绩效管理在员工的绩效和组织目标之间就建立起了一个直接的联系，从而在强化员工开发的同时也使员工对组织做出的贡献变得清晰。

⑦ 薪酬管理。薪酬是组织吸引、留住成员，实现组织目标的一种有效的工具。但薪酬对组织而言也是一种成本。低水平的薪酬固然可以有助于组织成本的降低，但也会导致成员满意度的下降。因此需要对薪酬进行有效的管理，以在组织成本与员工满意度之间得到平衡。薪酬管理，是指企业在战略目标和发展规划的指导下，综合考虑外部环境和内部条件的各种影响，确定自身的薪酬模式、薪酬水平、薪酬结构和薪酬形式，并进行薪酬调整和薪酬控制的过程。有效的薪酬管理不仅有助于吸引和保留优秀员工，也是一种激励手段，引导员工的工作行为，激发员工的工作热情，提高员工的工作绩效，进而促进组织目标的实现。

本章小结

① 组织既是名词，也是动词。作为名词时，组织是指为了实现某一共同目的所正式确定的、使工作任务得以分解、组合和协调的责权结构和系统集合。作为动词时，组织是指组织工作。组织工作，是指为了实现组织的目标，将所必须进行的各项工作和活动加以分类和归并，设计出合理的组织结构、配备相应人员、分工授权并进行协调的过程。

② 组织具有目的性、整体性、复杂性和开放性。

③ 组织的功能包括力量汇聚功能、力量放大功能和个人与组织之间的交换功能。

④ 组织根据不同的划分标准可有多种类型：按是否营利，可分为营利性组织和非营利性组织；按社会功能，可分为公共组织和私人组织；按组织的形成方式，可分为正式组织和非正式组织。

⑤ 组织结构，是指组织的框架体系，是一个由工作、责任关系、沟通渠道所构成的系统。组织结构通常用组织结构图来表示。

⑥ 组织设计，是指进行专业分工和建立，使各部分相互有机协调配合的系统结构的过程。

⑦ 组织设计应满足目标原则、分工与协作原则、命令统一原则、权责对等原则、人岗匹配原则。

⑧ 组织设计应考虑外部环境、发展战略、技术条件以及组织规模的影响。

⑨ 组织设计的流程由岗位设计、部门化、确定管理幅度形成组织层次、配置职务人员、规定职责与权限、整合联成一体构成。

⑩ 部门化，是指按照一定的依据和方式将若干职位组合在一起。部门化的方式包括职能部门化、地区部门化、产品部门化、程序部门化、顾客部门化五种类型，每种类型各有利弊。

⑪ 管理幅度，是指一个领导者直接而有效地领到与指挥下属人员的数量。

⑫ 管理层次，是指行政指挥系统分级管理的各个层次。

⑬ 管理幅度的扩大与管理层次的减少并不一定适应于所有的组织。人们需要对采用不同形式的组织结构进行考虑和权衡。

⑭ 组织结构的类型包括直线制组织结构、职能制组织结构、直线－职能制组织结构、事业部制组织结构、矩阵制组织结构以及虚拟型组织结构，每类组织结构各有利弊。

⑮ 人员配置就是人力资源管理，是指从组织目标、组织环境和人性特征出发，为充分发挥人力资源在组织资源系统中的特殊作用，而对组织中的人力资源进行的预测、招聘、培训、考评、设立薪酬体系并做出相应的职业生涯规划等一系列管理活动。

⑯ 人员配置需要使组织系统得以运转，适应组织发展需要，使每个人的知识和才能得到公正评价和运用，使每个人的知识和能力得以不断发展和提高，为留住人才创造条件。

⑰ 人员配备需要满足因事择人、因材器使和动态平衡的原则。

⑱ 人员配备的内容包括工作分析、人力资源规划、员工招聘、培训与开发、职业生涯管理、绩效管理和薪酬管理七方面。

重要概念

组织	组织结构	组织设计
部门	职能部门化	地区部门化
产品部门化	程序部门化	顾客部门化
管理幅度	管理层次	高耸型组织
扁平化组织	直线制组织结构	职能制组织结构
直线－职能制组织结构	事业部制组织结构	矩阵制组织结构
虚拟型组织结构	人员配置	

习 题 8

1. 组织的名词与动词含义分别指什么？
2. 组织有哪些功能？
3. 组织有哪些类型？
4. 组织工作是否就是组织设计？
5. 组织设计应当遵循哪些原则？
6. 组织结构的设计受到哪些因素的影响？
7. 如何进行一项组织设计活动？
8. 你认为，应该从哪些方面来设计一个优秀的团队？
9. 如何理解部门与部门化？
10. 部门化有哪些类型？
11. 应如何协调部门之间的关系？
12. 如何理解管理幅度与管理层次的关系？

13. 管理幅度与管理层次的变化会给组织带来什么样的影响？
14. 管理幅度的大小受哪些因素的影响？
15. 有哪些常见的组织结构形式？你喜欢在哪类组织中工作？
16. 怎样评价一个组织结构的好坏？
17. 什么是人员配置？它包含哪些内容？
18. 怎样才能达成人员配置的目的？

案例分析

海尔的组织结构调整历程

海尔围绕三个不同时期战略的变化，进行过几次大规模的组织结构调整。

（1）单一产品线的直线－职能制

在原有单一产品线的经营模式下，直线－职能制的组织架构按照职能划分部门，职责明确，具有权力高度集中、便于企业的最高领导层对整个企业实施严格的控制等特征。同时，由于各部门间的联系长期不发生大的变化，使得整个组织系统有较高的稳定性，有利于管理人员重视并熟练掌握本职工作的技能，从而强化了专业管理，提高了工作效率。这一时期，海尔组织架构模式的效能在“日事日毕、日清日高”为特征的管理模式下达到了顶峰。

随着海尔多元化战略进程的推进，直线－职能制的弊端开始逐渐对海尔的多元化战略产生了阻碍。对多元化经营的企业来说，直线－职能制的弊端表现在多个层面：第一，多元化经营加重了企业高层管理者的工作负担，主要集中于各产品或服务之间的决策、协调，容易顾此失彼；第二，在直线－职能制下的高度专业化分工使各个职能部门眼界狭窄，导致横向协调比较困难，妨碍了部门间的信息沟通，不能对外部环境的变化及时反应，适应性较差；第三，直线－职能制下的员工专业化发展不利于培养素质全面的、能够经营整个企业的管理人才，从而对多元化经营特别是新经济增长的机会把握上带来损失。正是基于这些弊端，在多元化经营战略下，海尔的组织架构也由原有的直线－职能制开始向事业部制进行转变。

（2）面向多元化经营要求的事业部制

事业部制的最大特点是“集中决策、分散经营”。在这种模式下，公司以集中决策管理为前提，把绩效、成果及对公司的贡献等经营权力下放到事业部自行负责。事业部有其本身的管理部门，自行经营其单位的业务，从而使得事业部在快速变化的或复杂的环境下，能够更快速、积极地回应市场，决策也更快捷并符合市场实际情况。同时，由于事业部往往会采取以产品、地区或者以客户群进行划分，这就带来了清晰的产品责任和联系环节，从而使各事业部能够专注于不同的产品、地区或顾客群的发展，更有效地使顾客满意。第三，事业部自身会设立较为完整的相关职能部门，在事业部内部这种跨职能的高度协调，可以更有利于培养和考验经理人担任高级管理的责任，从而为企业的快速发展奠定了人力资源的基础。

在职业部制的组织结构下可以发现，整个海尔集团管理模式就是以总部为投资决策中心、事业本部为经营决策中心、事业部为利润中心、各分厂为成本中心的定位进行运作的。

在多元化经营环境下，事业部制具有其独特优势但也具有其不可避免的一些缺点，如各事业部自主经营、独立核算，考虑问题往往从本部出发，忽视整个企业的利益，影响事业部间的协作；各事业部都需要设置一套职能结构，因而失去了职能部门内部的规模经济；事业部基于自身产品或服务进行自身能力的构建，往往会导致产品线之间缺乏协调，失去了深度竞争力和技术专门化，产品线间的整合与标准化变得更加困难。这些给海尔的发展就带来了新的问题，即：如何为实现企业战略构建更有效感知客户需求，并更有效利用有限资源，以快速满足客户需求？

（3）国际化战略下以资源利用效率为核心的组织结构

为适应国际化经营并实现这资源利用效率的提升，海尔进行了两次不同形式的组织结构调整。第一次是基于业务流程再造的组织结构变革，第二次则是以子集团形式出现的组织架构调整。

第一次组织结构的调整是以业务流程再造为出发点，以顾客满意度为目标，以速度为核心。这种变革主要基于过去传统金字塔型结构造成企业基层员工和市场终端即客户之间的脱节，致使客户的需求得不到最大程度的满足，并且在市场信息不能完全正确、迅速传递的同时，还造成库存周转效率和资源利用效率的低下。

海尔业务流程属于在海尔的市场链流程图上，第一个大圈是全球供应商资源，通过互联网可以在全球范围内找到最好的供应商，分供方也可以满足客户的需求。物流把全集团的资源整合起来，找到最好的供应商。第二个大圈是产品制造部门，第三个大圈是全球用户的资源，寻求有价值订单。在这一战略思路下，海尔成立了物流推进本部、商流推进本部和资金流推进本部，加上海外推进本部，与原有的产品事业部一起构成企业核心流程体系。这种组织架构使海尔的整个组织形态从传统金字塔型向流程型方向转变，优化了管理资源和市场资源的配置，实现组织结构的扁平化和网络化，提高了管理系统的效率和柔性，开始向海尔变革所设想的“速度致胜”之目的进发。

最近这一次的组织结构调整，我们惊讶地发现，新成立的各子集团再次拥有了产供销资源。是海尔对市场链的组织结构的推倒吗？其实不然。尽管各子集团重新拥有了自己的产供销资源，但是商流集团仍然保留下来，虽然其功能受到削弱，但并不代表海尔否认了业务流程再造的成果。同时，金融集团的成立还加强了海尔内部资金运作的监管力度。因此，这次组织结构的调整，应当是在以业务流程再造为基础上的市场链与事业部两者优势结合、强化不同产品运营模式的结构变革。子集团架构的变革，更多的是基于适应不同类别产品运营模式差异性以及竞争策略的调整。正如海尔内部管理人员所透露的：“目的是以产品运营模式为核心，重组现有集团下属的各个事业部，以提高运营的效率。”

这一点，从对不同集团的业务流程创新目标就可以看到：白色家电集团的流程创新目标为最优成本；数码及个人产品集团的流程创新目标为业务运营模式创新；客户解决方案集团的目标为营销模式创新。这都是基于不同集团所辖产品所处市场竞争环境和运营模式的差异性所提出的有针对性的目标。在以流程型组织架构的管理模式下，海尔以物流、商流推进本部进行统一管理可能就会过多地考虑统一性而不是不同产品运营模式之间的差异性。

另一方面，以子集团形式出现的组织架构，既吸收事业部制模式的部分优势，又通过产品线在子集团内部的组合，规避了事业部制模式的弊端，如重复建制的相类似职能部门。例如，以前海尔的冰箱、空调、洗衣机事业本部都各自有公关公司，帮助进行品牌或者产品推广活动，但是新组织架构调整后，白电运营集团将会选择一家公关公司帮助它对所有白电进行市场推广活动，这样能够节约宣传成本，将白电统筹进行宣传，也更有助于海尔整体品牌形象的提升。同时，在事业部模式下，由于各种因素的影响，各事业部之间不可避免地会有资源的冲突，这时就必须有另一载体——集团总部来协调这些资源冲突。在原有事业部下，由于个别事业本部之间产品及资源需求的雷同性带来集团总部调拨资源的难度，而随着同类型产品线划分在同一子集团之下，各产品线之间的资源共享和协同作战能力则将得到加强。

资料来源：搜狐网 http://www.sohu.com

思考题：

1. 海尔公司每次进行组织结构调整的依据是什么？
2. 你如何看待海尔公司国际化战略下以资源利用效率为核心的组织结构？

第 9 章

组织权力与组织整合

学习导图

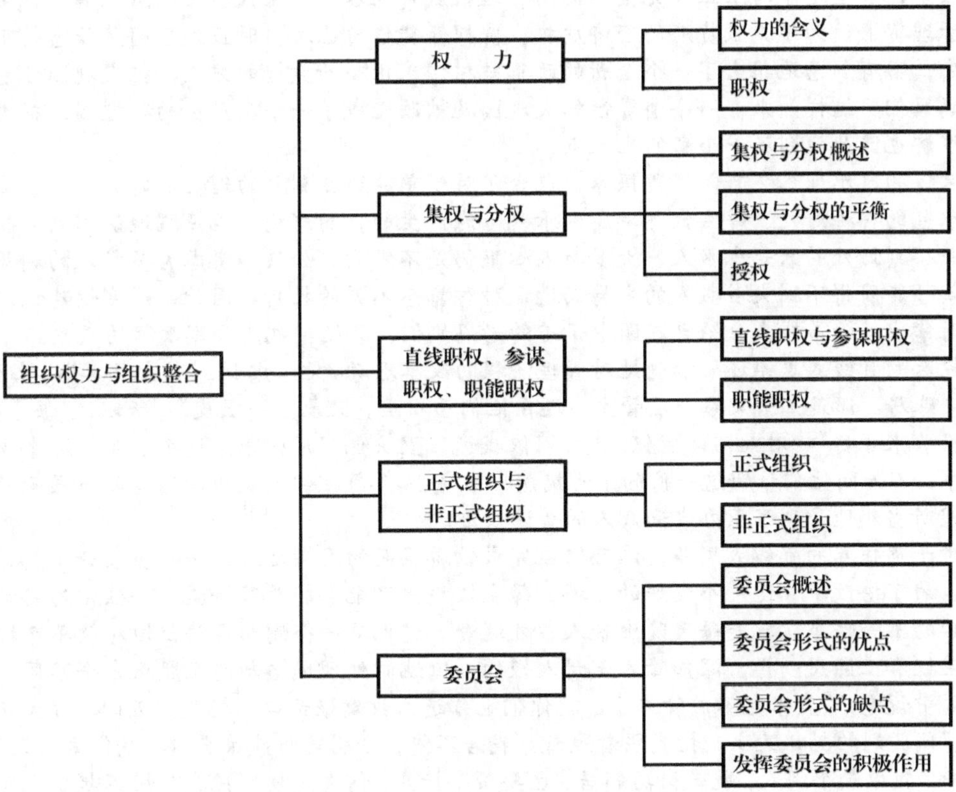

开篇案例

《红楼梦》中的管理权威

曹雪芹在《红楼梦》中提供了两种不同的管理模式，塑造了两种管理权威，一是以王熙凤为代表的贪婪集权型，二是以贾探春、薛宝钗为代表的创新分权型。

我们先来看看王熙凤的“管理权威”的属性。应该说，在协理宁国府时，王熙凤出色地表现了她的管理才能。

首先，王熙凤对宁国府做了一次家族诊断。她尖锐地指出，宁国府存有“五大弊病”：“头一件是人口混杂，遗失东西；二件，事列专管，临期推诿；三件，需用过费，滥支冒领；四件，任无大小，苦乐不均；五件，家人豪纵，有脸者不能服管束，无脸者不能上进。”为此，王熙凤一到宁国府，就发表了措辞强硬的就职演说：“既托了我，我就说不得要讨你们嫌了。我可比不得你们奶奶好性儿，诸事由得你们。再别说你们‘这府里原是这么样’的话，如今可要依着我行。错我一点儿，管不得谁是有脸的、谁是没脸的，一例清白处治。”根据这一思路，王熙凤开始制定规则，按岗定编，强化监管。这一措施收到了效果，宁国府的面貌立刻改变了。

然而，同样是王熙凤，在给贾母理丧时却出乎意料地陷入“权威性不足”的泥潭困境。那时她既调不动人，也调不动钱。这首先是因为王熙凤的权威主要依靠贾母和娘家做靠山，靠山倒了，权威便土崩瓦解；其次，王熙凤肆无忌惮地以权谋私，行贿受贿，盘剥众人，在贾府上下积怨极深。在《红楼梦》里，王熙凤的下场实际上是最惨的，这是符合逻辑的。

在《红楼梦》五十六回中，曹雪芹以一个章回的篇幅，完整地描绘了发生在大观园里的经济改革故事，并塑造了与王熙凤完全不同的管理权威贾探春、薛宝钗。王熙凤生病了，由贾探春暂为管理贾府。为了克服贾府的经济危机，贾探春凭借自己对当时正处于萌芽状态的市场经济的敏感，富有创意地推出了一个全新的改革举措：采用公开竞标的方式，把大观园分包给园中的老妈妈们。这样一来，一个消费性的大观园就被改造成了一个生产性的种植园，捉襟见肘的贾府经济也因此找到了一个新的生长点。

薛宝钗的改革理念又超越了贾探春，包含了对于单纯商业利益的理性超越。例如，贾探春只看到承包的种种好处，薛宝钗却考虑到承包可能产生的负面影响。她清醒地认识到，能够直接承包并得到好处的只是少数人，大多数人心里仍是不服的。如果不考虑大多数人的利益，你们承包就可能因得不到大多数人的支持而遭遇种种意想不到的挫折。因此，薛宝钗建议，承包者年终时拿出若干吊钱来分给也在园中辛苦的老妈妈们，让她们也能分享改革的成果。

贾探春的直线式思维还影响到她对管理流程的改革思考。她考虑到，“若年终算账，归钱时，自然归到账房。仍是上头又添一层管主，还在他们手心里，又剥了一层皮”。所以，“每年归账，竟归到里头来才好”。对此，薛宝钗表示：“依我说，里头也不用归账。这个多了，那个少了，倒多了事。不如问他们谁领这一份的，他就揽一宗事去。”薛宝钗所提出的这些物质层面的改革主张，理所当然地受到了承办者和众人的普遍欢迎。

相对于贾探春的直线式思维，薛宝钗在完成物质层面的思考之后，进一步展开了精神层面的思考。为了给改革营造一个良好的环境，薛宝钗提出了配套的改革措施——强化治安管理。她上任后的第一件事，就是每天晚上带人各处巡查。这也从一个侧面反映出她对改革环境的重视。薛宝钗和王熙凤一样，深知管人是讨人嫌的，但她的处理风格却与王熙凤完全不同，她在就职演说中说道：“我本也不该管这事。就你们也知道，我姨娘亲口嘱托我三五回，说大奶奶如今又不得闲，别的姑娘又小，托我照看照看。我若不依，分明是叫姨娘操心。我们太太又多病，家务也忙。我原是个闲人，就是街坊邻居，也要帮个忙儿，何况是姨娘托我？讲不起众人嫌我。”事实证明，薛宝钗的这套柔性管理确实有很强的感化作用，由于她的新设计，贾探春的承包改革获得了很大的成功。

还应该强调的是，与王熙凤相比，甚至与贾探春相比，薛宝钗并没有什么管理实权。但是，杜拉克曾说过：“不论一个人的职位有多高，如果只是一味地看重权力，那么，他就只能列入从属的地位；反之，不论一个人职位多么低下，如果他能从整体思考并负起成果的责任，他就可以列入高级管理层。”按照杜拉克的这一标准，薛宝钗显然是可以进入“高级管理层”的。

资料来源：搜狐网 http://www.sohu.com

在组织结构建立起之后，为了使组织成员能为达成组织目标而履行其职责，应当赋予其完成相应工作所需要的权力；为了保证各项工作、各岗位、各部门之间能顺利进行合作，就要对它们相互之间的责任和权力关系进行协调，并对组织中的各种力量进行整合。通过权力分配与整合，才能保证各项工作的顺利开展，进而保证组织目标的实现。

第一节 权 力

一、权力的含义

权力，是指为了达到相应的目标而掌握的开展相应活动或指挥他人行动的能力。在组织中，每个组织成员都掌握着为实现组织目标而开展相应活动的权力，管理者还拥有对组织其他成员的指挥权。

古典理论学者认为，组织职位中所固有的权力是影响力的唯一源泉。在当时的条件下，影响力和职权是同一意义的；管理者在组织中的职位越高，他所拥有的影响力也就越高。然而，在当今社会，那样的条件已经改变了。研究表明，你不必成为一名管理者就可以拥有权力，权力也未必与一个人在组织中所处的地位完全相关。

权力分为职位权力和个人权力。约翰·弗伦奇（John French）和伯特伦·雷文（Bertram Raven）认为，权力有5种来源和基础：法定权力、强制权力、奖赏权力、专长权力和感召权力。其中，法定权力、强制权力和奖赏权力属于职位权力，专长权力和感召权力属于个人权力。权力的实施是领导职能的核心要素，本书的领导篇将对权力进行更详细的介绍。

二、职权

职权，是指组织中，处于某一职位上通过职位而做出影响他人行为和决策的能力。职权是由组织正式授予管理者并受法律保护的权力。这种权力与特定的个人没有必然的联系，它是同职务相联系的，随职位的变化而变化。

职权是组织环境中的正式权力。每个管理职位都具有某种特定的、内在的权力，任职者可以从该职位的等级或头衔中获得这种权力。因此，职权与组织内的一定职位相关，而与担任该职位的管理者的个人特性无关。当某人被任命为生产部经理时，他就被赋予能够自主决定有关生产方面的问题并指挥本部门中的其他成员开展相应生产活动的权力。某人被辞退掉有权的职位，离职者就不再享有该职位的任何权力，职权仍保留在该职位中，并给予新的任职者。

在组织中，如果管理者没有与其职责相对应的职权，那么他无法履行其应尽的职责。因此，在赋予管理者职责的同时，一般都会授予其指挥组织中其他成员的权力，并可在权力范围之内自主决定有关组织运行的各项活动，包括决定组织内部的分工以及对下属的授权。

在一个组织中，之所以要授予每个组织成员一定的权力，因为拥有一定的职权是组织成员完成相应任务的一个必要条件，任何一个组织成员都应当拥有与其在该工作岗位中的职责所对应的职位权力。如果没有相应的权力，哪怕是一名清洁工，也无法履行其岗位职责。

通过组织结构的设计，我们明确了各部门和各岗位相应的分工和协作的关系，但如果没有相应的责任制约和权力保障，那么分工和协作也就无法在组织的实际运行中得到有效的落实。在一个组织中，建立相应的权力和责任体系是分工协作得以落实的保障。

第二节 集权与分权

一、集权与分权概述

1．集权的含义

集权，是指组织中大部分的职权掌握在组织等级制的最高层次或接近最高层次的管理人员的手中，代表决策权在组织系统中较高层次上一定程度的集中。为了保证组织目标的实现，必然要求保持组织行动的统一性，因此，适当的集权对于任何组织来说都是必要的。具体来说，集权的意义主要体现在以下 4 方面：① 有利于集中领导，统一指挥，便于统筹全局；② 有利于提高职能部门的专业化水平；③ 有利于形成统一的组织形象；④ 有利于集中力量应付危局。

但对于组织来说，过度的集权也会带来许多弊端，体现在以下 4 方面。①过分的集权使决策者在决策过程中没有更多考虑其他人的意见，难以保证决策的合理性。②中下层管理者没有参与决策的机会，缺乏自主性，也不利于提高中下层管理人员的能力，从而影响工作效率。③在高度集权的组织中存在多级管理层次，信息的传递路线较长，容易导致信息的失真，增加信息传递的障碍。④过分集权还会从两方面降低组织的适应性：一方面，高度集权可能使组织基层的各部门失去自我适应和自我调整的能力；另一方面，高度集权会使高层管理者陷入日常琐碎的管理事务中，难以集中精力考虑组织的重大决策。

2．分权的含义

分权，是指决策权在组织系统中较低层次上一定程度的分散。为了充分发挥集体的力量、达成组织目标，必然要在组织内部进行相应的分工，这就要求在组织内部进行分权。组织高层将权力下放给中下级管理者，由他们自主解决某些问题，完成分配给他们的相应工作。因此，分权对于任何组织来说都是必要的。分权的意义主要体现在以下两方面。

首先，分权有利于组织决策的合理化。分权以后，组织的决策权不再集中在最高管理层，而是被适当分配给了各级下属，使他们对完成相应工作拥有一定程度的自主权，能够根据具体情况和所面临的形势和任务做出决策，增强了决策的灵活性和及时性。分权既能保证决策的科学性，又能从上到下更好地实现分工和协作。通过分权，不仅可以使决策明确化，其相应的责任也可以更明确。

其次，分权有助于培养组织管理专家。分权意味着赋予中下层管理人员更大的自主权力，也分配给了他们更大的责任。通过分权，可以提高中下层管理人员的工作能力，使得他们更快地走向成熟。分权对于他们既是压力，也是动力。如果他们不能恰当运用自己的权力，则无法圆满完成职责；与此同时，分权可以给他们提供更多的机会施展才华，得到锻炼，积累经验。

对于组织来说，过度分权也会带来一定的弊端：① 难以坚持组织的统一命令与一致的标准；② 容易造成各自为政，从而使组织中各个层级的矛盾与冲突难以协调；③ 容易造成分散主义、地方主义与本位主义等现象，不利于维护组织的整体利益。表 9-1 是分权的优势和局限性的简单总结。

表 9-1 分权的优势和局限性

分权优势	分权的局限性
⊙ 减轻高层管理人员决策的负担	⊙ 难以统一政策
⊙ 给组织成员更多的决策自主权和独立性	⊙ 增加分权经营单位之间的协调难度
⊙ 促进运用广泛控制手段	⊙ 可能会导致对有的方面失去控制
⊙ 使不同经营单位之间绩效的比较成为可能	⊙ 可能受到控制技术不足的制约
⊙ 促进产品多样化	⊙ 对管理人员的素质与能力要求较高
⊙ 有利于复合管理人员的培养	⊙ 有的业务难以达到规模经济的效应
⊙ 有利于适应快速变化的环境	

二、集权与分权的平衡

1. 集权与分权的影响因素

在组织权力分配的过程中，为了确定组织集权与分权的程度和范围，就必须研究影响集权与分权的因素。

① 决策的代价。决策付出的代价的大小，是决定分权程度的主要因素。总体来说，决策失误的代价越大，如对经济标准和信誉、士气等无形标准影响较大，是不适宜交给下属人员处理的。这不仅因为高层管理人员能力更强，而且因为这类决策对组织影响重大，不适宜下放。

② 组织领导的个性。如果组织中的领导者个性较强，且自信和独裁，他们很难容忍别人触犯他们小心戒备的权力，往往喜欢所辖部门完全按照自己的意志行事，往往采取集权式管理；与之相反，则倾向于采取分权式管理。

③ 下属的能力和素质。分权需要一大批素质良好的中下层管理人员来接受，如果下属的能力和素质不符合分权的要求，那么高层管理者很可能倾向于集权，依靠少数高素质的人来管理组织。

④ 职责的重要性。涉及的工作越重要，与此相关的权力就更可能集中在上层。职责的重要性可以通过成本和对组织未来发展的影响来衡量，例如，巨额的采购项目、基本建设投资，以及需要全体人员贯彻执行的统一政策的制定等，一般以集权为好。

⑤ 组织的规模。组织规模扩大后，组织的层次和部门都会因管理幅度的限制而不断增加。层次增多会使上下沟通的速度减缓，信息传递受阻。为了加快决策速度、减少失误、使高层能够集中精力处理重要决策、提高组织的灵活性，分权管理比集权更具有效性。

⑥ 组织发展历程。组织的创建过程也影响职权的分散程度。总体来说，从内部发展起来的或独自创办的组织常表现出明显的集权化倾向，合资或联合创办的组织往往显示出职权分散化的倾向。

⑦ 控制的程度。高层进行分权的同时必须保持对下属工作和绩效的控制，以防在一些重大问题上的失控。许多高层主管之所以不愿意分权，就是因为他们对下属的工作和绩效没有把握，担心分权后无法有效控制下属而承担连带责任。因此，要有效实施分权，就必须解决如何控制的问题。

⑧ 外部环境的影响。以上讨论的影响分权程度的因素大部分是组织内部的因素。然而，影响集权与分权程度的还有一些外部的因素，外部环境越是复杂和不稳定，重要的问题越倾向于集权，以防止失控，次要的问题越倾向于分权，以快速适应环境。

2. 衡量集权分权程度的标志

① 决策的数量。中低层管理层做出决策的数目越大，分权程度越高。

② 决策的范围。中低管理层决策的范围越广，涉及的职能越多，分权程度越高。

③ 决策的重要性。较低层次做出的决策越重要，涉及的资源越多，则分权程度越高。

④ 决策的审核。上级对中低层做出的决策的审核程度越低，则分权程度越大。

3. 集权与分权的平衡

对于一个组织来说，集权和分权都是必要的。集权和分权反映组织的纵向职权关系，表示组织中决策权的集中与分散的程度（如图 9-1 所示）。任何组织为了保证共同目标的实现，必然要求保持组织行动的统一性，因此，一定程度上的集权对于任何组织来说都是必要的；但是，一个组织为了充分发挥集体的力量，也要求在组织内部进行分权，让中下层管理者行使部分决策权，自主解决某些问题，从而完成分配给他们的相应工作，因此分权对于组织来说也是必要的。在分配组织权力的过程中要考虑的不是集权好还是分权好的问题，而是应当合理确定集权与分权的程度，以及哪些工作应集权、哪些工作该分权。

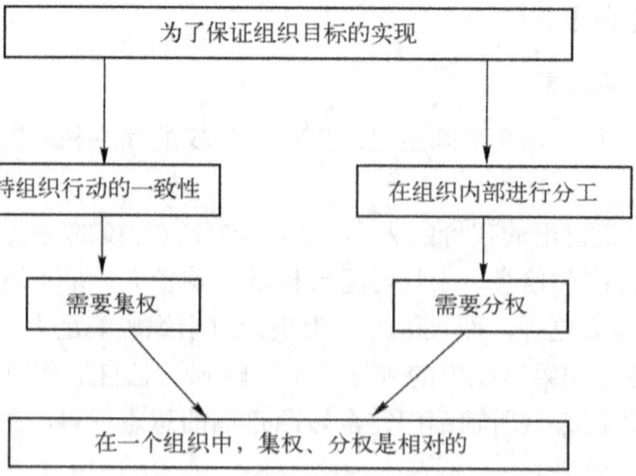

图 9-1　集权与分权的相对性

在现代组织中可能存在的是集权的成分多一些，也可能是分权的成分多一些，需要明确的是：哪些权力适宜于集中，哪些权力适宜于分散；在什么样的情况下集权的成分多一些，什么情况下又需要更多的分权。因此，采取分权的时候应当根据不同企业的具体情况，并根据分权的优势与局限性来确定。

案例 9-1　家乐福：分权为生，集权为升

三、授权

1. 授权的含义

授权，是指管理者把由其全权负责的一项任务及相应的权力委托给下属。在授权过程中，上级赋予下级一定的权力和责任，使下属在一定的监督之间拥有相当的自主权而行动。授权者对被授权者有指挥权、监督权，被授权者对授权者负有汇报情况及完成任务之责。授权的目的是让被授权者拥有足够的职权、能够顺利完成所托付的任务。授权和分权虽然都与职权的下授有关，但两者有区别。分权是在进行组织设计的时候考虑到环境、组织规模以及组织活动的特点，在岗位分析、职务和部门设计的基础上，根据各岗位任务的要求而规定必要的职责和权限；授权则是让每个层次的管理者在实际工作中，为了充分利用人才的知识和技能或出现新增业务的情况下，将部分解决问题、处理业务的权力暂时授予下属的行为。授权是管理者应当掌握的一门艺术。

授权对于一个组织的发展来说十分重要。通过授权，可获得如下益处：

① 可使高层管理者从日常事务中解脱出来，专心处理重大问题。

② 可提高下属的工作积极性，增强其责任心，并增进效率。

③ 可增长下属的才干，有利于管理人员的培养。

④ 可充分发挥下属的专长，以弥补授权者自身才能的不足。

2. 授权的原则

为了使授权达到良好的效果，需要灵活掌握以下原则。

① 明确目的原则。无论采取什么形式的授权，授权者都需要向被授权者明确地阐述所授任务需要达到的目标，使被授权者能够在清晰目标的指导下进行相应的工作。没有明确目的的授权会使被授权者在工作中无所适从。

② 明确责任原则。在进行授权的同时，需要对下级明确所授事项的责任、目标、权力大小及范围，使下属能明确自己对于哪些资源具有多大程度上的管辖权和使用权、需要达到什么样的结果及自己的责任大小。授予的权力与责任应当是对等的，明确相应的责任，以使被授权者在规定的范

围内最大限度地发挥自主权。

③ 适度原则。授权过少，往往会影响下级的积极性，并造成领导的事务太多；授权过多，又可能造成工作杂乱甚至失去控制。授权要做到下授权力在下属的能力范围内能够有助于下属完成任务，做到适度授权。

④ 不可越级授权。越级授权是高层管理者把本应属于中层管理者的权力直接授予下层管理者。这样做会造成中级管理者的被动，降低他们的积极性。越级授权将导致组织职责不清、管理混乱乃至争权夺利的后果。

3. 授权的流程

① 分配任务。这是指向接受职权的下属清楚地描述他们的工作内容，可能是要求完成一项具体的任务，也可能是要求其承担某一职务。授权时，所分派的任务都是由组织目标分解得来的工作。

② 授予职权。明确任务之后需要仔细考虑任务的要求和下属的素质，接下来应对下属授予其相应的职权，即给予其行动的权力以及利用资源的权力。在授权过程中，首先要公开授权，帮助下级建立受用权力的权威，然后积极支持下属正确行使权力、履行职责。

③ 明确责任。当被授权人接受了任务并拥有了所需要的职权后，则有义务去完成所分派的工作并正确运用所授予的权力，被授权者的责任主要表现为向授权者承诺完成分派的任务，不滥用职权，并根据任务完成情况和权力使用情况接受奖惩。对于组织来说，授权者对于被授权者的行为负有最终的责任。

④ 追踪与控制。因为授权者对所授权力负有最终的责任，所以授权并不是放弃权力，是为了更好地使用权力，使权力发挥最好的效能。授权者授予被授权者的只是代理权，并不是所有权。因此，在授权过程中应建立起能够显示下属执行授权工作情况的反馈系统，以监测下属的工作进度。若下属遇到困难，应主动出面帮助解决；若下属工作偏离目标，应立即采取措施予以纠正。

⑤ 评估。当下属完成交付的工作后，管理者要进行评估。对于完成任务好，表现突出的人员要予以奖励，对成绩不理想者要给予相应的批评或处罚，并帮助其总结经验。

4. 授权的注意事项

① 授权不等于授责，授权者仍需要对被授权者完成工作的结果负有最终责任。

② 授权后，上级仍需要保留对下属进行适当的检查、指导、监督和控制的要求，以保证下属正确行使职权。

③ 授权后也可以收回。职权的原有者不会因为授权后而永久失去职权，所有的授权都可以由授权者收回。职权通常是在下属完成工作后或下属不能正确使用权力的时候收回，否则会影响下属的积极性。

第三节　直线职权、参谋职权与职能职权

一、直线职权与参谋职权

1. 直线职权与参谋职权概述

直线职权，是指上级对下级行使直接领导和监督的关系，表现为上下级之间的命令权力关系。组织中存在着等级原则：从组织最高管理职权到每个下级职位的直线职权越明确，则决策的职责就越清晰，组织的沟通也越有效。具有直线职权的上级对下级行使垂直领导。

处于低层次的主管是受高层次主管的委托来进行工作的，因此必须接受他的指挥和命令。所以

说，直线关系是一种命令关系，是上级指挥下级的关系。这种命令关系自上向下，从组织的最高层，经过中间层，一直延伸到基层，形成一种等级链。直线职权与等级链相联系，处于组织等级链上的管理者一般都拥有直线职权，他们一方面接受上级的命令，另一方面也拥有对下级的指挥权。这种指挥和命令的关系越明确，即各管理层次直线主管的权限越清楚，就越能保证整个组织的统一指挥。直线关系是组织中管理人员的主要关系。

参谋职权，是参谋人员所拥有的向直线人员提供咨询和建议的权力。参谋职权是伴随着直线职权而产生的。组织的规模越大，组织活动越复杂，参谋职权就越重要，参谋人员的数量就越多，从而参谋与直线的关系就越复杂。

随着组织的日益扩大并日趋复杂，管理者可能越来越难以有足够的时间、精力和知识来处理所有的事务。组织很难找到精通各种业务的全面型人才，直线主管也很难使自己拥有组织本部门活动所需的各种知识。因此，组织通常借助设置一些助手，利用不同助手的专门知识来补偿直线主管的知识不足，来协助他们的工作，减轻他们的负担。这些具有专门知识的助手称为参谋人员。因此，参谋的设置首先是为了方便直线主管的工作，减轻他们的负担。随着组织规模的扩大，参谋人员的数量会不断增加，参谋机构的设置也会逐渐规范化。为了方便参谋机构的工作开展，直线人员也可能会授予它们部分职能权力。但是需要明确的是，参谋人员的主要职责仍是同层次直线主管的助手，主要任务仍然是提供相应的咨询和建议。

直线职权与参谋职权的关系是"参谋建议，直线指挥"，包括两层含义：一是直线人员在进行重大决策前应事先征询参谋人员的意见，设立参谋职位的目的是为了减轻直线人员的负担或弥补直线人员的不足，以避免决策上的重大失误；二是参谋人员可以向直线人员提出自己的意见和建议，但不能把自己的想法强加给直线人员，或超越权限直接发号施令。直线职权是命令和指挥的权力，参谋职权是协助和建议的权力，参谋的职责是建议而不是指挥。直线人员行使指挥的权力，并承担最后的责任。这是保证组织内部命令的统一性所必需的。

在实际工作中，直线主管和参谋人员之间经常会存在一些矛盾，这些矛盾常常会影响组织的效率。组织运行中，直线主管与参谋人员的矛盾主要表现在两方面：一是尽管维持了命令的统一性，但参谋的作用不能充分发挥；二是参谋作用发挥不当，破坏了指挥的统一性。

案例 9-2
谁拥有权力

2．正确发挥参谋的作用

直线职权与参谋职权的问题会产生大量的低效率活动。正确发挥参谋的作用，使参谋人员有效地工作，应当从以下 4 方面着手。

① 正确理解职权关系。直线和参谋是一种职权关系，在现实生活中许多工作都包含这两方面的因素。直线职权涉及决策的制定和实施，参谋职权则代表协助和提出建议的权利。要想解决直线职权与参谋职权之间的矛盾，首先就需要正确理解职权关系。可通过规范化的文件对直线与参谋之间的权力关系做出明文规定，以便相应人员能够各司其职，并形成规范有序的协作关系。

② 直线人员倾听参谋人员意见。在直线部门需要听取参谋部门意见的地方，应要求直线部门的管理人员与参谋部门人员建立协商机制，可以使组织更好地发展。在进行一项重要决策之前，与参谋部门进行协商后并达成一致，可以使组织成员更容易接受并执行该决策。

③ 直线人员向参谋人员提供必要的条件。直线经理也应认识到，参谋人员拥有的专业知识正是自己所缺乏的，因此必须自觉地利用他们的工作。要取得参谋人员的帮助，必须首先帮助参谋人员的工作，向参谋人员提供必要的工作条件，特别是有关的信息情报，使他们能及时地了解直线部门的活动进展情况，从而能够提出有用的建议。

④ 参谋人员应提高自身工作能力。参谋人员往往会比同层次的直线人员具有更高水平的专业知识。在实际工作中，参谋人员需要努力提高自己的工作水平，结合自身所具有的专业知识，向直线人员提供有见解的、能够被采纳的建议，从而体现自身存在的价值。

二、职能职权

职能职权，是某一岗位或部门根据高层管理人员的授权而拥有的对其他部门或岗位直接指挥的权力。与参谋职权不同，职能职权是由直线管理者向自己辖属以外的个人或职能部门授权，允许他们在一定的职能范围内行使一定的直线职权。在纯粹参谋的情形下，参谋人员所具有的仅仅是辅助性职权，并无指挥权。但是，随着管理活动的日益复杂，主管人员仅依靠参谋的建议还很难做出最后的决定，为了改善和提高管理效率，主管人员可能将职权关系做某些变动，把一部分原属自己的直线职权授予参谋人员或某个部门的主管人员，于是产生了职能职权。例如，总部的人力资源部门要求下属单位的管理者统一执行总部的人力资源政策；计划部门向生产部门下达生产计划，要求生产部门据此安排生产。这都是一些部门行使职能权力的例子。

职能职权的设立主要是为了提高管理工作的效率。高层把一些直线权力授予某些部门或个人，使之拥有对同级或下属的指挥权，但当职能职权扩大到相当程度后，同级或下属可能失去对本职工作的控制，从而无法开展工作。因此，为了维护一定程度的命令统一，应当严格界定职能职权的作用范围。

第四节　正式组织与非正式组织

一、正式组织

正式组织，是指为了实现组织目标、规范组织成员在活动中的关系所特意建立的组织结构。正式组织需要使员工在现在或将来都能与组织达到匹配，使员工的工作能够有效地为实现组织目标做出贡献。正式组织并不是固定的、一成不变的，正式组织也需要具有灵活性。

组织设计的目的是为了建立合理的组织机构和结构，以规范组织成员在为达成组织目标所开展的各项活动中的关系。组织设计的结果是形成所谓的正式组织。正式组织有明确的目标、任务、结构、职能以及由此而决定的成员间的责权关系，对组织成员具有一定的强制性。

二、非正式组织

1. 非正式组织及其产生

与正式组织相对应的是非正式组织，基斯·戴维斯（Keith Davis）认为，非正式组织是“人们因互相联系而自发形成的、并非正式组织建立或要求的人际关系和社会关系的网络。”

相对于有相应组织结构的正式组织，非正式组织是无形的。因而，要认识非正式组织，就只能从其行为特征上来把握：

第一，非正式组织的基本结构要素是个人，而非部门、产品或职能。因此，非正式组织成员之间相互联系的纽带主要是他们之间的感情；而正式组织是以效率逻辑为联系纽带的。也正由于以感情为联系纽带，非正式组织往往比正式组织具有更强的凝聚力。

第二，非正式组织是一种源于互动的人格化的关系，其行为规范是非制度化的。

第三，非正式组织中的权力不是与职位相联系的合法权力，而是表现为享有较高声誉或能力的成员获得的个性化权威，如专长权、感召权等，非正式组织中的领导者拥有影响、劝说或迫使别人接受自己主张的能力，并得到其他成员的拥戴和尊敬。

第四，非正式组织的存在及其动力所在是因为它可以通过正式组织难以做到的途径来满足人们的需要。通常情况下，非正式组织在一个组织中的基层最容易产生，原因是在正式组织的基层最容易体会到不安、挫折、剥夺、威胁等，正式组织的成员处于这种状态下，最需要别人的支持和安慰。

非正式组织是伴随着正式组织的活动开展而逐渐形成的。在正式组织的运转中，成员必然发生业务上的联系，从而加深之间的认识和了解。频繁的接触导致与正式组织有联系、但又独立于正式组织的小群体的形成，并渐渐地趋向于固定的非正式组织。非正式组织主要基于以下原因而形成。

① 共同的利益指向。在一个正式组织中，虽然有一个共同的正式的组织目标，但个人目标和组织目标并非完全一致，各成员都有自己的利益和需要。如果一部分成员的共同利益比较接近或相同，就容易对一些问题做出同样的反应，久而久之，就会自然而然地形成一种非正式组织。

② 共同的价值观和兴趣爱好。在一个正式组织中，如果一部分成员在性格、爱好、情感、志向等方面存在着一致性，自然会经常接触，形成伙伴关系。这种伙伴关系对正式组织产生积极或不利的影响，从而发展为非正式组织。

③ 类似的经历或背景。在一个正式组织中，同乡、同事、同学、战友、师徒等具有类似的经历或背景的人，有着一种特殊的感情联系，他们在工作中常来常往，相互促进，保持着基本一致的步调，进而形成非正式组织。

2．非正式组织的影响

非正式组织的影响可以分为积极影响和消极影响两方面。是发挥积极影响还是产生消极影响，取决于非正式组织的内部结构和形成的基础。当非正式组织的结构与正式组织一致时，就会发挥积极作用；当两者相背时，尤其是当正式组织的领导在非正式组织中失去威信和领导力时，就会产生消极作用。

（1）积极影响

非正式组织的积极影响主要如下。

① 促进正式组织任务的完成。当非正式组织与正式组织在基本目标上一致的时候，上级管理者可放心地将权力下放，营造更加宽松、自主的工作气氛。同时，将非正式组织中的协作精神带到正式组织中来，有利于形成具有强大凝聚力的工作团队，促进正式组织的活动协调完成。

② 弥补正式沟通渠道的不足。正式组织是一种垂直的、以命令为主要信息内容的沟通渠道，它的特点是刚性较强，反馈不灵。正式渠道只适于传递那些能够被接受的命令，只能反馈那些能够得到认可的信息。非正式沟通渠道恰好能弥补这一不足。上级可以把那些可能引起争议的方案交由非正式渠道去传播、扩散，下级成员可以通过自由讨论、争议、提意见、发牢骚的方式充分表达自己的看法。此时，非正式渠道不但充当了排泄怨气的安全阀，而且有助于加强成员的心理准备。上级则可以由非正式渠道获取真实的反馈信息，以进一步修订和完善方案。

③ 满足成员多层次需求。组织要想繁荣，必须在一定限度内保护成员的个性和独立人格，即在一定范围内给成员自由选择和独立决策的权力，非正式的人际交往关系提供了这样的活动领域。非正式组织成员之所以要加入，是因为这类组织可以给他们带来某些需求的满足。通过富有情感色彩的个性化交往，成员之间增进了相互了解，发展了共同兴趣和爱好，满足了多层次的需求，增强了归属感，这有助于形成促进组织发展的组织文化。

④ 促进成员的发展。通过非正式组织成员之间的协作关系，可以使组织成员对组织目标的理解更深刻，使其产生认同感和协作意愿，有助于实现组织目标；对于工作中的技能欠缺者，伙伴通常自觉对其进行指导和帮助，提高其能力水平；通过非正式组织的规范和气氛，可以形成较强的凝

聚力，以获得整个组织的稳定和发展。

（2）消极影响

正面作用以外，非正式组织也会带来具有破坏性的负面作用，主要包括：

① 维持现状，阻碍变革。当组织需要改变原有的工作定额、工作程序或者进行必要的人事变动时，常常会遭到非正式组织的抵制。这是因为其中大部分人害怕变革会改变非正式组织赖以生存的正式组织结构，从而威胁非正式组织的存在。如果变革危及已形成的非正式结构，通常会导致效率下降的后果。

② 造成与正式角色冲突。非正式组织的目标如果与正式组织的目标相冲突，则组织成员必然面临两套不同的角色期待，从而产生角色冲突，导致极为不利的影响。严重的角色冲突不仅会降低组织活动的效率，也会降低成员的满足感，降低群体凝聚力。

③ 束缚成员的个人发展。有的组织成员可能有过人的才华和能力，但非正式组织要求成员一致性，可能不允许有过人才华和能力的成员脱颖而出。这会导致个人能力得不到充分发挥，对组织的贡献不能增加，从而影响到整个组织工作效率的提高。

3．整合非正式组织发挥积极作用

非正式组织的各种影响是客观存在的。要有效实现正式组织的目标，就要对非正式组织进行积极地整合，发挥其积极作用，消除其不利影响。

① 利用非正式组织成员之间情感密切的特点，引导他们在正式工作中互相取长补短，互帮互学，提高组织成员的生产技术水平，提高效率。

② 利用非正式组织成员之间相互信任、说话投机、有共同语言的特点，引导他们开展批评与自我批评，克服缺点，发扬优点。

③ 利用非正式组织信息沟通迅速的特点，及时了解职工对正式组织工作的意见和要求，使管理者做到心中有数，知彼知己。

④ 利用非正式组织的凝聚力强，能较好地满足成员的社交等心理需求的特点，可以有意识地把有些正式组织无力顾及或处理不好的群众工作交给他们去做，这对于解决群众的特殊疑难问题、促进组织内部安定团结，具有重要的作用。

⑤ 可通过树立和传播正确的组织文化来影响非正式组织的行为规范，引导非正式组织提供积极的贡献。非正式组织形成以后，正式组织既不能利用行政方法或其他强硬措施来干涉其活动，也不能任其自由发展，因为这样有产生消极影响的危险。因此，对非正式组织的活动应该加以引导。这种引导可以通过发挥组织文化的力量，影响非正式组织的行为规范来实现。

第五节　委员会

一、委员会概述

委员会是将多人的经验和背景结合起来，跨越职能界限处理一些问题的一种集体工作的形式。委员会可以有多种形式，按照时间长短，委员会可分为常设委员会和临时委员会。前者是为了促进协调、沟通和合作，行使制定和执行重大决策的职能，如董事会；后者是为了某一特定的目的而组成的，达到特定的目的后就解散，如项目鉴定委员会。按照职权，委员会可分为直线式和参谋式委员会，直线式的如董事会，其决策下级必须执行，参谋式的主要为直线人员提供咨询和建议。委员会还可以分为正式和非正式委员会，凡是属于组织结构的一个组成部分并授予特定权责的委员会都是正式的，反之就是非正式的委员会。

二、委员会形式的优点

作为整合组织的一种手段，委员会的特点是集体决策的特点。具体来说，委员会形式的优点主要包括以下 5 方面。

① 集体审议，提高决策的正确性。采用委员会形式最重要的理由是取得集体审议、多人决策的优点，以提高决策的正确性。集体决策的质量要优于个人决策，因为集体讨论可以产生比个人决策数量更多的方案；组织中需要解决的问题往往很少只涉及某方面的职能，委员会工作可以综合各种不同的专门知识，采用集体的方式，能够运用比个人更多、更广泛的经验和知识；集体讨论可以互相启发，从而可以完善自己的设想以及决策的质量。

② 防止个别人或部门权力过大。另一个采用委员会的理由是唯恐给一个人或一个部门授权过多。为了避免个别人或部门的权力过大，滥用权力，通过设置委员会形式，引入多方代表影响决策，将权力在参与委员会的多方代表之间进行划分，以取得权力的平衡，防止个别人或部门"一手遮天"。

③ 代表相关群体利益。组织是由不同成员构成的，他们分属于不同的利益集团。如果各利益集团在组织的决策机构中没有自己的代表，不能及时反映自己的要求，或者认为组织目标没有考虑到本集团的利益，那么，他们对这些目标和政策就会采取一种抵制的态度。委员会的运用往往是为了使组织内的不同利益集团能够派出自己的代表，发出自己的呼声。组织在处理涉及不同部门的关系或同一部门内部的各种纠纷时，往往根据这个标准来选择委员会的成员。

④ 加强部门之间的合作与协调。委员会对于协调各组织部门之间的活动是非常有用的。组织内的许多工作都要打破部门的界限，部门经理的决策不但影响到本部门的工作，而且会对其他部门的活动产生影响。由于各职能部门的活动相互影响，相互依存，并且组织目标的实现有赖于这些不同职能部门的共同努力，所以组织中常通过建立由主要职能部门经理组成的执行委员会或管理委员会来协调不同部门的活动，来组织信息的交流，通过委员会的定期或不定期会议，有利于各部门经理之间交换信息，了解关系部门的工作计划、存在的问题以及相互要求，以保证取得或提供相互间的必要配合。

⑤ 通过参与调动成员积极性。委员会允许人们广泛参与决策。通过委员会来研究和决定解决某个问题的方案，不但可以使更多的人参与整个决策过程，有助于人们了解信息，增加知识，从而为计划的执行提供更好的条件，而且参与本身就能够推动人们在执行过程中的更好合作。人们通常更愿意接受自己帮助制定的决策，在执行这项任务时热情会更高，行动会更积极。

三、委员会形式的缺点

虽然有很多理由应采用委员会这种形式，但是也存在某些弊端，主要体现在以下 5 方面。

① 提高了管理成本。委员会组织的开支大，提高了管理成本。委员会由一组人来执行某项管理的职能，是集体工作的一种形式。作为一个集体，委员会无论是在前期设计与构建过程中，还是在正式的运行过程中，所耗费的开支都比个人决策大得多。在采用委员会形式之前，一定要进行成本与收益的比较。

② 造成时间上的延误。为了取得大体一致的意见，委员会形式容易造成时间上的耽误。委员会的所有成员都有发言的机会，阐明自己的观点，说服别人或质疑别人。为了制定出各方参与者基本上都能接受的决策，委员会需要召开多次会议，浪费大量时间。时间上的延误可能使组织错过最好的机会，付出较大的代价。

③ 形成折中的决策。委员会形式有可能造成成员之间的妥协，形成折中的决策。委员会的成员是不同利益集团的代表，他们往往会把委员会作为实现自身目标的手段。只要有一方的利益得不

到满足，委员会就难以做出任何决策。最终形成的决策会是各方妥协、折中的产物，决策的质量是有限的。

④ 分散权力和责任。委员会形式可能分散权力和责任，导致缺少成员去关心委员会的工作效率。从理论上来说，作为集体中的每个成员都应当对委员会的决策及其执行进行负责。但折中的委员会决策可能反映了每个人的意见，但没有反映每个人的所有意见。因此，任何人都不会愿意对只代表了自己部分意见的决策及其执行负完全的责任。

⑤ 为少数人所支配。可能被少数人所支配，形同虚设。委员会成员中可能存在少数特殊的成员，他们可能通过一定的方式和手段来限制其他成员表达自己观点和代表自身利益的权力，从而达到支配委员会的目的。这少数人在把持委员会之后，会为了争取更多自身的利益，将自己的意愿强加于大多数人之上，致使委员会形同虚设。

四、发挥委员会的积极作用

委员会的工作形式对于协调不同利益集团的关系，调动各方面的积极性，促进不同职能部门和管理层次的沟通和协作是非常重要的。但是，如果应用不当，则有可能影响决策的速度和质量，增加决策的成本。在设法克服委员会形式的缺点、更好地发挥其积极作用的过程中，管理人员可以发现以下方针是有益的。

① 明确委员会的职权。委员会可以行使实权或参谋权限，这取决于它的职权。如果它的职权涉及做出影响下属的决定，并承担相应的责任，那么就是一个行使管理职能的实权委员会；如果委员会只是顾问性的，那么它是一个参谋委员会。必须明确委员会的职权，以便使委员们弄清楚，他们的责任是制定决策，还是仅仅进行审议并就讨论的问题向主席提出一些有价值的建议。

② 确定委员会的主题事项。需要精心选择委员会的主题事项。委员会的工作必须限定在可以处理的主要事项上，有些问题适宜委员会采取行动，有的问题却不适宜。例如，管辖范围的界定或战略方针的制定可能比较适宜委员会形式，有些孤立的、技术性的问题可能由相关专家解决更好。

③ 确定适当的委员会规模。委员会的规模至关重要。委员会的规模主要受到两个因素的影响：沟通的效果和委员会的性质。委员会规模的扩大，参加讨论的人数过多，会使委员之间缺少适当交流的机会。信息沟通的质量与参加会议的人数成反比；委员会的成员越少，沟通的效果越好；反过来，成员越多，沟通的难度越大。但是，如果委员会规模很小，就有可能与这种工作方式的逻辑使命相违背。只有少数人组成的委员会不可能综合各种知识、代表各方面利益。一般来说，较大的委员会有利于问题的审议和解决，但不能大到浪费时间和议而不决。

④ 挑选合适的委员会成员。根据委员会的性质来选择恰当的委员。如果运用委员会的目的在于提供咨询意见和建议，则委员会成员应具有问题所涉及的不同专业的理论和实际知识。如果运用委员会的目的是协调各方面的利益和权限，那么委员会的成员应是相关职能部门的负责人或利益群体的代表。如果委员会作为一个决策机构来工作，那么委员会的成员不仅应掌握必要的专门知识，能够代表不同方面的利益，还应具备相应的综合、分析能力和合作精神。在任何性质的委员会中，成员都应有较强的沟通能力，不但要善于表达自己的观点，而且能正确把握其他成员的思想。

⑤ 挑选合格的委员会主席。委员会主席的选定是高效率委员会会议的关键。委员会主席应通过在每次会议之前制定详细的工作计划，选择恰当的会议主题，安排好议会日程，并为会员准备必要的、能够帮助他们熟悉情况的有关议题的背景材料来避免可能出现的浪费时间以及其他不足；在讨论过程中，主席要善于组织和引导，确定会议的基调，使讨论不偏离主题，给成员平等自由发表意见的机会，同时能从总体的角度出发，综合各种意见，提出易于被大部分成员所接受的观点。

⑥ 对委员会工作进行评估。要提高委员会的工作效率，必须了解委员会的工作情况，对委员会的工作效率进行考核。由于委员会主要通过会议来进行工作，因此考核委员会的工作必须检查它的会议效率。计算委员会的收益可能较为困难，特别是对于那些无形的效益，如士气、提高团队精神的效果等。只有通过对有形成本和无形收益综合衡量后，才能证明委员会的存在是有意义的。

本章小结

① 权力是指为了达到相应的目标而掌握的开展相应活动或指挥他人行动的能力。

② 职权是指组织中处于某一职位上通过职位而做出影响他人行为和决策的能力。职权是组织环境中的正式权力。

③ 集权是指组织中大部分职权掌握在组织等级制的最高层次或接近最高层次的管理人员的手中。

④ 分权指决策权在组织系统中较低层次上一定程度的分散。

⑤ 影响集权与分权的因素包括决策的代价、组织领导的个性、下级管理人员的素质、职责或决策的重要性、组织的规模、组织发展历程、控制的程度和外部环境的影响。

⑥ 授权是指管理者把由其全权负责的一项任务委托给下属。

⑦ 授权的原则包括重要原则、明责原则、适度原则、不可越级授权。

⑧ 授权的流程由任务的分配、授予职权、责任的明确、追踪与控制、评估绩效五个步骤构成。

⑨ 直线职权是指上级对下级行使直接领导和监督的关系，是一种直线的职权关系。

⑩ 参谋职权是指参谋人员所拥有的向直线人员提供咨询和建议的权力。

⑪ 为了正确发挥参谋的作用，使参谋人员有效地工作，应从以下方面入手：正确理解职权关系，直线人员倾听参谋人员意见，直线人员向参谋人员提供必要的条件。

⑫ 职能职权是指某一岗位或部门根据高层管理人员的授权而拥有的对其他部门或岗位直接指挥的权力。

⑬ 正式组织是指为了实现组织目标、规范组织成员在活动中的关系所特意建立的组织结构。

⑭ 非正式组织是人们因互相联系而自发形成的、并非正式组织建立或要求的人际关系和社会关系的网络。

⑮ 非正式组织的影响可以分为积极影响和消极影响两方面。管理者应引导非正式组织发挥积极影响。

⑯ 委员会是将多人的经验和背景结合起来，跨越职能界限处理一些问题的一种集体工作的形式。

⑰ 运用委员会形式是因为它具有集体审议，提高决策的正确性、防止个别人或部门权力过大、代表相关群体利益、加强部门之间的合作与协调、通过参与调动成员积极性的优点。

⑱ 委员会形式也具有一定局限性，包括：提高了管理成本，造成时间上的延误，形成折中的决策，分散权力与责任，为少数人所支配。

⑲ 为了发挥委员会的积极作用，应明确委员会的职权、确定委员会的主题事项、确定适当的委员会规模、挑选合适的委员会成员、挑选合格的委员会主席、对委员会工作进行评估。

重要概念

权力	职权	集权
分权	授权	直线职权
参谋职权	职能职权	正式组织
非正式组织	委员会	

习 题 9

1. 在一个组织中，谁拥有权力？

2. 如何理解职权？

3. 如何理解集权与分权？
4. 为什么说集权与分权都是必要的？
5. 分权程度的衡量标志是怎样的？
6. 如何保持集权与分权的平衡？
7. 管理者为什么进行授权？授权的好处有哪些？
8. 如何进行一项授权？
9. 如何理解直线职权与参谋职权？
10. 如何发挥参谋的积极作用？
11. 如何理解正式组织与非正式组织的区别？
12. 非正式组织会有哪些影响？
13. 如何发挥非正式组织的积极作用？
14. 如何评价委员会工作形式？
15. 如何发挥委员会形式的积极作用？

案例分析

比特丽公司的分权管理

比特丽公司是美国一家大型联合公司，总部设在芝加哥，下属有450家分公司，其中许多产品，如克拉克棒糖、乔氏中国食品等，都是名牌产品。公司每年的销售额达90多亿美元。

多年来，比特丽公司都采用购买其他公司来发展自己的积极进取战略，因而取得了迅速的发展。公司的传统做法是：每当购买一家公司或厂家以后，一般都保持其原来的产品，使其成为联合公司一个新产品的市场；另一方面，对下属各分公司采用分权的形式，允许新购买的分公司或工厂保持其原来的生产管理结构，这些都不受联合公司的限制和约束。由于实行了这种战略，公司变成由许多没有统一目标，彼此又没有什么联系的分公司组成的联合公司。

负责这个发展战略的董事长退休以后，德姆被任命为董事长。新董事长德姆的意图是要使公司朝着他新制定的方向发展。根据他新制定的战略，德姆卖掉了下属56家分公司，同时买下了西北饮料工业公司。

据德姆的说法，公司除了面临发展方向方面的问题外，还面临着如下两个主要问题。一是下属各分公司都面临着向社会介绍并推销新产品的问题，为了刺激各分公司的工作，德姆决定采用奖金制，对下属干得出色的分公司经理每年奖励1万美元。但是，对于这些收入远远超过1万美元的分公司经理人员来说，1万美元奖金恐怕起不了多大的刺激作用。二是面临的更严重的问题，在维持原来的分权制度下，应如何提高对增派参谋人员必要性的认识，应如何发挥直线与参谋人员的作用问题。德姆决定要给下属每个部门增派参谋人员，以更好地帮助各小组开展工作。但是，有些管理人员认为只增派参谋人员是不够的，有的人认为没有必要增派参谋人员，可以采用单一联络人联系几个单位的方法，即集权管理的方法。

公司专门设有一个财务部门，但是这个财务部门根本就无法控制这么多分公司的财务活动，因此造成联合公司总部甚至无法了解并掌握下属部门支付支票的情况等。

资料来源：北大MBA管理学案例库相关资料

思考题：

1. 比特丽公司可以在分权方面做得更好吗？
2. 参谋人员有何作用？如何协调直线与参谋人员之间的关系？

第 10 章

组织文化

学习导图

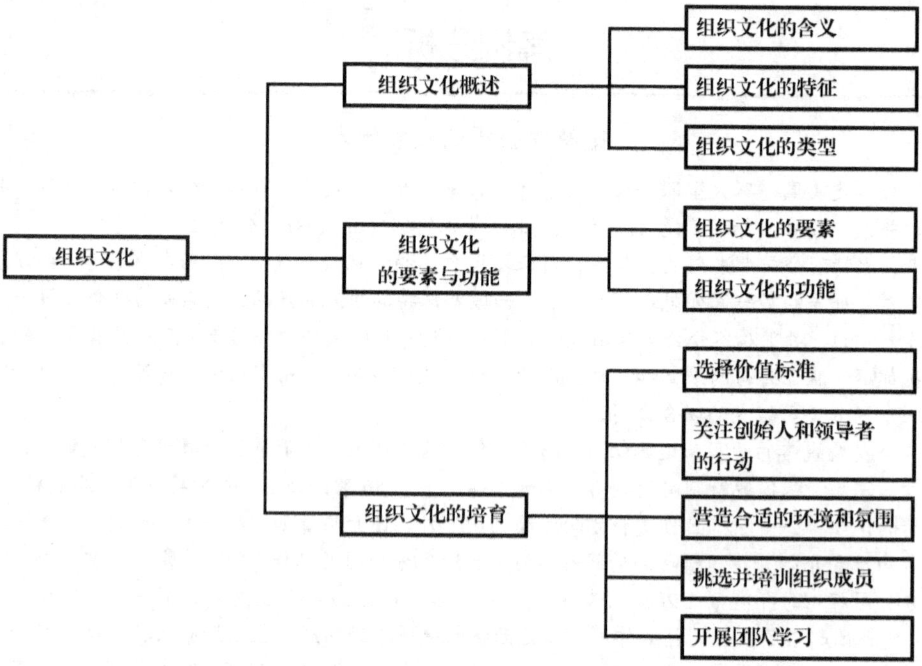

开篇案例

韩国成功企业中的“人和”型组织文化

韩国的成功企业非常重视企业中的人，积极致力于能够反映员工创造性建议和意见的企业文化的创立，提倡每个员工承担责任、爱社心和主人翁精神，从而形成了共同体式的组织文化。东洋制果公司的“好丽友家族会议”、东洋证券公司的“青年理事会制度”等都是由企业的最高经营者直接听取员工意见和建议后制定的制度，东洋水泥公司的“一起向前运动”则是由工会组织的经营革新运动。

韩国大多数成功企业在“公司的成长与健康的劳资关系是同步的”这样的信念指导下，积极培育“劳资共同体意识”和“劳资和解”气氛，从而使企业的经营活动能够在稳定的劳资关系中顺利进行。韩国众多的优秀企业都制定了诸如“修订福利制度”、“员工持股制度”、“对员工采取家庭成员式待遇”、“通过提供经营情报诱导员工参与企业经营”、“终生员工”等一系列制度，特别是许多优秀的中小企业常常将企业的经营状况向自己的员工公开，通过经营者与员工之间坚实的人际关系实现劳资和解。正因为有了劳资间的相互信任，企业才克服了许许多多意想不到的经营危机。鲜京集团把在劳资协商中能够提及的事项（工资、福利等）和不能提及的事项（经营决策权、人事权等）严格区分，采取不同的政策；同时，公司将经营状况向员工公开，培育了让工会自己判断企业经营能力的土壤，其结果是遏制了因劳资纠纷而导致的经营损失。“劳资不疑”的精神深深植根于企业内部，正是这种劳资和解的氛围有力地推动了韩国企业的发展。

同时，韩国的优秀企业大都以“人才第一”为基点，通过建立企业内部的研修院或利用产业教育机构培育了大量优秀的人才。现在韩国主要的企业集团都已采用了科学的人力资源管理制度。一些专业性比较强的大企业和中小企业为了拥有自己的专业技术人才，还建立了相应的人才储备系统，或者从销售额中提取一定的比例持续进行教育投资。此外，韩国的优势企业还普遍重视员工的海外研修工作，以促进员工的自我开发。三星集团的创始人李秉哲会长生前就信奉“疑则不用，用则不疑”的信条，主张对三星的员工实行“国内最高待遇”。为此，三星公司采用了公开招聘录用制度，新员工一旦被公司录用就要接受三星公司彻底的培训，目的是使之成为“三星之星”，以实现公司成为超一流企业的目标。三星公司在“企业即人”的创业精神指引下，彻底贯彻了“能力主义”、“适才适用”、“赏罚分明”等原则。LG 集团则通过建立“社长评价委员会”、“人事咨询委员会”、“人才开发委员会”等机构，对高级管理人员进行系统的培养。

韩国通过任用有能力的职业经理（专门经营者），从而创立了经营责任体制，并培育了责任经营的风气，其主要的企业集团都建立了事业本部制，根据经营活动多元化的要求采用具备专门经营能力的经营者这一制度，有力地推动了企业的良性发展；专门行业的大企业则通过按产品组建事业部，将经营者分为管理主管和经营主管，按事业部实施独立资产等方式确立了经营责任体制。伴随着企业经营的多元化，鲜京集团迎入了一批职业经理人，公司将经营权委托给他们，同时要求他们对自己的经营决策负责，这一措施使公司的市场分析和经营预测能力得到了明显的提高。

资料来源：中国管理传播网 http://manage.org.cn

任何组织都有其特殊的环境条件和历史传统，从而形成了其独特哲学信仰、意识形态、价值取向和行为方式，因而每个组织都有其特定的组织文化。组织文化是组织的灵魂，是推动组织发展的不竭动力。建设适合组织发展的特色组织文化，对促进组织的发展具有强大的推动作用。在管理工作中，组织文化通过影响管理各大职能的实施方式，从而影响组织运行的有效性。

第一节　组织文化概述

一、组织文化的含义

组织文化涉及在一段时间内对知识、信仰、行为方式的了解和传播，是较为稳定、变化缓慢的。任何一个组织都有其特殊的环境条件和历史传统，从而形成了自己独特的哲学信仰、意识形态、价值取向和行为方式，因而每个组织都有特定的组织文化。在吸取传统文化的精华的基础上，结合当代先进的管理和策略形成组织文化，可以为组织成员构建一套明确的价值观念和行为规范，创设一个优良的环境、气氛，以帮助组织进行经营管理活动。

在理解组织文化的过程中，需要把握以下 4 个要点。

① 组织文化的核心要素是组织成员共有的价值观。任何一个组织都需要把其认为最有价值的对象作为本组织追求的目标，一旦这种目标和基本信念成为统一本组织成员行为的共同价值观，就会构成组织内部强烈的凝聚力和整合力，成为统率组织成员共同遵守的行动指南。组织价值观制约和支配着组织的宗旨、信念、行为规范和追求目的，组织价值观是组织文化的核心。

② 组织文化的中心是以人为本的人本文化。在组织中，人是最宝贵的资源。组织只有充分重视人的价值，最大限度地关心人、依靠人、凝聚人和培养人，充分调动人的积极性，发挥组织成员的工作热情，使组织和成员成为真正的命运共同体和利益共同体，这样才能不断增强组织的内在活力和实现组织的目标。

③ 组织文化的管理方式以柔性管理为主。组织文化是以一种文化，通过柔性的方式对组织成员进行引导，建立起组织内部合作、共同奋进的文化氛围。组织文化能够自发调节组织成员的心态和行动，并通过对这种文化氛围的心理认同，使组织目标转化为成员的自觉行动。事实证明，由柔性管理所产生的协同力比刚性管理有着更为强烈和持久的效果。

④ 组织文化的重要作用是加强组织凝聚力。组织成员之间不同的成长环境、文化传统、工作态度和目的愿望等都会导致成员之间产生摩擦。组织文化通过建立共同的价值观，不断强化组织成员之间的合作、信任和团结的契合点，使之产生亲近感、信任感和归属感，实现文化的认同和融合，使组织具有一种巨大的向心力和凝聚力，这有利于组织成员采取共同行动。

二、组织文化的特征

组织文化是组织成员共享的一套价值观体系，使组织独具特色，从而区别于其他组织。组织文化有以下特点。

① 整体性。组织文化是组织成员的共同价值观体系，不仅是组织全体成员共同遵循的行为准则和价值观念，也是一个组织区别于其他组织的关键特征。组织文化是对组织管理中的标准管理和制度管理的补充和强化，潜移默化并贯穿于组织成员的行为中，使组织成员为实现组织目标自觉地团结协作为整体。

② 历史性。组织文化与组织的长期发展紧密相连，有一个逐渐形成和发展的过程。一个组织现行的惯例、传统和做事的一般方式，在很大程度上归因于它以前的行为方式以及由这些行为方式所带来的成功。因此，组织文化的最初源头就是组织的创始人。在组织成长变革和发展的长期实践中，组织文化也在不断丰富。每个组织都需要通过文化的积累和继承，把过去、现在和未来联合起来，把组织精神不断地传承、完善和发展。

③ 创新性。组织行为合理与否在很大程度上取决于组织文化。随着科学技术的发展，每个组织都会产生一种追求更高的、更好的物质文化和精神文化的动力，因此需要不断地创新。任何组织都需要不断创新来实现其目标。因此，通过设计和维持一种良好的创新环境，激发员工的创新积极性，为组织成员实现自我提供条件，是组织文化的一个重要特点。

④ 导向性。组织文化的导向性，体现为成熟的组织文化可以成为组织成员的思想指南，能把组织成员的行为引导到与实现组织目标相一致的轨道上来，也促使组织成员不断追求自己的价值，在实现组织目标的同时促进员工自身目标的实现。

⑤ 人本性。组织文化强调在管理中关心人、尊重人、信任人，提高员工的归属感和自信心。组织文化强调激发人的使命感，依靠精神动力激发员工的热情，增强工作动力，推动组织的发展，提高组织的市场竞争力。因此，以人为核心是组织文化的重要特征。

⑥ 凝聚性。组织文化为员工确定了一种共识，即组织价值观以及体现其组织目标、组织精神、组织道德等而产生的共同语言。共同的目标和语言能在组织中产生强烈的向心力、鼓舞力和凝聚力。优秀的组织文化就像一种"精神黏合剂"，把组织成员的理想、目标维系在同一价值目标和社会责任上，产生巨大的凝聚力量，把全体员工的行动吸引到实现组织目标的过程之中，从而发挥出单独依靠制度和激励而无法达到的作用。

⑦ 独特性。每个组织都有自身的组织文化，都是组织根据自己的传统习惯以及组织所处的外部环境和内部条件来建设和发展。显然，什么样的土壤适合培育什么样的组织文化。这种独特的组织文化正是每个组织文化的精华，它产生着神奇的力量，能激励成员的工作热情，增强组织竞争力，提高组织的知名度，使组织在激烈的市场竞争中求得生存和发展。

三、组织文化的类型

根据不同的标准，对组织文化有不同的划分方法，最常见的划分有以下 4 种。

1. 按照不同的文化氛围进行分类

杰弗里·桑南菲尔德（Jeffrey Sonnenfeld）通过对组织文化的研究，依据不同的文化氛围，确认了 4 种组织文化类型。

① 学院型组织文化。学院型组织文化是为那些试图全面掌握每种新工作技能的人而准备的组织文化。在这类文化的氛围中，成员能得到不断地成长与进步。学院型文化的组织喜欢雇用年轻的大学毕业生，并为他们提供大量的专门培训，然后为他们在特定的职能领域内从事各种专业化工作提供相应的指导。采用学院型文化的组织的有 IBM 公司、可口可乐公司、宝洁公司等。

② 俱乐部型组织文化。采用俱乐部型文化的组织非常重视成员的适应、忠诚感和承诺。在俱乐部型组织的氛围中，资历是关键因素，年龄和经验都至关重要。与学院型组织不同，俱乐部型组织试图把管理人员培养成全面型人才。俱乐部型组织的例子有联合包裹服务公司、德尔塔航空公司、贝尔公司、政府机构和军队等。

③ 棒球队型组织文化。棒球队型组织文化鼓励冒险和革新。这类组织在招聘时，从不同年龄、知识和经验结构中寻求有才能的人，其薪酬制度以员工绩效水平为标准。由于棒球队型组织对工作出色的组织成员给予高额的奖酬和较大的自由度，其组织成员一般都拼命工作。棒球队型文化的组织在会计、投资银行、咨询公司、软件开发、生物研究等领域比较普遍。

④ 堡垒型组织文化。与棒球队型文化的组织重视创造革新不同，堡垒型组织文化则更着眼于公司的生存。堡垒型文化的组织以前多采用学院型、俱乐部型或棒球队型的组织文化，但在运行过程中遇到了一定的困难并开始衰落，现在需要尽力保证组织的生存。通常，堡垒型文化的组织工作安全保障不足，但对于喜欢流动、挑战的人来说，这类组织具有一定的吸引力。堡垒型文化的组织主要包括大型零售店、林业产品公司、天然气探测公司等。

2. 按文化对成员影响力的大小进行分类

哈佛商学院的两位教授约翰·科特（John P.Kotter）和詹姆斯·赫斯科特（James L.Heskett）根据组织文化对组织成员影响力的大小，将组织文化分为 3 类。

① 强力型组织文化。在具有强力型组织文化的组织中，组织成员的目标清晰、方向明确，并且步调一致。组织成员拥有共同的价值观念和行为方式，因此他们愿意为组织投入和奉献；同时，这种心态又使得促使组织成员在工作中更加努力。强力型组织文化提供了必要的组织机构和管理机

制，从而避免了组织对那些制约组织活力和改革思想的官僚们的依赖，因此强力型组织文化能够促进组织业绩的提升。

② 策略合理型组织文化。具有策略合理型文化的组织，不存在抽象的、笼统意义上好的组织文化内涵，也不存在任何放之四海而皆准、适合所有组织的文化。他们认为，只有当组织文化“适应”于组织发展过程中的具体环境时，这种文化才是好的、有效的文化。不同的组织需要不同的组织文化，只有文化适应于组织，才能发挥其最大的功能，改善组织的经营状况。

③ 灵活适应型组织文化。市场适应度高的组织文化应具有同时在组织成员的个人生活中和组织生活中都提倡自信和信赖、不畏风险、注重行为方式等特征，组织成员之间相互支持，善于发现问题并解决问题。在灵活适应型组织文化下，组织成员具有高昂的工作热情，愿意为组织牺牲一切。

3．按文化所涵盖的范围进行分类

作为一个系统，组织是由各子系统组成的，各子系统又是由单个的具有文化创造力的个体组成的。在一个组织中，除了整个组织作为一个整体外，还存在各种正式的、有严格划分的子系统，或非正式群体，它们相对于组织来说都能够作为一个小整体。从这个角度来说，组织文化又可以分为如下 2 类。

① 主文化。主文化体现的是一种核心价值观，为组织大多数成员所认可。当我们说组织文化时，一般是指组织的主文化。正是这种宏观角度的文化，使组织具有别于其他组织的个性。

② 亚文化。亚文化是某一社会主流文化中一个较小的组成部分。在组织中，主文化为大多数成员所接受，但主文化并不能包含组织中所有层面的文化。组织中存在各类小整体，在认同组织主文化的前提下，它们也有自己的独特的亚文化。亚文化或者是对组织主文化更好的补充，或者虽然与主文化有区别，但对组织来说是无害的。

4．按权力的集中程度进行分类

卡特赖特（Cartwright）和科伯（Cooper）提出了组织文化的 4 种类型。这 4 种组织文化的区别在于组织权力是集中的还是分散的，以及组织运行过程是以关键人物还是以要完成的职能或人物为中心的。

① 权力型组织文化。权力型组织文化也叫独裁文化，是指由一个人或一个很小的群体领导这个组织。组织往往以最高领导者为中心，不太看重组织中的正式结构和工作流程。随着组织规模的逐渐扩大和外部环境的动态变化，权力文化会感到很难适应组织的发展，于是逐渐分崩离析。

② 作用型组织文化。作用型组织文化也叫官僚文化。在这样的组织中，你是谁并不重要，你有多大能力也不重要，重要的是你在什么位置，你与什么人的位置比较近。在作用型组织文化中，做每件事情都有固定的程序和规矩，人们喜欢的是稳重、长期和忠诚，有时甚至是效忠。作用型文化在单一的环境中显得比较安全和稳定，但当组织需要变革的时候，这种文化会受到较大的冲击。

③ 使命型组织文化。使命型组织文化也叫任务文化。在使命型组织文化中，团队的目标就是要完成设定的任务。组织成员之间是平等的，没有所谓的领导者，唯一的老板就是任务或者使命本身。有的观点认为这是最理想的组织模型之一，但使命型组织文化要求公平竞争的环境，而且当不同利益群体争夺重要的资源或有利的工作任务时，很容易产生恶性的政治紊乱。

④ 个性型组织文化。个性型组织文化是一种既以人为导向又强调平等的文化。这种文化富于创造性，孕育着新的观点，允许每个人按照自己的兴趣工作，同时保持相互有利的关系。在个性型文化的组织里，组织实际上服从组织成员的意愿，但是很容易被个人左右。

第二节　组织文化的要素和功能

一、组织文化的要素

组织文化是一个有着丰富内涵的体系，其中包含了许多相互联系、相互制约的基本要素。特伦斯·迪尔（Terrence Deal）和阿兰·肯尼迪（Allan Kennedy）认为构成组织文化的要素有如下 5 种。

1．环境条件

环境条件是承载组织文化的各种客观条件，是组织文化赖以形成的氛围。组织基本行为方式在很大程度上受到组织环境的影响。

组织环境可分为硬环境和软环境。

硬环境是指组织文化的主要外在表现形式和物化形式，通常包括组织的整体容貌、生产条件、技术条件、劳动环境、文化娱乐设施等物质条件。硬环境是组织历史、经济、文化等方面状况的综合反映，也是人们评价组织的一种价值尺度。硬环境较好的组织通常都使人向往。良好的组织外观环境能够使组织成员产生安全感和自豪感，进而萌发对组织的归属感和依存感，让人深刻感受到组织文化的形成与存在。

软环境是指组织内部的人际关系以及维系这种人际关系的各种管理方式，如人与人之间的感情平衡、领导者实行的管理方式、决策的透明度和民主性等。组织软环境是组织内部人际关系正常化，形成组织内聚力的重要条件，是组织环境的精神表现。软环境与硬环境一样，具有稳定组织成员情绪、形成组织内聚力、增强组织成员满意度的重要功能，因此在组织文化中占有重要的地位。

案例 10-1
柳传志谈核心价值观

2．价值观

组织价值观是指组织评判事物和指导行为的基本理念、总体观点和选择方针。价值观是构成组织文化的核心要素，是组织全体成员所共有的基本信念和最高目标，是整个组织的基本信念和信仰。价值观的形成过程，常常是通过组织领导者的倡导、培植并以各种方式灌输到全体组织成员的日常行为中去的，也是全体成员对组织所倡导的价值标准的认同过程。组织价值观具有不同的层次和类型，优秀的组织总会追求崇高的目标、高尚的社会责任和卓越创新的信念。

3．英模人物

英模人物是指那些能够充分代表和体现组织文化的人物，他们的思想是组织完美化、内在化的价值观，是组织成员学习的楷模。代表和体现组织文化的英模人物，大都是与组织共生的英雄。在组织中，英模人物的成就能够被每个组织成员耳闻目睹，他们向全体组织成员传递的就是“如果你们想要取得成功，就需要做到像他们一样”。英模人物为组织成员树立了榜样，指明了成功之路，使组织成员意识到如果像他们那样干，也能取得同样的成功。

4．习俗和仪式

习俗和仪式是组织在日常生活中向组织成员渲染和灌输价值观念的各种宣传、活动的形式。在组织内部，习俗和仪式体现为诸如庆祝会、表彰会、典礼、总结、汇演等活动。习俗和仪式的意义深远，不仅可以鼓励先进分子，还可以为更多人在思想上播下“一定要争取成功”的价值取向的种子，构成一种令人向上、不甘落后的文化氛围。习俗和仪式是组织渲染自身文化的一种传统，是传播和灌输文化的一种有效的形式，这将为其他组织成员提供强大的精神激励。

5. 文化网络

文化网络是指组织内部各种正式和非正式的文化沟通手段和渠道，这是组织文化要素的“载体”和传递途径。文化网络运载水平的高低决定着一个组织文化氛围的强弱以及这种组织文化影响力的大小。发达而健全的文化网络，能使人时刻体验到组织文化的存在，并深深感受到它的影响；同时，它还是组织内部各种信息传播的工具，担负着组织内部成员思想、感情和价值观念等方面的交流。运行健全的文化网络信息交流率高，每个成员能够在较快的时间里了解组织发生的大事和领导人的决策，组织信念能够及时传递给每个组织成员，促使大家把自己的行为同化在组织整体行为之下。

除了正式文化网络外，还存在许多非正式文化网络。非正式文化网络对形成员工忠诚和信任会很关键，在组织中的作用不可低估。组织文化强大的组织，总是能有意识地发展非正式文化网络，使之与正式文化网络相一致，以充分发挥组织文化的强大功能。

二、组织文化的功能

组织文化的功能是指组织文化发生作用的能力，也就是组织这一系统在组织文化导向下进行生产、经营、管理中的作用。任何事物都有两面性，组织文化也不例外，它对于组织的功能可以分为正功能和负功能。组织文化的正功能在于提高组织承诺，影响组织成员，有利于提高组织效能，但也不能忽视组织文化潜在的负效应。

1. 组织文化的正功能

具体来说，组织文化具有以下 6 种正功能。

① 组织文化的导向功能：指组织文化能对组织整体和组织每个成员的价值取向及行为取向起引导作用，使之符合组织所确定的目标。组织文化只是一种软性的理智约束，通过组织的共同价值观不断地向个人价值观渗透和内化，使组织自动生成一套自我调控机制，以一种适应性文化引导着组织的行为和活动。

② 组织文化的约束功能：指组织文化对每个组织员工的思想、心理和行为具有约束和规范的作用。组织文化的约束不是制度式的硬约束，而是一种软约束，这种软约束等于组织中弥漫的组织文化氛围、群体行为准则和道德规范。

③ 组织文化的凝聚功能：指当一种价值观被该组织员工共同认可之后，它就会成为一种黏合剂，从各方面把其成员团结起来，从而产生一种巨大的向心力和凝聚力，而这正是组织获得成功的主要原因。“人心齐，泰山移”，凝聚在一起的员工有共同的目标和愿景，推动组织不断前进和发展。

④ 组织文化的激励功能：指组织文化具有使组织成员从内心产生一种高昂情绪和发奋进取精神的效应，能够最大限度地激发员工的积极性和首创精神。组织文化强调以人为中心的管理方法，对人的激励不是一种外在的推动而是一种内在引导，不是被动消极地满足人们对实现自身价值的心理需求，而是通过组织文化的塑造，使每个组织员工从内心深处为组织拼搏的献身精神。

⑤ 组织文化的辐射功能：指组织文化一旦形成较为固定的模式，不仅会在组织内发挥作用，对本组织员工产生影响，而且会通过各种渠道对社会产生影响。组织文化向社会辐射的渠道是很多的，但主要可分为利用各种宣传手段和个人交往两大类。一方面，组织文化的传播对树立组织在公众中的形象有帮助；另一方面，组织文化对社会文化的发展有很大的影响。

⑥ 组织文化的调适功能：指组织文化可以帮助新进成员尽快适应组织，使自己的价值观和组织相匹配。在组织变革的时候，组织文化也可以帮助组织成员尽快适应变革后的局面，减少因变革带来的压力和不适应。

2. 组织文化的负功能

组织文化的正功能说明了文化对组织的重要价值，它有助于提高组织的承诺，增强员工行为的一致性，提高管理的效果和工作效率。但我们也不能忽视组织文化对组织发展的潜在负面影响。组织文化的负功能主要体现在以下 3 方面。

① 变革的障碍。如果组织的共同价值观与进一步提高组织效率的要求不相符合时，就成为了组织的束缚。这是在组织环境处于动态变化的情况下，最有可能出现的情况。当组织环境正在经历迅速的变革时，根深蒂固的组织文化可能不合时宜了。因此，当组织面对稳定的环境时，行为的一致性对组织而言很有价值。但组织文化作为一种与制度相对的软约束，更加深入人心，极易形成思维定势，这样组织有可能难以应付变化莫测的环境。当问题积累到一定程度，这种障碍可能会变成组织的致命打击。

② 多样化的障碍。由于种族、性别、道德观等差异的存在，新聘员工与组织中大多数成员不一样，这就产生了矛盾。管理人员希望新成员能够接受组织的核心价值观，否则，这些新成员就难以适应或被组织接受。但是组织决策需要成员思维和方案的多样化，一个强势文化的组织要求成员和组织的价值观一致，这就必然导致决策的单调性，抹杀了多样化带来的优势，这样组织文化成为了组织多样化、成员多样化的障碍。

③ 兼并和收购的障碍。以前，管理人员在进行兼并或收购决策时，所考虑的关键因素是融资优势或产品协同性。近几年，除了考虑产品线的协同性和融资方面的因素外，更多的则考虑文化方面的兼容性。如果两个组织无法成功地整合，那么组织将出现大量的冲突、矛盾乃至对抗。所以，在决定兼并和收购时，很多经理人往往会分析双方文化的相容性，如果差异极大，为了降低风险，则可能放弃兼并和收购行动。

第三节　组织文化的培育

组织文化对组织成功有着强大的影响。组织文化在集体精神状态是根深蒂固的。成型的组织文化可以使组织成员不会有意识地去质疑它们，就依赖它们来进行决定或行动。因此，培育一个组织的文化是管理人员重要的工作内容。管理人员培育组织文化应当从以下 5 方面进行。

一、选择价值标准

由于组织价值观是组织文化的核心和灵魂，因此，选择正确的组织价值观是塑造组织文化的首要问题。

选择组织价值观有两个前提：

① 要立足于本组织的具体情况。不同的组织有不同的目的、环境、习惯和组成方式，由此构成的组织类型千差万别，因此组织需要根据具体情况，准确地选择适合自身发展的组织价值观，否则不会得到广大员工和社会公众的认同和理解。

② 要把握组织价值观与组织文化各要素之间的相互协调。因为组织文化的各要素只有经过科学的组合与匹配才能实现系统整体优化。在此基础上，选择正确的组织价值标准要抓住如下 4 点：

- 组织价值标准要正确、明确、科学并具有鲜明特点。
- 组织价值观要体现组织的宗旨、战略和发展方向。
- 要切实调查本组织成员对价值观的认可程度和接纳程度，使价值观与成员的基本素质相协调，过高或过低的标准都很难奏效。

❖ 选择组织价值观要认真听取成员的各种意见，并经过自上而下和自下而上的多次反复，审慎筛选出既符合本组织特点又反映员工心态的组织价值观。

二、关注创始人和领导者的行动

组织文化始于创始人和领导者。组织的创始人定下基调，强调组织什么是最重要的，什么是次重要的。他们通常都是理想家，给别人提供有力的可以效仿的行为榜样。专家提出公司文化有时候反映出创始人的个性，而且这种文化烙印通常会留在组织里一段相当长的时间。创始人建立了组织文化，他们和继任的首席执行官有时候可以重塑这种文化。

领导者象征性的语言和行动有些时候在正式的事件中彰显出来；但用更平凡的方式表现出来也同样重要，比如会议怎样举行，管理人员让他的办公室怎么安排，谁安排管理者的时间表，员工观察组织各个层次的管理者来决定他们对变革文化这件事有多严肃，以及文化怎样转变成为行为等。因此，管理者行为与期望的文化相一致，就会潜在地引导组织向这种组织文化进行发展。

三、营造合适的环境和氛围

培育组织文化需要在组织内部营造与核心价值观相适应的环境和氛围。这可以从组织中可观察的各种迹象入手，如接待来宾的方式、布局和怎样奖励员工。与核心价值观相应的环境与氛围不只是代表了组织文化的有形的建筑、设备和行为，也包含了保持文化与环境适应的机制。通过营造适当的环境和氛围，管理者可以潜在地调整组织文化。比如，组织过去发生的故事能够帮助培育组织文化。领导者在创造未来会变成故事的纪念性事件上，可以起到很积极的作用。这些故事不只是领导者决心创造新文化的象征性证据，已经变成了全组织员工都应当知道的、并且新员工进到公司时必然重复讲述的故事。领导者也是讲述故事的重要角色，他们需找那些与期望的文化相一致的员工的经历，并告诉其他人这些故事。

管理者也可以通过改变仪式或典礼来适应新文化的要求。如果管理者想要灌输更为开放的沟通思想，他可以让办公室的门常开着，或者将办公室搬到开放的地点。为了抑制官僚，一些管理人员举行仪式，当着全体员工的面把大量的官僚化指南烧掉。

同时，建筑物和装饰也属于培育组织文化的环境的一部分，如一些领导者搬进了那些可以反映他们期望的组织文化的办公场所。国立澳大利亚银行的新办公楼就是这样的一个例子，那是在墨尔本港区一座不高的校园风格建筑。这座建筑开放的设计和多彩的装饰标志着一种开放、平等和具有创造力的文化，国立澳大利亚银行的管理者想通过这种方式来摆脱封闭的等级文化。

四、挑选并培训组织成员

一般来说，从外部雇来的管理人员很难像从内部提升的管理人员一样成功。很多从外部雇来的管理者在不长的时期内都会辞职或被解雇。他们要么对新组织的文化感觉不适应，要么违背了新组织价值观系统的一些核心部分。从这一点出发，组织在招聘的时候通常需要仔细筛选求职者，确定他们拥有与公司相匹配的价值观。

组织可以通过雇用与组织文化有着相似价值观的成员，来加强或重塑组织文化。组织意识到，个人与组织的价值观相适应能够让组织成员更容易认同组织文化。个人与组织较好的价值观整合也可以提高工作满意度和组织忠诚度，这是由于有着与公司文化相似价值观的新员工能够更快进行调整以适应组织。比如，罗伯特·纳德利（Robert Nardelli）对家得宝文化的变革是靠雇用大量信奉绩效导向的组织文化的管理人员而得以顺利推行的；同时，他也鼓励雇佣前服役军人，原因是他们往往赞同用结构性、纪律性更强的方式来开展商业活动。

求职者在求职过程中也应该注意组织文化。他们意识到，员工必须适应组织文化，而不是只关注工作职责和工作时间。所以，当求职者决定是否加入到某个特定的组织时，他们往往会关注代表组织文化的环境和氛围。通过分析组织的主导文化，他们可能会更确定组织的价值观是否与自身相一致。

除了选择那些有着一致价值观的员工，公司还通过对组织成员进行培训来保持强大的文化。组织成员可以学习价值观、预期行为以及在组织中承担角色的必要的社会知识。如果组织的主导价值观表达清晰，求职者和新员工就可能更迅速、更深入地把这些价值观内在化。

五、开展团队学习

组织文化的形成可以建立在组织内成员进行团队学习的基础上。团队是指若干人组成的为完成某一特定目标或任务的小团体，这个小团体是组织的基本构成单位，如车间、班组、部门、项目组等。团队学习是指这个小团体的群体性学习，是组织内进行学习的基本单位。团队学习之所以对培育组织文化很重要，一方面是因为它可以把组织文化转化为团队努力的动力，从而克服小团体的局部利益，坚持组织的共同价值观；另一方面也因为对于组织最终目标的实现来说，一项决策的执行大都直接或间接地由团队来完成，而不是靠单个个人就能够完成。“在某些层次上，个人学习与组织学习是无关的，即使个人始终都在学习，并不表示组织也在学习。但是如果是团队在学习，团队变成整个组织学习的一个小单位，他们可将所得到的共识化为行动，甚至可将这种团队学习技巧向别的团队推广，进而建立起整个组织一起学习的风气与标准。”事实上，只有群体一起学习时才能更容易形成共同语言，因为群体学习过程也是一个群体沟通的过程，这样更有利于培育组织文化。

本章小结

① 组织文化是指组织成员所共同的价值观、信仰以及共有的行为方式。

② 组织文化具有整体性、历史性、创新性、导向性、人本性、凝聚性、独特性的特征。

③ 根据不同的标准和不同的用途，组织文化有不同的划分方法：按照不同的文化氛围，可分为学院型组织文化、俱乐部型组织文化、棒球队型组织文化和堡垒型组织文化；按文化对成员影响力的大小，可分为强力型组织文化、策略合理型组织文化和灵活适应型组织文化；按文化所涵盖的范围，可分为主文化和亚文化；按权力的集中程度，可分为权力型组织文化、作用型组织文化、使命型组织文化和个性型组织文化。

④ 组织文化包括环境条件、价值观、英模人物、习俗礼仪和文化网络五种要素。

⑤ 组织文化对于组织的功能可以分为正功能和负功能。正功能包括导向功能、约束功能、凝聚功能、激励功能、辐射功能和调适功能；负功能包括成为变革、多样化、兼并和收购的障碍。

⑥ 培育组织文化，需要从选择价值标准、注重创始人和领导者的行动、营造适当的环境和氛围、挑选并培训员工和开展团队学习等方面入手。

重要概念

组织文化　　组织文化的要素　　价值观
英模人物　　文化网络　　学院型组织文化
俱乐部型组织文化　　棒球队型组织文化
堡垒型组织文化　　强力型组织文化
策略合理型组织文化　　灵活适应型组织文化

权力型组织文化	主文化	亚文化
作用型组织文化	使命型组织文化	个性型组织文化

习 题 10

1. 什么是组织文化？其特点有哪些？
2. 组织文化可以分为哪些类型？
3. 哪一类组织文化更容易吸引你？为什么？
4. 组织文化包含哪些要素？为什么说，价值观是组织文化的核心？
5. 组织文化有什么样的功能？
6. 请分析如何避免或减弱组织文化的负面功能。
7. 请谈谈你对如何培育组织文化的想法。

案例分析

TCL的组织文化

TCL 集团股份有限公司创办于 1981 年。经过近 30 年的发展，TCL 集团现已形成了以王牌彩电为代表的家电、通信、信息、电工四大产品系列。

TCL 的企业宗旨是“为顾客创造价值，为员工创造机会，为社会创造效益”。“为顾客创造价值”是 TCL 文化生生不息的价值根本，明确企业最重要的工作目标就是用高质量的产品、全方位的服务满足社会广大顾客的需求，通过卓有成效的工作，让更多的顾客认同 TCL 产品和服务的价值。这就要求 TCL 人在生产经营的每一个环节，都必须把顾客的需求放在第一位。

“为员工创造机会”是 TCL 文化生生不息的动力源，明确员工既为手段又为目的。TCL 要建立一个科学、公平的员工考核和价值评价体系，建立员工教育和培训制度，建立合理的薪酬和福利制度，使员工在企业能获得更好的成长和发展机会，实现自己的事业追求，同时获得合理的回报和生活福利保障。

“为社会创造效益”是 TCL 文化生生不息的生态链。TCL 是国有控股企业，企业所创造的效益在更大程度上是为社会创造效益，是为国家经济的振兴、为民族工业的发展尽力尽责，这是所有 TCL 人的使命。

TCL 倡导的企业精神是“敬业、团队、创新”。“敬业”是鼓励为事业而献身的精神，这种敬业实质上是 TCL 过去“艰苦拼搏”精神的延续；追求更高的工作目标，勇于承担工作责任，掌握更好的工作技能，培养踏踏实实和精益求精的工作作风。

“团队”是要求企业内部要有协作和配合的精神，营造企业和谐健康的工作环境，员工不仅要对自己的工作负责，也要对集体的工作负责，对整个企业负责，提倡员工间互相鼓励、互相关心和帮助。

“创新”精神一直是 TCL 高速发展的重要动力。创新包含了“开拓”的内涵。

TCL 提出的企业经营目标、宗旨、精神，构成了一个相互支撑的企业文化体系。

资料来源：中华管理学习网 http://www.zh09.com

思考题：

1. 结合案例谈谈你对组织文化在管理中的作用的看法。
2. TCL 的文化时怎样体现组织文化的特征的？

第 11 章

组织变革

学习导图

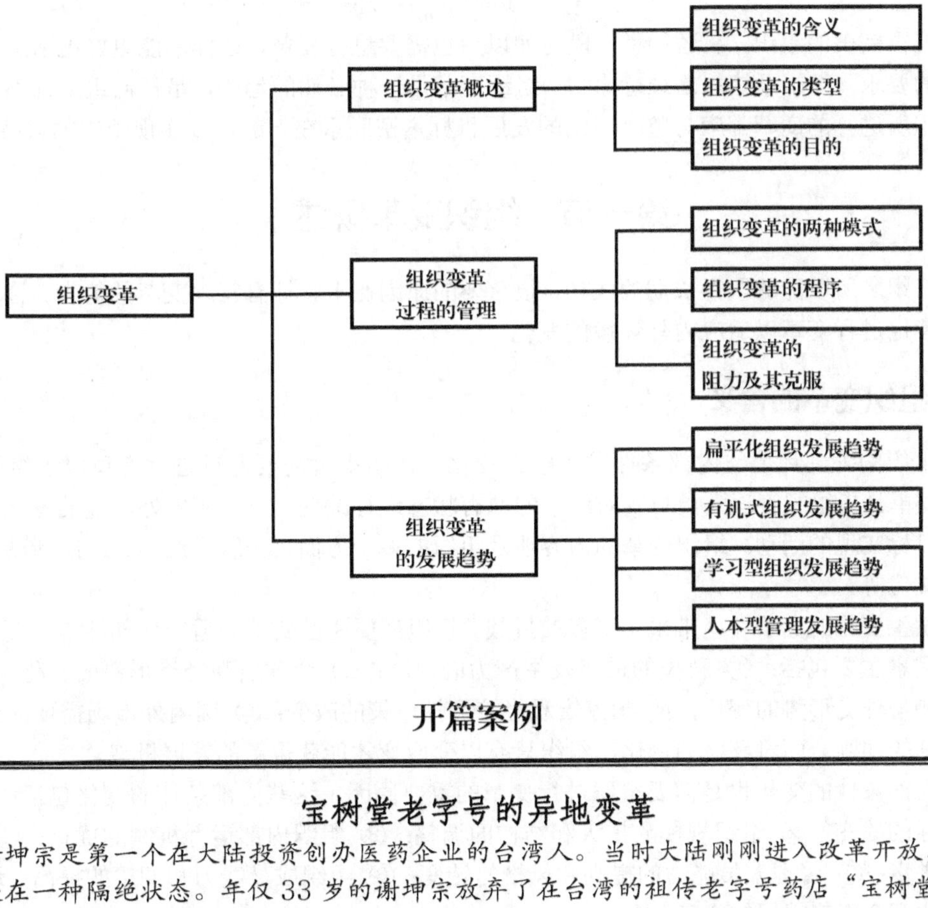

开篇案例

宝树堂老字号的异地变革

谢坤宗是第一个在大陆投资创办医药企业的台湾人。当时大陆刚刚进入改革开放，两岸交流还处在一种隔绝状态。年仅 33 岁的谢坤宗放弃了在台湾的祖传老字号药店“宝树堂”，只身一人来到祖国大陆投资，希望能够开创出一片新天地。从政策审批到置地建厂，谢坤宗倾尽了几乎所有的精力和资金，功夫不负有心人，五年时间过去了，北京宝树堂终于开始投产。

但随之而来的却是噩梦。开业后的三个月里，宝树堂的药一瓶也没有卖出去！面对企业庞大的开支，面对大陆各种老字号药品的竞争，跨海而来的谢坤宗感到了困惑和不解。“我想到了困难，但没有想到如此困难。”

遭遇重创的谢坤宗开始明白：在陌生的环境下企业需要变革，需要付出更高的代价。任何企业去新的市场闯荡的时候，可能都会面临这样的问题：除了技术和资金，在地利、人和上都处于竞争的劣势，同时面临着本地市场的排他性压力。

近些年，随着世界的联系越来越密切，大陆企业才有了一些国际化的尝试，“做企业，开拓市场是必须功课。”这种开拓可能是营销开拓以占据市场份额，可能是资金投入以投资建厂实现本地化，更有可能是文化开拓——让本地文化与企业特质相结合。”摸索数年之后，谢坤宗总结企业异地变革方法。

“一是管理人才本地化，这样才能将人力管理尤其是基础员工的管理成本降到最低；二是文化融合，所有外来的管理构架、营销策略都需要与本地员工特质相结合并加以调整；三是创新，任何企业最终还是需要市场检验，而产品是市场了解企业的最直接方式，只有最代表市场趋势的产品，才能长久的为企业提供稳定的利润。”

谢坤宗遭遇困境之后的“三板斧”，使宝树堂异军突起，在中医药企业中占据了一席之地。

资料来源：《中外管理》2010 年 03 期

设计得再完美的组织，在运行了一段时间以后也需要进行变革，这样才能更好地适应组织内外条件变化的要求。组织不能总是维持原状，组织变革是一种必然的趋势，是任何组织都不可回避的问题。组织所进行的变革都应与整个组织的发展目标紧密联系在一起，以实现组织的可持续发展。

第一节　组织变革概述

一个组织之所以能够取得长期的成功，很重要的原因在于它拥有管理变革的能力。管理者应该对组织持续地进行变革以适应内外环境的变化。

一、组织变革的含义

每当组织的外部环境与内部条件发生较大变化时，组织就需要通过进行变革以求得生存和发展。组织变革是指组织管理人员自发对组织的原有状态进行改变，以适应内外环境的变化，更好地促进组织目标实现的活动。组织变革的内容涉及组织的多个方面，如组织结构、组织活动、组织成员和组织文化等。

正在发生变化的竞争环境带来了诸多的挑战。组织需要通过变革来适应外部环境的变化。这些外部环境因素主要包括：① 科技的进步及生产力的提高；② 全球宏观经济形势的变化；③ 国内外政治形势与外交形势的变化；④ 国家宏观经济调控政策的改变；⑤ 国内外市场需要的变化及竞争激烈程度的加剧。面对环境的变化，组织只有以变应变才能获得新的发展机遇。

组织内部条件的变化也是需要组织进行变革的重要原因。这些内部条件的变化包括：① 组织战略和目标的改变；② 组织规模的扩大和结构的调整；③ 组织内部运行机制的优化；④ 管理技术条件的进步；⑤ 管理人员能力的提高和风格的转变；⑥ 组织成员能力和期望的提高。这些内部条件的变化都会引起组织的变革。

二、组织变革的类型

组织变革的类型是指决定在组织内实施怎样的变革。组织变革的类型主要包括结构变革、技术变革和人员变革三类（如图 11-1 所示）。

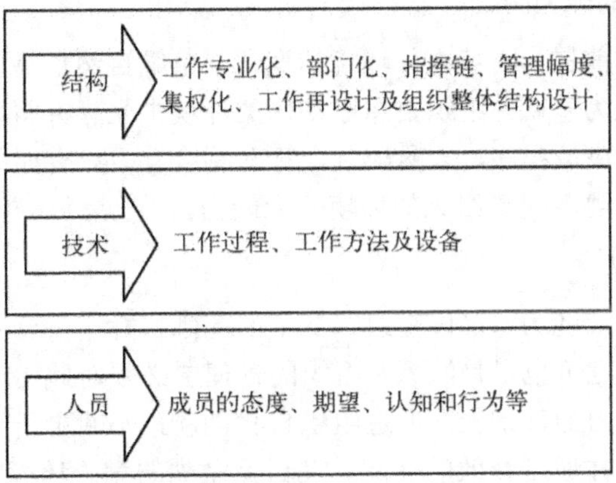

图 11-1 变革的三种类型

（1）结构变革

管理者在组织工作中的职责包括设计组织结构、配置相应的人员以及分配权力和职责。组织结构并不是一旦设计就一成不变的。组织需要根据环境的变化适时对组织结构进行变革，并在组织中重新进行权力和职责的分配，使组织变得更灵活、更具有柔性。

管理者可以从工作再设计、部门化、指挥链、分权化等方面来对组织结构进行分析。管理者可以对这些结构要素的一个或多个加以变革。例如，可将几个部门的职责合并在一起，或减少管理层次、拓宽管理幅度等。此外，可以对组织的整体结构设计做出重大改变，如当组织发展到一定阶段和规模，可以通过用事业部制结构来替代原先的直线—职能制结构。

（2）技术变革

技术通常被用来提高企业效率以获得竞争优势。在组织变革中，管理者也可以对技术进行变革。技术变革的内容包括：

① 机器——新机器或仪器的发明是技术创新的基础。

② 系统过程——是指组织如何将输入转变为输出。

③ 信息传递过程——管理信息系统用来收集、传递和处理所需信息，以帮助管理者进行决策的系统。

④ 自动化——以机械取代人力的一种技术变革，可以使工作更简单，减少人员的劳动。

大多数有关管理的早期研究，如泰勒的科学管理、福特的流水线生产都着眼于技术变革的基础上。如今，许多技术变革直接涉及新设备、新工艺和新方法的引进，包括日益普及的自动化和计算机系统。

（3）人员变革

组织中的人是设计和执行的主体，是组织中最重要的资源。没有人员的参与，其他任何方面的变革都无法发挥作用。组织变革需要通过对组织成员的态度和观念，以及人际间的工作关系进行改变，以推动组织目标的实现。

从另一个角度来看，组织成员的工作任务会随着组织结构和技术的变化而做出相应的改变。任务改变后，组织成员的工作技能和工作内容，乃至工作的态度和行为也需要做出相应的变革。

三、组织变革的目的

组织变革是一种必然的趋势。组织变革都应有效推动组织目标的实现。实行组织变革应努力实现以下目标。

1. 提高组织适应环境的能力

适应环境是组织生存的前提。随着内外环境的变化，组织自然也需要进行变革。组织的变化需要以对环境变化的正确认识为基础。组织要想在动荡的环境中生存并得以发展，就必须顺势调整自己的任务目标、组织结构、决策程序、人员配置、管理制度等。只有如此，组织才能有效地把握各种机会，识别和应对各种威胁，提高组织的环境适应能力。

2. 增强组织的竞争实力

通过变革提高组织的适应能力，仅仅是组织变革的基础目标。在经济全球化和信息化浪潮席卷而来的今天，各组织面临的竞争也日趋激烈。组织的管理层必须对此迅速做出反应，对本组织进行适当的变革，在提高适应能力的基础上，促进组织自我创新，不断更新组织的知识、技能、结构和行为，以获得更高的效率，并通过绩效的提高，在日益激烈的竞争环境中不断发展、壮大。

3. 改善组织的工作氛围

组织在进行变革的时候，需要把创建良好的工作氛围作为重要的着眼点。一个组织如果不能充分发挥组织员工的主观能动性，那么它适应环境的能力和竞争实力的提升就会大打折扣。要发挥组织员工的积极性，就离不开一个良好的工作氛围。通过组织变革，改善组织的工作氛围，可以使组织成员感到自己有归属感和安全感。否则，有可能发生组织内、群体间、个体间的冲突，影响组织工作的有效性。因此，改善组织的工作氛围也是组织变革的一个重要的目标。

第二节 组织变革过程的管理

一、组织变革的两种模式

我们可以用渐进式变革和激进式变革两种模式来体现组织变革的过程。渐进式变革是通过对组织进行小幅度的局部调整，力求通过一个循序渐进的过程，实现初态组织向所期待的组织状态的转变。激进式变革力求在短时间内，对组织进行大幅度的全面调整，以求彻底打破初态组织模式并迅速建立所期待的组织状态。这两种模式代表了组织变革两种截然不同的方式。

1. 渐进式变革

渐进式变革将组织设想为一艘在风平浪静的海洋中航行的大船，船上的成员们都清楚地知道他们的方向，只是偶尔遇到风暴时才会出现变化。库尔特·勒温（Kurt Lewin）的三步骤变革理论是对渐进式变革模式最好的阐释。按照勒温的观点，组织变革通常包括解冻、变革和再冻结三个阶段。

（1）解冻阶段

现状可以看做是一种平衡的状态，要打破这一平衡状态，解冻就是必要的。解冻可以理解为改革前的准备阶段。解冻阶段可以通过三种方式进行：一是增强变革的驱动力，这种驱动变革的力量能使行为脱离现有的状态；二是减弱变革的阻力，这种阻挠变革的力量使行为维持在现有的状态；三是综合使用以上两种方法。组织在解冻期间的中心任务是改变员工原有的观念和态度，组织需要通过积极的引导和激励，促使员工更新观念，接受并参与变革。

（2）变革阶段

解冻一旦完成，就可以推行变革，这是变革过程中的行为转换阶段。在变革阶段，组织上下已对变革做好了充分的准备，变革措施可以开展。组织的任务是把激发起来的变革热情转换为变革的行为，关键是要能运用一些策略和技巧来减少抵制变革的因素的影响，进一步调动员工参与变革的积极性，使组织变革成为全体员工的共同事业。

(3) 再冻结阶段

再冻结阶段是变革后的行为强化阶段，新的状态需要加以再冻结，这样才能使变革的行为保持一段很长的时间。由于人们传统习惯、价值观念、行为方式、心理特征等的形成是一个长期的过程，并非一次变革就能彻底改变。因此，改革措施顺利实施后，还应该采取各种方式对员工的心理状态和行为方式进行不断地巩固和强化，否则变革很可能是短暂的，组织成员又会回到变革之前原有的平衡状态中。因此，再冻结的目的就是通过强化新产生的行为，使新的状态稳定下来。

值得注意的是，勒温的三步骤过程是将组织变革看做是对组织平衡状态的一种打破。打破现状之后需要经过变革而建立起一种新的平衡状态。这类渐进式的变革在适合于在较为稳定且可预见性较高的环境中进行。

2．激进式变革

当组织外部环境复杂且不确定性较高的时候，激进式变革的模式或许更为合适。越来越多的管理人员认识到，渐进式变革模式假设下的稳定性和可预见性难以存在，他们的工作多少都是在充满变化的环境中进行的。对现状的打破并不是偶然的，也不是暂时性的。当今的管理者并不能躲开工作中的“激流险滩”，他们面临不断的变化，需要面对各种无序的状态。在采取激进式变革的模式中，关键是建立新的吸引力，如新的市场定位、新的激励约束机制等。如果打破原有组织的稳定性之后，不能尽快建立新的吸引力，那么组织将陷入混乱甚至毁灭。而且应当意识到变革只是手段，提高组织效能才是目的。如果为了变革而变革，那么会影响组织功能的正常发挥。

激进式变革的一个典型实践是“全员下岗、竞争上岗”。改革开放以来，适应市场经济的要求，许多国内企业进行了大量的管理创新和组织创新。“全员下岗、竞争上岗”的实践既是其中之一。为了克服组织保守，一些企业在组织实践中采取全员下岗，继而再竞争上岗的变革方式。这种方式有些极端，但其中体现了深刻的系统思维。稳定性对于组织至关重要，但是当组织由于管理者风险意识差、组织成员安于现状而陷于超稳定结构时，组织将趋于僵化、保守，会影响组织的发展。此时，小调整不足以打破初态的稳定性，也就很难达到期望的状态。“不过正不足以矫枉”，只有通过全员下岗，粉碎长期形成的关系网和利益格局，摆脱原有的吸引力，才能彻底打破初态的稳定性。再通过竞争上岗，激发组织成员的工作热情和对组织的关心，只要竞争是公平、公正、公开的，就有助于形成新的吸引力，把组织引向新的稳定态。激进式变革如能成功，其成果具有彻底性。

由于激进式变革模式对组织进行的调整是大幅度的、全面的，因此这种变革能够以较快的速度达到所期望的变革状态。与此同时，较大的调整量容易导致组织的平稳性差，严重的时候甚至可能导致组织崩溃。许多组织在激进式变革中由于没有把握好各方面的度，反而加速了组织的衰落和崩溃。与之相反，渐进式变革依靠持续的、小幅度变革来达到目的，即调整的范围和内容较少，但调整的次数多，变革持续的时间长，这样有利于维持组织的稳定性。两种模式各有利弊，也都有着丰富的实践，组织应当根据组织的承受能力来选择变革模式。

二、组织变革的程序

一般认为，组织变革须经过五个步骤，其程序如图 11-2 所示。

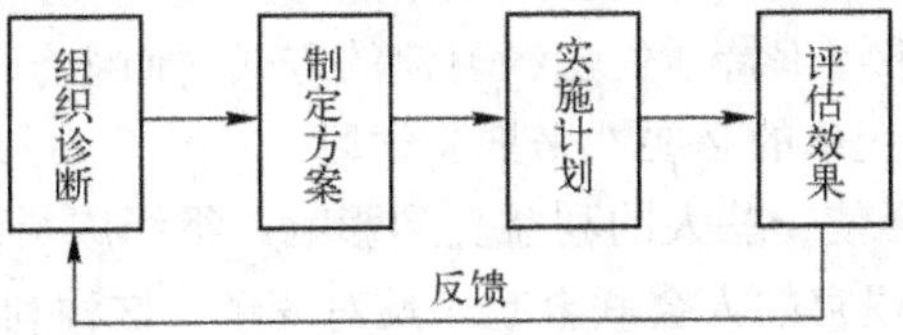

图 11-2　组织变革的程序

1. 组织诊断

组织变革的第一个步骤是对组织进行全面的诊断。为了准确掌握组织需要变革的事实和程度，就有必要对组织进行诊断。组织诊断可以分为两步进行：首先，将组织现状调查清楚；其次，科学分析掌握的材料，找出现实与期望的差距，进一步确定要解决的问题和要达到的目标。在组织诊断的过程中，组织除了要从对外部环境的分析中发现对自己产生影响的因素外，还要从各种内在的征兆中找到导致绩效差距的具体原因，并确立需要进行变革的对象和内容。

2. 制定方案

在组织诊断之后，就要对组织变革的具体内容进行分析，如职能的设置是否合理、组织权力分配程度、员工参与变革的积极性如何、业务流程衔接是否紧密、各部门之间的协调程度如何等。在此基础上制定多个可行方案，以供选择。方案中须明确问题的性质和特点、解决问题需要的条件、变革的途径以及方案实施可能带来的后果等内容。然后，综合考虑各方案的可行性、针对性和综合效益，从中选择一个较优的方案。

3. 实施计划

在选定方案的基础上，组织必须制定出一个较为具体、全面的计划并实施。计划应该包括变革的时间安排、人员的培训、人员的调动、财力和物力的筹备等方面的内容。计划实施的过程要有步骤、有控制地进行。在实施过程中遇到阻力的时候，要采取一定的措施将阻力化解，以保证变革计划实施的有效性。

4. 评估效果

组织变革涉及众多复杂的因素，再完善的变革计划也不能完全保证能够取得理想的效果。因此，在变革结束之后应对变革的效果进行评估。具体来说，变革效果的评估就是检查计划实施后是否达到了变革的目的，是否解决了组织中存在的问题，是否提高了组织的竞争实力。

5. 反馈

反馈是组织变革程序中关键的一个环节。在对变革效果进行评估之后，管理者需要及时对变革的效果进行及时的反馈。对于没有取得理想效果的改革措施，应当给予必要的分析和评估；当反馈的信息所揭示的问题较为严重时，需根据上述步骤，再次循环，直到取得满意的结果为止。

三、组织变革的阻力及其克服

1. 组织变革的阻力

任何变革都会遇到来自各种变革对象的阻力反抗。组织变革是一种对打破现有的平衡而进行的努力，其遇到的阻力主要表现为来自个人和来自组织两个层面。

来自个人层面的阻力主要包括：

① 对未来不确定性的担忧。员工最普遍的阻力就是害怕由于变革带来的对未来的不确定性。人们通过焦虑、紧张和阻碍变革来表达他们对未来的担忧。

② 学习焦虑。人们通常希望保持他们已经习惯的方式，而组织变革必然伴随对新知识和能力的学习，人们往往会通过否认变革的必要性来抵制学习。

③ 利益冲突。组织变革会使一些人的利益受到影响，组织成员通常会更关注自己的利益而不是组织的利益，个人利益受到损害的人会联合起来反对变革。这种利益除了经济上的收益外，还包括原有的权力、地位等。

来自组织层面的阻力主要包括：

① 资源的限制。变革是需要投入资源的，而资源是有限的。很多组织虽然知道变革可能给他们带来的好处，很愿意进行变革，但由于缺乏变革所需要的资源而无法变革。

② 组织的结构本身的固定性。组织结构本身就具有一定的固定性，一般不会因人因时而任意改变。组织进行变革的时候，往往首先与组织的现行体制发生冲突。

③ 非正式人际关系。组织中的非正式人际关系对于满足员工的需要具有很大的作用。当组织进行变革时，特别是进行人员调整时，这种非正式人际关系就会遭到破坏，长期建立的友谊和协调可能不复存在。因此，人们可能抵制变革。

④ 组织文化。如果组织的共同价值观与进一步提高组织效率的要求不相符合时，它就成了组织的束缚。这是在组织环境处于动态变化的情况下，最有可能出现的情况。当组织环境正在经历迅速的变革时，根深蒂固的组织文化可能就不合时宜了。

2．克服阻力的策略

面对组织变革中的阻力，应注意变革实施中的艺术性，积极创造条件，采取措施，消除阻力，保证组织变革的进行。有六种策略可以帮助管理者应对变革的阻力：教育与沟通，提高员工参与度，促进与支持，谈判，操纵与合作，强制（如表 11-1 所示）。根据阻力的来源和类型不同，管理者可选用其中的不同策略。

表 11-1　减少变革阻力的六种管理策略

策略类型	评　价
教育与沟通 与员工沟通，帮助他们了解变革的缘由 通过个别会谈、小组讨论或报告会等教育员工	这种策略适合在变革阻力来源于不良的沟通或误解时使用 要求组织与员工双方相互信任
提高员工参与度 吸收反对意见者参与制定决策	假定参与者能以其专长为决策做出有益的贡献，这种策略能降低阻力，取得支持，同时提高变革决策的质量
促进与支持 提供一系列支持性措施，如员工心理咨询和治疗、新技能的培训等，帮助员工改善态度、知识和技能	需要时间，花费也较大
谈判 以某种有价值的东西来换取阻力的减少	在阻力来自少数有影响力的人物时是必要的措施 潜在的高成本，并可能面临其他反对者的勒索
操纵与合作 操纵是将努力转换到施加影响上，如公开某些信息可能阻挠变革，则对其进行隐瞒 合作是介于操纵与参与之间的一种形式	使用成本较低，也便于争取反对派的支持 使用不当容易造成反效果
强制 直接使用强制的手段	取得支持的花费较低 容易引起接受者的不满

第三节　组织变革的发展趋势

经济的全球化和信息技术的迅速发展，使得迅速、激烈、复杂和不确定的变化成为所有组织不得不面对的现实。组织在未来都必须得面对不确定的环境、科学技术的迅猛发展、人们工作方式的改变、对人性的新关注以及持续地学习等关键点。在这样的背景下，组织变革朝着扁平化组织、有机式组织、学习型组织和人本型管理的方向发展。

一、扁平化组织发展趋势

扁平型组织的结构特征是扁而平，其管理幅度大，管理层次少，其组织结构叫做扁平结构，或者叫做“横式结构”。现代组织在进行变革后往往会朝扁平化的趋势发展。传统组织通常采用直线结构，强调统一指挥的重要性。所以，在传统组织中通常会形成一套等级森严的层级体系，实行严格意义上的层层汇报和层层下达。当组织规模扩大时极易形成臃肿的结构。除此之外，由于受到资源和技术的限制，传统组织一般都通过增加管理层次，随着管理幅度的方法来保持管理幅度和管理层次的平衡。在当今社会，随着科技实力的不断发展与提升，以及信息容量的不断扩张、增长，组织原有的生存环境发生了本质性的改变，传统的层级结构已经无法满足组织有效运作的需要，严密的等级层次更是阻碍了信息的流通与反馈。所以，减少管理层次成为了组织变革的一个趋势，这也就是组织结构的扁平化趋势。

组织的扁平化趋势是通过增大管理幅度，减少管理层次来实现的。组织扁平化的实现通常依赖于如下两个前提：

① 需要成熟的技术支撑。通过计算机技术、网络技术及其他管理技术的支持，可以实现对大量繁杂信息进行快速而及时地处理、传递。这是缩减原有从事日常信息处理和传递工作的中间管理层的关键的第一步。

② 组织成员的素质需要达到较高水平。扁平化的组织对人员素质提出了更高的要求。大量授权的行为要求组织工作团队中的每个成员都需要具备相应的工作技能，并能承担相应的工作责任。扁平化组织有助于培养有能力、自信、独立的下属。上级管理者要特别注意放权的艺术，既要敢于放权，又要善于放权，也要保持必要的权威性。

二、有机式组织发展趋势

任何组织结构都必须具有一定的稳定性，以使生产经营活动处于有秩序、可预见、可控制的状态之中。稳定性是确保组织现行业务高效运作和近期目标得以顺利实现的客观要求。但是稳定性并不是僵硬性，僵化的组织势必难以确保组织在不断变化的环境中求得长久的生存和发展。面对不断变化的外部环境，组织需要不断提高自身的灵活性，以促进业务的创新和长远目标的实现。为了增强组织的灵活性，许多组织的结构有向有机式转变的趋势。有机式组织是一种松散、灵活的具有高度适应性的形式，它不设置永久的固定的职位和职能界限严格确定的部门，从而增强组织的灵活性。

有机式结构更强调组织对环境的适应能力。未来组织也许是一种网络结构，如前面提到的虚拟型组织只保持很小的中心组织，它与其他公司和供货者订立合同从事其制造、分销或其他关键的业务经营活动。其灵活性在于，管理当局可以采取迅速的行动，利用新技术，开发新市场。其本身是在需要的时候去“租用”需要的资源、人力及服务。

有机式组织结构适用于如下条件：① 环境相对不稳定和不确定，组织必须充分对外开放；② 任务多样化且不断变化，完成任务使用探索式的过程；③ 各种技术复杂而又多变；④ 面临许多非常规活动，需要有较强的创造和革新能力。

有机式组织与传统的机械式组织代表着一个连续统一体的两个极端，它们之间存在着多种不同的具体形式。对具体设计方案选择的依据是每个方案适用的条件。面对外部整体环境的复杂性和不确定性持续增加，越来越多的组织会倾向于有机式组织的设计。

三、学习型组织发展趋势

新的知识经济背景下，组织要想持续发展，必须增强组织的整体能力和素质，未来真正出色的组织，将是能够使各阶层人员全身心投入并有能力不断学习的组织。彼得•圣吉（Peter Senge）出版《第五项修炼：建立学习型组织的艺术与实践》以后，学习型组织的概念广为流传。学习型组织可以定义成这样的组织：组织中的每个人都参与发现和解决问题，以使组织能够持续不断地试验、变革、改进并提高其发展、学习和实现目标的努力。其基本的观点是解决问题，这与为效率而设计的传统组织不同。在学习型组织中，所有员工都在寻找问题，如理解顾客的特殊需要。员工也解决问题，这意味着以独特的方式把问题集中在一起，以满足顾客的需要。

圣吉提出了有助于组织学习的五种方法，即五项修炼：一是实现自我超越，不断地发现自己的真实情况，在个人和目标之间形成有创造性的张力，集中精力实现自我超越；二是改变心智模式，改善由旧事物的影响而形成的特定思维定势；三是建立共同愿景，形成员工共同具有的目标和期望；四是进行团队学习，成员之间互相配合、互相学习，以实现共同目标；五是进行系统思考，要求员工用系统的观点对待组织的发展。

学习型组织尝试并不断期待吸收新的知识，在学习的过程中不应该局限于个人学习，成员可以从组织内外学到许多知识和经验；组织应鼓励个人或团队将学习到的经验与知识在组织内与其他成员进行交流与分享；学习到的知识必须加以应用，要使组织成员的行为方式发生相应的改变，否则建立学习型组织是徒劳的。

四、人本型管理发展趋势

人本型管理是指以人的全面发展为核心，创造相应的环境、条件和工作任务，以组织共同理想为引导，以员工自我管理为基础的一整套管理模式。人本型管理是现代组织管理的新模式，其核心价值观是尊重人、关心人、实现人的价值。现代组织管理理念中人是最重要的资源，是组织生存和发展的根本。面对全球经济一体化、知识经济和信息化社会的到来，人的作用越来越突现出来。要在新一轮市场竞争、国际竞争中立于不败之地，组织必须从构建有效实施人本型管理的平台开始，强化人本型管理，并使之落实到实际工作中去。实行人本型管理，把人作为组织管理活动的出发点和归宿，是现代组织制度的本质要求。

人本型管理实际假设人是追求“自我实现”的社会人，正因为人们追求自我实现，才有动力对自身进行约束和激励。人本型管理的核心是通过自我管理来使员工发展自己，进而达到全面自在的发展。自主管理的一个重要前提就是授权，即管理者在给成员任务时也要给予其相应的权力，让组织成员在权力范围内自主管理，以便适当完成所交付的任务。当组织成员的需求向高层次发展时，工作积极性主要来自工作本身相关的因素，追求更高层次的需要成为驱使行为的动力。管理者在进行工作设计时必须充分考虑人的内在性需要，做到人尽其才，最大限度发挥人力资源潜力。在追求经济效益和社会效益统一的同时体现对组织中人的关注，这是现代组织管理的一大进步。

本章小结

① 组织变革是指组织管理人员自发对组织的原有状态进行改变，以适应内外环境的变化，更好地促进组织目标实现的活动。

② 组织变革的类型主要包括结构变革、技术变革以及人员变革三类。

③ 实行组织变革应努力实现提高组织适应环境的能力、增强组织的竞争实力、改善组织的工作氛围的目标。

④ 组织变革的实施包括渐进式变革和激进式变革两种模式。

⑤ 组织变革须经过组织诊断、制定方案、实施计划、评估效果和反馈五个步骤。

⑥ 组织变革遇到的阻力主要表现为来自个人和来自组织两个层面。面对组织变革中的阻力，应注意变革实施中的艺术性，积极创造条件，采取措施，消除阻力，保证组织变革的进行。

⑦ 在经济的全球化和信息技术的迅速发展的背景下，组织变革主要朝着扁平化组织、有机式组织、学习型组织及人本型管理的趋势发展。

重要概念

组织变革　　渐进式变革　　激进式变革
勒温组织变革理论　　有机式组织　　学习型组织
人本型管理

习 题 11

1. 你如何看待组织变革？
2. 组织变革需要达到什么目的？
3. 组织基层员工能成为组织变革的推动者吗？为什么？
4. 组织变革的动因有哪些？
5. 组织变革的阻力有哪些？如何克服？
6. 作为一个管理者，你如何判断组织接受变革的限度？
7. 应如何进行组织变革？
8. 未来组织变革朝着什么样的趋势发展？
9. 你认为科层制组织是否已经过时？

案例分析

青岛啤酒的组织文化变革

青岛啤酒百年基业，其文化沉淀厚重精深。1999 年，青岛啤酒兼并 X 城啤酒厂，青岛啤酒（X 城）有限公司挂牌成立。2000 年，青岛啤酒淮海事业部正式成立，青啤 X 城公司划归淮海事业部管理。因为青啤实行产销分离的经营管理体制，作为啤酒生产单位的 X 城公司只有生产任务不能直接干涉市场，在大大小小啤酒厂密集分布的淮北地区市场是有限的，因此竞争异常惨烈，这使得具有 12 万吨产能的 X 城公司几乎有一半以上的资源处在闲置状态，企业连年亏损。

青啤公司为了改善这一现状，在 2001 至 2004 的 3 年时间里，先后派去了 5 届领导，每届领导到任后都不约而同大刀阔斧地对组织机构进行了调整，于是部门与岗位设置频繁更替，一次又一次的裁员与竞岗，导致公司风气日益恶化，员工怨声载道，青啤文化也受到了前所未有的抵制，加之市场萎缩，人心涣散，企业形象受到严重影响，这个因青啤入驻而一度激情澎湃、焕发勃勃生机的当地支柱性企业又处在倒闭的边缘。青啤文化在 X 城公司频繁的组织变革中无奈地叹息，这种情况直至第 5 任的 Y 经理时期才所有改观。第 5 任的 Y 经理到任后，也抵制住一些压力进行了大幅度的调整，内部实行服务链管理，按生产流程确定部门之间的权责关系，倡导“上级服务下级、部门服务一线”的管理理念，并明确提出“创建青啤在鲁西南地区的精益加工基地”企业使命，公司发展状况日渐好转。

青啤 X 城公司的第一个组织变革就是青岛啤酒入驻 X 城，全盘接管 X 城公司。兼并以后，青啤对 X 城公司重新进行了规划，投资扩建厂房，花大力气进行技术改造，将这个原来只有 7 万吨产能的小厂迅速提升了 1 倍。青啤生产工艺的引进是尤为重要的，一下子使这个普通小厂具备了核心优势，即使目前，产品质量仍然是 X 城啤酒巩固和开拓市场的利器。可以说，青啤品牌和文化的全面复制开始让这个濒临破产的当地支柱性企业又走了复兴之路。

在这一次变革中表现为两种文化的激烈交锋，即外来的青啤文化和以原 X 城公司为主体的地区性文化的较量，无疑地区性文化落了下风。原有的品牌被压缩，人员由原来的 1700 多人骤减至 700 人，组织结构完全按照青啤模式设置，可以说，青啤文化的引入和培植是突飞猛进的，相应的地区性的原有文化一路败退。当然，问题是不可避免的，前景一片大好中也或多或少表现着许多不和谐，新旧势力的角逐，下岗人员的骚动，甚至高高耸立的啤酒罐上居然出现两块广告牌：一个是青啤的“激情成就梦想”，另一块则是“XX啤酒，家乡的酒”，X城人的矛盾心理可见一斑，这也为日后的一些工作埋下了隐患。

资料来源：薪酬网 http://www.xinchou.com

思考题：

1. 青岛啤酒组织变革中遇到的最大阻力是什么？
2. 你如何看待领导者在组织变革中的作用？
3. 结合本案例，谈谈你对排除组织变革中阻力的看法。

第四篇　领　导

自始自终把人放在第一位，尊重员工是成功的关键。

——托马斯 · 沃森

谏能而用之，择善而从之，则智者尽其谋，勇者竭其力，仁者播其惠，信者效其忠。

——曾国藩

第 12 章

领导行为的基础

学习导图

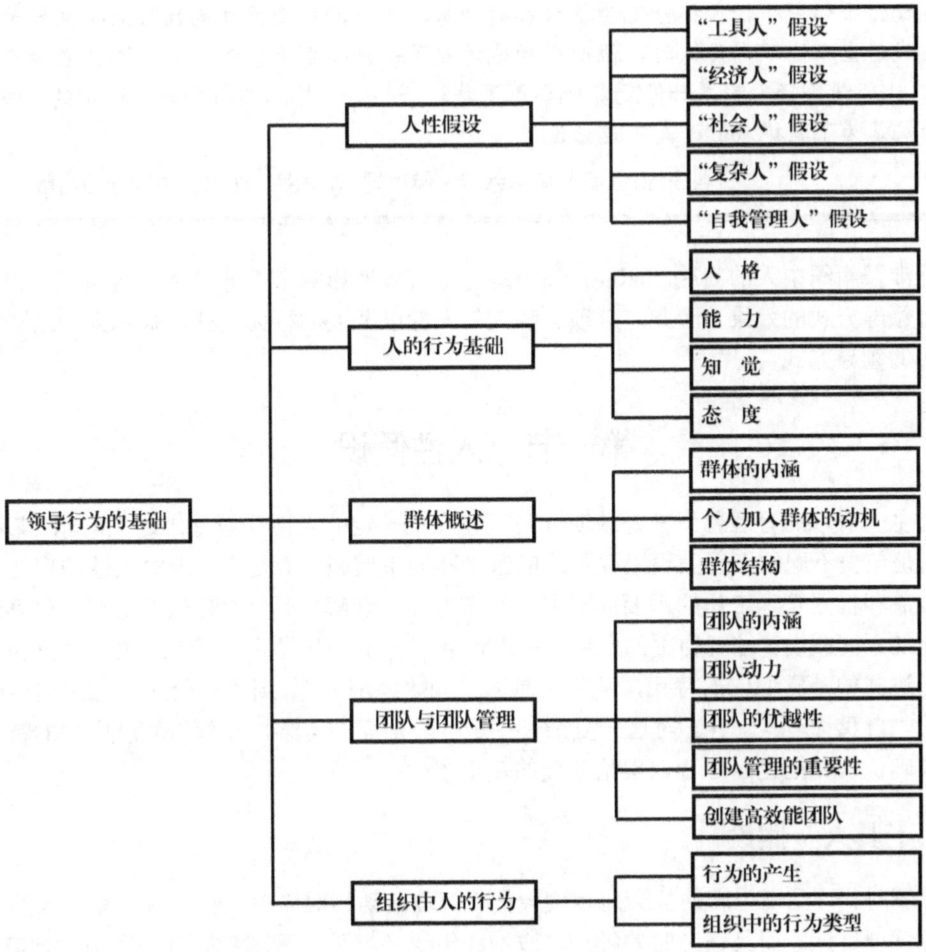

开篇案例

聪明的犹太裁缝

有一个犹太裁缝勇敢地在一个反犹太街区开了一家裁缝店。为了把他赶出这个街区，每天都有一群年轻人跑到他的店门口向他大吼："犹太人！犹太人！"。

失眠了几个晚上以后，裁缝想出了一个办法。那群人再来他店门口时，他宣布，任何称他为"犹太人"的人都将得到一毛钱。得到激励后，第二天，这群人更加高兴地跑来大叫"犹太人！犹太人！"裁缝微笑着给了每个人五分硬币（他解释说今天只能付这么多）。这群年轻人还是很满意地离开了，毕竟五分钱也是钱。

接下来的几天，犹太裁缝就只给那群年轻人每人一分钱，并再次解释他付不起更多的钱。当然，一分钱不再那么有激励作用，一些年轻人开始向裁缝抗议。裁缝再次申明，他不可能付更多的钱，这些年轻人要么拿一分钱，要么就离开。于是，这群年轻人决定离开，临走前还冲着裁缝大叫："你只出一分钱，还想让我们叫你犹太人，真是疯了！"

为什么有这样的变化呢？因为人的行为是由动机触发的，由于年轻人喊叫裁缝"犹太人"的目的是为了让裁缝不舒服，结果当裁缝宣布他很乐意被称为犹太人并表示愿意为此付钱时，他巧妙地改变了那帮年轻人称呼他为犹太人的动机，这一动机由单纯的反犹太主义变为了金钱激励。当裁缝宣布他不再付钱时，他便成功地诱发了一种心理上的不一致状态（或者说是唤起不协调），让那帮年轻人觉得好像免费地奉承了裁缝一样，这与他们的初衷是违背的，因为他们的初始动机是为了骚扰裁缝，而不是让他过得开心。

资料来源：（美）塔尔莱特·赫里姆. 塔木德. 北京：中国画报出版社，2009

领导是涉及组织中人的问题的职能，领导者为了有效地影响个人或群体达到组织的目标，就必须研究各种领导方式的效果。因此，必须了解人与人性以及人的行为模式，揭示人的活动规律，从而探索相关的领导方式。

第一节　人性假设

以人为主要对象的管理思想都是或明或暗地建立在一定的人性假设基础之上的。从某种意义上说，管理就是依据不同的人性假设采取不同的激励和约束措施。但是，管理对人性的理解受一定历史条件的限制和根据管理工作的需要而对人的特定方面的理解，不同的管理理论和管理思想源于管理者对人性的不同假设。综观历史的发展，在现代管理产生、发展的过程中起主导地位和作用的人性假设是递进式的，它们依次替代，从"工具人"到"经济人"，到"社会人"，到"复杂人"，发展到今天的"自我管理人"等。对这一复杂过程进行较全面的考察，并剖析其所内含的特征，将有助于我们准确认识和把握西方管理理论演变的基本规律。

一、"工具人"假设

在前泰罗时代，由于生产的社会化程度较低，管理活动相对简单，管理者仅靠个人的能力和经验即能实现管理目标。而且在当时的经济、政治和组织环境下，管理者完全不顾被管理者的要求，只是将其视为达到目标的工具，这就是经验管理阶段所遵循的人性假设——"工具人"，即把工人视为牛马，将工人当成"机器人"或"商品人"，工人实际上只是会说话的机器。这一阶段管理模式体现出的主要特征如下。

① 由于组织、管理活动较简单，主要依靠经验管理方法。

② 绝对集权的领导方式。管理者掌握全部管理权，被管理者则完全被动地接受命令并按命令进行操作。

③ 管理的首要目标是维护自身的权威和地位的稳定。

④ 当管理者与被管理者双方发生矛盾时，经济和政治上的优势使管理者主要采用权威或者暴力来迫使被管理者妥协。

在这个时期，系统、完整的管理理论体系尚未形成，只有部分哲学家、经济学家、实践者等提出了一些有关管理的观点，具有代表性的管理思想包括：认识到管理具有普遍性，认识到分工的重要性，认识到对人的管理的重要性。建立在“工具人”假设之上的经验管理思想适应了当时的生产力水平，并在一定程度上推动了社会发展。但“工具人”假设的实质在于把被管理者作为实现其管理目标的手段，忽视了社会生产关系中人与机械本质上的区别。随着生产和社会关系的进步，该假设逐渐失去其合理性，新的人性假设和新的更符合实际的管理模式呼之欲出。

二、“经济人”假设

20 世纪初，大规模工业生产、激烈的自由竞争与文艺复兴和启蒙运动，使管理事务日益复杂，对“工具人”假设的非人本质与经验管理形成挑战。以泰罗为代表的“科学管理理论”（又称为“古典管理理论”）出现，把人看成纯粹的“经济人”。“经济人”假设认为：人的一切行为都是为了最大限度地满足自己的欲望，争取最大的经济利益。

① 一般人天生好逸恶劳，只要有可能，便会逃避工作。

② 多数人胸无大志，乐意任人摆布，不愿负责，缺乏抱负。

③ 多数人工作是为了满足自己的生理需要和安全需要，金钱和地位是刺激人努力工作的最大诱因。

④ 大多数人的目标与组织目标相矛盾，必须对他们严加管制，实施威胁惩罚的办法才能使之为组织而工作。

与“经济人”假设相应的管理模式可归纳为：

① 管理是领导者的事，与广大被管理者无关。

② 为了使被管理者努力工作，必须强迫他们、控制他们，用惩罚威胁他们，同时用金钱、福利引诱他们，采用“胡萝卜加大棒”的政策。

③ 主要采取任务管理的方式，管理的重点是制定各种科学操作程序、规章制度，加强对被管理者的控制，以保证任务的完成，不需考虑被管理者作为人的思想感情以及对人所应负的道义的责任。管理就是计划、组织、经营、指导和监督。

客观地说，从“工具人”到“经济人”人性假设的转变是对人性认识的重大革命，改变了放任自由的管理状态，加强了社会上对消除浪费提高效率的关注，促进了科学管理体制的建立，并且充分利用经济杠杆来调动人的劳动积极性，促进了经济社会的快速发展。但是这种假设否认人的自觉性、主动性、创造性，忽略了人的需求的多样性，在社会经济发展水平不高、人们的生活水平还很低的情况下，“经济人”假设有一定的作用。随着经济的发展以及人们收入水平的提高，“经济人”假设日益暴露出其不足，越来越受到了质疑，不可避免地向“社会人”假设转变。

三、“社会人”假设

20 世纪 30 年代，行为科学开始进入管理学的视野。开启管理思想新境界的是著名的霍桑实验，梅奥在此基础上创立了人际关系学说，提出了“社会人”假设，即：

① 人是社会人，影响人生产积极性的因素，除物质因素外，还有社会、心理因素。

② 建立在非理性因素上的非正式组织，与正式组织相互作用，共同决定着组织的效率。

③ 生产率的高低主要取决于员工的士气，而员工的士气受组织内部人际关系及员工的家庭和社会生活影响，因此管理者除了运用经济手段激发工人的积极性外，还必须时时注意改善人际关系，鼓舞士气，从社会、心理等方面满足员工需要，从而达到提高劳动生产率的目的。

在“社会人”的假设基础上，梅奥提出了“人际关系理论”管理模式，其要点如下：

① 管理人员不应只注意传统的管理职能，而应把重点放在关心人和满足人的需要上来，更重视人际关系，培养和形成员工的归属感和整体感。

② 主张集体奖，限制个人奖，以增进组织的凝聚力。

③ 管理者应在认真了解本组织非正式群体构成情况的基础上做好调节工作，使非正式组织的社会需求与正式组织的经济需求之间保持平衡。

④ 管理人员应在员工与管理当局之间起沟通联络作用。

⑤ 实行“参与式”管理，吸引员工在不同程度上参与组织决策的研究和讨论。

梅奥的上述观点奠定了行为科学的理论基础，以后的行为学者以“社会人”假设为核心，从不同侧面，对如何改善人际关系、如何调整人的行为、如何激发人的积极性和创造性等问题做了许多有益的探讨，提出了许多有价值的管理思想。

行为科学理论是管理学发展史上的一个新的里程碑，奠定了管理学进一步发展演进的基础。该理论既重视经济需要又重视社会需要，充分看到员工的态度即士气和非正式群体的作用，注重对人的感情等社会需求的满足。可以说，在纠正科学管理理论忽视人的作用这一点上是有贡献的。但是，它也有不足之处，主要是过于偏重非正式组织而忽视正式组织，过于偏重人的感情和社会的因素而忽视了理性和经济因素，管理的绩效也由此受到一定程度的制约。随着人们对人性认识的深化，行为科学理论被权变管理理论所取代，“社会人”假设向“复杂人”假设转变。但是行为科学的发展并未终结，在现代管理理论中，行为科学仍然具有不可替代的重要地位。

四、“复杂人”假设

随着“二战”后人类需求的深刻变化，人类在各种管理活动过程中的不断完善和发展促成了许多关于人性的重要假设。美国行为科学家埃德加·沙因（Edgar H. Schein）在1965年出版的《组织心理学》中提出了“复杂人”人性假设。该理论认为，人不是单纯的“经济人”，也不是完全的“社会人”，而应该是因时、因地、因各种情况采取适当反应的“复杂人”。这种理论的主要内容如下：

① 人的需要是多种多样的，每个人的需要各不相同，需要的层次也因人而异，而且这些需要随着人的发展和生活条件的变化而发生改变。

② 人在同一时间内有各种需要和动机，它们会发生相互作用并结合为统一的整体，构成错综复杂的动机模式，支配着人的行为。

③ 人的需要与外部环境密切相关。当人在组织中的工作和生活条件变化时，新的需要和动机就会不断产生。个体在不同单位或同一单位的不同部门工作也会产生不同的需要。

④ 由于人的需要不同、能力各异，对于不同的管理方式会有不同的反应。因此，没有一套适合于任何时代、任何组织和个人的、普遍的行之有效的管理方法。

对应于“复杂人”假设认知下的管理理论认为，没有一套万能的、不变的管理模式，要求管理人员在上述几种人性假设管理理论的基础上，根据具体人的不同情况，权衡应变地采取灵活多样的管理措施。此种管理模式被称为“权变管理理论”，具体措施如下：

① 采用不同的组织形式提高管理效率。如根据工作性质不同，可采取固定的组织形式或灵活、变化的组织形式。

② 根据组织情况不同，采用弹性、应变的领导方式，以提高管理效率。

③ 善于发现职工在需要、动机、能力、个性方面的个别差异，因人、因时、因事、因地制宜地采取灵活的管理方式和奖酬方式。

权变管理理论把上述各理论的优点加以综合并看到了其不足，它的贡献在于对以往的管理理论的灵活应用，但对于管理理论并没有突破性的发展，所以它本身并没有其独特的内容。

"复杂人"假设揭示出人的多面性和复杂性，无疑将人性假设向现实推进一步。但是"复杂人"假设没有用科学研究的一般方法进行概括，只强调人与人之间存在差异的一面，忽略了人性上共同性一面的存在，导致在实践中缺乏可操作性。因此，"复杂人"假设不可避免地存在自身的局限性。

五、"自我管理人"假设

21 世纪是知识经济时代，人的主导地位和作用更突出，独立性进一步增强。随着人们关于人性的过于简单化的、无知的、程式化的理念的被取代，我们进一步理解了自身复杂的、正在变化的需求。1999 年，当代管理大师彼得·德鲁克在《21 世纪管理挑战》中更明确提出："提高知识工作者的生产率会成为管理的中心，正如 100 年前提高体力劳动者的生产率是当时管理的中心一样。这就需要一套与以往截然不同的关于组织中的人及其工作的假设：不是控制人而是引导人，目标是让每一个人的优势和知识得到发挥。"因此，"自我管理人"正成为组织的主要和核心管理客体。

"自我管理人"假设主要包括以下内容：

① 人们天生地就会为生产产品、提供优质服务而感到自豪，因为这样做将有益于他们的关系、自我价值存在感、职业满意度和为他人服务的愿望。

② 人们发育正常，已经成熟，并非孩童，他们独立，能够承担责任并自我实现。

③ 使人们在整个过程中取得成绩的主要力量是实现个人目标、社会目标的愿望。

④ 理解、喜欢自己所做事情的人们能够制定、改进自身所从事工作的方法。

根据"自我管理人"的有关假设，在对传统管理理论的反思和批判中，肯尼思·克洛克和琼·戈德史密斯提出了管理的终结理论。该理论认为：

作为一个系统，管理强化了等级、官僚、独裁和非正义、不平等与特权，妨碍了自我实现，减少了个人自由，削弱了伦理和道德的完善，并令精神萎靡、灵魂枯竭。因此，随着无处不在的计算机应用和传统的行政管理职能的销蚀，等级、官僚主义、独裁管理的式微，合作性自我管理和组织民主的扩张，传统的管理理论必将终结，取而代之的是全新的领导理论。中间的管理层将被取消，员工被赋予自我管理、对自我发展和自我表现负责的权力。僵化的组织边界被打破，形成一种有机的、不断演进的联合网络。相互联系的领导者通过组织得到认证，并被自己将要去领导的下属、同事、顾客、股东们所选择。员工们能够在合作性的、责任和信任与权力的赋予

案例 12-1　松下幸之助的责骂艺术

松下幸之助被日本同行尊称为"经营之神"。但是，这位"神"信奉这样一句话："挨骂就是进步的原动力。"在这个座右铭下，松下的下属中不知道有多少人被骂得狗血淋头，甚至昏倒在地，但这些人中却没有人因此而辞职，反而积极地围绕在松下的周围，对之既敬又怕又佩服。而这一切皆归功于松下对下属的"责骂技巧"。

一次，松下手下的一位厂长做错了事，把松下给激怒了，他暴跳如雷，破口大骂，边骂边用握在手里的火钳猛敲火炉，以至于把火钳都敲弯了。嚎叫的声调与恐吓语言的交织，致使那位厂长倒地，昏了过去。后来还是松下用酒将其灌醒，同时温和地对他说："这火钳是为你而敲弯的，你可以回去了，但走之前，必须弄直它。"在厂长走出松下大门后，松下的秘书已遵嘱守在门口，等着护送他了。秘书送厂长回家后，又按松下的嘱咐，暗地里告诉厂长夫人注意厂长的举动，以免他伤极自毁。

第二天一大早，松下就致电厂长："你是否还在意昨天的事？"稍加抚慰，结果使那位厂长既为自己的过错而内疚，又对松下的恶骂感到害怕，因而只有拼命地工作并少出纰漏，以减少自己的窘态。一段时间之后，他终于成为一个优秀的管理者。松下幸之助"骂得狠，收得妙"的责备技巧恰到好处，令下属佩服得五体投地，只好以自己的工作作为回报。这竟成了松下公司发展的一个原动力。

资料来源：（日）松下幸之助. 管理沉思录. 南海出版社，2009

相一致的团队里进行自我管理。每个员工不仅对自己的领导者负责，也对他们自己、他们的同事和他们的顾客负责。组织实施简化的、开放的、合作的程序，以减少繁文缛节，增加信任，并创立复杂的自我矫正体系，以培育组织学习。管理方式的变化及劳动者素质的提高等因素显现了这是一种更符合人性，更有效率的管理理论，管理的焦点被放在解放劳动而不是控制劳动上。因此，这种理论是对传统管理理论模式的全面超越和扬弃，是管理思想发展史上一场深刻的革命。而且其革命性远远超越了效率，还包括人类的满足、自我实现以及生物意义上的生存。

第二节　人的行为基础

管理者常犯的一个错误是认为其他人都跟他们一样。如果管理者具有雄心壮志，他们会认为其他人也会跟他们一样拥有雄心壮志。如果他们认为跟家人一起共度晚上或周末是很重要的，他们会觉得其他人也这么想。但是这些假设常常都是错误的，每个人都是不一样的，对我们重要的事对别人来说不一定重要。例如，不是每个人都很渴望金钱。然而，很多基层管理者认为奖金或涨工资可以使每个员工更努力地工作。如果你想成功地激励他人，你必须接受和试图理解个体差异。为了证明我们的观点，来看看影响个体行为的种种因素。我们都认识一些张扬的、具有进取心的人，也认识一些安静、顺从的人。理解人格特征的不同表现有助于我们理解员工的行为和动力。

一、人格

1. 人格的含义

当我们谈论“人格”这个概念时，并不是指一个人的价值观和道德伦理，而是指心理学、法学、伦理学、家教学、社会学、哲学等众多学科研究的对象。人格（personality）特质代表着组织中某些基本的个体差异。人格是构成人与人之间相互区别的一组相对稳定的心理特性。管理者们应当努力理解基本的人格特性和它们如何影响组织中人们的行为，特别是他们对组织的感受和态度。

2. 人格的类型

“大五”人格特质是基于五种关键特质的流行的人格分析模型。心理学家们在文献中报告了数千种不同的人格特质和维度。近年来，研究者发现，有五种基本的人格特质同组织的关系特别密切。由于这五种特质的重要性和其在目前引起的如此多关注，通常将其称为“大五”人格特质（"big five" personality traits）。图 12-1 对“大五”人格特质进行了说明。

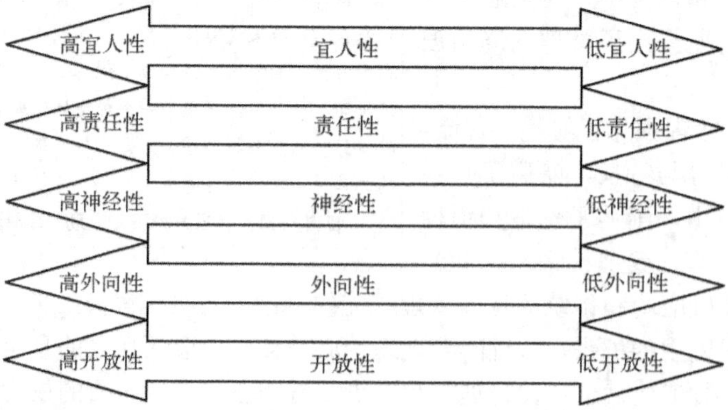

图 12-1　“大五”人格特质

① 宜人性（agreeableness）：指同他人相处的能力。宜人性使人在同他人交往时温和、合作、宽恕、理解和好脾气，不过这会导致其他人变得急躁、易怒、不合作和敌对。尽管研究未能充分证实宜人性的作用，但高宜人性可以与同事、下属以及高级经理发展良好的工作关系。这一模式也适用于分析顾客、供应商和其他关键组织成分之间的关系。

② 责任性（conscientiousness）：指一个人所专注的目标数量。目标数量相对较少的人通常表现出组织性、系统性、关心他人、严谨、负责、自律。而目标较多的人则缺乏组织性、不太关心他人、缺乏责任心、不严谨和自律较差。对多项不同工作的研究发现，高责任性往往比低责任性绩效更高。当然，这样的结果也是符合逻辑的，因为高责任性的人对工作比较认真，并能以高度负责的精神完成自己的工作。

③ 神经质（negative emotionality）。低神经质表现为镇定、平静、坚韧和安全感，高神经质则更容易激动、产生不安全感、过度反应和陷入极端情绪。低神经质的人被认为可以更好地处理工作压力及紧张，他们的稳定性意味着他们较之高神经质的人更可靠。

④ 外向性（亦称外倾，extraversion）：指人在关系中的舒适程度。“外向”人是社交型的、健谈的、自信的，愿意建立新的关系，内向（或内倾）则与之相反。研究发现，外向的人更易于取得更高的工作绩效，他们更有可能从事基于人际关系的工作，如销售和营销。

⑤ 开放性（openness）：指信仰和兴趣的僵化程度。开放性水平较高的人愿意倾听新的观念和根据新的信息改变自己的观念、信仰和态度。他们通常兴趣广泛、好奇、富于想象力和创造力。开放性水平较低的人则对新观念的接受能力差，不愿意改变自己的思维，他们的兴趣较狭窄，缺乏好奇心和创造力。开放性水平较高的人被认为更可能实现较高绩效，因为他们更灵活并且更可能为组织内其他人所接受。开放性还包括个体接受变革的意愿。开放性水平高的个体更可能接受变革，开放性水平低的个体则更可能抵制变革。

案例 12-2
人格魅力大于战术素养

“大五”人格特质模型受到研究者和管理者的注意。这一模型的潜在价值是包含了一组整体的特质，成为特定环境下特定行为的有效预测指标：理解和掌握评估员工上述特质方法的管理者可以据此理解员工的行为。另一方面，管理者必须谨慎行事，以免过高估计用“大五”特质评估他人的能力。即使采用了目前最严格和最有效的测量方法，仍然难以避免结果的不准确性。“大五”模型的另一个局限是它主要基于在美国所进行的研究，是否能够据此推广到其他文化仍然是有疑问的。此外，即使在美国，许多其他因素和特质也很可能对组织中的行为有影响。

3．人格对行为的影响

有些人能控制自己的行为，有些人相信命运掌握在自己的手上，另一些人则认为自己受命运的操纵，他们把生活中所发生的一切都归结于运气或机遇。结合个体的主要人格特质，能分析其对工作绩效的影响，具有非常重要的现实意义。在此主要分析控制点、自尊、自我监控、冒险性这五种特质对组织行为的影响。

（1）控制点

控制点（locus of control）：指个体对于自己或外部控制的一般性信念。心理学家路特（Rotter）制定了一套有效的测评工具，把人分为内控者和外控者。前者认为自己可以控制命运，后者则相信自己受命运的操纵，认为生活中所发生的一切均是运气和机遇的作用。

以下分析内控者和外控者在组织中表现出来的不同的行为方式。

① 对工作满意度和缺勤率的影响。内控者对工作的满意程度更高，认为自己对自己的健康承担更多责任，并养成良好的健康习惯。结果他们的患病几率下降，缺勤率也随之下降。外控者对工

作更不满意、缺勤率更高，对工作环境更为疏远，对工作的投入程度更低，主动性更低。外控者感到那些对自己来说很重要的组织结果均是自己无法左右的。面对同样情境，内控型的人群则把这些组织结果归因于自己的活动。如果自己所处的环境缺乏吸引力，内控者进行内部归因，因而不满意的内控者更倾向于离开自己不满的工作，而不是继续留守。

② 对流动率的影响尚无明确结论。这主要是因为：一方面，内控者倾向于采取实际行动，可能会更迅速地离开不满意的工作；另一方面，内控者倾向于在工作中做得更为成功，对工作更为满足，所以产生了较低的流动率。

③ 对工作绩效的影响。尽管存在着不同工作的差异但总体来说，内控者在工作上会干得更好。内控者在决策之的积极搜寻信息，对成功有强烈的企图和动机，并倾向于控制自己的环境。外控者则更顺从，更乐于遵循别人的指导。因此，内控者在复杂的工作中做得很好，包括绝大多数的管理和专业技能的工作，因为这些工作需要复杂的信息加工和学习。另外，内控者适合于要求创造性和独立性的工作活动。相反，外控者对于结构明确、规范清楚、只有严格遵从指示才会成功的工作来说，会做得很好。

④ 对决策中道德行为的影响。在组织中的道德行为在最近几年中受到了很大的关注。有研究表明，控制点和道德认知发展对帮助解释人们的道德与非道德行为很重要，高内控制点的个体比高外控制点的个体在进行组织决策时会表现出更多道德行为。

（2）马基雅维里主义

马基雅维里主义（Machiavellism）人格特点以尼科洛·马基雅维里（NiccoloMachiavelli）的名字命名。高马基雅维里主义的个体讲求实效，保持着情感的距离，相信结果能替手段辩护。“只要行得通，就采用它”，这是高马基雅维里主义者一贯的行为准则。

高马基雅维里主义者比低马基雅维里主义者更愿意操纵别人，赢得利益更多，更难被别人说服却更多地说服别人。当然，这些结果也受到情境因素的调节。研究发现，高马基雅维里主义者在以下三方面的工作环境中会更有成效：① 当他们与别人直接面对面交往，而不是间接地相互作用时；② 当情境中要求的规则限制最少，并有即兴发挥的自由时；③ 对具体问题的情感卷入与能否成功无关时。综合起来，高马基雅维里主义者是否是好员工，取决于他们的工作类型，以及在评估绩效时是否考虑其道德内涵。

（3）自尊

自尊（self-esteem）是指人们自我评价的程度。这些评价是相当精确和稳定的，可被认为是基本的人格特质或维度。结合“大五”人格因素，自尊类似于“适应性因素”的部分；自尊从很多方面影响着个体在组织或者其他社会背景中的行为。

① 自尊与最初的职业选择有关。例如，自尊心较强的个体在工作选择上富冒险性，受社会地位高的职业所吸引（如医学或法律），自尊心强的人更有可能喜欢选择非常规的、非传统的工作（如林场管理者或飞行员）。

小资料 12-1
自尊心与就业

② 自尊同样与许多社会或工作行为有关。例如，自尊心弱的雇员更容易受其他工作者观点的影响，他们往往给自己设定较低的目标。自尊心强的人对于他们已达到的目标评价更高。自尊与成就感及努力工作的意向正相关。例外，研究发现，自尊心弱的人对外界影响更敏感，如不利的工作条件等，他们需要从别人那里得到积极的评估，因此他们更乐于赞同他人的观点，更倾向于按照自己尊敬的人的信念和行为从事。从管理的角度来看，自尊心弱的人更注重取悦他人，他们很少站在不受欢迎的立场上。

（4）自我监控

自我监控（self-monitoring）是指根据外部情境因素而调整自己行为的个体能力。高自我监控者在根据外部环境因素调整自己行为方面表现出相当高的适应性，他们对环境线索十分敏感，能根据不同情境采取不同行为，并能够使公开的角色与私人的自我之间表现出极大差异；低自我监控者则不善于伪装自己，倾向于在各种情境下都表现出自己真实的性情和态度，因而他们的行为更容易预测和判断。有证据显示，高自我监控者比低自我监控者倾向于更关注他人的活动，行为更符合习俗。因此，推断高自我监控者会在管理岗位上更成功，因为它要求个体扮演多重甚至相互冲突的角色，高自我监控者能够在不同的观众面前呈现不同的“面孔”。

（5）冒险性

冒险性是指人们的冒险意愿，人们接受或回避风险的倾向性。冒险性会对管理者进行决策所用的时间以及决策之前需要的信息量产生影响。有研究表明，高冒险性的管理者比低冒险性的管理者决策更迅速，在做出选择时使用的信息量也更少，但两者的决策准确性是相当的。

对组织而言，个体的不同冒险倾向会影响到个体的职业匹配，从传统管理的角度看，大多数管理者应该是风险的回避者，而对股票经纪人来说，高冒险倾向性可能会产生更高业绩。

二、能力

在人的行为中处处都少不了能力的表现。研究人的行为必须考察能力。

1. 能力的含义

能力是人们成功地完成某种活动所需的个性心理特征，是人们成功地完成某种活动的必要条件。能力与人的活动有着密切联系，并直接影响活动的效果。并不是所有个性心理特征都能被称为能力，只有那些直接影响活动的效果，成为完成某种活动的基本条件的心理特征，才能被称为能力。

要成功地完成一项活动，仅靠某一方面的能力是不够的，必须具有多种综合能力才能获得成功。例如，为了完成学习任务，不能仅仅依靠记忆力，或仅仅依靠对课文的分析、理解，必须同时具有观察力、记忆力、概括力、分析力、理解力等。各种能力的最完备的结合叫做才能。如果一个人在某一方面或某些方面有杰出的才能，就被称为天才。

2. 能力的种类

人的能力是多样的、复杂的，按照通常的分类，可以分为一般能力和特殊能力、优势能力和非优势能力。

案例 12-3
大器晚成

（1）一般能力和特殊能力

一般能力是指从事活动都必须具备的基本能力，如观察力、记忆力、抽象概括能力等。特殊能力是指从事某些专业活动必须具备的能力，如从事某些活动所需的数学计算能力、音乐绘画能力、空间想象能力等。

一般能力与特殊能力是辩证的统一。一方面，人们长期从事某项专业活动可以使某种一般能力得到特别发展，从而成为特殊能力。如观察能力用于一般能力，但是某位警察在长期的反扒工作中训练了十分敏锐的观察力，这种敏锐的观察力又是从事反扒工作所必须具备的特殊能力。另一方面，在特殊能力发展的同时也发展了一般能力。因为警察在长期的反扒工作中训练出的敏锐的观察力，可能迁移到其他活动领域，表现出他细心观察的个人心理特征。总之，一般能力是在个体活动的基础上发展起来的，特殊能力则是一般能力获得充分发展的结果。

（2）优势能力和非优势能力

人们往往具有多种能力，各种能力的发展又是不平衡的，其中某些能力强些，另外一些能力弱些。那些较强能力就称为优势能力，较弱的能力就称为非优势能力。例如，我国著名数学家陈景润在数学方面表现出卓越的才能，但他的社会交往能力则平平；物理学家伦琴发现了X射线，是诺贝尔物理奖第一个获得者，但语言表达能力较差，是个平庸的教师。优势能力在一个人的工作实践中占有重要地位，所谓人尽其才、才尽其用，实质上就是发挥人的优势能力，扬长避短。

3．能力的管理运用

社会实践活动是复杂多样的，不同的工作对人的体力、智力会有不同的要求。人的能力在发展水平和表现方向上又是有差异的，如果一个人的现有能力系统适合从事某项工作，那他就能很好地完成工作，否则即使主观上付出很大努力，也不可能产生理想的效果。这就要求管理者尽可能地因材施用，各尽所能。

（1）对管理者的能力要求

作为一个管理者，不管是处在哪个部门哪个级别，都应当具备相应的能力才能胜任工作。美国著名管理学家凯兹认为：组织管理者除了具备相应的决策能力之外，还应当具备技术能力、人文能力和观念能力。所谓技术能力，是指通过学习和训练所获得的知识、方法、技能去完成特定工作的能力。这种能力具有明显的专业性。

此外，不同层次的管理人员对技术能力、人文能力、观念能力的要求也是不同的。一般地讲，人文能力对各层次的管理者都很重要；低层管理者由于需要经常处理生产和工作的实际问题，对技术能力要求较高；高层管理者需要把握全局，对观念能力要求较高。

（2）组织管理中的能力问题

从某种意义上讲，管理工作就是做人的工作。组织管理中的核心问题实质上就是如何管好人、用好人的问题。而人的能力是多方面的，既有强弱之分，又有方向之分。因此，管理者应该提高如何管理人的能力的水平，科学、合理地管理和使用好组织成员的各种能力。

① 对组织成员能力进行合理的安排。首先，在组织管理中，管理者应当首先了解员工能力上的差异。对组织中员工有什么个性能力，应该放在什么岗位上，有哪方面的能力，应该做哪方面的工作等情况做到心中有数。其次，在工作安排、职工选拔、确定岗位上尽可能考虑到个人的特长，用人所长，避人所短，尽可能使工作安排符合职工的实际能力，使人适其职，职得其人，位得其才，达到人事的和谐统一。应该认识到，如果一个人的能力低于实际工作的要求水平，即使他很努力也可能无法胜任工作；反之，如果一个人的能力过于高出实际工作的要求水平，不仅是大材小用，造成人才浪费，而且本人也不会安心于现实工作，工作效果也不会很好。总之，在做人的工作时，管理者既要考虑到金无足赤，人无完人，关键是用人所长，还要考虑到实际工作与人的能力相符，小材大用和大材小用都不利于提高工作效率。

② 使组织成员能力得到互补。协调互补的能力是群体优化组合的重要基础。拿一个领导班子来说，善于决策和富于组织能力、勇于开拓和不怕困难的管理者是帅才，是群体中的核心；具有战术指挥和营运管理能力，具有坚强求实、勇于带头、泼辣大胆、勤于实干特点的是日常工作的中坚力量，是将才；具备严密逻辑思维能力和洞察预见能力，善于捕捉和收集信息，善于发现问题，长于研究分析，尤其是有预测前瞻性思维的，是群体中足智多谋的谋士。将这三种能力组合在一起，就是一个完整的、能力均衡的领导群体。组织成员的能力发展各有所长、有先有后，管理者应善于教育、培养、综合、协调组织成员的各种能力，使他们各尽所能，提高效益。这既有利于个人需要的满足和自我价值的顺利实现，也有利于事业的成功和社会的发展。

③ 重视能力使用时效，充分挖掘人力效益。人才学的研究表明，人才的创造力与年龄具有统计性相关规律。人在学习和创造的最佳年龄内学习和创造所取得成果的可能性最大，质量最高，数量最多，速度最快。心理学家认为，最佳年龄一般为25～40岁，人过了40岁就很难成才。通过对全世界科学家调查统计结果也证明上述结论是正确的。这就要求用人者要注意起用人才的时效观念，掌握人才的成长最佳年龄，对最佳年龄区的人才实行重点管理、使用和挖掘的政策，克服论资排辈的传统风气。只有这样，才能大大提高人才使用的经济效益和社会效益。

三、知觉

1. 知觉的含义

知觉（perception）是个体意识和解释环境信息的一组过程。知觉是客观事物的整体在人脑中的反映，是人组织和解释感觉信息的过程。如在车间，员工可以看到机床的颜色，听到机床发出的声音，闻到机油的气味，并认识到这是车间里正在工作的机床，即在头脑中产生了机床的整体形象。

知觉与感觉的区别在于：感觉反映的是客观事物的个别属性，如颜色、气味、形状、大小、温度等；知觉反映的是客观事物整体、综合的反映。知觉是在感觉之上产生的，是感觉到的一系列个别属性的组合，没有感觉，就没有知觉，更谈不上其他心理过程。

2. 基本的知觉过程

如图12-2所示，同组织特别有关的基本的感知过程是选择性知觉和刻板印象。

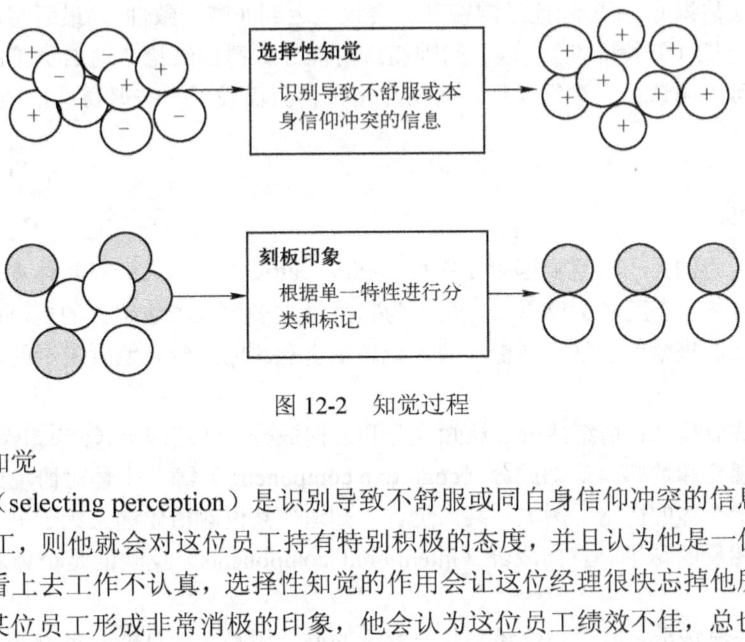

图12-2 知觉过程

（1）选择性知觉

选择性知觉（selecting perception）是识别导致不舒服或同自身信仰冲突的信息。例如，假设经理特别欣赏A员工，则他就会对这位员工持有特别积极的态度，并且认为他是一位优秀的员工。某天如果这位员工看上去工作不认真，选择性知觉的作用会让这位经理很快忘掉他所看到的现象。相反，如果经理对某位员工形成非常消极的印象，他会认为这位员工绩效不佳，总也做不好工作。即使有一次他发现这位员工表现出很高的绩效，他也不会长时间记住。一方面，选择性知觉是有益的，因为它帮助我们忽略不重要的信息。当然，这种有益性的前提是我们的基本知觉必须准确。如果选择性知觉导致我们忽视了重要的信息，则它就是极端有害的。

（2）刻板印象

刻板印象（stereotyping，亦称定型）是根据单一特性进行分类和标记的过程。常见的刻板印象的特性是种族和性别。当然，这方面的刻板印象可能是不准确和有害的。例如，管理者形成了女性适合某些工作而男性适合另一些工作的刻板印象，如果这影响到管理者对员工的招聘，则会对组织产生一些不利的影响。首先，组织会失去一些优秀的候选者。其次，这种做法是违法的。最后，这种做法是不道德的。另一方面，某些类型的刻板印象则是有用的和有益的。假如经理形成了某类工作需要沟通技能的刻板印象，则该经理将在面试中特别注意候选人的沟通技能，这类刻板印象就是有益的。

3. 知觉和归因

知觉同归因之间存在着密切的关联。归因（attribution）是观察行为并将其归属于某种原因的机理。所观察到的行为可能是自己的，也可能是他人的。假如一位员工发现自己减少了工作的时间，谈论工作的时候也比从前少，请病假的次数则增加了。他可能由此得出结论，认为自己对工作失去了兴趣，最终决定放弃工作。在此过程中，他观察到自己的行为，进行了归因，并做出了与此相一致的反应。

案例 12-4 当预言落空时：认知失调理论

更常见的是对他人行为的归因。假如上面这位员工的经理也观察到这些行为，他可能得出同样的归因。另一方面，他也可能会认为她病得很重，或者自己要求过于严格，或者压力太大，或者他有药物问题，或者他的家庭出了麻烦。

构成归因的基本框架是共识（consensus，其他人在相同情境下采取同样的行为）、一致性（consistency，同一个人在不同的时间表现出相同的行为）和特殊性（distinctiveness，不同情境下同一个人表现出相同的行为）。例如，一位经理发现某位员工在开会时迟到。经理会进一步发现他是唯一迟到的人（低共识），回想起他经常在其他会议上迟到（高一致性），最后想起该员工有时上班迟到或午餐时间拖长（低特殊性）。这一归因模式可能导致得出结论，这名员工的行为应当加以改变。最后，经理可能同该员工进行谈话，为防止将来再犯而设置一些惩罚性措施。

四、态度

1. 态度的含义

组织中个体行为的另一项重要因素是态度。态度（attitude）是人们对具体观念、情境或他人的信念和感觉的综合体。态度之所以重要，是因为它是绝大多数人表达感受的机制：员工提出报酬过低反映了他对自己的报酬的看法。同样，如果经理说喜欢新的广告，他所表示的是他对组织的营销努力的感受。

态度由三种成分构成：情绪成分、认知成分和意向成分。情绪成分（affective component）反映了个体对情境的感受和情感。认知成分（cognitive components）源于个体对情境的知识，重要的是注意到认知从属于个体的情绪。例如，某人也许“知道”某位政治候选人优于另一位，另一个人也许恰恰“知道”相反的结论。意向成分（intentional components）反映的是个体对情境或在情境中的预期行为。

为了说明这三种成分，假设一位经理从一家新的办公用品公司订购一批办公用品，他所订购的品种中有许多缺货，其他的价格太高，还有一些到货时已经损坏。当他打电话给供货公司要求协助时受到粗暴的对待，在他的问题解决之前就被挂断了电话。当问起他对这家办公用品公司的看法时，他也许会说：“我不喜欢这家公司（情绪成分）。他们是我见过的最差的办公用品公司（认知成分）。我永远不会再同他们做生意了（意向成分）。”

人们力图在所有的态度和态度的三种成分间保持一致。然而，环境因素有时可能导致冲突。个体所体会到的自身态度间的冲突称为认知失调（cognitive dissonance）。例如，一位发誓绝不在大型、非人性化的公司中工作的个体倾向于开办自己的公司，当家做主。不幸的是，一连串的财务挫折令他别无选择，只能回到大型组织为他人工作。此时，认知失调就出现了。情绪成分和认知成分与意向成分发生了冲突。绝大多数人通常不喜欢认知失调，为了减少认知失调，个体可能告诉自己这一情境只是暂时的，只要忍耐一时，他还是可以回去开办自己的公司。当然，他也可以调整自己的认知，发现在大型组织中工作比预期的要好。

组织中的人们对许多不同的事情形成态度。例如，雇员对工资、晋升、老板、福利、公司餐厅的食品和公司垒球队队服的颜色都有自己的态度。当然，某些态度比其他态度更重要。特别重要的态度包括工作满意或不满意以及组织承诺。

2．与工作相关的态度

① 工作满意或不满意。工作满意或不满意是反映员工在工作中满足与实现水平的一种态度。关于工作满意的大量研究指出，个人因素与群体和组织因素决定了这一态度。个人因素包括个人的需求和渴望，群体和组织因素包括与同事和主管的关系、工作环境、工作政策及报酬。满意的员工出勤率较高，可以做出更大的贡献，更有可能留在组织内。相反，不满意的员工出勤率较低，在工作中感到压力较大并影响同事，并且会不断地寻找新工作。然而，同大多数经理的想象不同，高的工作满意度并不必然带来高绩效。一项调查指出，日本员工同美国员工相比在工作中的满意度更低，这同通常的看法刚好相反。

② 组织承诺。组织承诺是反映个体认同或依恋组织的态度。组织承诺水平高的个体将自己视为全组织中真正的一员（如在提到组织时会说"'我们'制造高品质的产品"），不计较小处的不满意，并一直将自己视为组织的一部分。相反，组织承诺水平低的个体更倾向于将自己视为外人（如在提到组织时会说"他们给的报酬不高"），夸大自己的不满意，并且不认为自己是组织中的长期成员。研究表明，日本企业的员工相对于美国企业的员工具有较高的组织承诺水平。

研究还指出，承诺随年龄、组织内工作的年限、工作保障和参与决策而提高。感受到组织承诺的员工有非常可靠的工作习惯，通常计划在组织中长期工作，在工作中更努力。尽管组织不可能做具体的创造和提升组织承诺的工作，但在这方面还是有一些可供依循的指导。例如，如果组织公正地对待员工、提供合理的奖励和工作保障，他们的员工更可能体现出满意和承诺的态度。扩大员工对自己工作的决策权也会改善上述三种态度。

案例 12-5
一切来自员工满意度

3．组织中的情绪和心态

研究者近来开始对态度的情绪成分产生了新的兴趣。前面提到，态度的情绪成分反映了感受和情感。尽管经理们曾经认为每个员工每天的感受和情感都可能会变化，但现在的研究表明，尽管某些短期的波动确实存在，但还是有一些基本的、相当稳定的和可预测的情绪和情感状态。

例如，有些人具有较高的积极情绪（positive affectivity），这意味着他们比较向上和乐观，对生活有一种总体上健康的感受，通常从积极的方面看待事物，他们看上去总是拥有好心情。另一些具有较高的消极情绪（negative affectivity）的人则刚好相反。他们的情绪比较低沉和悲观，通常从消极的方面看待事物，在绝大多数时间里看上去情绪不佳。当然，即使最极端的情绪类型也会有不同的变化。积极情绪较高的人在听到坏消息——晋升无望、绩效评估非常不好、下岗或开除时，也会陷入情绪不佳的状态。而那些消极情绪的人也可能会有开心一刻——至少有一段时间——如刚刚升职、获得非常积极的绩效评估或者其他好事降临。在这些事件的初期影响过去之后，积极情绪的人会恢复他们正常的积极心态，而消极情绪的人则又将陷入正常的坏情绪中。

第三节　群体概述

前面介绍了人与人性以及个体的行为，但是在实际工作组织中，员工很少是以个体为单位进行工作的，他总要加入一定的部门，与其他同事结成一定的工作关系，即形成一定的工作群体，在群体背景下工作。因此，群体是组织的基本组成部分。除了正式的工作关系外，员工之间通过人际交往还会形成其他人际关系，并在人际关系的基础上形成非正式群体。组织中的每个群体对于群体成员、其他群体甚至整个组织，都有极大的影响。

一、群体的内涵

所谓群体（group），是指为了实现某个特定的目标，由两个或两个以上的个体因为某些心理的、社会的原因，以一定的结构组合在一起进行活动，并且相互作用、相互依赖的群体。群体不是个体的简单的集合，几个乘坐电梯的人或十几个在候车室等车的人都构不成群体。群体应是一个整体，群体建立在其成员相互依存和相互作用的基础之上，并且群体应有明确的群体目标。

具体而言，群体应具有以下显著特征：

① 群体是由两个或两个以上的人构成的，一个人不可能构成一个群体。

② 群体具有稳定的结构。尽管群体成员之间的角色分工会经常发生变化，但群体成员之间具有相对稳定的关系。

③ 群体成员之间享有共同的目标或兴趣。群体成员之间分享目标任务和完成任务的方式非常相似。

④ 群体成员彼此在心理上意识到“我们同属一群”。也就是说，群体成员存在着彼此心理上的相互作用。

二、个人加入群体的动机

在实际生活中，一个人可能同时加入几个群体，其中既有正式群体，也有非正式群体。对个人来说，不同的群体为他提供了不同的利益，能够满足他的不同需要。具体来说，人们加入群体的动机有以下几种。

① 安全需要：通过加入一个群体，个体能够减少独处时的不安全感，自我怀疑减少，感到自己更有力量。

② 地位需要：加入一个被认为很重要的群体中，个体能感到被别人承认的满足感。

③ 自尊需要：群体成员的身份除了能够使群体外面的人认识到群体成员的地位外，还能使群体成员感受到自己存在的价值。

④ 情感需要：群体可以满足成员的社交需要，工作中人际间的相互作用是他们满足情感需要的最基本途径。

⑤ 权力需要：权力需要是单个人无法实现的，只有在群体活动中才能实现。

⑥ 实现目标的需要：有时目标靠单个人的力量是无法实现的，需要多个人的共同努力，集合众人的智慧和力量。

三、群体结构

群体结构是指群体成员的相互关系以及保证群体有序运行的特征。群体结构塑造着群体成员的行为，使我们有可能解释和预测群体内大部分的个体行为以及群体本身的绩效。群体结构的主要维度有领导、角色、规范、地位、群体规模和群体构成。

1．领导

几乎每个工作群体都有一个正式领导，他们的头衔可以是部门经理、部门主管、工头、项目领导、任务小组领导或委员会主席。群体领导对群体绩效具有巨大影响。第 13 章将对领导的理论和技巧进行详细阐述。

2．角色

角色（role）原指演员所扮演的某一特定人物，后被社会心理学家引入社会学和社会心理学。我们所指的角色，是指人们对在某个社会性单位中占有某个职位的人所期望的一系列行为模式。每个人都需要根据所处情境的不同而扮演不同的角色，人们的行为也会随着所扮演角色的不同而不同。所以，要理解一个人的行为关键是弄清楚他所扮演的角色。

一般而言，群体成员在群体中承担和表现的角色可以分为任务导向角色（task-oriented role）、关系导向角色（relations-oriented role）和自我导向角色（self-oriented role）三类，如表 12-1 所示。

表 12-1　群体成员角色分工

任务导向角色	关系导向角色	自我导向角色
创新者－贡献者	调和者	阻碍者
信息寻求者	折中者	认可寻求者
意见提出者	鼓励者	统治者
能量供应者	加速者	回避者

群体成员在群体中承担的角色异同，也与群体成员个性特点的组合一样，会影响群体的运作过程及其产出。群体和群体的领导者一般很难改变成员的个性特点，所以在群体运作中侧重于影响或者改变群体成员的行为角色相对更有效。理解和影响群体成员的角色行为需要了解角色同一性、角色知觉、角色期待、角色冲突等群体角色的概念和现象。

① 角色同一性（role identity）：指对一种角色的态度与实际角色行为的一致性。如果人们清楚地认识到环境条件需要他们做出重大改变，他们就能迅速地变化自己所扮演的角色。比如，公司销售部门的员工经常抱怨生产部门效率低下，不能及时完成订单，当他被调到生产部门工作一段时间后，他开始认识生产部门的具体困难，态度会发生转变，开始为生产部门说话。

② 角色知觉（role perception）：指一个人对于自己在某种环境中应该做出什么样的行为反应的认识和理解。行为者做出某种行为反应，是以他们对于别人希望他们怎样做的解释为基础的。事实上，组织中的每个人都会对自己应该如何做有自己的理解和反应，即有自己的角色知觉。这些认知往往来自于周围环境的多种刺激，包括书本、电影、电视、朋友等。

③ 角色期待（role exception）：指别人认为你在一个特定的情境中应该做出什么样的行为的反应。处于某一群体中的个体，其行为反应在很大程度上由当时所处的背景决定。任何群体成员都会感受到来自他人的要求、限制和希冀，包括做什么和怎么做，即在群体活动中允许和禁止的范围。这些角色期待有些是明文规定的，有些是约定俗成的。

在工作环境中，“心理契约”概念有助于我们更好地考察角色期待这个主题。心理契约是指在一个组织或群体中，上下级之间存在一种不成文的约定，内容是双方都对对方抱有一系列微妙而含蓄的期望，想要对方表现出自己所希望的某些行为。事实上，正是这种心理契约规定了每个角色的行为期待。如果心理契约中蕴含的角色期待没有得到满足，会产生什么样的结果呢？如果上级没能满足下级的角色期待，下级的绩效和工作满意度就会受到消极影响；如果下级没能满足上级的角色期待，结果可能是受到某种形式的惩罚或被解雇。心理契约应该被看做是组织行为的权威决定者。这句话准确地表明双方角色期待的重要性。

④ 角色冲突（role conflict）：指当个体面临多种角色期待时，服从一种角色的要求就很难服从另一种角色要求的情境。在极端情况下，可能包含这样的情境：个体所面临的两个或更多的角色期待是相互矛盾的。

实际上，所有人都要经历角色冲突。比如，对于一个已婚的人来说，就要经常面临事业角色期待和家庭角色期待的冲突。角色冲突会增强个体内部的紧张感和挫折感，进而影响组织行为。这种影响可能是积极的，也可能是消极的，其结果要视个体对冲突的反应而定。

3．规范

所谓规范，就是群体成员共同接受的一些行为标准。群体规范让群体成员知道自己在一定的环境条件下，应该做什么，不应该做什么。从个体的角度看，群体规范意味着，在某种情境下群体对个人的行为方式的期望。群体规范被群体成员认可并接受后，它们成为以最少的外部控制影响群体成员行为的手段。不同的群体、社区，群体规范也不同，但不管怎样，所有的群体都有自己的规范。

群体的正式规范是写入组织手册的，规定着员工应遵循的规则和程序。但组织中大部分规范是非正式的，比如，我们明白在公司总部老板来视察工作时不能扔纸飞机，也不能无休止地和同事闲聊。同样，我们都明白，在参加求职面试时，谈到自己对以前的那份工作不满意的地方时，有些事情不应该谈（如在工作中难以与同事和上司处好关系），但有些事情谈起来就比较合适（缺乏发展的机会，工作不重要或者没有多大意义）。事实证明，在这种面试中，有些答案比其他答案更符合社会期望。

一个工作群体的规范就像一个人的指纹一样，每个都是独一无二的。但就大多数工作群体而言，规范还是可以划分出一般的类型。

第一类群体规范大多与群体绩效方面的活动有关。群体通常会明确地告诉其成员：他们应该多努力地工作，应该怎样去完成自己的工作任务，应该达到什么样的产出水平，应该怎样与别人沟通等。这类规范对员工个人的绩效有巨大的影响，能够在很大程度上调整仅仅根据员工的能力和动机水平所做出的绩效预测。

第二类群体规范是群体成员的形象方面的，包括：如何着装，对群体或组织表现出忠诚感，在何时应该忙碌，何时可以聊天。有些组织制定了正规的着装制度，有些则没有，但即使是没有这类制度的组织，组织成员对于上班时该如何着装也有些心照不宣的标准。个人表现出对群体或组织的忠诚感是很重要的。比如，在许多组织中，尤其是对专业技术人员和高层经营管理人员，公开寻找另一份工作，被看成是不合适的。

第三类群体规范为非正式的社交约定。这类规范来自于非正式群体，主要用来约束非正式群体内部成员的相互作用。比如，群体成员应该与谁一起吃午饭，上班时和下班时应该与谁交友、社交游戏等，都受这些规范的制约。

第四类群体规范与资源的分配有关，主要涉及员工报酬、困难任务的分配、新型工具和设备的分发等。

4．地位

地位（status）是指别人对群体或群体成员的位置或层次的一种社会性界定。我们生活在一个充斥着等级秩序的社会里，地位渗透在社会的各个角落。任何群体都有自己的角色、权力以及仪式方面的规范，以便与其他群体相区别。在理解人类行为时，地位是一个很重要的因素，因为它是一个重要的激励因素。如果个体认识到自己的地位认知与别人对自己的地位认知不一致，就会对个体的行为反应产生巨大影响。

地位可以是群体正式给予的（即正式地位），如组织通过给予个体某种头衔、称号等方式使个体获得某种正式地位；但在很多情况下，地位也可以通过教育、年龄、技能、经验等特征而非正式地获得（即非正式地位）。

一个人的地位高低通常可以用地位符号（status symbol）来判断，如头衔、工作环境、工作服等。地位符号可以时刻提醒群体成员目前所处的位置，从而减少不确定性，也能激励地位低的成员努力奋斗。当然，对于那些暂时不拥有某种地位符号的个体来说，地位符号会使人产生挫败感，尤其是在晋升政策不公平时。在群体中很重要的一点就是要让群体成员相信群体中的地位等级是公平的，如果群体成员认为群体中存在不公平现象，就会引起群体内的不均衡，并带来各种各样的修正性行为。

个人在群体中的地位高低取决于多种因素，正式地位（formal status）主要与职权有关，非正式地位（informal status）主要与个体的威望有关。影响威望的要素可能有年龄、资历、技能等。

5．群体规模

群体规模对群体行为的影响曾被广泛的研究，主要研究结果如下。

① 成员为奇数的群体一般比成员为偶数的群体更受欢迎，而且群体成员为奇数，在投票时会降低发生僵局的可能性。

② 在执行任务时，5 人或 7 人[1]的群体往往是最合适的，这种规模的群体比其他规模的群体显得更有效率。由 5 人或 7 人组成的群体足以形成多数意见，允许发表各种不同意见，又可以避免与大群体相关的一些弊端。

③ 小群体（一般在 7 人以下）相对而言凝聚力更强，更倾向于寻求一致性。原因在于小群体成员相互联系多，关系密切，而大群体没有这样的优势。

④ 随着群体规模的扩大，成员的工作满意度会下降。主要原因在于大群体中许多成员得不到关注，参与的机会也相对有限。

⑤ 大群体比小群体的决策速度慢。

⑥ 群体规模的增大与个人绩效呈负相关（见表 12-2）。

表 12-2　群体规模对群体行为的影响

维度	2～7 人	8～12 人	13～16 人
领导者需求	低	中	高
领导者的指导	少	从少到中	从中到多
对领导者指导的容忍度	从低到中	中	高
成员抵制力	低	从低到中	高
规则与程序形成	慢	从慢到中	从中到快
决策时间	从短到中	中	从中到长

6．群体构成

大多数群体活动需要具备多种知识和技能才能够顺利进行。因此，对于群体构成的研究往往引入性别、个性、观点、能力、视野和教育水平等变量。我们将群体成员在以上方面较相近的群体称为同质性群体，反之称为异质性群体。

---

[1] Thomas E G, C F Fink. Effects of Group Size. Psychological Bulletin, 1963, 60:371-384.

在同质性群体中，由于群体成员在个性、观点、能力、视野等方面都比较接近，因此容易沟通，冲突较少；如果缺乏完成任务的相应技能和经验，绩效也可能不高。一般来说，对于较简单的工作、需要紧密合作才能完成的工作以及必须很快完成的工作，采用同质性群体效果较好。

在异质性群体中，由于群体成员在很多方面差异很大，沟通上就会存在一些潜在的困难，但会拥有更多解决问题的能力和信息，从而增加了群体有效完成任务所需的要素。这样的群体可能冲突较多，由于设置了多种职位，可能不太容易随机应变。但事实证明，异质性群体在执行任务时比同质性群体更有效率。一般认为，对于复杂的工作、必须并行完成的工作、创造性的工作以及不需要很快完成的工作，采用异质性群体效果较好。领导和决策层一般也应该采用异质结构，因为不同方面的意见和知识可以取长补短，这对做出正确的决策是有益的。

第四节　团队与团队管理

一、团队的内涵

1．团队的含义

团队是越来越普遍的一种特殊的任务群体形式。团队（team）是指作为一个单位执行与工作有关的任务、职能和活动的一组成员，团队往往是独立工作的。团队是一种特殊的工作群体，因此区别于普通的群体。团队通过其成员的共同努力产生积极协同作用，团队成员努力的结果使团队的绩效水平远远大于个体成员绩效的总和。团队工作强调集体的绩效、共同的责任、积极的合作和相互补充的技能。

表 12-3 列出了当今常见的团队类型。团队的早期形式包括自主工作群体和质量圈。今天，团队有时也被称为“自我管理的团队”、“跨职能团队”或“高绩效团队”。许多公司采用团队的形式完成日常工作。组织出于许多目的创建团队。团队可以向真正能够完成任务的员工更多地授权，还可以向他们提供更多的权力和决策自由。此外，团队可以让组织更有效地利用员工的知识和激励。最后，团队有助于组织摆脱官僚主义、提高灵活性和反应性。

表 12-3　团队的类型

解决问题的团队	团队最常见的形式，由专门为解决某一具体问题而召集的知识工作者组成，问题解决之后解散
管理团队	主要由来自不同职能部门的经理组成，负责协调其他团队间的工作
工作团队	一种越来越常见的团队形式，工作团队负责组织的日常工作。如果得到授权，则是自我管理的团队
虚拟团队	一种新型的、由计算机联系起来的团队。成员根据自己的需要进入或退出网络并且轮流担任领导
质量圈	不像过去那样流行，由员工和主管组成，不定期开会讨论工作中的问题

资料来源：Fortune，September 5, 1994

为什么要采用团队的组织形式呢？事实表明，如果某种工作任务的完成需要多种技能、经验，那么由团队来做通常效果比个人好。团队是组织提高运行效率的可行方式，有助于组织更好地利用雇员的才能。管理人员发现，在多变的环境中，团队比传统的部门结构或其他形式的稳定性群体更灵活，反应更迅速。团队可以快速地组合、重组和解散。团队在激励方面的作用也不可忽视。团队能够促进雇员参与决策过程，有助于管理人员增强组织的民主气氛，提高团队成员的积极性。

2．群体与团队的区别

结合本章第一节的定义可知，在群体中，成员通过相互作用来共享信息、做出决策，帮助每个成员更好地承担起自己的责任。群体中的成员不一定要参与需要共同努力的集体工作，他们也不一定有机会这样做。因此，在群体中，不存在一种能够使群体的总体绩效大于个人绩效之和的积极的协同作用。

团队则不同，它通过其成员的共同努力能够产生积极协同作用，其团队成员努力的结果使团队的总体绩效远大于个体成员绩效的总和。表 12-4 展示了群体与团队的区别，这些有助于澄清为什么现在许多组织围绕团队重新组织工作过程。管理人员这样做的目的，是通过团队的积极协同作用，提高组织绩效。团队的广泛应用为组织创造了一种潜力，能够使组织在不增加投入的情况下，提高产出水平。应该注意，我们说的是“潜力”。建立团队不是变戏法，并不能保证一定产生积极的协同作用。仅仅把工作群体换种称呼，改称团队，不能自动地提高组织绩效。

表 12-4　群体和团队的区别

比较项目	群　体	团　队
合作方式	共享信息	协作配合
责任承担	个体责任	共同的责任和个体责任
工作目标	不明确或个人化的	成员有共同目标
培训	个人技能的培训	个人培训和团队训练
交流	个人感受不需要交流	公开表达感受
成员关系	各自为政，有限的信任	相互间充分信任
成员技能	符合其职位要求	相互补充的技能
工作结果	个人绩效	集体绩效

3. 团队类型

根据工作类别、权威性等的不同，团队可以分为多种类型，下面是比较常见的几种团队，这些团队并不相互独立，也就是说，这些团队是按照不同的区分标准进行区分的，它们彼此可能有关联。

（1）工作团队

工作团队指为了实现某一目标而由相互协作的个体组成的相对持久的正式群体，因此所有的工作团队都是群体，但只有正式群体才能成为工作团队。常见的工作团队又可以分为职能式团队、问题解决团队和跨职能团队。

① 职能式团队。职能式团队是指在一起从事相关事务的个体集合，其特点是集中了专门人才解决专门问题，有利于专业性工作任务的完成。

② 问题解决团队。问题解决团队专注于职责范围内的特殊问题，会得到部分授权，用来实施解决问题的方案，但授权范围较窄，不能从职能上重组工作或改变管理者角色。团队成员在工作中往往面临的是质量或成本问题，如常见的质量问题解决团队。质量问题解决团队通常是由 8～12 位员工或管理者组成的工作团队，他们定期碰头，研讨所遇到的质量问题，调查问题出现的原因，推荐解决问题的方案，并且纠正错误的方式。质量团队最重要的就是承担解决质量问题的职责，提出并评估他们自己的建议。

案例 12-6
松下的“横轴”团队

③ 跨职能团队。将各个职能部门具有不同知识技能的人聚集在一起，共同解决工作中的问题的团队被称为跨职能团队。比如，危机事件处理小组就是典型的跨职能团队。跨职能团队的成员从本上来自于同样的层级，但可能来自组织内不同的职能区域，他们共同从事某些工作，相互交换意见，因此并不容易管理。所以要建设高效能的跨职能团队，最重要的是花时间建立信任。

（2）管理团队

管理团队是指团队成员来自于不同的层次、等级甚至领域的管理部门，关注管理和协调组织的各个职能部门的工作的团队，因此管理团队的特点是从多方面协调工作团队的活动，包括提供建议和支持。

高层管理团队是管理团队的一部分。高层管理团队看起来好像并不是一个标准的团队，因为他们的工作相对自由和独立，但这些团队成员的工作功能在整个组织的运作系统上是紧密结合的，同时团队成员在组织中的地位相对较高，因此他们才被称为高层管理团队。管理团队强调的是管理者构成的团队，因此他们在组织中的地位相对较高，授权范围和自我管理权限较大。如果说工作团队和管理团队是按照工作任务来划分的，接下来的几种团队形式则是随着团队发展到一定程度而出现的新型团队形式。

① 自我管理团队。自我管理团队既不属于工作团队，也不完全属于管理团队，而是既有明确的任务又有自我管理权限的团队形式。自我管理团队通常由 10～15 个员工组成。通常自我管理工作任务，对在工作过程中发生的问题进行自主决策。在这样的自我管理团队中，也会有计划、组织、领导和控制的过程，但没有明显的管理者，每个人既是管理者也是员工。

现在人们认为，自我管理团队是应对组织压力和员工积极性缺乏等问题的最理想模式，因为让员工自我管理所有的过程，会给员工带来极大的满意度和自我控制感。但问题在于，传统的管理者并不清楚该如何与自我管理团队进行合作。有的管理者并不完全适应自我管理团队的工作，因为他们的传统管理技能非常单一，有的管理者觉得把任务交给一个团队不够安全。在现实工作情境中，管理者应用自我管理团队还会遇到自我管理团队的自由度问题。最糟糕的例子就是有的自我管理团队能在很短的时间内变成效率最低的团队，所以如何把握自我管理团队的自由度是一个重要问题。

② 关系团队。关系团队同样是既不属于工作团队，也不属于管理团队的团队形式，是在知识型组织的背景下发展起来的新型团队。所谓关系团队，是由一些专家和知识型员工定期地聚在一起，分享信息，解决与工作任务有关问题的团队。这种团队管理就是所谓的知识管理，也就是对组织和雇员中的知识和经验进行管理并相互传递的过程。这种方式被认为是在知识型组织中最重要的管理方式。但是这种团队也有其不足，就是如果没有建设好知识分享的组织文化，这种团队就无法运作。另外，如果员工认为拥有知识就是拥有权力，那么这种团队也同样无法运作。

③ 虚拟团队。现代组织越来越依靠虚拟技术，很多团队工作可能是通过电子交流等方式来完成的。所谓虚拟团队，是指通过虚拟技术，把在不同地方甚至不同国家工作的成员结合起来共同完成某项任务的团队。这种团队结构对现行的管理理论和流程构成极大的挑战，因此它也是既不属于工作团队也不属于管理团队的团队形式。虚拟团队具有以下优点：

- ❖ 虚拟团队突破了时间和空间的限制。例如，一个虚拟团队并不必须确定某些成员在同一个城市或某一个时间出席某个会议，成员可以在不同地方、不同时间参与会议。
- ❖ 虚拟团队能利用一个在其他地方工作的人的经验。假如在某个工厂中产品质量出了问题，管理者任命一个虚拟团队来解决问题，这个团队可能包括世界各地能参与处理这类问题的专家。
- ❖ 虚拟团队能降低管理成本。把世界各地的专家聚在一个地方，仅仅旅行费用就是一项非常高的费用，但虚拟团队可以省下这笔费用。
- ❖ 虚拟团队能采用新的方式来促进团队成员的沟通与交流。对于普通团队而言，文本报告的携带会带来很多麻烦，虚拟团队可以很容易地通过电子方式传递信息，进行团队成员之间的沟通和交流。

虚拟团队也有一个明显的缺点，那就是团队成员之间缺乏面对面的交流，成员之间很难产生真正意义上的信任。要在虚拟团队中建立信任需要从三方面着手：一是要有一个社会交往的时间，在这个时间内成员自我介绍并且互相提供背景信息；二是成员应该清楚地界定相互关系；三是虚拟团队中的所有成员对团队任务表现出积极的态度。

要在虚拟团队内建立信任，就意味着需要培训，培训是提高虚拟团队效率的重要手段。虚拟团队的成员和传统团队的成员一样要拥有很多技能，但团队成员必须知道怎样用专门技术帮助团队活动。管理者也需要理解虚拟技术在应用上的局限和优势。无论虚拟技术是作为一种交流方式还是一种决策制定方式，团队成员都应该熟练地应用它们。成员也应该接受相应的培训，以使其行为更适合虚拟环境。传统的交流方式无法应用于虚拟团队的活动，因此虚拟团队的成员应该学会新的技能来进行交流。

二、团队动力

美籍德国人库尔特·卢因（Kurt Lewin）在20世纪30年代最早提出了“团队动力理论”。该理论的主要目的在于说明团队成员在团队内的一切互动历程和行为现象，团队动力意味着团体本身也就是一种动力和发展的过程。卢因及其后继者通过实验研究，发现了以下团队动力的存在和作用：团队领导、团队特征、团队规范、团队发展和团队凝聚力。

团体是具有社会互动的组织，并遵循共同的规范，因此团体的发展是动态的过程，具有目标性。如何消解团队的冲突，促进团队凝聚力之提升，进而形成团队的动力，将有助于团队达成有效的目标。团队动力论的主要意义是：启发人们从内因的角度去考察和研究群体行为的产生和发展规律；从群体成员间的关系以及整个群体氛围中去把握群体行为的变化过程；使个体、群体和社会三位一体的关系得到逐渐认识；促进小群体研究重点的转化。

1．团队领导

有效的领导是实现团队和组织高效的关键要素。任何一个组织都不可能没有领导者，团队也不例外。有时团队领导者的角色会很自然地由组织中现有的管理者担任，管理者也可以指定团队中的非管理者成为团队的主持和召集人。在有些情况下，团队或团队的成员可以选择自己的领导，领导也可以在团队成员为实现团队目标一起工作的过程中自然产生。在自我管理团队中，更常见的是让成员自己选出领导，甚至领导角色在成员中经常转换。

领导方式不同，其成员的行为表现也不同。对若干名10岁左右的男孩所做的试验表明：在专制型群体中，成员的攻击性言行、引人注目的出风头行为，使用“我”而不“我们”的频率，推卸责任、做给领导看的行为，对群体活动缺乏满足感，都显得很突出；在民主型群体中的表现则相反，而且同一个成员一旦从专制型群体调入民主型群体，其行为就立即起变化。

2．团队特征

创建一个团队更像设计一个微型组织，有几个因素需要考虑，错误的组合会破坏团队的有效性。在设计团队时，要考虑的三个主要结构因素是团队规模、团队任务和团队角色。这些设计特征直接或间接地通过团队进程影响团队效力。

（1）团队规模

团队中成员的数量可能是决定团队行为的主要因素。与规模较大的团队相比，将团队保持在2～9位成员的相对较小的规模内具有很多的优势。小规模团队的成员能表现出：①更多的互动，容易协调相互间的工作；②容易得到更多的激励、更具有忠诚度；③容易分享信息；④容易看到个人对团队成功的贡献。

拥有10位或10位以上成员的大规模团队，通常会拥有更多的有利于实现团队目标的资源。大规模的团队还可以从专业化劳动分工（division of labor）中获得优势，专门负责完成某一任务的成员很可能对业务非常熟练，这将有利于组织取得高的绩效。

确定适当的团队规模，管理者需要在小规模团队优势与实现团队目标所需的资源以及劳动分工的效率之间作一个整体的平衡。例如，在研发团队中，如果成员花在交流信息上的时间比运用这些信息去解决问题和开发新产品的时间还多，则表明团队规模已经太大了。

（2）团队任务

团队所执行任务的类型对确定团队的适当规模具有很大的影响。反映团队任务类型的重要指标是任务关联度（task interdependence），即团队中成员执行任务时相互的影响程度。当团队任务的关联度增加时，将促使团队成员更频繁、更紧密地互动，共同努力提高工作绩效。

① 向心型任务关联（pooled task interdependence）。团队成员为实现团队的目标分别独立地做出贡献时，团队的任务类型称为向心型任务关联。在具有向心型任务关联的团队中，团队成员独立地工作，并不需要频繁地交流，此时大规模的团队会比较有效（如图 12-3 所示）。当管理者按照成员个人绩效对其进行奖励时，向心型任务关联度团队中成员的激励度将达到最高。

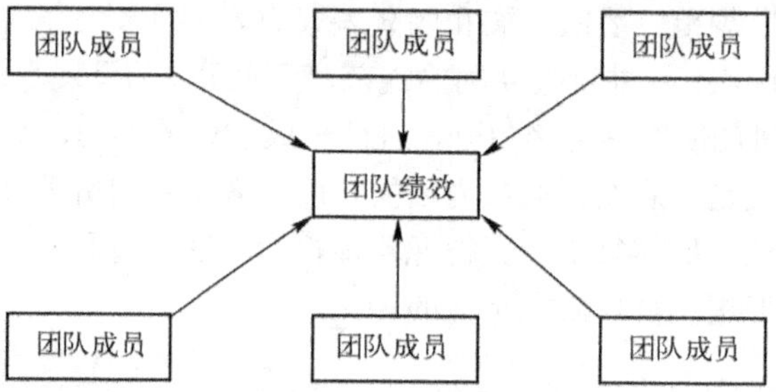

图 12-3　向心型任务关联

② 顺序型任务关联（sequential task interdependence）。当团队成员必须以一定的顺序执行确定的任务时，团队的任务类型称为顺序型任务关联。例如，流水线和大批量生产过程都属于典型的顺序型任务关联。在具有顺序型关联的团队中，团队规模往往由生产过程的需要来决定（如图 12-4 所示）。由于团队成员的绩效依赖于其他成员的任务执行情况，因此识别个人贡献非常困难。团队成员需要向表现差的成员施加压力，促使其改进，以免影响团队的整体绩效。

图 12-4　顺序型任务关联

③ 交互型任务关联（reciprocal task interdependence）。当团队成员的工作成效完全依赖于团队其他成员的工作绩效时，团队的任务类型称为交互型任务关联。研发团队、管理团队及许多自我管理团队的任务关联都是交互型的，团队成员必须共享信息、密切合作、相互协调，以实现团队目标。

在交互型关联的任务状态下，团队应当维持在相对较小的规模，因为随着团队规模的增加，沟通的困难也随之增加，这将削弱团队的绩效（如图 12-5 所示）。在交互型关联的任务状态下，管理者应当根据团队绩效奖励团队全体成员。由于个人的绩效水平难以鉴定，此时以团队绩效为基础的团队奖励有助于确保团队成员受到有效激励，并对团队做出有价值的贡献。

（3）团队角色

角色是对不同的个人应如何行动的不同期望，团队角色（team role）就是根据团队成员在团队中的位置，由他或她来执行的一系列的行为和任务的期望。

在组建团队时，管理者必须就团队对成员的角色期望问题进行清楚的沟通。管理者还必须认识到，当团队的任务和目标发生变化时，团队成员经验和知识增加时，团队的内部角色也会发生变化。

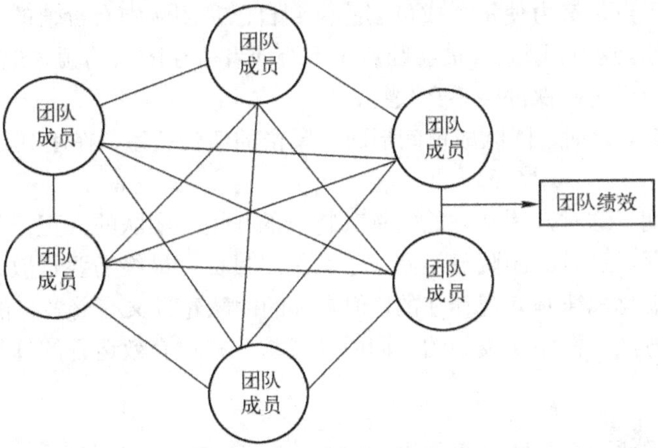

图 12-5　交互型任务关联

在自我管理团队中，团队成员可以自我创造和分配角色，可以自己挑选领导当团队成员创造出了自己的角色时，管理者应当具备提供咨询的能力，提供团队成员自己不能获得的信息、资源和意见。

小资料 12-2　被俘虏士兵的情绪反差

3．团队规范

规范是人们对如何思考和行动的共同认识，因而团队规范（team norms）是大多数团队成员认为应当遵守的行为规则。团队中的规范包括作息时间、信息传播与共享规定、任务流程和规定等。所有的团队都需要规范成员的行为以确保团队实现其目标。

为了确保团队的效率，管理者应当鼓励团队成员发展有助于实现团队目标的规范。保证团队成员能够遵循团队规范需要有以下 3 个基本前提：① 成员主观上认可团队规范所倡导的行为方式；② 成员想仿效他所喜爱的和尊敬的团队成员；③ 奖惩措施对团队成员能够起到作用。

当团队成员违背团队规范时，表明团队已不能有效控制其某个成员的行为，这时团队对产生背离行为的成员可能产生以下 3 种反应：① 设法改变该成员的背离行为并使其重新遵从规范；② 团队可能开除该成员；③ 团队可能改变规范，以便与成员的行为取得一致。

团队成员对规范的背离未必全部都是坏事，反应③表明，对某些不适合的传统规范的背离，反而会引起其他成员的注意，最终引发团队成员对规范的思考并对其进行改进，这时背离行为就产生了积极的作用。

4．团队发展

在形成一个有效的工作小组前，团队成员必须解决几个问题，并经过几个发展阶段。他们必须逐渐了解彼此，理解他们各自的角色，发现适当的和不适当的行为，学习怎样协调他们的工作或社会活动。团队成员一起工作的时间越长，他们能越好地发展共同脑力模型、相互理解力和有效的执行路线来完成工作。根据团队建设的特点，研究者将团队的发展过程大致分为 5 个阶段（见图 12-6）。团队能够取得什么样的成效，很大程度上取决于它的发展阶段。

图 12-6　团队发展的 5 个阶段

第一阶段是组建期。这时，成员们设法相互了解并在对团队的任务和成员角色的理解上达成共识。这个时期的工作重点是努力使每个成员都感觉到自己是团队中有价值的一员。

第二时期是激荡期。这时，团队成员会因意见不合或者争夺团队的领导地位等问题而引发冲突。这一时期的工作重点应当是确保冲突不会失控。

第三时期是规范期。这时，团队成员间形成了紧密的纽带关系，在团队目标和团队角色的认识上达成共识。

第四时期是执行期。这时，团队开始发挥其特殊的作用，团队的真正任务得以实现。

第五时期是休整期。这时，团队已经完成了其最终目标，最终需要解散。

尽管上述的团队演化规律是客观存在的，但具体的团队建设又有着各自的特殊性，管理者需要一个灵活的团队发展方法，在团队发展的不同时期寻求一种更有效运行的途径。

5．团队凝聚力

团队动力的另一重要因素是团队凝聚力（team cohesiveness），即团队对成员的吸引程度和成员对团队的忠诚度，表现为成员在多大程度上受到团队的吸引并愿意留在团队中。有高度凝聚力的团队，其成员以作为团队的一员而感到强烈的自豪，并有强烈的维持成员关系的愿望。当团队凝聚力较小时，其成员对团队漠不关心，几乎没有维持成员关系的愿望。管理者应当努力使他所管理的团队具有适度的凝聚力，因为这样有助于组织取得竞争优势。团队的结构特征和环境特征决定了团队的凝聚力。

团队的结构特征首先是指团队成员之间的相互作用，成员之间的联系越紧密，团队就越有凝聚力；另外是指团队的共同目标，团队成员有共同的目标和方向，会使团队更加团结。团队环境首先是指竞争问题，如果团队与其他团队存在适当的竞争，竞争的压力会使得团队成员一致对外，从而增加团队的稳定性和凝聚力；最后是指团队的声誉，团队成员会因为团队成功以及外人对团队的良好评价而感觉良好，从而增加对团队的忠诚。

团队凝聚力会对团队成员的士气和业绩产生重要作用。一般来说，凝聚力强的团队士气较高，因为成员之间交流较多，集体气氛友好。尽管现在还无法证明团队业绩与凝聚力之间存在着正相关关系，但有统计数据表明，团队凝聚力要通过团队与管理层建立起良好的关系才能够对业绩产生作用。高凝聚力的团队在其成员感觉到管理层的支持时会更有效率，而管理层的反对则会干扰团队的工作努力，于是高凝聚力的团队也会表现不佳。

小资料 12-3
凝聚力与生产力

三、团队的优越性

1．更容易创造集体精神

群体成员之间需要相互帮助和相互支持；以团队的方式开展工作，这样更容易促进成员之间的合作，提高成员的士气；团队规范也很容易创造集体精神，一方面促进成员卓越工作，另一方面创造良好的工作氛围，以提高成员的满意度。

2．更容易提高管理水平

采用团队的管理方式，使高层管理者有更多的机会去思考战略问题。当群体以个体为基础进行工作设计时，管理者往往要花很多时间去处理“例外问题”，而运用团队管理方式，这些问题在团队内部即可解决。

3. 更容易提高决策速度

因为团队是一个人数更少而且工作协作性更强的正式群体，这就意味着团队成员对与工作有关的问题往往知道得更多，而且对问题的发展了解得更详细，因此把决策权下放给团队，能让组织在决策过程中具有更大的灵活性，其反应速度也更快。

4. 更容易提高决策质量

因为团队是由不同背景、不同经历的个体组成的，看问题的广度要比同质群体更大，而且其成员可能共享的经验也更多，因此由不同风格的个体组成的团队的决策质量，要比个体和同质群体的决策质量更高。

5. 能提高工作绩效

现实管理实践中可以发现，团队能有效地提高工作绩效。传统的以个体工作为中心的组织设计，其工作绩效会受到个体及其环境的不确定性影响，而且个体工作方式容易产生浪费及官僚主义作风等。采用团队工作的方式能有效避免这些问题，从而提高工作绩效。

案例 12-7
巴顿军队的共同目标

四、团队管理的重要性

1. 有利于建立共同愿景

由于人的需求不同、动机不同、价值观不同、内心的恐惧不同，团队在组建之初，需要团队成员用大量时间和精力来讨论和完善一个在集体层次和个体层次都能被接受的目标。这个目标一旦被全体成员接受，就会占据领导地位。每个人的工作是这一目标的具体化。共同愿景的建立能够激发出人的“深层热望”，每个人不仅知道自己在做什么，还知道自己为什么要这么做，这样才能充分发挥自己的潜力并主动合作，从而团队才能获得协同效益。

2. 有利于严守纪律规范

组织在团队建设过程中，过于追求团队的亲和力和人情味，会使严明的团队纪律阻碍团结，导致管理制度的不完善。比如，在一个班级，某个学生没能按期完成某项学习任务或者违反了学校某项具体的规定，但他并没有受到相应的处罚，或者处罚根本无关痛痒。从表面上看，这个团队非常具有亲和力，事实上，对问题的纵容或失之以宽会使这个成员产生一种“其实也没有什么大不了”的错觉，久而久之，贻害无穷。

严明的纪律不仅是维护团队整体利益的需要，在保护团队成员的根本利益方面也有积极意义。

3. 有利于合理分配角色

如果将团队精神理解为集体主义，并简单地与个人英雄主义对立起来。这样会导致团队成员的个性创造和个性发挥被扭曲和湮没。而没有个性，就意味着没有创造，这样的团队只有简单复制功能，而不具备持续创新能力。团队精神的实质不是要团队成员牺牲自我去完成一项工作，而是要充分利用和发挥团队所有成员的个体优势去做好这项工作。因此，团队中合理的分配好每个成员的角色，使他们各尽所能，不仅可以发挥每个人的积极性，也可以提高其创造性。

五、创建高效能团队

1. 高效能团队的特征

团队形式本身并不能自动提高生产效率，因此要使团队成为一个高效能的团队，就必须使团队具有高效能团队的特征。

① 清晰和开放的目标。高效能团队对所要达到的目标应该有清晰的认识，管理者应该提供信息和资源给团队，并帮助团队做出正确决策。当团队成员认同目标时，目标还会成为成员的重要激励因素。因此在高效能团队中，成员愿意为目标做出承诺，而且非常清楚他们能为团队完成什么工作以及如何完成。

② 相关的工作技能。通常团队是由管理者、专家、工人甚至后勤人员这些不同背景、不同经历的人组成的，因此高效能团队的成员应该在能力上互补，相互之间有良好的合作，从而使得团队具有实现理想目标所必需的技术和能力。

③ 相互信任。成员之间相互信任是高效能团队的显著特征，也就是说，高效能团队的成员对各自的品行和能力深信不疑，这种信任为团队提高工作绩效和决策质量提供了非常好的心理基础。

④ 一致的承诺。高效能团队成员对团队表现出高度的忠诚和承诺，为了让团队获得成功，他们愿意做更多的工作。这种承诺的基础是团队成员的认同感，他们把团队的成功与自己个人的成功联系在一起，愿意为团队的目标发挥自己的最大潜能。

⑤ 良好的沟通。在高效能团队中，沟通是必不可少的条件之一。要建立相互的信任和一致的承诺，言语和非言语的沟通都是非常重要的，而且管理者和团队之间良好的信息反馈也是沟通的重要环节，有助于管理者指导团队成员的行动。

⑥ 克服冲突的技能。高效能团队中也会存在冲突，不同的人对同样的问题可能有不同的理解，所以与沟通同样重要的就是克服冲突的技能。谈判是克服冲突经常采用的方式。团队成员的角色非常多变，而且在不断调整，这意味着成员需要有高超的谈判技能，通过沟通和谈判达到充分的理解和信任，最终克服冲突。

⑦ 恰当的领导。有效的领导能够让团队成员度过最艰难的时期，因为他能够在成员之间建立资金周转的机遇，也能够为团队提供指导和支持，为团队的发展引进变革和激励。恰当的领导是高效能团队建设中非常重要的因素之一。

⑧ 内外部支持。上述特点都是高效能团队的内部特征，还有一个重要的外部特征就是它的支持环境。这种支持环境包括内部的组织环境和外部环境。内部的组织环境是指团队内部要有合理的基础结构和工作设计，同时应该拥有一套公平的评估和奖励机制和起作用的人力资源系统，而恰当的外部支持是指管理层应该能提供完成工作所需要的所有资源，只有内部管理环境公正和合理，外部环境支持充分，团队的绩效才能大幅度提高。

案例 12-8 宝钢构建的“超级团队”

2．创建高效能团队的步骤

创建一个高效能团队并不是一件非常容易的事情，建立一个以团队为基础的组织需要对现有的管理体制进行非常大的调整。

创建高效能团队的步骤如下：

① 准备工作。管理者必须明确团队的任务和性质，尤其要明确高效能团队的目标和职权，没有工作任务、目标和使命，是不可能创建高效能团队的。

② 创造条件。创建一个团队运行所需要的环境包括组织环境、资源环境和工作环境。高效能团队的工作需要多种条件同时具备。

③ 形成团队。管理者首先要挑选合适的团队成员，团队成员的年龄、经验和教育背景都是需要仔细考虑的；其次要让团队成员接受团队使命与目标，团队成员对团队使命没有承诺是不可能建设高效能团队的；最后要公开团队职责和权力，确保团队的自主管理和自我责任。

④ 提供持续支持。团队运行需要各种条件的配合，也需要得到管理者的持续支持。

3. 开发高效能团队的具体措施

不同的研究者对开发高效能团队的具体建议可能不尽相同，但通常的开发措施如下：

① 保持最佳规模。最好的工作团队规模一般比较小。如果团队成员多于 12 人，他们就很难顺利开展工作。他们在相互交流时会遇到许多障碍，也很难在讨论问题时达成一致。一般来说，如果团队成员很多，就难以形成凝聚力、忠诚感和相互信赖感，而这些却是高绩效团队所不可缺少的。所以，管理人员要塑造富有成效的团队，就应该把团队成员人数控制在 12 人之内。如果一个自然工作单位本身较大，又希望达到团队的效果，那么可以考虑把工作群体分化成几个小的工作团队。

② 正确选拔成员。要想有效地运作，一个团队需要三种不同技能类型的人。第一，需要具有技术专长的成员。第二，需要能够发现问题、提出解决问题的建议，并权衡这些建议，然后做出有效选择的成员。第三，团队需要若干善于聆听、反馈、解决冲突及其他人际关系技能的成员。如果一个团队不具备以上三类成员，就不可能充分发挥其绩效潜能。对具备不同技能的人进行合理搭配是极其重要的。一种类型的人过多，另两种类型的人自然就少，团队绩效就会降低。但在团队形成之初，并不需要以上三方面的成员全部具备。在必要时，一个或多个成员去学习团队所缺乏的某种技能从而使团队充分发挥其潜能的情况并不少见。

③ 分配角色以及增强多样性。人们的人格特质各有不同，如果员工的工作性质与其人格特点一致，其绩效水平就容易提高。就工作团队内的位置分配而言，也是如此。团队有不同的需求，挑选团队成员时，应该以员工的人格特点和个人偏好为基础。

高绩效团队能够给员工适当地分配不同的角色。例如，长期使球队保持赢势的篮球教练知道如何挑选富有前途的队员，识别他们的优势和劣势，并把他们安排到最适合发挥他们才能的位置上，使他们能为球队做出最大贡献。这种教练能够认识到，一个取胜的球队需要具有多种技能的成员，如控球手、强力得分手、三分球球手等。成功的球队具有能够胜任关键位置的球员，并能在了解球员技能和爱好的基础上，把他们配置到各个位置上。

有研究指出，在团队中人们通常扮演 9 种潜在的团队角色，下面简要描述这 9 种角色位置，并考察它们对于塑造高绩效团队的意义。

<1>创造者 - 革新者：一般来说，这种人富有想象力，善于提出新观点或新概念，他们的独立性强，喜欢自己安排工作时间，按照自己的方式、节奏进行工作。

<2>探索者 - 倡导者：他们乐意接受、支持新观念。在创造者 - 革新者提出新创意之后，他们擅长利用这些新创意，并找到资源支持新创意。他们的主要的弱点是，他们不一定总是有耐心和控制力来使别人追随新创意。

<3>评价者 - 开发者：他们有很高的分析技能。在决策前，如果让他们去评估、分析几种不同方案的优劣，是再合适不过了。

<4>推动者 - 组织者：他们喜欢制定操作程序，以使新创意成为现实。他们会设定目标、制定计划、组织人力、建立起种种制度，以保证按时完成任务。

<5>总结者 - 生产者：与推动者 - 组织者相似，他们也关心活动成果。但他们的着眼点主要在于坚持必须按时完成任务，保证所有的承诺都能兑现。他们引以为荣的事情是自己生产的产品合乎标准。

<6>控制者 - 核查者：这种人最关心的事情是规章制度的建立和贯彻执行。他们善于核查细节，并保证避免出现任何差错。他们希望核查所有事实和数据。

<7>支持者 - 维护者：这种人对做事的方式有强烈的信念。他们在支持团队内部成员的同时会积极地保护团队不受外来者的侵害。他们对团队而言非常重要，因为他们能够增强团队的稳定性。

<8>汇报者 - 建议者：他们是很好的听众，而且不愿把自己的观点强加于人。他们愿意在做出

决策之前得到更多的信息。因此，他们在鼓励团队做决策之前充分收集信息而不是匆忙决策方面，起着非常重要的作用。

<9>联络者：与其他角色有重叠，上述 8 种角色中的任何一种都可以扮演这种角色。联络者倾向于了解所有人的看法，他们是协调者，是调查研究者。他们不喜欢走极端，而是尽力在所有团队成员之间建立起合作关系。他们认识到，其他团队成员可以为提高团队绩效做出各种不同的贡献；尽管可能存在差异，他们仍会努力把人和活动整合在一起。

如果强迫人们去承担以上各种角色，大多数人能够承担得起任何一种角色，但人们非常愿意承担的通常只有两三种。管理人员有必要了解个体能够给团队带来贡献的个人优势，根据这个原则来选择团队成员，并使工作任务分配与团队成员偏好的风格相一致。通过把个人的偏好与团队的角色要求适当匹配，团队成员就可能和睦共处。开发这种框架的研究者认为，团队不成功的原因在于具有不同才能的人搭配不当，导致在某些领域投入过多，而在另一些领域投入不够。

案例 12-9
丰田的“接力团队”

④ 澄清目标。成功的团队会把他们的共同目的转变成为具体的、可以衡量的、现实可行的绩效目标。前面曾介绍过，目标会使个体提高绩效水平，目标也能使群体充满活力。具体的目标可以促进明确的沟通，还有助于团队把自己的精力放在达成有效的结果上。

⑤ 适当的绩效评估和奖励方式。怎样才能使团队成员在集体和个人两个层次上都具有责任心呢？传统的以个人导向为基础的评估和奖酬体系必须有所变革，才能充分地衡量团队绩效。个人绩效评估、固定的小时工资、个人激励等与高绩效团队的开发是不一致的。因此，除了根据个体的贡献进行评估和奖励之外，管理人员还应该考虑以团队为基础进行绩效评估、利润分享、小群体激励及其他方面的变革，来强化团队的奋进精神和承诺。

⑥ 鼓励参与决策。团队成员参与决策影响他们对决策结果的承诺，也使决策结果比较容易得到执行，因此必须鼓励成员参与决策

⑦ 提供支持。应当让成员完全相信他们具备解决问题的能力、相信他们能及时得到解决问题所需的一切支持。

⑧ 激发士气。高效团队的成员往往分别独立负责工作的某方面，因此工作压力会比较大，管理者要随时注意激发他们的士气，使他们充满信心

⑨ 培养相互信任的精神。高效能团队的一个特点是，团队成员之间高度信任。也就是说，团队成员彼此相信各自的正直、个性特点、工作能力。但是，从个人关系中不难知道，信任是脆弱的，需要很长时间才能建立起来，却又很容易被破坏，破坏之后要恢复又很困难。另外，信任会带来信任，不信任会带来不信任，要维持一种信任关系就需要管理人员处处留意。

一项研究为信任这个概念区分了 5 个维度。

❖ 正直：诚实、可信赖。

❖ 能力：具有技术技能与人际知识。

❖ 一贯：可靠，行为可以预测；在处理问题时的判断力。

❖ 忠实：愿意维护和保全别人的面子。

❖ 开放：愿意与别人自由地分享观点和信息。

就团队成员之间的信任关系而言，研究发现，这 5 个维度的重要程度是相对稳定的，通常其顺序是：正直→能力→忠实→一贯→开放。而且，正直程度和能力水平是判断一个人是否值得信赖的两个最关键的特征。一般人把正直看得很重，因为如果对别人的道德性格和基本的诚实缺乏把握，信任的其他维度就没有意义了。能力水平也被看得很重，原因是团队成员为了顺利地完成各自的任

务，需要与同伴进行相互作用。

⑩ 团队领导与结构。目标决定了团队最终要达成的结果。但高绩效团队还需要领导和结构提供方向与焦点。例如，确定一种大家认同的方式，就能保证团队在达到目标的手段方面团结一致。

在团队中，对于谁做什么和保证所有的成员承担相同的工作负荷等问题，团队成员必须取得一致意见。团队需要决定的问题还有：如何安排工作日程，需要开发什么技能，如何解决冲突，如何做出和修改决策，如何决定成员具体的工作任务内容，并使工作任务适应团队成员个人的技能水平。

所有这些，都需要团队的领导和团队结构发挥作用。有时，这些事情可以由管理人员直接来做，也可以由团队成员通过扮演探索者－倡导者、推动者－组织者、总结者－生产者、支持者－维护者、联络者等角色来做。

⑪ 承认和回报重大贡献。高效能团队成员也需要得到支持和认同，因此承认和回报他们的重大贡献，对他们是最具激励作用的行为。

第五节　组织中人的行为

一、行为的产生

人们的一切行为活动都是为了满足自己的某种需要，需要是职工行为产生的根本动力和源泉。需要会转化为动机促使人去行动以实现需要的满足。动机是职工行动的直接动力。管理中最重要的问题是如何调动人的积极性。管理者要解释人的行为，分析人的积极性的原因，实行有效的管理，首先就必须了解人的需要、动机及其规律性。只有这样，才能有效激发员工的行为，提高职工的积极性。激励的功能作用在于激发动机形成和鼓励行为进行。对需要、动机和激励的研究来源于组织行为学和管理心理学，在管理学中，这些知识也是我们进一步理解如何进行领导职能管理的基础。

1. 需要

（1）需要的含义

所谓需要，是个体对其生存和发展的内外环境感到缺乏的一种心理现象。它既是一种主观状态，也是一种客观要求的反映。人的一生就是不断地产生需要、满足需要、再产生新的需要的生命过程。人在不断追求需要、满足需要的过程中产生出行动的动力和积极性。

人的需要是多种多样的。较为常见的划分是根据需要的来源将人的需要划分为自然性需要、社会性需要和心理性需要。自然性需要又被称为生理需要，主要是指进食、排泄、睡眠和性的需要等。社会性需要是指人们对交往、娱乐、教育和劳动等方面的需要。心理性需要主要指受尊重、美的享受、感情交流等方面的需要。随着物质文化水平的提高，这方面的需要越来越受到人们的重视。需要是以其强度、性质与满足方式对人的工作动机产生相应影响的。需要的强度越强，个体产生的行为驱力越大，反之，个体的行为驱力越小。而行为维持的时间长度主要取决于需要的性质，即追求高层次的需要（成功、尊重、理想、信念等）会使人的行为更长久，即使在追求需要满足的过程中遭遇坎坷，行为也不易受到影响。而追求低层次需要（饱、暖、睡眠等）则使得人的行为维持时间较短，在需要得到满足的时候，对工作动机产生的影响就大大减弱或消失。需要如果能够在工作中得到满足，则个体在工作中的积极性能够激发出来。反之，如果需要不能在工作中得到满足，则个体的工作积极性就会降低。

（2）需要的分类

① 外在性需要：不能在工作活动本身中求得满足，能满足它们的资源存在于工作之外，控制在组织、领导与同事手中，因而工作是手段性的，如金钱和表扬（分别为物质性与精神性的）。

❖ 物质性需要：如工资、奖金、福利等。

❖ 社会感情性需要：如上级和同事给予的信任、尊重、关怀、友谊、表扬、认可、赏识、自主权等较抽象、较精神性的需要。

② 内在性需要：能在工作活动本身的体验中求得满足，满足它们的资源就存在于工作之中，不直接掌握在工作以外的环境之中，充其量环境只在是否提供条件上具有某种间接影响力，因而工作是有目的的，如领会工作活动中的趣味及任务完成时的成就感等（都是精神性的）。

❖ 过程导向性的内在性需要：这种需要可单纯地在工作活动中得到满足。如由于工作活动有趣而得到的快感，工作具有挑战性而感受到因有机会使用自己的聪明才智、发挥个人潜能使自己得到锻炼与提高所产生的兴奋、愉快等。

❖ 结果导向性的内在性需要：指对工作取得积极成果，从而体验到某种成就感、贡献感和自豪感的追求，这只有在完成任务之后才能获得。

2．动机

（1）动机的概念

所谓动机，就是激发和推动人们从事某种活动并将活动导向一定目标的行为动力。人的行为总是由一定的动机引起的。因此，我们在生活中喜欢将一个人表现出来的行为进行归因，判断其行为动因，这个过程也就是寻找动机的过程。

动机是如何产生的呢？动机的产生首先是个体由于缺乏的存在而产生需要，需要使人产生欲望和驱力，不过这时的驱动力只是一种状态，只有满足需要的目标出现的时候，驱力有了特定的指向目标并在相应的环境下才会转化成动机。动机最终能够引发个体的行动去达成目标。目标达成后，机体会处于一种暂时的平衡状态，当新的需要产生的时候，又可能会产生新的行为动机。动机的产生依赖两方面的条件：一是内在条件，即个体缺乏某种东西而产生的需要（欲望），由身心的不平衡产生的紧张状态和不舒服；二是外在条件，即满足需要的外在刺激物的特性，如食物的色、香、味，成功带来的鲜花和掌声等。人的动机是多种多样的。不同的人有不同的动机，同一个人的动机也是多种多样的，而且处于不断的变化当中。根据来源不同，动机可分为自然性动机和社会性动机。自然性动机主要是由生理和生存需要引起的动机，如求食动机、其他本能行为动机。社会性动机是由社会性需要引起的动机。

社会性动机是社会生活过程中形成的，体现了社会的规约、习俗和道德要求，因此具有好坏之分，凡是符合社会要求的动机是好的，不符合社会要求的动机是不好的。根据强度差别，动机可分为主导动机和辅助动机。多种动机存在的时候，最强的动机称为主导动机，其他动机称为辅助动机。主导动机对人的行为起着支配作用，辅助动机服从于主导动机。也有的将动机分为内在动机和外来动机两种。内在动机的驱动力来自于机体内部，是机体本身固有的，如求食的动机、求生的动机、避寒暑的动机；外来动机的驱动力来自于外部，是由外来因素引起的动机，如体育竞赛、义务劳动、舍身救人、拾金不昧等。

（2）动机的分类

① 按动机的社会意义，分为正确动机、不正确动机。

② 按动机在活动中的作用大小，分为主导动机、辅助动机。

③ 按动机的内容，分为生理动机、心理动机。

④ 校动机在时间上的长短及与活动目标的关系，分为近景性动机、远景性动机。

⑤ 按动机在活动中所针对的对象，分为个人性动机、社会性动机。

3．行为

（1）行为的概念

行为是指有机体在环境影响下所引起的内在生理和心理变化的外在反应。换言之，行为就是人类在生活中所表现出来的一切动作的统称。德国心理学家勒温提出了著名的行为公式：

$$B=f(p, e)$$

式中：B—人的行为；p—内在因素；e—外在因素。

上式表示，人的行为是人的内在因素和外在因素相互作用的函数。内在因素是根本，起决定作用；外在因素是条件，起导火线作用。

案例 12-10
上上下下的启示

（2）行为的种类

① 意识行为：人的特定意识的外在表现，是人的主动的、可控制的向特定目标的行为。

按行为主体，行为分为个体行为、群体行为、领导行为、组织行为。

按行为目的，行为分为日常生活行为、学习行为、工作行为。

按行为的自愿程度，行为分为自觉行为、从众行为、强制行为。

按行为涉及的领域，行为分为管理行为、政治行为、社会行为、竞争行为。

② 无意识行为：人在不受意识控制的情况下发生的行为确目的，也不需要特别控制，如人在熟睡时说梦话、梦游、呼吸、眨眼等。

管理学研究的是意识行为。

4．需要、动机与行为的关系

人的行动是从需要开始的。当人产生某种需要时，会出现一种紧张的心理状态，在遇到能满足需要的特定目标时，这种紧张的心理状态就能推动人去进行某项活动。当达到目标时，紧张的心理状态就会消除，需要得到满足。一种需要满足了，又会有新的需要产生。这样周而复始地发展下去，从而推动人去从事活动，达到一个又一个的目标。这就是需要、动机和行为的关系，也是需要、动机和行为的一般规律。

需要、动机和行为三者之间的关系，概括地说就是，需要产生动机，动机促成行为出现和持续，以实现需要的满足。其中，需要是导火线，是前提；动机由需要引起，又是行为的推动力量；行为由动机促成，又是满足需要的途径。另外，人的需要是不断变化的，旧的需要满足后，又会有新的需要产生。因此，需要产生动机，动机促成行为出现和持续，以实现需要的满足。可见，它们之间的关系是一种链条式的关系。需要、动机与行为三者形成的链条是首尾衔接并不断循环往复的，否则生命活动就会中止，如图 12-7 所示。

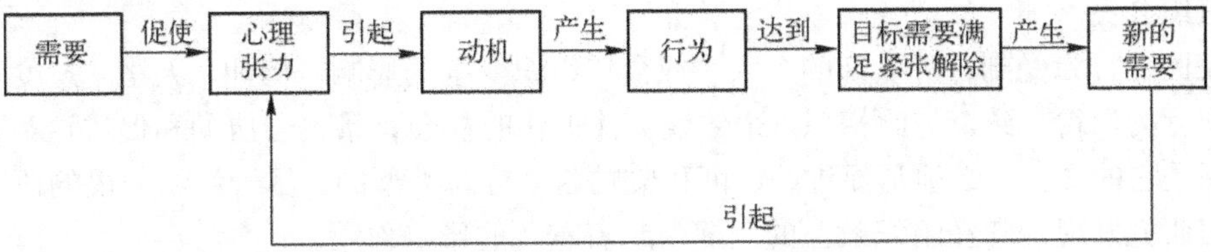

图 12-7　需要、动机和行为关系示意图

二、组织中的行为类型

在分析了个体差异如何影响组织中的行为之后，我们将注意力转向组织环境中的行为。组织环境中的行为（workplace behavior）是组织成员直接或间接影响组织效益的行为模式。重要的工作环

境中的行为包括绩效行为、退缩行为、公民贡献行为和机能障碍行为。

1. 绩效行为

绩效行为（performance behavior）是组织期望个体表现出来的同工作相关的行为的总和，它们源自心理契约。某些职位可以对绩效行为作出狭窄的定义和测量。例如，装配线传送带上安装部件的工作绩效行为相对较少，只要留在装配线上准确安装就可以了，然后通过计算准确安装部件的百分比评估其绩效。对于其他许多职位，绩效行为更加分散和难以评估，如默克公司的研发科学家，科学家在实验室工作，努力发现具有商业潜力的科学突破。科学家必须运用读研究生时学到的知识和以前研究工作的经验。直觉和创造性也是重要的因素。期望的突破可能需要数月甚至数年的时间才能获得。组织需要运用许多不同的方法进行绩效评估。当然，关键是将评估机制同工作匹配起来。

2. 退缩行为

缺勤和离职是退缩有关的行为。缺勤（absenteeism）是个体不出现在工作场所的行为。其原因可能是合法的或伪造的。缺勤员工的工作无法完成，可能需要另请他人。这会造成实际产出的数量和质量下降。显然，缺勤是不可避免的，组织所关心的是如何令伪造的缺勤最少化和尽可能减少合法的缺勤。高缺勤率也是出现其他问题的症状，如职位不满意和士气低落。

离职（turnover）是指人们离开他们的职位。替代离职的个体通常会增加组织的成本，如果离职的是生产力特别高的员工，则组织的成本更高。离职是由许多因素促成的，包括职位的特点、组织、个体、劳动力市场和家庭影响。一般来说，人职匹配不佳也是一个常见的原因。劳动力短缺导致许多组织离职率提高。

直接的离职管理往往很困难，即使在注重奖励绩效的组织也是如此。当然，某些离职是不可避免的，有时甚至是组织所期望的。例如，如果组织打算减少人手降低成本，则自愿离职比不得不终止合同要好得多。此外，如果选择离职的是低绩效的员工或职位不满意程度较高的员工，组织也会从这种离职中获益。

3. 公民贡献行为

公民贡献行为（organizational citizenship）是员工对组织具有整体积极性贡献的行为。如果一位员工的工作在数量和质量上都是可接受的，但是他拒绝加班，不帮助新人掌握工作诀窍，除了严格意义上的工作之外不愿意为组织做任何贡献，那么尽管他是一位有绩效的员工，但却不是一个好的组织公民。

另一位员工的工作绩效与该名员工相仿，但只要老板要求，他总是加班到很晚，愿意花时间帮助新人，令人感到他对组织的成功负有承诺。尽管此人的工作绩效并不比上面的员工更高，却是一名更好的组织公民。

组织公民的行为受到各种复杂的个人、社会和组织变量的影响。例如，人格、态度和个体需求必须同组织行为取得一致。与此相似，个体或群体工作的社会背景也会协助和促进这类行为。组织本身，特别是它的文化，必须是促进、认可和奖励这些行为类型的。尽管组织公民的研究还处于早期阶段，但研究发现，它在组织效益的发挥中起着重要的影响作用。

4. 机能障碍行为

机能障碍行为（dysfunctional behaviors）是对组织造成减损而不是贡献的行为。最常见的两种机能障碍行为是前面讨论过的缺勤和离职。其他机能障碍行为可能对组织造成更大的损失。盗窃和破坏造成直接的经济损失，性骚扰、种族歧视带来直接的（侵害赔偿）和间接的（士气低落、恐惧和有价值员工的流失）损失，还有同政治化的行为、在组织中有意误导他人、散布不怀好意的谣言和类似的行径。工作场所暴力也日渐引起了组织的关心，每年都会因此而造成伤亡。

本章小结

① 组织中个体的行为对于管理者具有重要的意义。在讨论个体行为之前先要了解从古到今，管理实践中对人性假设的发展，掌握目前对人性的最新理解。

② 人格是构成人与人之间相互区别的一组相对稳定的心理特性。“大五”人格特质包括宜人性、责任性、神经质、外向性和开放性。

③ 态度由情绪成分、认知成分和意向成分构成。人格是相对稳定的，而某些态度却是比较容易形成和改变的。另一些态度则较为稳定。工作满意或不满意和组织承诺是重要的与工作相关的态度。

④ 知觉是个体意识和解释环境信息的一组过程。基本的知觉过程包括选择性知觉和刻板印象。知觉与归因有密切关联。

⑤ 能力是人们成功地完成某种活动所需的个性心理特征，是人们成功地完成某种活动的必要条件。并不是所有的个性心理特征都能被称为能力，只有那些直接影响活动的效果成为完成某种活动的基本条件的心理特征，才能被称为能力。

⑥ 群体是指两个或两个以上相互作用、相互依赖的个体，为了实现某一特定目标而组成的集合体。

⑦ 按照是否由组织设定、是否有明确分工和具体工作任务等运行规则来进行区分，群体可以划分为正式群体和非正式群体；根据相互关系的远近区分，群体可以划分为初级群体和次级群体；根据个体的归属，可将群体划分为实属群体和参照群体。

⑧ 尽管大多数群体总是处于不断变化中，但群体发展大致会经历五个阶段，分别是形成、震荡、规范、执行和解体阶段。对于有明确截止时间的临时性群体来说，其形成和发展可以用间断平衡模型来解释。

⑨ 群体运作的方式以及最终体现出的群体效率都取决于一系列的群体特征和过程，这些群体特征和过程统称为群体动力。群体动力的一些关键要素有群体成员的资源、群体规模、施加于群体的外界条件以及群体任务等。虽然员工参与决策似乎更有道理——这样当员工了解他们的任务，寻找自主性和控制感时，他们会受到更多的激励，但研究表明，员工参与决策效果并不明显，因此群体的决策并不总是比个体决策的质量要高。

⑩ 群体思维是指群体更看重决策制定的过程，而不是更看重决策制定的质量。群体思维可能导致非常严重的后果，应该尽量避免这种思维的出现。群体偏移是指群体要比个体决策更为极端化——不论是谨慎还是冒险都是如此。

⑪ 团队通常是指一小群人彼此有着互补的技能，他们互相结合在一起，共同完成一个目标。团队和工作群体的区别在于它的工作类别、权威性和奖励机制不同。团队的类型非常多，其中自我管理团队被认为是迎接未来发展最重要的类型。

⑫ 团队形式在各组织中迅速普及，这是因为团队具备其优越性：团队能创造团队精神；使管理者有时间进行更多的战略性思考；加快决策速度；提高团队决策质量并且通常会提高绩效。

⑬ 团队管理的重要意义在于：有利于建立共同愿景；有利于严守纪律规范、有利于合理分配角色。

⑭ 团队形式本身并不能自动提高生产效率，因此要使团队成为一个高效能的团队，就必须使团队具有高效能团队的特征：明确的目标；成员具备相关的技能；成员之间相互信任；一致的承诺；良好的沟通；有效的谈判技能以及恰当的领导。管理者应该清楚管理与开发高效能团队的问题，按照团队建设的原则来更好地发展高效能团队。

⑮ 需要是个体对其生存和发展的内外环境感到缺乏的一种心理现象。

⑯ 动机就是激发和推动人们从事某种活动，并将活动导向一定目标的行为动力。

⑰ 行为是指有机体在环境影响下所引起的内在生理和心理变化的外在反应。

⑱ 需要、动机和行为三者之间的关系，概括地说就是，需要产生动机，动机促成行为出现和持续，以实现需要的满足。其中，需要是导火线，是前提；动机由需要引起，又是行为的推动力量；行为由动机促成，又

是满足需要的途。

⑲ 组织环境中的行为是组织成员直接或间接影响组织效益的行为模式。这些行为有绩效行为、退缩行为、公民贡献行为和技能障碍行为。

重要概念

人性假设	人格	能力
知觉	态度	群体
群体结构	群体规模	角色
地位	群体构成	团队
团队动力	团队规范	团队凝聚力
团队管理	高效能团队	需要
动机	行为	绩效行为
退缩行为	公民贡献行为	机能障碍行为

习 题 12

1. 把人定义为“经济人”的现象在当今社会还存在吗？谈谈你的看法。
2. 试述“自我管理人”观点在当代管理环境中的意义。
3. 什么是人格大五模型？其中哪一项对绩效的影响最大？
4. 在组织管理中如何管理具备不同能力的员工？
5. 简述造成刻板印象的原因。
6. 举例说明态度的三项成分是如何影响工作满意度的。
7. 请举例说明群体和非群体的区别。
8. 个人加入群体的动机有哪几方面？
9. 群体结构的组成部分有哪些？
10. 团队形成的阶段有哪几个？
11. 团队动力的作用因素有哪些？
12. 比较不同类型的工作团队，并分析在所有的工作团队中，哪一种工作团队的效能最高。
13. 简述团队管理的重要性。
14. 高效能团队有什么特征？如何建设和管理高效能团队？
15. 分析你在不同的年龄阶段不同的需求和行动。
16. 人们在组织环境中有哪些类型的行为？哪些是积极的？哪些是消极的？

案例分析

成功的大学生营销团队

在中国人寿保险股份有限公司北京市分公司，有一支完全由大学生组成的新型营销团队，这就是直属销售部。截止到2010年6月，这支以“高学历、高素质、高产能、高绩效、高收入”为追求目标的“五高型”团队，持证人力已达到274人，团队平均年龄为27岁，91%的人具有本科以上学历，其中具有硕士学历和海外留学经历的有22人。团队现有主管28人，初级以上理财师180人，团队留存率达到79.8%。

（1）充满艰险的挑战

“组建团队之初，直属部就我一个人。随着工作的展开，几乎所有的角色我都要扮演，领导、员工、讲师、组训、保安，既要组织说明会，又要招聘新员工，甚至连职场的布置装修也得亲自考虑。”营销团队组建者黄华兵回忆起来，心中感慨万千。“2006 年下半年，直属部只有 60 个人，还且很不稳定，业绩也不理想。当时最突出的反映就是前期市场调研不够充分，对于困难预估不足，而且筹建初期，许多大学生从业经验少，自我定位过高，不符合营销员成长规律，这也造成了人员难增、不好培养、团队浮躁波动等现象。”

面对困难，黄华兵一方面多方寻求上级领导的信任与支持；另一方面全心投入工作。随着团队发展新思路的确立，全体营销人员也变得坚韧而沉着起来。2007 年，直属部团队建设慢慢走出了低谷，人员达到 105 人，业绩也向着良性发展。黄华兵认为：“直属部能够顺利度过危机，一是我们得到了公司党委总经理室的亲切关怀和正确指导；二是大家不抛弃不放弃，迅速调整发展思路，进一步明确发展方向，从而逐步扭转了被动局面，探索出了一条具有中国人寿特色的高端团队之路。”

（2）目标：“五高型”团队

随着中国保险业的高速发展，市场细分程度日益精深，高端客户因其巨大的发展潜力和业务价值成为了各家寿险公司争夺的目标客户，也成为公司销售渠道制胜的关键。面对严峻的市场挑战，北京市分公司确定了直属部的人才发展愿景：建立一套未来可以复制的营销团队日常经营与管理体系，建立一支能开拓和服务于中高端客户的高素质销售团队，培养一批有利于北京分公司销售渠道持续健康发展的营销主管和管理人才。

围绕上级的定位要求，黄华兵制定了详细的高端团队建设 5 年规划，还提出直属部在 5 年内一定要实现投入产出持平。为实现这一目标，黄华兵的目标是把高端团队建设成为一支“高学历、高素质、高产能、高绩效、高收入”的“五高型”团队，并把“高绩效”和“高收入”作为团队经营的核心重点，用高产能锻造人，以高绩效成就人，用高收入留住人。

直属部业务发展，团队也进一步壮大。“这几年来，我们工作的重心就是从实际出发，从基础工作入手，以业绩的增长培植大家的自信心和荣誉感，不好高骛远，不建空中楼阁，重视与加强团队精神建设，团队的向心力有了，营销人员有了安全感，别的工作也就相对容易了。”黄华兵这样看待直属部的进步与成长。

（3）梦想与激情

当前的保险市场竞争依然激烈，保险销售工作依然不被大多数人认同，这些高学历、高素质的年轻人承受着可能比他们同龄人更大的挫折与压力。然而，我们在这里看不到灰心与沮丧，看不到失败与气馁，更多是积极向上、越挫越勇的拼搏精神。属部从无到有、从小到大、从弱到强，已经逐渐形成了以“诚信、感恩、执行、专业”为核心的团队文化。从职场四周的布置甚至墙壁上一些团队建设征文的收集，都能让人感受到那种活跃而温馨的气氛。

执行第一，荣誉最重。执行文化是高端团队文化的核心价值体现，直属部在执行公司党委、总经理室的战略决策上一直全力以赴，不折不扣。他们以公司大局为重，以执行任务为本，以达成目标为荣，建立符合“五高型”团队特点的高执行力文化。不论外部环境如何变化，困难有多大，黄华兵都要求团队中的每个人都要积极应对，切实履行本职，达成各职级目标。通过历次竞赛的检验，尤其是去年第四季度专项产品竞赛，伙伴们深刻体验到了团队统一思想，高效执行为部门和个人带来的荣誉感和成就感，执行文化也进一步得到认可。

（4）改变一个群体的形象

“业绩王”田佳欣认为：“寿险营销就是一种创造奇迹与神话的工作，最关键的是我们要怀有梦想。”新人杨旭进入司才一年多，但业绩已经很可观，他说：“我感觉公司给我展业中的支持很大。”杨丽玲则感慨：“团队的凝聚力才是最大的财富，它能够让我们每一个人都鼓起信心。”在激烈的市场竞争中，黄华兵带领团队经历了残酷竞争的洗礼，团队也历经风险的无情考验。但他在工作中处处以身作则、率先垂范，用先进的管理方法管理团队，用奋进的精神激励团队，从而带出了一支敢打硬仗、精细严明、勇于争先的年轻的高端团队，成为中国人寿北京分公司一支崭新的有生力量。在他的带领下，直属销售部的伙伴们多次获得市公司的各项表彰，部门曾荣获2008 年度北京分公司“先进单位”、“销售诚信建设先进集体”、“人力增长先进集体”和“FYP增长先进集体”等荣誉称号，并被总公司评为“2008年度青年文明号”单位。

“雄关漫道真如铁，而今迈步从头越。”在经历了建部初期的艰辛困苦之后，黄华兵表示，直属销售部未来的路还很长，更多新的问题和矛盾将会不断显现，但不管任务如何艰巨，前进的道路上有什么样的困难，他将一如既往地带领直属销售部向着更高的目标进发，“知难而进，迎难而上，奋发进取，勇争第一”，永远是团队和他共同的信念，这既是公司的要求，也是直属销售部生存与发展的必然选择。

资料来源：东方财富网站 http://www.eastmoney.com

思考题：

1. 请总结黄华兵带领的“五高型”团队中值得我们学习的团队文化。
2. 你认为，这个年轻的团队在今后的发展中还会遇到什么样的挑战？当前应做好什么准备？

第 13 章

领导理论与领导方法

学习导图

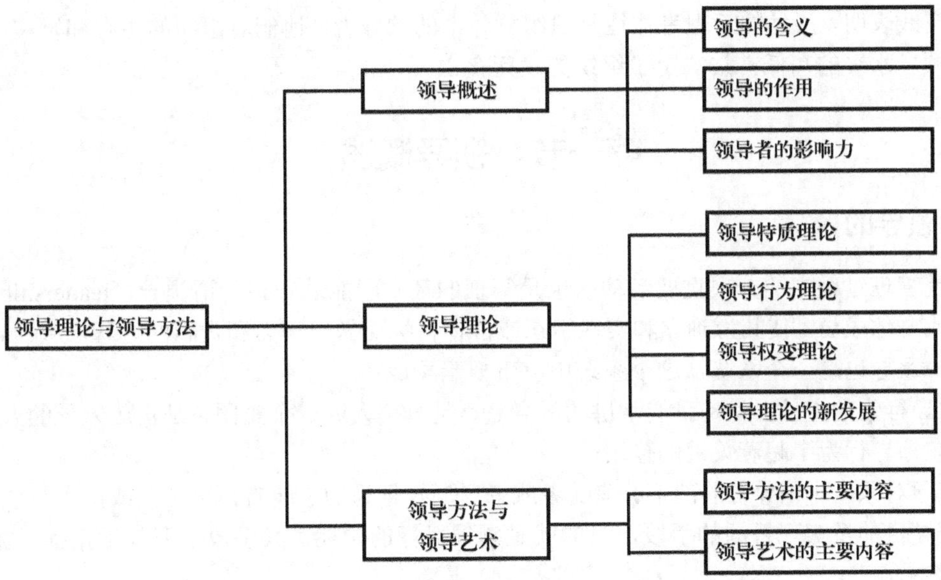

开篇案例

由《阿凡达》学习到的领导能力

在影片《阿凡达》中，杰克身上有很多值得职场领导人学习的优点。

① 快速完成角色转变。在不同的环境中，人会因为不熟悉而产生紧张感和压迫感。杰克从纳美族人的角度来看待新环境，这使他迅速适应新环境并喜欢上潘多拉星球，最终成功融入到新生活中去。因此，要想克服心理上造成的障碍，首先要把自己当做新团队中的一分子，迅速融入到新环境中。

② 谦卑的心态。无论在什么环境下，人都面临着或多或少的质疑，受到各方面的压力，很多从未接触过的事物同样会让人产生恐惧感。作为纳美族新人的杰克，面临这个问题首先是虚心学习，努力去适应，融入到纳美族的生活中，学习他们的文化，请教生存技能，了解生存环境，最终如愿地成为了他们中的一员。

③ 战胜困难的勇气。杰克多次遭遇困难，而每次困境都是在不同的身份、地位的情况下，最终都依靠勇气取得了胜利。在职场中，随着工作条件、职位的转变，承担的责任也会不同。人的能力越大，承担的责任就越重，此时战胜困难的决心和信心将决定是否能成功。

④ 用实力去领导大家。首先要展现你的实力让下属信服。杰克为了帮助纳美族人渡过难关，选择了通过降服蝠龙来证明自己的实力。因此，要想领导一个团队，要以公认的标准去向外界证明自己的能力。

⑤ 沟通的艺术。很多有能力的人，因为沟通技巧的问题无法体现自己最强的实力。杰克展现自己的能力后，用真诚的态度与纳美族未来的领袖苏泰沟通时，杰克称赞他为“最伟大的战士，没人可以超越”，使得苏泰与他并肩作战。自信地称赞他人，会让你赢得机会。

资料来源：改编自《世界经理人》2010 年第 2 期

领导是管理的重要职能，领导的根本任务是将独立的个人组织起来，实现组织的预定目标。无数组织的实践表明，成功的管理者往往是组织群体中的领导者，他们对组织的生存和发展起着重要的作用。领导水平的高低常常决定了组织的生死存亡。

第一节 领导概述

一、领导的含义

领导是管理过程中的一项重要活动，也是管理的基本职能之一。所谓领导（leadership），是指影响组织或群体成员，使其为确立和实现组织或群体目标而做出努力和贡献的过程。从领导的定义可以看出，领导也是一个系统，这个系统由以下要素构成：

① 领导行为的主体，就是我们常讲的领导者，是一个人或一个集团，是实施领导的人或集团。领导主体在领导行为中起着关键的作用。

② 领导对象，即领导者的部下、追随者或者受领导行为的影响者，也是人或由人组成的群体。

③ 领导目的及实现目的的手段，目的就是领导目标的预期，其手段主要包括指挥、激励、沟通和领导艺术。

④ 领导力量，指领导者拥有影响下属或追随者的能力，主要包括正式权力和非正式权力。

二、领导的作用

在带领和指导组织成员为实现共同目标而努力的过程中，领导者要发挥指挥、协调和激励的作用。

1. 指挥作用

要使组织有效运行起来，就离不开指挥。在组织活动中，需要领导者分析环境，认清形势，指明活动的目标和达到目标的途径。因此，领导者有责任指导组织各项活动的开展，其中包括明确大方向并指导下属制定具体的目标、计划及明确职责、规章、政策，开展调查研究，了解组织和环境正在发生和可能或将要发生的变化，并引导组织成员认识和适应这种变化。

2. 协调作用

协调是管理活动中不可缺少的部分，目的在于让组织成员团结一致，使组织的活动和努力得到统一与和谐。在组织活动中，虽然有了明确的目标，但是由于每位成员的能力、态度、性格、价值观等不同，加上各种外部因素的干扰，成员间在思想上发生各种分歧、行动上出现偏离目标的情况也是不可避免的，因此需要领导者来协调人们之间的关系。一般可以通过组织内部有效的信息沟通来实现。

3．激励作用

组织成员众多，他们不仅对组织目标感兴趣，还有着各自的目标和需要，这就要求领导者做好激励工作，充分调动组织成员的积极性和创造性，激发被领导者的工作热情，自觉而有效地工作，使人力资源的潜力得到最大限度的发挥。领导者只有了解被领导者的合理需要，并通过一系列的激励手段尽可能满足他们的需要，激发动机，才能使他们把个人目标和组织目标紧密连接在一起，从而保持高昂的士气。因此，领导工作的作用也表现为调动员工的积极性，使其自觉为组织贡献。

三、领导者的影响力

领导的本质是影响力。这种影响力有两个基本来源：一个来源是领导者的职位权力，即伴随一个工作岗位的正常权力，称为正式权力或职位权力；领导者影响力的第二个来源是下属跟从的意愿，称为非正式权力或个人权力。

1．正式权力（职位权力）

正式权力是由组织正式授予管理者、并受法律保护的权力。这种权力与特定的个人没有必然的联系，是同职务相联系的，随职位的变化而变化。正式权力包括法定权、奖赏权和强制权。

① 法定权。法定权是指管理者在组织中所担任的职务所正式授予的权力。法定权一般表现为向下级发布命令、下达指标、制定规章及对下属任免等。法定权是管理者的地位或在组织权力阶层中的角色所赋予的，使领导者占据权势地位和支配地位，使其有权对下属发号施令。法定权来自人们的传统观念。几千年的社会生活使人们对领导者形成了这样一种心理观念，即认为领导者不同于普通人，他们或者有权，或者有才干，总之比普通人要强，由此产生了对领导者的服从感。这种传统观念增强了领导者影响力。

② 奖赏权。奖赏权采取奖励的方法来引导下属做出所希望的行动。管理者可以给予物质的奖励（如奖金等），也包括精神的奖励（如晋职等）。奖励权来自于下属的欲望，下属认为服从上级的领导能给他们带来正面的、有利的结果。奖励可增加领导者对下属的吸引力，能引起满意并提高工作效率，但条件是领导者所提供的奖励必须是下属所需要的，否则就不能产生作用。

③ 强制权。强制权是指管理者有能力惩罚他人。建立在下属惧怕的基础上。如果下属不服从上级的领导就可能产生消极的后果，如批评、降薪、解雇等。这种权力对那些认识到不服从命令就会受到惩罚的下属是最有效的。在强制权的使用时，要考虑到它的负面效应。由于这种顺从是表面的、暂时的，为了维持这种顺从，领导者必须经常监督下属是否按其指示行动，因此成本可能比较高昂。同时，强制权的运用容易导致反感、抵制，使人际关系紧张，甚至造成正面冲突。

表 13-1　合法权利、强制权力、奖赏权力的区别

类型	性质	作用	作用基础	实际运用
法定权	命令	必须服从	工作需要	“你必须在本周内把这件事做好。”
强制权	威胁	迫使	下属惧怕	“如果本周内你不能完成此事，我就开除你。”
奖赏权	奖励	诱使	交换原则	“如果你们能提前两天完成这件事，我就请大家吃饭。”

2．非正式权力（个人权力）

非正式权力是指由管理者的能力、知识、品德、作风等个人因素所产生的影响力，这种影响力是与特定的个人相联系的，与其在组织中的职位没有必然的联系。由于这种影响力是建立在下属信服的基础之上的，因此有时能发挥比正式权力更大的作用。非正式权力包括两方面：专长权和个人影响权。

① 专长权。这是来自专长、特殊技能或知识的一种影响力。权力可能来自于个人或群体的专门技能，这是知识化的权威。科学家、大学教授等因为有专门知识而受到尊敬，可能对别人有相当大的影响力。由于世界范围内的专业分工越来越细，专业知识和特殊技能也成为领导影响力的一个重要来源。这种个人权力主要是基于领导者帮助下属明确方向、排除障碍的能力，其影响面通常是比较狭窄的，并且被单一地限定在专长范围之内。

② 个人影响权。个人影响权是领导者人格特征的作用，来自于下属和同事的喜爱、敬佩和忠诚。这种权力一般源自个人的品质、魅力、资历和背景等。例如品格因素，优良的品格会给领导者带来巨大的影响力。因为品格是一个人的本质表现，好的品格能使人产生敬爱感，并能吸引人，使人模仿，使下属常希望自己能像领导者一样。如感情因素，感情是人的一种心理现象，是人们对客观事物好恶倾向的内在反映。人与人之间建立了良好的感情关系，便能产生亲切感，相互的吸引力越大，彼此的影响力也越大。因此，一个领导者平时待人和蔼可亲，关心体贴下属，与群众的关系融洽，他的影响力就往往较大。

小资料 13-1　管理者施加影响的方法

第二节　领导理论

领导理论就是关于领导的有效性的理论。西方管理学家和管理心理学家在对领导问题进行长期研究中，通过归纳概括形成了领导科学理论。按理论的时间和逻辑顺序，传统的领导理论可以分为三大类：领导特质理论、领导行为理论、领导权变理论或叫情境理论，如表 13-2 所示。

表 13-2　三种领导理论的比较

领导理论	基本观点	研究目的	研究结果
领导特质理论	领导的有效性取决于领导者个人特征	好的领导者应当具备怎样的素质	各种优秀领导者的描述
领导行为理论	领导的有效性取决于领导行为和风格	怎样的领导行为和风格是最好的	各种最佳的领导行为和风格描述
领导权变理论	领导的有效性取决于领导者、被领导者和环境的影响	在不同的情况下，哪一种领导方式是最好的	各种领导行为权变模式描述

一、领导特质理论

20 世纪 20～30 年代，有关领导的研究主要关注于领导者的特质，就是那些能够把领导者与非领导者区分开来的个性特点。这个理论首先是心理学家开始研究的，他们的出发点是根据领导效果的好坏，找出好的领导者与差的领导者在个人品质或特性方面有哪些差异，由此可确定优秀的领导者应具备哪些特性。研究者认为，只要找出成功的领导者应具备的特点，再考察某个组织中的领导者是否具备这些特点，就能断定他是不是一个优秀的领导者。这种归纳分析法成了研究领导特质理论的基本方法。

根据品质和特性的来源的不同解释，领导理论可分为传统领导品质理论和现代领导品质理论。传统领导品质理论认为，领导者所具有的品质是天生的，来自于遗传，与后天的培养和实践无关，因而也称为伟人说。拉尔夫・斯托格迪尔（Ralph Stogdill）考察了 124 项研究，查阅了 5000 多种有关领导素质的书籍和文章后，将领导者应具备的素质归为 6 类：

① 身体特征，包括身高、体重、外貌等。

② 智力特征，包括判断力、知识、口才流利等。

③ 社会背景特征，包括社会经济地位、学历等。

④ 个性特征，包括自信、机灵、正直、情绪均衡稳定、独立性、进取性、民主作风等。

⑤ 与工作有关的特性，如高成就需要、愿承担责任、工作主动、创新能力等。

⑥ 社交方面的特征，如合作精神、正直、诚实、善交际等。

现代领导品质理论则认为领导者的品质和特性是在实践中形成的，是可以通过教育训练培养的。不同的国情特点，不同的社会历史条件，对一个合格的领导者的个性特征的要求是不一样的。各国心理学家根据本国的具体情况，研究了领导者应该具备的个人特性。

日本企业界认为，一个领导者要有十项品德、十项能力。十项品德是：使命感、责任感、信赖感、忍耐感、积极性、进取心、忠诚老实、公平、热情、勇敢。十项能力是：思维决策能力、规划能力、判断能力、创造能力、洞察能力、劝说能力、理解人的能力、解决问题的能力、培养下级的能力、激发积极性的能力。

美国普林斯顿大学威廉·包莫尔（William Baumol）教授认为，一个领导者应该具备下述十项条件才是合格的。

① 合作精神，即愿意与他人共事，能赢得别人的合作，对人不用压服，而用说服和感化。

② 决策能力，即能根据客观实际情况而不凭主观想象作出决策，具有高瞻远瞩的能力。

③ 组织能力，即善于发掘下属才智，善于组织人力、物力和财力。

④ 精于授权，即能大权独揽，小权分散。

⑤ 善于应变，即机动灵活，善于进取，不墨守成规。

⑥ 勇于承担责任，即对上级、下级和用户及整个社会，都有高度的责任心。

⑦ 敢于求新，即对新事情、新环境和新观念有敏锐的感受能力。

⑧ 敢担风险，即敢于承担企业发展不景气的风险，在困难面前有开创新局面的雄心和信心。

⑨ 尊重他人，即能听取别人的意见，不盛气凌人，器重下级。

⑩ 品德高尚。具有高尚的品德会被社会上和组织内的人所敬仰。

除了上述的研究成果外，还有一些类似的研究，但是领导特质理论对领导及其有效性的解释是不完善的，受到了许多学者的质疑和批评。尽管研究者付出了相当多的努力，但结果表明，不可能有一套特质把领导者和非领导者区分开来。研究中找出的特质对一些人有效，对另一些人就无效；在一种情境下有效，在另一种情境下就无效。仅仅依靠特质并不能充分解释有效的领导，完全忽略了被领导者和情境因素。已有的大量研究基本上能够说明，具备某些特质确实能够提高领导者成功的可能性，但没有一种特质是成功的保证。从20世纪40年代开始，领导特质理论研究就不再处于主导地位了，人们把研究的重点转移到了领导者的工作外在行为上来，试图通过领导者行为的研究找出领导者行为与领导效果之间的关系，由此就产生了领导行为理论。

二、领导行为理论

由于对领导者的特质研究没有取得预期的效果，从20世纪40年代开始，不少管理心理学家和行为科学家开始转向研究领导者的实际行为。在管理思想发展史上，比较典型的领导行为理论有以下4个。

1. 勒温的领导作风理论

这是由社会心理学家科特·勒温（Kurt Lewin）提出来的。他以权力定位为基本变量，通过各种试验，把领导者在领导过程中表现出来的工作风格分为如下3种基本类型。

① 专制型风格。专制型领导风格是指以力服人，权力定位于领导者个人手中。这种领导方式的主要特点是：领导者倾向于集权管理，领导者一个人说了算，做出单边决策；所有工作进行的步骤和技术，由领导者发号施令；工作的分配及组合，由领导者单独决定；主要靠行政命令、纪律约束、训斥和惩罚来管理，只有偶尔的奖励；领导者很少参加群体活动，与下属保持一定的心理距离，没有感情交流。

② 民主型风格。民主领导风格是指以理服人，权力定位于群体。这种领导方式的主要特点是：领导者倾向于分权管理，所有的政策由组织成员集体讨论决定，领导者采用鼓励和协助的态度；分配工作时尽量照顾到个人的能力、兴趣，对下属的工作也不安排得那么具体，下属有较大的自由空间和选择的机会；主要以非正式的权力使人服从，谈话时多使用商量、建议和请求的口气；领导者积极参与团体活动，与下属无任何心理上的距离。

③ 放任自流型风格。放任自流的领导风格是权力定位于组织中的每个成员，工作事先无布置，事后无检查，一切悉听尊便，毫无规章制度的领导风格。实行的是无政府管理。

在实际工作中，这 3 种极端的领导方式并不常见。勒温认为，大多数的领导者所采纳的风格往往是处于两种极端类型之间的混合型。勒温在试验中发现：

在专制型领导的团体中，各成员之间攻击性言论显著；成员对领导服从但表现自我或引人注目的行为较多；成员多以"我"为中心；当受到挫折时，常彼此推卸责任或进行人身攻击；当领导不在场时，工作动机大为下降，也无人出来组织工作。而在民主型团体中，成员间彼此比较友好；很少使用"我"字而具有"我们"的感觉；遇到挫折时，人们团结一致以图解决问题；领导不在场时，就像领导在场时一样继续工作；成员对团队活动有较高的满足感。

根据勒温的研究，民主风格工作效率最高，不但可以完成工作目标，而且群体成员之间关系融洽，工作积极主动，有创造性；专制风格虽然通过严格的管理达到了工作目标，但组织成员没有责任感，情绪消极，士气低落；放任风格工作效率最低，只达到社交目标而完不成工作目标。基于这个结果，勒温等研究者最初认为，民主型的领导风格似乎会带来更好的工作数量和工作质量，因此民主型的领导风格可能是最有效的领导风格。但是，研究者在后来发现了更复杂的结果。有时民主型风格比专制型风格会带来更高的工作绩效，而另一些时候，民主型的领导风格所带来的工作绩效可能比专制型的领导风格所带来的工作绩效低或者没有什么差别。实际上，领导的三种方式各有特色，适用于不同的环境。领导者要根据所处的管理层次、工作的性质和下属的素质等因素灵活选择领导方式，最适合的领导方式才是最好的领导方式。

2. 领导行为四分图理论

1945 年，美国俄亥俄州立大学工商企业研究所开展了一项广泛的关于领导问卷的调查。研究人员收集了大量的下属对领导行为的描述，开始时列出了 1000 多种刻画领导行为的因素，通过逐步概括，最后将领导行为的内容归纳为两方面：结构维度和关怀维度。

结构维度是以工作为中心，领导者通过设计组织机构、明确职责、权力、相互关系和沟通办法，确定工作目标与要求、制定工作程序、工作方法与制度，来引导和控制下属的行为表现。

关怀维度是以人际关系为中心，关心和强调下属的个人需要，尊重下属意见，给下属以较多的工作主动权，注意建立同事之间、上下级之间的互信气氛。

按照这两类内容，他们设计了"领导行为描述问卷"。问卷中结构维度和关怀维度都列出了 15 个问题，分别调查。根据调查结果发现，两种领导行为在一个领导者身上可能一致，也可能不一致，它们并不是相互矛盾、相互排斥的。领导行为是两类行为的具体结合，具体组合方式可用领导行为四分图表示，如图 13-1 所示。

研究发现，一个在关怀维度和结构维度都高的领导者（高关怀 - 高结构型）常常比其他 3 种领导者更能使下属达到高绩效和高满意度。不过，双高的风格也并不总能产生积极的效果。研究者发现了足够的例外情况表明，在领导理论中还需考虑情境因素。

3. 管理方格理论

早期领导行为研究得出的这些行为维度为评估领导风格的二维方格理论的发展奠定了基础。美国得克萨斯大学两位管理心理学家罗伯特·布莱克（Robert Blake）和简·穆顿（Janes Mouton）在1964年出版的《管理方格》一书中提出了管理方格理论。他们认为，领导方式存在着“对人的关心”和“对生产的关心”这两种因素不同的组合。如图13-2所示，横坐标表示领导对生产的关心程度，纵坐标表示领导对人的关心程度。对生产的关心表现为领导者对各种事物所持的态度，如政策、决定的质量、程序与过程、研究的创造性、职能人员的服务质量、工作效率及产品质量、产量等。对人的关心涵义也很广泛，如个人对实现目标所承担的责任、保持职工的自尊、建立在信任而非顺从基础上的职责、保持良好的工作环境以及具有满意感的人际关系等。

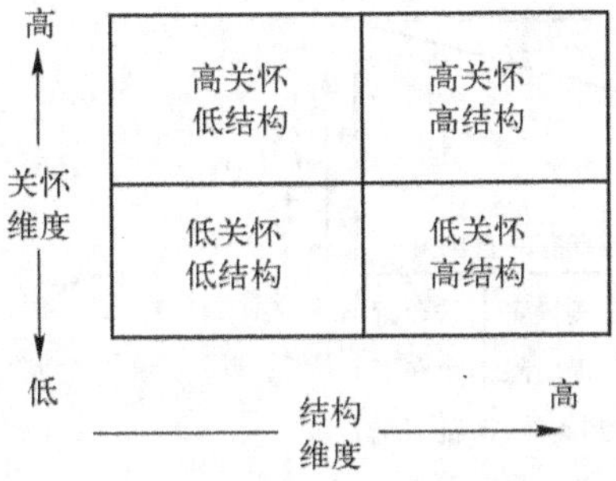

图13-1　领导行为四分图

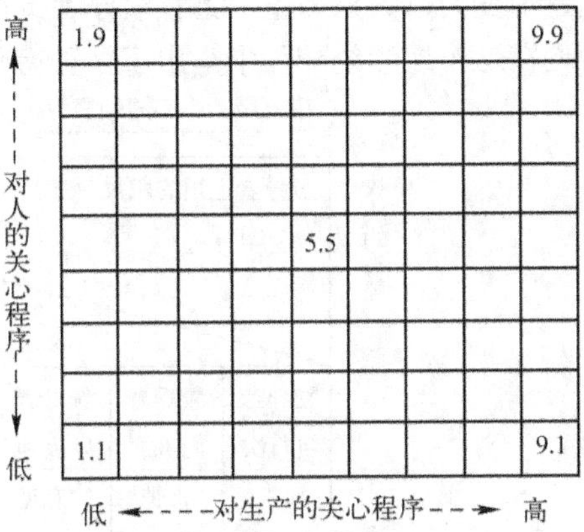

图13-2　管理方格图

管理方格图以坐标的方式表现了上述两种因素的各种组合方式，两种因素各划分为9个小格，因此可以有81种组合，形成81个方格，每个方格就表示“关心工作”和“关心人”这两个基本因素以不同程度结合的一种领导方式。这就是“管理方格”，其中有5种典型的组合。

① 1.1型方式（贫乏型）：这种领导方式既不关心人，也不关心生产，这种方式的领导者只尽最小的努力做一些维持自己职务的工作，即抱着“只要不出差错，多一事不如少一事”的态度，来最低限度地完成组织工作和维系组织成员。

② 9.1型方式（任务型）：只注重任务的完成，不重视人的因素。这种领导者拥有很大的权力，负责计划、指挥和控制下属的活动，以便达到企业的生产目标。

③ 1.9型方式（乡村俱乐部型）：表示领导者对人极为关心，即关心工作人员的需求是否获得满足，重视搞好关系和强调同事和下级与自己的感情，力图建立一种舒适、友好的组织氛围，但却忽视工作的进展和效果。

④ 5.5型方式（中庸之道型）：对人和生产都有适度的关心，保持完成任务和满足人们需要之间的平衡，既有正常的效率完成工作任务，又保持一定的士气，都过得去但是不突出。这类领导往往缺乏进取心，乐意维持现状，从长远看，会使企业落伍。

⑤ 9.9型方式（团队型）：对工作和人都极为关心。领导者能使组织的目标与个人的需求最有效地结合起来，既高度重视组织的各项工作，又能通过激励、沟通等手段，使群体在相互信任、相互尊重的基础上合作，下属人员共同参与管理，使工作成为组织成员自觉自愿的行动，从而获得高

的工作效率。这种领导方式的关键在于如何协调个人与组织的目标，建立共同的利益体系。

布莱克和穆顿主张 9.9 型领导方式是最有效的，他们认为，可以通过领导培训发展计划将领导者推向 9.9 型。但是，没有实质型的证据支持在所有情境下 9.9 型都是最有效的方式。有的人认为，应该考虑被领导者的状况以及环境条件的变化。不同的环境条件和不同的被领导者状况要求不同的领导形式。例如，当下属素质很高，全部为自我实现型的高成熟度的成员时，1.1 型领导方式也是可行的，即所谓的“无为而治”。

4．领导方式的连续统一体理论

该理论由美国学者罗伯特 • 坦南鲍姆（Robert Tannenbaum）和沃伦 • 施密特（WarrenSchmidt）于 1958 年提出。他们指出，民主与独裁只是两个极端的情况，中间存在多种领导方式，构成一个连续带。如图 13-3 所示，从左至右，领导者运用职权逐渐减少，下属的自由度逐渐加大，从以工作为重逐渐变为以关系为重。随着领导者授权程度以及决策方式的不同，就形成了一系列的领导方式。他们在这个连续统一体中举出了 7 种有代表性的方式。

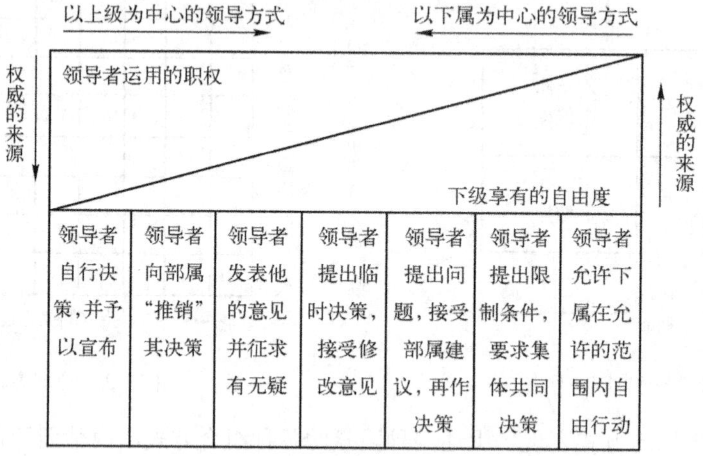

图 13-3　领导行为连续统一体

坦南鲍姆和施密特并未指出某种领导方式好与不好，而是认为应根据具体情况考虑多方面因素，选择适当的领导方式。在这个意义上，领导行为连续统一体也是一种权变理论。他们认为，需要考虑的最重要的因素有以下 3 方面。

① 领导者自身的因素，包括：领导者对下属的信任程度，对某些领导方式的偏好、领导者的价值观、知识、经验以及与下属共同决策带来的不确定性对自己的影响程度。

② 下属方面的因素，包括：下属对独立性的需要程度；下属是否准备承担决策的责任；下属是希望有明确的指示，还是希望有较大的活动自由；下属是否对问题感兴趣；下属对组织目标的理解和认识的程度；下属是否具备解决问题所必需的经验和知识，等等。

③ 环境因素，如组织的价值准则和传统、问题本身的性质、群体的效率和时间的压力等。

三、领导权变理论

许多管理学家、心理学家认为，领导行为的效率不仅取决于领导者的特质和行为，而且取决于领导者所处的具体环境，如被领导者素质、问题本身的性质、时间要求、组织文化等。也就是说，有效的领导是由领导者、被领导者和环境条件三者决定的，可用公式描述如下：

$$S=f(L,F,E)$$

式中：S代表领导的有效性，L代表领导者，F代表被领导者，E代表环境。

权变理论认为，不可能有一种放诸四海而皆准的最佳的领导方式存在，任何领导方式都有可能有效，关键是要和环境相适应。因此，应该把领导看做一个动态过程，领导行为应随着被领导者的特点和环境条件的变化而变化。

1. 菲德勒模型

美国管理学家弗雷德·菲德勒（Fred Fiedler）从1951年起，经过15年的调查研究，提出了有效领导的权变理论。他认为，任何领导方式都可能有效，其有效性完全取决于领导方式与环境是否相适应。这一理论的关键在于界定领导者的领导风格以及不同的环境类型，然后使领导风格与情境相适应。

菲德勒指出领导的风格有两类：任务导向和关系导向。为了测量领导者的领导风格，菲德勒设计了一种被称为“最难共事者”（Least-Preferred Co-worker，LPC）的调查问卷。通过对最难共事的同事的评价打分来反映和测试领导者的领导风格（见表13-3）。

表13-3 菲德勒的LPC问卷

快乐——	8 7 6 5 4 3 2 1	——不快乐
友善——	8 7 6 5 4 3 2 1	——不友善
拒绝——	1 2 3 4 5 6 7 8	——接纳
有益——	8 7 6 5 4 3 2 1	——无益
不热情——	1 2 3 4 5 6 7 8	——热情
紧张——	1 2 3 4 5 6 7 8	——轻松
疏远——	1 2 3 4 5 6 7 8	——亲密
冷漠——	1 2 3 4 5 6 7 8	——热心
合作——	8 7 6 5 4 3 2 1	——不合作
助人——	8 7 6 5 4 3 2 1	——敌意
无聊——	1 2 3 4 5 6 7 8	——有趣
好争——	1 2 3 4 5 6 7 8	——融洽
自信——	8 7 6 5 4 3 2 1	——犹豫
高效——	8 7 6 5 4 3 2 1	——低效
郁闷——	1 2 3 4 5 6 7 8	——开朗
开放——	8 7 6 5 4 3 2 1	——防备

有关要求如下：

① “同事”是指在你工作经历中与你共事的人，可以是现在的同事，也可以是过去的同事，但不必说出来。

② LPC是针对你在工作中最难与之交往而共同把任务完成的人。与这种最难共事的人也许在娱乐方面很合得来，只是在工作方面难以相处。

调查时，要求自我测量者在标尺上勾出能准确描述自己心中选定的LPC的分数值，并把分数相加，所得分数就是此人的LPC值。一般情况下，得分为64分或以上，即为高LPC值，得分为57分或以下，即为低LPC值。菲德勒相信，如果领导者能对最难共事者相对积极的评价，说明他对人宽容、体谅、提倡人与人之间关系友好，领导方式属于关系导向型，即高LPC型。相反，如果对最难共事者评价很低，说明你的领导风格可能是以关心生产为主，被认为是惯于命令和控制，领导方式属于任务导向型，即低LPC型。菲德勒认为，一个人的领导风格固定不变的。

评估了领导风格后，接下来需要评估领导的情境。菲德勒提出影响情境的因素主要有以下3个。

① 上下级关系：指下级愿意追随领导者的程度。领导者受到下级喜爱、尊敬和信任的程度越高，下属越愿意追随，领导者的影响力就越大，领导环境就越好。研究表明，这是最重要的因素。

② 任务结构：工作任务的规范化和程序化程度。这是确定领导情境性质的次重要因素。

③ 职位权力：指领导者所处的职位具有的正式权力的大小，即法定权、奖励权和惩罚权的大小。相对于前面两个因素，这是确定领导情境性质的最不重要的因素。

菲德勒将 3 种情境因素组合成 8 种情况。并对 1200 个团体进行了抽样调查，得出以下结论：三种条件都具备或基本具备，是有利的领导情境（情境 1、2、3）；三种条件都不具备，是不利的领导情境（情境 8）。在有利和不利两种情况下，采用“任务导向型”的领导方式，效果较好；对处于中间状态的情境（情境 4、5、6、7），则采用“关系导向型”的领导方式效果较好。因此，菲德勒主张，应该使人们的领导风格与情境相适应。

由于菲德勒认为一个人的领导风格是固定不变的。因此，要提高领导效率有以下两个方法。

① 选择领导者以适应情境。比如，领导的情境是一个很有利的情况，目前的领导风格是关系导向型的，那么可以换一个任务导向型的领导以提高领导的效果。

② 改变领导情境以适应领导者。比如，可以通过提高或降低领导者的权力（如加薪、晋升等活动）来实现。

研究结果都趋向于支持菲德勒的模型（如图 13-4 所示），但与大多数理论一样，这个模型还需要更多的证明。一些研究者质疑 LPC 值到底测试的是什么，还有一些研究者质疑模型的假设，认为模型假定的领导者的领导风格是固定不变的并不符合实际情况，有效的管理者完全可以改变自己的领导风格来适应具体环境的需要。

上下级关系	好				差			
任务结构	明确		不明确		明确		不明确	
职位权力	强	弱	强	弱	强	弱	强	弱
情境类型	1	2	3	4	5	6	7	8
领导所处的环境	有利			中间状态				不利
有效的领导方式	任务导向型			关系导向型				任务导向型

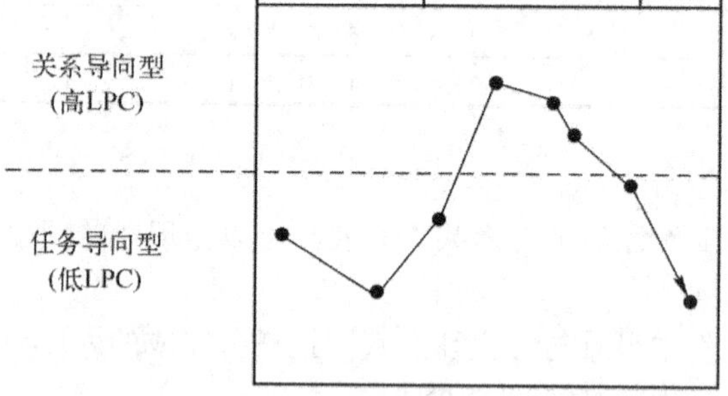

图 13-4　菲德勒模型

2．领导生命周期理论

领导生命周期理论最初是由俄亥俄州立大学心理学家卡曼（A. K. Korman）于 1966 年提出，后由保罗·赫塞（Paul Hersey）和肯·布兰查德（Ken Blanchard）发展和完善的一种流传较广的领导行为的情境理论，是一个关注下属成熟度的理论。赫塞和布兰查德认为，成功的领导要选择合适的领导方式，而领导方式的选择根据的是下属的成熟度水平。

领导生命周期理论运用了与管理方格图相类似的分类，将领导行为分为工作行为和关系行为两方面，又将这两方面分为高、低两种情况，从而组合成了4种领导风格，具体描述如下。

① 命令（高工作 - 低关系）：由领导者界定角色，并明确告诉下属做什么、如何做、在何时、何地去完成不同的任务，强调指导性行为，通常采用单向沟通方式。

② 说服（高工作 - 高关系）：领导者既提供指导性行为，又提供支持性行为。领导者除向下属布置任务外，还与下属共同商讨工作如何进行，比较重视双向的沟通。

③ 参与（低工作 - 高关系）：上级与下属共同进行决策。领导者的主要作用就是为促进工作的进行提供便利条件和沟通。

④ 授权（低工作 - 低关系）：领导者几乎不提供指导或支持，通过授权鼓励下属自主做好工作。

赫塞和布兰查德又引入了下属的成熟度（Readiness）的概念，将其定义为：个体能够并愿意完成某项特定任务的程度，取决于两方面：任务成熟度和心理成熟度。任务成熟度是相对于一个人的知识和技能而言的，心理成熟度是与做事的愿望和动机有关。

他们将下属的成熟度划分为下列4个等级。

R1：下属不能也不愿负责任去做任何事，他们既无能力也缺乏自觉。

R2：下属不能胜任但愿意承担必要的工作任务，他们有积极性，但暂时缺乏足够的技能。

R3：下属能够做但不愿意从事领导者希望他们做的工作，他们有能力，但缺乏足够的积极性。

R4：下属既能胜任也愿意从事领导者希望他们做的工作。

领导生命周期理论认为，“高工作 - 高关系”的领导并不一定总是有效，“低工作 - 低关系”的领导也不一定总是无效的，这里应该考虑下属的成熟度，只有领导者的风格与其下属的成熟度相适应，才能产生较好的领导效果。这三者是一个曲线关系，如图13-5所示。

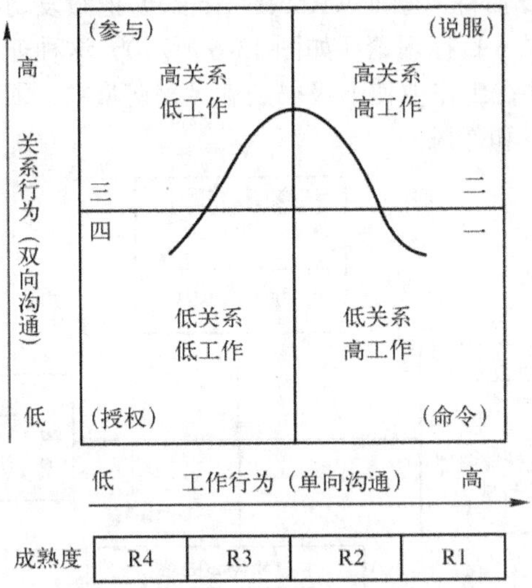

图13-5 领导生命周期理论曲线图

随着下属从不成熟到成熟，领导者不仅要能够不断减少对下属工作的控制，而且也要减少关系行为。在图13-5中，第一象限表示，当下属成熟度较低（在R1阶段）时，下属需要比较明确的指示，因而应采取“高工作”、“低关系”，即命令式的领导方式，即领导者可用单向沟通的方式下下属明确地规定工作任务和操作流程。

第二象限表示，当下属成熟度逐渐提高（到达R2阶段），则既需要“高工作”行为，也需要“高关系”行为。高工作行为用以补偿下属技能和经验的不足，高关系行为则能够尽量使下属愿意按照领导者的意图行事。这种领导方式是以双向沟通的方式下下属阐明工作和任务的意义，解释有关工作方法，提高下属把握工作任务的能力和对工作的胜任感。

第三象限表示，当下属成熟度有较大提高（处于R3阶段）时，就会产生激励的问题，最好用一种支持的、无指导的参与风格来解决。于是可采用“低工作一高关系”的领导方式，即参与式领导方式，不必对下属多指导，也不必有较多的约束，而要尊重他的意见，给他创造施展才华和发展事业的条件。

第四象限表示，当下属相当成熟（在R4阶段）时，领导者几乎不需要做什么事，因为下属是既能胜任又愿意承担责任的人，于是可采用“低工作”、“低关系”，即授权的领导方式，赋予下属较多的权力，领导只需抓住主要的决策和监督他的重大活动。

领导生命周期理论强调，领导者与下属的关系和家长与孩子的关系是类似的。当孩子处在学龄前时，一切都需父母照顾与安排，此时父母的行为基本上是一种任务导向的行为，是高工作、低关系。当孩子长大进入小学和初中时，父母除安排照顾外，还必须给孩子以信任和尊重，增加关系行为的分量，即采取高工作、高关系行为。当孩子进入高中和大学时，他们逐步要求自立，开始对自己的行为负责了。此时父母应逐渐放松控制，但应继续给予高度的感情上的支持，应采取低工作、高关系行为。当孩子成人走向社会，结婚组成新的家庭后，他们能对自己的行为完全负责了，父母即开始采取低工作、低关系的行为。

领导生命周期理论的主要精神是强调对于不同成熟程度的员工，应采取不同的领导方式，才能做到最有效的领导。这就启发领导者必须创造条件帮助员工从不成熟向成熟转化，把使用与培养结合起来，注重教育，注意人才开发。

3. 途径－目标理论

加拿大多伦多大学教授罗伯特·豪斯（Robert House）把激发动机的期望理论和领导行为的四分图结合在一起，提出了途径－目标理论（如图13-6所示）。这种理论认为：领导者的效率是以能激励下级达到组织的目标，并在工作中使下级得到满足来衡量的，领导者可以并应该根据不同的环境因素来调整自己的领导方式和作风。

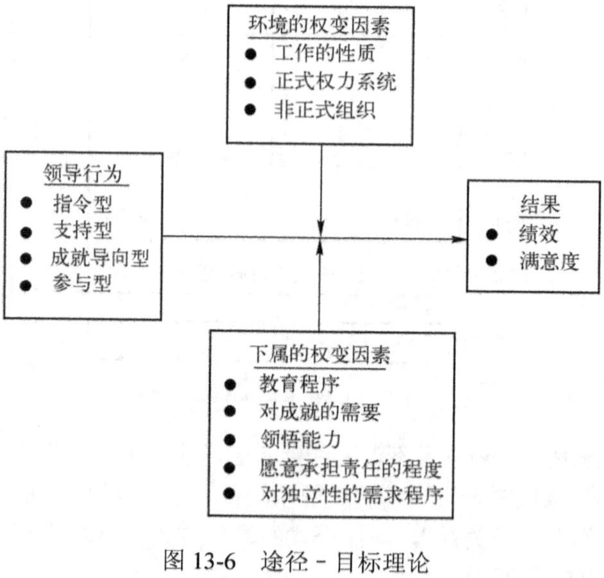

图13-6 途径－目标理论

豪斯认为，一个领导者的职责有如下3方面。

① 对高绩效和完成目标的下属，用他们所需要的报酬来奖励他们。

② 明确下级的工作目标，指明达成工作目标的途径，消除任何影响高绩效的障碍，并对下属的能力表示出信心。

③ 在完成工作的过程中，增加下级满足其他需要的机会。

豪斯考虑的领导方式有 4 种类型。

① 指令型：由领导发布指令，让下属知道对他的期望。

② 支持型：领导者对下属友善，更多地考虑职工的要求。

③ 成就导向型：领导者为职工树立挑战性的目标，并表示相信职工能达到这些目标。

④ 参与型：职工参与决策和管理。

此外，领导者为了达到满意的绩效结果，必须考虑下属的特点和环境因素的工作过程的影响。

① 下属的特点，如下属受教育的程度、下属对于参与管理、承担责任的态度、对成就的需要、领悟能力、对独立性的需求程度等。

② 环境因素，包括工作的性质、正式组织、非正式组织等。

豪斯强调，领导者应该根据不同的环境因素来调整自己的领导方式和作风。当任务不明确，组织的规章和程序不清晰或压力过大时，指令型领导方式最合适；当下属从事结构化任务时，支持型领导会导致高绩效和高满意度；当需要下属支持某项决策时，参与式领导方式是有效的；成就导向型领导能对那些认为挑战太小而厌恶工作的有潜力和有成就需求的下属有激励作用，但是对那些已经发挥自己最大能力的下属，这种领导方式可能产生事与愿违的结果。

四、领导理论的新发展

1．魅力型领导理论

20 世纪初，德国社会学家马克斯·韦伯（Max Weber）提出“charisma”，即“魅力”，他用“魅力”描述下属对领导者特殊的超越能力的才华的看法。就是“基于对一个个人的超凡神圣、英雄主义或者模范性品质的热爱以及由他揭示或者颁布的规范性形态或者命令”的权威。在这种权威类型下，具有克里斯玛的领袖的魅力超出了人们的日常生活，他将这种魅力（Charisma）定义为“存在于个体身上的一种品质，超出了普通人的品质标准，因而会被认为是超自然所赐，超凡的力量，或者至少是一种与众不同的力量与品质”。这些品质普通人难以企及，往往被视为超凡神圣和具有模范性质，或者至少他们会将具有这种魅力品质的人视为领袖。由于这种魅力超出了人们的正常生活，所以难以用理性、美学或者别的观点加以解释。

但从 20 世纪 70 年代后期开始，一些学者对这一概念做了重新解释和定义，进行了深入的研究，充实了新的内容。豪斯于 1977 年指出，魅力型领导者有三种个人特征，即高度自信、支配他人的倾向和对自己的信念坚定不移。随后，沃伦·本尼斯（WarrenBennis）在研究了 90 名美国最有成就的领导者之后，发现魅力型领导者有 4 种共同的能力：有远大目标和理想；明确地对下级讲清这种目标和理想，并使之认同；对理想的贯彻始终和执著追求；知道自己的力量并善于利用这种力量。

魅力型领导理论从 20 世纪 80 年代起，日益受到研究者的重视。这是因为随着经济全球化的发展，市场竞争日趋激烈，各类组织，尤其是企业组织迫切需要魅力型领导者的改革和创新精神，以对应环境的挑战。

但一些学者的研究也指出，魅力型领导者也可能有消极方面。如果魅力型领导者过分强调自己个人需要高于一切，要求下级绝对服从，或利用其高超的说服能力误导或操纵下级，则可能产生不良结果。

目前，多数研究者还是采用面谈、传记、观察等描述性方法对魅力型领导者进行定性研究。不少研究者正在探索研究魅力型领导者的定量方法。

案例 13-1　曼德拉的领导魅力

身居幕后的领导方式使曼德拉得以在和谐的氛围中实现自身追求的目标，这是一种既利人又利己的领导艺术。美国《时代》周刊编辑理查德•施坦格尔于 20 世纪 90 年代，因曼德拉的自传《漫漫自由路》而与这位传奇人物结下不解之缘。他总结出 8 条曼德拉的领导艺术：①勇气并不是不知道害怕——它是要激励他人超越恐惧；②站在前方领导——但别丢下你的后方；③从后方发挥作用——让别人相信你站在前方；④了解你的敌人——了解他最喜欢的运动；⑤与朋友保持紧密的关系——与对手保持更加紧密的关系；⑥外形很重要——记得要微笑；⑦任何事都不是非黑即白；⑧激流勇退也是一种领导艺术。

（1）宽容的魅力

2000 年，南非全国警察总署发生了一件严重的种族歧视事件：在总部大楼的一间办公室里，当工作人员开启计算机时，屏幕上的曼德拉头像竟逐渐变成了“大猩猩”，全国警察总监和公安部长闻之勃然大怒，南非人民也因之义愤填膺。消息传到曼德拉的耳朵里，他反而非常平静，对这件事并不“过分在意”，“我的尊严并不会因此而受到损害”，并表示警察总署出现这类问题，看来需要整肃纪律了。几天后，在参加南非地方选举投票时，当投票站的工作人员例行公事地看着曼德拉身份证上的照片与其本人对照时，曼德拉慈祥地一笑：“你看我像大猩猩吗？”逗得在场的人笑得合不拢嘴。不久，在南非东部农村地区一所新建学校的竣工典礼上，曼德拉无不幽默地对孩子们说：“看到你们有这样的好学校，连大猩猩都十分高兴。”话音刚落，数百名孩子笑得前仰后合，曼德拉也会心地笑了。巧用别人对自己的恶作剧，反用幽默活跃气氛。幽默成为曼德拉博大胸怀的自然写照，书写着一个坦荡而豁达的胸襟，体现着一种包容万事万物的海量。

1991 年，曼德拉出狱当选总统以后，他在总统就职典礼上的举动震惊了世界。总统就职仪式开始了，曼德拉起身致辞欢迎他的来宾。在介绍了来自世界各国的政要后，他说令他最高兴的是当初看守他的 3 名前狱方人员也能到场。他邀请他们站起身，以便他能介绍给大家。曼德拉博大的胸襟和宽宏的精神，让南非那些残酷虐待了他 27 年的白人汗颜，也让所有到场的人肃然起敬。看着年迈的曼德拉缓缓站起身来，恭敬地向 3 个曾关押他的看守致敬，在场的所有来宾以至整个世界，都静下来了。曼德拉后来向朋友们解释说，自己年轻时性子很急，脾气暴躁，正是在狱中学会了控制情绪才活了下来。牢狱岁月给了他时间与激励，使他学会了如何处理自己遭遇苦难的痛苦。他说，感恩与宽容经常是源自痛苦与磨难的，必须以极大的毅力来训练。曼德拉说起获释出狱当天的心情：“当我走出囚室、迈过通往自由的监狱大门时，我已经清楚，自己若不能把悲痛与怨恨留在身后，那么我其实仍在狱中。”

在生活中，我们很多人总是觉得烦恼缠身，总是怨天尤人，是因为我们缺少像曼德拉那样的宽容和感恩。宽容和感恩的力量无可替代。

（2）团队精神

曼德拉十分热衷于成为人们关注的焦点，但是他始终清醒地认识到，自己必须与他人分享镁光灯。他知道，领导工作范畴中相当重要的一部分在于象征意义，而他自己就是这样一个显著的象征。他没有忘记，自己不可能永远冲在队伍的最前列，如果不能赋予他人足够的权力与空间，再伟大的理想也难以实现。

曼德拉非常推崇团队合作精神。他了解，如果希望团队成员们全力以赴，争取最好成绩，就必须确保大家分享成功与荣誉。更为重要的是，使他们感到自己能够对领导的决定产生影响力。一次，理查德.施坦格尔与曼德拉一起于某天清晨在特兰斯凯住宅后的山间散步，走了大约一个半小时后，轻薄的晨雾逐渐散去。那是一处布满大小石块的土地，生长着干枯低矮的小草和一些树木。曼德拉停下脚步，抬起头向四周望去。他说，这里曾经是一片玉米田。接着，他转过身来说：“你从来没放过牛，对吧，理查德？”我回答说没有。他点点头。当曼德拉还是一个八九岁的小男孩时，他常常整个下午都在山间放牛。他的母亲自己养着几头牛，他和村子里的其他孩子还要一起照看村民共有的牛。于是，他开始向我讲起放牛的基本技巧。“你知道，要想让牛群向某个方向移动，应该先拿着棍子站在牛群后面，然后挑选几头比较聪明的牛，把它们驱赶到牛群前方，让它们朝着你预定的方向前进。这样，其余的牛都会跟着这几头比较活泼的牛走。其实你才是站在后面真正引导它们的人。”他停顿了一下，又说道：“这也是一种领袖应当掌握的领导艺术。”这个故事是一则寓言，其中蕴涵的道理在于：领导力最根本的内容正是引导人们向某个特定的方向前进——往往是通过转变他们的思维与行为习惯实现的。这种领导方法并不需要一马当先，冲到众人之前高喊“跟我来”，而是凭借激励与驱策他人，使他们走到自己的前面。

（3）居于幕后的领导

有一次，曼德拉和他的顾问们围成一圈坐在树荫下的折椅上，全神贯注地讨论问题。在座的人们都在以激昂的情绪高谈阔论，其中有人正在批评曼德拉，直截了当地指出他的某些错误立场。而曼德拉挺直身体坐在那里，几乎一动不动，喜怒不形于色，全心专注于大家的发言。当会议接近尾声，人们已经准备散去的时候，曼德拉才开始讲话，他以中立的姿态总结了各位的观点，而没有表明任何倾向性的立场。后来，有人曾与他谈起这次讨论以及他的领导风格。他说：“我们是一个民主的组织。有些时候，我会带着自己的想法去国家行政委员会，如果他们不同意，就会推翻我的观点。我会服从他们的决议——即使他们的认识是错误的。这就是民主！”

资料来源：《决策》2013 年第 8 期

2. 交易型领导理论和变革型领导理论

所谓交易型领导，是指领导者以下属所需要的报酬来换取自己所期望的下属的努力与绩效。领导者与追随者之间的交换关系是不少领导理论（如路径 - 目标理论、LMX 模型）研究的核心。在一些有关领导行为的研究中，领导行为常被理解为一种交易或成本 - 收益交换的过程。交易型领导行为理论的基本假设是：领导 - 下属间的关系以两者一系列的交易和隐含的契约为基础。该领导行为以奖赏来领导其成员，当下属完成特定的任务后，便给予承诺的奖赏，整个过程就像一项交易。

交易型领导行为理论其主要特征如下。

① 领导者通过明确角色和任务要求，指导和激励下属向着既定的目标活动，领导者向员工阐述绩效的标准，意味着领导者希望从员工那里得到什么，如满足了领导的要求，员工也将得到相应的回报。

② 以组织管理的权威性和合法性为基础，完全依赖组织的奖惩来影响员工的绩效。

③ 强调工作标准、任务的分派：倾向目标，倾向于重视任务的完成和员工的遵从。

“变革型领导”作为一种重要的领导理论是从政治社会学家詹姆斯·伯恩斯（James·Burns）的经典著作“Leadership”开始的。变革型领导行为是一种领导向员工灌输思想和道德价值观，并激励员工的过程。在这过程中，领导除了引导下属完成各项工作外，常以领导者的个人勉力，通过对下属的激励、刺激下属的思想、对他们的关怀会变革员工的工作态度、信念和价值观，使他们为了组织的利益而超越自身利益，从而更加投入于工作中。该领导方式可以使下属产生更大的归属感，满足下属高层次的需求，获得高的生产率和低的离职率。变革型领导行为的前提是领导者必须明确组织的发展前景和目标，下属必须接受领导的可信性。

变革型领导行为理论其主要特征如下。

① 超越了交换的诱因，通过对员工的开发、智力激励、鼓励员工为群体的目标、任务以及发展前景超越自我的利益，实现预期的绩效目标。

② 集中关注较为长期的目标，强调以发展的眼光，鼓励员工发挥创新能力，并改变和调整整个组织系统，为实现预期目标创造良好的氛围。

③ 引导员工不仅为了他人的发展，也为了自身的发展承担更多的责任。变革型领导行为拓宽了领导行为的研究范围。

虽然对变革型领导行为的研究相对较晚，但已有许多研究注意到了该理论的结构效度。根据伯恩斯理论，它由个人魅力、智力激励以及个人化考虑三个因素构成。Bass 和 Avolio（1994）则提出变革型领导行为应包含以下 4 个维度。

① 理想影响力（idealizedinfluence），指能使员工产生崇拜、尊重和信任的一些行为，包括领导者承担风险、考虑个人之外员工的需求以及良好的道德品质。

② 鼓励性激励（inspirationalmotivation），指向员工提供富有意义和挑战性工作的行为，包含明确描述预期目标，而且该目标受到整个组织目标的约束，同时通过积极乐观的态度唤起团队精神。

③ 智力激励（intellectual stimulation），指领导者启发员工发表新见解和从新的角度或视野寻找解决问题的方法与途径，鼓励员工采用崭新的方式完成任务。

④ 个人化考虑（individuallized consideration），指领导者仔细倾听并关注员工的需求。我们在以往的一项关于中西方企业领导行为研究中曾提出六种变革型领导行为，包括提供远见卓识、智力激励、寄予厚望、树立榜样、促进合作和提供个人支持。研究结果表明，在中国文化背景下，促进合作（促进员工合作，使他们为共同目标而工作的程度）、提供个人支持（领导关心下属个人感受和需求的程度）和树立榜样（领导树立与之力求推广的价值观相一致的行为榜样）与中国文化特征和传统中国领导哲学相一致；有远见、寄予厚望和智力激励三种领导行为则在中国文化中不是很受

重视。由此可见，变革型领导行为是一种动态性的结构，具有多维性，在不同的文化背景和工作环境下，它的维度具有权变性。

区分交换型和变革型领导行为，并不意味着两者是不相关的。伯恩斯认为这两种领导行为是同一连续体的两个极端，而伯纳德·巴斯（Bernard·Bass）认为它们是两个分开的维度，一个领导者既有变革型的一面，又具有交换型的一面，变革型领导行为以交换型领导行为为基础，但反向则不然。变革型领导行为可以说是交换型领导行为的一种特例，可以同时与一些目标和目的的实现相联系，这两者模式的不同主要表现在领导激励下属的过程中和目标设置的类型上。在竞争较为激烈的今天，研究变革型领导行为尤为必要，正如巴斯在《领导行为手册》一书中写道：遗憾的是许多经验性的研究都关注于交换型领导行为的研究，其实这方面真正的原动力和撼动者是变革型的领导行为。变革型领导行为理论拓宽了正受系统检验的领导特质理论的范围，超越了交易理论的边界。

第三节　领导方法与领导艺术

领导工作既是一门科学，也是一门艺术。作为一门科学，表明领导工作是有客观规律可循的，必须遵循规律，从实际出发，实事求是地开展工作；作为一门艺术，表明领导工作是一项创造性的工作，领导艺术是一种富有创造性的领导方法的体现。因此，领导要卓有成效地工作，不仅需要科学的领导理论作指导，还要善于从实际出发，灵活运用有效的领导方法，讲究精湛高超的领导艺术。

一、领导方法的主要内容

领导方法的主要内容体现在以下 5 方面。

1．充分发挥影响力

领导的本质在于组织成员的追随与服从，因此，有效地发挥领导者的影响力是领导的核心内容。要充分发挥领导者的影响力，要求做到以下几点。

① 正确使用权力。领导者在使用权力的过程中，要注意区别“正确使用权力”和“关于运用权术”的差别。“权术”是相依仗权势而玩弄手段。领导者使用权力发挥影响的最终目的是实现“组织效用最大化”，而不是追求领导者“个人效用最大化”。在领导过程中，领导者运用“权术”虽然可能会取得暂时的效果，但从长远来看则会失去成员的信任与爱戴。

② 有效地激励和鼓舞。合理、适度的激励和鼓舞能够调动下属的积极性，能够对下属的行为起到引导和强化作用，使领导者的意图得到有效的落实。

③ 善于沟通。领导者发挥自身的影响力离不开有效的沟通。在沟通过程中，领导者要能够采取正确的态度，选择合适的沟通渠道，使用合适的沟通手段，将信息、思想和情感有效地传递给下属，使下属真正理解领导者的意图。同时，在沟通过程中，领导者也应该注意鼓励下属的上行沟通，并对下属的上行沟通予以有效的倾听和反馈。

2．提高领导者的个人魅力

领导魅力是领导者个人特质在领导活动中的综合反映，是一种能对下属产生强烈吸引的力量。领导者借助特有的个人魅力，可以充分发挥自己的影响力，取得事半功倍的效果。领导魅力要通过领导者的工作、学识、性格、仪表和人格等方面表现出来。

① 工作魅力。工作魅力是领导者在工作中所产生的对下属的吸引力，与一定的工作方法、工作艺术相关。不同的工作方法和工作艺术对下属的影响效果不同，但只要运用得当，都能对下属产生吸引力和感召力。领导者在工作过程中要急而不吸、忙而不乱、难而不倒，时刻成为下属的表率

和依靠。

② 学识魅力。领导者的学识魅力与领导者本人的文化程度、知识水平密切相关。在知识经济时代，知识在领导活动中的作用越来越大。学识丰富、文化程度高的领导者对下属的感召力就大。

③ 性格魅力。性格是指个人对现实的稳定态度和习惯化的行为方式。领导者具备良好的性格会使下属在与其相处中产生融洽、轻松的交往心情，使领导者更具亲和力。

④ 仪表魅力。领导者的仪表魅力与领导者的容貌、衣着、举止、风度相联系。仪表是领导者由信心与自信力的表现，能够反映领导者的精神面貌和个人修养。拥有良好仪表的领导者会使下同产生信赖与尊重。

⑤ 人格魅力。人格是一个人道德品质的总和，人格高尚的领导者才能够真正得到下属的尊敬和爱戴，才会真正拥有凝聚力和感召力。

3．提高情绪智商

情绪智商（Emotional Quotient，EQ）是个人情绪稳定性、自我激励及人际关系的总称，是通过控制情绪来提高生活、工作质量的才能。现代研究表明，能力差距不大的情况下，情绪智商的高低是决定人们工作绩效差异的主要原因之一。相对于组织的一般成员而言，领导者承担着更重要的责任，面临着更大的压力，因此，领导者更需要提高情绪智商。同时，由于领导者在组织中发挥的巨大影响力，其一言一行也会对其他成员乃至整个组织产生重要影响。因此，提高领导者的情绪智商对于组织而言也有重要意义。

领导者提高情绪智商，就是要提高认识自我情绪的能力、自我调节能力、自我激励能力、认识他人情绪的能力和人际关系管理能力。

4．正确处理与上级、同级、下级的关系

对待上级：找准自己的角色和位置，努力而不越位；善于领会领导的意图；适应上级的特点和习惯来开展工作；在上级面前规矩而不拘道；在多个上级之间，保持等距交往；努力做好自己的本职工作。对待同级同事：积极配合而不越位擅权；明辨是非而不斤斤计较；见贤思齐而不被嫉贤妒能；支持帮助而不揽功推过。对待下级：知人善任，调动下级的积极性；善于批评教育；关心爱护下级，帮助下级发展。

5．建设坚强的领导团队

在现代组织中，仅仅依靠一两个优秀领导者的个人努力往往无法有效地实现组织目标，拥有团结高效的领导团队使组织更容易取得成功。一般认为，高效的领导团队往往具有以下几方面的特征：明确的目标；统一的价值观、规范和行为标准；良好的人际关系，成员相互信任和尊重，沟通渠道顺畅，强烈的归属感和认同感；团结合作、同心协力；勇于承担责任和技能上能够互补。

二、领导艺术的主要内容

领导艺术的主要内容体现在以下几方面。

1．决策艺术

决策，尤其事关组织大局和长远发展的战略决策，是领导者的责任和权力。作为最高决策者，首先应抓住战略决策和非程序化决策，亲自主持制定。其次，抓住确立目标和方案决断这两个关键环节。要有永不满足、自我超越的心态．勇于发现问题、善于分析问题，抓住机遇、迎接挑战，及时确立新的目标。要善于把定性和定量结合起来，对各种决策方案迅速做出决断。再次，在方案的设计与评估时，要吸引下属参与，听取群众意见，善于利用外脑。领导者既要创造一个让人敢于讲话、敢于创新的宽松环境，又要善于协调和集中各种不同意见，形成和确立最佳方案。

案例 13-2
拍头决策

2. 用人艺术

组织目标能否实现，关键是人，执行决策的人。用人是领导者的最大学问。领导者要有识人之能，坚持用人标准，承担各种考察别人的方法；善于发现每一个部下的可用之才，加以合理使用，从“小人物”中选拔大人才；敢于启用年轻人和新人。领导者要有用人之能，了解每个下属的所长和所短，将其放到合适的岗位上，扬长避短、化短为长；要建立一个科学的组织结构，在这个结构中，每个人既在年龄、性格、学识、能力、专长等方面各有所长，又在事业心、价值双方面有共同理想和标准，同中求异、异中求同，以达用长克短、互制互补之功效。

领导者要有容人之量，容得下各种人才，人才才能为你所用，有作为而又高明的领导者特别要容得下和敢于、善于任用有缺点的人才，比自己本事大的人才，反对过自己甚至反对错了的人才，被别人尤其是自己的“心腹”怀疑的人才。

领导者要有爱人之心，要时刻关心人，为下属人才提供尽可能好的工作条件和生活条件；要经常走访下属，了解他们的喜怒哀乐，帮助他们解决困难和问题，即使有些问题和困难现有条件无法解决，只要了解、理解他们，下属也会心平气顺，和组织同舟共济；要注意保护人才，人才也有缺点，尤其是人才的真知灼见，往往一时不能被大多数人接受，甚至遭受非议诽谤，这时领导应站起来，仗义执言，支持人才；当下属有过失时，领导应为他承担一些责任，尽量保护，不正当地打击一个人，将会寒了一片人的心；要舍得培养人才，人的知识才能是有限的．光使用不培养会造成人才枯竭，是一种“杀鸡取卵”的短视行为，尤其是知识更新速度不断加快的今天，培养人才已成为组织发展的基础工程。

案例 13-3
仇人宰相

3. 指导激励艺术

对下属进行工作指导，激励下属积极主动地完成任务是领导者的经常性职责。首先，要正确运用职权，既要树立和维护领导者的权威，又要平易近人、和蔼可亲乐意接受你的指挥。其次，要明确自己的职责范围，该自己负责的事，不拖延、不推逶、不矛盾上交、越级上报；不干预下属的工作职权，放手让下属独立自主地开展工作；不越级指挥，即使在深入基层时发现问题。最好不要亲自处理，以保证指挥的统一。再次，要在准确了解下属成熟度的基础上选择不同的指导方式，做到一把钥匙开一把锁，不同的人用不同的方式领导。最后，要善于采用各种激励措施，恩威并施、赏罚分明，尤其要把激励的重点放到激发下属的主动性和创新精神上来；要掌握表扬与批评的技巧，多奖少罚，表扬中带有希望，批评时要有鼓励。

案例 13-4
奥巴马的激励秘籍

4. 沟通交往艺术

沟通交往包括对内与下屑沟通和对外开展公关活动。不管对内对外，以下要求都是必须注意的：

① 平等待人待己、协商一致，既不以上压下、以势欺人，也不要自贬身价，低声下气；不对别人威逼利诱，也不接受别人的威逼利诱。

② 要公正客观、与人为善，与人交往真诚善意，与人交谈和蔼可亲，尊重事实讲道理，不吹不捧、不贬不压，不先入为主、固执己见，不感情用事。

③ 要以互利互惠、共同发展为目的，善于创造一个“双赢”的局面，不要损人利己，不要出现你败我胜、你失我得的结果。否则，交往无法进行，已有的关系也会破裂。承诺要慎重，一旦做出承诺．就要重约守信、说话算数，所以既不要信口开河，更不要背后弃义。

④ 沟通交往要经常，关系要不断积累扩大、不能“平时不烧香，有事抱佛脚”。

⑤ 领导者与人沟通交往是正常的组织活动，决不能将其蜕变为庸俗关系学。在人际交往活动中，要有法纪意识，遵纪守法。尤其是在市场经济条件下，更要注意避免采用不正当的交往手段。

⑥ 领导者在开展社交活动时，要充分发挥职能部门的作用，不必什么人都亲自接待、亲自交谈，不要陷入没完没了的应酬中。领导者要掌握对组织发挥举足轻重的交往对象，下大力做好沟通交往工作。

⑦ 领导者要掌握沟通交往的一系列技巧。诸如日常迎来送往的技巧，包括服饰仪表、言谈举止、见面问候、分手送别等礼节礼仪。还有公务活动的交往技巧，包括会见会谈、参加会议、谈判协商、处理纠纷等技巧。再有塑造形象的技巧，包括如何进行自身塑造、怎样进行形象定位，以及怎样将形象推出得到人们的认可等，还有与上级交往的技巧等。

案例 13-5
惠普的敞开式办公室

5．时间管理艺术

人类的一切活动都在时间中进行，都要占用一定的时间。但时间又是一个常数，且是不可逆的。时间对领导活动的意义在于是领导效率的决定因素。工作效率为工作成果和消耗时间的比。提高领导效率应从两方面着手：一是真抓实干，在限定的时间内获得更多的效益；二是尽可能减少时间消耗。因此，科学管理时间、节约时间是重要的领导艺术。这方面的内容主要包括：

① 领导者要掌握时间管理的主动权，进行自我管理，不要把时间安排“交给”自己的下属．不要让别人随意打乱自己的时间安排。

② 领导者要对时间进行计划管理，应做到每天、每周、每月都根据自己的工作对时间进行合理安排、严格执行。领导者要对时间进行集中管理。要对自己一段时间内的工作进行 A、B、C 分类。A 类为必须自己处理且抓紧处理的事务；B 类为可以自己处理也可以让别人处理、可以现在处理也可以推迟处理的事务，C 类为不必自己处理或马上处理的事务。要集中精力和时间办好 A 类事务；对于 B 类事务，有时间再酌情处理；C 类事务可以授权下属处理。

③ 领导者要对时间进行授权管理。要致力于、善于把一些不必自己花时间处理的工作交由副手或下属去办，自己只得加以督促检查。这样可以腾出时间集中精力抓关系组织发展的重大问题。

案例 13-6　办公技术，秘书会不如自己也会

④ 领导者对时间要进行科学管理。提倡开短会、说短话、写短文，以节约时间；学会利用现代信息处理技术，以提高工作效率，能打电话就不必亲自前往，能传真就不必写信或拍电报，能开电话会议，就不必把人召集在一起开会等。另外，领导者还应对会议进行时间成本核算，提高开会的效益。

本章小结

① 领导是指影响组织或群体成员，使其为确立和实现组织或群体目标而做出努力和贡献的过程。
② 领导的构成要素包括：领导行为的主体、领导对象、领导目的及实现目的的手段和领导力量。
③ 在带领和指导组织成员为实现共同目标而努力的过程中，领导者要发挥指挥、协调和激励的作用。
④ 领导的本质是影响力。这种影响力有两个基本来源：一个来源是领导者的职位权力，即伴随一个工作

岗位的正常权力，称为正式权力或职权；第二个来源是下属跟从的意愿，称为非正式权力或个人权力。

⑤ 正式权力包括法定权、奖赏权和强制权，非正式权力包括专长权和个人影响权。

⑥ 传统领导理论的发展主要经历了三个阶段：领导特质理论、领导行为理论和领导权变理论。

⑦ 领导特质理论着重研究领导的品质、素质、修养等特征，目的是要说明好的领导者应具备怎样的特性。根据品质和特性的来源的不同解释，可分为传统领导品质理论和现代领导品质理论。

⑧ 领导行为理论着重分析领导者的领导行为和领导风格对其组织成员的影响，目的是找出所谓最佳的领导行为和风格。领导行为理论包括勒温的领导作风理论、领导行为四分图理论、管理方格理论和领导方式的连续统一体理论。

⑨ 领导权变理论从组织所处的环境出发去研究如何使领导行为与环境相适应，以达到最佳的领导效能。领导权变理论包括菲德勒模型、领导生命周期理论和途径—目标理论。

⑩ 领导理论的新发展主要有领导魅力理论、交易型领导理论和变革型理论。

⑪ 领导方法的主要内容包括：充分发挥影响力，提高领导者的个人魅力，提高情绪智商，正确处理与上级、同级、下级的关系和建设坚强的领导团队。

⑫ 领导艺术的主要内容包括：决策艺术，用人艺术，指导激励艺术，沟通交往艺术和时间管理艺术。

重要概念

领导	领导者	正式权力
非正式权力	领导特质理论	领导行为理论
领导权变理论	领导方法	领导艺术

习 题 13

1. 领导的含义是什么？你是如何理解的？
2. 试述领导应发挥的作用。
3. 领导者的权力来源是什么？如何正确地使用这些权力？
4. 如何评价领导特质理论？
5. 简述领导行为的四分图理论。
6. 简述管理方格理论。
7. 简述菲德勒的权变理论。
8. 你认为，领导的实质是什么？领导者对组织行为有哪些影响？
9. 几种新领导理论对现代管理的启示何在？
10. 简述领导方法的内容。
11. 何谓领导艺术？领导艺术主要体现在哪些方面？

案例分析

海尔的领导力管理妙在何处

一个企业的兴衰决定于领导团队的领导力、决策力和企业创新力。企业之间领导力、决策力的差距也就决定了企业创新力的差距，自然就决定了企业的命运。

（1）主管的领导意识

张瑞敏在第七届中外管理恳谈会上的演讲主题就是“没有思路，就没有出路”。他说：“搞企业，如果总不能先谋几着棋，赢的可能性不大。”；“企业能不能搞好，在于领导不断悟出新观念，确立新思路，而后要把握好一个度数。”；“如果海尔有一天没有别人还考虑不到的角度和思路，恐怕也就是企业走下坡路之时。”

（2）主管的职能和角色境界

张瑞敏提出：企业主管“不应该仅仅是舵手或船长，更应该是船的设计师和船主”；“企业领导就是做两件事：一是拿主意，二是用好人”。在提到靠什么领导时，他说：“一靠以身作则，二靠个人权威。总裁的最高境界是靠精神来指挥，要少抓业务，把时间花在多创造工作条件上，让别人去抓业务，并承担相应的责任。”

（3）主管的“二次决策”

我曾经请教张瑞敏：“什么是企业领导工作中最重要的经验？”他说：“就是二次决策。二次决策有两层意思：一是领导思想领先要先提出方案，供团队思考，可不在一次会上做出决议；更深层次的二次决策是在对重大项目做决策以后，还要针对这个决策所产生的后果再作决策。这就稳妥多了。”所言极是。这次引起世界危机的次贷危机就是银行、贷户与政府都没有想到针对金融衍生产品的社会后果，再做决策。

世界银行副行长林毅夫在谈到这次危机惨痛教训时，很感慨地说：各国银行行长、诺贝尔奖的经济学家都不认真负责地针对产生的问题再做决策。国内《劳动法》也不同程度地存在这个问题。

（4）主管的“三只眼睛”

在世界经济论坛上，张瑞敏提到“企业要长三只眼睛”：第一只眼睛盯着企业内部，发挥员工聪明才智；第二只眼睛盯住用户的需求，用户利益至上；第三只眼睛盯住外部大环境变化，抓住机遇至上。当今，第三只眼睛尤为关键。

（5）干部职责与要求25条

美国麦肯锡咨询公司程嘉树先生在回答我“中国企业最大弱点是什么”时说：“中层干部执行力是个最突出的弱点”。企业主管的最大担忧是“力不从心”、“执行不力”。那么，海尔是怎样做的呢？

①“海尔是海，企业是人”战略确定之后。“一切决定于干部。海尔是容人育人之海，海尔命运决定于员工，更决定于干部的素质”。

②“人人是人才、赛马不相马”，“竞赛、竞争不是一次定终身”。“分权、授权与监督结合，实行干部红、黄牌制度”。员工实行“三工”（优秀工、称职工、待岗工）互相转换，从而调动员工竞争上岗的激情，让“考核答卷会”成为“竞赛会”。

③全球化决定管理意识：“世界是我的一切，而非我的一切是世界”，“世界是我们的人力资源部”，“阻挡我们的只有我们自己”。

④“管理干部的职责就是制定总战略、担任战役总指挥，成败在于领导指挥能力”。

⑤“干部要有创业、创新的两创精神”。“领导力的背后就是两创精神”。

⑥“干部的思想境界决定企业命运，也决定自己命运”。

⑦“干部与员工的要求不同：员工是成就自己，干部是成就别人”。

⑧“干部如只扮演‘负责人’角色，就只能当官；如扮演成‘经理人’的角色只会要‘数’，追指标，做表上报；如扮演‘经营人’，就必然着眼于市场竞争力，创新能力和实效”。“干部要给员工提供创造价值的平台，使员工有参与经营的机会，鼓励帮助员工学习成长”。

⑨“干部要静下心来做三个细化工作：一是把全球化的市场细化到每个人的市场；二是把集团的大自主经营体细化为每个人的具体自主经营体”；三是“一个部门的精神状态就是一个部门领导的精神状态”。

⑩“干部胸襟有多大，市场就能做多大；对用户理解有多深，企业创造价值就有多高”。

⑪“干部有三态：自己发现问题、自己解决问题就有了主动权；自己发现问题、由别人解决问题，也还是负责任态度；等别人发现问题，就成问题了”。

⑫“干部要处理好三个关系：一是企业再造与员工再造的关系；二是投入与增值的关系；三是作为船长的干部与船改装再造的关系”。

⑬ 干部“不在于拥有多少资源，而在于利用多少资源”。

⑭“干部在‘经营人’过程中，首先是‘经营自我’”。

⑮“干部‘经营人’有三重境界：一是尽己之能；二是尽人之力；三是尽人之智”。

⑯“干部的最大特征是‘我要干，我会干，我干好’”。

⑰“干部要把一切事物都包含于自我否定之中”。

⑱“当干部不知道问题背后有什么问题，就离失败不远了”。

⑲ 干部“要保持自强不自闭、自谦不自恋的心胸境界”。

⑳ “凡是在员工中重复发生的问题，一定是干部的工作有问题”。

㉑ 干部要懂得“绩效是‘果’，模式是‘因’，动力是‘人’”。

㉒ 干部“要向预算要绩效，才会有绩效。向预算要途径，才会有‘日清’。预算到人到事，企业才有竞争力”。“预算核算到人，目标执行优化到人”，“干部要将品牌增值细化到人，才能实现全员增值管理”。

㉓“干部管理四大特征：一是无上下级，只有市场目标和市场关系；二是工作没有起终点，只有把握市场变化，不断创新；三是一切为了建设有竞争力、有活力的市场终端；四是要求干部有来自市场的‘自我驱动力’”。

㉔ 干部要认识到“不能闭门套算，与员工博弈，而是要走进现场，在开门沟通、全员参与之中建立创新赢利的平台，要认识到‘智慧在终端’这个理”。

㉕ 建立合理的干部年薪制度。

- 干部薪酬公式是：收入=基本薪酬+提成损失。每位管理人员都能在这三档中找到自己的基本薪酬，每人都可算出自己的盈亏。“没有经营损益表就不开薪，损益表是手段，市场开拓力是目标”。“经营损益表是干部经营管理的思路和结果的体现”。
- “干部之间不挤地盘，要挤市场，以市场开拓评价干部成绩”。
- 在分配上做到三重要：“一是留足企业利润，是为了上交政府税款和回报股东投资；二是挣够市场开拓费用，为了做大用户；三是盈亏都归自己，是为了让员工做大”。

资料来源：《中外管理》2009 年第 8 期

思考题：

1．海尔的领导思想和做法有哪些值得借鉴？

第 14 章

激励

学习导图

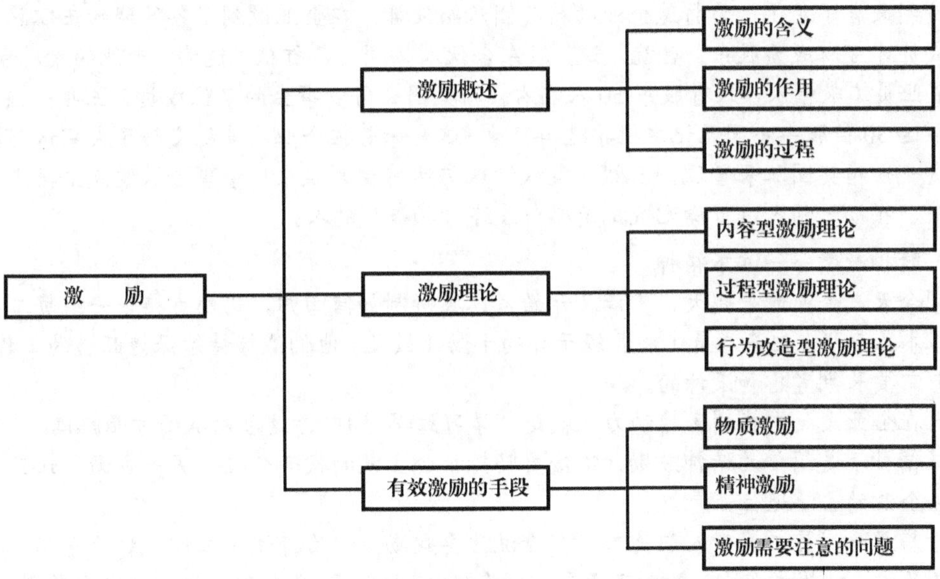

开篇案例

华耐：精英，来自优秀的激励制度

在家居建材流通领域做瓷砖、卫浴产品的销售，这是一项不能再普通的生意了。但是，在此打造中国第一连锁品牌，却是要在市场竞争中寻求不断创新商业模式，维护企业的持续成长。成立 18 年的华耐家居集团，不仅要在这个领域创建第一连锁品牌，总裁贾锋还始终把办企业作为探索社会进步的一项实践活动来对待，他更关注：人与人之间究竟该有怎样的生命依存状态？这就超越了一般意义上的商业模式选择。商界是一个广阔的世界，企业真正存在于这个社会的价值，是要创造良好的商业环境，以协调人与人之间的物质关系、精神关系。华耐的企业制度中，有两点很重要：第一点，重视物质激励，这是给予每个人的尊重和公平；第二点，将精神激励视为不竭的动力。华耐 18 年走到今天，最关键的是坚持了以股权为核心的激励制度。

（1）物质激励——股份制

华耐刚成立时就实行了“贾氏股份制”，这来自贾峰的自创。前期股份制的原则是：按天算股。以 1 万元钱为单位，在企业存放一天，就算一股，存放一个月就是 30 股，存放一年就是 365 股。你可以随时把钱交给企业，也可以随时提走。到年底计算出所有人的总股数，再跟企业总利润一除，一股多少钱就算出来了，然后大家根据各自的股数分红。1996 年以后，贾锋虽然取消了这个朴素的做法，但在随后的几年里仍然是全员入股，搬运工、厨师、司机都可以是股东，只是股份按比例被固定下来。股份制的核心就是所有权制度与分配权制度的共享。

贾锋强调了股份制背后的经济、政治关系：所有权制度代表着身份和地位，影响企业决策；分配制度代表着一种劳动付出的经济关系，在于体现成员之间的平等、尊重，影响企业的凝聚力，这两方面都决定了人们对企业的认同度。而认同、分配、决策，都是企业管理的重大制度安排，直接影响企业的健康、效率、安全、发展，它甚至是超出管理的政治大课题。

但全员持股会带来声音太杂、意见分散的状况，企业决策显然需要“集权”。因此，华耐现在的股份制又有了变化，为打造企业的精英团队而设计：在企业做到了各区域的正职总经理级以上的成员才可以成为股东。也就是说，股东合伙人必须具备贡献、能力、专业的素质和条件。目前，企业员工数千人，只有股东 50 人左右。而集团公司董事会的 7 位成员，三年一换届，每届都是在这 50 位股东中间无记名投票选举产生。这意味着把企业决策权交给了大家认可的企业优秀成员——精英团队来管理。当然，集权管理仍然需要大股东，董事会议案民主集中也仍然需要一个“拍板”的人。贾锋无疑就是那个最终“拍板”的人。

（2）精神激励——红军精神

做到今天，企业越来越大，贾锋又开始考虑股份制如何回归，仍然直接跟一线员工挂钩。因为从根本上来说，把基层员工和各级干部的干劲儿鼓足，他们能够持续保持旺盛的工作热情，这是企业需要长期考虑和设计的。

华耐在企业文化中找到了原动力，就是“学习红军精神”。这可以从两方面解读。一方面，学习红军精神不是简单的精神鼓励，恰恰要坚持社会主义的按劳分配。另一方面，让正向激励永远占据企业的主导地位。

对于基层一线员工和新入职员工，贾锋说就要鼓励他们为挣钱而工作，敢于竞争、敢于奋斗，业绩多少，就提成多少。对管理干部，则有期权制度，一年兑现，扭亏也要发奖金。同时，建立竞赛制度，店长、经理、总管，都要把营销变成赛场，周周比、月月比，把劳动激情与经济收入、荣誉都联系在一起。年终最佳店长奖励 2 万元，年度创新奖最高奖励 10 万元。感动客户的十大人物和客户满意度不低于 95%的团队，除了物质奖励，还要将他们的优秀事迹和有纪念意义的物品，收入企业博物馆珍藏。

但是，当一线员工的大量非劳动性收入，如股权性收入、投资性收入，高于劳动性收入时，他们就会把劳动看成次要了，劳动积极性、责任心就会急剧下降。对此，贾锋坦言：“这是我现在仍然很矛盾的课题。”因为他始终认为：一个社会的财富，本应该流向有能力、有智慧、有责任心的人手里。

因此，企业坚持倡导红军精神：每年，企业都要分批组织员工到“革命老区”集训，总经理级干部则至少有两次在红色基地学习。红军精神中保持了最纯真的英雄主义、集体主义、苦乐同享、官兵一致。贾锋说：红军精神，是站在大众立场上的精英文化，不像华尔街的“精英”那样狭隘自私。“学习红军精神，是要有资格的，如果这个企业的分配、公平、透明都不具备，它就不配学习红军精神。2008 年金融危机来临时，我们就提出不裁员、不降薪、股东不分红。

现在回头看，这是积极的应对政策，是成功的，它提高了员工的认同感。”

资料来源：《中外管理》2011 年第 10 期

激励是管理学科研究的重要内容和关键问题，也是组织人力资源管理实践过程中的重要活动，激励行为科学有效，就会大大激发员工的积极性、主动性和创造性，进一步挖掘员工的内在潜力，进而为组织创造更多的价值，提高工作绩效，促进组织目标实现。

第一节　激励概述

一、激励的含义

激励在《辞海》里的解释是“激动鼓励使振作”，就是通过精神的或物质的手段对个体的行为产生影响，一般用来高效地达到某种目的。从词义上看，激励就是激发与鼓励的意思，是激发和鼓励人们朝着所期望的目标采取行动的过程。激励本是心理学的概念，就是利用某种外部因素调动人的积极性和创造性，使人有一股内在的动力，朝着所期望的目标前进的心理过程。在管理工作中，我们将激励定义为激发人的动机，诱导人的行为，使其发挥内在潜力，为实现所追求目标而努力的过程。激励能激活人的潜能，产生更高的绩效。对个体而言，激励是一种驱动力；对管理者而言，激励是一个可以引导和控制的过程。

这里需要强调几点：其一，激励的出发点是满足组织成员的各种需要；其二，激励是奖励和惩罚并举的；其三，激励贯穿于组织成员工作的全过程；其四，激励的最终目的是达到组织目标和员工个人目标在客观上的统一。

二、激励的作用

个体行为表现和行为效果在很大程度上取决于他所受到的激励的程度。如果激励水平低，则难以取得好的绩效。研究证明，经过激励的行为和未经过激励的行为的效果是大不相同的。激励对于调动员工的工作积极性，实现组织目标与个人目标的有效统一，增强组织的凝聚力等方面有十分重要的作用。

1．调动员工的工作积极性

古人说“明察秋毫而不见车薪，是不为也，非不能也。”就是说，他能看到细微秋毫的东西，却说自己看不到一堆硕大的柴火，不是说他真的看不见，而是他不想看，不愿意看。在日常工作中，如果你发现你的一个下属明明有知识、有能力、有经验干好一项工作，他却说自己干不了，或者在工作表现平平，消极应付，那你就要从激励的角度找原因了。一个能力一般的人如果得到恰当的激励，他可以做出令人刮目相看的业绩，这就是激励的作用。美国哈佛大学威廉·詹姆斯（William James）教授在对员工激励的研究中发现，按时计酬的分配制度仅能让员工发挥 20%～30%的能力，如果受到充分激励，员工的能力可以发挥出 80%～90%，两种情况之间 60%的差距就是有效激励的结果。管理学家的研究表明，员工的工作绩效是员工能力和受激励程度的函数，即绩效=F(能力×激励)。如果把激励制度对员工创造性、革新精神和主动提高自身素质的意愿的影响考虑进去的话，激励对工作绩效的影响就更大了。

2．实现组织目标和个人目标有效统一

个人目标和组织目标并不总是协调一致的，两种目标之间可能会有矛盾。激励的功能在于能正确地引导员工自觉地把个人目标统一于组织目标，有效地协调两者之间的关系，保持最大限度的步调一致。具体来说，个体在组织中有多方面的需要希望能够得到满足。管理者应该了解不同员工的不同的需要，然后采取相应的有效的激励措施，满足员工的需要，引导员工把个人目标和组织目标统一起来，促使其自觉地为实现组织目标而奋斗，在实现组织目标的过程中满足个人的需要。

3．增强组织的凝聚力

激励可以增强组织的凝聚力，促进组织内部各部门之间的协调统一。组织是由多个个体组成的有若干工作群体的集合。为了保证组织的凝聚力，除了用严格的规章制度进行规范外，更重要的是运用各种激励方法，满足员工各方面的需要，从而增强组织的凝聚力，并促进部门、群体、成员之间的分工协作。

4．形成良好的竞争氛围

科学的激励制度包含着竞争精神，能够在组织内创建出一种良好的竞争氛围，进而形成良性的竞争机制。同时，良好的竞争氛围也会对组织成员产生进一步的激励作用。正如麦格雷戈所说：“个人与个人之间的竞争，才是激励的主要来源之一。”组织成员受到这种竞争氛围的压力，会更加激发其工作积极性和主动性，把压力转化为员工努力工作的动力，从而对良好竞争环境的形成起到强化作用。

三、激励的过程

当个体被激励时，他会就自身的内外部条件做出反应，激励的过程本质上就是一个需要不断获得满足的过程。具体如图 14-1 所示。

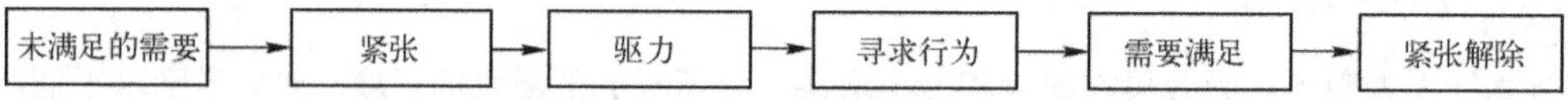

图 14-1　激励的过程

人的行为是由动机支配的，动机又是由人的需要引起的，需要产生动机，动机驱使人们去寻找目标。当个体处于需要状态的时候，某种结果（外在目标或刺激物）就具有吸引力。当需要未被满足时，心理上就会产生紧张和不安的感觉，从而产生一种内在的驱动力，这种内驱力将导致个体开展寻求特定目标的行为。如果最终目标实现，则需要会得到满足，这种紧张和不安就会消除。但是接着又会产生新的需要，并引发新的动机和行为。如此反复进行。激励所利用的正是这一过程，它在分析人们需要的基础上，不断激发、引导人们沿着组织所希望的方向去行动，以取得预期的效果。

第二节　激励理论

自 20 世纪 20～30 年代以来，国外许多心理学家、管理学家和社会学家从不同的角度对怎样对人进行激励的问题进行了大量的研究，并提出了许多激励理论。

这些理论可以归纳为内容型、过程型和行为改造型三大类型。内容型激励理论着重从引发动机的因素，即激励的内容进行研究；过程型激励理论着重对动机的形成过程进行研究；行为改造型激励理论着重从激励的目的，即调整和转化人的行为方式进行研究。

一、内容型激励理论

1. 马斯洛的需要层次理论

马斯洛的需要层次理论是最为广知的激励理论，是由美国心理学家亚伯拉罕·马斯洛（Abraham Maslow）在 1943 年所著的《人类动机的理论》一书中提出的。他认为每个人都有五个层次的需要，由低到高依次为：生理需要、安全需要、社交需要、尊重需要、自我实现的需要，如图 14-2 所示。

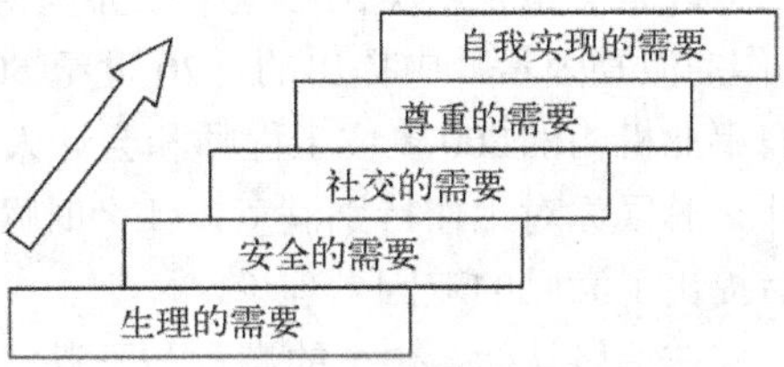

图 14-2　马斯洛的需要层次理论

① 生理需要：包括吃、穿、住、行等在内的基本物质需要，如对水、食物、住房、性等的需要，是维持个体生存和发展的一种最基本的需要。马斯洛认为，在一切需要中，生理需要是最优先的。马斯洛说："一个人如果同时缺少食物、安全、爱情及价值观等项，则其最为强烈的渴求，当推对食物的需要。"

② 安全需要：保护自己免受各种伤害，并保证生理需要得以持续满足的需要，如对人身安全、工作安全、经济安全等的需求。安全需要得不到满足，人就会产生一种威胁感和恐惧感。

③ 社交需要：指人们对情感和社会交流的需要，反映了人们渴望被他人或团体所接纳的心理需要，包括爱情、归属、接纳、友谊等的需要。

④ 尊重需要：分为内部尊重和外部尊重两类。内部尊重包括自尊、自主和成就感，外部尊重包括地位、认可和关注等。

⑤ 自我实现的需要：这是人们最高层次的需要，是指人们要实现个人理想和抱负，最大限度地发挥自己潜力并获得成就感和胜任感的需要。

马斯洛需要层次理论的基本观点如下：

① 五种需要之间是递进的，呈阶梯式逐级上升。其中，生理的需要和安全的需要属于较低层次的需要，而社交的需要、尊重的需要以及自我实现的需要则属于较高层次的需要。只有当较低层次的需要得到相对满足后才会产生较高层次的需要。即：只有当人们在吃、穿、住等方面的基本物质需要得到满足后，才会有从事科学、文化、艺术等精神方面的需要（马克思语）。中国先贤也有言："仓廪实然后知礼节，衣食丰而后知荣辱"。

② 人的需要虽然是多种多样的，但特定的人在特定的时期总有一种或一些相对而言特别需要得到满足而又尚未得到满足的需要，这就是所谓的主导需要。主导需要是人们动机和行为的主要根源，因而也最具激励作用。

③ 已经满足的需要不再具有激励作用，只有未满足的需要才具有激励作用。马斯洛认为，尽管没有一种需要会完全、彻底地被满足，但只要它大体上得到满足，就不会再具有激励作用了。马斯洛认为，80%的生理需要和 70%的安全需要一般能得到满足，但只有 50%的社交需要、40%的尊重需要和 10%的自我实现的需要能得到满足。

④ 人的需要存在个体差异性。不同的人或同一个人在不同的时期或场合，具有不同的需要（包括不同的需要种类、不同的主导需要、不同的需要层次以及不同的需要结构等）。因此，管理者要激励员工的话，就必须了解员工所处的需要层次，并重点满足这个层次或在此层次之上的需要。

马斯洛的需要层次理论简单明了、易于理解，具有直观的逻辑性，因而得到普遍的认可和具有广泛的影响。但是马斯洛本人及其他研究者都没有为这个理论提供实验证据，因此该理论也受到人们的质疑。

2．赫兹伯格的双因素理论

双因素理论是由美国心理学家弗里德里克·赫兹伯格（Frederick Herzberg）在 1959 年出版的《工作的激励因素》中提出的。20 世纪 50 年代后期，赫兹伯格及其同事对美国匹兹堡地区的 11 个工商事业机构的200多位工程师和会计人员进行了工作满意度方面的访问调查，他设计了许多问题，如什么时候你对工作特别满意，什么时候你对工作特别不满意等。然后，赫兹伯格在研究了调查结果后提出了激励的双因素理论。

赫兹伯格认为，传统的满意与不满意的观点是不正确的。他提出了满意的对立面应当是没有满意，不满意的对立面应该是没有不满意。在图 14-3 中，图(a)为传统观点，图(b)为赫兹伯格的观点。

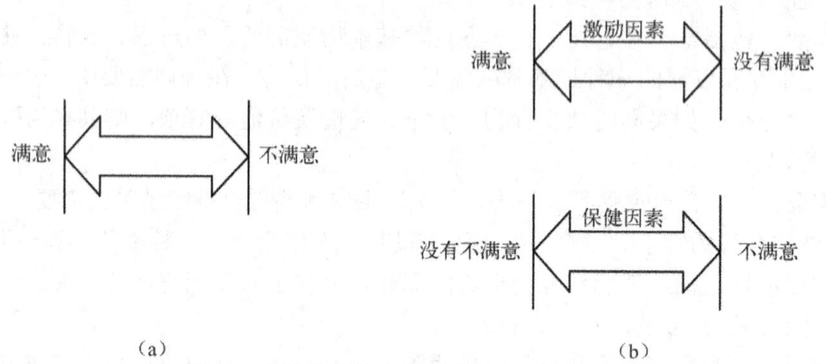

图 14-3　传统观点与赫兹伯格观点的比较

赫兹伯格发现，使职工感到满意的因素与使职工感到不满意的因素截然不同。使职工感到不满意的因素往往是由外界环境引起的，使职工感到满意的因素通常是由工作本身产生的。赫兹伯格发现造成职工非常不满意的原因有：公司政策、行政管理和监督方式、工作条件、人际关系、地位、安全和生活条件。这些因素改善了，能消除职工的不满、怠工与对抗，也能激发他们工作的积极性。这些因素只能安抚员工，而不能激励员工。赫兹伯格把这一类因素称为保健因素，即只能防止疾病，治疗创伤，但不能提高体质。赫兹伯格还发现使职工感到满意的原因有：工作富有成就感，工作成绩能得到认可，工作本身具有挑战性，负有较大的责任，在职业上能得到发展等。这类因素的改善，能够激励职工的工作热情，从而提高生产率。如果处理不好，也能引起职工不满，但影响不大。赫兹伯格把这类因素称为激励因素。这两类因素如表 14-1 所示。

表 14-1　保健因素与激励因素

保健因素（环境）	激励因素（工作本身）
监督	成就
公司政策	认可
与主管的关系	工作本身
工作条件	责任
薪水	进步
与同伴的关系	成长的可能
个人生活	
与下属的关系	
地位	
稳定与保障	

双因素理论在 20 世纪 60 年代中期至 80 年代早期一直有着广泛的影响力，但是也受到了很多的质疑和批评，主要是以下 4 方面。

① 赫兹伯格调查取样的数量和对象缺乏代表性。样本数量较少，而且对象只局限于工程师、会计师，缺乏普遍性和代表性。

② 赫兹伯格在调查时，问卷的方法和题目有缺陷。首先，人们总是把好的结果归结于自己的努力，而把不好的结果归罪于客观的条件或他人身上，这是人们归因原因的普遍心态，而问卷没有考虑到。其次，赫兹伯格没有使用满意尺度的概念。人们对任何事物总不是那么绝对，要么满意，要么不满意，一个人很可能对工作一部分满意一部分不满意，或者比较满意，这在他的问题中也是无法反映的。

③ 赫兹伯格认为，满意和生产率的提高有必然的联系，实际上满意并不等于劳动生产率的提高，这两者并没有必然的联系。

④ 赫兹伯格将保健因素和激励因素截然分开是不妥的。许多行为科学家认为，不论是有关工作方面的因素，还是工作内容的因素，都可能产生激励作用，这取决于环境和职工心理方面的许多条件。

虽然双因素理论遇到诸多质疑，但是它对于管理工作仍然有着很大的启示：第一，不应忽视保健因素，但更应重视激励因素；第二，重视工作本身的激励作用；第三，在工作设计方面，促成了工作丰富化和工作扩大化的实践。

3. 阿尔德弗的 ERG 理论

美国耶鲁大学教授克莱顿·阿尔德弗（Clayton Alderfer）在马斯洛的需要层次理论的基础上，进行了修改和简化，提出了关于人的需要的 ERG 理论。该理论将人的需要进一步归结为 3 种基本类型。

① 生存需要（Existence Need）：这是人的基本需要，对应于马斯洛需要层次理论中的生理需要和安全需要。

② 关系需要（Relatedness Need）：即对人际关系与人际交往的需要和欲求，对应于马斯洛需要层次理论中的社交需要和尊重需要中的外在部分。

③ 成长需要（Growth Need）：即追求个人发展和成就的需要与欲求，对应于马斯洛需要层次理论中尊重需要的内在部分和自我实现的需要。

阿尔德弗的 ERG 理论与马斯洛的需要层次理论很相似：两者都认为人的需要不仅是多样的，更是有层次的，并随着层级结构逐级上升，表现出“满足—上升”的规律。所不同的是，阿尔德弗的 ERG 理论将人的需要层次减少为三层，并指出人在同一时间可能有不止一种需要起作用，即多种需要作为激励因素可以同时存在；另外，需要沿层级结构上升的过程是十分复杂的，并表现出“挫折—回归”的规律，即：如果较高层次需要的满足受到抑制，那么人们对较低层次需要的渴求会变得更加强烈。比如，当员工未能实现个人发展的需要时，就可能重新回到原来的需要层次上，并可能将精力集中于追逐更多的金钱方面。阿尔德弗的 ERG 理论较之马斯洛的需要层次理论更切合人们生活的实际，从而更具灵活性。

阿尔德弗指出，每个员工的需要结构和强度是不同的。管理者应该了解每个员工的主导需要，然后采取适当的措施来满足员工的不同需要，以便激励员工，实现员工个人和组织的目标。

二、过程型激励理论

1. 弗鲁姆的期望理论

美国心理学家维克多·弗鲁姆（Victor Vroom）于 1964 年在他的著作《工作与激励》一书中，首先提出了期望理论。期望理论的基础是：人之所以愿意从事某项工作并达成组织目标，是因为这些工作和组织目标会帮助他们达成自己的目标、满足自己某方面的需要。

弗鲁姆认为，某一活动对某人的激发力量取决于他所能得到结果的全部预期价值乘以他认为达成该结果的期望概率。用公式可表示为：

$$M = V \times E$$

式中：M—激励水平的高低，指调动员工积极性而且激发其潜能的强度；V—目标效价，指达到目标后对于满足个人需要其价值的大小，效价用由-1 到+1 的值表示；E—期望值，指一个人根据经验所判断的某项活动导致某一成果的可能性的大小，以概率表示，数值为 0 到 1。

这个公式实际上指出了在进行激励时要处理好三方面的关系，这些也是调动人们工作积极性的三个条件。

第一，努力与绩效的关系：个体感到通过一定的努力能够达到某种工作绩效的可能性，努力的程度取决于达到目标的概率。如果个人主观认为通过自己的努力达到预期目标的概率较高，就会有信心，就可能激发出强大的工作力量。但是如果他认为目标太高，通过努力也不会有很好的绩效时，就失去了内在的动力，导致工作消极。这种关系可在公式的期望值这个变量中反映出来。

第二，绩效与奖励的关系：个体相信达到一定绩效水平后即可获得理想结果的程度。人总是希望取得成绩后能够得到合理的奖励，如奖金、晋升、表扬等。组织的目标如果没有相应的有效的物质和精神奖励来强化，时间一长，积极性就会消失。

第三，奖励与满足个人需要的关系：从工作中可以获得的结果或奖赏对个体的重要性程度。人总是希望自己所获得的奖励能满足自己某方面的需要，然而由于人们在年龄、性别、资历、社会地位和经济条件等方面都存在着差异，同样的奖励对于不同的人满足需要的程度就可能不同，激发的工作动力也有所不同。

后两方面的关系可以在弗鲁姆公式中的效价这个变量上体现出来。弗鲁姆把这三方面关系用如图 14-4 所示的框图表示了出来。

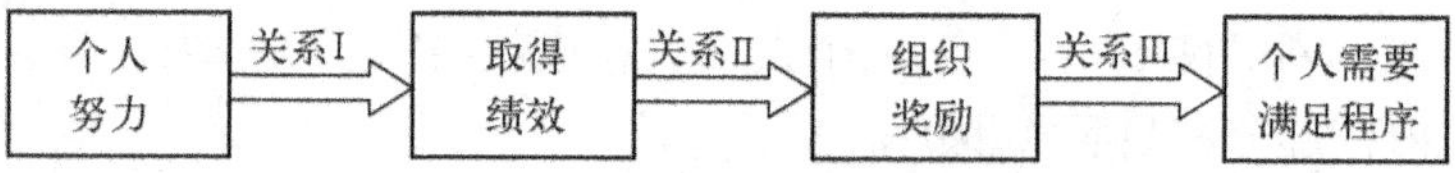

图 14-4　期望理论三方面的关系

期望理论的启示期望理念包含着辨证的思想，具有较大的综合性和适用性，理解这一理论需把握以下 4 点：

① 对于其中的效价应理解为综合性的。它既可以是精神的，也可以是物质的；既可以是正的，也可以是负的，也可以为零；不仅包含了某一结果的绝对值，还包含了相对值；不是指某一单项效价，而是指各种效价的总和。

② 同一项活动和同一个激励目标对不同的人效价是不一样的；对同一个人在不同的时候，效价也是不一样的。

③ 期望概率是当事人主观判断的概率，与个人的能力、经验以及愿意做出的努力程度有直接关系。

④ 效价和大家平均的个人期望概率相互影响。平均概率小，效价相对增大；平均概率大，效价相对减小。

期望值理论对实施激励有以下启示：

① 管理者不要泛泛地抓各种激励措施，而应当抓多数组织成员认为效价最大的激励措施。

② 设置激励目标时应尽可能加大其效价的综合值。

③ 适当加大不同人实际所得效价的差值，加大组织期望行为与非期望行为之间的效价差值。例如，奖金平均分发与分成等级、拉开距离，其激励效果很不一样，只奖不罚与奖罚分明的激励效果也大不一样。

④ 适当控制期望概率和实际概率。期望概率既不是越大越好，也不是越小越好，关键是要适当。当一个人的期望概率远高于实际情况时，可能产生挫折，但期望概率太低又会减小某一目标的激发力量。因此，当一个人期望概率太高时，我们应劝其冷静，适当减小。当一个人期望概率太低

时，我们则应给予鼓励，让其增强信心。但期望概率并不完全由个人决定，它与组织设置激励目标的实际概率有关。实际概率应使大多数人受益，最好实际概率大于平均的个人期望概率，让人喜出望外，而不要让人大失所望。另外，实际概率应该与效价相适应，效价大，实际概率可以低些，效价小，实际概率可以高些。

⑤ 期望心理的疏导。在激励过程中，经常会发生员工期望心理过强的情况。及时地疏导其期望心理，以防止出现强烈的挫折感，就成为领导者的难题。疏导的方法最常用的是“目标转移”，亦即将其目标转移到新的领域和下一轮竞赛中去。

2．亚当斯的公平理论

公平理论是美国的心理学家斯塔西·亚当斯（Stacy Adams）于20世纪60年代首先提出来的。公平理论又被称为社会比较理论，侧重于研究报酬对人们工作积极性的影响。

公平理论的基本观点是：当一个人做出了成绩并取得了报酬以后，他不仅关心自己所得报酬的绝对量，还关心自己所得报酬的相对量。因此，他要进行种种比较来确定自己所获报酬是否合理，比较的结果将直接影响今后工作的积极性。

人们将通过两方面的比较来判断所获报酬的公平性，即横向比较和纵向比较。若比较的结果是等式相等，心理就会比较平静，认为自己得到了公平的待遇；若发现等式不等，内心就会感到紧张不安，从而会采取一些措施来减少或消除引起不安的差异。

横向比较就是将自己获得的“报偿”（包括金钱、工作安排以及获得的赏识等）与自己的“投入”（包括教育、努力及用于工作的时间、精力等）的比值与组织内其他人作社会比较，只有相等时，他才认为公平，如下式所示：

$$\frac{O_p}{I_p}=\frac{O_c}{I_c}$$

式中：O_p—自己对本人所获报酬的感觉；O_c—自己对他人所获报酬的感觉；I_p—自己对本人所投入的感觉；I_c—自己对他人所投入的感觉。

当上式为不等式时可能出现以下两种情况：

$$\frac{O_p}{I_p}<\frac{O_c}{I_c}$$

在这种情况下，他可能要求增加自己的收入或减少自己以后努力的程度；或者要求组织减少比较对象的收入，或者让其今后增大努力程度；此外，他可能另外找人作为比较对象，以便达到心理上的平衡。当然，他甚至有可能离职。

$$\frac{O_p}{I_p}>\frac{O_c}{I_c}$$

在这种情况下，他一般不会要求减少报酬，有可能会主动多做些工作，但久而久之，他会重新估计自己的技术和工作情况，终于觉得他确实应当得到那么高的待遇，于是工作量又会回到过去的水平。

除了横向比较外，人们经常做纵向比较，即把自己目前投入的努力与目前所获得报偿的比值，同自己过去投入的努力与过去所获报偿的比值进行比较。只有相等时他才认为公平，如下式所示：

$$\frac{O_{pp}}{I_{pp}}=\frac{O_{pl}}{I_{pl}}$$

式中：O_{pp}—自己对本人现在所获报酬的感觉；O_{pl}—自己对本人过去所获报酬的感觉；I_{pp}—自己对本人现在投入的感觉；I_{pl}—自己对本人过去投入的感觉。

当上式为不等式时可能出现以下两种情况。当出现下列情况时，一般此人不会觉得所获报酬过高，他可能会认为自己的能力和经验比以前有了提高，因此工作的积极性不会提高多少。

$$\frac{O_{pp}}{I_{pp}} > \frac{O_{pl}}{I_{pl}}$$

当出现下列情况时，此人会有不公平的感觉，可能导致工作积极性下降。

$$\frac{O_{pp}}{I_{pp}} < \frac{O_{pl}}{I_{pl}}$$

公平理论提出的基本观点是客观存在的，但公平本身却是一个相当复杂的问题，这主要是由以下 4 方面的原因决定的。

① 它与个人的主观判断有关。上面公式中无论是自己的或他人的投入和报偿都是个人感觉，而一般人总是对自己的投入估计过高，对别人的投入估计过低。

② 它与个人所持的公平标准有关。上面的公平标准是采取贡献率，也有采取需要率、平均率的。例如，有人认为助学金应改为奖学金才合理，有人认为应平均分配才公平，也有人认为按经济困难程度分配才适当。

③ 它与绩效的评定有关。我们主张按绩效付报酬，并且各人之间应相对均衡。但如何评定绩效？是以工作成果的数量和质量，还是按工作中的努力程度和付出的劳动量？是按工作的复杂、困难程度，还是按工作能力、技能、资历和学历？不同的评定办法会得到不同的结果。最好是按工作成果的数量和质量，用明确、客观、易于核实的标准来度量，但这在实际工作中往往难以做到，有时不得不采用其他方法。

④ 它与评定人有关。绩效由谁来评定，是领导者评定还是群众评定或自我评定，不同的评定人会得出不同的结果。由于同一组织内往往不是由同一个评定，因此会出现松紧不一，回避矛盾，姑息迁就，抱有成见等现象。

公平理论对我们有着重要的启示：首先，影响激励效果的不仅有报酬的绝对值，还有报酬的相对值；其次，激励时应力求公平，使等式在客观上成立，尽管有主观判断的误差，也不致造成严重的不公平感；再次，在激励过程中应注意对被激励者公平心理的引导，使其树立正确的公平观。一是要认识到绝对的公平是不存在的，二是不要盲目攀比。

三、行为改造型激励理论

行为改造型激励理论着重从激励的目的，即调整和转化人的行为方式进行研究。这里主要介绍强化理论。强化理论也称为行为矫正理论，是美国心理学家弗雷德里克·斯金纳（Frederic Skinner）通过动物实验的结果提出的激励理论。斯金纳首先只是将强化理论用于训练动物上，后来，斯金纳又将强化理论进一步发展，用于人的学习上，发明了程序教学法和教学机。他强调在学习中应遵循小步子和及时反馈的原则，将大问题分成许多小问题，循序渐进；他还将编好的教学程序放在机器里对人进行教学，收到了很好的效果。现在，强化理论被广泛地应用在激励和人的行为矫正上。

1. 强化理论的内容

斯金纳认为，行为是结果的函数，行为的原因来自于外部。当行为的结果对他或她有利时，这种行为就会重复出现，当行为的结果不利时，这种行为就会减弱或消失。

在管理实践中，常用的强化手段有正强化、消极强化、惩罚和消退四种。

① 正强化：指对那些符合组织目标的行为给予肯定和奖励，以便使行为得到进一步加强。正强化的手段不仅包括发给奖金，此外，对成绩的认可、表扬、改善人际关系、提升、安排担任挑战性工作、给予学习和成长的机会等，都能起到正强化的作用。

② 负强化：一种事前的规避，是对什么样的行为会不符合组织目标的要求及如果员工发生不符合要求的行为将给予何种惩罚的规定，使员工从力图避免中对自己的行为形成一种约束力。

③ 惩罚：指当那些不符合组织目标的行为出现后给予某种带有强制性、威胁性的不利后果，以期减少这种行为出现的可能性或消除该行为的方法。惩罚的手段包括经济方面的，如减薪、罚款等，也包括非经济性的，如批评、降级、撤职等。根据所发生行为的性质和严重程度不同，惩罚可以间隔地或连续性地进行。连续性惩罚可以消除人们的侥幸心理。

④ 消退：对已出现的不符合要求的行为进行"冷处理"，达到"无为而治"的效果。

2. 强化理论的启示

强化理论较多地强调外部因素或环境刺激对行为的影响，忽略人的内在因素和主观能动性对环境的反作用，具有机械论的色彩。但是强化理论的一些具体做法对我们是有用的。强化理论的应用原则可以归纳为下面 3 条。

① 强化措施要因人而异。人们的年龄、性别、职业和文化水平不同，需要就不同，强化方式也应该不一样。比如，有的人重物质奖励，有的人重精神奖励，在管理实践中要区别对待。

② 分阶段、分步骤设立目标。在激励组织成员时，不仅要设立一个切实可行的总目标，还要将总目标分成许多小目标、小步骤，完成每个小目标都及时给予强化，这样易于实现目标，而且通过不断的激励可以增强信心。如果目标一次定得太高，会使人感到不易达到或者说能够达到的期望很小，因此很难充分调动他为达到目标而做出努力的积极性。

③ 及时反馈。通过组织制度和信息途径，及时将工作结果告诉行动者。无论结果好与坏，对行为都具有强化的作用。好的结果能鼓舞人心，继续努力；坏的结果能促使其分析原因，及时纠正。特别是在劳动竞赛中公布相互之间的进度和成绩，能起到很好的激励作用。因此，抓好信息反馈是激励和改变行为的重要环节。

在实践中，管理者应当把重点放在积极强化而不是惩罚上。对于不期望的行为，采取自然消退的做法有时比惩罚更有效。尽管惩罚措施消除不良行为的速度快，立竿见影，但是其效果往往是暂时的，而且常常伴随着不良的负面作用，如冲突、缺勤或辞职等。

第三节 有效激励的手段

各种激励理论实质上都是从不同的方面提出的激励措施与方法，方法需要灵活采用才能取得良好的效果。因为激励的对象是人，而现实中的人是非常复杂的，不同的人的个性特征有区别。而且，不同的组织及其所处的环境也是不同的。所有这些因素都会必然影响着激励方式、方法的选择以及激励效果的优劣。因此，在管理实践中，管理者应该根据激励的环境与激励对象的不同运用相关的激励和激励方法，从而体现了激励的艺术，以求获得良好的激励效果。

一、物质激励

物质激励是指运用物质的手段使受激励者得到物质上的满足，从而进一步调动其积极性、主动性和创造性。物质激励通过满足员工的要求，激发其努力生产、工作的动机。物质激励仍是激励的主要形式。物质激励的一般形式如下：

① 物质激励可以通过正、反两方面进行激励。正面激励方式有增加工资、颁发奖品、发奖金、分房，以及带薪休假、疗养、旅游等，负面激励方式有扣发奖金、工资、罚款等。

② 股权激励。股权激励是指让企业的管理者、员工持有本企业的股票，是一种带有长期性质的激励方式，具体方式有：购股、增股、转股、干股、期股。股权激励能够把企业员工的长期利益同企业的长期利益结合起来，使员工关心企业的生产经营状况，把企业的事当成自己的事，为企业排忧解难、献计献策，形成利益共同体。

股票期权激励是股权激励的重要方式之一。股票期权包括股票期权合约和股票期权计划。它是企业给予员工尤其是高级管理者的一种权利；拥有这种权利的人员可以在规定的时间内以股票期权的行业价格购买本公司股票。这种新型的激励机制将企业员工的薪酬与企业长期的业绩联系起来，鼓励员工不断创新和行为长期化，关注企业的持续发展，克服短期行为。

案例 14-1 改进薪酬激励的六步骤

你的公司如何更好地处理雇员的薪酬需求？你确信这些基本需求得到满足了吗？哪些公司是可以效仿的？看看以下的处方吧。

① 确定雇员现在对公司薪酬体系的心情。如果公司还没有实施工作环境调查，请立即开始实施，而且不要以为一年实施一次就够了。你每年只对顾客进行一次调查吗？同时确保每年也要调查竞争对手的工资状况。

② 问问雇员："作为你的雇主，我们做的哪件事可以改善你的福利待遇呢？"你通常不能大幅度地提高工资，但你可以考虑一下独特的非货币化福利，而这些非货币化福利是非常有意义的，是对雇员需求的认可。

③ 以你的公司提供给雇员的为基准，与类似的公司和全国最优秀的公司进行比较。问问雇员，他们以前的雇主向他们提供什么待遇。另外，让你的人力资源部门查阅有关本行业的媒体报道，了解在其他公司行之有效的措施。问问离职雇员是什么吸引他选择新的工作。

④ 通过在公司内部实施调查，了解你向雇员公布薪酬体系的内部形式会取得什么样的效果。通过让这些福利变得看得见、摸得着，你的雇员就会认识到在他们的薪酬体系中，基本工资之外的部分高达 20%～25%，对于非货币化福利，可以以简报、照片和故事的形式关注一下享受过这种非货币化福利的雇员。

⑤ 搜寻那些不易保存但对你的雇员很重要的有价商品。这可能是你公司生产的产品或供应商送的礼物，它们只被高层所拥有。你的首席财务官可能在山里有一间滑雪木屋，或营销副总拥有本地棒球队比赛的季票，为什么不作为免费的非货币化福利向你的雇员提供这些东西，特别是对那些超额完成目标的雇员呢？这也是一个让你的高管与一线雇员相互沟通的绝妙办法。

⑥ 让高管们组成一个团队（其中包括你的级别最高的人力资源主管），并就公司在金字塔的金钱需求层次上应实施何种独具特色的战略展开深入的讨论。

资料来源：奇普·康利（Chip Conley）. 巅峰：马斯洛赋予伟大公司的魔力. 机械工业出版社，2008

二、精神激励

精神激励是指精神方面的无形激励，包括目标激励、工作激励、参与激励、荣誉激励等。精神激励是调动员工积极性、主动性和创造性的有效方式。精神激励不仅可以弥补物质激励的不足，而且可以成为长期起作用的力量，能激发员工的工作热情，满足自我发展需要，提高工作效率，具有不可替代的作用。精神激励的一般形式如下。

案例 14-2
士为"赞赏"者死

1. 榜样激励

组织管理者以某些方面的有意识的行为来激发员工的激励方法就是榜样激励法。榜样的力量是无穷的。大多数人不甘落后，但不知道从何做起。通过树立先进典型和领导者的宣传垂范，可以使广大员工找一个参照并自我鞭策，增强其克服困难取得成功的决心和信心。

2. 荣誉激励

荣誉激励是满足员工自尊和自我实现的需求，也是激发他们奋力进取的重要手段，主要包括表彰、奖状、荣誉称号、晋升职务等。人人具有自我肯定和被人肯定的需要，荣誉激励能够满足员工这种需要，从而大幅提高员工的工作热情、改善工作质量、激发创造能量，加速个人成长。对于一些工作表现比较突出、具有代表性的先进员工，给予必要的荣誉奖励，是很好的精神激励方法。

3. 情感激励

情感激励是通过建立一种人与人之间和谐、友好的感情关系，以调动工作积极性的激励方法。情感激励的形式多种多样，其最大特点在于关心人、爱护人、帮助人、尊重人，使被管理者时时感到自己受到重视和尊重。人是感情动物，被尊重是人最重要的情感需要。人一旦能感到被别人认同、被人尊重，在上级和同事的心目中占有一定的位置，那么他的工作积极性就会被激发起来。

案例 14-3
入职前的激励

4. 目标激励

目标是重要的激励因素。产生激励作用的目标包括组织目标和个人目标。目标具有引发、导向和激励的作用。组织应当为员工确定适当的目标，诱发员工的动机和行为，达到调动员工积极性的目的。当然，目标的设置要有挑战性，通过努力能够达到，目标过高和过低都达不到激励员工的作用。

案例 14-4
牛草高旋屋檐上

5. 员工参与管理

现代员工都有参与管理的要求和愿望，创造和提供一切机会让员工参与管理是调动他们积极性的有效办法。让员工参与管理，有利于形成员工对企业的归属感，觉得自己在企业里得到了重视，可以满足员工自尊和自我实现的需要。参与也有利于增加员工对企业决策的认同感，与企业一心，使企业的各项决策得以顺利实施，提高企业的效率。

案例 14-5　联邦快递 2500 美元的奖学金

物流人才紧缺，现实教育、培训不能满足实际需要，而且随着业务的扩展，联邦快递在未来的几年里，每年员工队伍将以 20% 的速度增长，因此对人才的需求自然也将不断增长，如何留住人才，也显得异常重要。

要留住人才就要让他看到自己拥有一个广阔的发展空间。这不仅仅是高工资、好福利就能等同的，给予员工在工作上、学习上、更多的机会进步，让他们适应整个行业的快速变化。为此，联邦快递为它的全体员工设计了一系列培训计划，让每个员工都有“终身学习的环境”。在联邦快递，每个员工每年都可以获得 2500 美元的奖学金，员工可充分运用这笔奖学金来挑选相关培训。

所有的递送员和客户服务代理人员要接受一年一次的“在线式”测试，以更新知识并适应变化的脚步。所有客户联络员在他们接到第一个客户电话之前都要接受 6 个星期的强化训练。

而对于经理和高层，联邦快递会推选有培养前途的经理在数个月内到公司不同的部门实习，以便更全面地了解公司的业务，为今后在公司担任更重要的角色做准备。每位经理人员在加入联邦快递的 3 个月内，必须参加公司内部的为期 5 天的“MAPS”培训，以帮助经理人员理解和认同公司的内部管理体制。在加入联邦快递的 6 个月内，必须参加公司内部针对不同阶层管理人员而制定的为期 5 天的管理培训课程。此外，公司也会经常组织一些其他管理培训或和公司战略发展有关部门的“WORKSHOP”，让公司的管理层及时更新管理理念和了解公司的发展动态。

而当有新的岗位空缺时，公司也总是优先考虑内部员工。联邦快递会定期拿出一定数量的领导岗位在公司内部公开招聘，凡具有竞争实力的员工均可通过公开招聘上岗。联邦快递中国区总裁陈嘉良表示：“联邦快递的许多员工都在公司内工作了很多年，其中大多数都为公司服务了五年以上。公司有非常清晰的内部提升政策。”

资料来源：《当代经理人》2010 年第 1 期

6. 培训

培训激励法是指采用提供培训和再教育的机会以激励员工积极性的方法。知识经济的特点是知识更新的速度不断加快，员工的知识结构不合理和知识老化现象日益突出。虽然员工在实践中不断丰富和积累知识，但仍需对他们采取各种形式的培训激励措施，充实员工知识，提高员工的工作适应能力，以满足他们自我实现的需要。

7. 职业生涯发展

马斯洛的需要层次理论认为，物质需要是人类较低层次的需要，而自我实现才是人的最高层次的需要。职业发展属于满足人的自我实现需要的范畴，因而会产生更大的激励作用。鉴于职业发展阶段的特点，组织要做的工作是强化、促进员工的行为动机，引导员工职业发展目标与组织目标保持一致，帮助员工实现需求期望，从根本上调动员工积极性。

8. 环境激励

环境激励包括：工作环境的改善，创造良好的工作条件；领导者关心、信任员工；具有良好的人际关系，很强的组织凝聚力等。企业为员工创造良好的工作环境，有利于保持员工良好的工作心情和工作积极性，从而使企业充满活力。

9. 工作激励

工作激励是从工作本身的角度进行激励，使工作更有挑战性，员工更有成就感和满足感。比如工作的设计方面，从以下 3 方面进行考虑。

①工作丰富化：让工人有机会参加工作的设计与计划，得到信息反馈，评估和修正自己的工作，使工人对工作本身产生兴趣，获得责任感和成就感。

②工作扩大化：让员工增加工作的种类，同时承担几项工作或者做周期更长的工作，以增加对工作的兴趣。

小资料 14-1　两个必修的激励学分

必修学分一：奖励

每个人的情况不同，即使是同一名员工，也会因为不同年龄、不同经济能力、处于不同的人生阶段，而需要不同的奖励。有些意想不到的奖励方式很有效。例如，公司收到一封高阶主管社交活动的邀请函，如果 CEO 没有时间参加，让公司有潜力的年轻主管代为前往，他们可能会很高兴去“见见世面”，认为这个奖励是金钱买不到的，而公司也确实没有花一毛钱。平时多了解员工的个性与想法，奖励才能深得他们的心。

必修学分二：反馈

主管在给予员工回馈时，谨记以下 5 个小秘诀:

① 引导而非批评。主管在开口之前先思考自己的动机，如果反馈不能帮助公司或员工变得更好，那就不必说了，因为那不是反馈，只是批评或宣泄个人情绪。

② 不要给答案，要问问题。主管问出好问题可以帮助员工学习解决问题和作出正确决定，让员工有机会自己发掘答案，增加工作的意义。

③ 时机代表一切。反馈要在还有用的时候给，事过境迁才讲，通常会被视为批评。

④ 明确。员工的某个行为对团队造成哪些具体伤害，含糊不清的反馈等于没说。反馈后接着再给出具有建设性的建议，并且承诺提供员工改进时必要的协助。

⑤ 低调。私下沟通，不给员工造成过大压力的方法是最理想的。公开反馈可能造成员工尴尬，甚至觉得丢脸而恼羞成怒，徒增抗拒情绪。

资料来源：《中外管理》 2013 年第 12 期

③ 弹性工时：这是近年来国外为了便利职工、提高职工的工作积极性而实行的一种组织制度的变革。这种制度规定职工除了一部分时间须按规定时间上班外，其余时间在一定范围内可以让员工自行安排。实行这种制度的公司都反映生产率提高、差错减少、缺勤和迟到显著降低，职工也因为能自由支配作息时间而感到满意。

三、激励需要注意的问题

① 激励要为实现组织目标服务。激励的最终目的是通过激发员工的深层工作激情来更好地实现组织目标。因此，用于唤醒员工工作热情的个人目标必须与组织目标一致，才能达到良好的激励效果。这是一个方向性的前提，否则激励的力度越大，其结果也只能是偏离目标甚至背道而驰的速度越快而已。

② 激励要注意把物质激励和精神激励相结合。物质激励和精神激励是针对员工存在物质和精神需要进行的。因此，应该在恰当地把握员工当前需要的基础上再选择有效的激励方法。物质需要是人类最基本的需要，是精神需要的基础，因此满足员工的需要应从最基本的物质激励开始。同时，要在物质激励的基础上结合精神激励，并逐渐将物质激励过渡到精神激励上。当然，物质激励和精神激励应根据企业的实际情况和员工的需要来进行，避免走极端。

③ 激励要保证公平、公正。这一原则是亚当斯公平理论的直接体现。要做到公平激励，就必须做到以下几点：其一，反对平均主义，克服“一刀切”的简单做法；其二，所有组织成员在获得或争取奖励方面的机会均等；其三，奖惩措施实施的过程要按章行事、公开和民主化，不得夹杂私人感情因素；其四，要建立公平、公正的绩效评估系统。

④ 激励要及时。激励要把握好时机，不同时间的激励其作用和效果是不同的。员工在做出努力取得成绩后希望得到社会的承认。激励越及时，越能使员工的积极行为得到强化，越能促进员工积极性的发挥。如果激励滞后，使员工觉得价值没有得到及时的承认，就失去了激励的意义。因此，及时把握时机进行激励是非常重要的。

⑤ 激励的方法要考虑员工的特点及员工的个性。员工的情况千差万别，不同的员工有不同的需求，所以每个员工对激励的反应就不一样，因此采取激励措施应考虑员工各自的情况，区别对待。

⑥ 激励应注意激励成本。企业是以赢利为目的的经营单位，谋求以最小的成本获取最大的利润，因而企业要考虑投入产出关系。无论物质激励还是精神激励都是有成本的，企业应衡量激励的成本与收益。如果激励的成本过高，超过了激励所能带来的收益，那么这种激励对企业来说就没有任何实际意义。

⑦ 应有长期的激励计划。长期的激励计划，是指企业通过一些政策和措施引导员工在一个较长的时期内自觉地关心企业的利益，可以使管理人员在决策时更注意长期效益。长期激励的实施对象主要有两类:一是企业高层管理人员，高层管理人员掌握着企业经营的商业机密和较好的管理技法；二是掌握企业关键技术的技术人才（特别是一些以技术为支柱的企业中）。这两类人才掌握着企业的发展，他们一旦“跳槽”，带给企业的不仅仅是经济的损失，有可能是增强了竞争对手的实力或增加了竞争对手，从而影响了企业的长远发展。

本章小结

① 激励是激发人的动机，诱导人的行为，使其发挥内在潜力，为实现所追求目标而努力的过程。

② 激励能够调动员工的工作积极性，实现组织目标和个人目标有效统一，增强组织的凝聚力和形成良性的竞争氛围。

③ 激励是一个过程，它所利用的正是这一过程，在分析人们需要的基础上，不断激发、引导人们沿着组织所希望的方向去行动，以取得预期的效果。

④ 激励的理论可以归纳为内容型、过程型和行为改造型三大类型。

⑤ 内容型激励理论着重从引发动机的因素，即激励的内容进行研究，包括马斯洛的需要层次理论、赫兹

伯格的双因素理论以及阿尔德弗的ERG理论。

⑥ 过程型激励理论着重对动机的形成过程进行研究，包括弗鲁姆的期望理论和亚当斯的公平理论。

⑦ 行为改造型激励理论着重从激励的目的，即调整和转化人的行为方式进行研究，主要介绍的是斯金纳的强化理论。

⑧ 激励的方式多种多样，主要分为物质激励和精神激励两大类。

⑨ 物质激励可以通过正、反两方面进行激励。正面激励方式有增加工资、颁发奖品、发奖金、分房，以及带薪休假、疗养、旅游等，负面激励方式有扣发奖金、工资，罚款等。股权激励是一种带有长期性质的激励方式。

⑩ 精神激励的方式有榜样激励、荣誉激励、情感激励、目标激励、员工参与管理、培训、职业生涯发展、环境激励和工作激励。

⑪ 激励要为实现组织目标服务；要注意把物质激励和精神激励相结合；要保证公平、公正；要及时；要考虑员工的特点及员工的个性；应注意激励成本和应有长期的激励计划。

重要概念

激励	内容型激励理论	过程型激励理论
行为改造型激励理论	需要层次理论	双因素理论
ERG 理论	期望理论	公平理论
强化理论	物质激励	精神激励

习 题 14

1. 什么是激励？请解释激励的过程模式。
2. 激励的作用有哪些？
3. 激励理论包括哪几大类？试简要说明其不同的侧重点。
4. 请将马斯洛的需要层次理论和赫兹伯格的双因素理论进行比较分析。
5. 理解马斯洛的需要层次理论的主要内涵，谈谈对实际工作的启发。
6. 谈谈你对双因素理论的理解。
7. 联系实际，谈谈公平理论的现实意义。
8. 试述期望理论的原理。这个理论对我们有什么启示？
9. 你怎样理解强化理论？
10. 常用的激励手段有哪些？
11. 激励过程中需要注意哪些问题？

案例分析

亨利的烦恼

亨利已经在数据系统公司工作了5年。期间，他从普通编程员升到了资深的程序编制分析员。他对自己所服务的这家公司相当满意，很为工作中的创造性要求所激励。

一个周末的下午，亨利和他的朋友及同事安迪一起打高尔夫球。安迪告诉他，在他所在的部门新雇了一位刚从大学毕业的程序编制分析员，起薪仅比亨利现在的工资少30美元。尽管亨利是个好脾气的人，但当他听到这一消息也不禁发火了。亨利实在迷惑不解。他感到这里一定有问题。

下周一的早上，亨利找到了人事部主任埃德华，问他自己听说的事是不是真的？埃德华带有歉意地说，确有这么回事。但他试图向亨利解释公司的处境："亨利，编程分析员现在市场相当紧俏。为使公司能吸引合格的人员，我们不得不提供较高的起薪。我们非常需要增加一名合格的程序分析员。因此，我们只能这么做。"亨利询问能否相应提高他的工资。埃德华回答说："你的工资需按照正常的绩效评估时间评定后再调。你干得非常不错，我相信老板到时会给你提薪的。"亨利在向埃德华道了声："打扰了！"便离开了他的办公室，边走边不停地摇头，很对自己在公司的前途感到疑虑。

资料来源：圣才学习网 http://www.100xuexi.com

思考题：

1．本案例描述的事件对亨利的工作动力会产生什么样的影响？哪一种激励理论可以更好地解释亨利目前的烦恼？为什么？

2．你觉得埃德华的解释会让亨利感到满意吗？

3．你认为，公司应当对亨利采取些什么措施？这些措施的利弊是什么？

第 15 章

沟　通

学习导图

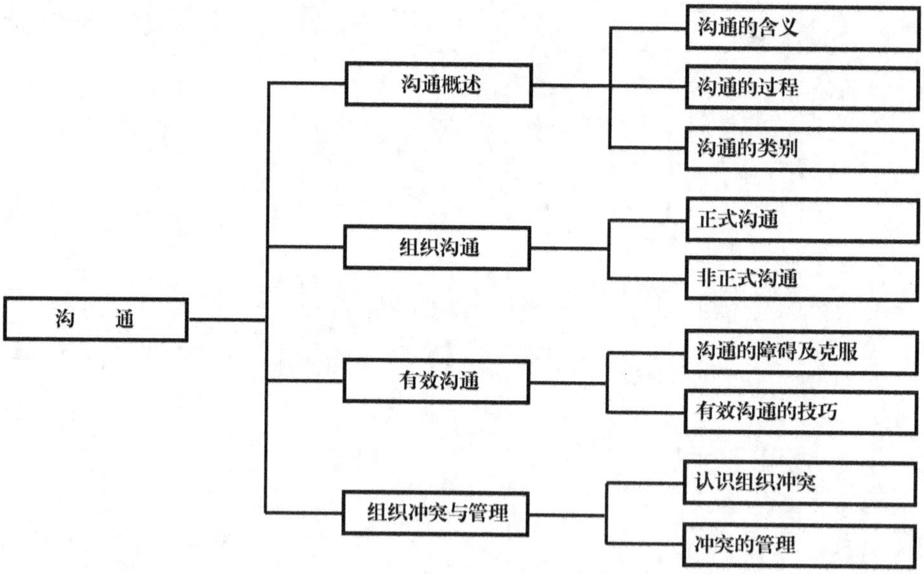

开篇案例

在 Facebook 里学沟通

在 Facebook 中，从 CEO 到普通员工都是在“沟通无极限”的企业氛围中不断成长的。透明公开而且极具活力，可以说是一种独到的 Facebook 文化。虽然业界常常将 Facebook 看做未来的“苹果”，但与苹果内部条块分割严密，每个人仿佛独行侠一般。Facebook 正如其最开始的缘起一般，充斥着如大学宿舍一样的氛围，是真正的“黑客文化”——大家对感兴趣的项目和课题进行分组讨论和研究，不停地提出自己的创想，不断试验，如果发现错误就及时纠正。

王淮曾在 Facebook 工作，让他印象极其深刻的是，在他刚刚入公司不久，第一次 Facebook 开幕式上，扎克伯格穿着 T 恤、羊绒外套、牛仔裤和一双露脚趾的橡胶拖鞋走上讲台，大声说道：“Facebook 是一次史无前例的壮举，将成为一个平台。人们可以自由地在这个平台上做开发，做任何想做的事情……你们唯一要做的就是把你们的产品嵌在 Facebook 里应用。对于未来，我不做任何评论，因为未来将有无限可能。相信我，Facebook 将是对传统网络的彻底颠覆……”在王淮看来，其实这种对于自身产品的定义也很好地说明了 Facebook 内部的文化氛围。他在当日拒绝了谷歌的高薪职位，辞掉了雅虎稳定的工作，看中的就是 Facebook 内部这种充满活力、没有太多层级限制的全新工作氛围和沟通环境。

在 Facebook 中，作为 CEO 的扎克伯格与同事们频繁互动。最重要的是，他心中对于 Facebook 的未来和产品方向有着深刻的体悟和理解，那就是要不断接近终端用户，随时了解并满足其需求。这一切决定了必须建立一个能够灵活反应、适应市场的高效组织。王淮表示，与很多公司 CEO 与一般员工距离很远不同的是，扎克伯格有一个固定的工作内容——问答会，每周五下午 5~6 点进行。扎克伯格会先用一点时间介绍公司近期发生了哪些重要事件，然后回答员工的所有提问。扎克伯格推崇在公司内部实现最大可能的透明，所以他尽可能地回答所有的问题。任何员工都可以参加，当然前提是员工不能向外界泄密。

在 Facebook 有一种共识，如果沟通顺畅，则事半功倍。

有趣的是，扎克伯格每周三还会抽出 1 小时进行中文讨论会，即从公司里找三五个懂中文的人，一起讨论一些有意思的话题。同样，只要你感兴趣，就可以去申请。这个例子也可以间接证明在 Facebook 内部真的可以打破一些所谓层级的藩篱。这种沟通顺畅的文化以及相对开放的领导风格使 Facebook 的成长相对一般的硅谷创业公司更快，也更顺畅。

资料来源：《中外管理》2013 年第 2 期

松下幸之助有句名言：“管理，过去是沟通，现在是沟通，未来还是沟通。”管理者的真正工作就是沟通，任何时候的管理都离不开沟通。良好的人际沟通是任何组织内部人与人之间相互了解和信任、实现组织目标的基础；组织沟通则是建立在人际沟通基础之上的，包括组织内部各部门之间及组织与外部其他组织之间所发生和建立的信息传递，能否有效进行组织沟通则是组织生死存亡的关键。

第一节　沟通概述

任何一个组织的运行都离不开组织成员的分工和合作，以有效地达到组织的既定目标。组织成员的分工合作以及行为协调有赖于相互之间传递信息，并了解这些信息表达的意思。组织成员之间若没有这种相互间的信息沟通，不但不能进行协调和合作，而且会给组织运行造成障碍，甚至导致组织失败。

一、沟通的含义

沟通也称为沟通联络，即信息交流。对于沟通的概念有很多不同的理解，美国管理学家哈罗德·孔茨（Harold Koontz）认为，沟通是“信息从发送者转移到接收者那里，并使后者理解该项信息的含义”。赫伯特·西蒙（Harbert A.Simen）认为，“信息沟通是指一个组织成员向另一个组织成员传递决策前提的过程”。纽曼（Newman）和萨默（Summer）则把沟通解释为“在两个或更多人之间进行的在事实、思想、意见和情感等方面的交流”。斯蒂芬·罗宾斯（Stephen P.Robbins）和玛丽·库尔特（Mary Coulter）则把沟通看成意义的传递和理解。此外，沟通还被解释为用语言、书信、信号、电信等方式进行的交往，是在组织成员之间取得共同的理解和认识的一种方法。综观以上可以看出，对沟通的理解至少包括以下 3 个基本条件。

① 沟通必须涉及两个或两个以上的人。其中两个人的含义也有不同，如两个管理人员在办公室商讨管理工作是沟通，一个学生在图书馆阅读200年前某位作家写的作品也是沟通。

② 沟通必须有一定的沟通客体或内容，即信息情报等。沟通是传达思想和信息的过程，如果在传达和交流的过程中没有相应的内容，则沟通是无效的。

③ 沟通必须有传递信息情报的途径，如语言、书信等。

根据以上三个要素，我们可以把沟通定义为信息或思想在两个或两个以上人群中的传递并理解的过程。注意，良好的沟通常常被错误地理解为沟通双方达成一致的意见。当一场争论持续了很长时间，旁观者往往断言这是由于缺乏沟通所导致的。这种想当然的认识反映了一种错误的倾向，即认为有效的沟通等同于意见一致。实际上，争论谈判也是一种沟通，通过多种方式的沟通，每个人都能充分了解对方的观点和见解，问题是人们把有效沟通和意见一致混淆了。

二、沟通的过程

人际沟通过程是指一个信息的传送者通过选定的渠道把信息传递给接收者的过程。当人们之间需要进行沟通时，沟通的过程就开始了。人与人之间的交流是通过信息的互相传递及了解进行的，因此人际沟通实际上就是互相之间的信息沟通。信息沟通过程开始于需要沟通的主动者，即信息的发送者。沟通过程的一般模式如图15-1所示。

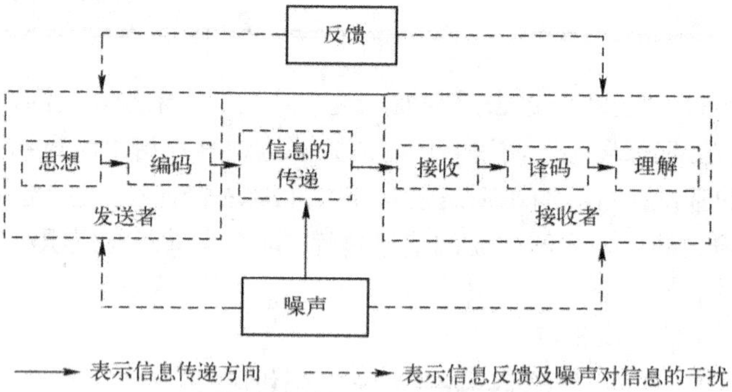

图15-1　沟通过程的一般模式图

（1）信息发送者

信息发送者即需要沟通的主动者，他要把自己的某种思想或想法（希望他人了解的）转换为信息发送者，自己与信息接收者双方都能理解的共同“语言”或“信号”，这个过程就叫做编码。没有这样的编码，人际沟通是无法进行的，就像不会讲英语的人无法与只会讲英语的人进行沟通一样。一个组织中，如果组织的成员没有共同语言，组织成员之间的有效沟通就失去了良好的基础；如果通过翻译进行沟通，有可能翻译会导致原来信息的失真。

（2）信息传递渠道

编码后的信息必须通过一定的信息传递渠道才能传递到接收者那里，没有信息传递渠道，信息就不可能传递出去，沟通也就成了空话。信息传递渠道有许多种，如书面的备忘录、计算机、电话、电报、电视、互联网等。选择什么样的信息传递渠道，既要看沟通的场合、沟通双方互相同意和方便以及所处环境、拥有的条件等，也与选择所用渠道的成本有关。各种信息沟通渠道都有利弊，信息的传递效率也不尽相同。因此，选择适当的信息沟通渠道对实施有效的信息沟通是极为重要的。

（3）信息接收者

信息接收者先接收到传递而来的共同“语言”或“信号”，然后按照相应的办法特此还原为自己的语言，这个过程即“译码”，这样就可以理解收到的信息了。当信息接收者需要将他的有关信息传递给原先的信息发送者时，他自己就变成了信息的发送者。在接收和译码的过程中，接收者的教育程度、技术水平及当时的心理活动均会导致其在接收信息时发生偏差或疏漏，也会导致在译码过程中出现差错，这样会使信息接收者产生一定的误解，从而不利于有效的沟通。实际上，即便上述情况不发生，也会因为信息接收者的价值观和理解力与传送者不同而导致理解信息发送者真正想法的误差。

案例 15-1
水中剥洋葱

（4）噪声与反馈

人们之间的信息沟通经常受到“噪声”干扰。无论是在发送者方面，还是在接收者方面，噪声就是指妨碍信息沟通的任何因素。例如：① 噪声或受到限制的环境可能会妨碍一种明确思路的形成；② 由于使用了模棱两可的符号可能造成编码、译码的错误；③ 传递过程中的各种外界的干扰；④ 心理活动导致了错误发送或接收；⑤ 价值观不同导致无法理解双方的真正意思；⑥ 信息传递渠道本身的物理性问题。

反馈是检验信息沟通效果的再沟通。反馈对于信息沟通的重要性在于它可以检查沟通效果，并迅速将检查结果传递给信息发送者，从而有利于信息发送者修正自己的信息发送，以便达到最好的沟通效果。

人们通常将沟通过程描绘成一个静态不变的过程。而实际上，在沟通中所有的事物都处于连续不断的运动过程中。另外，沟通过程不仅存在信息的交流，也包括情况、思想、态度、观点的交流，沟通双方对信息的理解和接受程度受到专业水平、知识水平、工作经验以及社会文化背景等诸多方面因素的影响，对同一个信息会有不同的看法，从而造成信息传递上的失真相编码、译码、释义上的失误。因此，有必要深入地了解和研究信息沟通中的复杂性和动态性。

三、沟通的类别

根据分类方式的不同，沟通可以划分为多种类别，主要分类如下。

（1）按照组织系统划分

按照组织系统，沟通可分为正式沟通和非正式沟通。

一般来说，正式沟通指正式组织通过正规渠道进行的信息传递，非正式沟通指通过组织正式途径以外的渠道进行的信息传递和交流。

（2）按照沟通的行为主体划分

按照行为主体，沟通可以分为个体间沟通和群体间（或团队间）沟通。组织成员是组织活动的基本单元，任何个人都是在与组织中其他成员的协作下完成组织规定的任务的，离开其他成员的配合，个人在组织中可能一事无成。为了实现与其他成员的成功协作，每个组织成员需要研究如何借助合理的形式和手段准确地向其他人传递与自己的思想、情感以及行为有关的各种信息，并准确地理解他人发出的各种信息。群体或部门之间的关系也是如此。只有通过有效的沟通才能实现相互间在了解与理解基础上的合作，以整合各自在组织活动中不同时空的贡献，促进组织目标的有效达成。

（3）按照信息传递方向划分

按照信息传递的方向，沟通可分为下行沟通、上行沟通和平行沟通。下行沟通指上级将信息传达下级，是由上而下的沟通。上行沟通指下级将信息传达给上级，是由下而上的沟通。平行沟通指同级之间横向的信息传递，这种沟通也称为横向沟通。

（4）按照是否有反馈划分

按照是否进行反馈，沟通可分为单向沟通和双向沟通。

一般来说，单向沟通指没有反馈的信息传递。单向沟通比较适合下列几种情况：① 问题比较简单，时间比较紧；② 下属易于接受解决问题的方案；③ 下属不了解情况，无法对方案提供任何信息；④ 上级缺乏处理反馈的能力，容易感情用事。

双向沟通指有反馈的信息传递，是发送者和接收者相互之间进行信息交流的沟通。它比较适合于下列几种情况：① 时间比较充裕，问题又比较棘手；② 下属对方案不接受或有争论；③ 下属能对解决问题提供有价值的信息和建议；④ 上级习惯于双向沟通。并且能够建设性地处理反馈。

（5）按照沟通所借助的媒介和手段划分

按照所借助的媒介和手段划分，沟通可分为口头沟通、书面沟通、非语言沟通（体态语言沟通、语调沟通）和电子媒介沟通等。这些沟通方式的比较如表 15-1 所示。

表 15-1　不同沟通方式的比较

沟通方式	距　离	优　点	缺　点
口头	交谈、讲座、讨论会、电话	快速传递、快速反馈、信息量很大	传递中经过层次愈多信息失真愈严重、合适愈困难
书面	报告、备忘录、新建、文件、内部期刊、布告	持久、有形，可以核实	效率低、缺乏反馈
非语言	声、光信号、体态、语调	信息意义十分明确，内涵丰富，含义隐含灵活	传递距离有限，界限模糊，只能意会，不能言传
电子媒介	传真、闭路电视、计算机网络、电子邮件	快速传递、信息量大、远程传递一本信息可同时传递给多人、廉价	单向沟通、电子邮件可以交流，但看不见表情

第二节　组织沟通

在一个正式组织中，成员间所进行的沟通可分为正式沟通和非正式沟通两种。正式沟通是通过组织正式结构或层次系统运行的；非正式沟通是通过正式系统以外的途径来进行的。

一、正式沟通

正式沟通一般指在组织系统内，依据组织明文规定的原则进行的信息传递和交流。例如，组织与组织之间的公函来往、组织内部的文件传达、召开会议、上下级之间的定期情报交换等。

1. 正式沟通的渠道

正式沟通的方式主要包括自上而下的沟通、自下而上的沟通、横向沟通和斜向沟通四方面。

（1）自上而下的沟通

自上而下的沟通是指信息在组织内部从较高的组织级别层次，按照组织间的上下隶属关系和等级层次，向较低的组织级别层次传递的沟通过程，可以表现为上级的命令、指示、指导、文件和规定等。自上而下的沟通往往带有指令性、法定性、权威性和强迫性，容易引起重视，并严肃对待，它有助于下级了解组织的总体情况和自己应完成的任务，并努力让下属负责任地完成工作。这种自上而下的沟通的主要目的是使员工了解组织的经营目标，改变员工的态度以及形成与组织目标一致的观点并加以协调，从而消除员工的疑虑和不稳定心理。

如果员工未能从组织中获得及时充分的信息，就会从其他渠道获取信息，或者产生猜忌行为，进而对公司的生产经营活动采取抵制或消极态度。

自上而下的沟通在传统组织内是最为主要的沟通流向，但这种沟通存在许多问题，诸如传递路线过长，太费时间，信息在传递过程中经常发生遗漏和曲解，甚至有些人只注意直接上司的指示，面对更高层次的要求不予理睬。另外，上层的信息传到底层时，也会因与底层情况不合而遭到抵制。

这些情况通常可以通过以下 3 种方法来缓解。

① 保障组织结构设置合理化，尽量减少信息传递环节，从而缩短信息传递时间，减少信息扭曲的概率。

② 改善信息传递技术，如面对面交谈总是要比通过电话交谈或小组讨论的效果好。

③ 信息本身内容要明确、简洁，要让下属严肃对待，这样才能让下属正确领悟信息内容并给予高度重视。

（2）自下而上的沟通

自下而上的沟通是指信息在组织内部从较低的组织级别，按照组织的上下级隶属关系和等级序列，向较高的组织级别传递的沟通过程。自下而上的沟通通常表现为下级对上级进行信息反馈和下级向上级反映情况，具有非命令性、民主性、主动性和积极性，是上级掌握基层动态和下级反映个人愿望的必要手段。

自下而上的沟通体现的是一种信息的反馈。很多组织更重视自上而下的沟通，而忽视自下而上的沟通，使得向上沟通效率低下。组织忽视自下而上的沟通主要表现在：

① 规模和生产经营复杂性程度越高，向上沟通障碍就越多。

② 存在不现实的假设。许多管理者将信息发送给下属后，就主观地认为下属已经收到并确切地了解其所要表达的意思而不愿去核实，实际上，在信息发送者和接收者间往往存在严重差异，管理者向下传递信息所花费的时间和精力大大超过了用于反馈意见的收集和处理上。

③ 筛选和曲解。在向上沟通的每个环节上，每个组织层级都被赋予了一定程度的筛选权力。当中层管理者认为一切良好而将一些自认为无中生有的反馈筛除后，在传递给上一层管理者时就造成了信息曲解。

④ 害怕暴露坏消息。在许多组织中，中层管理者往往有拖延向上层传递坏消息的倾向，他们总是希望在不得不向上传递之前，这些坏情况最好已经被解决或减轻了。

⑤ 害怕受到惩罚。下级人员往往担心受到惩罚而匿藏或歪曲他们的真实感情和重要信息。

⑥ 竞争的原因。为了谋求更高的社会地位或升迁、加薪，许多人不愿向上层领导传递不利于自己的信息或有利于竞争对手的信息。

针对以上影响自下而上传递信息的因素，各组织根据自身存在的问题及组织机构的特点，通常采取座谈会、意见箱、接待日或社会专职机构和专门制度等方式来消除以上问题。但在此过程中，领导者也要避免对下级信息不加甄别地盲目采用。

（3）横向沟通

横向沟通是指发生在组织内部同一层次成员之间的信息传递行为，其目的是谋求相互之间的了解和工作上的协调配合，常常有非命令性、协商性相双向性。在一个金字塔形的组织结构中．越是在底层的员工彼此间的距离越大，对信息的需求也就越强烈，因此横向沟通在组织信息沟通中具有特殊的作用。

横向沟通过程中最大的障碍是由组织内部的部门化造成的。另外，个人之间的冲突也会影响横向沟通。要促进横向沟通可以从以下 4 方面入手。

① 确定组织机构关系，明确各部门之间的职责划分，减少部门之间、员工之间不必要的臆测。

② 个人工作描述要精确，使每个员工准确地知道应该做什么和如何做，明确彼此间的权利和义务。

③ 鼓励例行会议和沟通，在组织中要定期召开不同部门之间的会议，加强信息沟通。

④ 加强冲突管理，教会下属各种必要的沟通技能，以增强下属间的沟通需求。

（4）斜向沟通

斜向沟通是指发生在组织内部既不属于同一隶属序列，又不用于同一等级层次之间的信息沟通，这样做有时是为了加快信息的交流，谋求相互之间必要的合作和支持。这种沟通往往具有协商性和主动性。

正式沟通渠道的优点是沟通效果好，比较严肃，约束力强，易于保密，可以使信息沟通具有权威性。组织中的重要信息和文件等的传递一般采取这种形式。正式沟通的缺点在于，因为依靠组织系统层层传递，所以比较呆板，沟通速度很慢，此外也存在着信息失真或扭曲的可能。

2. 正式沟通的具体形式

据研究，以 5 个人（A、B、C、D、E）为一个群体为例，正式沟通基本上可有 5 种形态，即链（Chain）式、环（Circle）式、Y（Y）式、轮（Wheel）式和全通道（All channels）式，如图 15-2 所示。

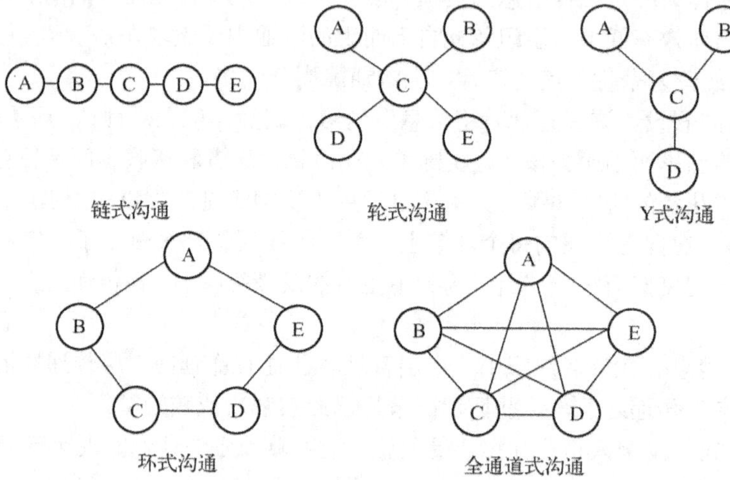

图 15-2　正式沟通的 5 种形态

（1）链式沟通

链式沟通是一个平行网络、其中居于两端的人只能与内侧的一个成员联系，居于中间的人可以分别与两个人沟通信息。在一个组织系统中，链式沟通相当于一个纵向沟通网络，代表一个 5 级层次，逐渐传递，信息可自上而下或自下而上进行传递。在这个网络中，信息经层层传递、筛选，容易失真，各信息传递者所接收的信息差异很大，平均满意度有较大差距。此外，这种网络可表示组织中主管人员和下级部属之间存在若干管理者，属控制型结构。在管理中，如果某一组织系统过于庞大，需要实行分权管理，那么链式沟通网络是一种行之有效的方法。

（2）环式沟通

环式沟通可以看成链式形态的一种封闭式控制结构，表示 5 个人之间依次联络和沟通。其中，每个人都可同时与两侧的人沟通信息。在这个网络中，组织的集中化程度和领导人的预测程度都较低，畅通渠道不多，组织中成员具有比较一致的满意度，组织士气高昂。如果在组织中需要创造出一种高昂的士气来实现组织目标，环式沟通是一种行之有效的措施。

（3）Y 式沟通

Y 式沟通是一个纵向沟通网络，其中有一个成员位于沟通网络的中心，成为沟通的媒介。在组织中，这一网络大体相当于从参谋、咨询机构到组织领导，再到下级主管人员或一般成员之间的纵向关系。这种网络集中化程度高，解决问题速度快，组织中领导人员预测程度高。此网络适用于主管人员的工作任务十分繁重，需要有人选择信息，提供决策依据，而同时要对组织实行有效的控制的情况。此网络容易导致信息曲解或失真，影响组织中成员的士气，阻碍组织提高工作效率。

（4）轮式沟通

轮式沟通属于控制型网络，其中只有一个成员是各种信息的汇集点与传递中心。在组织中，大体相当于一个主管领导直接管理几个部门的权威控制系统。此网络集中化程度高，解决问题的速度快。主管人（C）的预测程度很高，而沟通的渠道很少，组织成员的满意度低，士气低落。轮式网络是加强组织控制、争时间、抢速度的一个有效办法。如果组织接受紧急攻关任务，要求进行严密控制，则可采用这种沟通网络。

（5）全通道式沟通

全通道式沟通是一个开放式的网络系统，其中每个成员之间都有一定的联系，彼此了解。此网络中组织的集中化程度及主管人的预测程度均很低。由于沟通渠道报多，组织成员的平均满意程度高且差异小，所以士气高昂，合作气氛浓厚。这对于解决复杂问题，增强组织合作精神，提高士气均有很大作用。由于这种网络沟通渠道太多，易造成混乱，且又费时间，影响工作效率。

以上种种沟通形态和网络，各有优缺点，它们对组织内群体行动的影响差异见表。表 15-2 显示，如果管理者看重解决问题的速度，那么使用轮式和全通道式是最好的；如果看重信息传递的精确度，那么链式、Y 式和轮式是最好的；如果看重领导者的产生，则需要用轮式沟通模式；如果要通过信息沟通来增加员工的满足感，则最好使用环式和全通道式。

表 15-2　五种沟通形态的比较

评价标准	链式	轮式	Y 式	环式	全通道式
集中性	适中	高	较高	低	很低
速度	适中	快（简单任务） 慢（负责任务）	快	慢	快
正确性	高	很高	高	低	低
领导能力	适中	很高	高	低	低
全体成员满足	适中	低	较低	高	高
示例	命令链锁	主管对四个下属	领导任务繁重	工作任务小组	非正式沟通（秘密消息）

二、非正式沟通

与正式沟通不同，非正式沟通是通过组织正式途径以外的渠道进行的信息传递和交流。非正式沟通是人性的内在需求，与组织内部的规章制度无关。它的沟通对象、时间以及内容等都是未经计划的，随机性较大。而且这种沟通带有一定的感情色彩，犹如林中小道盘旋在整个组织机构内，其分支伸向各方向，缩短了正式的垂直和水平交流的路线，这使管理者控制的难度加大。非正式沟通对正式组织具有重要的影响，做好非正式沟通是形成良好组织氛围的必要条件。因此，管理者必须重视非正式沟通的作用。关于传闻或小道消息的正确程度，现在尚未取得统一结论，有的专家认为非正式沟通传递信息的准确度只有 50%，有的认为准确度有 75%甚至 95%。

1．非正式沟通的特点

非正式沟通是通过正式沟通渠道以外的信息交流和传达方式，是非正式组织的副产品，一方面满足了员工的需求，另一方面补充了正式沟通系统的不足。是正式沟通的有机补充。与正式沟通相比，非正式沟通有下列 5 个特点：

① 非正式沟通的信息交流速度较快。由于这些信息与职工的利益相关或者是他们比较感兴趣

的，再加上没有正式沟通那种程序，信息传播速度大大加快。

② 非正式沟通的信息比较准确。据国外研究．它的准确率可高达 95%。一般来说，非正式沟通中信息的失真主要来源于形式上的不完整，而不是提供无中生有的谣言：人们常常把非正式沟通（俗称小道稍息）与谣言混为一谈，这是缺乏根据的。

③ 非正式沟通效率较高。非正式沟通一股是有选择的、针对个人的兴趣传播信息。正式沟通则常常将信息传送给本不需要它们的人，如企业管理人员的办公桌上往往堆满了毫无价值的文件。

④ 非正式沟通可以满足员工的需要。出于非正式沟通不是基于管理者的权威，而是出于员工的愿望和需要，因此，这种沟通常常是积极的、卓有成效的，并且可以满足员工们安全的、社交的和尊重的需要。

⑤ 非正式沟通有一定的片面性。非正式沟通中的信息常常被夸大、曲解，因而需要慎重对待。

非正式沟通形式多样，直接明了，速度很快，容易及时了解到正式沟通难以提供的“内幕新闻”和原发性信息等。其缺点为：非正式沟通难以控制，传递的信息不确切，容易失真，且可能导致小集体的产生，有可能干扰和影响组织的计划和目标实现。作为管理者，对此必须高度重视，不仅要消除小道消息的消极作用，还要利用非正式沟通为实现组织目标服务。

2．非正式沟通的渠道

非正式沟通和正式沟通不同，因为它的沟通对象、时间及内容等方面都是未经计划和难以辨别的。非正式组织是由于组织成员的感情和动机上的需要而形成的。其沟通途径是通过组织内的各种社会关系，这种社会关系超越了部门、单位以及层次。

在相当程度内，非正式沟通的发展也是配合决策对于信息的需要的。这种途径较正式，具有较大弹性，可以是横向流向或斜角流向，一般比较迅速。在许多情况下，来自非正式沟通的信息反而获得接收者的重视。由于传递这种信息一般以口头方式，不留证据、不负责任，许多不愿通过正式沟通传递的信息，却可能在非正式沟通中透露。

但是，过分依赖这种非正式沟通途径也有很大危险，因为这种信息遭受歪曲或发生错误的可能性相当大，而且无从查证。尤其与员工个人关系较密切的问题，如晋升、待遇、改组之类，常常发生所谓“谣言”（rumors）。这种不实消息的散布对于组织往往造成较大的困扰。

但是，任何组织都或多或少地存在着这种非正式沟通途径。对于这种沟通方式，主管者既不能完全依赖，用来获得必需的信息，也不能完全忽视，而是应当密切注意错误或不实信息发生的原因，设法提供组织人员正确而清晰的事实，加以防止。

非正式途径非常繁多且无定型，如同事之间任意交谈，甚至透过家人之间的传闻等，都算是非正式沟通。所以，非正式沟通和个人间非正式关系，往往平行存在。很多研究者认为，由于非正式沟通不必受到规定手续或形式的种种限制，因此往往比正式沟通还要重要。在美国，这种途径常常被称为“葡萄藤”，用来形容它枝茂叶盛，随处延伸。

3．非正式沟通的具体形式

基思•戴维斯（Keith Davis）根据研究，将非正式沟通划分为 4 个基本形态（如图 15-3 所示）。

① 单串型：信息在非正式渠道中依次传递，即由一个人转告另一个人，后者也再只转告一个人，这种情况最为少见。

② 随机型：碰到什么人就转告什么人，并无一定中心人物或选择性。

③ 集合型：在沟通渠道中有几个中心人物（A、B、C、D、E），由他们转告其他若干人有某种程度的弹性。

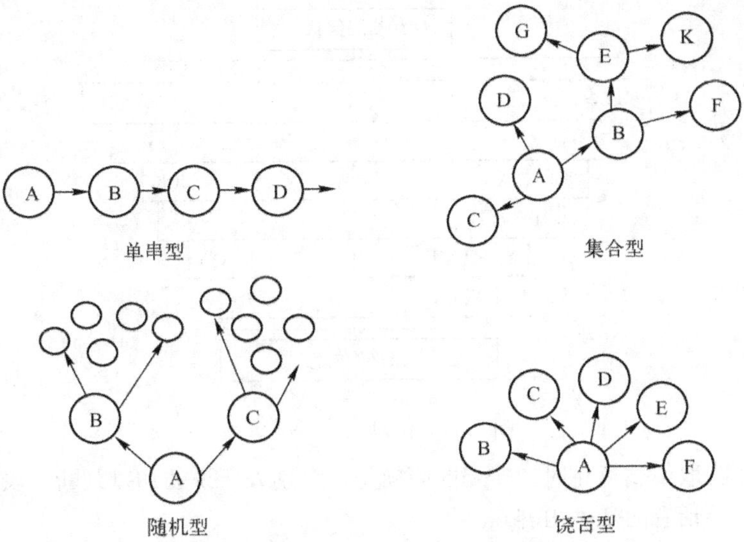

图 15-3　非正式沟通的信息传递方式

④ 饶舌型：即信息由一个人告知其他所有人，如发布独家新闻，这个发出信息的人是非正式渠道的关键人物。

第三节　有效沟通

一、沟通的障碍及克服

1. 沟通的障碍

组织沟通中存在着大量的障碍现象，有时甚至成为管理工作中的最大问题之一。解决信息沟通障碍问题，首先应寻找造成沟通障碍的原因，而不是处理表面现象。信息沟通是一个复杂的过程，沟通障碍可能存在于发送者方面，或存在于传递过程中，或在接收者方面，或在于信息反馈方面。

（1）由信息发送者造成的障碍

沟通首先由信息发送者开始，如果发送者对信息传送的目的未经思考、计划和说明就发表意见，就会对信息的传递造成障碍。或者尽管发送者头脑中的某个想法很清晰，但由于措辞不当、缺乏条理、表达紊乱，造成信息表达不清，使接收者理解困难。即使意思清楚、用词得当的信息，由于接收者个人经历、文化等方面的不同可能产生不同的理解，这种现象尤其在跨文化的管理中容易出现。

（2）信息传递中造成的障碍

在信息从一个人传到另一个人的一系列传递过程中，由于损失、遗忘和曲解等会造成越来越失真，特别是在层级过多的组织里或传递环节过多的情况下。一项研究表明，通常每经过一个中间环节信息就将丢失 30%左右。例如，企业董事会的决定其最初的信息通过 5 个等级后，损失可达 80%。其中，副总裁级的保真率为 63%，部门主管的为 56%，工厂经理的为 40%，第一线工长的为 30%，待传达到职工仅剩下 20%的信息了，如图 15-4 所示。

（3）由信息接收者造成的障碍

存在着接收者有选择地接收的现象，即人们拒绝或片面地接收与他们的期望不相一致的信息。研究表明，人们往往听或看他们感情上有所准备的东西，或他们想听或想看到的东西，甚至只愿意接收中听，拒绝不中听的东西。不善于聆听别人的意见及过早的评价，也常常是造成沟通障碍的重

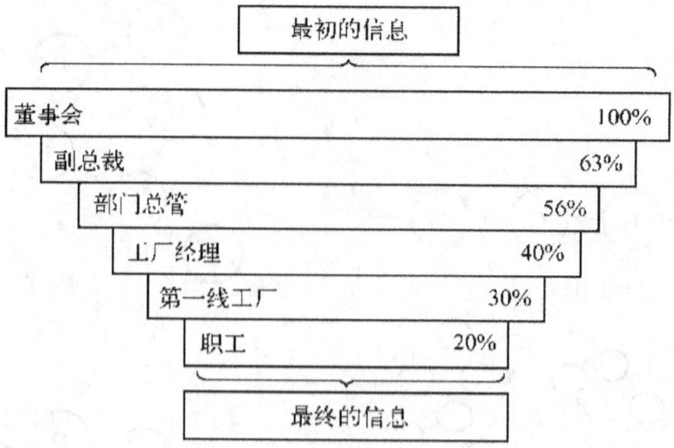

图 15-4 信息失真情况实例

要因素。尤其是在听取下属意见时，普遍的倾向是，对别人所说的加以判断，表示赞成或不赞成，而不是试图去理解谈话者的基本内容。

（4）人际关系对信息沟通的障碍

信息沟通是发送者和接收者之间的“给”与“受”的过程，信息传递不是单方面的，而是双方的事情。

首先，沟通双方的相互信任程度，沟通时的气氛等都对信息沟通效果造成影响。沟通双方的诚意和相互信任至关重要，上、下级之间的猜疑只会增加抵触情绪，减少坦率交谈的机会，也就不可能进行有效的沟通。

其次，信息发送者和接收者之间在地位和权力上的差异，也可能造成沟通上的障碍。一个人的地位高，似乎是正确的、可信的；一个人的地位低，其信息也将打折扣。一般说来，地位高的人对地位低的人沟通是无所顾忌的，而下级对上级沟通时往往有所顾忌。

（5）过量的信息造成的障碍

有人也许认为比较多的且不受限制的信息会有助于克服信息沟通中的问题，但事实恰恰相反，过量的信息会掩没真正有价值的信息，使接收者无所适从。人们可以用多种方式对付超负荷的信息。

① 接收者可能无视某些信息，如要回的信件过多，干脆把某些信件搁置不顾。

② 人们可能会对信息进行过滤，先处理比较容易的事项，可能把难度较大也许是关键性的问题忽视了。

③ 人们可能会采用逃避的方法，把信息束之高阁或不进行沟通。

2. 沟通障碍的克服

克服沟通中的障碍，首先要搞清楚造成沟通障碍的因素何在，在此基础上采用相应的方法来改善信息沟通。

（1）树立规范沟通的意识

信息发送者必须对他想要传递的信息有清晰的想法，要有认真的准备和明确的目的性，并制定实现预期目的计划。在进行重要沟通时，事先要征求他人的意见，应同别人协调并鼓励他们参与收集事实、分析信息。另外重要的一点是选用最合适的媒介。沟通的目的是为了统一思想，所以沟通前还应对问题的背景、解决问题的方案及其依据的资料、决策的理由和对下属的要求等做到心中有数。沟通的内容要确切，语言要简明、准确、通俗化、具体化。

（2）保障信息质量

在信息沟通过程中，要尽量减少重复，缩短信息传递链，以减少信息传递中的失真，在利用正式沟通渠道的同时，开辟高层管理者与低层人员的非正式直通渠道，加强直接沟通、口头沟通，直接了解基层情况；同时，加强横向沟通，拓宽信息沟通渠道，以保证信息畅通无阻和完整性。

（3）信息的接收者要学会聆听

有效信息沟通的关键是接收者能正确理解发送者的信息，做到这一点的先决条件是要对发送者的信息付出时间、同情、共鸣和全神贯注。如管理者认真倾听下属的话，避免打断谈话。为了能得到真实的信息反馈，管理者要创造出和谐的谈话气氛，表现出诚意、信任和同情，以此打消下属的防范心理。

（4）建立科学的沟通渠道

通过建立特别委员会、召开定期会议等方式，形成常规沟通渠道，加强上下级之间、同级之间的信息沟通。并且通过情况通报、报表等书面形式沟通各方面的情况。

（5）利用现代计算机技术和通信技术

现代计算机技术和通信技术飞速发展，给人们的信息沟通创造了更多的便利条件。开发和建立计算机管理信息系统、决策支持系统和专家系统等，利用计算机技术处理大量数据，并把有用的信息供给大多数决策者使用，管理者可以经济地、及时地得到必要的信息，用以决策。计算机还可以通过图表、图形等直观的形象显示组织的重要信息，对管理者提供决策帮助。另外，利用现代通信技术可以大大地解决距离上的障碍，身处各地的决策者可以通过远程通信会议，“面对面”地进行直接沟通，及时做出决策。也可以通过电子邮件及时了解各地情况。

案例 15-2　跨国企业在文化融合中的沟通

二、有效沟通的技巧

在探讨了组织中人际沟通的障碍及其克服办法之后，我们还需要从管理的角度来寻找改进组织沟通效果的方法。确保有效沟通的一个最好办法是为员工提供培养沟通技巧的机会。发送和接收信息的技巧会大大降低信息在传送过程中被歪曲的可能性。关键沟通技巧包括自主沟通技巧、展示技巧、非语言沟通技巧和倾听技巧。

1. 自主沟通技巧

自主的沟通技巧使一个人在沟通中既能尊重他人的需要和权利，又能满足自己的需要。一个具备自主沟通技巧的人能够准确地表明自己想从信息接收者身上获得什么。沟通者会自己承担满足这些需要的责任。同时，他也会尊重他人的需要，不会干扰别人，或者采取幼稚的或支配式的行动。自主沟通就是不向别人灌输恐惧或愤怒，平静、直接、自信地阐述，它的目标是直接、公开地回应问题。能够自主沟通问题的人会坚持事实，不以批评、主观的方式沟通。自主沟通涉及提供事实和反馈，或者提供能够清楚地表达沟通者的愿望、需要、需求、信念或感受的信息。例如，以实事求是的方式进行直接对话：“希望你能在 8 点之前到达这里”，“我对解决问题的方式很满意”等。

自主沟通技巧包括从其他人那里获得诚实的反馈。个体会直接提出问题，或者直接做出说明，以便了解其他人的观点、需求、需要和感受，确定双方之间没有误解。例如，可以获得直接反馈的问题：“你更喜欢做什么”，“我想听听你对这件事的意见”，“从你的角度看，这个观点有什么优点和缺点”。

在工作场所中，人们还会使用几种不太有效的沟通方式。这是因为沟通者不够直接，或者没有留意他人或自己的需要。这些不利于绩效发挥的沟通方式包括：消极型沟通方式、挑衅型沟通方式、消极抵抗型沟通方式。

使用消极型沟通（passive communication）方式的人不让其他人直接了解他的需求，而是希望他的需求自动得到满足。这种沟通者希望其他人能发现自己需要什么，如果其他人没有发现，他们就会怨恨和不悦。消极型沟通者经常担忧其他人如何看待他们：由于害怕冒犯其他人，他们不会透露自己的感受或需求。毫不奇怪，消极型沟通者经常情绪低落，使其他人很难与他们共事。

挑衅型沟通（aggressive communication）方式是一种通过表达自己的优势地位甚至愤怒来与人沟通的强制方式。挑衅型沟通者无视其他人的需求和权利，极力要求满足自己的需求。他们可能会使用威胁性的语言逼迫其他人，直到自己的需求得到满足为止。使用这种沟通方式的个体会胁迫其他人，这样做的代价是破坏了与其他人的关系，再也得不到其他人的信任。从长远而言，其他人会开始憎恨和回避挑衅型沟通者。

消极抵抗型沟通（passive-aggressive communication）方式是指避免直接回应其他人的要求或反馈，相反，这种沟通者会在事后为了真实或想象中的公平“报复”其他人。这种沟通者害怕给予他人直接反馈的原因与消极型沟通者一样。另一方面，消极抵抗型的沟通者会用讽刺、诽谤和间接的批评来表达不满和愤怒。他们经常会控制其他人，利用其他人的恐惧感或不安全感来获得自己想要的东西。不用说，消极抵抗型沟通是不诚实的沟通，不利于培养积极的工作关系。如果人们意识到自己有使用这3种不利于绩效的沟通方式的倾向，应该去学习和实践诚实、自主的沟通技巧。

2．展示技巧

展示技巧几乎对每项工作都很重要。销售人员必须以有说服力的方式向潜在顾客展示自己的商品；工程师需要有说服力地向控制资金的管理者提出自己的想法；管理者必须向高层管理者提交工作结果；团队成员要在员工会议上提出改善质量的建议；管理者和团队领导经常要说服团队或员工做某些事情或接受新的政策。培养有效的展示技巧的基本方针如下：

① 为展示确定目标。要知道自己想让听众做什么。你希望他们购买你的产品吗？还是希望他们为一项新技术投资？或者实行一种控制差旅费的新政策？

② 把展示内容组织成几个要点，但不要超过5点，这会使听众按照你希望的方式行动。根据每个想法的相对重要性把它们按逻辑顺序排列起来。运用组合信息支持你的观点，包括出版物、统计数据、名人名言以及与听众分享的个人轶事。

③ 把展示分为3部分：引言、主体和结论。引言部分告诉听众展示的内容是什么以及听众能从中获得什么好处。要有一个好的开头，如能抓住听众注意力并且在整个展示的过程中能够维持听众注意力的故事或陈述。主体部分是展示的主要信息和见解。结论部分则总结发言者想要强调的关键要点，这样才能说服听众采取行动。

④ 根据听众的需要调整展示的内容。提前确定参加会议的人员，预测听众的动机和兴趣，使展示内容的设计能够满足他们的需要和兴趣。

⑤ 如果听众对你的信用程度不熟悉，首先要树立你的信誉。有效的领导会介绍发言者，以便帮助他建立信誉。

⑥ 用响应和对话的方式讲话，让听众参与进来。没有人愿意听照本宣科的朗诵，或者像背诵一样进行程序化的讲话。要让听众感觉你是在为他们的利益做演说。

⑦ 运用视觉辅助工具，如幻灯片、图表、展览品或色彩鲜艳的海报，来强化语言信息。能够综合文本、图表和色彩来制作幻灯片是专业人员工具箱中的一个基本组成部分。

⑧ 实践你的展示技能，就像所有的技能一样，要通过努力和练习来提高。寻找机会练习并接受反馈。为学校团体或社会组织做展示，或者给一个班级上课，是获得更多经验的好办法。

⑨ 在结束展示时，重申你希望听众记住的要点。总结这次谈话的目标和目的，如果可以，在

展示的最后鼓励听众采取行动。而且，在展示的最后留出一段时间回答听众的问题也是个不错的做法，这使发言者可以解释清楚听众对发言者希望他们接收的信息的所有误解。

3．非语言沟通技巧

有效的沟通不仅涉及语言，非语言沟通（nonverbal communication）也能够发送和接收带有感情色彩的信息。友好、尊重、接受、拒绝、支配、顺从、愤怒、恐惧和幽默等感情色彩，都是主要通过非语言符号来传递的。当语言信息和非语言信息不一致时，接收者通常会质疑语言信息，相信非语言信息。例如，信息发送者口头承诺要诚信地采取行动，但是不进行视线接触，不停看手表，这说明他对信息接收者不尊重。非语言沟通的主要内容包括肢体动作和手势、目光接触、触摸、面部表情、身体距离和语调等。

① 肢体动作和手势.姿态可以显示一个人是否关注谈话的内容。在工作面试时，应试者的身体应该稍向前倾，以显示他对面试者的高度关注。手势可以为语言信息添彩或减色。手势有助于强调要点，但是摆弄手指也会告诉别人，说话的人很紧张、缺乏信心。不同的文化对手势的含义有不同的理解。在美国，大拇指与食指连成圆形表示“可以”，在巴西是一种侮辱性的手势，也许会让你和别人打一架。

② 目光接触。在面对面的沟通中，信息发送者或接收者是注意力集中还是漫不经心，都可以通过目光接触来传递。在商业沟通中，目光接触对双方都是很重要的，但是长时间视线接触可能会被理解为挑衅或过度亲密。在商业交谈中要谨慎地运用目光接触。

③ 触摸。有力的握手表示热烈欢迎，但无力的握手则是一种负面信号，说明没什么热情。触摸象征着喜欢、接受和友谊。在商业场合中，触摸应该用得非常少，甚至比目光接触还少。在美国，在工作场所中不受欢迎的触摸会被看成是一种性骚扰，但是有些文化比较能够容忍接触。例如在法国，关系比较好的员工互相亲吻脸颊表示祝贺是一种很普遍的现象。

④ 面部表情。高兴、满意、生气、恐惧和迷惑等情感通常能够通过面部表情表露出来。迷惑的神情表示接受者没有清楚地接收到语言信息；微笑传递开心和热情；微笑着握手可能是与新成员建立积极联系的最有效的办法之一。

⑤ 身体距离。人们一般会控制自己与他人之间的身体距离，与亲密的人保持最小的距离（两步的距离），与朋友和家人保持亲近的距离，与商业伙伴和普通的社交熟人保持最大的距离（4～12步）。如果违反人们对适当的社交距离的期望，会引起不快，还很容易造成误解。

对身体距离的期望会因为文化而有所不同。有些文化能够接受比较近的身体距离。比如与美国人相比，委内瑞拉人与业务上的熟人的身体距离要小得多，而且如果有一方后退来拉开距离，会被认为是粗鲁的表现。懂得如何利用身体距离的公众发言者能够与听众之间建立起较强的联系。电视谈话节目主持人奥普拉·温弗里（Oprah Winfrey）就是通过缩短身体距离和走进观众席，与观众对话来加强与听众的联系的。

⑥ 语调。注意力、友好、生气或恐惧等情绪都可以通过语调来传递。语言的音调、强弱、语速、清晰度和音调变化都可以反映不同的情感状态。在商业场合中，为了建立信誉度，表现自己的信心是很重要的，因此应该说话清晰、强调关键词、适当地改变语速和音调，避免单调的表达，那可能会使听众失去兴趣或者降低他们倾听的动力。

4．倾听技巧

倾听是理解语言内容和隐含在信息中的感受的一种基本沟通技巧。倾听不是被动的，而是一种主动的行为，需要倾听者投入到沟通过程中去，倾听者要尽量避免对说话者和说话的内容做出判断，相反，他要把注意力集中在对信息内容的理解上。主动的倾听者会用语言和非语言的方式表现出自己对谈话的投入。当说话者在表达一种感受时，倾听者可以换一种方式来叙述说话者表达的内容，要求得到确认。说话者可能会确认自己表达的就是这个意思，也可能做出澄清。不管是哪种情况，说话者都会受到鼓励，继续进行对话。而且，利用目光接触、点头、身体前倾等非语言的方式也能表示自己在倾听，鼓励说话者继续说下去。如果没有从倾听者那里得到反馈，说话者会感到泄气，不愿意继续说出自己的意见和感受。被动地倾听只可能会在无意中使对话很快结束。

在倾听其他人讲话时，说话者的语调经常能够反映出他的情感状态，这有助于倾听者理解语言背后的感受。在说话者的语调中，要留神倾听的部分包括音调、音量和语速。通过解码说话者语调所表达出来的含义，倾听者可以为说话者提供反馈，改善双方沟通的质量。以下是一些如何理解和回应说话者语调的例子：

① 如果说话者的音调高而紧张，表示说话者很紧张。倾听者如果能给予平和的安慰，将会鼓励说话者继续说下去。另一方面，迅速的回应只会打断说话者的思路和谈话。说话者的音调沉稳自然则说明他很自信、沉着。

② 如果说话者音调颤抖、犹豫不决、经常停顿，表明说话者缺乏信心、充满疑虑。倾听者可以通过保持目光接触、做出点头等安慰的姿势，来鼓励说话者继续把信息说完。

③ 说话者音调太高或小声咕哝都会使倾听者难以理解信息。在这两种情况下，倾听者都有责任根据具体的情景要求说话者降低或提高音量。如果说话者声音太大，倾听者应该平静地要求说话者把音量降到让人更舒服的水平，但是应该以客观的态度指出这一点。如果说话者声音太细小或低声嘟囔，令人很难听清楚，倾听者应该要求说话者提高音量。在两种情况下，重点都是要告诉说话者，你想听清他说的话。

对管理者而言，倾听是一种很宝贵的技巧。通过积极低倾听其他人讲话，管理者可以表现出自己能够体谅和理解说话者的观点，即使和管理者自己的立场不一样。当管理者之间进行谈判的时候，或者与客户谈判，以取得双方都能接受的方案时，这一点非常重要。员工或其他管理者不会把问题反映给倾听技能很差的管理者，这可能会损失管理者的信誉，影响他的工作效率。

第四节　组织冲突与管理

一、认识组织冲突

冲突（conflict）是一个行为主体为谋求自身利益而与其他行为主体之间的对立、对抗和斗争。它普遍存在于社会关系的各个领域，是人类社会关系的一个组成部分。组织冲突（organizational conflict）是指组织内部成员之间、不同部门之间、个人与组织之间由于在工作方式、利益、性格、文化价值观等方面的不一致性所导致的彼此抵触、争执甚至攻击行为。

对于组织冲突有 3 种观点。

第一种观点认为，冲突本身意抹着组织内部的机能失调，冲突会给组织带来消极影响，危害组织健康发展，因此应当尽量避免冲突。我们称这种观点为冲突的传统观点。

第二种观点认为，冲突是任何组织不可避免的产物，冲突不可能被消除，有时甚至会为组织带来好处，因此应当接纳冲突。我们称这种观点为冲突的人际关系观点。

第三种观点认为，冲突是组织发展的内在动力，管理者应当维持组织适度的冲突水平，保持组织旺盛的生命力。我们称这种观点为冲突的相互作用观点。

概括地说，传统观点排斥冲突，人际关系观点接纳冲突，相互作用观点则利用冲突。

组织中的冲突水平与组织绩效有重要的关系，图 15-5 表示了组织冲突和组织绩效之间的关系。

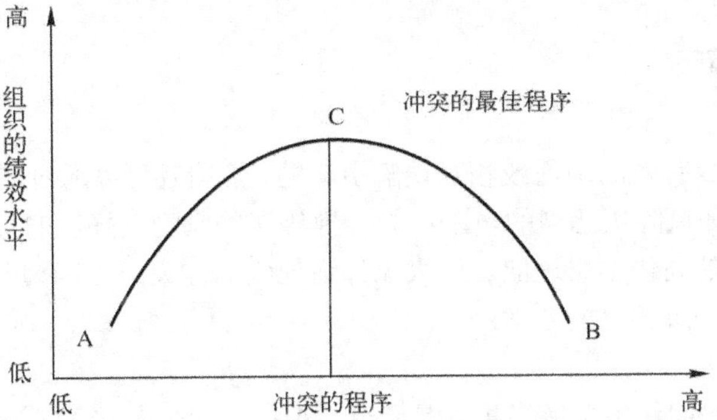

图 15-5　冲突对组织绩效的影响

在 A 点，几乎没有冲突．组织的绩效也很低。组织缺乏冲突往往表明管理者压制新观点，组织对环境变化反应迟钝，强调统一，不愿变革等。冲突水平从 A 点升到 B 点，组织的绩效随之提高。当组织中存在适当的冲突水平时（图中的 B 点），管理者可能比较开放，想方设法努力改进组织的功能和效果，鼓励争论以求获得有效决策。当冲突水平从 B 点继续增加到 C 点时，组织的绩效再次下降。这时过度的冲突导致组织功能失调，管理者可能更关心如何在政治斗争中获胜，原则将成为利益的筹码，管理者可能会通过损失效率来达到他们自己的目的。对于组织而言，冲突需要适度的控制和利用。管理者无法解决所有的冲突，但应当努力将冲突保持在一个适当的水平，以促进组织的变革并使组织受益。

按照给组织造成后果的不同，冲突分为建设性冲突和破坏性冲突两种类型。建设性冲突可以按组织中存在的不良功能和问题充分暴露出来，防止事态进一步演化；同时，可以促进不同意见的交流和对自身弱点的检讨，有利于促进良性竞争。破坏性冲突是指由于认识上的不一致、组织资源和利益分配方面的矛盾，导致员工发生相互抵触、争执甚至攻击等行为。破坏性冲突能够造成组织资源极大的浪费和破坏，这种内耗会影响员工的工作热情，严重降低组织的凝聚力，从根本上妨碍组织任务的顺利完成，导致组织效率下降，并最终影响到组织发展。

不同的环境、不同的层次水平存在不同类型的冲突，如个体内部的心理冲突、组织内个人之间的冲突、不同部门之间的冲突等。其中以组织内的非正式组织与正式组织之间、直线与参谋之间以及团队内部的冲突最为典型。

① 角色冲突。由于正式组织与非正式组织之间的成员是交叉混合的，非正式组织的存在必然要对正式组织的活动产生影响。当非正式组织的目标与正式组织相冲突时，则可能对正式组织的工作产生负面影响。特别是在强调竞争的情况下，非正式组织可能会认为这种竞争会导致成员间的不合，从而抵制这些竞争。

② 权力冲突。组织中的管理人员一般是以直线主管或参谋这两类不同身份出现的。直线关系是一种指挥和命令的关系，具有决策和行动的权力；而参谋关系则是一种服务和协调的关系，具有思考、筹划和建议的权力。实践中，保证命令的统一性往往会忽视参谋作用的发挥；参谋作用发挥失当，又会破坏统一指挥的原则。这就使直线人员和参谋人员有可能相互指责、互相推诿。

③ 目标冲突。团队是一种组织工作的形式，起到了汇聚各种信息、加强人员交流、协调部门关系等重要作用。在团队中，每个成员都有发言的权力，而这些成员既有个人的行为目标，也会代表不同集团和部门的利益。在资源有限、利益目标又很难取得一致的情况下，团队成员之间就容易产生矛盾和冲突。冲突会影响团队的统一行动，导致组织效率的下降。

二、冲突的管理

1．个人冲突管理策略

（1）分析冲突原因

许多冲突是因为缺少有效的沟通或相互误解引起的。管理者可以通过增加人们对冲突原因的认识而有效地解决冲突。如风险厌恶型的员工可能会抱怨那些风险偏好者的行为不可理喻；而喜欢冒险的人则抱怨他们古板的同伴不思进取。当大家知道他们的冲突只是因为基本的理解方式不同时，他们可以采取合作态度修改各自的方案。

（2）了解冲突当事人

处理冲突问题，花时间仔细了解当事人是十分重要的。什么人卷入了冲突？冲突双方的兴趣和利益在哪里？各自的价值观、人格特点以及资源因素如何？如果能够看清楚这些问题，并且能够站在双方的立场上秉公处理，则成功的可能性就会大大提高。

（3）选择自己的立场

根据冲突的不同情况，管理者可以选择回避、迁就、强制、妥协和合作等5种方法来进行处理。

① 回避（avoidance）：即采取无视或者漠视的态度从冲突中抽身而出或者置身于冲突之外，等待时机成熟时再对冲突进行处理。当冲突双方情绪激动，需要时间恢复平静，或者处理冲突带来的潜在危害超过冲突解决后获得的利益时，这一策略十分有效。

② 迁就（accommodation）：指一方放弃自己的利益来满足另一方的需要，以维持双方关系的方法。当争端的问题不太重要或者需要为以后的工作树立信誉时，选择这种方法很有价值。

③ 强制（forcing）：指通过行政的压力迫使一方或双方让步，以满足组织需要的做法。这是一种管理者利用职权解决争端的做法。当管理者需要对重大事件迅速做出决断，或者处理冲突的方式别人赞同与否并不重要时，这种方式会取得很好的效果。

④ 妥协（compromise）：要求双方都做出一定的让步。当冲突双方势均力敌，或时间要求过紧，以及希望一项复杂的问题得以尽快解决时，这是一项很好的权宜之计。

⑤ 合作（collaboration）：指冲突双方通过认真分析，深入沟通，最后重新选择了双方都能够接受的方案，这是一种双赢的冲突解决方式。当问题非常重要不可能妥协折中，或者没有什么时间压力，双方都能很理性地看待问题时，合作是最佳策略。

2．组织冲突管理策略

冲突能反映组织的结构或文化中存在的问题。管理者可以通过变革的方法来有效地解决冲突。

（1）强化信息交流

组织内部公共关系最重要的形式是双方信息交流，其主要内容就是组织领导层与广大员工的沟通。它是搞好组织内部公共关系的首要前提。据美国民意朗查公司的一项调查，只有1%的员工认为公司的事与己无关，而99%的员工都渴望知道公司的最新动态，希望了解公司内情。员工是组织的一分子，如果对组织的情况不了解．特别是对与员工切身利益相关的动态毫无所知或一知半解，便会产生猜疑、烦恼、恐惧、对抗的心理或行为。如果在组织内部能做到信息共享，员工了解组织目标，明确努力方向，同时知晓组织面临的问题，使员工感到自己是组织的主人，那么员工会积极参与组织的活动，与组织共渡难关。

（2）优化人群关系

员工是组织的基础。组织的管理者无论多么卓越，如果离开了支持组织成功的基础也将一事无成。因此，组织应肯定员工的人生价值，建立他们的主人翁意识，从而激发他们的工作热情和主动性、创造性；发动全体员工参与管理，使员工产生归属感，加强组织的向心力；与员工利益共享，使员工成为组织的一部分，做到治人先治心。

（3）满足职工需要

内部公关工作包含着对员工的尊重。在内部公关过程中，必须倾听员工的心声，解决员工的困难，关心员工的疾苦。每位员工都有其生活的环境，关心员工的生活条件，满足他们的迫切需要，解决他们遇到的各种困难，可使员工们解除后顾之忧，感到组织的温暖，一心一意扑在工作上，并在对组织的感激中忘我地工作。

（4）丰富职工文化生活

人的需求是多方面的，组织内的员工也不例外。为使组织赢得更多的支持，组织应时常满足职工文化生活方面的需求。通过举办多种活动，使其业余生活过得丰富、充实，始终保持旺盛的精力，更好地投入生产、工作，为主体目标的实现而努力。

本章小结

① 沟通是意义的传递与理解，在组织的经营和管理过程中扮演着信息传递与交流的角色。其重要性在于管理者所做的每件事情都需要信息的支持。正因为沟通与管理成效密切相关，所以管理者必须重视沟通。

② 沟通过程开始于信息发送者。信息发送者是信息源，信息被转化为信号形式（编码）并经过通道传递给信息接受者，信息接受者再将信息进行解码。为了保证信息的准确性，接受者应向发送者提供反馈以检查自己是否理解了所接受的信息。

③ 在群体和组织中，信息的流向可以是垂直的，可以是横向的，也可以是斜向的。垂直沟通还可以进一步划分为下行沟通和上行沟通。就管理沟通而言，沟通的方法和模式可以从人际沟通和组织沟通两方面来阐释。

④ 人际沟通的方式包括口头沟通、书面沟通和非语言沟通。组织沟通又分为正式沟通、非正式沟通以及电脑辅助沟通，其中正式沟通的网络有5种基本类型，即链式沟通、环式沟通、轮式沟通、Y式沟通和全通道式沟通，非正式沟通则有单向型、随机型、传播流言型和群体型之分。要有效地进行沟通就必须了解每种沟通方式的优缺点，建立起完善的信息管理系统。

⑤ 人际沟通的障碍是指影响人际沟通效果的因素，它存在于沟通的每个环节，具体包括：沟通方式选择不当、编码困难、噪音干扰、信息过滤、选择性知觉、个性和情绪影响、信息超载、不完整的反馈等。针对这些人际沟通障碍，管理者可以采取一系列办法来加以克服，如选择适当的沟通方式、简化语言、积极倾听、控制情绪、注意非言语信息、运用反馈等。

⑥ 确保有效沟通的一个好办法是为员工提供培养沟通技巧的机会。发送和接收信息的技巧会大大降低信息在传送过程中被歪曲的可能性。四种关键沟通技巧是自主沟通技巧、展示技巧、非语言沟通技巧和倾听技巧。

⑦ 冲突常常指因为某种抵触或对立状态而感知到的不一致。冲突的原因一般来自于员工的个体差异、情境因素和组织因素。管理者可以从问题的本质和根源、冲突双方的相互依赖程度、接触频率以及他们对冲突过程的感知、领导者与第三方的卷入等维度来判断冲突的性质和分析冲突的激烈程度。

⑧ 导致冲突产生的原因不同，管理的策略自然也就不同；不同人面对同样的冲突也有着不同的处理方式。就个体而言，回避、迁就、强制、妥协、合作是五种基本的冲突管理策略。就组织而言，管理者可以通过设立愿景、减少模糊和不公正、改进政策和程序、增加或合理配置资源、改进沟通方式、进行人员轮换、改变奖励系统和提供培训等策略，来消除功能失调的冲突或激发建设性的冲突。

重要概念

沟通	沟通过程	信息
噪声	正式沟通	非正式沟通
沟通技巧	冲突	冲突管理

习 题 15

1. 有效沟通与达成共识有何区别？
2. 联系沟通的过程，说明人际沟通可能存在的障碍。
3. 列举人际沟通的方式并介绍其优缺点。
4. 论述改进组织内信息沟通效果的方法。
5. 列举沟通有哪些障碍，应当如何克服？
6. 分析四种沟通技巧如何提升沟通的有效性。
7. 介绍冲突发展的五个阶段。
8. 简述个体冲突管理的五种策略。
9. 从组织角度论述冲突管理策略。

案例分析

沟通差错导致的悲剧

2000年2月，阿拉斯加航空公司的261航班在加利福尼亚海岸上失事，导致该航班上的88名乘客全部死亡。事故调查结果表明，失事原因是有关维修记录填写不详细。事实上，1997年，对该飞机的一个水平飞行稳定器检查结果已经警告该飞机不能再进行飞行了。

1997年9月，加鲁达（Garuda）航空公司的一架飞机撞入了苏门答腊岛梅达（Medan）机场南部20英里的丛林中，导致该飞机上的234名来客全部死亡。该事故的原因是在当时恶劣的天气条件下，当飞机降落的时候，飞机驾驶员和空中文通指挥员混淆了“左”和“右”。

1995年12月20日，美洲航空公司（AmericanAirlines）的965航班在接近哥伦比亚卡利机场时，飞机驾驶员希望听到“按计划飞行”或者“直接飞行”的指令，但是空中交通指挥员把“按计划飞行”误说为“飞向卡利”。结果，飞机驾驶员认为是直接飞行。而当他复查的时候，交通指挥员却说“确定”。最后，当飞机接近机场时，该飞机撞到了一座山上，导致160名乘客死亡。

1993年的一个大雾天气，中国的一架麦道-80型飞机试图降落在乌鲁木齐机场，驾驶员被来自地面指挥系统的电波信号弄糊涂了，这个信号告诉他该飞机接近地面时太快了。但是，飞机驾驶舱的黑匣子显示了一个机组成员对另外一个说：“爬升是什么意思？”结果，这架飞机撞在了高压线上，导致12人死亡。

1990年，当哥伦比亚航空公司的一架波音707飞机正在接近纽约肯尼迪机场时，该飞机的飞行员告诉机场空中交通指挥员，在当时的恶劣天气条件下做了几次着陆尝试，但该飞机的燃料快耗尽了。然而，由于空中交通指挥员经常听到这些话语，他们对该架飞机的情况没有采取特殊的措施。尽管该飞机的机组成员都清楚这是一个严重的问题，但是他们并没有向空中交通指挥员发出“燃料情况紧急”信号，这个信号却可以迫使空中交通指挥员安排该飞机在其他飞机之前降落。相反，这架飞机飞行员的声音和语调也没有显示出燃料问题的紧迫性，肯尼迪机场的空中交通指挥员没有意识到这架飞机的真实情况不佳。最后，当该架飞机的燃料耗尽时，它坠毁在了距离机场16英里远的地方，导致73人死亡。

资料来源：大家论坛网站 http://club.hr.com.cn/bbs

思考题：

1. 这些事例的沟通中存在哪些障碍？如何克服这些障碍？
2. 在飞机飞行员与空中交通管理员之间的沟通失误中，非语言沟通因素起了什么样的作用？
3. 积极倾听怎样有助于防止这些事件的发生？

第五篇　控　制

正像控制开始于计划的尾声一样，决定开始于控制的尾声。

——戴维.R.汉普顿

通其变，天下无弊法；执其方，天下无善教。

——王通《文中子·周公》

第 16 章

控制系统与控制过程

学习导图

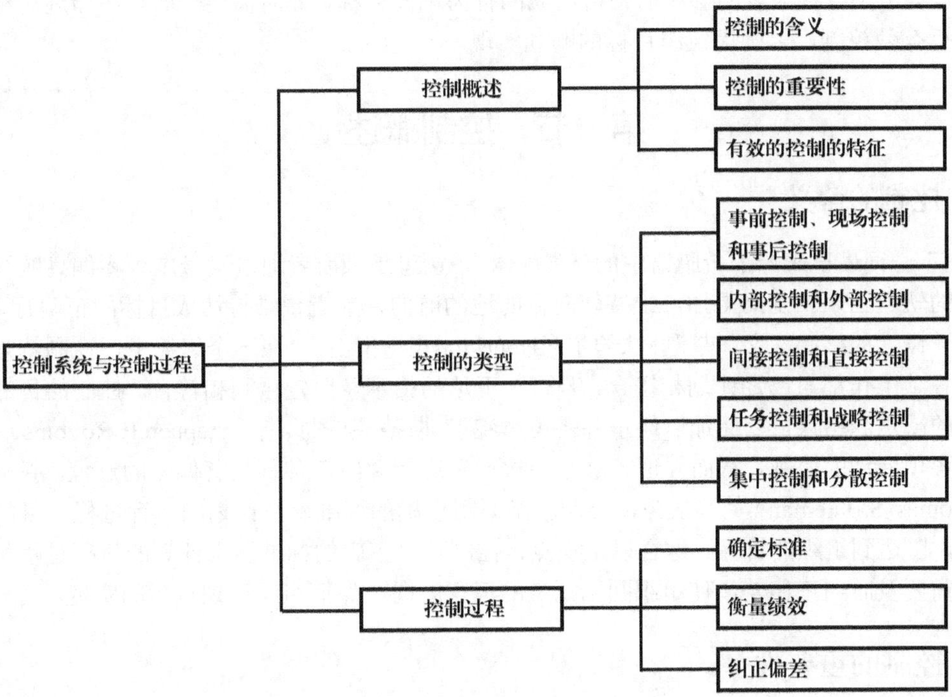

开篇案例

蝴蝶效应

1979 年 12 月，洛伦兹在华盛顿的美国科学促进会的一次讲演中提出：一只蝴蝶在巴西扇动翅膀，有可能会在美国的得克萨斯引起一场龙卷风。他的演讲和结论给人们留下了极其深刻的印象。从此以后，“蝴蝶效应”之说就不胫而走。

“蝴蝶效应”之所以令人着迷、令人激动、发人深省，不但在于其大胆的想象力和迷人的美学色彩，更在于其深刻的科学内涵和内在的哲学魅力。

从科学的角度来看，“蝴蝶效应”反映了混沌运动的一个重要特征：系统的长期行为对初始条件的敏感依赖性。经典动力学的传统观点认为：系统的长期行为对初始条件是不敏感的，即初始条件的微小变化对未来状态所造成的差别也是很微小的。可混沌理论向传统观点提出了挑战。混沌理论认为，在混沌系统中，初始条件的十分微小的变化经过不断放大，对其未来状态会造成极其巨大的差别。我们可以用在西方流传的一首民谣对此作形象的说明：

丢失一个钉子，坏了一只蹄铁；
坏了一只蹄铁，折了一匹战马；
折了一匹战马，伤了一位骑士；
伤了一位骑士，输了一场战斗；
输了一场战斗，亡了一个帝国。

资料来源：中国管理网 http://www.themanage.cn

组织在实际运行中面临复杂多变的内外部环境，使得组织在实现既定目标的过程中不是一帆风顺的，甚至会由于各种因素的影响而使得组织的行为偏离目标，此时需要采取相应措施对组织的运行情况进行有效控制，以确保组织目标的顺利实现。

第一节　控制概述

一、控制的含义

“控制”一词最早来源于希腊语中的“掌舵术”，意思是领航者通过发号施令将偏离航线的船拉回到正常的轨道上来。由此得知，维持朝向目的地的航向，或者说维持达成目标的正确行动路线，是控制这一概念的核心含义。亨利•法约尔（Henri Fayol）指出，“在一个组织中，控制就是要证实一下是否各项工作都与已定计划相符合，是否与下达的指示及已定原则相符合。控制的目的在于指出工作中的缺点和错误，以便加以纠正并避免重犯。”斯蒂芬•罗宾斯（Stephen P. Robbins）[1]认为，控制是对各项活动的监视，从而保证各项行动按计划进行并纠正各种显著偏差的过程。托马斯・贝特曼（Thomas S.Bateman）[2]等认为，控制就是采用正确的标准衡量计划的执行过程，目的是引导人的行为，以达到组织的目标。综合以上观点，控制是以正确的标准衡量计划的执行过程，一旦产生偏差，需要及时纠正偏差，使组织回到既定的运行方向，保证组织计划目标的实现。

二、控制的重要性

控制工作的目的是保证组织活动能够有序和高效地进行，组织如果缺少有效的控制，就可能偏离组织的既定计划与目标，严重者可能产生组织混乱。斯蒂芬・罗宾斯对控制作用的描述：“尽管计划可以制定出来，组织结构可以调整得非常有效，员工的积极性也可以调动起来，但是这仍然不能保证所有的行动都按计划执行，不能保证管理者的追求的目标一定能达到。”因此，无论管理的其他职能多么有效运行，都无法离开控制职能，当组织运行出现偏离既定目标时，需要及时纠偏，保证组织回到既定的轨道上来。

控制的重要性体现在以下 4 方面。

① 组织的目标和计划是在对未来一定时期进行预测的基础上制定的，但是组织面临的环境却

[1] 斯蒂芬・P・罗宾斯. 管理学（第七版）. 北京：中国人民大学出版社，2004.

[2] 托马斯・贝特曼. 管理学（第五版）. 北京：高等教育出版社，2005.

是不断变化的，为了使计划、目标能够适应变化的环境，管理者必须通过控制活动来适时地对计划、目标进行修正和调整，并采取相应措施进行控制，以保证组织活动的正常运行和组织目标的实现。

② 当组织达到一定规模时，通常会通过授权来提高管理效率，并利用绩效考评以及相关有针对性的控制措施，来保证员工恪尽职守。离开了控制，分权将无法得到有效的执行，可能导致组织权力“分而不合”，使组织内合作无从谈起，导致组织效率低下。只有采取了相应的控制措施，才能保证分权之后组织仍然能够有序高效的运行。组织分权程度越高，控制的必要性就越强。

③ 在组织运行中，管理者难免会犯错误，及时地认识并纠正错误，实施有效控制，是组织不断完善，不断发展的前提。作为一个信息反馈的过程，控制职能是组织发现错误，及时进行“纠偏”的重要手段。

④ 控制在组织的整个运营中具有检验作用。控制可以检验各项工作是否按照预定的计划进行，同时在计划执行的过程中也能够检验计划的正确性和合理性。

小资料 16-1　诺伯特•维纳与控制论

三、有效控制的特征

在组织实际运行中，并不是所有采取的控制措施都能对组织形成有效控制，往往会产生一些无效控制，甚至对组织目标实现起阻碍作用的控制。因此，掌握有效控制的特征有利于在组织中开展有效控制，提高组织运行效率，确保组织目标的顺利实现。一般地，有效的控制系统具有以下特征。

① 准确性和客观性。一个不能提供准确的信息的控制系统，就会导致管理者在应该采取行动的时候而没有采取行动，或者在根本没有出现问题的时候而采取行动，导致控制失效。此外，在管理中难免会有许多主观因素，但是管理者不能只凭个人的主观经验或直觉进行判断，而应该采取科学的方法，在尊重客观事实的基础上，对管理对象实施有效控制。

② 适应性。控制系统的适应性是指控制应当与计划和工作特点以及相关管理人员的具体情况相适应。例如，针对性地收集信息，要使主管人员能更准确地理解信息的内容，使系统便于使用等。

③ 及时性。及时性是指能够及时发现偏差，纠正偏差。控制不但要准确并且要及时，再好、再准确的信息一旦过时，也是毫无用处的。要尽量避免时滞，使控制失去应有的效果。同时，管理者要估计未来可能发生的变化，使纠正措施的安排具有一定的预见性。最理想的控制应该是在偏差未出现之前，能够预计可能产生的偏差，做到防患于未然。

④ 灵活性（弹性）。灵活性是指控制工作即使在面临计划发生变动、出现了突发情况或计划失败的情况下，也能发挥作用。控制系统本身应当具有足够的灵活性以适应各种不同的变化以及复杂多变的内外部环境，持续地发挥作用；不能把控制工作过于死板地同计划拧在一起，以免在整个计划失策或发生突然变动时控制也跟着失效。因此，控制必须具有一定的弹性。例如，组织的预算工作、滚动计划、应变计划等都体现了控制的弹性原则。

⑤ 经济性。控制系统的运行从经济角度看必须是合理的，任何控制系统产生的效益都要与其成本进行比较。因此，管理者要精心选择控制点，降低控制的各种耗费，改进控制方法和手段，尽量防止在无效控制上花费精力和财力，用尽可能少的成本取得所期望的效果。重视选择关键性问题和注意对例外出现的偏差进行控制，可以降低控制成本，提高控制的有效性和经济性。

⑥ 可理解性。任何控制系统对所涉及的相关人员来说都必须是可以理解的。例如，某企业为提高产品质量，对产品生产线实施质量控制，就会对相关的人员进行培训和指导，使其了解在此质量控制中有哪些要求、绩效考核指标以及实施此控制的目的等。

⑦ 标准的合理性。控制的标准应是富有挑战性，经过努力可以达到的合理标准。标准过高或

过低，都不会起到激励作用。不合理的标准会在一定程度上影响到控制的有效性。

⑧ 重点与例外相结合。控制要突出重点，在控制过程中不可能面面俱到，因此管理需要找出最能反映成果的关键因素控制点。有些偏差不会影响整体计划地推进，有些偏差却意义重大。控制工作还要注意计划实施中的例外情况，这样可使管理者集中精力解决问题，将其工作集中在需要注意和应该注意的问题上。同时，管理者要注意例外与重点要结合起来，即控制要注意关键点上的例外情况。

第二节 控制的类型

依据不同的分类角度，控制可以分为多种类型。下面介绍几种常见的管理控制分类。

一、事前控制、现场控制和事后控制

按照侧重于组织活动过程的不同阶段，控制可以分为事前控制、现场控制和事后控制。

1. 事前控制

事前控制也称为预先控制或前馈控制，是在组织活动开始之前的控制。事前控制的内容包括依据组织制定的计划标准，检查人、财、物等相关资源的准备情况，以及预测其将产生的效果和影响。这种控制是面向未来的，一般建立在经验预测的基础上，尽可能降低计划执行中偏差发生的几率。

案例 16-1
扁鹊三兄弟

事前控制的中心问题是防止组织中所使用的资源在质和量上产生偏差，其重点是对组织中的人、财、物、信息、时间等方面的因素进行控制、检查、科学配置，使其符合预期的标准，保证组织计划的实现。事前控制可以尽量避免预期出现的偏差，有利于提高组织活动的效率，所以在组织中，管理者通常会使用这种控制类型。这种控制需要及时和准确的信息，但现实活动中往往这些信息难以获得，因此人们需要使用现场控制和事后控制来保证组织目标的实现。

实践中，事前控制的例子很多，如政府的预算、生产企业的原料检查活动，管理部门制定规章制度等。

2. 现场控制

现场控制也称为过程控制、同期控制。现场控制是指在组织计划执行过程中所实施的控制，这是一种同步的、适时的控制。管理者通过对计划执行过程中的人和事进行直接指导和监督，随时纠正偏差。这种控制方法普遍被基层主管所采用。主管人员通过亲临现场，指导和监督员工的活动；通过现场指导，可以让员工以正确的方法工作，培养员工的工作能力，从而促进员工的工作更有成效；通过监督，可以使主管人员有机会在现场演示工作的要领和技巧，提高员工的工作技能，也可以约束下属员工的活动，从而保证计划的执行和计划目标的实现。另外，一些技术设备也被设计成具有同期控制的功能。例如，个人计算机系统在程序设计中设置了同期控制系统，一旦操作失误或者异常，计算机的程序控制系统就会拒绝该操作。现场控制的例子还有很多，基础主管进行的现场指导就是过程控制，汽车驾驶员在行驶中根据路况随时调整方向和速度就是过程控制的典型。

3. 事后控制

事后控制也叫成果控制或反馈控制，是在组织计划执行后而进行的控制，在组织活动进行后的信息反馈中发现偏差、分析原因、采取措施、纠正偏差，以此起到控制的作用。这种控制的目的是

防止已经发生或即将发生的偏差今后再度发生或扩大，还能为未来组织计划的制定提供借鉴和参考。事后控制是一种传统的控制类型。

事后控制位于活动的终点，其较大特点是具有滞后性，从衡量结果、比较分析到制定纠偏措施及实施，整个活动已结束，活动中产生的偏差已经在组织系统内造成了损失，只能由组织内部消化并且无法进行补偿。

事后控制虽然有一些缺点，但与前面的两种控制类型相比，事后控制也具有其明显的优点。一是事后控制为管理者提供了检验组织计划效果的真实信息，如果反馈的信息显示标准与实际的偏差很小，则说明计划比较合理，反之则说明该计划需要调整。二是事后控制的反馈信息可以用于改善员工的绩效。良好的反馈信息可以激励员工，反之则可以促进员工发现问题进行改进。总体而言，事后控制具有其特有的优点，因而在管理实践中运用较为广泛。在某些特定情况下，事后控制是能采取的唯一有效控制手段，特别是在组织运行面临诸多不确定因素的情况下。

以上介绍了三种控制方式各有利弊，在实际应用中三者往往是配合使用，相互渗透交叉，共同构成控制活动的全部过程。事前控制虽然是面向未来的控制，能够预先避免一些问题的出现，但很多突发事件是难以预测的，必须辅之以现场控制，才能达到较好的效果。无论事前控制还是现场控制，都无法准确得知计划执行的结果，只能在计划执行后才能看清，因此更多的控制还要通过事后控制来完成。另外，在管理活动循环发展的过程中，控制的类型也具有相对性，对前一个阶段的事后控制往往是后一阶段的事前控制。所以，控制的类型要综合配套使用。

案例 16-2
电子监控

二、内部控制和外部控制

按控制来源划分，控制可以分为内部控制和外部控制。

内部控制也可以称为自我控制。内部控制是指，组织及其内部各部分、各层级根据本身所要完成的任务来拟定自己的目标，并为这些目标的顺利执行与实现而进行的自我控制。组织财产内部控制可以通过适当的方法对货币资金的收入、支出、结余以及各项财产物资的采购、验收、保管、等活动进行控制，防止滥用、毁坏等行为，保证组织财产物资的安全完整。例如，企事业单位的内部人事管理、技术管理等就属于内部管理控制。

外部控制也可以称为他控。外部控制是指由另一组织来承担一个组织的目标制定以及目标的顺利执行和实现而开展的控制工作。例如，某大型集团公司为了更好地管理和控制其下属的某个子公司，可以通过聘请第三方管理咨询公司或者专门的运营机构来对该子公司实施外部控制。

三、间接控制和直接控制

从控制主体的角度来看，控制可以分为间接控制和直接控制。

间接控制发现工作中出现的偏差，分析偏差产生的原因，并追查责任人的责任，来改进未来的工作的控制活动。间接控制的主体是直接责任者的监督人。例如，一个医院的医疗水平低下，卫生要求不达标，医疗事故频发，卫生行政机构通过相应的检查评估，追查院长责任，并采取纠正措施。这类控制就属于间接控制。

间接控制最明显的缺点是滞后性，这种控制只有当出现了偏差、造成了损失后，才采取措施，因此其控制成本较高。直接控制是相对于间接控制的。直接控制有利于更好地培养主管人员，使他们能熟练地应用管理的概念、技术和原理，以系统的观点来展开和改善他们的管理工作，防止因管理不善而造成不良后果的控制活动。

四、任务控制和战略控制

依据控制的侧重点的不同，控制可以分为任务控制和战略控制。

任务控制也可以称为运营控制、作业控制，是基层管理者对生产作业和其他具体的业务活动来进行的控制活动。任务控制通常以时间控制为主，其依据的信息通常来自组织内部。

战略控制是组织中的高层管理者为保证组织长期计划得以顺利实现而进行的控制。组织面临的环境复杂多变，突发性变化通常是组织的长期计划和战略目标出现过时、失效等问题，此时就需要对计划和目标进行及时的修正。对组织战略的及时修正和控制，保证组织长远目标的实现，是组织高层管理者的一项重要任务。

五、集中控制和分散控制

依据控制过程的集中程度的不同，控制可以分为集中控制和分散控制。

集中控制是指在组织管理系统中设置一个控制中心，并由此中心对组织中所有信息进行集中统一的加工、处理，同时发出命令。来实现对管理活动的控制。集中控制比较适用于规模较小、信息量不大的组织，通过控制中心对信息的获取、存储和加工实现对组织有效的控制。反之，在规模庞大、信息量巨大的组织中则不宜使用集中控制的方法，巨大的信息量会增加系统信息传递和反馈的时滞，导致系统反应迟钝，错失最佳决策时机。另外，集中控制也具有较大的风险，一旦控制中心发生故障，会造成系统瘫痪或崩溃。因此，采取集中控制时一定要结合组织的实际情况来进行考虑。

分散控制是指在管理系统中设立多个控制中心，由这些控制中心对系统的信息进行分散的加工、处理，并在此基础上发布命令，从而实现对管理活动的有效控制。分散控制相对于集中控制，可以分散风险，当其中一个控制中心发生故障时，也不会导致整个系统瘫痪。分散控制也存在一定的缺点，即难以使分散的控制中心之间做到良好的协调统一，不能同组织总体目标保持一致，进而影响到整个组织的运行效率。

第三节　控制过程

控制是将计划的执行情况与计划的要求相对照，确定组织活动出现的偏差，有针对性地采取纠正措施，以确保组织目标的实现。因此，控制过程同时也是一个信息传递过程，首先把组织系统运行的标准信息传递出去，再把系统输出的信息反馈回来，然后将修正偏差的信息传递出去，由此发挥控制和调节的作用。在通常情况下，组织在具体实施控制过程中基本上都有三方面的工作：确定标准、衡量绩效、纠正偏差。

一、确定标准

计划是实施控制的基础，但通常计划都比较概要，无法对组织运行的各方面都制定出非常具体的工作标准。因此，一般情况下，计划目标并不能直接作为控制的标准。此外，管理者也无法完全掌握实际工作中的所有情况，这样就需要制定出一些评定工作成绩的具体标准。管理控制过程往往是从制定专门的控制标准开始的。

1. 控制标准的实质和要求

标准是一种作为规范而建立起来的测量标尺或尺度。管理人员通过对照控制标准，可以对工作绩效的好坏做出评定。

组织中制定的控制标准应当是具有可考核性。一般来讲，考察最后成果是否达到计划的要求往往是最好的评定尺度。这些可考核的目标标准与其他标准一样，既可以用实物数量来表示，又可以用金额来表示，也可以用其他任何能清楚反映工作成绩的方式来表示。

控制标准能在控制过程中发挥关键的作用。一般地，行之有效的控制标准需要满足如下要求。

① 简明扼要。组织制定的标准的量值、单位、可允许的偏差范围都应当予以明确说明，同时对标准的表述应做到通俗易懂。

② 恰当适用。组织在建立控制标准时应当充分考虑到操作人员的实际情况，标准的订立应当恰到好处，使大多数组织成员经过努力后即可达到，应当做到挑战性和可达性的平衡。

③ 保证公平。组织在建立标准时应当尽可能的体现公平合理。保证制定出的控制标准之间既不会相互冲突，也对每个组织成员一视同仁，没有例外。

④ 切实可行。这要求所制定的标准要便于对实际工作绩效的衡量、考核；当组织计划和目标出现偏差时，能够及时找到相关的责任部门。

⑤ 保持一致。组织所建立的标准应当在一段时期内保持稳定不变，也应当具有一定的弹性，使组织能适应处于不断变化中的环境。

2．控制标准制定的过程和方法

控制标准的制定是一个系统的过程。这一过程包括以下 2 步。

① 明确控制对象。“对什么进行控制”是在制定控制标准之前首先应当解决的问题。组织活动的成果应当优先作为管理控制工作必须考虑的重点对象。因此，组织中的管理者应对整个目标体系有详细的分析，并对指标完成情况进行考核和控制。

② 正确选择关键控制点。由于组织运行活动的复杂，管理者不可能专注于组织中的所有问题，应从关键控制点入手对组织活动进行控制。控制住了关键点，实际上也就控制了全局。

对于关键控制点的选择是一种管理艺术，良好的控制来源于关键控制点的选择，而对于控制关键点的选择就成为管理者控制工作水平的重要标志。在选择关键控制点的过程中，可以依据以下问题进行选择：最能反映本组织目标的指标是什么？能及时、准确地了解工作进展的信息是什么？什么信息能最好地确定关键偏差？控制工作中成本最低的标准是什么样的？等等。

3．制定控制标准

制定控制标准最简单的方法是，把计划过程中形成的可考核目标直接作为控制的标准。不过在组织运行的实际中，管理者通常是科学地将某一计划目标分解为一系列可操作的控制标准。

控制标准可分为定量标准和定性标准两大类。定量标准便于度量和比较，是控制标准的主要表现形式。定量标准可以分为实物标准、价值标准、时间标准等。一些难以用定量表达的控制对象通常用定性的标准来实施控制。定性标准具有非定量性质，但实际工作中为了便于对相关工作的绩效进行衡量，会采用一些可度量的方法来进行一种间接衡量，如产品等级、顾客满意度等指标。

制定组织的控制标准时一定要围绕有利于保证组织目标顺利实现的要求来进行制定。制定控制标准的常用方法有以下 3 种。

① 统计计算法。通过统计学的方法，对组织的历史数据或同类相似组织的数据加以处理，以此来确定组织各方面的标准。利用组织历史资料来为组织确定控制标准，具有简便易行的好处。但在实际运用中，此方法也具有一定的局限性，即通过统计方法制定的标准并不一定能够符合组织不断变化的内外部环境的需要，因此需加入一些经验的因素作为指导。

② 经验估计法。对于一些新设立或缺乏统计资料的工作，管理人员可以根据以往在实践中的

经验，结合组织面临的环境和目标来制定相关控制标准。这种标准通常称为经验标准。运用这种方法制定标准时管理人员应当充分了解情况、广泛收集意见、综合多方因素，如此才能保证制定的标准相对先进合理。

③ 工程方法。工程标准是通过对组织中工作情况进行客观的分析，同时以准确的技术参数和实测数据制定而成的标准。工程标准的制定需要有充分的数据积累和严密的论证分析能力。

根据控制对象的不同，控制标准的类型也是多种多样。在实际操作中组织以何种方法来制定标准，这主要取决于实现组织目标的要求和环境等多方面因素。

二、衡量绩效

控制的一种理想状态应当是在组织运营中的偏差都能在产生之前就被发现和控制，但在实际操作中很难做到这一点，因为并非所有的变化都能在产生之前被管理人员所预见。最有效的控制方式是：及时掌握偏差是否产生并判定偏差对组织的影响程度，对偏差立刻采取相应的纠偏行动。这样做的基础性工作就是进行有效的绩效衡量。在进行绩效衡量的过程中应当注意以下问题。

1．确定适宜的衡量方式

通过衡量工作的实际绩效可以取得控制对象的相关信息。管理者在进行实际绩效衡量前，应当对这些问题做出合理的解答：需要衡量什么？如何衡量？衡量的时间间隔是多少？由谁来进行衡量？等等。

① 衡量的项目。首先确定衡量工作中最重要的方面是什么。实际绩效衡量应该围绕构成良好绩效的重要特征项进行，避免遗漏重要项目。

② 衡量的方法。可以通过三种方法来获得与实际绩效相关的信息和资历：一是管理者亲自观察获得相关信息和资料；二是通过书面报告或相关报表来获得信息；三是通过抽样调查的方法；四是通过召开会议来进行了解。除了以上几种方法外，在实际工作中，如从员工在工作岗位的上的工作热情等来推断管理中的问题。在实际衡量绩效的过程中要注意多种方法的结合使用，以确保所获取的信息质量。

③ 衡量的频度。衡量的频度是指多长时间进行一次绩效衡量。对不同的衡量项目应当采用不同的绩效衡量频度，有效的控制要求确定适宜的衡量频度。过高的频度，不仅会增加控制成本，还会引起被考核人员的不满，对组织目标的实现产生负面影响。

④ 衡量的主体。这里是指衡量实际工作成效的人员。衡量主体的不同也会导致控制类型的不同。例如，目标管理就是一种被称为“自我控制”方法，因为工作的执行者也是绩效成果的衡量者和控制者。相比而言，传统的上级对下级进行的绩效衡量和控制则是一种强加的、非自主的控制。

2．建立有效的信息反馈系统

对实际工作进行衡量，能够为控制提供有用的信息，为管理者纠正偏差提供依据。由于衡量实际绩效的工作并都由负责制定纠偏措施的管理人员或者部门进行，所以需要建立一个信息反馈系统，迅速收集信息并适时传递给恰当的管理人员，使其能够及时地对相关问题进行处置。

管理控制中的有效信息，应当符合以下 3 个基本要求。

① 及时性。要保证信息在收集时的时效性，也要保证对信息的处理及时进行，只有这样才能避免信息的使用价值丧失。

② 可靠性。只有做到信息的准确可靠，才能使得管理者在进行控制时做出正确的决策，采取恰当的措施。

③ 适用性。尽量使收集和处理后的信息适合于所要进行控制的相关工作，同时信息的量不宜

过多也不宜过少。精炼的信息有助于管理人员进行有效控制。

3．检验标准的客观性和有效性

检验标准的客观性和有效性，是为了确定对标准执行情况的测量能否取得符合控制需要的信息。衡量过程中，对标准的检验要辨别，并剔除无法为有效控制提供有用信息及易产生误导作用的不适宜标准，保证控制标准的科学合理。

4．将实际绩效与绩效标准进行比较

在实际绩效产生后，需要将其同之前所制定的绩效标准相比较，找出实际绩效与绩效标准之间的偏差。在找出偏差的同时，还要分析发现产生偏差的原因及所造成的影响程度。在分析产生偏差的原因时，要注意考虑到哪些偏差是不可避免，哪些偏差是由于突发情况所产生的，哪些偏差是可以通过改进措施后可以防止产生的等多种偏差产生的情况。

三、纠正偏差

在衡量绩效后，下一步就应该是将衡量结果同标准进行对比，纠正偏差。如果偏差较大，则应对产生偏差的原因进行分析并采取相应的矫正措施；如果没有偏差，则应总结相关原因，对成功的经验予以推广，并用于知道今后其他方面的工作。

为保证控制活动的针对性和有效性，需要在纠正偏差过程中注意以下两方面的问题。

1．查出产生偏差的主要原因

在进行评估和分析偏差信息时，先要判别偏差的严重程度，以及其对组织效率和组织目标实现的影响，其次要分析产生偏差的原因。

只有准确地分析产生偏差的原因才能采取纠正偏差的正确措施。偏差产生的原因可能是衡量结果与评价标准的不一致，或者对计划的执行不力，也有可能是原来的计划标准有问题等方面的问题。在实际操作中，偏差可能由一种或多种原因造成。这就要求管理人员对产生偏差的原因进行深入、透彻的分析，找准“病根”，为能够“对症下药”采取纠偏措施提供根本的保证。

2．采取适当的纠偏措施

管理者在控制中针对偏差产生的主要原因和所确定的矫正对象，可采取这样几种措施：若是工作执行不力，则纠偏的办法是严格奖惩，采取有力措施，保证工作同组织目标的接近或吻合；若是计划目标在制定时没有综合多方面因素，制定的不切合实际，控制工作采取的纠偏措施主要是针对组织所面临的实际情况而修改计划目标；若组织面临的运行环境发生了重大的变化，则应当启用备用方案或重新制定组织的计划目标，并及时调整组织运行情况，使组织的实际运行符合已经变化了的环境。

在纠正偏差实施控制措施的选择与实施过程中，管理者应当注意以下问题。

① 纠偏方案的恰当选择。在选择纠偏方案时尽量做到提高控制效用，降低纠偏成本。通过对各种纠偏方案的比较，选择出成本较低同时具有较高控制效用的纠偏方案。

② 考虑原有计划的影响。在实施控制纠偏的过程中，使组织原有的运行活动和既定计划发生相应的调整，所以管理者在实施控制时应当考虑到原有的计划在实施的过程中已造成的影响及组织成员的既定思想观念。

③ 兼顾长期目标与短期目标。管理者在采取纠正偏差措施，实施控制时，要注意“标本兼治”，既要考虑解决眼前的问题，也要为组织长远发展进行考虑。例如，在处理产品质量问题时，应首先采取应急措施处理生产线上一环节的问题，同时应当持续观察分析整个生产线，直至找出根本原因

所在，才能保证类似的质量问题不再发生。

④ 及时消除组织成员的疑惑。实施管理控制措施时，会在不同程度上引起组织结构、人员关系等方面的调整，甚至伤害某些组织成员的既得利益。因此，管理者在进行控制的过程中应充分考虑和恰当处理组织成员对纠偏措施的态度，要及时消除执行者以及相关利益方的疑惑，争取更多组织成员的理解并支持所采取的纠偏措施，最大限度地减少人为障碍。

纠正偏差并不是管理控制过程中的一个独立的步骤，是其他管理职能参与控制工作并发挥作用的结点，管理控制过程是一个完整的系统。

本章小结

① 控制是指以正确的标准衡量计划的执行过程，一旦产生偏差，及时纠正偏差，使组织回到既定的运行方向，保证组织计划目标的实现。

② 有效控制的特征：准确性和客观性、适应性、及时性、灵活性（或弹性）、经济性、可理解性、标准的合理性、重点与例外相结合。

③ 按照控制过程中控制措施的作用环节不同，控制工作可以分为事前控制、现场控制和事后控制。

④ 按照控制来源的不同，控制可以分为内部控制和外部控制。

⑤ 按照控制主体的不同，控制可以分为间接控制和直接控制。

⑥ 按照控制的侧重点的不同，控制可以分为任务控制、管理控制和战略控制。

⑦ 按照控制中心的数量不同，控制可以分为集中控制和分散控制。

⑧ 控制的基本过程为：确定标准、衡量绩效、纠正偏差。在确定了控制标准之后，将标准用于衡量绩效，发现偏差，然后及时采取措施纠正出现的偏差。

重要概念

控制	有效控制	控制过程
事前控制	现场控制	事后控制
内部控制	外部控制	间接控制
直接控制	任务控制	管理控制
战略控制	集中控制	分散控制

习 题 16

1. 什么是控制？结合你自身的经验谈谈你对控制的认识。
2. 控制的类型有哪些？试举例来加以说明。
3. 控制的基本过程是什么？试举例来加以说明。
4. 为什么要有标准？工作标准和管理标准有何区别？
5. 在现代组织管理中为什么要加强控制？控制职能和其他四项管理职能之间是什么关系？

案例分析

客户服务质量控制

美国某信用卡公司的卡片分部认识到高质量客户服务是多么重要。客户服务不仅影响公司信誉，也与公司利润息息相关。比如，一张信用卡每早到客户手中一天，公司可获得 33 美分的额外销售收入，这样一年下来，公司将有140万美元的净利润。及时地将新办理的和更换的信用卡送到客户手中是客户服务质量的一个重要方面，但这远远不够。

决定对客户服务质量进行控制来反映其重要性的想法，最初是由卡片分部的一个地区副总裁凯西·帕克提出来的。她说："一段时间以来，我们对传统的评价客户服务的方法不大满意。向管理部门提交的报告有偏差，因为它们很少包括有问题但没有抱怨的客户，或那些只是勉强满意公司服务的客户。"她相信，真正衡量客户服务的标准必须基于与反映持卡人的见解。这就意味着要对公司控制程序进行彻底检查。第一项工作就是确定用户对公司的期望。对抱怨信件的分析指出了客户服务的三个重要特点：及时性、准确性和反应灵敏性。持卡者希望准时收到账单、快速处理地址变动、采取行动解决抱怨。

了解了客户期望，公司质量保证人员开始建立控制客户服务质量的标准。所建立的180多个标准反映了诸如申请处理、信用卡发行、账单查询反应及账户服务费代理等服务项目的可接受的服务质量。这些标准都基于用户所期望的服务的及时性、准确性和反应灵敏性上，同时也考虑了其他一些因素。

除了客户见解，服务质量标准还反映了公司竞争性、能力和一些经济因素。比如：一些标准因竞争引入，一些标准受组织现行处理能力影响，另一些标准反映了经济上的能力。考虑了每个因素后，适当的标准就成型了，所以开始实施控制服务质量的计划。

计划实施效果很好，如处理信用卡申请的时间由35天降到15天，更换信用卡从15天降到2天，回答用户查询时间从16天降到10天。这些改进给公司带来的潜在利润是巨大的。例如，办理新卡和更换旧卡节省的时间会给公司带来1750万美元的额外收入。另外，如果用户能及时收到信用卡，他们就不会使用竞争者的卡片了。

该质量控制计划潜在的收入和利润对公司还有其他益处，该计划使整个公司都注重客户期望。各部门都以自己的客户服务记录为骄傲。而且每个雇员都对改进客户服务做出了贡献，使员工士气大增。每个雇员在为客户服务时，都认为自己是公司的一部分，是公司的代表。信用卡部客户服务质量控制计划的成功，使公司其他部门纷纷效仿。无疑，这对该公司的贡献将是非常巨大的。

资料来源：管理人网 http://www.manaren.com

思考题：

1. 该公司控制客户服务质量的计划是事前控制、事后控制还是现场控制？
2. 找出该公司对计划进行有效控制的三个因素？

第 17 章

控制方法

学习导图

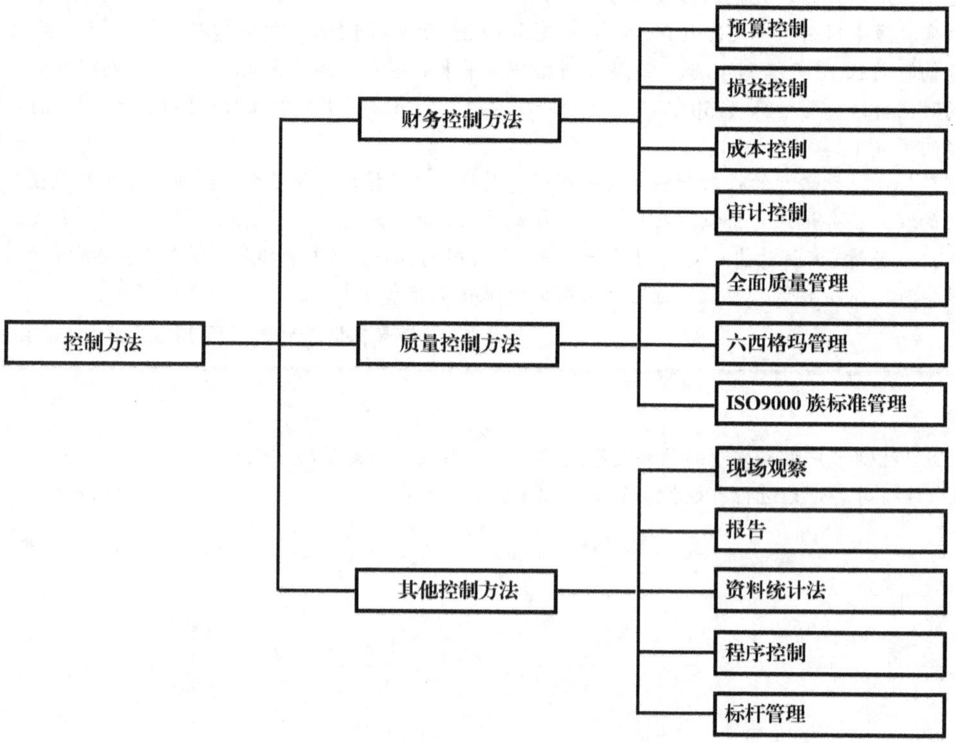

开篇案例

企业高精度管理——六西格玛模式

企业运营千头万绪，管理与质量是永远不变的真理。在全球化经济背景下，一项全新的管理模式在美国摩托罗拉和通用电气两大巨头中试行并取得立竿见影的效果后，逐渐引起了欧美各国企业的高度关注，这项管理便是六西格玛模式。

六西格玛模式由摩托罗拉公司于 1993 年率先开发，采取六西格玛模式管理后，该公司平均每年提高生产率 12.3%，由于质量缺陷造成的费用消耗减少了 84%，运作过程中的失误率降低

99.7%。该模式真正名声大振是在 90 年代后期，通用电气全面实施六西格玛模式取得辉煌业绩之后。通用电气首席执行官杰克·韦尔奇指出："六西格玛已经彻底改变了通用电气，决定了公司经营的基因密码（DNA），它已经成为通用电气现行的最佳运作模式。"通用电气 1995 年始引入六西格玛模式，此后六西格玛模式所产生的效益呈加速度递增，1998 年公司因此节省资金 75 亿美元，经营率增长 4%，达到了 16.7%的历史最高记录；1999 年，六西格玛模式继续为通用电气节省资金达 150 亿美元。

（1）六西格玛模式的基本概念

西格玛原文为希腊字母 sigma，其含义为"标准偏差"。六西格玛意为"6 倍标准差"，在质量上表示每百万坏品率（partspermillion，PPM）少于 3.4。但是，六西格玛模式的含义并不简单地是指上述这些内容，而是一整套系统的理论和实践方法。应用于生产流程，它着眼于揭示每百万个机会当中有多少缺陷或失误，这些缺陷和失误包括产品本身、产品生产的流程、包装、转运、交货延期、系统故障、不可抗力等。大多数企业运作在 3～4 西格玛的水平，这意味着每百万个机会中已经产生 6210～66800 个缺陷。这些缺陷将要求生产者耗费其销售额的 15%～30%进行弥补。从另一方面看，一个六西格玛模式的公司仅需耗费年销售额的 5%来矫正失误。六西格玛模式的理念要求企业从上至下都必须改变"我一直都这样做，而且做得很好"的惯性思维。也许你确实已经做得很好，但是距六西格玛模式的目标差得很远。

六西格玛模式不仅专注于不断提高，更注重目标，即企业的底线收益。假设某一大企业有 1000 个基层单元，每个基层单元用六西格玛模式每天节约 100 美元，一年以 300 天计，企业一年将节约 3000 万美元。通过该模式，企业还可清晰地知道自身的水平、改进提高的额度、离目标的距离差多少。

（2）六西格玛模式的推动者和无边际合作

在企业集团内部，规范的六西格玛模式项目一般是由称为"六西格玛模式精英小组"（SixSigmaChampion）的执行委员会选择的。这个小组的职责之一是选择合适的项目并分配资源。一个公司典型的六西格玛模式项目可以是矫正关键客户的票据问题，如在通用电气，削减发票的缺陷以争取加快付款；也可以是改变某种工作程序提高生产率。领导小组将任务分派给黑带管理（黑带管理是六西格玛架构中的中坚力量。黑带 BlackBelts 之下是绿带 GreenBelts，这些人构成了一个公司推行六西格玛模式的动力），黑带管理们再依照六西格玛模式组织一个小组来执行这个项目。小组成员对六西格玛模式项目进行定期的严密监测。流程图成为项目管理的中心，因为它概括了工作的流程并且界定了一个项目内容。流程图关注特定的问题或环节，如瓶颈、弱链接以及延误区。对于通用电气的黑带，六西格玛模式意味着应顾客需求而表现出来的管理行为。一些高层管理人员认为他们学到了宽容失败和奖励成功，并且给予雇员自主决定的权力，无需过多的从上到下地干预。

（3）六西格玛模式在中国

有些公司，像从事软件生产的希捷技术公司一直在中国使用六西格玛模式，并且对其大加赞赏。高级工程师陈明说："六西格玛模式提高了我们的产品率，并削减了巨大的成本。当前它只应用在制造工艺上，但将很快推广到设计程序当中。人们普遍认为六西格玛模式将有助于中国参与国际市场竞争，使他们争取更多的市场份额和削减制造成本。到 1992 年，70%的摩托罗拉员工已完成了六西格玛模式的学习课程。在摩托罗拉（天津）公司，经理们在招募高级职位雇员时，已开始从应聘者中物色那些具有成为黑带潜力的人才。位于广东开平的霍尼韦尔工业聚合物有限公司，1996 年 8 月与开平涤纶集团合资，1998 年开始推行六西格玛模式。至 2000

年，全公司已培养出4位黑带、43位绿带。全厂所有专业人士及管理人员都参加过六西格玛模式的培训并有各自的革新项目。2000年一年内，六西格玛模式项目给公司节约费用300多万美元，占整个销售额的10%，今年计划至少可节省200多万美元。由此可见，它已成为世界一流公司在面临成本压力环境时的管理工具。

资料来源：管理人 http://www.manaren.com

组织在实际运行中受复杂多变的内外部环境以及其他多种因素影响，常常需要对组织施以有效的控制，来保证组织既定目标地实现。在对组织实施控制的过程中，组织通常会借助一些控制方法来实现对组织的有效控制，以确保组织目标的实现。

第一节　财务控制方法

一、预算控制

1. 预算的内容

预算是计划的数量表现，是用数字编制未来某一个时期的计划，用财务数字或非财务数字来显示计划预期的结果。预算是一种被政府部门和其他组织使用地最广泛的控制方法。我国的预算与西方国家的预算存在一定意义上的差别。在我国，预算一般是指通过法定程序批准的政府部门、事业单位和企业等组织在一定时期内的收支预计；在西方国家，预算主要是指计划的数量说明，而不单单是金额数量方面的反映。预算其内容主要有三方面：规定各种管理工作投入与产出的数量以实现组织计划目标，说明投入与产出的原因，进行投入与产出的时间预计。

2. 预算的目的

预算是一种计划，也是一种有效的控制手段。编制预算过程就是拟订控制标准的过程，来服务于控制职能地实现。具体来说，预算的目的主要有以下3种。

① 改进计划工作，使组织的计划更加明确和具有可考核性，便于组织根据标准来评定工作绩效，发现偏差，及时采取纠正措施。

② 促进组织协调。在为组织中各职能部门编制预算时，实际就是把这些数字化的计划分解，落实到组织的各部门和各层次中去，使组织的管理人员能清楚地看到，哪些资金由哪些部门来使用，组织计划目标将涉及哪些相关部门和人员，具体开支费用与收入以及用实物计量的投入量和产出量等。组织管理人员根据预算就能够进行人员和任务的委派，协调和指挥组织的活动。

③ 便于控制。组织管理人员在恰当的时候，根据预算对组织活动所获得的结果进行对比，及时采取纠正措施纠正偏差，保证组织计划目标地完成。

总体而言，预算可以改进计划，增强组织的协调和控制。这也是编制预算的基本目的。

3. 预算的作用

预算具有不可低估的作用，归纳起来说，预算的主要作用体现于以下两方面。

① 组织管理人员可以通过预算认清组织的状态，发现组织中的优势部门和问题部门，明确工作重点、工作标准和所拥有的资源，为调整组织活动方向，纠正组织中的偏差指明了方向。

② 组织中的成员可以通过预算明确组织的状况和资金使用量，了解个人的工作权限及内容，促进组织协调发展。

由此可以看出，编制预算可以为组织的各项活动确立财务标准（见表 17-1 和表 17-2），通过数量形式的预算标准比较组织活动的实际效果，利于有效控制的执行。

表 17-1　2013 年中央财政收入预算表　　单位：亿元

项目	2009 年执行数	2010 年预算数	预算数为上年执行数的%
一、税收收入	33359.48	35983.00	107.9
国内增值税	13915.99	15350.00	110.3
国内消费税	4759.12	5241.00	110.1
进口货物增值税、消费税	7729.15	8070.00	104.4
出口货物退增值税、消费税	–6486.56	–7070.00	109.0
营业税	167.11	190.00	113.7
企业所得税	7618.82	8061.00	105.8
个人所得税	2366.72	2542.00	107.4
城市维护建设税	123.52	140.00	113.3
印花税	495.04	516.00	104.2
其中：证券交易印花税	495.04	516.00	104.2
船舶吨税	23.79	25.00	105.1
车辆购置税	1163.17	1338.00	115.0
关税	1483.57	1580.00	106.5
其他税收收入	0.04		
二、非税收入	2536.66	2077.00	81.9
专项收入	215.44	216.00	100.3
行政事业性收费收入	354.84	410.00	115.5
罚没收入	35.01	36.00	102.8
其他收入	1931.37	1415.00	73.3
中央财政收入	35896.14	38060.00	106.0
调入中央预算稳定调节基金	505.00	100.00	19.8
支出大于收入的差额	7500.00	8500.00	113.3

资料来源：财政部网站 http://www.mof.gov.cn

表 17-2　某大型企业财务预算细化表格

项目	2013 年预计数	2014 年预算
一、经营活动产生的现金流量：		
销售产品、提供劳务受到的现金		
收到的其他与经营活动有关的现金		
现金流入小计		
购买商品、接受劳务支付的现金		
支付的各项税费		
支付的其他与经营活动有关的现金		
现金流出小计		
经营活动产生的现金流量净额		
二、投资活动产生的现金流量：		
收回投资所收到的现金		
取得投资收益所收到的现金		
处置固定资产、无形资产和其他长期资产所收回的现金净额		
收到的其他与投资活动有关的现金		
现金流入小计		

续表

项目	2013年预计数	2014年预算
构建固定资产、无形资产和其他长期资产所支付的现金		
投资所支付的现金		
支付的其他与投资活动有关的现金		
现金流出小计		
投资活动产生的现金流量净额		
三、筹资活动产生的现金流量：		
吸收投资所收到的现金		
借款所收到的现金		
收到的其他与筹资活动有关的现金		
现金流入小计		
偿还债务所支付的现金		
分配股利、利润或偿付利息所支付的现金		
支付的其他与筹资活动有关的现金		
现金流出小计		
筹资活动产生的现金流量净额		
四、汇率变动对现金的影响		
五、现金及现金等价物净增加额		
现金及现金等价物年初余额		
现金及现金等价物年末余额		

资料来源：中华会计网 http://www.canet.com.cn

4. 预算的分类

在组织中，有多种划分预算的种类和层次的方法，既可以有整个组织的预算，也有部门、个人的预算，又可以有短期预算和长期预算。通常而言，预算可以分为以下5类。

① 收支预算。收支预算是指以货币来表示的组织经营管理的收支计划预测。收入预算中最基本的是销售预算，是销售预测的详细、正式说明。由于销售预测是计划工作的基石，所以销售预算的基础是预算控制。与销售预算相对应的是组织为实现销售收入所需付出的费用，即编制的各种支出预算。支出预算包括直接材料预算、直接人工预算和相关附加费用预算。

② 实物量预算。实物量预算是以实物单位来表示的。在计划和控制的某个阶段采用实物数量单位比采用货币更有意义。实物量不仅指实物产量，也指其他一些指标，如直接工时数、台时数、原材料的数量、占用的平方米面积以及生产量。此外，普遍的指标是用工时或人时来预算所需要的劳动力。

③ 投资预算。投资预算指一般基本建设预算。这其中包括购买、添置机器等扩大固定资产投资以及其他方面投资的预算，这些费用一般较大，且回收期较长，应当进行充分论证，并由此列出专项预算。

④ 现金预算。现金预算是一种对组织未来生产和销售活动中现金的流入和流出进行的预测，可用其来衡量实际的现金使用情况。现金预算还可显示可用的多余资金，因此可用于编制剩余资金的投资计划。在组织实际运行中，这种预算是组织中最常用的一种控制方法。

⑤ 资产负债预算表。资产负债预算表是对组织会计年度末期的资产、负债和资本等财务状况的预测。通过将组织各部门和各项目的分预算进行汇总，既验证了其他所有预算的准确性，又反映出了组织在财务末期的资产与财务状况。

5．预算的不足之处

尽管预算是一种普遍使用的、行之有效的计划和控制方法，但其也存在着不足之处。

① 预算过于琐碎会导致控制过严，进而束缚组织管理人员的手脚，可能导致管理人员丧失管理的自主权和积极性。

② 预算目标在组织实际运行中有时可能取代组织目标。某些组织管理人员只把注意力集中在使自己部门的经营费用不超过预算，进而忽视了自己的职责首先是要保证组织的目标实现。例如，某轮胎生产公司的销售部为节省费用符合预算，在订货会上只提供了少量的宣传单以及较少的现场销售人员，而失去了大量的潜在客户，得不偿失。导致目标置换的原因比较多，主要有两点：一是没有适当地掌握预算控制的度，如预算编制得过细或规定了超支严厉制裁的措施，也可能是有节约奖励措施的刺激等，导致组织管理人员执行预算的僵化和缺乏灵活性；二是预算没有很好地体现组织计划目标的要求。这些因素都需要管理人员在编制预算时加以注意。

③ 预算的编制依据不足。预算的编制通常是在上一年费用的基础上按比例增长来进行，因此很多管理人员也常常以以前所花的费用作为现在编制预算的依据；同时，管理者知道在层层审批中，原来申请的金额多半是会被削减的，因而预算费用的申请数额总要大于它的实际需要数，这就造成了预算编制科学依据不充足的问题，使预算成为掩盖懒惰、效率低下的保护伞。

④ 预算的最大缺陷是其缺乏灵活性。组织面对的环境条件不断发生变化，预算编制后不再变更，这种差异导致一个刚编出来的预算很快就变得不适用于组织的实际情况和缺少灵活性。

6．改进的方法

为了克服上述预算的缺点，需要采用可变的或者灵活的预算。这样的预算方法一种是可变预算，另一种是零基预算。

（1）可变预算

可变预算的编制依据是对费用项目进行分析，并以此来确定各费用项目应当怎样随着产量的变化而变化。编制可变预算的另一种方法是编制“可抉择的”和补充的预算。这种预算是按对未来情况的不同预测，分别编制上、中、下三种不同经营水平的预算，使组织管理人员可根据本部门的经营情况，灵活选择其中的一种预算。此外，为了增加预算的灵活性，还可在中期或长期计划的基础上，通过预测该月产量来编制每月的补充计划，这样可使每个管理人员有权在基本预算的基础上，安排生产进程和所要使用的资金。

（2）零基预算

零基预算法是由美国得克萨斯仪器公司的彼得·菲尔于 1970 年提出的，这种预算方法能够克服传统预算的弊端。这种预算方法的基本思想是：在每个预算年度开始时，将所有正在进行的管理活动都看作重新开始，即以零为基础。根据组织目标重新审查每项活动的意义和效果，在费用－效益分析的基础上，重新安排各项活动的先后次序，并按次序分配资源。美国的一些州政府把这种方法应用于部门的设立，称为“日落法”。实行零基预算要注意以下 4 方面：① 组织活动的目标，预算要达到的目标；② 分析项目的必要性及项目的实施结果；③ 实施该项目的备选方案的数量，及选择的方案是否最佳；④ 分析项目需要的资金数量，资金来源及使用是否具有合理性。

总之，零基预算的核心是预算工作不因循守旧，一切依据组织计划目标重新考虑。其优点是预算比较科学，有利于资金分配和控制支出。但是，零基预算也有缺点，预算编制工作费时、费力，费用也高，并且在项目安排的次序上难免主观臆断。它的适用对象是事业单位、政府机关以及企业组织内的行政部门和辅助性部门，对于具有明显的投入与产出关系的制造活动组织不太适合。

二、损益控制

1．损益控制的含义

损益控制是指根据组织中的独立核算部门的损益表，对其管理活动及其成效进行综合有效控制的方法。组织的损益表中列出本期间内组织的各类活动的收支状况及利润。利润是一个反映组织绩效的综合性指标，通过损益表（见表 17-3）可以了解影响利润变动的相关信息。若当期利润指标与预算利润水平出现偏差，则应分析各利润可能发生偏差的项目，找出原因并制定相应的纠偏措施。

表 17-3　预计损益表

××年度　　单位：元

项目	金额	资料
销售收入		
减：产品销售成本（变动成本）		
变动性销售费用		
贡献边际		
减：固定性制造费用		
固定性销售费用		
管理费用		
息税前利润		
减：利息		
利润总额		
减：所得税（33%）		
净利润		

资料来源：中华会计网 http://www.canet.com.cn

2．损益控制法的适用性和优点

通常而言，损益控制法主要适用于那些实行分权制组织结构或事业部制组织结构的组织，将受控制的单位看作利润中心，也就是直接对利润负责的单位。实行损益控制意味着充分地授权。利润中心的单位或部门可以按照他们认为是有利于实现利润的方式相对独立地开展经营。他们往往有权决定销售价格；有权订货、采购、制造、雇佣和解聘员工；有权决定工资及奖金的分配制度等。

因此，一个组织所属部门、单位的职能越完整，就越有利于实行严格的损益控制法。损益控制法的积极运用，应当使受控制单位或部门的职能尽可能完整，从而能够最大限度地承担起对利润负责的责任。

损益控制法的优点使得一些以职能制和专业化原则为基础组织起来的组织，在其内部的各部门之间也实行损益控制。例如，在一些大型制造企业中，将铸造、热处理、钣金、机加工、装配车间也看成“利润中心”。铸造车间将铸件“出售”给加工车间，后者又将它的半成品“出售”给装配车间，装配车间再将产成品“出售”给销售部门，最后由销售部门出售给客户。严格地说，这种形式的利润中心只是一种“仿真利润中心”，相应的损益控制应当称为“仿真损益控制”。在这种情况下，“利润”是根据预先制定的“内部转移价格”来计算的。这种“仿真损益控制”的好处是，可以强化组织内部各部门的经济责任，强化各部门主管人员的成本意识和质量意识，使部门的目标与组织的目标取得较大程度的一致性。

3．损益控制的不足之处

损益控制的不足之处主要如下。

① 损益控制是一种事后控制。事后控制对于前期工作无法起到改善的作用，但能为后期工作提供借鉴。

② 由于许多事项不一定能反映在当期的损益表上，例如某个具体活动的失误、外部环境发生变化等，因此仅在损益表上不能准确地判断利润产生偏差的关键原因。

所以组织在利用损益控制时还应当辅之以其他方法，来找出利润发生偏差的真正原因，并在此基础上采取正确的纠偏措施。

三、成本控制

成本控制是组织根据一定时期预先建立的成本管理目标，由成本控制主体在其职权范围内，在生产耗费发生以前和成本控制过程中，对各种影响成本的因素和条件采取的一系列预防和调节措施，以保证成本管理目标实现的管理行为。其以成本作为控制的手段，通过制定成本总水平指标值、可比产品成本降低率以及成本中心控制成本的责任等，达到对经济活动实施有效控制的目的。

1．成本控制的方法

案例 17-1
会议成本分析制

成本控制的基础是成本对象和成本分配。

成本控制的基础工作是准确计量出各项成本，并将之分配到每个实体或成本对象。成本对象是指需要对成本进行计量和分配的项目。

把成本准确地分配至各成本对象是非常关键的一个步骤，因为扭曲的成本分配会导致组织管理者错误的决策和评价。

① 直接成本分配方法。直接成本是指能够容易和准确地归属到成本对象的成本，可采用追溯法来分配。有两种成本分配的追溯法：直接追溯法和动因追溯法。直接追溯法是指将与某一成本对象存在特定或实物联系的成本直接确认分配至该成本对象的过程，这个过程一般能够通过实地观察来实现。动因追溯法尽管不如直接追溯法准确，但对成本进行追溯可以使用两种动因类型来追溯成本：作业动因和资源动因。资源动因计量各作业对资源的需要，然后将资源成本分配到各作业上；作业动因通过计量各成本对象对作业的需求，然后被用来分配作业成本。

② 间接成本分配方法。间接成本是指不能直接地或准确地归属于成本对象的成本。间接成本不能追溯成本对象，在成本与成本对象间没有因果联系或追溯不具有经济可行性。分摊是指把间接成本分配到各成本对象的过程。由于成本与成本对象间不存在直接因果关系，分摊间接成本建立在简便原则或假定联系的基础上进行的分摊。

2．成本控制的步骤

（1）建立成本控制标准

成本控制的目的是为了最大限度地降低成本，获取更大的利润，因此制定成本目标时首先应当考虑组织的目标赢利总额。

标准成本制度是在单位产品的基础上预计数量和相关成本，这些单位预计包括材料、人工和与此相关的制造费用的预算。因而，标准成本就是为生产单件产品或提供某项服务所应花费的成本。

① 单位标准制定。三个主要来源是历史经验、工程研究及生产操作人员的意见是数量标准。

② 标准的类型。标准一般能够分为理想标准和现实可行标准两类。理想标准要求效率达到最大化，而这种标准只有在完美理想状况下才能达到；现实可行标准是指组织在高效运作的条件下能够达到的标准，这种标准允许存在一定正常的机器故障、生产中断和并不完善的技能等。在实际操作中，人们一般制定现实可行的并具有挑战性的标准。

（2）核算成本控制绩效及分析成本发生偏差的调查

组织为了有效控制成本支出，在成本形成过程中，要依据已经制定的控制标准对发生的成本费用进行检验监督，并将其与标准成本进行比较分析，及时发现偏差量，用来判断成本控制的绩效。同时，成本核算的频度应按组织的经营性质来具体确定。

预算差异是实际成本与计划成本之间的差额。在标准成本制度下，预算差异可分为价格差异和用量差异两种。

由于调查差异产生的原因并采取改进措施需要了解相关成本，因此从总体上而言，只有在预期收益大于预期成本时才可能进行调查。评估差异调查的收益和成本较为复杂。实际操作中，管理人员既要对偏差进行质的分析，又要对偏差的进行量的分析。通常而言，需要解决的问题可分为 4 类：① 常见的问题；② 从表象上看是件特殊事件，实质上是一个普通常见问题；③ 作为一般性问题首次出现；④ 真正的例外和特殊事件。

事实上，除第 4 类真正的特殊事件外，所有问题都可以用具有普遍意义的解决办法来进行解决，一旦找到了具有普遍意义的解决方法并建立了真正的原则，所有同类问题都能够得到解决。虽然这样做对解决问题很有效，但判断问题的性质常常具有一定的风险。管理人员借助于成本控制预警系统来确定控制的可接受范围。如果在质的分析判断后，认定该偏差具有重复发生的可能性，即使量的分析中偏差并没有超出可接受范围，组织的管理人员也应当进行调查和采取相应的改进措施，这主要是因为成本具有分摊性。如果在质的分析判断后认定该偏差是一件特殊问题，则应首先考察其量是否超出可接受范围，只有在偏差超出了控制上限或下限范围才进行调查分析和采取相应措施。

因此，管理人员应当如何确定可接受的范围呢?可接受范围等于标准加上或减去可容许偏差。可容许范围的上下限被称为控制界限，控制上限等于标准加上可容许偏差，控制下限等于标准减去可容许偏差。虽然正规的统计程序能够用于确定控制界限，但实际操作中，绝大多数管理人员主要是根据过去的经验、直觉和主观判断来确定可容许的偏差的。

（3）采取纠偏措施

依据偏差原因的分析，制定和采取相应的纠偏措施，并将其落实到具体部门和相关执行人员。

3．成本控制应当注意的问题

在组织发展战略中，成本控制处于极其重要的地位。如果同类产品的性能、质量相差无几，决定产品在市场竞争的主要因素则是价格，而决定产品价格高低的主要因素则是成本，因为只有降低了成本，才有可能降低产品的价格。成本管理控制目标必须首先是全过程的控制，不应仅是控制产品的生产成本，而应控制的是产品寿命周期成本的全部内容。实践证明，只有当产品的寿命周期成本得到有效控制，成本才会显著降低。而从全社会角度来看，只有如此，才能真正达到节约社会资源的目的。此外，组织在进行成本控制的同时还必须兼顾产品的不断创新，特别是保证和提高产品的质量，绝不能片面地为了降低成本而忽视产品的品种和质量，更不能为了片面追求眼前利益，采取偷工减料、冒牌顶替或粗制滥造等方式来降低成本；否则，其结果不但坑害了消费者，最终会使组织丧失信誉，甚至破产倒闭。

小资料 17-1
文件核算制

四、审计控制

审计是一种较常用的控制方法，主要包括财务审计和管理审计两大类。财务审计是指以财务活动为中心内容，以检查并核实账目、凭证、财物、债务等以及相关结算关系等客观事物为手段，并以判断财务报表中的综合的会计事项是否与实际情况有偏差，报表本身是否值得信赖为目的的一种控制方法。财务审计控制还能够判明财务活动是否符合相关的财经政策和法令。管理审计是指检查一个单位或部门相关管理工作的好坏，评价人、财、物的组织及利用的有效性，其主要目的在于通过改进管理工作来提高经营绩效。除此之外，审计还可分为外部审计和内部审计。外部审计是指由组织外部的人员对组织的相关活动进行审计；内部审计则是组织内部专门设有负责审计的审计部门，由内部的审计部门审计本组织的各项活动。

1. 审计控制原则

为保证审计的有效性，在审计工作要把握如下原则。

① 政策原则，即审计工作必须符合国家的方针政策。

② 独立原则，审计监督部门应能独立行使职权，不受任何干涉。

③ 客观原则，审计一定要实事求是地进行，客观地做出评价和结论。

④ 公共原则，审计工作必须站在客观的角度上，不偏不倚，公正地进行判断。

⑤ 群众原则，审计工作要走群众路线，依靠群众才能解决许多困难问题。

⑥ 经常性原则，审计工作应经常化，制度化。

2. 财务审计

财务审计是审计方法中的一种，是通过运用特定的方法、措施和程序，对组织的财务活动进行控制和监督，一般包括如下 5 方面的内容。

① 监督性盘存。即审计人员监督财产、物资和货币的实地进行盘点。同时在盘点过程中，审计人员还应对某些实物的数量和质量进行抽查。

② 抽样。即在为数众多的审计对象中，抽选合适的样本进行审核。

③ 发函询证。即向与被审计对象有往来的单位或个人发函询问，来核对应收付款项的余额。

④ 反复对证。即以原始凭证为依据，将其同有关实物、单位、个人和其他原始凭据相互对证，而有关的其他原始凭据、实物、单位和个人之间还可以再互相对证。

⑤ 凭证检查。即会计凭证、账簿记录和会计报表的检查。

3. 管理审计

管理审计是审计方法中的一种，其中查明事实真相是管理审计工作的最基本任务，一般包括如下 5 方面的内容。

① 熟悉被查单位或部门的组织、人力资源管理、业务性质、管理制度、业务操作程序以及领导关系等。

② 确定需要取得的资料。

③ 查明各种业务记录，如单据、合同、函电、规章程序、账册、会议记录、总结报告等。

④ 各级管理人员和职工调查，完成书面记录。

⑤ 核实所得材料并进行分析，形成清楚的调查记录。

管理审计的流程如图 17-1 所示。

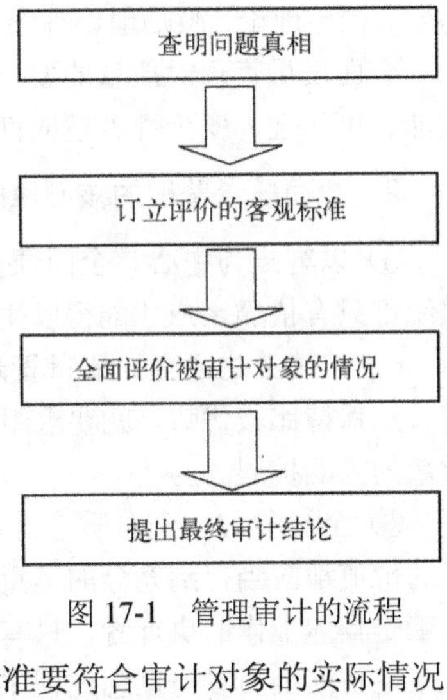

图 17-1　管理审计的流程

管理人员需要考虑如何确定客观的评价标准，同时保证制定标准要符合审计对象的实际情况，既不能太低也不能太高，理想状态是处于中上水平，这样促使被审计对象有提高管理水平的动力。在具体评价被查对象的管理水平时，通常可采用比较法，即用查明的实际情况同已经制定的标准之间进行比较，再通过评分的方法来对评价结果表述。最后综合评价结果提出审计结论。审计结论提出解决管理问题、提高管理水平的具体建议，应当是建立在成本效益分析的基础上。

第二节　质量控制方法

质量控制是组织实施有效控制的重要组成部分。组织向顾客提供的产品和服务应该达到一定的质量标准。倘若组织的产品和服务没有达到一定的质量标准和顾客认可的质量水平，顾客可能会放弃购买或在已购买后不再认同组织提供的产品或服务，进而可能造成组织对已投入资源的浪费，甚至导致组织产品或服务的后续销售困难。所以，质量控制是组织进行控制管理的关键环节之一。本节将着重介绍三种质量控制方法，即全面质量管理、六西格玛和 ISO9000。

小资料 17-2 爱德华兹•戴明和约瑟夫•朱兰简介

一、全面质量控制

1．全面质量管理的起源、发展和定义

20 世纪 50 年代，爱德华兹•戴明（W.Edwards Deming）、约瑟夫•朱兰（Joseph Juran）等质量管理大师的质量管理思想为全面质量管理的诞生奠定了基础。1961 年，通用电气公司质量总经理费根堡姆（A.V. FeigenbatJm）博士在其著作《全面质量管理》中首次提出全面质量管理（Total Quality Management，TQM）的概念："全面质量管理是为了能够在最经济的水平上，并考虑到充分满足用户要求的条件下进行市场研究、设计、生产和服务，把组织内各部门研制质量、维持质量和提高质量的活动构成一体的一种有效体系。"

在全面质量管理思想诞生之后，质量管理的手段不仅仅局限于统计方法，质量管理活动也从生产作业环节扩展到产品和服务形成的各个环节。全面质量管理的最主要特点就是"全面"，具体表现在以下 4 方面：①全过程质量管理，对产品或服务形成的每个环节进行质量管理，包括从市场调研、设计开发、生产作业到产品销售和售后服务的全部相关过程；②全员参与的质量管理，所有人员都负有改善产品质量的责任，改变在此之前仅依靠少数专职人员所进行的质量管理；③全面的质量，包括过程的质量和体系的质量，而不仅仅是产品的质量；④全面的管理方法，包括应用组织行为学、领导理论、激励理论等经典管理理论，同时包括采取信息技术、统计技术等最新的管理手段。

全面质量管理对质量的要求已不再是在此之前单一的质量标准，而是一种包含了产品和服务的性能、可靠性、安全性、适应性、经济性、时间性、舒适性、文明性等多个维度的综合指标。

2．全面质量管理的核心原则

① 以客户为中心。全面质量管理的核心理念是以客户为中心。在现代社会经济体系中，各类组织都只有依靠客户才能得以生存。

② 持续改进。全面质量管理的一个重要原则是持续改进。在激烈的市场竞争环境中，组织要想长期保持比较优势，就要求组织必须不断改进，不断提高产品和服务的质量，不断将产品或服务质量的内涵扩展。

③ 全员参与。全面质量管理强调组织内部的全体员工都要参与到质量改善活动中来，每个员工的价值都应当得到充分的尊重。在组织的运营过程中，它的每项活动都是具体员工的具体工作。员工是具体工作的执行者，只有他们才知道如何改进所从事工作的质量。

在贯彻全员参与理念过程中，对员工的授权和培训是必不可少的。一方面，管理者要给予员工足够的信任和权力。另一方面，为了保证员工有能力承担相应的责任，必须对员工进行培训，使其具备足够的技能。

3. 全面质量管理的常见组织结构

全面质量管理的实现需要以一定的组织结构作为保障。全面质量管理在世界各国的各种产业都有广泛应用，由于不同文化和不同行业都具有其自身特点，因此很难找出一种普遍适用于各种文化和行业的组织结构。在实施全面质量管理的过程中，每个组织应当首先分析自身特点，构建出适合本组织的质量管理组织结构。在实际应用中，质量管理组织结构较为成功的有以下 3 种组织机构。

① 质量管理委员会，一般由组织最高级别的管理成员组成，是组织质量管理的决策组织。质量目标已成为组织的重要战略目标。通常由质量管理委员会制定组织的质量目标和质量战略，并对质量目标和质量战略的实施进行全面监督。

② 综合性的质量管理部门，是指组织设有的专职质量管理部门。全面质量管理要求组织的每位员工都要参与到质量管理活动中来，因此需要设置专职的质量管理职能部门，来保证组织的日常质量管理活动有序进行以及调动和监督全体员工参与其中。

③ QC（Quality Control）小组，即质量控制小组，是开展群众性质量管理活动的一种有效的组织形式。QC 小组最先出现于日本，随着全面质量管理在全世界范围内的推广，其他国家也开始采用这种组织形式来管理组织与质量相关的活动。

QC 小组的组织形式诞生之初，是为了保证组织质量管理计划能够落实到的每个员工身上。质量控制小组能常由各种工作岗位上的员工组成，以员工自愿参与为基础，这就要求员工具有高度的集体主义精神。QC 小组的活动方式主要是对组织的质量计划提出改进建议、对生产流程进行创新、对工作中暴露出的问题迅速展开讨论并及时加以解决。QC 小组一般是一种具有很高群众性和民主性的非正式组织，这种非正式组织有利于激发员工在工作中的积极性和创造性。QC 小组活动的实施能够提高员工素质、降低生产消耗、改善产品质量、及时解决问题、提高组织的经济效益，使组织的质量战略真正得到有效执行。

二、六西格玛管理

六西格玛管理是当今世界范围内应用较广泛的质量控制工具。

1. 六西格玛管理的起源与发展

六西格玛的起源与发展。20 世纪 80 年代，质优价廉的日本产品不断抢占美国市场，特别是在汽车和家电、通信领域，美国企业的市场份额不断被日本企业吞食。通信巨头摩托罗拉公司在此期间面临市场份额萎缩、竞争对手增长强劲的挑战，在此情况下，公司针对产品质量开展了质量改进计划。后来这项质量改进计划不断成熟和完善，1987 年，时任摩托罗拉通信部经理的乔治·费舍尔（George Fischer）将其总结为六西格玛管理方法。由于实施六西格玛管理方法，摩托罗拉公司从 1987 年到 1997 年的 10 年间，销售额增长了 5 倍，利润年均增长 20%，六西格玛管理为摩托罗拉公司带来的收益累计达 140 亿美元以上。

1995 年，通用电气公司（GE）在杰克·韦尔奇（Jack Welch）的带领下全面推行六西格玛管理方法，并最终使六西格玛从管理方法上升为一种企业文化。GE 在推行六西格玛之后，公司业绩迅速增长。现在，世界范围内越来越多的组织已经开始实施六西格玛管理方法，并以此作为其质量管理战略。

2. 六西格玛的含义

西格玛（δ）在统计学上表示“标准差”，是度量一个过程的输出结果的离散程度的指标。在质量管理上，δ 水平与缺陷率之间存在相反的、非线性的关系。更高的 δ 水平意味着生产过程的波动程度或出现异常值的可能性更低，即生产和服务流程中的缺陷率更低。六西格玛即“六倍标准差”，在质量管理上的含义为：在生产流程或服务流程中每百万次操作的失误次数不大于 3.4 次，或者可以表示为操作的合格率达到 99.99966%以上。六西格玛管理方法并不仅仅具有统计学上的意义，实际上它是一种结构化、标准化的质量管理理论和流程改进方法。六西格玛方法强调以统计数据为基础来控制和改进操作流程，力求使产品和服务达到零缺陷，以投入最少的资源不断提高客户的满意度。在质量管理中广泛应用统计学原理是六西格玛方法的最主要特点，以统计学为依据进行数据分析，发现并测量流程中存在的问题，分析原因，寻求改进和控制流程的方法，不断提高组织的质量运作能力。

3．六西格玛的流程改进模型

随着六西格玛管理方法的推广和应用，它在不同组织中形成了众多各具特色的具体操作方法。通用电气公司吸收了大量其他企业实施六西格玛的成功经验，提出了流程改进模型（DMAIC），包括界定（define）、测量（measure）、分析（analyse）、改进（improve）和控制（control）五个阶段。DMAIC 是目前受到比较广泛认可的六西格玛实施模型。

DMAIC 模型从分析顾客需求人手确定产品的关键质量特性 Y，然后找出影响 Y 的若干主要因素 X，并且确定希望达到的目标以及 Y 和 X 的合理范围，进而寻求优化关键质量特性 y 的改进方案，使过程的缺陷降至最低，最后通过过程控制手段保持改进成果。DMAIC 各阶段的主要工作以及常用的技术工具如图 17-2 所示。

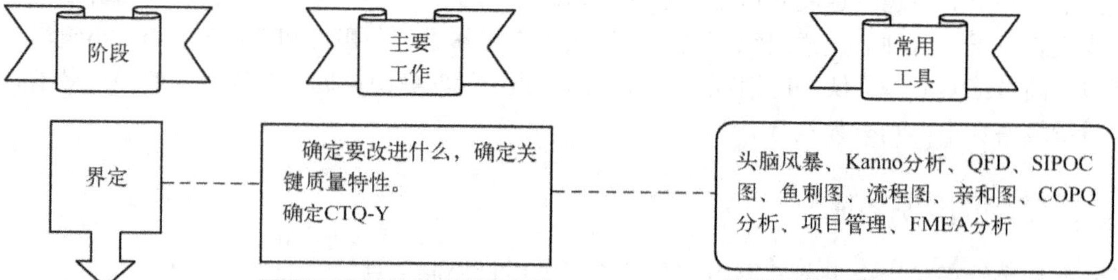

图 17-2　DMAIC 的主要工作及常用工具

① 界定阶段。充分了解客户的需求，找出产品和服务的关键质量特性（Critical To Quality，CTQ）。六西格玛管理方法要求任何成本的节约都必须建立在不影响客户满意度的基础之上。因此，关键质量特性 Y 既包括客户对产品性能、外观、操作等方面的要求，又包括过程能力指标、质量成本指标、增值能力指标等要求。

② 测量阶段。在测量阶段，把需要改进的过程具体化，围绕关键质量特性 Y 收集数据，找到输入变量 X 与输出结果 Y 之间的关系，建立输入/输出函数 $Y=f(X)$，输入可以是单个变量 x 也可以是向量 X。

③ 分析阶段。在分析阶段，对在测量阶段建立的输入/输出函数和取得的数据进行深入研究，验证关键质量特性 Y 与输入 X 之间的关系，保留影响 Y 的关键输入变量，剔除非关键输入变量。这些筛选出来的关键输入变量将成为下一阶段改进工作的重点。

④ 改进阶段。针对分析阶段发现的问题提出解决方案，通过改变输入变量 X 对输出结果 Y 进行优化，使过程的缺陷降至最低，以达成对过程的改进。

⑤ 控制阶段。在改进项目完成之后，将改进成果长期保持下去是非常困难的事情。因此，在控制阶段需要对操作人员进行培训，改变旧有的操作习惯，确立评估指标，对操作过程进行监控，以确保改进成果得以持续。

三、ISO9000 族国际标准

1. ISO9000 族国际标准的建立和发展

国际标准化组织（Intrernational Standardization Organization，ISO）成立于 1947 年 2 月 23 日，如今世界上大部分国家和地区已成为 ISO 成员。ISO 是一个非政府国际组织，是世界上最具权威性的国际标准制定组织。ISO 不属于联合国，但是对联合国经济和社会理事会及其专业组织机构具有建议权。ISO 的总部设在瑞士的日内瓦，它的最高权力机构是全体成员大会，大会每三年召开一次。ISO 的宗旨是推动国际标准化的发展，促进标准在全球的一致性，消除非关税贸易壁垒，促进国际贸易的开展与科学技术的合作。

ISO 在 1979 年成立了质量保证技术委员会 TC176。1987 年，TC176 更名为质量管理和质量保证技术委员会，专门负责制定质量管理和质量保证技术的国际标准。

小资料 17-3　ISO9000：2008 八项质量管理原则

2. ISO9000 对质量管理的意义

ISO9000 族国际标准的建立对提高质量管理水平具有重要意义，ISO9000 不但对产品和服务的质量提出要求，而且对产品和服务的形成过程做出了相应的规定，以确保客户能够得到最佳的产品和服务。ISO9000 的建立为组织实现系统化、规范化、文件化的科学质量管理奠定了基础。

第三节　其他控制方法

除了财务控制和质量控制方法外，还有一些在实际操作中经常并且广泛被用到的控制方法，比较常见的控制方法有现场观察、报告、资料统计法、程序控制等。

一、现场观察

现场观察法是指相关工作的管理者亲临工作现场，观察了解具体工作的内容、方法和运行情况等于工作相关的信息。在获取工作的第一手信息资料后，管理者可以针对具体问题发现偏差，及时采取纠偏措施。这种控制方法具有悠久的历史，千百年来一直为人们所沿用。此种控制方法的优点在于能够将管理者的控制点前移，并能够获得大量翔实的一手资料，较大程度上避免的信息在传递过程中的失真，还能起到激励、鼓舞和监督员工的作用，有利于组织计划目标的合理制定，以及管理者有效控制的实施。

案例 17-2
逃离高笼的袋鼠

但是，现场观察法也有其不足的一面。虽然现场观察能够使管理者获得第一手资料，但是管理者所获得的信息不一定会很全面，可能导致关键信息的遗漏，致使所获信息不能反映真实情况；管理者在运用现场观察法时，对于所观察到的信息进行收集整理时，可能会加入管理的主观色彩，从而导致信息失真，进而影响后来的控制活动的实施。另外，长期的实施现场观察会占用管理较多的时间，可能会对管理者其他职能的履行产生影响。

总之，现场观察的运用是要视组织的运行具体情况而定，不能不加思考地使用。同时，为了保证有效控制地实施，在运用现场观察法时还应当综合使用控制的其他方法。

二、报告

在实际操作中，报告是组织管理者在对组织实施控制中常用的方法。报告是相关具体操作人员将其在工作进展中发现的关键问题及原因，并对可能出现的问题进行预计分析后，以书面的形式向上级主管人员汇报，征得上级主管的帮助和支持。向相关上级递交分析报告的主要目的在于方便上级管理者快速、清晰地了解组织的工作运转情况，一旦组织运行出现偏差，管理者可以根据其已了解的情况快速采取纠偏措施。

通常而言，报告的质量直接关系到控制的效果。因此，报告应当做到格式规范、简明扼要、重点突出和具有一定的预见性。此外，提交报告的时间也因相关管理者的不同要求而有一定的差异。如果相关管理者对报告的内容和报告的频度有明确具体的要求，则提交报告应当经常化、制度化、规范化；如果管理者对报告的要求不明确，则下级人员提交报告的时间和形式可以依据组织实际运行情况的需要来适时的向上级主管人员报告。

一般情况下，上级管理者在报告中需要理解以下情况：

① 执行者的投入程度，即具体活动的执行者在计划执行的过程中做了哪些工作，投入了多少时间和精力，以及参与度有多高。

② 计划的执行情况，即上级管理者需要了解计划执行情况的全面信息，包括工作的进度、资金的使用、技术等方面。

③ 目前和未来的关键问题，即报告中应当反映目前计划执行过程中存在的关键问题及建议解决措施，预测未来可能出现的关键问题及建议应该采取的预防措施。

④ 组织的相关方面情况，即报告中应包含与解决问题相关的其他方面的组织情况。

三、资料统计法

资料统计法是指对组织过去的相关资料进行统计分析，发现其中的发展趋势并同组织计划目标进行比较，发现偏差并及时采取纠偏措施的方法。在实际操作中，资料统计法通常被用于对财务数据的统计分析，因为财务数据是用来衡量一家企业生产经营状况的综合性可量化指标。此外，组织中的其他部门也会统计一些经营比率，从不同侧面来进一步反映组织的运行状况。财务数据的收集、整理、分析在第一节中已经有所阐述。因此，下面主要介绍 3 种比较常见的经营比率。

（1）绝对市场占有率

绝对市场占有率是指组织主要产品的销售额在该产品所处的整体市场销售额中所占的比重。这项指标反映了组织在整个行业市场中的现有地位和市场竞争能力。绝对市场占有率是实际操作中很多组织所追求的重要目标，绝对市场占有率高，标志着组织在该行业具有相对优势地位，同时在激烈的竞争中拥有较强的市场掌控能力。反之，则表示组织在竞争中处于劣势。

（2）相对市场占有率

当组织无法获得整个市场销售额数据资料时，相对市场占有率指标为解决这一问题提供了有效的途径。计算相对占有率的具体做法是：先找到在组织所处行业市场上销售额占据前三位的竞争对手的销售额总量的相关数据资料，或销售额排名第一的公司的销售额数据资料，然后将本组织的销售额与之相比较，即可得出本组织的相对市场占有率指标。组织可以利用相对市场占有率的比较，来找出同竞争对手或行业领先者之间的差距。

总而言之，组织生产经营活动所取得的成果可以通过综合的经营比率分析进行有效地评价和衡量，进而为管理人员实施有效的控制提供有力的依据。

（3）统计数据图表化

能够准确反映经营情况的统计数据是管理人员实施控制的重要信息资料。一些较为专业的管理人员能够很快理解数字式的统计数据，而大多数管理人员由于各种原因，则更喜欢较为直观的图表现形式。因此，要注意使用图表来直观、清晰地将数据表达出来，让管理人员能够快速理解和把握数据所反映的情况和问题，便于其对组织实施有效地控制。

四、程序控制

程序控制是指组织成员按照既定的方式或流程有效地完成组织计划目标，并在此过程中加以必要控制，一旦出现偏差及时采取纠偏措施。严密而科学的程序能够有效地避免管理过程中可能出现的漏洞，提高组织运行效率。但是如果过于追求控制的程序性容易使管理僵化，不利于组织的创新以及适应快速变化的环境。因此，在运用程序控制时应当根据组织的具体情况来进行相应的调整。

在实际操作中，程序控制往往涉及组织中两个以上的部门，这就要求组织内部门间具有很高的协调性，才能保证程序控制的顺利实行。例如，组织中的财务部门在实行程序控制时，其程序往往就会涉及组织的生产、物流、销售等相关部门，这就要求部门间能良好地沟通协调。

2．程序控制的指导原则

在进行程序的计划和控制工作时，组织中的管理人员应当遵循如下指导原则。

① 精简程序。对组织中的管理者而言，进行程序控制的首要准则就是使程序仅限于最需要的工作。因为程序有许多缺点，如增加了在公文处理方面的费用、僵化人们的思想、延误时间、对变化的情况无法做出及时的反应等。所以，管理人员在制定程序之前要权衡程序的利弊得失，尽量减少不必要程序的使用。

② 确保程序的计划性。程序具有计划性，所以程序的设计必须反映并有助于实现组织的目标和政策。

③ 分析程序。在实施程序控制前应该对程序进行详细的分析，以确保将重复、重叠以及矛盾的情况减少到最低程度。用图表的方法把程序具体化，以此表明程序的每一步骤和各步骤之间的相互关系。

④ 把程序看成一个系统。在设计控制程序时，要从组织的整体角度来考虑，避免只考虑个别

部门的思维倾向。另外，对专门用途的各种程序也要搞清楚它们之间的相互联系，因为各种程序一般都会形成相互有联系的系统。

⑤ 估计程序所耗的费用。组织管理人员可以通过对程序费用的估计来判断程序的价值，因此在对程序进行分析时，也应该包括对程序运行相关支出费用的估计。

⑥ 监督程序的实施。在程序控制实施的过程中，需要对程序的实施加以监督。这需要三个步骤：一是必须用手册或其他形式把程序表达出来，以利于程序实施人的使用；二是必须教会员工理解程序的目的和内容，清楚在程序指导下如何去开展工作；三是必须采取措施确保程序能够被严格执行，保证组织计划目标的顺利实现。

3．程序控制的不足

程序控制的不足主要表现在以下 4 方面。

① 由于组织中的每个机构都使用自己的程序来控制与自己相关的组织活动，因此各部门之间的程序常常会发生重复、重叠以及矛盾的现象。不同的部门即使使用同一种信息资料，也常常要求有不同的格式和记录，影响了组织效率的提高。

② 管理人员在试图用程序来直接解决问题时，往往可能导致忽视了计划、组织和领导等管理职能的作用。组织中的管理人员对程序的过分依赖也可能在部门或个人头脑中形成教条式的习惯，变成组织抵制变革的重要因素。

③ 许多程序设立不当，使用效率不高，使问题人为复杂化。有的程序过于陈旧，无法适应时代的要求，在实际控制工作中无法严格执行，进而使得控制程序形同虚设，致使控制工作难以开展、出现偏差。

④ 实际操作中，管理人员常常不清楚应当制定什么样的程序，所需要的费用是多少，当程序发生重复时如何详细地对其进行检查和控制。这就使得控制工作可能无法得到高层管理人员的关心和支持。

4．信息化与程序控制

近年来，信息技术的迅猛发展极大地提升了组织电子化数据处理的水平，这一方面大大提高了程序控制的效率，另一方面也使得程序控制越来越受到数据处理软件的影响，所以在组织实现信息化的过程当中，要特别注意现行的管理理念与最新应用软件管理思想的匹配。

在组织实现电子化数据处理的同时，需要对控制程序进行更深更广的分析和改进，要通过大量的工作以确保程序可行和准确。可以预见在不久的将来，随着信息化水平的提高，程序控制将会上一个新的台阶，组织的效率也会得益于更高水平的电子化数据处理而有大幅度提高。

五、标杆管理

1．标杆管理的定义

小资料 17-4
标杆管理法的起源

标杆管理又称为基准管理，是一种管理方法，也是一种有效的控制方法。该方法的核心是向最优的组织学习。标杆管理是一个有系统、持续性的评估过程，通过不断地将组织流程与同行业领导者相比较，以此获得相关协助改善组织绩效的有效信息，并对组织绩效进行改进。由此可知，所谓标杆管理，就是先确定某些组织职能领域，如生产、营销、财务、服务等的绩效衡量标准，再去寻找在这些特定的领域表现出色的其他部门或其他组织，比较和分析两者之间的差距，并通过变革流程等手段来达到改善绩效、缩短差距的目的。也就是以一种系统化、结构化的方式来寻求最佳实践的典范，并将其作为学习对象和标准，吸取其先进经验，努力达到其标准的过程。从另一个角度来看，标杆管理是一种谦虚地承认他人在某些流程上优于自己，并虚心向其学习然后迎头赶上甚至超越的管理实务。

2. 标杆管理的实施步骤

标杆管理的实施有一整套逻辑严密的实施步骤，大体可分为5步。

① 确认标杆管理的目标。目标是在对自己状况进行比较深入、细致研究的基础上确定的。组织对所选择的目标进行标杆管理，要能够带动或促进自身竞争力或工作效率的提高。

② 确定比较对象。这个对象应当是同组织、同行业、同部门业绩最佳、效率最高的少数有代表性的对象。确定比较对象后，标杆管理的内容由相关问题专家和实际操作人士在事先召开的预备会议上确定。

③ 收集再分析数据，确定标杆。分析最佳实践和寻找标杆是一项重要的工作，对于标杆管理的成效非常关键。标杆的寻找包括实地调查、收据收集、数据分析、与自身实践比较找出差距、确定标杆指标，标杆的确定为组织找到改进的目标。

④ 系统学习和改进，是实际标杆管理的关键。标杆管理的精髓在于创造一种环境，使组织中的人员能够按组织愿景目标工作，并进行自觉学习和变革，来实现组织的计划目标。

⑤ 评价和提高。实施标杆管理是一个长期渐进的过程。每次做完后都有一项重要的后续工作，这就是重新检查和审视组织标杆研究的假设、标杆管理的目标和实际效果，分析差距，为组织下轮改进打下基础。

3. 标杆管理应注意的问题

标杆管理首先要与组织自身实际情况相结合。而在实际操作中，有的组织不顾自身实际盲目攀高、只求形式不求本质，把标杆管理简单地当成一种时髦的企业管理运动；有的组织把摆脱经营困境寄托于某一种成功模式之上，在学习先进组织的同时忽视了结合本组织经营实践进行一系列创新的重要性。最终这些组织的标杆管理都是走向失败的，失败的关键原因就是在运用标杆管理时没有注意同本组织的实际相结合。只模仿而不自我创新的错误做法只能使得这些组织在实施标杆管理的同时，不可避免地陷入了组织经营管理“空有其形、未有其实”的误区。

其次，在实施标杆管理时要关注组织文化的差异。组织的产品、流程、战略等显性的内容学习起来相对简单，但最佳实践往往隐藏在员工头脑、组织制度、组织结构、组织文化中间，因此企业要重视这些无形因素。

运用标杆管理对组织的运营及相关活动进行控制时，管理者一定要注意标杆的正确选择，追赶目标的合理设定。此外，管理者在运用标杆管理实施控制时，还要注意结合组织自身的实际情况以及已有的组织文化等因素，权变地实施标杆管理，这样才能提高标杆管理控制的有效性。

本章小结

① 控制的方法可以分为三类：财务控制、质量控制、其他常用的控制方法。

② 财务控制方法主要包括预算控制、损益控制、成本控制、审计控制等。

③ 预算控制主要是以事先编制的较为系统的数字计划为控制提供依据，预算的形式又分为收入预算、费用预算、利润预算等。

④ 损益控制是指根据组织中的独立核算部门的损益表，对其管理活动及其成效进行综合有效控制的方法。

⑤ 成本控制是组织根据一定时期预先建立的成本管理目标，由成本控制主体在其职权范围内，在生产耗费发生以前和成本控制过程中，对各种影响成本的因素和条件采取的一系列预防和调节措施，以保证成本管理

目标实现的管理行为。

⑥ 财务审计是指以财务活动为中心内容，以检查并核实账目、凭证、财物、债务等以及相关结算关系等客观事物为手段，并以判断财务报表中的综合的会计事项是否与实际情况有偏差，报表本身是否值得信赖为目的的一种控制方法。

⑦ 管理审计是指检查一个单位或部门相关管理工作的好坏，评价人、财、物的组织及利用的有效性。

⑧ 质量控制方法主要包括全面质量管理思想、六西格玛质量管理控制和ISO9000族国际标准等。

⑨ 全面质量管理是为了能够在最经济的水平上，并考虑到充分满足用户要求的条件下进行市场研究、设计、生产和服务，把组织内各部门研制质量、维持质量和提高质量的活动构成一体的一种有效体系。

⑩ 六西格玛管理方法强调以统计数据为基础来控制和改进操作流程，力求使产品和服务达到零缺陷，以投入最少的资源不断提高客户的满意度。

⑪ 其他控制方法主要包括现场观察法、报告、资料统计法、程序控制法、标杆管理法等。

⑫ 现场观察法是指相关工作的管理者亲临工作现场，观察了解具体工作的内容、方法和运行情况等于工作相关的信息。

⑬ 程序控制是指组织成员按照既定的方式或流程有效地完成组织计划目标，并在此过程中加以必要控制，一旦出现偏差及时采取纠偏措施。

⑭ 标杆管理是一种管理方法，也是一种有效的控制方法。应用标杆管理进行管理首先要与组织的实际情况相结合。

重要概念

预算控制	损益控制	成本控制	审计控制
全面质量管理	六西格玛管理	现场观察	报告
资料统计法	资料统计法	程序控制	标杆管理

习 题 17

1. 财务控制的方法有哪些？
2. 预算控制目的及作用有哪些？
3. 成本控制的步骤有哪些？
4. 全面质量管理的核心原则是什么？
5. 你如何看待六西格玛管理在管理实务中的运用？
6. 有哪几种常见的控制方法和类型？它们分别适用于什么场合？
7. 信息技术的普遍运用会对组织控制方法有哪些方面的影响？为什么？

案例分析

采用新控制方法的苦恼

昊升公司是从一家小施工队发展而来的建筑工程公司，其董事长李大升是位苦干实干、讲信用、重义气的人，对下属照顾非常周到，对年轻下属更是视如晚辈。

因业务需要，公司启用了刚从大学企业管理专业毕业的年轻人王永平，担任项目控制工作。小王鉴于李董事长所交代下来的老方法，费时且并不完善，于是自己决定采用在学校里学到的标杆管理法。

小王受董事长影响，工作也非常勤奋。白天常到工地了解情况，协助解决各种问题，因而晚上经常要加班到11点。李董事长对其甚为欣赏，但也担心小王会累坏身体。连续几个晚上，李董事长因有事情回到公司，见小王伏案工作，十分感动。但见小王在纸上写了很多关于同类公司的相关信息，不知小王到底在干什么。有一个晚上，李董事长实在忍不住了，他语气不太好地问道："你到底在干什么？"小王闻听此间话，心中十分不快，暗自嘀咕："莫名其妙!我这不是正忙着制定目标进度吗？"但他什么也没有说，只是继续手里的事。第二天一早，小王又去工地，李董事长想知道最近项目进度的工作情况，便翻阅"项目目标进度表"查看，发现多了很多以其他公司为参照的目标进度。李董事长心中不悦，想："自己公司的目标进度跟其他公司有何关系？难道这年轻人有异心!"他又看见小王桌上一堆写满了其他公司信息的纸，一时怒气冲天，马上将小王从工地召回。

因为此事，李、王二人闹得很不愉快，小王的新方法也只有暂时搁置一旁，仍然采用原来的老方法，小王为此十分苦闷。

资料来源：管理人网 http://www.manaren.com

思考题：

1. 李、王发生冲突的根源是什么？
2. 王应当如何做才能让董事长接受标杆管理法？

第六篇　创　新

创新应当是企业家的主要特征，企业家不是投机商，也不是只知道赚钱、存钱的守财奴，而应该是一个大胆创新敢于冒险，善于开拓的创造型人才。

——熊彼特

一些陈旧的、不结合实际的东西，不管那些东西是洋框框，还是土框框，都要大力地把它们打破，大胆地创造新的方法、新的理论，来解决我们的问题。

——李四光

第 18 章

创新与管理创新

学习导图

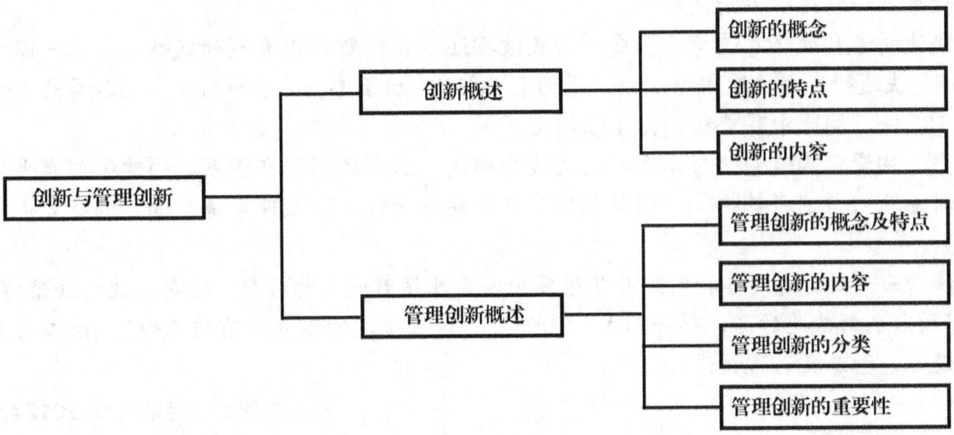

开篇案例

向文波：创新“三大战役”

从年初并购大象普茨迈斯特，起诉美国总统奥巴马，到再创四项产品“第一”，三一都冲上了风口浪尖。三一重工股份有限公司总裁向文波再一次成为聚光灯下的人物。无论是并购大象、起诉奥巴马和带领企业创新，向文波都是决策和执行者。三一今年每件大事的背后，向文波到底有什么战略驱动？

连环跨国并购：夺全球产业链

全球经济继续下行，中国企业引来了跨国并购的最好时机，然而先要问一个问题：并购后，要做什么？

并购大象后，三一的第一个改变就是从全球市场排名第 9 上升到第 6。并购跨国企业之后，三一如何展现自己的战略？向文波用了大约 8 个月，显示了自己的战略意图。

将被购者视为整体利益的一部分。向文波在 9 月公开表示，“大象目前经营情况很好，已实现的利润是去年全年的 4 倍”。事实证明，向文波并没有采用掏空大象的技术、市场资源的战略，而是采用了绑定大象，进行全球巡展的策略，帮助大象与其共同分享有价值的全球订单，由此护送大象实现高业绩成长。

起诉奥巴马：反海外商业歧视

中国企业在海外遭遇贸易保护封锁愈演愈烈，行贿和忍气吞声，都不是出路。

今年10月，因旗下从事风力发电业务的三一电气，在美国遭遇商业歧视，公司直属领导人向文波决定，通过法律手段，对奥巴马及CFIUS（美国外商投资审查委员会）提起诉讼。

尽管该案中方律师夏廷康表示，胜诉概率只有1%，但领导人向文波表示："有人问我起诉奥巴马总统会赢吗，我说过程比结果重要；有人问我要花多少钱，我说尊严比金钱重要；有人问我不担心三一在美国的发展吗，我说三一做事向来取义不取利。"

专利占山头：打标准化之战

创新与转型是中国当前最头痛的问题。向文波领导的三一在今年如何表现？

今年，三一又出现了"四个首台"：首台全球装载量最大的搅拌车、首台填补土石方机械领域产业链空白的推土机、首台针对印度市场开发的挖掘机，以及首台适应北美标准配置的挖掘机。为什么三一能持续不断创新？

以快速的专利战略打造竞争壁垒。向文波描述，在创新知识专利的战略上，三一以梯级打法为策略：快速研发—快速申请专利—成为行业标准。截至9月，三一国内专利数量为3275件、海外为185件，均比中联重科高出1倍以上。

集中一切资源构造创新全体系。向文波介绍说，三一的创新在于系统构建了创新平台，包括"创新基地"、"创新机构"、"创新联盟"三个硬件平台，以及理系统"和"创新文化"两个软件平台。

也许，三一创新的战略和系统并非很多中国企业短时间内能模仿，但向文波的话值得玩味："三一有两句创新禁忌的话，第一句是'国外没有这么做，所以我没有这么做'，第二句是'国外这么设计，所以我也这么设计'。"

资料来源：《经理人》 2012年12期

计划、组织、领导和控制是保证计划目标的实现所不可能缺少的，从某种角度分析，它们是管理的"维持职能"，其任务是保证系统按照预定的方向和规则进行。但是管理是在动态环境中生存的社会经济系统，仅维持是不够的，还必须不断调整系统活动的内容和目标，以适应环境变化的要求，这就需要管理的创新职能。

第一节　创新概述

管理创新从体系上来说属于一种特殊领域内的创新活动，因此，要搞清楚什么是管理创新，就要先对创新有明确的认识。

一、创新的概念

创新是一种思想及在这种思想指导下的实践，是一种原则以及在这种原则指导下的具体活动，是管理的一种基本职能。

"创新"一词最早是由熊彼特于1912年在《经济发展理论》一书中首先提出来的。他将创新定义为"企业家对生产要素重新组合"。传统意义的创新仅仅是指技术的革新，即只是负责研究和开发新产品的科学家的工作，而现代意义上的创新包含的范围很广，既有涉及技术性变化的创新，如技术创新、产品创新、过程创新；也有涉及非技术性变化的创新，如制度创新、政策创新、组织创新、管理创新、市场创新、观念创新等等。创新可以是因为它提供高了工作效率或巩固了企业的竞争地位；可以是因为它改善了人们的生活质量；可以是因为它对经济具有根本性的影响。但创新并不一定是全新的东西，旧的东西一新的形式出现或以新的方式结合也是创新。

二、创新的特点

美国福特公司前总裁福特曾说："不创新，就灭亡。"创新是企业在激烈市场竞争中生存和发展的必然选择，是经济发展和生产率提高的基本动力。为了更积极地致力于创新，更合理有效地组织创新，我们有必要了解创新的特点，以便因势利导。创新具有以下特点：

① 首创性。创新是要解决前人所没有解决的问题,不是简单的模仿，而是继承中又有新的突破，因此创新必然是新颖的，其中必有过去所没有的新的因素或成分。

② 未来性。创新所要解决的问题都是前人所没有解决的问题或从没遇到的问题，因此创新始终是面向未来的。

③ 变革性。创新是新的方式或者新的组合，是对原有模式或者框架的改造和更新，而不是低级的模仿和重复，因此创新都是具有变革性的。

④ 价值性。创新成果都应具有一定的社会价值，或为经济价值，或为学术价值，或为艺术价值，或为实用价值。不管是物质成果还是精神成果，没有一定的社会价值，创新成果就失去了存在的意义。

⑤ 先进性。创新的成果与旧事物相比，如果光有新颖性、价值性，而无先进性，就不能战胜旧事物。以产品来说，不以先进技术武装产品，就很难占领现代竞争激烈的市场。

⑥ 时间性。对创新成果的确认与时间有着密切的关系，相同或相似的成果是否被确认，以时间的先后为界，如发明的专利权就是以申请时间的先后为界。

⑦ 目的性。创新成果的实际应用包含了两层含义：一是创新的成果必须得到应用，二是应用的结果必须直接或间接地反映为实际效率的提高或效益的增长。创新的目的性是由管理的目的性决定的。

三、创新的内容

1. 观念创新

观念是人们对客观世界的理性认识。与人的行为一样，企业行为总是在一定的思想观念的支配下产生的。企业每一种经营行为的产生与实行，都是一定观念支配的结果。不同的观念必然支配不同的行为，也自然产生不同的结果。观念创新主要通过一定的创新思维的方法体现出来。

2. 目标创新

企业是在一定的经济环境中从事经营活动的，特定的环境要求企业按照特定的方式提供特定的产品。环境一旦发生变化，就会要求企业的生产方向、经营目标以及企业在生产过程中同其他社会经济组织的关系进行相应的调整。我国的社会主义工业企业，在计划经济体制下，必须严格按照国家的计划要求来组织内部的活动。经济体制改革以后，企业同国家和市场的关系发生了变化，企业必须通过其自身的经营活动来谋求生存和发展。因此，在新的经济背景下，企业的目标必须调整为通过满足社会需要来获得利润。企业在各时期的具体的经营目标则更需要适时地根据市场环境和消费需求的特点及变化趋势加以整合，每次调整都是一种创新。

3. 技术创新

技术创新是企业创新的重要内容，现代工业企业的一个主要特点是在生产过程中广泛运用先进的科学技术，技术水平是反映企业实力的一个重要标志。技术创新的进行、技术水平的提高是企业增强自己在市场上竞争力的重要途径。由于一定的技术都是通过一定的物质载体和利用这些载体的方法来体现的，因此企业的技术创新主要表现在要素创新、要素组合方法的创新以及产品创新三方面。要素创新包括材料创新、设备创新和人事创新，即企业的生产过程是一定的劳动者利用一定的劳动手段作用于劳动对象使之改变物理、化学形式或性质的过程，也可以利用一定的方式将不同的生产要素加以组合，从而达到创新的目的。生产过程中各种要素组合的结果是形成企业向社会贡献的产品。企业是通过生产和提供产品来求得社会承认，证明其存在的价值，也是通过销售产品来补偿生产消耗、取得盈余，实现其社会存在的。产品是企业的生命，企业只有不断地创新产品，才能更好地生存和发展。

4. 管理创新

管理创新是指为了更有效地运用资源以实现目标而进行的创新性的管理活动或过程。一方面强调了管理创新的功能，指出管理创新着眼于更有效地运用资源以实现目标，不仅注重新颖，也注重预期效益的实现，从而把管理创新与其他创新区别开来；另一方面认为管理创新是一个过程，从一个新思想的提出一直到付诸实施并取得预期效益的过程，这个过程可以是非连续性的，但是有规律可循。

5. 商业模式创新

商业模式是指对企业如何运作的描述。好的商业模式应该能够回答管理大师彼得德鲁克的几个经典问题：谁是我们的客户？客户认为什么对他们最有价值？我们在这个生意中如何赚钱？我们如何才能以合适的成本为客户提供价值？商业模式的创新就是要成功对现有商业模式的要素加以改变，最终提高公司在为顾客提供价值方面有更好的业绩表现。

以苹果公司 iPod 产品为例：苹果公司应该来说是 MP3 播放器市场的后辈，然而苹果除了提供了不俗的 MP3 播放器产品以外，还成功构建了企业的经济生态系统。在推出硬件的同时，苹果公司还联合唱片公司等内容提供商，配合易用的 iTunes 软件推出了便宜、便捷的音乐下载服务。用户可以选择下载音乐专辑中的单曲，而不需为整张专辑付费。苹果公司没有重新发明 MP3，依靠商业模式的创新，苹果在美国市场取得了巨大的商业成功。

6. 环境创新

环境是企业生存和发展的土壤，制约着企业的经营。环境创新不是指企业为适应外界变化而调整内部结构或活动，而是指通过企业积极的创新活动去改造环境，去引导环境朝着有利于企业经营的方向变化。例如，通过企业的公关活动，影响社区政府政策的制定；通过企业的技术创新，影响社会技术的方向等等。就企业来说，环境创新的主要内容是市场创新。

市场创新主要是指通过企业的活动去引导消费，创造需求。新产品的开发往往被认为是企业创造市场需求的主要途径。其实，市场创新的更多内容是通过企业的营销活动来进行的，即在产品的材料、结构、性能不变的前提下，或通过市场的地理转移，或通过揭示产品新的物理实用价值，寻求新用户；或通过广告宣传等促销工作，赋予产品以一定的心里使用价值，影响人们对某种消费行为的社会评价，从而诱发和强化消费者的购买动机，增加产品的销售量。

第二节　管理创新概述

一、管理创新的概念及特点

如前所述，管理创新实际上是创新的一种。人们在创新概念基础上进一步提出了管理创新的概念。

如果从字面来理解，“创新”一般是指对原有的东西加以改变或引入新的东西，或指对原有的东西加以改进或引入新的东西的过程或活动。而管理是指综合运用人力资源和其他资源以有效地实现目标的过程。那么，管理创新就应该是指为了更有效地运用资源以实现组织目标而进行的创新活动或过程。与一般意义上的创新相比，管理创新不仅强调新，更强调成功的实际应用，即管理创新的目的并不只在于推动管理学的进步，更重要的在于通过管理创新促进组织的发展，进一步提高管理的效率与利益。

从上述定义中我们可以看到，管理创新具有以下特点。

1. 与其他管理职能不同，管理创新着眼于资源的更有效运用

管理创新是一个将资源从低效率使用转向高效率使用的过程，与传统的管理职能不同。传统的管理职能包括计划、组织、领导、控制，它们都是保证资源的有效运用和目标的实现所必不可少的。管理的这四项基本职能一般有其固定的内容，工作程序和特有的表现形式，一旦展开，就具有其相对稳定性。创新则不同，尽管也有一定的规律，但它本身并没有某种特定的表现形式。创新贯穿于组织的各项管理活动之中，通过组织的各项管理活动来体现自身的存在与价值。管理过程一般从计划开始，通过组织、领导，并伴随有控制职能的推进，各职能之间相互交叉渗透，循环往复，使得管理工作得以不断向前发展。创新则通过对组织计划、领导、控制职能的创新，推动组织管理向更有效运用资源的方向前进。

从更有效地实现目标这一目的出发，管理的四个基本职能与管理创新都是十分重要的。管理的四大职能对于资源的有效利用、目标的实现是至关重要的。另一方面，仅仅靠管理的四大职能来维持组织按预定方向和规则运行是不够的。组织环境的改变会对管理活动内容、形式、各活动之间的关系和各种资源的利用产生不同的影响，因此，根据内外环境的变化适时的进行局部或全局性的管理创新，对于组织的生存和发展十分重要。可以说，管理的四大职能与管理创新是相互联系、相互补充的。管理创新是管理四大职能在维持原有基础上的发展，而管理的四大职能则是创新的逻辑延续；管理创新为更好地履行管理的基本职能、实现资源的有效利用提供了依托和框架，管理的基本职能的履行则为有效地管理创新提供了保证。卓越的管理应当是实现维持与创新相结合的管理。

2. 管理创新是企业其他各类创新的基础

管理创新是组织根据内外部环境的变化，调整经营管理理念和管理方式、手段的过程，通过打破陈规陋习，提高组织的运转效率，激发员工的创意意识和企业活力，从而促进组织的发展。在企业各类创新活动中，管理创新是基础。在企业的经营活动中，致力于营销创新以取得更好的市场开拓效果，致力于产品开发以更好地满足顾客需求，或致力于技术开发以获得更大的竞争优势，对于企业的生存和发展而言都是十分重要的。但是，无论是技术创新还是营销创新，他们要付诸实践，都必然会对现有的管理体系、生产组织方式带来一定的冲击，并有赖于新的管理体系和组织方式的建立。没有相对应的管理创新作为基础，其他创新就很难实现或难以为继。

技术等创新要以管理创新为基础，管理创新也要通过为其他创新创造良好的环境、通过其他创新的成功实施来体现其功能。在更有效地利用资源以实现目标的过程中，技术创新或营销创新也起

着重要的作用。管理创新确实并不一定要辅之以其他创新，但如果管理创新能带来更多的其他创新的成功实施，则管理创新的成效会更大。

3．管理创新是一个系统的过程，需要有组织的管理

管理创新的过程要经过四个阶段，分别是提出创新目标阶段、创意产生阶段、创意评估筛选阶段和创意实施与修正阶段，在下文中将进行具体介绍。从创新的组织程度来分，管理创新可分为自发的管理创新和有组织的管理创新两大类。不管是自发的创新还是有组织的创新，管理创新必须涉及各部门。在管理创新的过程中，设立正确的创新目标、形成大量的创意、对创意进行正确的评估、保证创意的顺利实施，都需要进行有组织的管理。要达到创新的目的，就要求组织中各级管理者的积极参与和全体员工的深刻领会。一个管理创新思想的实际应用需要具体部门根据实际情况进行具体化，也需要全体员工在运用过程中进一步完善。因此，有效的管理创新是一个系统的过程，只有加强对管理创新过程本身的管理，管理创新才能取得预期的效果。

二、管理创新的重要性

1．管理理论和方法的发展需要创新

从历史上看，管理理论的发展是管理研究人员与管理实践人员对管理的规律性不断加深认识和把握的过程，也是管理理论与方法不断创新的过程。管理理论的发展史本身就是一部管理创新的历史。事实上，从科学管理到行为科学，从行为科学到管理科学，从管理科学到现代管理理论，无一不是管理理论与实践相结合所形成的创新成果。没有管理思想和方法上的创新，也就不可能诞生科学管理；没有实验的基础，不突破前人对人的基本假定，就不可能形成行为科学；如果不是人们对条理化的不懈追求和对各种学科知识的综合运用，就没有管理科学的今天；而如果没有对前人所做一切的反思，与基于前人基础上的重新整合，就没有革命性的企业再造和学习型组织理论的崛起。创新是管理理论发展的生命线。

未来的管理发展也需要创新。环境的变化是永恒不变的真理，而只要环境在变，创新就不会也不应该停止。由此可见，创新是管理永恒的主题。与20世纪相比，在21世纪，由于科学技术的突飞猛进和人类生活水平的不断提高，面对未来环境的急剧变化，未来的管理发展仍将需要我们不断创新。唯有致力于创新才能使管理理论和实践与不断变化着的环境相适应，才能使管理这一工具在人类追求不断发展的过程中显示出勃勃生机。

2．中国的管理和发展也需要管理创新

改革开放以来，中国的社会主义建设取得了突飞猛进的发展。与过去相比，我们的生活水平、经营方式、思想观念等也随着经济的发展产生了很大的变化，相比之下，环境的变化比我们的变化更快。信息技术的发展、知识经济时代的到来和买方市场的形成等，使得按老一套经营的人们常常陷入迷惑和困境之中。时代的变化是如此迅速，以至经验的作用在不断下降。因为经验只有在环境不变或相似的情况下才能发挥对行为的指导作用。例如，当今天所要做的大部分事情与昨天相同或相近时，我们可以借助于昨天所取得的经验来指导我们今天的工作，使我们在从事今天的工作时能轻车熟路地进行，得心应手；但由于环境的变化，使得今天所面对的环境与昨天的环境有很大差异时，经验的作用就大为削弱，取而代之的是人们对新环境的适应能力的提升：谁能尽快地适应新的环境，谁就能在新的一轮竞争中占据有利的地位。对环境的适应能力主要就取决于人们的学习能力和创新能力：即迅速地了解环境的变化并作出相应的应变决策的能力。环境的迅速变化要求我们只有不断地致力于创新，摆脱陈旧观念的束缚，转变自己习惯的行为方式，吸收和创造全新的现代观念，才能适应新时代的变化。面对当前中国所处的环境，创新已成为我们每个组织能否在新的环境中生存和发展的关键。

我国的经济改革、企业发展、中国特色的管理理论的形成都有赖于管理创新。是否真正认识到创新的重要性和必要性、能否掌握创新的理论与方法、敢不敢致力于创新实践，将直接关系到中华民族的振兴、国家的繁荣富强、企业的持续发展和中国管理理论界的前途命运。

三、管理创新的内容

1．组织结构和机构创新

企业系统的正常运行，既要求具有符合企业及其环境特点的运行制度，又要求具有与之相应的运行载体，即合理的组织形式。因此，企业制度创新必然要求组织形式的变革和发展。

从组织理论的角度来考虑，企业系统是由不同的成员担任的不同职务和岗位的结合体。这个结合体可以从结构和机构这两个不同层次去考察。所谓机构是指企业在构建组织时，根据一定的标准，将那些类似的或为实现同一目标有密切关系的职务或岗位归并到一起，形成不同的管理部门。它主要涉及管理劳动的横向分工的问题，即把对企业生产经营业务的管理活动分成不同部门的任务，而结构则与各管理部门之间，特别与不同层次的管理部门之间的关系有关，它主要涉及管理劳动的纵向分工问题，即所谓的集权和分权（管理权力的集中或分散）问题。不同的机构设置，要求不同的结构形式；组织机构完全相同，但机构之间的关系不一样，也会形成不同的机构形式。由于机构设置和结构的形成要受到企业活动的内容、特点、规模、环境等因素的影响，因此，不同的企业，有不同的组织形式，同一企业，在不同的时期，随着经营活动的变化，也要求组织的机构和结构不断调整。组织创新的目的在于更合理地组织管理人员的努力，提高管理劳动的效率。

2．管理模式创新

管理模式创新是指基于新的管理思想、管理原则和管理方法，改变企业的管理流程、业务运作流程和组织形式。企业的管理流程主要包括战略规划、资本预算、项目管理、绩效评估、内部沟通、知识管理。企业的业务运作流程有产品开发、生产、后勤、采购和客户服务等。通过管理模式创新，企业可以解决主要的管理问题，降低成本和费用，提高效率，增加客户满意度和忠诚度。挖掘管理模式创新的机会可通过如下途径：与本行业以外的企业进行标杆对比；挑战行业或本企业内普遍接受的成规定式，重新思考目前的工作方式，寻找新的方式方法，突破“不可能”、“行不通”的思维约束；关注日常运作中出现的问题事件，思考如何把这些问题变成管理模式创新的机会；反思现有工作的相关尺度，如该做什么、什么时间完成和在哪里完成等。持续的管理模式创新可以使企业自身成为有生命、能适应环境变化的学习型组织。

3．管理制度创新

制度是组织运行方式的原则规定。企业制度主要包括产权制度、经营制度和管理制度等三方面的内容。

产权制度是决定企业其他制度的根本性制度，规定着企业最重要的生产要素的所有者对企业的权利、利益和责任。不同的时期，企业各种生产要素的相对重要性是不一样的。在主流经济学的分析中，生产资料是企业生产的首要因素，因此产权制度主要是指企业生产资料的所有制。目前存在的相互对立的两大生产资料所有制——私有制和公有制（或更准确地说是社会成员共同所有的“公有制”）——在实践中都不是纯粹的。私有制正越来越多地渗入“公有”的成分，被“效率问题”所困扰的公有制则正或多或少地添加了“个人所有”的因素（如我国目前试行中的各种形式的“股份制”)。企业产权制度的创新也许应朝向寻求生产资料的社会成员“个人所有”与“共同所有”的最适度组合的方向发展。

经营制度是有关经营权的归属及其行使条件、范围、限制等方面的原则规定。它表明企业的经营方式，确定谁是经营者，谁来组织企业生产资料的占有权、使用权和处置权的形式，谁来确定企业的生产方向、生产内容、生产形式，谁来保证企业生产资料的完整性，谁来向企业生产资料的所有者负责以及负何种责任。经营制度的创新方向应是不断寻求企业生产资料最有效利益的方式。

管理制度是行使经营权，组织企业日常经营的各种具体规则的总称，包括对材料、设备人员及资金等要素的取得和使用的规定。在管理制度的众多内容中，分配制度是最重要的内容之一。分配制度涉及如何正确地衡量成员对组织的贡献，并在此基础上如何提供足以维持这种贡献的报酬。由于劳动者是企业要素的利用效率的决定性因素，因此提供合理的报酬以激发劳动者的工作热情对企业的经营就有着非常重要的意义。分配制度的创新在于不断地追求和实现报酬与贡献的更高层次上的平衡。

产权制度、经营制度、管理制度这三者之间的关系是错综复杂的（实践中相邻的两种制度之间的划分甚至很难界定）。一般来说，一定的产权制度决定了相应的经营制度。但是，在产权制度不变的情况下，企业具体的经营方式可以不断进行调整；同样，在经营制度不变时，具体的管理规则和方法也可以不断改进。管理制度的改进一旦发展到一定程度，则要求经营制度做相应的调整；经营制度的不断调整，必然会引起产权制度的革命。因此，管理制度的变化会反作用于经营制度；经营制度的变化会反作用于产权制度。

企业制度创新的方向是不断调整和优化企业所有者、经营者、劳动者三者之间的关系，使各方面的权利和利益得到充分的体现，使组织的各种成员的作用得到充分的发挥。

四、管理创新的分类

为了使我们在实际工作中能够针对不同类型的创新采取不同的创新方法和管理手段，更好地开展创新活动，我们一般可根据不同的标准对创新进行不同的分类。

1．观念创新、手段创新和技巧创新

根据创新内容的不同，可分为观念创新、手段创新和技巧创新，其中手段创新又可细分为组织创新、制度创新和方法创新。

创新贯穿于管理的全过程。根据一个完整的管理创新过程中创新重点的不同，可将创新分为管理观念创新、管理手段创新和管理技巧创新。管理观念创新（idea innovation）是指形成能够比以前更好地适应环境的变化并更有效利用资源的新概念或新构想的活动。管理手段创新（method innovation）是指创建能够比以前更好地利用资源的各种组织形式和工具的活动，可进一步细分为组织创新、制度创新和管理方法创新。其中，组织创新是指创建适应环境变化与生产力发展的新组织形式的活动，制度创新是指形成能够更好地适应环境变化和生产力发展的新规则的活动，管理方法创新是指创造更有效的资源配置工具和方式的各种活动。管理技巧创新（skill innovation）是指在管理过程中为了更好地实施调整观念、修改制度、重组机构，或更好地进行制度培训和贯彻落实、员工思想教育等活动所进行的创新。

管理创新始于观念创新。管理者在实践中通过对以往管理活动效果的反思，发现原有管理方法或管理思想中存在的缺陷，或形成了诸如能否做得更好之类的要求，结合现代科学技术，融合形成新的管理思想；或随着管理经验的积累，经过总结升华，产生了更新更好的管理思想。这是一个关键阶段，这一阶段中所形成的管理思想的适合与否直接影响着管理创新后续工作的开展和整个管理

活动的成败。

然而，光有理念创新是不够的，新的管理思想的提出，必然引发一系列需要解决的管理手段的问题。若基本上可用现有的管理手段实现，则问题容易解决，只需对现有管理手段进行综合适应性的小改革即可；但若新的管理思想不能通过对现有的管理手段做适应性调整来实现，则需投入一定的人力、物力、财力进行管理实现手段的创新，使新的管理思想得以实现，从而获得完整的新手段必不可少的是研究与开发。

管理手段按其功能和构成的不同，又可分为方法创新、组织创新和制度创新。方法创新更多的是基于理论和科学技术的发展，管理组织和制度创新则更多的是基于管理实践。由于管理实现手段创新在大多数情况下是管理制度和组织方式的创新，因此，新手段的形成与完善也可在一定程度上被视为管理思想的组织化、制度化、可行化过程。一种新的管理思想只有经历了组织化、制度化过程才能成为现实的管理手段，从而发挥应有的价值。管理思想的组织化、制度化又常常带来新的组织形式、新的业务流程、新的管理制度、新的管理方法等管理创新成果。

为了实现管理创新的预期效益并进一步改进和完善新的管理手段，在管理思想组织化、制度化之后，创新组织者必然要求尽快地将管理创新成果投入实际运用，这就是管理创新的运用与推广阶段。在管理创新成果运用过程中，为了更好地实施制度的修改、机构的重新调整或进行制度培训和贯彻落实、员工思想教育等活动所进行的创新，即为管理技巧创新。与管理观念、手段创新不同，技巧创新的重点放在管理的实际运用上，而不是改变管理的思想或实现手段。

在实际创新过程中，从观念创新到技巧创新并不一定是连续的，这是哪个不同层次的创新可以在不同的时间，在不同的组织中进行。例如，当某个组织提出“创新是企业的主要职能”时，该组织可能由于各种原因只能将这一新观念停留于口号，而另一组织则可能在此观念的影响下，进行管理手段创新，形成“创新型组织”管理体系而第三个组织可以在向第二个组织学习的基础上，根据自身的实际情况，对如何实行“创新型组织”管理体系惊醒方法和技巧创新，总结出一套较为完善的实施细则。在这一过程中，没有观念创新就不可能产生“创新型组织”管理体系和实施细则，而观念创新也只有通过管理手段和管理技巧创新，才能最大限度地发挥其价值和功效，从而最大限度地达到创新的目的。

在管理创新体系中，观念创新是各项创新工作的基础，观念创新为各类创新活动指明方向并扫清思想上的障碍，奠定更有效地利用资源的基础；手段创新是对观念创新的进一步具体化，它使观念创新变得切实可行，可大大提高组织的应变速度，更好地保证各类资源的合理使用；管理技巧创新则保证了管理创新和手段创新能够为大家所接受，保证观念创新和手段创新能够取得预期的效益，或进一步提高原有管理手段的有效性。三类创新相辅相成，形成一个完整的管理创新体系。

2．渐变性创新和创造性创新

根据创新的程度，可分为渐变性创新和创造性创新。

从创新的一般定义看，创新既指对原有事物的改变，也指新事物的引入。要对原有的事物加以改变，必然需要在原有的事物中加入新的事物，因此，创新也可简单归结为是新事物的引入。根据创新程度的不同，前一类创新被称为是“渐变”性的，后一类创新被称为是“创造”性的。渐变性创新（gradation innovation）主要基于对原有事物的改进，创造性创新（creativity innovation）更多的是基于新事物的引入。例如，根据实践情况对现有的管理思想的实现方法加以改进或对运用范围加以拓展，应属于“渐变”性的管理创新；根据环境的新变化提出新的管理思想，并在此基础上形成新的管理模式或管理方法，应属于“创造”性管理创新。

更进一步说，根据创新程度不同，在实践中，管理创新还可划分为以下 3 种。

① 重大创新：始于管理观念创新，从根本上改变原有管理思想或管理手段的创新。如企业再造理论的提出就是源自对传统的分工理论前提条件的否定。

② 一般创新：管理基本思想改变不大，创新发生在管理手段和技巧上，而且与原方法相比变化较大，即主要是根据实际情况对现有管理思想的实现手段或运用领域、范围进行改进，管理技巧创新一般属于此类。另外，变化较小的管理手段创新如管理信息系统的进一步开发也属于此类。

③ 综合创新：既有管理思想的改变，又有管理手段或技巧的改变，但变化程度不大的这类管理创新，如股份合作制、员工持股制度等。

通过将管理创新定义为是一个新的管理思想从提出到首次付诸实施并取得预期的实际效益的非连续性过程，我们提出管理创新着眼于资源的更有效运用，必须以成功的实际应用为标志。同时认为管理创新是其他各类创新的基础，是一个系统的非连续性过程，并将管理创新按创新点的不同归结为观念创新、手段创新和技巧创新，根据其创新的程度将管理创新划分为渐变性创新和创造性创新，或重大创新、一般创新和综合创新。由此所形成的管理创新概念体系，比较严格地限定了管理创新的内涵与外延，不仅将管理创新和组织中的其他创新区别开来，也将管理创新和传统的管理职能趋避开来。

与此同时，在所建立的管理创新概念体系中，管理创新不仅包括了全新管理创新，即重大创新（始于观念创新），也包括了改进性的管理创新（现有管理手段创新或管理技巧创新），使管理创新研究符合我国国情，在我国具有更普遍的意义和作用。

本章小结

① 创新是一种思想及在这种思想指导下的实践，是一种原则以及在这种原则指导下的具体活动，是管理的一种基本职能。

② 创新的特点包括：首创性、未来性、价值性、变革性、先进性、时间性、目的性。

③ 创新的内容相当广泛，主要有观念创新、目标创新、技术创新、管理创新、商业模式创新、环境创新等。观念创新是指因不同的观念支配着不同的行为，从而产生不同的创新型结果。目标创新具体指企业根据环境的变化实时调整经营目标等活动。技术创新是指现代工业企业的一个主要特点是在生产过程中广泛运用先进的科学技术，主要包括要素创新、要素组合方法的创新以及产品创新三方面。管理创新是指为了更有效地运用资源以实现目标而进行的创新性的管理活动或过程。商业模式的创新就是要成功对现有商业模式的要素加以改变，最终提高公司在为顾客提供价值方面有更好的业绩表现。环境创新是指通过企业积极的创新活动去改造环境，去引导环境朝着有利于企业经营的方向变化，如市场创新。

④ 管理创新着眼于更加有效地运用资源以实现目标，不仅注重新颖，也注重预期效益的实现。管理创新主要包括组织结构与机构创新、管理模式创新和管理制度创新。

⑤ 根据创新内容的不同，可分为观念创新、手段创新和技巧创新，其中，手段创新又可细分为组织创新、制度创新和方法创新；而根据创新的程度，可分为渐变性创新和创造性创新。

⑥ 管理理论和方法的发展需要创新，中国的管理和发展也需要管理创新。

重要概念

创新	管理创新	组织结构
结构创新	管理模式创新	管理制度创新
观念创新	手段创新	技巧创新
渐变性创新	创造性创新	

习题 18

1. 说明管理创新职能与计划、组织、领导、控制职能的内在关系。
2. 联系实际，说明管理创新职能在组织管理中的重要性。
3. 说明创新与管理创新的区别与联系。
4. 说明管理创新的特点和内容。
5. 说明管理创新的重要性。

案例分析

"技术创新≈市场创新"是个陷阱

2012 年才过去短短 4 个月，索尼、雅虎、微软、百思买等多家世界性巨头的裁员消息，就像一枚枚引爆的炸弹，震撼着人们的神经。

仅最新爆出的索尼裁员消息就涉及 1 万人！4 月 1 日才临危受命出任 CEO 的平井一夫，拿出壮士断腕的决心，开始了索尼"康复"计划。是的，索尼病了，雅虎病了……乃至前一段时间申请破产保护的百年巨头柯达都在活跃的市场创新面前，进入了惨烈的"震动模式"。

迷局："失利者"并未忽视创新

创新不够！这是人们对这些巨头的普遍评价，颇有哀其不幸，怒其不争，怨其躺在功劳簿上睡大觉之感。然而，我们发现，这实在是冤枉了它们！因为这些世界性巨头，无论哪个公司都并非等闲之辈，在创新方面下的工夫远非绝大多数公司可比。

例如，索尼公司前任美国 CEO 斯金格到日本上任后不久，就曾大为感慨：公司内已经研发出来的创新产品实在是太多了，超乎了他的想象。这曾经是他振兴索尼的底气之一。柯达的创新更典型：击败柯达的数码相机最早就是柯达的创新产品。其他公司，如雅虎，产品创新早已从初期的"互联网冲浪指南"，拓展到新闻、电子邮件、娱乐、购物、即时通信等。

营销中有一句话："不研发新品是等死，推出新品是找死"。这些巨头绝没有一个是等死的，而是在信心十足地推出新品。但问题出在哪里呢？

技术创新与市场创新是两码事

以最近出现"超级裁员"的索尼来看。就在前几年——基本是索尼"连续亏损 4 年"刚开始的时候，"定位之父"里斯先生和传承人劳拉来华面对《中外管理》采访时，就曾语重心长地提示索尼：索尼是一个知名度很高的品牌，当时市值 400 多亿美元，与同是日本企业的任天堂市值相当。但这里严重的问题在于：虽然市值差不多，可任天堂公司的规模当时只相当于索尼公司的一个部门而已！

之所以出现这么诡异的市场现象，原因在背后。任天堂是视频游戏机产品品类的第一品牌，看好视频游戏机的投资者，绝大多数在冲着任天堂而来。在这种"顶端优势"的作用下，任天堂的市值是体现整个产品品类价值的。"SONY"则什么都没代表，从消费者到投资者，对索尼的认知基本上成了"全能型电子产品制造商"。"SONY"只代表了它自己，它的市值在当时只是基本体现着公司的资产价值。

但这已经是个危如累卵的局面。几年以后，"万人大裁员"不可避免。

进行大量技术创新肯定是对的，但问题是你的市场创新有没有与之匹配？这是问题的关键。或者说，技术创新和市场创新本质上并不是一回事：市场创新的核心，最精炼的表述是——要让消费者知道你在创新（最好的办法是，给新产品一个鲜明的记忆"标签"——独立的品牌名，而非从母品牌简单延伸。否则行业竞争升级之后，面对"专家品牌"，"延伸品牌"很少能保持长久战斗力），而且从"知道"到"消费"背后的营销链条已经铺设妥当。

与索尼相反的例子则是苹果公司，在本质上苹果就不是一个技术创新公司，专利官司缠身就是明证。但乔布斯牢牢把握住了市场创新的本质——技术创新发生在公司里，而市场创新的核心则发生在消费者的心里！

其实相比于绝大多数公司来说，迟暮的百年巨头，无论在管理还是技术创新，都依然处于很高的水平上，但“心”的迟钝把技术创新约等于了市场创新，则一步步把它们推向前景巨测的深渊。

资料来源：《中外管理》2012 年 5 期

思考题：

1. 技术创新与市场创新的区别是什么？

第 19 章

管理创新的过程与方法

学习导图

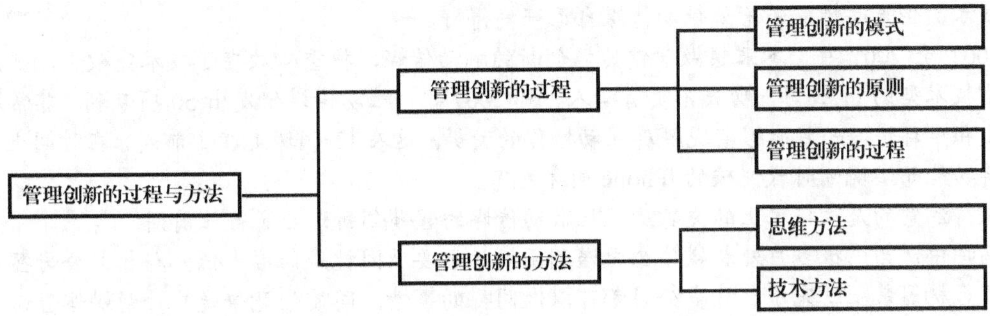

开篇案例

触动传媒：技术导向型营销创新

曾几何时，户外新媒体领域的营销创新在极度繁荣之后，又在高度同质化竞争的背景下，很快归于平静，许多当年耳熟能详的传媒公司如今已经不知所踪。然而，触动传媒却是户外新媒体创新浪潮中的一个特例。

自 2003 年成立以来，触动传媒一直保持着相对低调的姿态发展。到 2013 年，这家已成为全球最大的出租车内互动媒体公司，已在全国 5 万辆出租车上装载其互动荧屏，并向国际输出业务。根据市场研究公司 CTR 的监测数据，其互动荧屏每月覆盖乘客已近 7000 万人次。

到底是什么让触动传媒在新媒体的大浪淘沙中保持了竞争力？

出租车里的商业创意

1998 年，如今的触动传媒创始人兼执行主席冯晖中与家人一起去拉斯维加斯度假。在出租车上，看到车里装着一块 DVD 显示屏，播放着拉斯维加斯当地的节目。冯晖中当时 3 岁的女儿第一次看到在车里播的节目非常高兴。但随着一个急刹车，DVD 突然黑屏了，女儿也为此失望地一再追问为什么。其实，这涉及的正是此类新媒体营销形式的关键问题。

出租车里的 DVD 给冯晖中留下很深的印象。2001 年，在美国做投资人的冯晖中干脆计划亲自开一家这样的公司。因为车载 DVD 性能不稳定，当时互联网浪潮已经席卷各个行业，冯晖中认为：有互联网就有互动，新的车载传播形式应该做出互动的效果来，而非只是播放节目。

于是冯晖中自己直接参与研发，做出小型 PC 装在出租车里，初期试验了 100 辆出租车，性能稳定，初战告捷。到 2002 年年底，冯晖中决定回到中国发展。原因是，美国出租车是个人所有，如果要在 1 万辆出租车里装上设备，就必须与 1 万个车主一个个谈判，这是不可能完成的任务。而中国的出租车绝大多数归出租车公司所有，只需与出租车公司谈判即可。

回国后，冯晖中的设备很快装在了 1 万辆上海的出租车里，触动传媒也在 2003 年正式成立。

值得一提的是，这 1 万辆出租车里的设备模型都是在冯晖中直接参与下，在公司里手工制作出来的。自己研发设备成了触动传媒的一大特色。

技术突破"撬动"营销创新

但在美国研发出的传播设备放到中国出租车上之后，很快就有一半儿不能长时间稳定工作。这有车载电流不稳定的原因，也有城市空气污染影响性能或开关车门震动过大等原因。

提到为这个新营销传播方式自己动手、研发设备的事情，冯晖中很无奈，因为当时触动传媒想要的设备太新鲜，几乎跑遍了全世界可能提供这类设备的工厂，结果发现即使个别工厂有类似技术，但产品性能还不如触动传媒自己研发得好。

2003 至 2007 年，本来想做营销传播创新的触动传媒，把重心放在了技术突破上，俨然成了一个技术型的 IT 公司。功夫不负有心人，到 2007 年，触动传媒研发出 50 项专利，非常适合国内出租车环境，而且能够实现触屏互动操作的荧屏，这在 IT 领域走在了前列。在时间上，与因触屏功能而实现划时代突破的 iPhone 同年发布。

值得注意的是，技术上的突破反而让触动传媒的营销创新走在了行业前列。

冯晖中认为：很多户外新媒体公司遇到困难的重要原因就是门槛太低。与物业公司签个合同，买台机器装上就完了，许多公司都可以做同样的事情。同质化竞争是户外新媒体普遍遇到的困局。但中国没有第二家户外新媒体公司像触动传媒一样，在一个新领域花大量时间、精力进行持续的技术研发，这成了触动传媒最大的优势和门槛。

也正因为触动传媒在自己的营销传播领域建立了技术门槛，所以不但没有受到同质化竞争的挑战，而且已经对外输出设备。例如，在 2011 年，触动传媒已与加拿大合作伙伴展开国际业务，今后的国际版图将扩展到阿联酋、智利、澳大利亚等国家。

释放乘客的互动能量

随着技术的突破，触动传媒的广告形式也在突破。

以益达口香糖的广告形式为例，触动传媒除了在出租车上播放桂纶镁和彭于晏的"酸甜苦辣，总有益达"微电影外，还通过互动界面，让乘客回顾经典画面、猜剧情、玩电影海报拼图等游戏，使乘客参与到与微电影有关的有趣体验活动中来，一步步沉浸到故事情境里。最后则在互动荧屏上点击进入益达的微博活动界面，通过手机扫描二维码，或自行搜索关键字，参与益达的"说不出口的酸甜苦辣"活动。结果，超过 200 万乘客点击进入了微电影互动界面，27%的参与者进一步参与了益达的活动。在第三方机构对上海、广州消费者的随机调查中，触动传媒互动内容的无提示回忆度达到 98.5%，100%的受访者对互动内容评价颇高。

"逻辑简单、不复杂，但有惊喜、有爆点的互动，更适合在出租车内开展"。从冯晖中的角度来看，技术突破之后，触动传媒的营销业绩和知名度也大为提升。这就是技术突破之于营销突破的价值。

冯晖中还非常乐于在互动平台上开展公益活动。比如：在触动传媒的互动荧屏上已经设置了四年"图书馆计划"按钮，可以让乘客直接在屏幕上输入邮箱地址认捐。最近一年来的数据显示：在北、上、广、深四个城市的出租车上，乘客通过此按钮完成 3500 万次互动。"图书馆计划”创始人 Tom Stader 先生说：“当这个项目开始的时候，我们平均 1 ~ 2 个月可以建立一座新图书馆；但触动传媒开始推广此项目以后，我们可以在一天之内迅速建立一座新图书馆！”

资料来源：《中外管理》2014 年第 4 期

管理创新能给组织带来强大的优势，并使行业的领导格局发生翻天覆地的变化。相比之下，管理创新比技术创新和产品创新带来的优势往往更大。如果某项管理创新满足了下列三个条件中的一个或多个，就会创造持久的优势：这项创新建立在挑战正统管理思想的崭新原则之上；这项创新具有系统性，包含一系列流程和方法；这项创新是某个不断向前推进的发明计划的一部分，该计划会随着时间推移不断取得更大进展。

第一节　管理创新的过程

一、管理创新的模式

从管理创新主体的角度来看，管理创新可分为三种：自主创新、模仿创新和合作创新。

1．自主创新

自主创新（independent innovation）是指企业通过自身的努力、依靠自身的力量，不断发现问题、解决问题的管理创新活动。自主创新是一个渐进性过程，往往从局部小创新开始，再过渡到较为系统的管理创新。自主创新由于与自己的文化兼容，因此，创新成果在组织内部容易推广与扩散，但创新成果对外移植相对较困难，会受到外部不同文化的抑制和影响。自主创新所形成的成果在高层管理者发生变动，或组织内外部环境发生重大变化时可能会失效，这时新的一轮较大规模的管理创新活动又需要重新开始，但此时的创新阻力往往会比以前大得多。因为这时的创新需要从企业基本价值观开始，对整个企业管理系统进行较大程度的创新和改造，期间可能存在新旧文化不兼容的问题。如果技术创新主要是由于竞争的推动，那么管理创新更需要自己对自己的否定。任何一种管理创新成果，由于组织文化的惰性，其管理效用会逐渐降低。自主创新如果突破不了这种障碍，又没有借助外部力量来推动，那么企业会因此消亡，这也是自主创新的最大局限性。

2．模仿创新

模仿创新（imitation innovation）是通过学习、模仿别人的创新思路和创新行为，吸取别的先进经验与管理模式，并在此基础上形成自己独特的管理模式的创新过程。管理上的模仿创新实质上是风险最大，最困难的创新，因为真主有生命力的管理创新肯定是根植于特定企业文化之上的，而文化的移植是相当困难的，没有相应的企业文化支撑的先进经验与管理模式是苍白无力的。简单照搬别人的管理经验与管理模式的模仿创新往往是失败的创新。

由于模仿创新有一定的先例可循，成本低，相对而言容易在内部达成共识，因此在管理实践中仍然有较多的运用，如“标杆学习”就是模仿创新手段之一。

要进行模仿创新，企业首先要具备一定的创新能力，其中主要为判断能力、吸收能力和转换能力。判断能力主要表现在对于所要模仿的管理创新的前提条件或适用性判断，判断能力不强，可能在错误的时机引入先进的思想或在合适的时机引入不适当的创新。吸收能力则关系到企业能否正确理解先进管理思想和方法的本质，如吸收能力不强，就会导致企业只模仿了“形”，而没有获得“神”，自然难以取得实效。转换能力是一种将新观念和新思想转化为可操作的具体工作方案的能力。转化实际上是结合企业实际情况的进一步创新，需要更多地的工作经验和相关技能。总而言之，模仿创新的成功秘诀在于将先进的管理理念、方法和企业的实际情况有效结合。

3．合作创新

合作创新（cooperation innovation）是指企业与科研机构、高等院校、管理咨询公司等共同联合进行的创新。合作创新是以合作伙伴的共同利益为基础，以资源共享或优势互补为前提，通常有明确的合作目标，合作期限和合作规则，相互之间高度信任，共同参与的管理创新活动。合作创新是管理创新中最重要，最富有创新成效的一种创新模式，它的最大特点是能够突破原有的思维定势，否定原有的管理模式，进行较大的管理创新活动。

“外来的和尚好念经”，从某种意义上来说，企业每隔一个时期都需要借助外力来推动管理创新。如华为公司与我国某高校共同合作形成了较有影响的管理创新成果《华为基本法》，对指导华为公司管理工作产生了较大的影响，在较长一段时期内规范了该公司管理的基本取向。即使是管理水平很高的国内著名公司也经常与管理咨询公司各做实施管理新活动，甚至这些公司对合作创新比一般公司表现出了更大的兴趣。例如，美国通用电气公司每年管理咨询费用的支出高达1亿多美元，国内愿意在管理创新方法投入几百万、上千万资金的主要也是外资企业和一些著名的内资企业。

合作创新的领域十分广阔，小到通过管理培训推动观念创新，大到通过管理系统的整体设计以推动企业的系统创新。合作创新成功的关键是合作的基点一定要正确。企业始终是管理创新的主体，合作单位是帮助企业突破思维定势、理清思路，具体管理方法手段的创新主要还需要靠企业自己来完成。合作单位一手操办管理创新工作就会面临模仿创新同样的问题。

二、管理创新的原则

管理创新原则在管理创新过程中带有一定的普遍性，可以用做指导管理创新工作的法则和标准。在管理创新过程中应用这些原则可以提高我们创新行为的自觉性和主动性，可以少走弯路，降低创新成本。下面是一些比较有效地管理创新原则。

1．还原原则——寻求事物的本质

现有的管理方式或方法都是建立在一定的前提假设基础之上的，当我们通过事实调查推翻了这些假设时，新的管理方式或方法就有可能产生。因此，创新的一条重要原则就是检验并推翻原有的假设前提。所谓管理创新的还原原则，就是打破现有事物的局限性，寻求其形成现有事物的基本创新原点，改用新的思路、新的方式实现管理创新。任何创新过程都有创新原点和起点。创新的原点是唯一的，创新的起点则可以很多。如在管理上，实现目标的手段是多种多样的，在当时的条件下，我们可能选择了一种合适的解决方法，但是随着环境的变化，原来的方法并不一定是最好的，这就需要回到最初的目标上来重新制定一种更合适的新方法。管理创新的还原原则就是要求创新主体在管理创新过程中不要就事论事，就现有事物本身去研讨管理创新问题，而应进一步地寻求源头，从前提假设出发寻找创新的原点。只有这样，所产生的创意才不容易受现有事物的结构、功能等的影响，从而能够有所突破。

2．木桶原理——关键要素创新

木桶原理是指由几块长短不一的木板所围成的一个水桶，其水桶的最大盛水量是由最短的一块木板所决定的。木桶原理所要说明的是：在组成事物的诸因素中最薄弱的因素就是瓶颈因素，事物的整体发展最终将受制于该因素；只有消除这一瓶颈因素，事物整体才能有所发展。在管理创新中，

如果能抓住这个影响事物发展的最关键环节或因素，那么就会收到“加长一块木板而导致整个水桶中盛水量很快增加”的目的。

木桶原理在企业管理创新中有很大的用处。企业组织有不同的层次、不同的职能部门、不同的经营领域，而企业整体管理水平的高低既不是由董事长、总经理来决定的，也不是由那些效率最高、人才济济的部门所决定的，只能由那些最薄弱的层次和部门来决定。因此，只有在最薄弱环节上取得突破性创新，才能最终提高企业整体管理水平。

另一方面，如果企业各层次、各部门的工作质量都符合企业整体的要求，那么加大木桶总盛水量的方法也应该是现行拉长一块木板，然后一块一块地补齐其他木板的高度，这种方式可以使木桶的总盛水量平稳加大。

3. 交叉综合原则——发挥杂交优势

交叉综合原则是指管理创新活动的展开或创新意向的获得可以通过各种学科知识的交叉综合得到。目前，科学发展的趋势是综合和边缘交叉，许多科学家把目光放在这两方面，以求创新。管理作为一门学科，它的发展也呈现出了这一态势。例如，计算机学科与管理学科的交叉融合，形成了一系列具有革命性的管理方法和手段：信息管理系统（MIS）、决策支持系统（DIS）、企业资源规划（ERP）等。

从管理创新的历史过程来看，有两种创新方式是值得重视的。一是用新的科学技术、新的学科知识来研究、分析现实管理问题。由于是用新的学科知识和技术来看待现实管理问题，即从一种新的角度来研究问题，这样可能得到不同于以往的看法和结论。例如，把梳理统计方法运用到质量控制中，使质量控制从事后检验走向预防控制。二是将以往的学科知识、方法、手段综合起来，系统地看待管理问题，这样也能产生不同于以往的思路和看法。

4. 兼容性原则——兼收并蓄，自成一家

管理创新要坚持“古为今用，洋为中用，取长补短，殊途同归”，既要学习外国的先进经验，也要学习中国古代的管理思想，并结合中国企业的实际情况。管理理论与方法的发展不同于自然学科，自然学科理论的发展与创新是一种否定之否定的关系，新理论的创新意味着对旧理论的否定，而管理理论的创新往往是一种兼容关系，是从不同角度对旧理论的完善和补充。如组织行为理论的出现，并不意味着泰勒制的结束，即使在美国，泰勒的科学管理方法仍然是其管理的基础。兼容性原则是指根据自身的实际情况，在吸收别人先进的管理思想、管理方式、管理方法的基础上进行综合、提高和创新。从企业管理诸多领域的创新来看，很多企业根据该原则获得了创新成果。

兼容性创新是在原有基础上的发展，因此要对原有的基础问题加以分析研究，把握深层原因，同时注意自己的特点与长处，进行深层思考，就可能发掘出许多新的创意，进行管理创新。

5. 兼容失败原则

最显而易见的、具有常识性和令人深信不疑的信念之一，也是人人都认为是不言自明的信念是：最好把事情做对而不要做错，把事情做好而不要做失败。假如有人提倡相反的看法——认为犯错误是好事，多犯错误的人应该受到鼓励——可能会被视为傻子！而事实上，正是一些所谓的聪明人，为了避免犯错误，他们什么事情也不做，即使是好的决策也尽量少做。结果，那些害怕犯错误的人做得少，取得的成就也越少。管理者最大的错误在于怕犯错误！没有新尝试，就没有新作为，而要进行管理创新，就有可能面临失败，就有犯错误的可能。只有营造出不怕犯错误、宽容失败的氛围，才会有致力于创新的行为。

要做到不怕犯错误、宽容失败是比较困难的，因为人们从小就养成了思维定势——“成者为王

败者为寇”。学校根据学生们提供正确答案的能力来给他们评分，并因他们做错答案而给予惩罚。同样，几乎所有的组织原则都是惩罚失误者，而绝对不惩罚服从命令的人。就此，许多人养成了怕犯错误的恐惧心理。并竭力避免犯错误。人们学会要做得完美无缺，而不是要有创造性。

企业永远需要又能够创新、敢于行动、不怕犯错误、好学的员工。现在一些企业家开始避免犯不让企业犯错误的错误。如美国 3M 公司就提出了“允许犯错误，不允许不创新”以及“允许犯错误，但不允许犯相同的错误”等企业理念，积极鼓励员工参与企业各类创新活动。

三、管理创新的过程

管理创新的过程如图 19-1 所示。

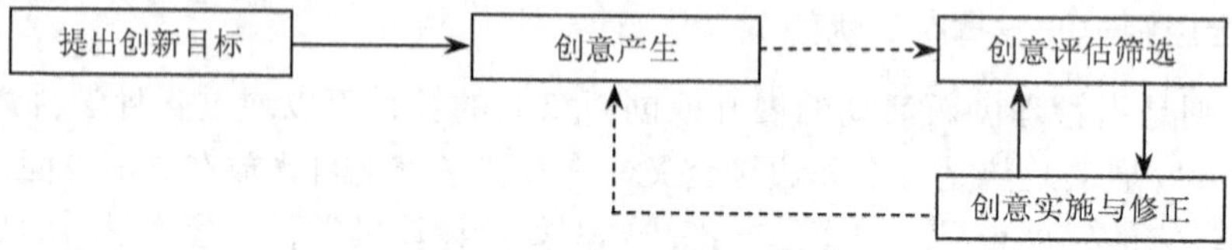

图 19-1　管理创新的过程

1．提出创新目标阶段

没有目标的行动是盲目的行动。正如其他活动的管理一样，进行管理创新的活动，也必须首先明确创新目标，而且管理创新目标必须与组织目标保持一致，才能保证管理创新工作的有效性。如果缺乏明确的目标指引，创新往往会演变成管理者显示自己才能和突出自己与众不同的工具，导致管理者为创新而创新，注重个人目标而忽视组织目标。所以，组织创新必须建立在明确的目标基础上。管理创新目标一般为难题的解决、新标杆的创造等。

2．创意产生阶段

有了明确的创新目标之后，接着就要产生创意。有了新观念、新思想、新方法的创意才会有创新，能否产生创意是关系到能否进行管理创新的关键。要产生好的创意并非是一件容易的事情，它受到人的素质、阅历、知识积累及当时各种因素的影响和制约。

3．创意评估筛选阶段

产生了许多创意之后，还需要根据企业的现实状况与资源条件、企业外部环境的状况对这些创意进行评估与筛选，看其是否有实际操作意义，是否能达到预期目标。在这个过程中，参与创意评估的人员的选择十分重要，这些人员需要有丰富的管理经验、好的创造性潜能以及敏锐的分析判断能力，否则极易扼杀优秀的创意。同样，在评估最高管理者提出的创意时，如果没有外部专家参与评估，一个不合实际的创意就很容易通过并进入实施阶段，从而给企业经营带来风险。

4．创意实施与修正阶段

经评估与筛选后的创意需要通过一系列具体的操作设计，将创意变为一项有益于企业资源配置的新的管理方法。创意的实施是整个管理创新过程中一个皆为重要的阶段，许多好的创意往往由于找不到合适的具体操作方法，而导致这个创意最终无法成为创新成果。如国有企业从分配的平均主义到按劳分配再到按贡献分配是一种进步、一种创新，但如果缺乏科学的考核与衡量方法，则最终还是难以消除分配中的平均主义，或只能采用“红包”等暗箱操作方式进行折中，使报酬的激励功能大打折扣。进一步来讲，即使有具体的操作方法，若不注重实施的艺术性，同样会使一项完善的创意难以得到实施或难以取得很好的实施效果，从而使创新的成效大为削弱。

从以上管理创新的一般过程中可以看到，管理创新过程具有以下特点：

① 管理创新过程是与外界环境相互作用的社会过程。管理创新过程中创新目标的确立、创意的形成、创意的评估和实施，每一步都会受到人们原有价值观念和行为习惯的重大影响，并会不可避免地受到各种外部环境的影响。需不需要创新、创新什么、什么样的创新是可以接受的，都受到了行为主体价值观和环境的影响，因此在管理创新过程中，我们必须正确地处理好创新与环境之间的关系。

② 管理创新过程是随机性与逻辑性统一的过程。创新来源于创造性思维，但是管理创新过程既是不断迸发“灵感”的过程，又是组织的系统过程，只有通过系统化的管理才能使创造性设想变成为实用化的成果。并不是所有的新鲜花招和新鲜名词都可以称之为“创新”，真正有效的创新是那种致力于建立一个新的体系的过程。同样，进行真正有效创新的人，是那些有能力进行系统整合的人而不是别出心裁的人，这就像随意在一块画布上涂几笔无论如何也不能叫做创新，而有深厚传统技法的毕加索的立体画才是真正的创新一样。

③ 管理创新过程是充满风险和不确定性的过程。在创新过程中，创新思想本身以及创新者在行为目标、判断准则和期望预测等方面缺乏相关参照系以及环境的复杂变化都会带来一定的不确定性。创新活动的不确定性必然会在管理实践中带来一定的风险。因此，管理创新同样需要胆量和努力减少创新过程中的风险的能力。

第二节 管理创新的方法

一、思维方法

人最难战胜的是自己，人最可怕的不是行动上的惰性，而是思维上的惰性。思维定势是一种严重的创新障碍，它的危害之处在于顽固性，固化的思维会限制人们的思路与眼界，最终与创新思想失之交臂。因此，树立创新性思维的首要任务，就是打破思维定势。

1. 思维定势的种类

常见的思维定势包括以下 5 种。

① 习惯思维定势：人们不自觉地用某种习惯的思维方式去思考已经变化了的问题。

② 权威思维定势：人们对权威人士的言行的一种不自觉的认同与盲从。

③ 从众思维定势：人们不假思索的跟从多数人的认知与行为的行为。

④ 书本思维定势：人们对书本知识的完全认同与毫不怀疑的服从的行为。

⑤ 自我中心思维定势：人们想问题和做事情完全由自己的利益与好恶出发，主观武断的进行决策及实施的行为。

2. 打破思维定势的方法

为了打破思维定势的局限，激发创新潜能，我们应当增强创新意识、学习创新技法及经常性的参加创新性实践。同时，我们应当有意识的训练自己的思维，掌握常用的创新思维技法，最终打通创新的思维途径。这里将简要介绍突破思维定势的几个要点和方法。

（1）不按常理出牌

逻辑思维对创新活动来说是必需的。逻辑思维的主要特征是遵从“无矛盾”法则，凡事都要说出个所以然来。然而，创新思维的胚芽都根植于逻辑的中断处，这就要求我们：要想找到这种创新的胚芽，就必须大胆地抛弃硬性的思维逻辑，而涉足于弹性较强的非逻辑思维大海中去，以找到我们所需要的东西。例如，手表虽是计时工具，但若将其送人，它便变成了礼物，用来装饰就又变成了时尚品，为与其他配件相衬，一个人可能需要多种手表，而手表的寿命也可由原先的5年甚至10年缩短为半年、一年，如此一来，手表的市场就大大扩大了。

（2）放纵模糊性思维

人脑的思维习惯总是追求清晰、明白，模棱两可是经常被排斥的。事实上，模糊性思维是人类思维中不可分割的一部分，正是清晰与模糊的对立统一，才推动了人类思维的发展。当你的思维处于模糊状态时，说不定会出现一些自相矛盾的观念，它可能会激发你的想象力去突破原有的狭隘思想，产生新的创造性思维的胚芽。

（3）主动向规则挑战

迷信规则可能是产生思维定势的重要原因之一。规则的东西在一定范围内当然应该遵守，因为它毕竟是前人知识和经验的总结。但是随着环境的变化，当它应该寿终正寝之时，就应该大胆的舍弃。在管理创新中，如果我们能勇敢地向未抛弃的概念、法则、规律、公式、定理、方案等大胆质疑而提出挑战，我们的思维定势就会一扫而光。

案例19-1　哥顿神结

公元前333年冬天，马其顿将军亚历山大（Alexander，公元前356—322年）率领军队进入亚洲的一个城市扎营避寒。城里有一个著名的神谕：谁能够解开城中那复杂的"哥顿神结"，谁就会成为亚细亚王。亚历山大满怀信心，驱马前去解结。但他尝试了几个星期，无法找到绳结的两端。他茫然无头绪，又不肯善罢甘休，思来想去，突然顿悟："我何不自己制定一个解结的规则呢？"于是，亚历山大拔剑出鞘，将"哥顿神结"砍成两半，结被彻底解开了。

（4）克服思想上的"随大流"

"随大流"即"从众思维定势"。在现实生活中，这种现象普遍存在，因为"随大流"的安全系数较大，正所谓"法不责众"。然而，安全又常与稳定、保守相通，有时未必是真的安全。如在市场经济中，产品滞销的厂家多属"随大流"之列；相反，那些受到市场欢迎的产品，却多是不"随大流"的特色产品。"人无我有，人有我优，人优我新"是一些企业的成功之道，差异化的发展战略使得他们在竞争中取得了最终胜利。

（5）发散思维

发散思维（又叫辐射思维、放射思维、多向思维、扩散思维或求异思维）是大脑在思维时呈现的一种扩散状态的思维模式，它往往从一个目标出发，沿着各种不同的途径去思考，以探求多种答案的思维，与聚合思维相对。不少心理学家认为，发散思维是创造性思维的最主要特点，是测定创造力的主要标志之一。发散性思维具有以下几个特点：

① 流畅性。流畅性即观念的自由发挥，指在尽可能短的时间内生成并表达出尽可能多的思维观念及较快地适应、消化新的思想或概念的性质。机智与流畅性密切相关。流畅性反映的是发散思维的速度和数量特征。

② 变通性。变通性即克服人们头脑中某种自己设置的僵化的思维框架，按照某一新的方向来思索问题的过程。变通性需要借助横向类比、跨域转化、触类旁通，使发散思维沿着不同的方面和方向扩散，表现出极其丰富的多样性和多面性。

③ 独特性。独特性即人们在发散思维中做出不同寻常的异于他人的新奇反应的能力。独特性是发散思维的最高目标。

④ 多感官性。发散性思维不但运用视觉思维和听觉思维，而且充分利用其他感官接收信息并进行加工。发散思维还与情感有密切关系。如果思维者能够想办法激发兴趣，产生激情，把信息情绪化，赋予信息以感情色彩等，这将会提高发散思维的速度与效果。

发散性思维又可以分为以下表现形式。

① 立体思维：思考问题时跳出点、线、面的限制，立体式进行思维，如立体农业系统、立体绿化模式等。

② 平面思维：平面思维是指人的各种思维线条在平面上聚散交错，这种思维更具有跳跃性和广阔性，联系和想象是它的本质。我们通常所说的形象思维属于平面思维的范畴。

③ 逆向思维：违背通常的思考方法。从相反方向思考问题的方法，也叫做反向思维。逆向思维是每个管理者都应掌握的思维方式。

④ 侧向思维（旁通思维）：从与问题相距很远的事物中受到启示，从而解决问题的思维方式。

⑤ 横向思维：相对于纵向思维而言的一种思维形式。纵向思维是按逻辑推理的方法直上直下的收敛性思维。而横向思维是当纵向思维受挫时，从横向寻找问题答案。正像时间是一维的，空间是多维的一样，横向思维与纵向思维代表了一维与多维的互补。最早提出横向思维概念的是英国学者德博诺。他创立横向思维概念的目的是针对纵向思维的缺陷提出与之互补的对立的思维方法。

⑥ 多路思维：解决问题时不是一条路走到黑，而是从多角度、多方面思考，这是发散思维最一般的形式（逆向、侧向、横向思维是其中的特殊形式）。

⑦ 组合思维：从某一事物出发，以此为发散点，尽可能多地与另一（或一些）事物连接成具有新价值（或附加价值）的新事物的思维方式。

二、技术方法

创新技法是帮助人们实现创新、提高创新效率的方法。科学家们对创新的方法进行了深入研究，提出了许多适合各种创新工作的方法。由于技术创新、产品创新、市场创新与管理创新在性质、内容上有所差异，因此所使用的创新方法也会有所不同。这里讨论的是几种较适合管理创新的技法。

1. 识别问题方法

正确地界定问题是进行有效管理创新的基础。人们往往为了追求结果，而没有耐心去界定问题。我们经常只花几分钟就提出问题，却花几个月时间去解决不是问题的问题。其实如果我们善于界定问题，把问题简单化、明确化，那么问题也就解决了一般。明确问题的性质有助于创新性地解决问题，而不是头痛医头，脚痛医脚。

“为什么”法是识别问题的最简单的方法，通过不断变化对原始问题的定义，获得新的问题视角，而问题的新视角又可以产生解决问题的可行方法，直到获得最高层次的问题抽象。这种方法的具体步骤如下：

① 把问题作为最初定义陈述出来。

② 提出问题：我们为什么要做问题中所述的工作？

③ 回答②中所提出的问题。

④ 作为一个新提出的问题对答案再定义。

⑤ 重复步骤②、③，直到获得高层次的问题抽象。

“为什么”法对扩大问题范围及探索其各种各样的边界十分有用。这种方法还有助于管理者评定基本目标。

另一种常用的界定问题的方法是五大问技术：

一问目的。问做什么？为什么做？其他还可做什么？应当做些什么？从而确定最适合的工作。

二问地点。问在哪里做？为什么在那里做？还可以在哪里做？应当在哪里做？从而选定最适合的工作场所。

三问时间。问什么时间做？为什么在这个时间做？还可以在什么时间做？应当在什么时间做？从而选取最恰当的工作时机。

四问人员。问由谁来做？为什么要他来做？其他什么人也可以做？应当由谁来做？从而选择最适合的作业者。

五问方法。问怎么做？为什么要这样做？还有什么更好的方法？应当怎么做？从而确定最佳的工作路线和工作方法。

2．头脑风暴法

头脑风暴法是目前最实用、最有效的一种集体式创新性解决问题的方法。它之所以有效，应归功于在群体活动情境下所具有的彼此相互促进的动力机制。每当一个人提出一个新的想法，这个人所激发的不光是他或她自己的想象力，而且在这个过程中，其他人的想象力也将受到激发。头脑风暴法会在每个人的大脑中产生震动，它会激起一系列联想性反应。头脑风暴法会议本身还是一个社会交往过程。在这个过程中，每个人都设法提出更多的新观念。在群体活动中，个人要在组织中取得地位，他就得和别人竞争，而要成功做到这一点，他就得想出更多的创意。传统的业务会议往往不鼓励创新，当一个人表达了自己的新观点后，往往会受到敌意性批评，这样这个人就不愿再积极地提出新的观点。头脑风暴法鼓励提出新观点，接受新观点，这样反过来进一步激发参与者提出更多的新观点。

头脑风暴法主要适用于开放性问题，许多管理创新的问题都可以运用它来解决，主要适用的问题类型有：① 关于产品或市场的新观念；② 管理问题，如拓宽就业面、帮助下岗人员再就业、改善职业结构；③ 改善管理流程，如对生产流程进行价值分析；④ 新技术的应用，如解决诸如如何开发一项取得专利权的新发现之类的问题。

3．列举法

列举法是通过列举有关项目来促进全面思考问题，防止遗漏，从而形成多种构想方案的方法。列举法在列举事项、方案和评选方案时，均可结合头脑风暴法进行，以获得更多新颖的构思。

列举法包括特性列举法、缺点列举法、希望点列举法等。在这些方法中，特性列举法是基本方法，其他方法不过是对特性列举法的巧妙运用。

特性列举法是进行管理创新的一种重要的创新技法，通过列举现有事物的特征，针对其中需要改进的问题提出创新设想。特性列举法特别适合老企业改进管理，是老企业进行管理创新的重要辅助工具。特性列举法的优点在于促使我们全面地考虑问题，防止遗漏，而且较易找到解决问题的切入点。特性列举法是在把要解决的问题分解为局部子问题的基础上，将对象的特点和属性全部罗列出来，并分门别类地加以整理，然后详细地分析，提出问题，找出缺陷，再从功能、结构、人员、原理等其他管理要素与其他相类似论据属性加以置换，产生出管理创新的设想。

特性列举法所列出的特性很多，逐个分析所需的时间较长，为了加快分析速度，人们又进一步发展了缺点列举法和希望点列举法。

缺点就是问题，解决问题的前提是发现缺点、找出问题。缺点列举法认为，改进事物主要是由于旧事物存在缺点，不能满足要求，认为缺点就是改进旧事物的方向，因此只要列举出事物特征中那些令人不满的特点，就可以找到所存在的问题，并可针对缺点逐项分析，形成各种克服缺点的方案。缺点列举法围绕旧事物的缺点加以改进，因而通常不触动原事物的本质与总体，属于被动型方法，一般多用于企业管理中，解决属于“事”一类的软技术问题。

希望点列举法认为，旧事物基本上不能满足人们的要求，必须用新事物来代替它，这个新事物应当具有满足人们愿望的特点，所以希望点列举法是从整体上对旧事物不满，把旧事物整个看出缺点，其所列举的希望点，往往是旧事物本质上难以具备的。希望点列举法是一种主动型的方法，常常能突破旧事物的框框，形成比较重大的创新。

4. 联想类比法

联想类比法的核心是通过已知事物与未知事物之间的比较，从已知事物的属性去推测未知事物有类似属性。类比推理的不确定性可以帮助我们突破逻辑思维的局限性，去寻找一个新的逻辑起点。在日常生活中，人们常常用众人皆知的事例来比喻说明某些难懂的事物或概念，这实际上就是运用了类比的方法。

联想类比是以比较为基础的。人们在探索的过程中，借助类比的方法，把陌生的对象与熟悉的对象相对比，把未知的东西和已知的东西相对比，从而由此及彼，起到启发思路、提供线索、举一反三的作用。康德认为："每当理智缺乏可靠论证的思路时，类比这个方法往往能指引我们前进。"

联想类比法的关键在于联想。没有很强的联想能力，就无法在已知与未知之间架起桥梁，也就谈不上类比。股份制运用于工商企业的改革，取得了成功，那么农村经济进一步深化改革，是否可以借鉴股份制度的经验，实行股田制？银行的最大功能是资金的存储功能，能否借鉴银行的运作方式经营其他业务，如建立"时间银行"呢？

联想类比大致有 3 种：直接类比、结构类比、综合类比。直接类比是在两事物间直接建立联系的方法，结构类比是指由未知事物与已知事物在结构上的某些相似来推断未知事物也有某种属性的方法，当已知事物与未知事物内部各要素关系十分复杂，而两者又有可比的相似之处时，就可进行全面的综合类比。

5. 移植法

移植法是将某一领域的技术、方法、原理或构思移植到另一领域而产生新事物的方法。例如，把生产管理中标准化的管理技术运用到商业经营领域，就产生了全新的经营方式——连锁经营，通过统一形象、统一进货、统一价格、统一管理制度等方法实现商业规模化经营。移植法最大的好处是不受逻辑思维的束缚。当想把一项技术或原则等从一个领域移植到另一领域时，并不需要在理性上有多清楚的理解，往往是干了再说，这就为新事物的形成提供了多种途径，甚至为许多外行搞创新提供了可能。

以上介绍的集中比较成熟的创新技法，有助于我们在一段时间里集中精力解决一个问题，不至被过多的问题压垮，有助于我们在创造性地解决问题的过程中减少失败和挫折，有助于我们充分利用自己的感情、热忱以及大脑的全部功能，有助于我们开发自己无意识思维的宝库，从而有力地促进管理创新活动的开展。

本章小结

① 管理创新的模式包括：自主创新、模仿创新和合作创新。

② 自主创新是指企业通过自身的努力、依靠自身的力量，不断发现问题、解决问题的管理创新活动。模仿创新是通过学习、模仿别人的创新思路和创新行为，吸取别的先进经验与管理模式，并在此基础上形成自己独特的管理模式的创新过程。合作创新是指企业与科研机构、高等院校、管理咨询公司等共同联合进行的创新。

③ 管理创新过程中可以遵循以下几个原则：还原原则（寻求事物的本质）、木桶原理（关键要素创新）、交叉综合原则（发挥杂交优势）、兼容性原则（兼收并蓄，自成一家、兼容失败）。

④ 管理创新的实施过程可以分为四个阶段：提出创新目标阶段、创意产生阶段、创意评估筛选阶段、创意实施与修正阶段。

⑤ 管理创新的方法包括思维方法和技法。树立创新性思维的首要任务就是打破思维定势。

⑥ 常见的打破思维定势的方法表现为：不按常理出牌；放纵模糊性思维；主动向规则挑战；克服思想上的"随大流"；发散思维。其中，发散性思维又分为立体思维、平面思维、逆向思维、侧向思维、横向思维、多路思维、组合思维等。

⑦ 创新的技术方法包括识别问题方法、头脑风暴法、列举法、联想类比法、移植法等。

重要概念

自主创新	模仿创新	合作创新	立体思维
平面思维	逆向思维	侧向思维	横向思维
多路思维	组合思维	识别问题法	头脑风暴法
列举法	联想类比法	移植法	

习 题 19

1. 管理创新的模式有哪几种？具体如何表现？
2. 管理创新过程中要遵循的原则有哪些？
3. 管理创新过程分为哪几个阶段？管理创新过程具有哪些特点？
4. 管理创新的思维方法有哪些？
5. 试述打破思维定势的方法的主要原理。
6. 试用逆向思维法解决身边的常见管理问题。
7. 阐述头脑风暴法的具体操作步骤。

案例分析

诺基亚，失败的创新者

近日，有关诺基亚被收购的消息再次传出。这一次，收购者换成了微软。有消息称，诺基亚与微软曾启动了关于收购交易的谈判，但最终未能在价格上达成一致。自从这个昔日的手机业霸主失势以来，关于其将被收购的传言便一直未曾停歇。此前传出华为公司有意收购诺基亚的消息还一度使诺基亚的股价大幅上涨。此外，三星、联想、苹果和Facebook等也都是传闻的主角。

虽然上述传闻大多不实，但由此可见，市场上明显隐含着一种普遍的期许：诺基亚仍具某种潜能，本应表现得更好。或许，仅仅需要一个改变，这个曾经的手机业巨头就可以再一次腾飞。

过度研发扼杀创新市场化

对原诺基亚的首席设计师诺沃来说，有些机遇已永远逝去。

在苹果推出iPhone的7年前，诺基亚团队就曾演示了一款拥有彩色触屏、屏幕下方有一个单独按键的手机。演示中，这款手机能够定位餐馆、玩赛车游戏，还可以订购唇膏。20世纪90年代晚期，诺基亚还曾秘密开发出另一款诱人的产品。那是一款平板电脑，有无线连接功能，配备了触摸屏。这些与后来的苹果iPhone和iPad何其相似！

可惜的是，消费者从未看到这两款产品。诺基亚在1990年代引领了无线革命，并下定决心要把世界带进智能手机时代。可如今，它却结束了连续14年成为世界最大手机生产商的历史。市场调研机构Gartner的最新数据显示，在2013年一季度，全球出货的2.1亿部智能手机中，Android手机出货超过1.56亿台，占比74.4%。诺基亚智能手机销量仅为600万台。

一直以来，诺基亚明显已看到行业的发展方向，且对研究不吝投入，过去10年共投资400亿美元，这一数额接近苹果同一时期研发投入的4倍。但它浪费了把创新引入市场的机会。研发工作因为内部不和而碎片化，并且与生产销售手机的实际运营活动脱节。连诺基亚CEO史蒂芬．埃洛普也曾无奈地表示，要是诺基亚的创新当初落实在产品上面，诺基亚就不是现在这个样子了。

在危机四伏的手机市场，迷失方向的公司不只诺基亚一家。Research In Motion Ltd.（RIM）曾因电子邮件终端黑莓而占据霸主地位，但它没能拿出一款与iPhone一较高下的产品。RIM的问题是缺乏合适的产品，而诺基亚实际上是开发出了今天消费者疯狂抢购的几类终端，只是没有把这些终端引入市场。就在iPhone颠覆市场的时候，诺基亚把重心从智能手机移回到基本款手机上面，犯下了战略错误。

原诺基亚首席设计师诺沃曾说："每当别人说iPhone作为一个概念和一款硬件产品是独一无二的，我都感到难过。"

低效管理令机遇擦肩而过

回首历史，诺基亚一直是能够成功适应市场巨大变化的。这家创立于1865年的老牌企业，在历经木材、发电和塑料产品领域后，于1992年，随着约玛. 奥利拉（JormaJaakkoOllila）接任首席执行长一职，将业务重点放到了手机上。早在那时，奥利拉即开始为诺基亚的下一阶段改造打基础。斥资数十亿美元研发手机电子邮件、触控屏和更快速的无线网络，并于2004年设立了一个为智能手机创建多媒体服务的集团。但当时，消费者和无线网络还没有做好接纳智能手机的准备。诺基亚甚至因此遭到投资者的批评，后者的理由是，在竞争对手侵蚀其颇为赚钱的业务、销售昂贵的"傻瓜"手机时（2004年年底，摩托罗拉凭借其轻薄的Razr掀盖式手机在全球一炮打响），诺基亚却在高端智能手机上花费了太多的精力。

这似乎为诺基亚的今日埋下了糟糕的伏笔。2006年，诺基亚前首席财务长康培凯接替奥利拉担任首席执行长，之后他将诺基亚的智能手机和功能手机业务合二为一。

结果是，当时更盈利的功能手机业务开始左右诺基亚整体业务的发展。乃至当一年后iPhone出现，诺基亚都没有认识到自己面临的威胁。

直到2008年，诺基亚才幡然醒悟。此后，其一个研发团队试图改造诺基亚大多数智能手机所使用的老旧的Symbian系统，而另一个团队则试图从头开始打造一个名为MeeGo的全新操作系统。同时出击使两支团队在争取公司内部支持以及高层关注等问题上相互竞争，这给诺基亚的研发业务带来很大困扰。用柯蒂斯（2006至2009年担任诺基亚首席设计师）的话来说，他们花在政治斗争上的时间比花在设计上的时间多。诺基亚的组织结构错综复杂，想要完成一个连贯、一致且美妙的研发过程对研发团队来说很难。

诺基亚的关键业务合作伙伴也感到非常沮丧。比如高通的首席执行长雅各布曾回忆说，有时高通会给诺基亚提供一项新技术，其中可能蕴藏着巨大商机。不过诺基亚不是马上开始利用这个机会，而是花很长时间（可能要6~9个月）来评估这个机会。等到他们评估好了，机会往往已从手中溜走了。

收购诺西买下一个未来

当然，作为一家有着创新基因的公司，诺基亚不会坐以待毙。近日，诺基亚收购诺西尘埃落定，表明公司正在对僵化的商业模式做大幅调整。

诺西通过一系列的重组调整（裁员超过20%），已经恢复盈利。且凭借简化运营举措以及在一个专注稳定市场的第二大厂商地位，诺西在全球网络设备市场前景广阔。因此，对于诺基亚来说，收购诺西的第一个好处就是提升利润，未来诺西将成为诺基亚稳定的现金来源。这可以缓解诺基亚手机业务的亏损压力，另外可以为诺基亚仍在进行中的从功能手机向智能手机的转型争取到更多的时间。

芬兰中央合作银行分析师汉努•劳哈拉表示，该交易也使诺基亚的出售愈发不可能。显而易见，如果谁想要收购诺基亚，现在必须一同收购诺西。诺西的估值至少在50亿欧元。根据诺基亚2013年6月28日在赫尔辛基交易所的收盘价，诺基亚的市值为107亿欧元。

因此，此次收购可以让诺基亚变得更稳健，并减少对于手机业务的依赖。未来，诺基亚可选择让诺西上市或以更高的估值卖给竞争对手。如果在手机之战中败北，诺基亚便可将手机业务卖给微软或者华为，像瑞典对手爱立信那样成为一个100%的网络设备服务商。就算诺基亚不卖手机并非诺基亚投资者所投资的未来，但至少也是一种未来。

资料来源：《中外管理》2013年8期

思考题：

1. 诺基亚在市场竞争中失败的主要原因是什么？
2. 假如你是诺基亚的管理者，你会采取什么措施来扭转诺基亚的现状？

人物一览

国内部分

白圭
邓小平
丁渭
范蠡
方振邦
傅玄
韩非
孔子
老子
刘邦
刘晏
毛泽东
孟子
墨子
秦始皇
芮明杰
孙膑
孙武
孙中山
田忌
王安石
王通
王永庆
荀子
晏子
曾国藩
张良
周三多
周恩来
朱熹
诸葛亮
子贡

国外部分

A.F.奥斯本（A.F.Osborn）（美）
阿尔伯特·班杜拉（Albert Bandura）（美）
阿兰·肯尼迪（Allan Kennedy）（美）
埃德加·沙因（Edgar Schein）（美）
埃尔弗雷德·钱德勒（Alfred D.Chandler）（美）
埃尔伍德·斯潘塞·伯法（Elwood Spencer Buffa）（美）
埃里奥特·杰奎斯（Elliott Jaques）（加）
艾莉·沃纳（Allee Verna）（美）
艾瑞克·莱恩曼（Eric Lineman）
爱德华·弗里曼（Edward Freeman）（美）
爱德华兹·戴明（W.Edwards Deming）（美）
奥尔弗·郝尔姆（Olaf Helmer）
保罗·赫塞（Paul Hersey）（美）
保罗·劳伦斯（Raul R.Lawrence）
鲍勃·特里克（Bob Tricker）（英）
彼得·德鲁克（Peter F.Drucker）（美）
彼得·圣吉（Peter Senge）（美）

伯纳德·巴斯（Bernard Bass）
伯特伦·雷文（Bertram Raven）
博格·沃纳菲尔德（BorgWarnerfield）
查尔斯·巴贝奇（Charles Babbage）（英）
查尔斯·汉迪（Charles Handy）（英）
查尔斯·林德布洛姆（Charles Edward Lindblom）（美）
查尔斯·佩罗（Charles Perrow）（美）
大卫·克里兰（David I Cleland）（美）
戴维·麦克利兰（David McClelland）（美）
戴维·尤里奇（Dave Ulrich）（美）
道格拉斯·麦格雷戈（Douglas McGregor）（美）
费根堡姆（A.V.FeigenbatJm）（美）
弗兰克·邦克·吉尔布雷斯（Frank Bunker Gilbreth）（美）
弗雷德·戴维（Fred R.David）（美）
弗雷德·菲德勒（Fred Fiedler）（美）
弗雷德里克·斯金纳（Frederic Skinner）（美）
弗雷德里克·泰勒（Frederick Winslow Taylor）（美）
弗里德里克·赫兹伯格（Frederick Herzberg）（美）
弗里曼（J.H.Freeman）
弗里蒙特·卡斯特（Fremont E.Kast）（美）
富兰克·奈特（Frank Hyneman Knight）（美）
格拉丘纳斯（V.A.Graicunas）（法）
哈林顿·埃默森（Harrington Emerson）（美）
哈罗德·孔茨（Harold Koontz）（美）
海因茨·韦里克（Heinz Weihrich）（美）
韩楠（M.T.Hannan）
赫伯特·西蒙（ Herbert Simon）（美）
亨利·法约尔（Henri Fayor）（法）
亨利·甘特（Henry L.Gantt）（美）
亨利·明茨伯格（Henry Mintzberg）（加）
亨利·瓦农·普尔（Henry Varnum Poor）
霍华德·舒尔茨（Howard Schultz）（美）
基斯·戴维斯（Keith Davis）（美）
吉姆·柯林斯（Jim Collins）（美）
加里·尤哈鲁（Gary A.Yukl）
简·穆顿（Janes Mouton）（美）
杰弗里·菲佛（Jeffrey Pfeiffer）（美）
杰弗里·桑南菲尔德（Jeffrey Sonnenfeld）（美）
杰克·韦尔奇（Jack Welch）（美）
杰勒尔德·R·萨兰基克（Gerald R.Salancik）（美）
杰伊·洛希（Jay W.Lorsch）（美）

卡尔·爱立克·斯威比（Karl-Erik Sveiby）（瑞典）
卡尔·乔治·巴思（Carl G.Barth）（挪威）
卡特赖特（Cartwright）（英）
科伯（Cooper）
克莱顿·阿尔德弗（Clayton Alderfer）（美）
克里斯·阿吉利斯（Chris Argyris）（美）
肯·布兰查德（Ken Blanchard）（美）
肯尼思·安德鲁斯（Kenneth R.Andrews）（美）
库尔特·勒温（Kurt Lewin）（德）
拉尔夫·斯托格迪尔（Ralph Stogdill）（美）
雷夫·爱德文森（Leif Edvinssion）
里奇·格里芬（Ricky Griffin）（美）
理查德·达夫特（Richard Daft）（美）
林德尔·F·厄威克（LyndallF.Urwick）（英）
卢瑟·H·古利克（Luther H.Gulick）（美）
罗伯特·布莱克（RobertBlake）（美）
罗伯特·豪斯（Robert House）（美）
罗伯特·李·卡茨（Robert L.Katz）（美）
罗伯特·纳德利（Robert Nardelli）（美）
罗伯特·欧文（Robert Owen）（英）
罗伯特·坦南鲍姆（RobertTannenbaum）（美）
罗伯特·沃特曼（Robert Waterman）（美）
罗纳德·埃伯特（Ebert, R.J.）（美）
罗纳德·科斯（Ronald H.Coase）（英）
马克思·韦伯（Max Weber）（德）
马修·包尔顿（Mathew Boulton）（英）
玛丽·库尔特（Mary Coulter）（美）
玛丽·帕克·福列特（Mary Parker Follett）（美）
迈克尔·波特（Michael E.Porter）（美）
迈克尔·哈默（Michael Hammer）（美）
麦克米伦（MacMilian）
梅雷迪思·贝尔宾（Meredith R. Belbin）（美）
摩丝·坎特（Rosabeth Moss Kanter）（美）
莫里斯·库克（Morris Cooke）（美）
尼科洛·马基雅维里（NiccoloMachiavcelli）（意）
诺伯特·维纳（Norbert Wiener）（美）
诺曼·达尔克（Norman Dalkey）（美）
帕森斯（T.Parsons）（美）
普拉迪普·坎德瓦拉（PradipKhandwalla）（美）
乔治·埃尔顿·梅奥（George Elton Mayo）（美）
乔治·费舍尔（George fischer）

切斯特·巴纳德（Chester Bainard）（美）
琼·伍德沃德（Joan Woodward）（英）
斯蒂芬·P·罗宾斯（Stephen P. Robbins）（美）
斯塔西·亚当斯（Stacy Adams）（美）
汤姆·彼得斯（Tom Peters）（美）
特里斯特（E. L. Trist）（英）
特伦斯·迪尔（Terrence Deal）（美）
托马斯·达文波特（Thomas H.Davenport）（美）
托马斯·卡农（J.ThomasCannon）
托马斯·斯梯沃特（Thomas Stewart）（美）
托马斯•贝特曼（Thomas S.Bateman）（美）
W.爱德华兹·戴明（W. Edwards Deming）（美）
威廉·包莫尔（William.Baumol）（美）
威廉·金（William R King）
威廉·詹姆斯（William James）（美）
维克多·弗鲁姆（Victor Vroom）（美）
沃伦·本尼斯（Warren Bennis）（美）
沃伦·施密特（Warren Schmidt）（美）
小埃弗里特·亚当（Adam Jr,E.E.）（美）
亚伯拉罕·马斯洛（Abraham Maslow）（美）
亚当·斯密（Adam Smith）（英）
野中郁次郎（IkujiroNonaka）（日）
伊查克·爱迪斯（IchakAdizes）（美）
伊戈尔·安索夫（H.igorAnsoff）（美）
雨果·芒斯特伯格（Hugo Munsterberg）（美）
约翰·弗伦奇（John French）
约翰·科特（John P.Kotter）（美）
约瑟夫·朱兰（Joseph Juran）（美）
詹姆士·马奇（James G.March）（美）
詹姆士·钱匹（James Champy）（美）
詹姆斯·伯恩斯（James·Burns）（美）
詹姆斯·布雷恩·奎因（James Brian Quinn）（美）
詹姆斯·赫斯科特（James L.Heskett）（美）
詹姆斯·穆尼（James. D.Mooney）（美）
詹姆斯·瓦特（James Watt）（英）

参考文献

[1] (美)泰勒．科学管理原理．马风才译．北京：机械工业出版社，2007.

[2] (美)法约尔．工业管理与一般管理.迟力耕，张璇译．北京：机械工业出版社，2007.

[3] (英)斯图尔特・克雷纳．管理百年.邱琼，钟秀斌，陈遊芳译．海口：海南出版社，2003.

[4] (美)彼得・德鲁克．创业精神与创新——变革时代的管理原则与实践.柯政译．工人出版社，1989.

[5] (美)德鲁克．创新与企业家精神．蔡文燕译．北京：机械工业出版社，2007.

[6] (美)德鲁克.21世纪的管理挑战．朱雁斌译．北京：机械工业出版社，2009.

[7] (美)德鲁克．管理：使命、责任、实务．王永贵译．北京：机械工业出版社，2009.

[8] (美)德鲁克．管理的实践．齐若兰译．北京：机械工业出版社，2009.

[9] (美)Gomez-Mejia L. R.，Balkin D.B.，Cardy R.L.．管理学：原理、案例与实践（第3版）．詹正茂主译．北京：人民邮电出版社，2009.

[10] (美)罗宾斯，库尔特等．管理学（第9版）.孙健敏等译．北京：中国人民大学出版社，2008.

[11] (美)Harold Koontz, Cyril O'Donnell. 管理学：管理职能的系统分析方法和随机制宜的分析方法．贵州人民出版社，1982.

[12] (美)Daft，R.L., (美)MarcicD..管理学原理（原书第7版）.高增安等译．北京：机械工业出版社，2011.

[13] (美)KoontzH.等.管理学精要（原书第六版）.韦福祥等译．北京：机械工业出版社，2005.

[14] (美)卢西尔.管理学基础：概念、应用与技能提高（第4版）.高俊山，戴淑芬译．北京：北京大学出版社，2011.

[15] 姜杰等编著.西方管理思想史（第二版）.北京：北京大学出版社，2011.

[16] 乔忠主编.管理学（第3版）.北京：机械工业出版社，2013.

[17] 王波涛主编.管理学概论（第二版）.北京：对外经济贸易大学出版社，2011.

[18] 郭小平，廖志江著.管理学原理.兰州：兰州大学出版社，2005.

[19] 杨宝宏，杜红平主编.管理学原理.北京：科学出版社，2006.

[20] 吴照云等著.管理学通论.北京：中国社会科学出版社，2007.

[21] 施斌主编.管理学基础.海口：南海出版公司，2004.

[22] 方振邦主编.管理学基础（第二版）.北京：中国人民大学出版社，2011.

[23] 沈配功.中国古代管理思想探源．中国行政管理，1995(11).

[24] 刘汴生主编.管理学（第二版）.北京：科学出版社，2011.

[25] 周三多，陈传明，鲁明泓编著.管理学——原理与方法（第5版）.上海：复旦大学出版社，2009.

[26] 张钢.中国古代管理思想研究的现状与前瞻．科学管理研究，1998(01).

[27] 蔡一.华夏管理文化精粹.北京：高等教育出版社，1995.
[28] 金润生主编.管理学.上海：华东师范大学出版社，2008.
[29] 邢以群著.管理学（第三版）.杭州：浙江大学出版社，2012.
[30] 陈传明，周小虎编著.管理学原理（第二版）.北京：机械工业出版社，2012.
[31] 邵冲.管理学概论.广州：中山大学出版社，2008.
[32] 方振邦主编.管理思想百年脉络：影响世界管理进程的百名大师（第三版）.北京：中国人民大学出版社，2012.
[33] 汪洁主编.管理学基础.北京：清华大学出版社，2009.
[34] 张创新主编.现代管理学概论（第三版）.北京：清华大学出版社，2010.
[35] 孙永正等编著.管理学（第三版）.北京：清华大学出版社，2011.
[36] 王庆海著.管理学概论.北京：清华大学出版社，2008.
[37] 孙耀君主编.西方管理学名著提要.江西：江西人民出版社，2005.

第 2 版后记

管理学是一门实践性很强的学科，在实践中得到发展并与时俱进。

本书第 1 版出版已有 4 年之久，需要对其内容进行更新以保证其时效性。自本书出版以来，得到了来自前辈、同侪的诸多宝贵意见。在教学过程中，我们也不断接收到来自学生的教学反馈。同时，本书被评为四川省“十二五”普通高等教育本科规划教材。凡此种种，最终促进了本书的修订再版。

本书经过修订再版，提纲框架更完整，逻辑思路更清晰，教学内容也更实用。在修订再版过程中，我们广泛参阅了国内外大量著作，博采众长，使本书得以更丰富和更严谨，在此表示敬意和谢意。

同时，本书的修订再版得到了四川大学和电子工业出版社的大力支持，并得益于众多老师和同学辛勤且细致的工作，囿于篇幅无法一一致谢，在此一并表示我们由衷的谢意。

“问渠那得清如许，为有源头活水来”，从不放弃对新知识的渴求是我的治学信条之一。

“纸上得来终觉浅”，希望本书能作为一块“敲门砖”，为广大管理学习者开拓更为广阔的学习空间。

罗哲